100

| 한국장로교총회창립 100주년기념 표준주석 |

# 신명기

김회권 지음
대한예수교장로회총회교육자원부 편

한국장로교출판사

# 발간사

본 주석서는 대한예수교장로회총회의 신앙과 신학 이념을 따라 평신도와 신학생, 목회자와 신학 교수들이 성경을 바르게 이해하도록 도움을 주는 데 그 목적이 있다.

대한예수교장로회 교단은 1934년 희년에 즈음하여 성경전서 주석의 간행을 총회에서 결의한 바 있다. 그리하여 1937년부터 총회표준주석(1937년, 「욥기」, 「시편」, 「잠언」, 「전도서」, 「아가」; 1939년, 「로마서」, 「고린도전 · 후서」, 「갈라디아서」)이 간행되기 시작하였다. 그러나 제2차 세계대전의 발발과 일제강점기의 한국교회 탄압으로 주석 발간 사업은 일시 중단되었다. 1945년, 해방은 되었으나 38선으로 남북이 분열되고, 1950년 6 · 25한국전쟁의 비극을 겪어야 했다. 1953년, 휴전된 후 총회표준주석 사업이 재개되어 1954~1957년(1954년, 「이사야」; 1955년, 「요한복음」; 1956년, 「창세기」; 1957년, 「레위기」, 「민수기」)에 출판이 있었으나, 1959년에 교단의 분열로 오늘에 이르기까지 총회표준주석 사업은 불가한 형편이었다.

대한예수교장로회 제90회기(2005) 총회는 총회창립 100주년(2012)기념 사업의 일환으로 교단 신학의 정체성 확립과 한국장로교회의 신학적 표준을 제시할 총회표준주석을 출판하기로 결의하고, 총회 산하 신구약성경 신학자들에게 집필을 위촉하게 되었다.

2005년 12월 한국장로교총회창립 100주년기념 표준주석편찬위원회가 조직된 후 집필 원칙을 정하고 집필자를 선정하여, 그 원칙에 충실할 것을 서약하게 하였다. 지난 7년 동안 집필자들의 깊은 기도와 연구의 산고 끝에 이제 그 실체가 드러나 장로교 총회표준주석이 출판되었다. 편찬위원회는 수차례 모임을 갖고 50여 명에 이르는 많은 집필자들을 격려하고 집필 목적과 방향 제시를 수시로 하여 주석서의 통일성과 진정성을 유지하게 하였다. 집필된 원고가 제출된 경우, 검독위원회가 총회의 신학과 신앙에 맞는 주석을 출판하기 위해 내용을 수정 또는 추가할 것을 요청하기도 하였다.

이 주석서가 빛을 보기까지 집필자는 물론이고, 총회교육자원부 김치성 총무와 한국장로교출판사의 수고가 있었고, 전국 교회들의 기도 지원이 있었다. 무엇보다도 출판비 및 연구비 전액을 이름 없이 지원해 준 교회가 있었다. 이에 독자 여러분과 함께 하나님께 찬양을 드리며, 이 일에 헌신하신 분들께 감사를 드린다.

유사 이래 성경보다 더 긴 세월 동안 연구되고 읽혀진 책은 없다. 그렇기 때문에 해석 방법도 시대와 지역에 따라 다양하게 나타났다. 에스라 시대까지 거슬러 올라가서 사용된 미드라쉬(Midrash) 주해 방법부터 시작하여 중세의 종교개혁자들과 현대 비평주의자들의 해석 방법 등 수많은 해석학적 이해가 있어 왔고, 여러 언어로 번역되어 하나님의 말씀인 성경은 읽혀졌다. 그러나 하나님의 말씀은 (해석자들이나 번역자들에게) 매이지 않는다(딤후 2 : 9). 성경 주석가와 번역자들은 자기 시대와 문화 속에서 어떤 전제(presupposition)를 갖고 성경을 읽기 때문에 언제나 해석의 한계가 있음을 인정할 수밖에 없다. 그런 의미에서 본 주석서도 예외는 아닐 것이다. 그럼에도 불구하고 본서는 그 한계를 최소화시키기 위해 다양한 신학적 입장, 다른 해석들, 교회사적 해석들, 지리적 상황을 포함하려고 노력했다.

우리의 전제는 신구약성경 66권이 하나님의 영감으로 특별 계시된 말씀이라는 대한예수교장로회의 신앙고백을 준거(準據)로 했다. 그러므로 본서는 집필자 자신의 신앙고백과 신학도 내포되었지만, 그보다 총회의 신앙과 신학의 표준적 입장에서 성경을 주석한 것이다. 즉, 사도신경, 웨스트민스터신앙고백서, 장로교신앙고백을 따르는 개혁주의 신학과 신앙 전통을 따른 것이다.

집필을 하는 데 있어서 학문적 깊이를 외면할 수는 없으나 목회자나 평신도가 성경을 이해하는 데 도움을 주기 위해 설교를 위한 묵상을 삽입하기도 하였다. 그러나 각 권의 기록자, 기록 연대, 문학적 특징, 책의 목적 등을 설명하는 개론적 연구를 할 때에는 그것이 학문적 연구에 꼭 필요하다고 여겨지는 경우에 한하여 최근 많은 성경학자들이 사용하는 비평적 방법도 가설(假說)로는 소개하였으나 결론은 따르지 않았다. 그것이 교회의 신앙적 지도를 위한 적절한 방법은 아니기 때문이다.

영감으로 된 하나님의 말씀인 성경의 해석은 성령의 조명이 가장 중요한 조건이다. 따라서 본서의 집필자들은 종교개혁자들이 채택했던 문법적, 역사적, 신학적 원리를 주된 해석 방법으로 채택하고, 기도하면서 하나님의 계시된 말씀의 원의를 알기 쉽게 해석하려고 힘썼다. 외래어 사용은 가급적 줄이되 히브리어나 헬라어와 같은 원어를 반드시 읽어야 할 경우에는 음역화해서 누구나 원어의 발음으로 읽게 했다. 각주(脚註)도 가급적 줄이되 문장 뒤에 참고로 넣었다. 또한 각 절이 아닌 단락별로 주해를 하여 전체적 파악을 도왔다.

주석 앞에는 대한성서공회가 출판한 개역개정 성경(4판)을 단락별로 제시했다. 히브리어 성경은 BHS(Biblia Hebraica Stuttgartensia)를, 헬라어 성경은 United Bible Societies가 출판한 The Greek New Testament(4thed)를 각각 원문으로 채택하여 사용하였다. 특히 개역개정 성경의 번역에 대한 문제가 있다는 의견을 총회가 받아들여 본 편찬위원회에 수정 의뢰를 하였고,

집필자들이 원문을 바로 번역하여 대한성서공회에 제시함으로 수시 교정 제도를 따라 수정하도록 했다.

우리의 생명이시며 찬양의 대상이 되신 우리 주 예수 그리스도를 계시하시고, 하나님의 공의와 사랑을 그의 십자가를 통하여 실현시켜 우리를 구원하신 하나님의 깊은 뜻을 알게 해 주는 신구약성경을 더 많은 사람들이 더 깊이, 더 분명하게 이해하고, 믿게 하기 위하여 대한예수교장로회총회 창립 100주년을 기하여 한국 교회와 세계 교회 앞에 겸손한 자세로 이 주석을 내어 놓는다.

"내가 온 것은 양으로 생명을 얻게 하고 더 풍성히 얻게 하려는 것이라" (요 10 : 10b).

Soli Deo Gloria!

한국장로교총회창립 100주년기념
표준주석편찬위원회
위원장 이 종 윤

# 추천사 1

할렐루야! 2012년은 대한예수교장로회(통합)총회가 창립 100주년을 맞이하는 해입니다. 총회가 창립된 이후 1세기가 지난 지금까지 우리 한국 교회를 세계가 주목할 만큼 눈부시게 성장할 수 있도록 도와주신 에벤에셀의 하나님께 모든 찬송과 영광과 감사를 드립니다.

이와 같은 한국 교회의 놀라운 부흥 가운데서도 마음 한구석에 늘 안타까움이 자리하고 있었는데, 그것은 바로 우리 한국 교회만의 권위 있는 주석이 없다는 사실이었습니다. 현재 목회현장에서 사용되는 우리말 주석들은 대부분 오래되었거나 현대의 한국 교회 상황에 맞지 않는 서구 교회의 해석, 또는 성서학 전문가들의 주석이 아닌 짜깁기식 주석이 대다수를 차지합니다.

이러한 현실 가운데 이번 총회창립 100주년기념사업의 일환으로 본 교단에서 「한국장로교총회창립 100주년기념 표준주석」을 출간하기로 결의하고, 주석서를 출간하게 된 것은 대단히 자랑스럽고 의미 있는 일이 아닐 수 없습니다.

이번 「표준주석」의 출판으로 한국 교회는 이전보다 더욱 '개혁주의 신학과 신앙 전통'을 따르는 성경 해석의 기초를 확립하게 될 것이며, 많은 목회자들이 이 주석서를 통해 하나님의 말씀에 중심을 둔 목회를 실천할 수 있을 것으로 기대합니다. 더 나아가 이 「표준주석」은 한국 교회의 신앙을 더욱 견고히 하는 성경 해석의 표본이 될 것입니다.

아무쪼록 이번 「표준주석」 출간을 계기로 우리 한국 교회가 당면한 갖가지 위기를 극복하고 더욱 하나님 말씀으로 충만하여, 평화통일은 물론 주님의 지상명령인 땅끝까지 복음을 전하는 사명을 보다 잘 감당하는 교회로 거듭나게 되기를 기대하며, 한국의 모든 교회와 성도님들께 자랑스럽게 이 주석서를 추천하는 바입니다. 샬롬!

장로회신학대학교
전 총장 장 영 일

# 추천사 2

「한국장로교총회창립 100주년기념 표준주석」의 발간을 축하합니다. 한국 교회 역사에서 중요한 자리를 차지하고 있는 「총회표준주석」은 한국 교회에 큰 영향을 끼친 박윤선 박사님께서 박형룡 박사님을 도와 「표준주석」의 고린도후서 주석 집필에 참여하면서 평생을 주석 집필에 헌신하게 했던 뜻깊은 주석이었습니다.

그러나 그동안 중단되었던 표준주석 사업을 재개함에 있어 편집위원장 이종윤 목사님이 밝힌 대로 성경이 성령으로 영감된 정확 무오한 하나님의 말씀이라는 분명한 신앙고백 위에 집필하도록 하였다는 편집 원칙을 통해 「표준주석」의 맥을 잇고자 하는 의지를 보여 줍니다.

이런 맥락에서 비평적 성서연구가 교회의 신앙적 지도에 적합하지 않다는 인식을 가지고 전통적인 개혁주의 해석 방법을 채택할 뿐만 아니라 복음적이고 목회적인 관심을 드러낸 점도 환영할 만한 일입니다. 또한 성경 자체에 대한 전문적인 지식뿐만 아니라 한국 교회와 성도를 체험적으로 알고 있는 성경학자들이 오랜 기도와 연구 끝에 발간하였다는 점도 높이 사고 싶습니다.

아무쪼록 본서가 많은 이들에게 풍성하고 깊이 있는 신학적 성찰을 제공하는 귀한 책이 되길 소망합니다.

합동신학대학원대학교

전 총장 성 주 진

# 신명기
# 차 례

신명기

# 서 론

A. 서 론
  1. 모세오경의 최종 저자, 신명기는 어떤 책인가?
  2. 신명기 저자
  3. 모세의 역사성을 부정하는 현대적 오경비평사
  4. 마틴 노트의 모세허무주의(Moses Nihilism)
  5. 모세의 역사성 옹호
  6. 모세와 윤리적 유일신 신앙
  7. 모세와 계약백성
B. 신명기의 모세 저작설의 해석학적 함축
  1. 방법론적 전환 : 역사비평적 사고와 계시의존적 사고
  2. 신명기의 계시의존적 이해
  3. 토라의 예언서에 대한 우위적 사고의 중요성

# 서 론

## A. 서 론

### 1. 모세오경의 최종 저자, 신명기는 어떤 책인가?

신명기는 모세오경의 마지막 책으로서 야웨와 언약을 맺은 이스라엘의 정체성을 가장 체계적으로 보여 주는 책이다. 아울러 신명기는 뒤따라 나오는 이스라엘의 가나안 정착시대를 통시적(通時的)으로 다루는 여호수아-열왕기하의 서론이기도 하다. 신명기는 아브라함과 이삭과 야곱과 맺은 언약 중 가나안 땅을 기업으로 주시겠다는 당신의 약속을 성취하시려는 하나님의 마음과 그 신적 열정을 대변하는 예언자 모세의 유언적 강설을 담고 있다. 헬라어 70인역 성경이나 라틴어 성경, 그리고 영어성경의 "신명기"(Deuteronomy)라는 책 이름은, 신명기 17 : 18의 '율법의 등사본'(미쉬네 하토라〈mišnē hattôrā〉)

이라는 단어에서 유래하였다. 그것의 사전적 의미는 율법의 등사본이지만 모세오경의 마지막 책 제목으로 사용되면서는 '되풀이하여 가르쳐진 율법', 혹은 '갱신된 율법'을 가리키는 말로 전용되었다. 신명기의 히브리어 성경 책 제목은 '엘레 핟더바림'('ēlle haddĕbārîm, '이것들은–말씀들이다')에서 나오는 '더바림'(dĕbārîm, 말씀들)이다. '말씀들'이라는 제목은 첫 구절을 오경 책들의 제목으로 삼는 유대교의 관습에 따라 붙여졌다. 여기서 '말씀들'이란 하나님께서 모세의 입을 통해 들려주신 명령과 훈계, 선포와 권고의 말씀들을 가리킨다. 따라서 신명기 전체에는 권고적이며 설교적인 구어 문체가 이 '말씀들'을 지배하고 있다. 가장 많이 등장하는 단어들은 '오늘', '이스라엘을 가리키는 2인칭 남성단수 혹은 복수어미' 그리고 '지키라, 준행하라'를 의미하는 동의어 군집(群集) 등이다. 이 외에도 청중들에게 이 책의 가르침에 순종하도록 권고하기 위해 고안된 목적절이 많은 장절(章節)을 채우고 있다. 마지막으로 한국어 성경 책 제목인 "신명기"(申命記)는 신명기 17 : 18의 '율법의 등사본'이라는 말의 그리스어–라틴어 번역문(Deuteronomy)의 중국어 성경 제목에서 취하여진 것이다. 신명(申命)은 야웨의 명령을 '새롭게 펼친다', '되짚어 본다', '톺아본다'는 말이다. "신명기"는 '새로운 상황에 최적화되어 재규정되고 재적용된 율법'이라는 뜻이다. 따라서 한국어 책 제목 '신명기'도 모압 평지에서 출애굽 2세대에게 시내산 율법을 새롭게 가르치는 모세의 강론을 담고 있는 이 책의 대지를 압축적으로 드러내고 있는 셈이다.[1)]

신명기는 모세오경의 마지막 책이면서도 동시에 여호수아에서부터 열왕기하에 이르는, 소위 '신명기 역사서'의 서론이기도 하다. 신명기의 청중은 여러 세대에 걸쳐 구성되어 있다. 최초의 청중은 가나안 땅 입성을 앞둔 모세 시대의 이스라엘 백성이다. 가나안 입구 모압 평지에 서서 가나안 입성을 기다리는 출애굽 2세대들이다. 신명기는 출애굽 세대의 자녀 세대를 시내산 언

1) 존 칼빈은 마음이 완악한 이스라엘 백성을 꾸짖기 위해 반복학습을 할 목적으로 신명기가 쓰여졌다고 본다(John Calvin, *Semons de deuteronomy*, 곽홍석 역, 「신명기 강해 1」〈서울 : 서로사랑, 2009〉, 26).

약의 당사자로 초청해 부모 세대가 들었던 언약과 율법을 변화된 상황에 맞추어 재교육시키고 있다. 이들은 다신교 종교가 지배하는 가나안 땅에 들어가서도 이집트와 가나안의 다신교적 상황을 극복하고 오로지 야웨 하나님만을 섬기라는 명령을 듣고 있는 청중이다. 곧 가나안 땅을 믿음으로 차지하여야 할 사람들이다. 이들에게 가나안 땅은 하나님의 선물이지만 도전적인 과업이기도 하다. 그런 점에서 신명기는 창세기-민수기의 압축이자 결론으로서 모세오경의 절정이다.

둘째 청중은 모세의 율법을 망각했다가 망국 직전에 모세의 언약책을 발견하고 회개했지만 망국의 운세를 바꾸지는 못했던 요시야 개혁 시대의 이스라엘 백성이었다. 이들은 모세의 율법을 재발견하였으나 이미 나라의 운세를 역전시키기에는 너무 늦은 시대의 사람들이었다.

마지막 청중은 바벨론 포로들이다. 바벨론 땅에서 이미 오랫동안 포로민의 신분으로 살아온 사람들로서, 가나안 땅으로 되돌아갈 때 모세의 일편단심 야웨 신앙으로 되돌아가도록 촉구받는 사람들이다. 이들에게 가나안 땅은 하나님의 선물이지만 여전히 정복하고 차지하여야 할 과업으로서의 땅이다. 가나안 땅은 야웨 하나님과 이스라엘의 언약관계가 유지되고 실행되는 공간이다. 야웨 하나님의 가나안 땅 선사는 야웨의 언약과 율례를 지키도록 촉구하기 위한 하나님의 선물이다(시 105 : 44-45). 가나안 땅에서 이스라엘은 하나님의 언약백성의 정체성을 실현할 사명을 부여받은 것이다.

현재의 신명기는 최초의 모세의 설교와 후대에 계기적(繼起的)으로 출현한 모세적 예언자들(모세적 권위를 잇는 정경적 예언자들)의 설교적 강론들을 묶어 놓은 책이다. 신명기는 단순한 율법서가 아니라 이스라엘의 심장에 호소하는 설교체로 된 사활적(死活的) 지침들이다. 그것은 이스라엘 백성들의 심장을 향하여 설교된 법으로서, 인간 행동의 하한선을 정해 놓고 그것을 어길 때 받게 될 징벌만을 열거하는 법전이 아니라, 오히려 인간 행동의 최고 상한선("야웨 하나님을 마음과 뜻과 힘을 다하여 사랑하라.", 신 6 : 5)을 설정하며 그것을 준수하였을 때 받게 될 축복을 더 자주 강조한다. 이런 점에서 볼 때 신명기에서 '토라'는 '율법' 이상이다. 토라는 사활적(死活的) 중요성을 가진 가르침(instruction)이자, 이스라엘의 전 존재를 진리 되신 하나님께 결박함으로써 오히려 자유케 하는 멍에다(약 1 : 25). 하나님의 진리에 결박된 자의 자유는 타인의 자유와 권리를 침해하지 않고 이웃의 유익을 위해 자기를 부인할 수 있게 만드는 종 되는 자유이다.

신명기에 대한 통속적인 이해에 따르면 율법의 순종에는 구원과 축복으로, 율법의 불순종에는 징벌과 심판으로 응답하시겠다는 하나님의 흑백논리가 소위 신명기 신학의 대지(大旨)로 간주된다. 그러나 신명기는 이렇게 단순화된 이분법을 제시하는 데 머물지 않는다. 그것은 이스라엘의 불순종과 불신앙을 초극하는 하나님의 은총을 한껏 송축한다. 특히 모압 언약을 담고 있는 신명기 29~30장은 신명기에 대한 인과응보적 해석을 경계하고 상대화시킨다. 모압 언약에서는 시내산 계약의 준수 실패로 완전히 파산당한 이스라엘 백성들을 회복과 회개로 초청하는 하나님의 절대주권적인 은총이 왕노릇하고 있기 때문이다. 신명기는 구약성서의 복음이다. 대파국적 재난을 당해 더 이상 하나님 백성으로 살 자격을 잃은 백성을 다시금 언약 갱신의 자리, 믿음으로 의롭게 되는 자리로 초청하고 있기 때문이다. 본문 주석에서 자세히 보겠지만, 신명기는 하나님의 거의 일방적이고 은총하사적인 복음의 언약이다. 신명기에서 하나님은 이스라엘의 배교와 일탈을 끝내 초극하시고 또다시 가나안 땅으로 불러들이시기 때문이다.

신명기의 원음(原音)은 주전 13세기의 모세를 통해 들려오는 하나님의 음성이지만, 이 음성은 모든 세대에 걸쳐 모세 같은 예언자들을 통해 시대마다 재생되고 갱신되었다. 따라서 신명기 안에는 하나님과 이스라엘이 가나안 땅에서 함께 만들어 온 구원 역사의 모든 기억들이 다층적으로 편편히 박혀 있다. 신명기의 주인공은 하나님과 이스라엘 백성, 그리고 중간에 선 중보자 모세다. 모세는 하나님과 이스라엘 사이에 세워진 중보자로서 언약체결의 중보자이며 율법해설의 중보자다. 현대적인 의미의 신명기 저자는 모세가 아니지만, 성경 전승 형성 시대의 관념으로 보면 단연 모세가 신명기의 전승창조자(originator/author of tradition)다. 전승창조자는 단지 서기관적 편집에 참여한 최종편집자보다 더 결정적인 '저자'다. 신명기는 시내산에서 모세가 받은 사명, 즉 아브라함과 이삭과 야곱과 언약을 맺으신 하나님이 이 족장들과의 약속을 지키기 위해 모세를 출애굽 구원의 영도자요 중보자로 들어 쓰신 역사다. 신명기는 출애굽기 3 : 1~14에서 모세가 받은 사명이 이뤄지는 과정을 기록한 책이다. 모세의 관점이 철저하게 반영되고 증언된 책이다. 따라서 모세가 신명기의 저자라는 말이 가장 정확한 관점이다. 출애굽 구원부터 가나안 땅 정착까지 모든 구원사건들의 한복판에 선 모세의 관점이 모세오경을 이끌어 간다는 의미에서 오경의 저자를 '모세'라고 부를 수 있다는 말이다. 그러나 이 말은 모세가 신명기의 현대적 의미의 저자라는 말은 아니다.

그래서 19세기에 득세했던 역사적-비평적 성서해석자들은, 신명기를 두고 주전 621년경 요시야 시대의 예루살렘 제사장들에 의해 쓰여진 원본에 포로기와 포로기 이후의 편집적 추가물로 구성된 책이라고 주장했다.[2] 마틴 노트(Martin Noth)를 필두로 한 그들 대부분은 역사적 모세의 위상을 거의 소거(消去)시키는 데까지 나아간다. 따라서 서구에서 출간된 현대적 신명기 주석서들은 '모세 도말(塗抹)'의 역사라고 해도 과언이 아니다. 그런데 이 모세 도말의 해악은 중차대하다. 왜냐하면 모세라는 예언자적인 인물을 소거시키고 나면, 모세오경은 물론이거니와 신명기의 신언성, 정경성, 영감성 등이 치명적으로 훼손되기 때문이다. 따라서 우리는 신명기의 정경적 권위를 충분히 음미하기 위하여 모세와 신명기의 관계를 분명하게 구명(究明)할 필요를 느낀

2) 신명기 저자와 기원에 관한 역사적-비평적 의견을 수용한 국내 학자의 주석은 장일선, 「대한기독교서회창립 100주년 기념성서주석 : 신명기」( 서울 : 대한기독교서회, 1993, 35-46쪽)이다. 하지만 장일선은 마틴 노트처럼 모세의 역사성을 극단적으로 부인하지 않는다. 그는 신명기라는 책의 최종편집자를 '저자'라고 생각한다는 점에서 현대적 저작개념을 갖고 신명기에 접근한다.

다. 그러므로 신명기 본문 강해에 들어가기 전에 먼저 신명기의 저자가 모세라는 '모세저작설'의 해석학적 의미를 규명하고자 한다.

## 2. 신명기 저자[3]

19세기 말 네덜란드의 빌헬름 마틴 L. 드 베테(Wilhelm Martin L. de Wette, 1780-1849)의 "신명기 비평 주석적 논고"[4] 이후 신명기는 고전적 문서가설의 주창자들인 칼 하인리히 그라프(K. H. Graf, 1815-1869)-율리우스 벨하우젠(Julius Wellhausen, 1844-1918) 학파의 역사적-비평적 연구의 성과를 보증해 주는 책으로 인식되어 왔다. 드 베테와 벨하우젠 이후 신명기의 일부는 유다 왕국 말기 요시야 왕 때 성전 수리 중 발견되어 요시야의 국가개혁을 추동시킨 그 율법책(왕하 22-23장)과 동일하며, 따라서 현재 신명기의 핵심부분은 적어도 주전 7세기(주전 621년경)에 저작되었다는 가설이 '공리'로 인정되어 왔다.[5] 드 베테와 벨하우젠의 이 신명기 기원 가설을 이어받은 사무엘 롤즈 드라이버(S. R. Driver)는 신명기 주석의 서론에서 다음과 같이 말하고 있다.[6]

> 신명기가 완벽하게 그 자체만으로 존재한다면 나에게 이해할 수 없는 책으로 보인다. …… 그 저자의 전체적 비밀과 그 신명기 저자가 활용한 자료들의

---

3) 이 단락 이하부터 서론의 마지막까지 '모세의 역사성 옹호' 논의는 저자의 장로회신학대학원 석사학위 미간행 논문(Th. M. Thesis), "신명기의 기원"(1993년 2월, 김중은 교수 지도)을 압축적으로 인용하고 있음을 밝힌다.

4) 정식 책 제목은 라틴어로 된 긴 제목인데, 번역하면 "신명기가 오경의 앞 책들과 구별되며 또한 후대 저자의 저작임을 밝히는 비평주석적 논고"(Dissertatio Critica-Exegetica……)이다. 한글 제목을 약어로 표현하면 "신명기 후대저작설 옹호 논문"이지만 본 주석서에서는 "신명기 비평 주석적 논고"로 부르기로 한다.

5) Otto Eissfeldt, *The Old Testament. An Introduction*, trans. Peter Ackroyd (New York, NY. : Harper & Row Publishers, 1965), 171.

6) Samuel R. Driver, *Deuteronomy* (ICC ; Edinburgh ; T & T Clark, 1973), p. xii.

완전한 성격을 발견할 수 있는 희망은 없다. 그러나 거기에는 …… 그것의 기원과 저작에 관한 한, 전통적인 모세저작설은 유지될 수 없다는 것을 보여주는 충분한 증거들이 있다. 신명기가 저작된 시기는 모세 시대가 아니라 후대이며, 신명기는 한 단일 저자의 단일한 생애 동안의 영적 교훈들과 체험들이 아니라, 하나님께 영감된 숱한 세대들의 체험과 영적 교훈들을 수집하고 있는 것이다.

이처럼 신명기에 대한 근대의 역사적-비평적 주석의 첫 시작부터 전통적 모세저작설은 기각되고 있다. 신명기의 모세저작설 부정은 모세오경의 다섯 전승기둥인 족장전승, 출애굽, 시내산 언약체결, 광야 방황, 그리고 가나안 정복전승의 실역사적(實歷史的) 토대를 부정하는 데로 귀결될 수밖에 없었다.

### 3. 모세의 역사성을 부정하는 현대적 오경비평사

율리우스 벨하우젠[7]에서 시작하여 반 시터스(J. van Seters)에 이르기까지 서구의 역사편찬학 기준에 의하면 모세오경의 역사성은 논의의 대상에서 제외되었다. "한 자료가 묘사한 시기가 아무리 고대 사회인 것으로 의도되고 있을지라도 그 자료가 저작되던 시기의 역사적 상황을 반영하고 있다."는 벨하우젠의 역사비평적 원칙은 오경자료의 역사성 부정의 단초를 제공했다. 이 벨하우젠의 단초는 마틴 노트에게 와서 교조적 확신으로 발전되었다. 마틴 노트의 「오경전승사」는 모세역사성을 부정하거나 축소하려는 현대적 모세부정 가설을 위한 트랙을 깔아 주었다.

19세기 말 구약성서에 대한 고등비평은 초기 이스라엘 역사에 대한 의심피력과 신랄한 비판에 의해 추동되었다. 유럽의 구약 고등비평은 반(反)유대

---

7) J. Wellhausen, *Prolegomena to the History of Ancient Israel* (New York, NY.: Meridian Books, 1961), 17.

주의의 학문적 표출이었다.[8] 19세기 유럽의 반유대주의와 구약성서에 대한 고등비평은 이스라엘 민족의 기원을 다루는 오경전승의 역사성과 오경의 주인공인 모세의 역사성 둘 다를 부정하는 데 긴밀하게 제휴했다. 마틴 노트는 「오경전승사」에서 가장 치밀하고 인위적인 방법으로 모세의 역사성을 박탈했다. 이스라엘 초기 역사와 모세의 역사성 부정에 관한 한 노트는 그의 스승 에두아르트 마이어(Eduard Meyer)를 계승했다. 마이어는 "결국 오경전승 덩어리를 역사적 진리로 받아들이는 사람들을 제외하고는 그(모세)를 한 역사적 개인으로 다루고 구체적인 인물로 묘사하는 사람들 중 어느 누구도, 모세가 한 일이 무엇이며 그의 역사적 활동이 무엇인가를 이끌어 내기 위하여, 그 모세라는 인물에게 귀속될 만한 어떤 행적도 찾아 채워 넣을 수 없었다."고 주장했다(1906년).[9]

이스라엘 종교를 고대 근동 종교의 더 큰 맥락에서 연구함으로써 이스라엘 종교의 보편성과 고대성을 주장했던 헤르만 궁켈(Hermann Gunkel)과는 달리, 이스라엘 종교를 구약 자체 안에서 연구해야 한다고 주장했던 벨하우젠을 따라 노트 자신도 이스라엘의 체험 안에 있는 독특한 것을 찾기 시작하였다.[10] 그래서 노트는 '이스라엘' 현상의 유례없는 독특성과 씨름하는 과정에서 오경을 다섯 개의 핵심전승으로 구분했다. 족장 약속, 출애굽, 시내산 계시, 광야 인도, 가나안 땅 진입이 그것들이다.[11] 노트는 각각의 이 주제는 부분적으로는 전(前)이스라엘 집단들의 역사적 체험의 단편들이긴 하나, 오경의 현재 그 상태로의 연결구조는 실제 역사의 기록이 아니고, 이스라엘이 한 나라가 되기 전에, 즉 오경전승이 오늘날의 모습으로 형성되기 이전 시기

---

8) J. H. Hayes & F. C. Prussner, *Old Testament Theology : Its History and Development* (Atlanta, GA. : John Knox Press, 1985), 127.

9) 마틴 부버(Martin Buber)는 정확하게 이런 마이어-노트의 모세역사성 배척 경향에 반대하기 위하여 모세 연구서를 썼다. 그는 모세오경에 묘사된 모세의 역사적 행적을 구체적으로 채우고자 시도했다(*Moses*〈London : Harper Torchbook Publishers, 1958〉, 7).

10) M. Noth, *The History of Israel* (New York, NY. : Harper & Row Publishers, 1958), 25.

11) Noth, *A History of Pentateuchal Traditions* (Englewood Cliffs, NJ. : Prentice-Hall, 1972), 42-100.

에 이뤄진 이스라엘 공동체의 해석 작업의 결과물이라고 본다. 이 역사적 주제들이 이스라엘의 제의 맥락에서 전달되고 융합되어, 각 부분 주제들이 갖는 의미의 산술적 결합보다 질적으로 더 새롭고 큰 의미로 승화되었다는 것이다. 그는 현재의 모세오경이 신빙성 있는 사건들의 시간적 연속성 위에 근거한 것이 아니며, 가나안 땅 정복기간 동안에 발생된 후대의 역사적 필요(12지파의 통일성을 강조할 필요) 때문에 후대의 이스라엘(12지파 연맹체로서의 이스라엘)이 그 오경전승들을 인위적으로 창조했다고 본다.[12] 노트는 오경을 구성하는 이 다섯 가지 세부 전승들 간의 역사적 관련성을 부정하며 오경 주제(출애굽-땅 정복)와 전체적으로 다 관련되는 한 '동일 집단'으로서의 '이스라엘'은 존재했던 적이 없었다고 주장한다. 그는 심지어 모세마저도 이 출애굽과 시내산 계시와 광야 인도 주제와는 사실상 관계가 없다고 본다. 모세는 오직 주변적인 의미에서 땅 정복 주제와만 간신히 연결되어 있다는 것이다. 현재 모습의 위대한 영도자 초상을 가진 모세는 전승이 발전되는 동안 만들어진 가공의 인물초상화라는 것이다. 모세오경이 그리는 모세의 경력, 즉 이스라엘의 위대한 지도자, 언약중재자로서의 경력은 날조된 허위라는 것이다. 물론 버나드 앤더슨(B. W. Anderson)은 "보통의 범주로는 어느 것으로도 설명이 될 수 없는 전혀 상이한 백성들이자 이방인인 '이스라엘'이, 과연 어떤 강력한 영도력 없이 어찌 질투하는 하나님 야웨를 공통의 하나님으로 고백할 수 있었겠는가?"라고 반문하며 노트의 극단적 모세역사성 부정을 논박한다.[13] 더 나아가 앤더슨은 "하나님의 계시 주제는 말할 것도 없이, 만일 그 초기에 모세 같은 위대한 선지자(신 34 : 10-12)가 없었다면 이스라엘의 신앙과 정체성을 정당하게 평가하기 어렵다."고 평가한다. 노트도 이 난점을 의식하고 있다. 그래서 「오경전승사」 탐구의 마지막 단계에서 그는 한 발 후퇴한다. 노트는 "무엇이 '이스라엘'의 통일을 초래했는가?", "무엇이 공통적 이스라엘 의

---

12) Noth, *A History of Pentateuchal Traditions*, 42-43.

13) B. W. Anderson, "Introduction", in Noth, *A History of Pentateuchal Traditions*, p. xxix.

식을 초래했는가?" 하는 문제는 확실하게 답변될 수 없는 질문이며, 그의 전승사 연구 범위를 초월한다고 고백한다.[14)]

## 4. 마틴 노트의 모세허무주의(Moses Nihilism)[15)]

본 주석서는 신명기 안에 나타나 있는 다섯 주제 중, 출애굽, 시내산 계시, 광야 인도, 가나안 땅 진입 주제와 관련된 모세의 역사성을 입증하는 데 초점을 맞추지 않는다. 다만 노트의 극단적 모세 역사성 부정의 논리가 갖는 약점을 제시함으로써 정경적 모세의 자리를 만들 여지를 확보하고자 한다. 모세의 역사성이 부정되는 순간, 모세오경의 정경적 규범성은 약화된다. 모세오경은 역사 속에 구원을 일으킨 하나님의 역사적 행적에 근거해 발생한 신앙고백을 창출하며 그 고백에 의해 정경적 권위가 확보되기 때문이다. 모세의 역사성은 실증주의적인 역사 서술의 기준을 충족시킬 수준에서 확보되기는 힘들지라도, 고대 역사서 서술 기준 및 고대서사시의 역사성 판단 기준의 관점에서는 모세의 역사성이 얼마든지 방어될 수 있다고 본다. 결론적으로 신명기의 세 편의 모세 설교는 출애굽 사명, 광야 인도 사명, 가나안 정착 사명을 띤 모세의 관점에서 이해하는 것이 가장 타당하며, 이런 의미에서 신명기 전승 자체가 원천적으로 모세에게 귀속될 수 있다고 믿는다. 모세의 역사성을 부정하는 노트의 주장들을 좀 더 세부적으로 검토한 후에 그것들을 비판하는 학자들의 견해를 각각 청취하고자 한다.

이스라엘 역사 초기에 행해졌다고 서술되는 제의들(시내산 언약, 할례, 안식, 성막 및 제사규정)의 윤곽은 숱한 개별 전승들의 점진적 추가에 의하여 다양하게 채워졌다는 게르하르트 폰 라드(Gerhard von Rad)의 가설[16)]을 따라

---

14) Noth, *A History of Pentateuchal Traditions*, 259.
15) "모세오경이 그리는 그런 위대한 모세는 역사상 존재한 적이 없다."는 주장을 가리킨다.
16) Gerhard von Rad, *The Problem of the Hexateuch and the Other Essays* (London : SCM, 1966), 1-78.

노트는, 휴고 그레스만(H. Gressmann)의 「모세 사화(saga)에 관한 주석」을 연구하는 도중에, "모세는 각 개별 전승들과 아무런 상관이 없었다."는 판단에 이르렀다.[17] 그는 '역사적 이스라엘'은 가나안 정복 때까지는 '존재하지 않았다'는 전제 위에, 오경전승을 실제 역사적 사건들의 기록물이 아니라 전설적인 기원을 가졌으나 나중에 채색되고 윤색되며 재구성된 사화전승으로 격하시켰다. 사화란, 특별한 저자 없이 출현-발전하여 설화자들의 입을 통하여 지파들의 익명적 전체 구조 안에서 전수되는 이야기를 지칭한다.[18] 그는 특히 폰 라드를 따라 시내산 계시를 가장 늦은 전승으로 본다. 그는 오경전승에서 그려진 모세상(像)이 전승의 형성, 전달, 풍요화 과정에서 만들어졌다고 본다.[19]

① 모세는 오경설화의 정교화 · 편찬의 과정에서만 점차로 지배적 위치를 획득하며 ② 오경 이외에는 이스라엘의 역사를 기술하는 어떤 구약성서 책에도 모세의 이름이 거의 나타나지 않는다는 점을 부각시킨다. 포로 전 예언서에는 예레미야 15 : 1에 나타날 뿐이며, 미가 6 : 4의 모세와 미리암은 미가서의 후대 첨가물이라는 것이다. ③ 분명한 것은 '원래의 모세'는 모세오경이 그리는 위대한 영도자요 언약중재자가 아니었다는 것이다. 오경설화와 결합되고 전승되는 과정의 정점에서 모세가 마침내 이스라엘 역사 초기에 그토록 대단한 역사적 역할을 수행한 인물로 격상되었다는 것이다.

따라서 노트는 모세의 원래 지위를 확인하기 위하여 오경전승 자체를 액면 그대로 받아들이지 않고 그것을 비판적으로 해부한다. 그의 결론은 땅 진입 주제(P자료) 안에 있는 무덤전승이 모세와 오경의 유일한 역사적 연결고리라는 것이다. 그는 모세가 모든 오경 주제를 연결시키는 묶음괄호가 아니라는 결론을 내린다.

(가) 시내산 언약체결 전승과의 무연결성 : 시내산 언약체결과 율법계시

17) Noth, *A History of Pentateuchal Traditions*, 3.
18) Ibid., 44.
19) Ibid., 156-174.

전승과 모세의 연결이 가장 허약하다고 본다. 신명기의 모세는 '이미 발전된' (모세의 역할이 크게 부풀려진) 오경설화를 전제하고 있다고 본다. 시내산 설화의 원래 요소인 언약체결식 식사(출 24 : 1-2, 9-11)에서 모세는 뚜렷한 역할을 맡지 않았으며, 오히려 칠십 장로가 실제 주역이라고 본다(익명성을 초기 전승의 표지로 본다).[20]

(나) 출애굽 전승과의 무연결성 : 수세기 동안 이집트가 가나안 땅을 지배해 왔던 청동기 후기 시대에는 이집트에 가지 않아도 누구든지 이집트 이름을 가질 수 있다고 주장한다. 특히 모세의 출생과 유아기 일화는 가장 후대에 삽입된 이차적 삽입물이라는 것이다. 노트가 보기에 모세의 미디안 도피, 시내산 하나님 조우는 출애굽기 18 : 1~12의 전승자료를 다듬는 과정에서 고안된 문학적 장치라는 것이다. 즉, 출애굽기 18 : 1~12에서의 모세 역할이 자연스럽게 보이도록 모세의 시내산 하나님 조우 삽화를 삽입했다는 것이다. 노트는 모세가 아니라 장로들(출 3 : 16, 4 : 29/J)과 비장들(간역자들)이 파라오와의 협상대표이자 출애굽 전승의 주역들이라고 주장한다. 따라서 출애굽 주제도 모세의 원래 자리가 아닌 셈이다.

(다) 광야 인도 전승과의 무연결성 : 노트는 광야 인도 전승과 모세를 분리시키는 과정에서는 자신의 스승 마이어와 결별한다. "레위족의 조상인 모세의 고향은 가데스의 성스런 샘이며 레위족이 집전하는 제사들은 가데스에서 유래했다."는 마이어를 비판하며 노트는 광야 인도 전승에서도 모세의 진정한 역사적 자리를 찾을 수 없다고 본다. 그의 오경전승사 분석 중에서 이 점은 가장 취약한 부분 중 하나이며, 엄격한 역사비평과 문학비평을 사용하는 학자들도 노트의 이 무리한 판단을 비판한다.

(라) 가나안 땅 진입 전승의 일부인 무덤 전승과 역사적 모세의 연결성 : 노트는 모세의 무덤 위치가 가나안 땅을 점유하는 이스라엘의 길목에 있기에

---

20) E. Nicholson, *Exodus and Sinai in History and Tradition* (Richmond, VA. : John Knox Press, 1973), 81-84. 니콜슨은 시내산 계시 단락(출 19-24장) 중 최소한 출애굽기 19장 부분(모세의 주도적 역할 기술)과 출애굽과의 연결성은 인정되어야 한다고 주장한다.

이 가나안 정착설화 속으로 모세가 들어왔다고 주장한다. 그는 역사적 모세는 실존인물이었다 하더라도 기껏해야 중앙 팔레스틴에 정착했던 이스라엘 지파들의 전(前)역사에 속한 아주 미미한 인물이었을 것이라고 상정한다.

이상의 논지를 통해 노트는 '중앙 팔레스틴 유목민 지도자 모세상(像)'이 원래의 모세(the historical Moses)에게 부여할 수 있는 최대치라고 주장한다. 그에 따르면 이 중앙 팔레스틴 소부족들의 목초지 이동집단의 지도자 모세가 오경의 현재 모세로 진화했다. 노트의 모세역사성 논리를 요약하면 다음과 같다. 동부 요르단에 있는 모세의 무덤만이 '더 이상 추론해 낼 수 없는 역사적 사실의 원생암석'이며, 모세라는 인물은 '가나안 정착지 진입'이라는 전승의 설화적 개작 과정에 우발적으로 편입되었다. 이 '우발적 무덤 위치 때문에 오경전승에 삽입된 모세가 오경의 나머지 전승에도 침투해 마침내 신화적 지도자로 격상'되었다는 것이다.

## 5. 모세의 역사성 옹호

이처럼 벨하우젠-마이어-그레스만-폰 라드로 이어지는 오경전승의 실제 역사성 부정과 해체 노선을 이어받은 노트는 성서적 모세의 역사성을 부정했다.[21] 모세의 역사성을 의심하는 현대 오경비평은 자연스럽게 모세의 역사성에 뿌리를 내리고 있는 신명기의 정경적 가치를 훼손하게 된다. 이에 대한 반작용으로 발터 아이히로트(W. Eichrodt)나 존 브라이트(J. Bright)는 신명기의 모세 관련 보도를 단지 '신화'로 폄하하며 모세의 역사성을 의심했던 드 베테와 그의 동조자들, 특히 노트의 모세허무주의를 총론적으로 반박했다. 이들을 뒤이어 다수의 학자들이 노트의 모세허무주의 가설을 반박함으로써 모세의 역사성을 확보하려고 시도했다.[22]

21) W. H. Schmidt, *Exodus, Sinai und Mose* (Darmstadt : Wissenschaftliche Buchgesellschaft, 1983), 4-19.

22) Schmidt, *Exodus, Sinai und Mose*, 16.

베르너 슈미트(W. H. Schmidt)는 "노트식의 전승 분리 및 해체가 전승을 연결된 그대로 두는 것보다 훨씬 더 어려운 문제를 야기시킨다."고 지적했다.[23] 최근 전승사학파의 연구방법론을 비판적으로 연구한 로저 N. 와이브레이(R. N. Whybray)는 그의 저서 「오경의 형성」에서 마틴 노트의 방법론적인 임의성과 비체계성을 지적했다. 그는 노트의 초기 전승 식별 요소 중의 하나인 장소연결성(Ortsgebundenheit)의 원리가 족장들의 경우와 모세의 경우에 있어서 각각 상이하게 적용되었다고 주장한다.[24] 노트는 족장들의 경우에는 무덤 장소보다는 하나님과의 조우 장소를, 모세에게 있어서는 하나님과의 조우 장소보다는 무덤 장소를 신빙성 있는 초기 전승으로 간주하는 모순을 범했다는 것이다. 와이브레이는 노트의 「오경전승사」를 '사변 위에 사변을 덧쌓은 기록'이라고 비판하며 전반적으로 노트의 「오경전승사」는 모세전승의 고대성에 대한 극단적 회의주의에 의해 채색되어 있다고 평가한다.[25] 노트의 모세허무주의는 와이브레이 외에도 발터 아이히로트, 지그프리트 헤르만(Siegfried Herrmann), 존 브라이트, 에헤즈켈 카우프만(Yehezkel Kaufmann), 레온 우드(Leon J. Wood) 등에 의해 체계적으로 비판되었다. 아이히로트는 "이스라엘 종교의 초기에 우리는 한 개인 안에서 매우 특수하고 개인적인 천품인 한 카리스마를 발견한다. 그 카리스마가 없으면 오경 전 구조가 무너질 만큼 그것에 의존하고 있다."라고 말하며 노트를 비판한다.[26]

이처럼 노트의 모세허무주의는 구약학계로부터 거센 비판을 받아 왔다. 여기서 노트의 모세허무주의를 반박함으로써 모세의 역사성을 회복하려 했던 대표적인 학자들인, 지그프리트 헤르만, 존 브라이트, 에헤즈켈 카우프만, 레온 우드의 핵심논지를 간략하게 살펴보고자 한다.

---

23) Ibid.
24) R. N. Whybray, *The Making of the Pentateuch* (Sheffield : Sheffield Academic Press, 1987), 188.
25) Ibid., 196.
26) W. Eichrodt, *The Theology of the Old Testament* Vol. 1 (London : SCM Press, 1975).

### 1) 지그프리트 헤르만

헤르만은 역사와 전승의 관계를 다룰 때 전승보다 역사에 우선권을 부여해야 한다고 주장하며, 오경 이야기에 묘사된 역사적 문맥의 내적 개연성을 쉽게 무시할 수 없다고 말한다.[27] ① 모세의 이집트식 이름은 노트처럼 쉽게 무시할 수 없다. 히브리 민족 어원학으로 '모세'라는 이름을 해명할 수 없으며, 모세가 이집트에서 태어났기에 이집트식 이름을 가졌다고 보는 것이 더 타당하다. ② 그는 모세 이름에서 시작하여 비(非)이집트계 셈족 집단의 이집트 체류를 도출한다. 한 가족에서 민족으로 성장하는 발전 역사에 대한 오경의 보고는 개개의 사실들로서 역사적으로 증명될 수는 없지만, 그렇다고 그것이 역사적 배경이 전혀 없었다는 사실을 의미하지는 않는다. 오히려 야곱 가족의 이동은 고대 근동 자료에서 증명될 수 있는 셈족의 이집트 이동의 일부로 여겨질 수 있다. 반(半)유목민 및 유목민 집단이 이집트의 허락하에 이집트의 목초지에 체류했던 것은 역사적으로 개연성이 큰 사실이다. 또한 그는 "상관에게 보내는 (이집트-이스라엘) 국경 공무원의 편지"(주전 12세기 경)라는 한 고고학 문헌이 묘사하는 상황이 모세의 시대적 공간일 가능성이 있다(에돔의 샤슈 부족이 에돔으로 가도록 협조한 일을 보고하는 내용)고 본다. 이상의 ①, ②에 근거해서 헤르만은 모세의 활동무대에 관한 역사적 개연성을 포착한다.

③ 헤르만은 모세의 입양과 성장과정, 출애굽의 기획과정의 개연성도 지지한다. 그는 모세의 미디안 도피 생활이 출애굽의 실제적인 지리적 정보를 제공할 수 있었으리라고 본다. ④ 마침내 헤르만은 시내산 하나님 조우사건에서 본래적인 모세전승을 찾아낼 수 있다고 본다. 다만 헤르만은 시내산 사건에서 모세는 입법자로서가 아니라 제의 중개자로 관여했다고 보며, 시내산 단락의 율법(출 20-24장) 대부분은 후대의 것이라고 규정한다. 하지만 시내

27) Hans Jochen Boecker, Hans-Juergen Hermisson, J. M. Schmidt, L. Schmidt, *Altes Testament* (Düsseldorf : Neukirchener Verlag, 1983), 5-10.

산 단락(출 19-24장)에서 모세가 칠십 장로, 아론, 나답, 아비후와 같이 나타나는 것으로 묘사된 부분은 이 본문의 원시적 근원성을 나타낸다.

결론적으로 헤르만은 모세전승의 역사적 개연성은 확보된다고 주장하면서, 노트와 전혀 다른 모세상을 구축했다. 헤르만의 연구는 "구약은 원칙적으로 항상 새로운 시도로 수행되어 온 수천 년에 걸친 모세 해석의 역사 이외에 다른 어떤 것은 제시해 주지 않는다."라는 로타르 펄리트(L. Perlitt)의 경구의 중요성을 환기시켜 주기에 충분한 학문적 성과를 보여 주었다. 그는 올바른 모세 역사성의 해석이야말로 올바른 구약 해석학의 관문임을 보여 주었다.[28]

### 2) 존 브라이트

브라이트는 성서를 토대로 이스라엘의 역사를 서술하는 극단과 성서 기록의 어떤 역사적 가치도 부정하는 극단, 둘 다를 비판했다. 그는 「최근 역사 서술에 있어서 초기 이스라엘」에서 초기 이스라엘 역사에 관한 노트 가설의 약점을 조목조목 비판했다.

① 노트의 가장 큰 약점은, 그의 암픽티오니(amphictyony, 隣保同盟) 가설이 이스라엘의 독특성을 연구하면서도 이스라엘의 '신앙'과 정체성의 기원을 적절하게 설명하지 못하는 데 있다는 점이다.[29] 노트는 사사 시대의 12지파가 고대 그리스의 델로스 동맹처럼 인보동맹체를 구성했다고 본다. 야웨신앙은 광야 시대에 이스라엘이 받아들인 종교제의가 아니라, 가나안 땅에서 결성된 암픽티오니 동맹이 그것의 효과적 작동을 위해 추후적으로 야웨신앙을 받아들였다는 것이다. 그러나 브라이트는 가나안 정착 후 얼마 안 되었을 드보라 시대(삿 4-5장)에 이미 여러 지파들이 상호 연대하고 군사적 상호 부

28) 모세 연구사 개관을 보려면, H. Schmid, *Mose* (Berlin : H. Heenemann, 1968)를 참조하라.
29) John Bright, *Early Israel in Recent History Writing* (Chicago, IL. : Allenson Company, 1960), 84.

조를 당연시하고 있음을 지적한다. 그는 12지파가 가나안 정착 후 얼마 안 된 시점에, 즉 그토록 짧은 기간 동안에 자신들을 계약공동체로 묶어 그것을 유지하기 위해 규범적 야웨신앙을 받아들일 수 있었겠느냐는 반문을 제기한다. 브라이트에 따르면 오히려 정착 이전에 이스라엘 지파들 사이에는 암픽티오니적인 결속[30]이 있었고, 그들이 야웨신앙을 채택한 곳이 '광야'였다고 증언하는 성서기록이 더욱 신빙성이 있다. ② 오경 밖의 초기 성서 전승에서 모세라는 인물이 두드러지지 않는 것은 그의 부재 증명이라기보다는 오히려 이스라엘의 신앙이 모세가 아니라 '야웨 자신에 의해서' 이스라엘에 도입되었다는 것을 예증하는 것이라고 본다. 브라이트는 모세가 단순히 무덤 전승으로만 전해져 내려오는 인물이라면, 모세가 어찌 그토록 빈번하게 이스라엘 종교의 창건자로 묘사되는지에 대해 노트가 제시하는 진화론적 설명은 불합리하다고 비판한다. 아무런 영향력도 없는 인물에게 거대한 지위를 부여한다는 것은 웃음거리이며 지팡이가 뱀이 된다는 이야기보다도 더 믿기 힘들다고 주장한다.[31] 모세를 실제적인 율법수여자로 인정하는 것이 더 객관적이라는 것이다. ③ 브라이트는 노트의 고고학적 성과 무시도 비판한다. ④ 브라이트는 노트가 말하는 암픽티오니의 응집력의 근원과 출처를 끝까지 질문하면서, 오히려 노트의 전승사적 환원과 분석 안에 숨어 있는 논리적 비약을 지적하고 있다. 성서가 증언하는 암픽티오니의 공통적인 구원 체험의 전사(前史)와 이 전사를 배경으로 한 하나님과 이스라엘의 선차적 계약 사건이 노트가 그

---

30) 그리스 도시국가들의 암픽티오니는 전쟁, 전쟁분담금 헌납, 공동 신전 관리 등을 위해 결성되었고, 주전 492년부터 격화된 페르시아와의 전쟁 때 활성화되었으나, 많은 경우 동맹국들의 알력과 다툼으로 강한 외적과의 전쟁이 없는 경우 정치적 헤게모니 싸움의 장(場)으로 변질되었다. Plutarchos, *Plutarch's Lives*, 이다희 역, 「플루타르코스 영웅전」 1~3권(서울 : Human & Books, 2010)에 생생한 실례가 다수 등장한다. 인보동맹은 무장상비군을 갖춘 도시국가들 간의 동맹인 데 비하여 이스라엘 12지파는 저생산성 농경집단으로 어떤 지파도 군사를 동원할 지휘체계를 갖추지 못했다. 사사 시대의 전쟁은 야웨의 영이 임한 사사가 동원한 자원민병대에 의해 치러졌다. 따라서 이스라엘 12지파는 인보동맹이라고 보기는 힘들다.

31) Bright, *Early Israel in Recent History Writing*, 88.

토록 추구했던 이스라엘 현상의 독특성의 근원이 된다고 주장한다.[32] 이스라엘로 하여금 한 민족이 되게 한 것은 전쟁 시 결성된 애매모호한 인보동맹(隣保同盟)이 아니라 하나님과 12지파가 체결한 계약과 그것의 핵심조항인 율법임을 인정하는 것이 합당하다고 지적한다. 특히 그는 오래된 시가(詩歌) '드보라의 노래' 중(삿 5 : 4 이하 ; 참조. 시 68 : 8 ; 신 33 : 2) '시내산의 그분'과 출애굽기 15장의 '미리암의 노래'(출 15 : 19-21)에 나타난 '거룩한 성소'를 들어 출애굽과 시내산 계시의 분리를 주장하는 노트와 폰 라드를 동시에 비판한다.[33] 브라이트는 덧붙여서 "이 출애굽과 시내산 사건 배후에는 반드시 위대한 인물이 있어야 한다. 이스라엘 신앙처럼 유례없는 독특한 신앙은 확실히 한 창시자를 요청한다."고 진술한다.[34]

이스라엘은 하나님에 대한 공통의 신앙 때문에 독특한 자기 이해를 획득했고, 이것은 그 자체 안에 모종의 구원의 전사를 전제한다는 브라이트의 견해는 타당해 보인다. 결국 지파동맹이 신앙을 창조한 것이 아니라 신앙이 지파동맹을 창조했고, 오히려 그 지파동맹마저도 신앙의 외적 표현으로 보는 것이 더 설득력이 있어 보인다. 우리는 노트의 암픽티오니 가설-개별전승들의 현 오경전승에로의 질적 비약 속에서 건전한 상식의 훼손을 본다.

노트의 모세 역사성과 모세전승의 역사성에 대한 회의(懷疑)는 그것을 통해 해결할 수 있는 부분보다 해결할 수 없는 부분을 더 많이 야기한다. 이제 모세의 역사성과 모세전승의 역사성에 대한 인식 위에서 신명기에 표명된 유일신 신앙과 언약사상 그리고 모세와의 관련성을 살펴봄으로써, 신명기의 모세 저작설의 해석학적 의의를 찾아보려 한다. 구원의 전사 속에서 일군의 노예집단을 강력한 암픽티오니로 결합시킨 하나님은 누구이며, 이 하나님을 공

32) John Bright, *A History of Israel*, 김윤주 역, 「이스라엘의 역사 上」(서울 : 분도, 1989), 185.

33) G. W. Ramsey, *The Quest for the Historical Israel* (Atlanta, GA. : John Knox Press, 1981), 49-53. 이 출애굽전승과 시내산전승의 분리가설과 결합가설, 둘 다를 세밀하게 검토한 램지는 결합가설이 더 타당하다고 결론을 내린다.

34) Bright, 「이스라엘의 역사 上」, 196.

통의 하나님으로 고백한 이스라엘은 누구인지를 살펴보자.

### 3) 에헤즈켈 카우프만

에헤즈켈 카우프만은 이스라엘 종교의 핵심을 반(反)우상투쟁적 유일신 신앙으로 규정하고 이 반우상적인 유일신 신앙은 하나님의 초월적 계시라고 확언한다.[35] 그는 애니미즘 → 토테미즘 → 다신교 → 일신교 → 윤리적 유일신교라는 종교진화론적 도식의 허구성을 지적하고, 그 대신 최초의 유일신 신앙 → 타락과 영적 부패의 결과인 우상 숭배 → 유일신 신앙 회복으로서 모세의 계시종교 순서로 종교 발전이 일어났다고 주장한다.[36] 그는 모세 종교의 핵심을 '반우상적 유일신 신앙'으로 정의하고 하나님의 초월적인 계시의 관점에서 모세 종교 안에 나타난 계시의 실재성과 역사성을 확보하고자 한다. 그는 비교종교학의 관점에서 모세 종교의 역사적 맥락성을 추구한다.

그는 이스라엘의 사도적 예언운동 속에서 하나님의 초월적인 계시 사건의 연속적인 흐름을 발견한다. 사도적 예언자들은 다른 어떤 이교적 풍습에서도 낯선 것이며 영속적인 하나님의 한 계획을 진취시키는 매개자들이었다. 카우프만은 이 사도적 예언운동의 효시가 모세라고 주장한다. 이 사도적 예언운동의 터전은, 하나님께서는 당신의 뜻을 예언자를 통하여 선포하신다는 것을 붙들고 믿는 백성 공동체의 공통적 신앙고백이었다.[37] 카우프만은 주전 18세기 마리(Mari) 문서들에 이스라엘 예언에 비교될 만한 신탁 현상을 보여주는 부분이 있다고 주장한 마틴 노트를 비판했다. 마리 문서들에 등장하는 피파송 의식 보유 예언자들은 이스라엘의 예언자들과는 달리 공적 쟁점들을 분석하고 지배층의 죄악을 규탄하는 등 공공성이 강한 신탁을 발설하지 못했기 때문이다. 카우프만은 하나님의 최초의 사도적 예언자인 모세에게 와서야

35) Y. Kaufmann, *The Religion of Israel* (Chicago, IL. : Chicago University Press, 1965), 7-20.
36) Ibid., 21-58.
37) Ibid., 212-214.

미래에 굉장한 중요성을 갖는 획기적인 새 예언 현상이 도래했다고 주장한다. 모세의 예언 활동은 메소포타미아의 초기 영매술(신탁운동)의 획기적 변형을 초래하였다. 고대 근동 어디에서도 종교적 이데올로기와 도덕적 이데올로기를 동시에 결합시켜 요구하는 영매자는 없었고, 모세가 그 둘을 결합시킨 최초의 신탁자였다. 이처럼 이스라엘의 사도적 예언운동은 고대 근동종교의 역사상 전혀 새로운 현상이었고, 끊이지 않는 연속성과 계승활동을 고려해 보면 세계 어디에서도 그런 유비가 없었다는 것이다. 카우프만은 이스라엘만의 독특한 예언활동을 특징적 요소로 보유한 이스라엘 종교혁명이 일어난 시기는 모세 시기, 즉 가나안 진입 시기 전후라고 본다. 사도적 예언운동, 윤리적 유일신 야웨신앙, 우상과의 전쟁, 이스라엘 지파들의 언약연맹은 전체적으로 이스라엘의 자의식 속에서 동시적으로 생겨난 요소들이며 불가분리적 요소들인 것이다. 그것들이 하나의 똑같은 역사적 뿌리를 가졌다는 오직 그 전제만이 여러 세대를 거치는 동안 견지되어 온 이 현상들의 지속적인 결합 역사를 설명해 줄 수 있는 것이다.[38)]

카우프만에 의하면 이스라엘에게 야웨신앙을 선포하고, 그들로 하여금 하나님과의 계약관계로 들어가게 한 자는 역사상 최초의 한 사도적 예언자였다. 그리고 그의 출현은 가나안 진입 직전이었음이 틀림없을 것이다. 카우프만은 유일신 신앙이 언제 생겼느냐는 질문은 언제 우상과의 전쟁을 치렀느냐는 질문과 동일하다고 본다. 오직 모세와 더불어 그 양자 간의 대조가 나타난다. 그는 믿을 만한 역사적 사실들에 의해서 모세의 역사성이 입증된다고 주장한다. 즉, 가장 초기의 이스라엘 안에서 우상과의 투쟁이 있었다는 사실이 그 믿을 만한 역사적 사실이라는 것이다. 이 투쟁의 무대는 유일신 신앙을 가진 백성이었다. 그런데 언제, 어디서 이 질투하는 하나님 야웨신앙이 생겨났는가? 바벨론, 이집트, 가나안 중 어디에서도 이 질투하는 하나님 야웨신앙과 인격적 하나님의 말씀을 자의식적으로 대언하는 사도적 예언운동은 알

---

38) Ibid., 215-216.

려진 바 없다. 결국은 이스라엘 공동체 내에서 유래했음이 틀림없다는 것이다. "게다가 역사의 다른 유사한 사건들에서처럼 이 사상들의 역사적 중요성을 부여한 이 영적 혁명은 한 창조적 천재나 백성의 영도자의 활동임에 틀림없다. 성서적 사화를 따르면 이 창조적이고 선구적인 인물은 모세라고 불린다. 모세와 관련된 장소인 가데스와 시내산은 족장들과 아무 관련도 없고 후세대와도 아무 관련이 없는, 오직 모세와만 관련이 있는 신빙성 있는 장소일 개연성이 적지 않은 것이다."[39]

카우프만은 끝으로 모세의 기사에 이집트적 채색이 생생하면서도 독특하게 부각되어 있음을 지적하면서 모세 역사의 이집트적 기원을 정초(定礎)하려고 한다. 예를 들자면 이집트 유형의 이적을 행하는 모세의 이야기는 초기 이스라엘 예언에 끼친 이집트적 영향의 신빙성 있는 역사적 잔존물이다. 결국 모세를 보이지 않는 초월적인 하나님의 사도요 중보자로, 그를 이스라엘 민족과 이교도(파라오의 세계)의 세계에서 하나님의 뜻을 계시하는 자로 묘사하는 성서적 증언은 타당하다. 전체적으로 카우프만은 종교사적 배경하에서 모세 종교의 유비불가능성과 계시성을 강조함으로써 모세전승의 역사성을 옹호했다.[40]

#### 4) 레온 우드

보수적 학계에서 이스라엘의 초기 역사 및 모세 역사성 재구성에 가장 적극적인 입장을 피력한 학자 중 레온 우드의 견해는 주목할 만하다. 레온 우드는 「이스라엘의 역사」에서 최신 고고문헌학적 성과물을 동원하여 족장 및 모세전승의 역사적 신빙성을 보다 더 구체적으로 옹호하면서 존 브라이트보다 더 적극적이고 구체적으로 모세의 역사적 맥락을 재구성하고 있다.[41] 또한 그

39) Ibid., 223.

40) Ibid., 228.

41) Leon J. Wood, (A) *Survey of Israel's history*, 「이스라엘의 역사」, 김의원 역(서울 : 기독

는 누지(Nuzi), 마리 등의 고고학적 성과물에 의존하여 족장시대의 역사성은 물론 모세와 출애굽의 역사성을 성서의 증언에 입각하여 충실하게 재구성해 낸다. 그 때문에 심지어 좀 온건한 브라이트 등에 의해서까지도 성서를 역사서로 본다는 비판을 받는다. 그러나 레온 우드는 이스라엘의 핵심 집단의 애굽 체류와 출애굽의 역사성을 광범위한 고고문헌학적 방증자료에 의해서 구축하고자 시도한다. 그는 같은 책 5장 '애굽에서의 체류와 출애굽 연대기' 부분에서 어떤 곳에서도 구할 수 없는 신빙성 있는 희귀자료라고 스스로 확언하는 각종 증거자료를 제시하고 있다. 그는 애굽 체류 기간을 430년간으로 파악하고(출 12 : 40 ; 창 15 : 13 ; 행 7 : 6-7), 가르스탕(J. Garstang) 등의 여리고 탐사 결론 등에 근거해 주전 15세기 출애굽 연대설을 주장한다.[42] 레온 우드는 파아커(R. A. Parker), 올브라이트(W. F. Albright) 등의 팔레스틴-오리엔트 고고문헌학의 성과에 의지하여 모세 시대의 역사적 맥락을 어떤 학자들보다 더 구체적으로 제시한다. 그는 주전 2000년대의 애굽 역사를 네 시기의 통치기간으로 구분한다. ① 제12왕조(주전 1991-1786), ② 힉소스 왕조(주전 18세기 융성), ③ 제18왕조(힉소스족 추방시기, 투트모세 1세, 제국적 애굽 시작), ④ 제19왕조(109년간 지속, 라암셋 2세〈주전 1304-1238〉-세티 1세〈팔레스틴과 남방시리아 지배 시기〉)로 나눈다.[43]

레온 우드는 이 시대 구분에 따라 야곱의 애굽 정착이 제12왕조 때에 이루어졌다고 본다. 그는 또, 요셉을 알지 못하는 왕(출 1 : 8)은 힉소스 왕조의 태조왕이며, 모세를 건져 준 공주는 투트모세 1세의 딸 핫셉수트(Hatchepsut)였다고 주장한다.[44] 이 핫셉수트가 모세를 입양하여 테베의 궁궐에서 모세에게 최고의 교육 기회를 제공하며 양육했다는 것이다. 레온 우드는 이 핫셉수트의 높은 관직을 거절하면서까지 동족 히브리인과 고난을 같이 감수하고자

---

교문서선교회, 1985), 28-30.

42) Ibid., 101.

43) Ibid., 121.

44) Ibid., 128 ; A. Gardner, *Egypt of the Pharaohs* (London : Oxford University Press, 1961), 183.

했던 모세의 신앙결단을 칭찬하는 히브리서 기자의 증언(히 11 : 24-27)에 의지하여 모세 역사성 재구성을 계속해 간다. 레온 우드는 또한 미디안 40년의 방랑생활이 모세에게 출애굽의 실제적인 지리적 정보를 제공하는 데 깊은 유익을 끼쳤다고 단언한다.

이처럼 레온 우드의 모세 역사성 재구성은 구체적이고 실사적(實史的)인 접근에 기초하고 있다. 그는 모세 시대의 역사적 개연성을 강조한 헤르만, 고고 문헌학적 증거에 입각하여 모세 역사를 보다 더 객관적인 중근동사 안에 자리매김한 존 브라이트보다 한 걸음 더 나아가서, 아주 구체적인 연대기로 재구성함은 물론 각각의 연대기에 등장한 역사적 인물들의 정체를 추정하는 대담함을 보여 주고 있다. 그는 자신의 논지가 20세기 중반 이후부터 독해된 이집트 및 중근동의 고고문헌학, 연대기 등의 과학적 방증자료에 의해 뒷받침되고 있다고 주장한다.[45] 따라서 그를 두고 성서를 역사로 혼동한 범주혼동적 근본주의자로 일방적으로 비판하는 것은 지나친 것으로 보인다. 오히려 최신판 애굽 고대역사, 중근동 고고문헌학 자료의 학문적 효용성을 환기시켜 준 레온 우드의 접근에서 적지 않은 통찰을 발견할 수도 있다.

## 6. 모세와 윤리적 유일신 신앙

벨하우젠을 비롯해 신명기의 모세 저작설에 반대했던 학자들은 신명기의 모세 설교에 나타난 매우 고상한 윤리적 신관은 주전 13세기경에 유래했을 수 없다고 판단했다. "모세가 가데스에서 이스라엘에게 가르쳐 준 신관은 암몬-그모스의 관계와 같은 자연 신관이다. 모세의 신관은 초보적인 부족신 개념이었고, 모세가 도입한 계약은 윤리적인 조건 여부에 따라 해체 여부가 결정되는 관계가 아니라 어떤 조건하에서도 해체불가한 자연적 계약이다."[46]

---

45) Wood, Ibid., 119-148.

46) Wellhausen, *Prolegomena to the History of Ancient Israel*, 420-427.

그런 불가분리적 자연계약(민 21 : 9 ; 삿 20 : 2 ; 삼하 1 : 12 ; 2 : 24 ; 14 : 13 ; 사 5 : 11)이 시리아와 앗수르에 의하여 위협을 당하자 윤리적, 조건적 계약으로 전환되었다는 것이다. 엘리야, 아모스 같은 예언자들이 야웨와 이스라엘 간의 무윤리적 자연적 유대로서의 자연계약을 폐기하고 야웨와 이스라엘의 관계를 윤리적, 조건적 계약관계로 격상시켰다는 것이다. 벨하우젠은 이스라엘의 신정정치가 모세로부터도, 유일신으로부터도, 윤리적 조건에 의존하는 계약으로부터도 유래하지 않았고, 오히려 '야웨는 이스라엘의 하나님', '이스라엘은 야웨의 백성'이라는 쌍무적 자연적 유대를 바탕으로 하여 사울 시대로부터 유래했다고 주장했다. 특히 사울 왕이 블레셋과 전쟁할 때 이런 쌍무적 자연적 계약사상이 맹아되었다고 본다. 벨하우젠의 사고 속에는 낡은 것과 새것의 갈등 속에 낡은 것은 완전히 소멸된다는 헤겔식 변증법적 사고와, 미개하고 단순한 개념이 점차 복잡하고 윤리적인 개념으로 진화한다는 다윈적 진화론이 내재되어 있다. 이 벨하우젠의 논리를 따라 「모세와 유일신 신앙」을 저술한 지그문트 프로이트(S. Freud) 또한 이스라엘의 유일신 신앙과 계약사상을 종교 심리적 차원에서 해명하려고 했다.[47] 벨하우젠의 사상을 초기부터 영국에 소개한 심프슨(D. C. Simpson)은 "신명기의 저자가 어디에서 이토록 고상한 이상들과 하나님의 질투심에 가득 찬 사랑에 대한 사상을 획득했는가?"를 묻는다.[48] 그는 예언자들의 위대한 영감에서 그 기원을 찾는다. 또 가톨릭 신학자 C. F. 화이틀리(C. F. Whiteley)는 고전적 벨하우젠의 논리로 복귀해 예언자들의 가르침의 유일한 전거는 '야웨의 말씀'(렘 23 : 16, 18 ; 겔 6 : 1-2 ; 암 3 : 7-8 ; 7 : 4)이며, 이 예언자들은 고대전승과 '대립했다'고 주장했다. 화이틀리는 모세 시대의 유일신 신앙은 후대 예언자 사상의 투사라고 단언한다.[49] 오늘날 벨하우젠의 종교발전사적 도식에 의한 모세

47) T. Reik, *Mystery on the Mountain* (New York, NY. : Harper & Brothers, 1959), 142.
48) D. C. Simpson, *Pentateuchal Criticism* (London : Oxford University Press 1914), 116.
49) C. F. Whiteley, *The Prophetic Achievement*, 양승애 역, 「예언자들의 중심사상」(서울 : 성바오로 출판사, 1982), 41-53.

오경의 고대성 부정은 여러 면에서 강력한 도전을 받고 있다. 따라서 벨하우젠의 방식대로 이스라엘의 기원을 설명하며 모세오경의 역사성을 부정하는 학설은 교조적으로 신봉되어서는 안 된다. 앞에서도 잠시 언급했듯이 모세오경과 모세의 역사성에 대한 벨하우젠의 부정은 유대인에 대한 게르만 민족의 적대감정과 율법과 제의는 폄하하고 즉흥적 영감만을 숭배했던 19세기 독일 낭만주의 사상의 영향력 아래 촉발되었다는 점이 고려되어야 할 것이다. 야웨신앙의 기원과 발전을 진화론적 도식으로 설명하는 벨하우젠류의 종교발전론은 19세기 편견의 산물일 뿐이라는 것이다. 오늘날 구조주의 인류학과 문화인류학의 성과들은 인간사회가 원시와 야만에서 문명으로 발전한다는 직선적 발전사관이 얼마나 서구 중심 모더니즘의 편견이었는가를 깨닫게 된다. 인류공동체는 오히려 한때는 한 분 하나님에 대한 기억을 가지고 있었다고 보는 것이 더욱 설득력이 있다. '창조(모세 계시, 유일한 하나님 예배) → 타락(가나안 농경사회에서 다신교 숭배로 타락) → 구속(다시 한 분 하나님 예배)'의 순서로 인류역사가 전개되고 있다고 보는 성경의 종교발전관이 직선적 진화론보다 더 설득력 있다. 카우프만은 "성서전승은 인류 조상들과 이스라엘 족장들이 유일신 신앙자라고 표현한다. 우상 숭배는 오히려 후대의 부패과정이었다."[50] 라고 주장했다. 이제 벨하우젠의 유일신 신앙 후대가설을 비판한 게르할더스 보스(G. Vos)와 윌리엄 폭스웰 올브라이트, 글리슨 아처(Gleason Archer, Jr.) 등의 논지를 살펴봄으로써 벨하우젠 이래 서구 신학의 종교진화론적 도식을 극복하고자 한다.

올브라이트는 모세 시대의 종교는 신빙성 있는 구전을 통해 전승되고 보존되었다는 전제하에서, 모세 시대의 유일신 신앙기원론을 옹호한다. 예레미야 2 : 8은 '율법의 보존자들'(tôfĕsê hat-tôrā)이라는 제사장 계급을 언급하는데, 이것이 원초적 모세의 토라를 가리킨다고 본다. 그는 이 모세의 토라에 후대의 추가물이 덧붙여졌음을 인정하면서도, 모세의 율법, 즉 그것의 핵심

---

50) Kaufmann, *The Religion of Israel*, 153.

조항인 유일신 신앙의 모세 기원을 옹호한다.[51] 올브라이트의 주장을 간결하게 요약하면 다음과 같다.

① 모세에 의해 주어진 'YHWH'라는 하나님 이름에 창조주에 대한 신앙 고백이 들어 있다. 야웨의 뜻은 '그는 모든 존재하는 것을 존재케 하신다'이다. ② 야웨 하나님은 가나안 종교의 신들과 달리 가족이 없다. ③ 야웨 하나님은 어떤 거주지에 제한되지 않는다. ④ 야웨 하나님의 반우상적 특성은 팔레스틴의 어떤 곳에서도 야웨의 형상이 발견되지 않는다는 사실에서 입증된다. ⑤ 십계명 같은 정언적(무조건적) 계명은 모세에게서 기원한다. 이 정언적 계명들 안에는 모세 상황과 필연적으로 갈등하는 것이 없다. 이 정언적 계명들이 고대 세겜 축제에서 매년 암송되었을 가능성이 크다. 정언적 계명의 모세 기원 개연성은 적극적으로 옹호될 수 있다. ⑥ 모세의 유일신 창조주 개념은 좀 더 이른 시기인 이집트의 아크헤나톤(Akhnaton)의 토라에서 영향받았을 수 있으나, 근본적으로 모세의 혁명이라 할 만큼 모세의 유일신 신앙은 독특하다. 결국 종교진화론적 도식이라는 편견만 갖지 않으면 모세의 유일신 신앙의 종교사적 개연성은 인정될 수 있다.

글리슨 아처는 현 세기의 탁월한 인류학자들이 벨하우젠의 도식인 애니미즘-다신교-유일신교의 진화 과정을 반대하고 있음을 지적한다. 슈미트를 비롯한 최근 문화인류학자들은 "인간의 최고 이른 시기에 존재했던 더 순수한 종교에 대한 의미심장한 증거가 있다."고 진술하고 있다.[52] 글리슨 아처는 문화인류학 · 비교종교학의 유추 논증의 한계를 의식하면서도, "백성 전체의 총체적 충성을 명령한 신을 섬기는 참된 유일신 신앙 종교를 발전시킨 어떤 다른 나라도 없었다. 이집트, 바벨론, 그리스 등 어디에서도 전 민족 차원에서 유일신 신앙을 받아들인 적이 없었다."고 말한다. 오직 이스라엘만이 전

51) William F. Albright, *From the Stone Age to Christianity* (Baltimore, MD. ; The Johns Hopkins University Press, 1957), 257-272.

52) Gleason Archer, Jr., *A Survey of the Old Testament. Introduction* (Chicago, IL. : Moody Press, 1980), 143.

민족적 단위에서 신봉되는 유일신 신앙을 산출했다는 것이다. 아처가 보기에는 "어떻게 히브리 민족이 고대 인근의 족속들과 그렇게 대조적인 신관을 갖게 되었는가를 해명하는 합리적인 설명이 필요하다. 그 난점을 이스라엘 다신교 기원론이라는 가설로 대체하면 안 된다. 이스라엘에서는 왜 다신교가 유일신 신앙에 굴복했는가를 설명해야 한다는 것이다. 이 사실에 관한 한 이스라엘이 하나님의 직접계시로부터 그들의 유일신 신앙을 이끌어 내었다는 것 이외에 다른 합리적 설명이 있을 수 없다."[53]

신명기의 윤리적 유일신 신앙은 전투적, 정복적 기조 위에 서 있다. 가나안 종교에 대한 전멸을 명령하고 있다. 이것은 출애굽 구원 전쟁이 정치적 해방일 뿐만 아니라 종교적 전쟁, 즉 우상과의 거룩한 전쟁임을 상기시키고 있다. 신명기의 전투적 유일신 신앙의 기원은 출애굽 구원이라는 '역사적 서론'에 상응하는 공통적 유산을 가진 집단에서 시작되었다고 보는 것이 타당하다. 보스(G. Vos)도 벨하우젠의 윤리적 유일신 신앙의 발생에 관한 가설을 논파한다. 특히 예언자들의 윤리적 유일신 신앙에서 '윤리적'이라는 말을 보복적, 심판적으로 이해하면서 예언서 중 약속, 구원 신탁 부분은 무조건 후대 첨가라고 주장하는 벨하우젠의 단순 도식을 비판한다.[54]

이상에서 벨하우젠 등의 종교진화론 도식이 이스라엘에 적용될 때 야기되는 난점을 살펴보았다. 그들은 유비, 비판, 상관성이라는 단순한 역사비평의 원칙을 갖고 유비의 범주 밖에 있는 하나님의 초자연적 계시 사건인 이스라엘 현상을 충분히 합리적으로 설명하지 못했다. 이스라엘의 기원은 합리적 유비에 의해 궁구되지 않는다는 것은 마틴 노트마저 인정하지 않았던가? 이것은 성서의 증언대로 하나님의 초자연적 계시의 실재를 수용하는 것이 이스라엘을 가장 잘 이해하는 길임을 시사해 주고 있다. 신명기는 출애굽 구원과 시내산 계약, 광야 등을 통해 계시된 전투적 유일신 하나님을 공통으로 체험

53) Ibid.

54) G. Vos, *Biblical Theology : Old and New Testaments*, 이승구 역, 「성경신학」(서울 : 기독교문서선교회, 1985), 284-300.

한 한 집단에게 주는 권고이며, 최악의 다신교 우상 숭배가 만연한 가나안 땅으로 진입하려는 이스라엘 백성에게 선포된 모세 설교의 원형적 윤곽을 지니고 있다.

## 7. 모세와 계약백성

이제 마지막으로 우리는 언약사상의 모세 기원 가능성을 검토해 봄으로써 신명기의 모세 유래 가능성을 살펴보고자 한다. 발터 침멀리(W. Zimmerli)는 이스라엘이 아주 초창기부터 스스로 독특한 집단으로서의 자의식을 갖고 있었음을 지적하고 있다. '이런 일(가나안의 타락한 성도덕)은 이스라엘에서 일어나지 않았다' 등의 고대적 공식 구절과 발람의 신탁(민 23 : 9-10) 중 '나는 열국 중 홀로 독특하게 행세하는 한 민족을 본다'와 창세기 10장의 열국 형성을 설명하는 족보 수형도(樹形圖)를 예거하고 있다.[55] 특히 창세기의 족보 수형도에서 이스라엘은 칠십 나라의 족보에 나타나지 않는다. 이 사실은 이스라엘 민족이 처음부터 자신들은 자연적인 인종 확장 과정에서 형성된 민족이 아니라, 하나님께서 자신들의 조상 아브라함을 부르심으로 형성된, 즉 위에서부터 형성된 민족이라는 자의식을 품고 있었음을 가리킨다.[56]

더 나아가, 이스라엘과 야웨와의 관계는 처음부터 조건적 계약관계로 시작되었다는 견해를 주장하는 학자들이 있어 왔다. 특히 금세기 중엽에 대량으로 발견된 고대근동 종주권 조약 토판들은 학자들로 하여금 신명기를 종주권 조약의 빛하에서 해석하도록 유도했다. 조지 멘덴홀, 데니스 맥카아디 등 여러 학자들은 고대근동의 종주-봉신조약의 양식에 비추어 모세 계약 안에

55) W. Zimmerli, *The Old Testament and the World* (George : SPCK, 1976), 80-81.

56) 게르하르트 폰 라드는 초기 이스라엘에는 선택사상은 있었으나 계약사상은 없었다고 주장했다(*Theologie des Alten Testaments*, 허혁 역, 「구약신학 I」〈서울 : 한국신학연구소, 1986〉, 62-66). 그러나 손석태는 '알다', '사랑하다' 등의 용어가 계약적 함축어임을 밝히고 있다(Sohn Sok Tae, *The Election of Israel* 〈Grand Rapids, MI. : Eerdmans Publishing Company, 1990〉, 86-96).

내재된 조건성을 이해하려고 했다(G. E. Mendenhall, D. J. McCarthy, Kline, P. Craiggie, P. Robertson).

이스라엘을 두고 시초부터 하나님의 계약백성이었다고 주장하는 학자들은 대개 두 부류로 나눠진다. ① 예언자들의 이스라엘 탄핵문맥을 석의적으로 접근하여 예언자들의 탄핵신탁들 안에는 이미 하나님과 이스라엘의 계약관계가 전제되어 있었음을 규명하는 학자들이 있다(G. Vos, J. Muilenburg, H. W. Wolff, D. J. McCarthy, W. Eichrodt 등). ② 출애굽 구원의 전사(前史)를 강조하며 고고문헌학적 성과물인 고대 히타이트 등 근동의 종주권 조약의 빛하에서 신명기를 이해하여, 계약 사건은 출애굽의 동반어라는 접근을 취하는 학자들이 있다(G. E. Mendenhall, Kline, D. J. McCarthy, Craiggie 등). 우리는 보스와 크레이기와 클라인의 논지를 중심으로 계약사상의 모세 시대 소급 가능성을 검토해 보려고 한다.

선택사상과 계약사상을 분리하는 폰 라드에 반대하는 로울리(H. H. Rowley)는 일찍부터 이스라엘이 자기가 선택된 민족이라는 것을 믿어 왔다는 사실에 비추어 볼 때 이 선택사상 안에 계약백성 의식이 내포되어 있다고 보는 것이 합당하다고 주장한다.[57] 또한 아이히로트는 언약이라는 말이 주전 7세기 이전에는 드물게 사용되었다고 해서 언약관계라는 사실 자체가 후대에 생긴 것이라고 볼 수는 없다고 주장한다.[58] 예언자란 이 야웨 계약이 가나안화로 순치되는 것을 막기 위한 운동의 선구자이며, 예언자 운동도 하나님과 이스라엘 간에 맺어진 모세 계약의 수호의지에서 나온 것이라고 규정한다. 제임스 뮬렌버그(J. Muilenburg)는 고대 북이스라엘 왕국의 예언자들의 예언적 탄핵의 배경은, 출애굽기 19 : 3~6의 시내산 계약 전승과 여호수아 24장의 세겜전승과 사무엘상 12장의 길갈 제의전승이라고 주장한다. 이것들은 한결같이 출애굽 구원이라는 하나님의 은혜로운 전사(前史)를 전제한 이스라엘

57) H. H. Rowley, *The Biblical Doctrine of Election* (London : Lutterworth Press, 1950), 30-46.

58) Eichrodt, *The Theology of the Old Testament* Vol.1, 40-46.

의 순종 요구라는 것이다. 이것을 볼 때 모세 계약이 시내산-세겜-길갈 제의 전승 속에 면면히 흘러 내려왔으며 따라서 조건적 계약사상(하나님의 은혜로운 전사와 그것에 대한 응답으로서의 언약 준수 요구)은 이스라엘 역사 초기부터 존재해 왔음을 확인할 수 있다.[59)]

맥카아디도 예언자적 소송양식인 립(rîb)에 의거한 예언자들의 탄핵문맥은 내포된 계약관계를 암시하고 있다고 주장한다(사 1 : 2-3, 10-20 ; 렘 2 : 4-12 ; 미 6 : 1-8 ; 시 50편 ; 신 32장). 이 모든 탄핵은 한두 가지 사회정의의 위반을 단죄하는 것이 아니라 하나님과 맺은 계약에 대한 전심의 충성을 저버린 데 대한 고발이었다.[60)]

보스 또한 예언자들의 탄핵 문맥에서, 이스라엘과 야웨 간에 있었던 실질적인 계약관계를 추론해 낸다.[61)] 그는 호세아에서 혼인개념과 계약개념의 동일성을 규명하였는데, 종교적 표현 형태로서의 혼인개념은 셈족 종교에서 아주 오랜 기원을 가졌다고 말한다. "호세아 자신의 불행한 혼인경험을 통하여 이 이미지를 과거와 현재, 미래의 종교과정을 묘사하는 데 사용할 수 있었다."는 벨하우젠의 이론은 지지될 수 없다는 것이다. 호세아의 계약용어인 '알다'는 계약적 친밀감을 전제하고 있으며, 이스라엘이 하나님과 주전 8세기 이전부터 혼인계약적 상호속박에 서로를 결속시키지 않았다면 호세아의 이스라엘 행음 규탄은 난센스라는 것이다.[62)] 그는 또한 이스라엘의 범죄가 공동체적인 반역임을 밝혀내고, 하나님과 이스라엘 간의 집단적 계약이 전제되어 있었음을 지적하고 있다. 보스는 호세아-이사야-아모스 등 예언자들이 밝힌 죄는 원초적 시점에 있었던 '상대적으로 완전하고 순수한 상태로부터의 이탈'이라는 것이다. 성경은 이 상대적으로 완전하고 순수한 시점이 모세 시대라

59) James Muilenburg, "The Form and Structure of the Covenantal Formulations", *Vetus Testamentum* 9(1959), 347-365.
60) D. J. McCarthy, *Old Testament Covenant* (Oxford : Basil Blackwell, 1972), 38, 78~79.
61) Vos, 「성경신학」, 284-318.
62) G. Johannes Botterweck, "야다(Yaday)", *TDOT* 2권(Grand Rapids, MI. : Eerdmans Publishing Company, 1974), 468-484.

고 증거한다. 예언자들이 호소하는 '광야 시대에로의 돌이킴' 주제는 이스라엘과 야웨 간의 짧았지만 뜨거웠던 밀월 기간을 상정하고 있다는 것이다.[63]

이에 비해서 벨하우젠 학파는 '침묵으로부터의 논증'을 과도하게 사용한다. 특히 신명기 역사서(여호수아-열왕기하)를 쓴 역사가에 의해서 상대적으로 무질서하고 타락한 것으로 그려진 사사기 등에 과도하게 의존해, 초기 이스라엘의 신앙을 원시적이고 미개한 것으로 파악했다. 사사 시대의 무질서와 영적 파탄은 그 이전에 어떤 객관적인 토라와 유일신 신앙규범도 부재했다는 증거라는 것이다. 사사 시대보다 앞선 모세 시대의 토라의 빛하에서 사사 시대가 심판받고 있다는 관점에서 사사기를 읽어야 했는데, 벨하우젠 학파는 반대방향으로 읽었고 그릇된 결론을 도출했던 것이다.

본 주석서는 창조-타락-구속의 운동으로 성서를 이해하는 것이 더 타당하다고 본다. 예언자들의 관점에서 볼 때 모세 시대는 당대의 사회를 고발할 수 있는 규범적 원리를 제공했다. 모세 시대는 이스라엘의 후대 역사가 걸어가야 할 기준과 규범 형성의 시기였다는 것이다. 모세 시대의 계약사상이 예언자 운동을 발생시킨 것이지, 예언자들이 계약사상을 창조해 모세 시대로 역투사한 것이 아니다. 그들은 잊혀졌던 모세를 민족 멸망기의 문턱에서 가까스로 발견한 것이다. 모세가 사사기부터 열왕기하까지 별로 언급되지 않고 있는 현 정경의 문맥 그 자체가 벌써 일종의 해석을 제시하고 있다. 이 해석에 의하면 모세의 야웨 계약을 망각한 사사 시대부터 열왕기하까지가 멸망으로 갈 수밖에 없는 필연성을 띠고 있는 것이다. 모세는 이스라엘 민족의 창조 시점에 활동하다가 멸망 시점에서 다시 회상되고 기억된 것이다. 주전 8세기 예언자들이 출애굽 구원과 계약사건의 또 다른 이면, 즉 조건적 측면을 발견한 것은 잊혀졌던 모세전승의 발견인 것이다. 사사기에서 열왕기하까지 정식으로 지켜지지 않았던 유월절을 지킨 요시야 왕이 발견한 그 모세의 율법책은, 단지 이스라엘의 개혁을 촉구하기 위한 것이 아니었고 이스라엘의 멸망

---

63) A. D. H. Mays, *Hosea* (London : SCM, Press, 1967), 63-69.

의 정당성을 옹호하기 위한 것이었다. 현 신명기는 모세전승을 고스란히 당대의 역사에 적용해 보려던 모세적 예언자의 비판적 전통주의(Critical Traditionalism)의 산물이라고 보는 로버트 폴진(R. Polzin)의 구조주의적 접근은 이 점을 잘 보여 주고 있다.[64] 폴진에 의하면, 민족의 멸망기에 비로소 다시 민족의 원초적 시점에 주어진 모세 계약의 본질에 눈을 뜬 주전 7세기 이후의 한 예언자가 모세적 계약사상을 동시대인들에게 역동적으로 재생시켰는데, 그 산물이 현 신명기이다.

## B. 신명기의 모세 저작설의 해석학적 함축

### 1. 방법론적 전환 : 역사비평적 사고와 계시의존적 사고

성서의 고등비평이 모세 역사성을 부정함으로 야기한 해석학적 난점은 성서적 모세전승의 역사성에 대한 적극적인 탐구로 해결될 수 있다. 특히 신명기에서 모세라는 인물은 민주적 절차에 의해서 선출된 지도자가 아니라 초월적인 하나님에 의해 선택된 인물로서, 하나님의 계시 수납과 하나님-이스라엘 계약 중재, 그리고 율법 반포와 교육이라는 신정통치적 역할을 떠맡기에 충분한 카리스마적 인물이다. 모세는 신명기 전체에 걸쳐서 이스라엘의 사활적 조건에 대한 정통적 이해를 확보하고 있으며, 가나안 농경사회에서 겪게 될 이스라엘의 영적 충격과 위기를 내다보는 예언자적 통찰로 가득 차 있는 이로 묘사된다. 이러한 모세의 인격과 맞물려 있는 신명기의 구조적 내밀성과 내용적 응집성은, 모세의 역할을 단순히 후대 저자의 문학적 창작으로 축소시키는 안일한 역사비평적 사고로는 해명될 수 없다. 신명기와 역사

64) R. Polzin, *Moses and the Deuteronomist* (New York, NY. : Seabury Press, 1980), 1-73.

적 모세와의 관련성이 없다면 이 신명기가 어떻게 성서 시대 내내 이스라엘 백성에게 정경적 권위를 획득했겠는가? 이스라엘은 한두 명의 문학적 천재에 의해 교묘하게 창작된 허구적 권위로 덧입혀진 인물의 입에서 발설된 말을 하나님의 권위 있는 말씀으로 들을 만큼 단순하고 유치했는가? 탈무드와 미쉬나의 보존에서 보듯이 이스라엘은 '전승' 경외의 민족이며, 허구적 권위에 복종하는 민족이 아니라 허구적 권위에 저항해 온 지극히 상식적인 민족이 아닌가? 그러므로 신명기의 저작 기원 연구에 있어서 방법론적 전환이 요청된다.

신명기의 핵심은, 유일하신 하나님과 거룩한 백성 이스라엘의 계약관계가 실험되어질 가나안 땅에서의 계약백성의 삶에 대한 규정이며, 계약관계의 역동성 안에 머물러 있으라는 마음 깊은 곳에서 우러나오는 권고요 설득이다. 신명기의 모세저작설 구명(究明)의 핵심은 유일하고 거룩하신 하나님 이해와 그 하나님의 거룩한 백성으로서의 이스라엘 정체성 이해를 최초로 선포하고 알린 자가 누구인가를 밝히는 것이다. 신명기의 저자에 관한 한 신명기에 표현된 하나님관(유일신 신앙)과 이스라엘의 정체성 이해(계약백성)를 가져다준 자야말로 신명기 저자에 속한다고 봐야 하는 것이다. 하나님과 이스라엘의 관계를 그토록 심오한 인격 투신적 언약관계로 정리해 내는 이 놀라운 통찰력과 하나님의 거룩하심과 유일하심을 그토록 마음 깊은 곳에서부터 표현해 내는 이 영감 깊은 표현의 저자가 누구인지를 밝히는 것이다. 주전 7세기 저작설 주창자들처럼 후대 사회적 상황을 반영하는 법률이나 제도의 개변(改變) 부분에서 저자를 찾아서는 안 되고, 오히려 1~11장의 출애굽과 시내산 계약 전승 및 27~31장의 모압(세겜) 언약체결 부분에서 신명기 저자를 찾아야 한다. 하나님 이해와 이스라엘의 정체성 인식을 가져온 자를 중심으로 신명기의 저작설이 논구되어야 한다는 것이다. 12~26장이 변화하는 역사의 현장에서 유일하신 하나님과 계약백성 이스라엘의 역동적 관계성이 유지되도록 하기 위한 실천 조항들이라면(자아 책임성), 1~11장과 27~30장은 존재(자기 정체성)의 문제이다. 1~11, 27~30장이 '하나님은 누구인가? 이스라엘은 누구인가?'를 문제 삼고 있다면, 벨하우젠이 원(原)신명기라고 생각했던 부분인 12~26장은 자기 정체성(TO BE)에서 발생되는 자아 책임성(TO DO)을 문제 삼는 "나는(이스라엘) 무엇을 해야 하는가?"를 취급하고 있다. 벨하우젠을 필두로 주전 7세기 저작설 주창자들은 12~26장 속에서 신명기의 저자를 찾으려고 하지만 오히려 1~11장(유일신 신앙)과 27~30장(언약사상) 속에서 찾아야 한다. 12~26장은 사회적 법령들로서 가변적인 사회 변화에 유기적으로 대응하는 실천의 문제를 다루고 있고, 1~11, 27~30장은 사느냐 죽느냐의 문제를 취급하고 있다. 이스라엘의 존재는 하나님의 출애굽 구원과 시내산 계약에서 시작되고(1-11, 27-30장), 끊임없는 율법(12-26장) 복종을 통하여 그 언약관계가 유지된다.[65] 신명기에서 토라는 계약을 창출해 내는 자가충전식 도구가 아니라, 하나님의 선물인 계약관계를 유지시키고 심화시키는 도구이다.[66] 율법 준수는 구원을 얻게 하는 공로가 아니라 이미 받은 구원을 보존케 하고 심화시키는 요소다.

이스라엘은 유일하신 하나님의 거룩하신 인격의 반영물인 율법을 지킴으로써 언약 축복을 누리겠지만, 율법을 파기한다면 언약 무효화를 경험하도록 예정되어 있다. 이스라엘이 최악의 다신교 문명 한복판인 가나안 땅에서 살아간다는 것은 하나님과의 계약관계를 파괴하고 손상시키고 이탈시킬 수 있는 모든 장애물을 제거하는 전투적, 정복적 삶의 실현을 의미한다.[67] 신명기는 우상 숭배와 다신교적 제의가 만연한 가나안 땅에서 순결한 정체성을 보존해야 하는 계약백성 이스라엘의 긴장과 위기감을 보여 주며, 그들의 희망과 좌절을 전망하고 있다. 신명기는 가나안 정복에 성공한 이스라엘도 가나안 땅을 더럽히고 아모리 족속류의 죄악에 빠지면, 그 땅에서 멸절되고 추방될 것임을 가르치고 있다. 따라서 땅 선물은 은혜인 동시에 심판의 근거로

---

65) A. D. H. Mayes, *The Story of Israel between Settlement and Exile* (Philadelphia, PA. : Fortress Press, 1971), 35.

66) Hartmut Gese, *Essays on Biblical Theology* (Minneapolis, IN. : Augusburg Publishing House, 1981), 62-63.

67) Gese, op. cit., 65.

기능하고 있다.[68] 이스라엘은 애굽에서 나왔다가 다시 애굽으로 끌려갈 것이라는 무서운 예언의 경고하에 놓여 있다.[69]

## 2. 신명기의 계시의존적 이해

거룩하고 유일하신 하나님 고백과 이 하나님에 대한 이스라엘의 계약관계는 종교생활의 축적에 의한, 혹은 종교경험으로부터 나온 깨달음의 산물일 수 없다. 이스라엘 외에는 야웨 하나님 같은 하나님을 믿고 따르는 족속이 세상 어디에도 나타나지 않았기 때문이다. 모세와 이스라엘이 이스라엘 민족 형성기에 받은 하나님 이해는, 경험과 역사를 초월하여 처음부터 이스라엘에게 주어진 계시의 씨앗이다. 이 하나님 이해와 하나님의 계약 백성으로서의 자기 정체성 안에서 이스라엘은 가나안 땅 한복판에 집어던져졌다.[70] 이 점이 바로 계시의존적 사고와 역사비평적 사고의 긴장점을 형성한다. 이스라엘의 존재 시초에 주어진 독특한 하나님 이해와 자기 이해는, 이스라엘이 고대 근동 역사의 격류와의 충격적인 접촉과 교류 속에서도 자신의 독특성을 유지하도록 했다. 이 선험적이고 원초적인 하나님 고백과 자기 이해는 도무지 자연종교의 진화 과정으로는 설명할 수 없는 역사비평의 범주 바깥에 있는 차원이다. 에른스트 트뢸취(E. Troeltsch)의 역사비평의 3대 원칙인 유비, 비판, 상관성의 어느 원칙으로도 이스라엘의 독특성은 해명할 수 없다.[71] 신명기의 해석은 존재(1-11, 27-30장)에서 행위(12-26장)로 가야 하는데, 주전 7세기 저작설들은 한결같이 시간의 변화를 겪는 행위의 문제에 골몰하여 거기서부터 저작설의 문제를 풀어 가려고 했고, 결국에는 효과적이고 통전적인 신명

68) Polzin, *Moses and the Deuteronomist*, 66-69.

69) N. Friedmann, "From Egypt to Egypt", in Baruch Halpern(ed.), *Traditions in Transformation : Turning Points in Biblical Faith* (Eisenbrauns, MI. : Winona Lake, 1982), 167-191.

70) W. H. Schmidt, *The Faith of the Old Testament* (London : SCM Press, 1989), 3-6.

71) E. Krentz, *The Historical-Critical Method* (Philadelphia : Fortress Press, 1982), 63.

기 이해에 이르지 못했다. 파편적이고 원자적인 해석 원칙을 바탕으로 한 주전 7세기 저작설의 방법론적 전제는 항상 해석학적 축소주의로 귀결되었다. 이는 신명기 그 자체의 증언을 해석의 실마리로 여기는 계시의존적 사고의 결핍 때문이다. 신명기 연구에 있어서 역사비평적 사고는 일면적인 이해만 도울 뿐이다. 모세를 통한 '계시', 즉 유일하신 하나님 이해는 이스라엘의 존재의 근거요, 이스라엘 역사의 해석학적 대전제이다. 신명기의 전통적인 모세저작설은 바로 이 원초적 계시로부터 신명기의 유일신 신앙과 이스라엘의 정체성을 이해하려는 계시의존적 사고의 다른 표현이다. 따라서 신명기는 출애굽 구원의 감격과 그것의 동반어인 시내산 계약에 참여해 본 참여자의 관점에서 이해할 때만 통전적 이해에 더욱 가까워질 수 있는 것이다.[72)]

하지만 우리는 신명기의 실천 부분인 사회, 종교, 경제적 행동 법률 부분에는 모세 이후의 전승 재해석의 결과물이 분명히 추가되어 있음도 부정하지 않는다.[73)] 그러나 그것은 그 원초적 모세전승을 강화하고 실현하기 위한 것이지, 신명기의 중심 관심사는 아니다. 세갈(M. H. Segal)도 율법 부분의 후대 가필을 인정했으나, 이스라엘의 유일신 신앙과 계약 백성의 정체성은 종교진화론적 과정의 산물로 처리할 수 없다고 언명한다.[74)]

이 주석서에서는 신명기의 모세저작설을 현대저작권 개념으로 설명하려고 하지 않는다. 신명기의 시종 구절이나 단락이 모세 개인의 문필활동의 결과물이라고 보는 의미의 신명기의 모세저작설을 옹호하는 것이 아니다. 모세가 신명기의 모든 전승(족장약속전승, 출애굽전승, 광야방황전승, 시내산 언약체결전승, 가나안 정복전승)의 창조에 결정적으로 기여했다는 의미에서 모세저작설을 믿는다. 모세는 신명기 책의 저자(author)가 아니라 신명기 안의 다섯 전승창조자(originator)라는 의미로 신명기의 모세저작설을 주창한다. 모세는 자신에게 수납된 하나님의 계시를 동시대의 동역자들인 장로들, 엘르아

---

72) Zimmerli, *the Old Testament and the World*, 16-29.
73) M. H. Segal, *The Pentateuch* (Jerusalem : The Magness Press, 1967), 22.
74) Kaufmann, *The Religion of Israel*, 12-24.

살, 아론, 여호수아 등에게 전하고 공유했다. 이들의 구두 및 문서 저작활동도 모세 저작활동의 일부인 것이다. 모세 이후에 등장해 모세오경의 이스라엘 민족 정체성 규정전승들을 자기 시대에 전파하고 증언한 모든 후대의 정경적 예언자들의 저작활동도 크게 보아 모세의 저작활동의 일부를 구성했다(신 18 : 18).[75] 즉, 모세 시대의 전승과 모세를 계승한 후대의 정경예언자들의 율법해석과 반포, 추가, 적용 모두 모세 저작활동의 일부로 볼 수 있다는 말이다. 따라서 신명기의 핵심인 중심전승(족장약속, 출애굽, 광야방황, 시내산언약, 가나안정복)은 모세를 통해 창조된 전승이며, 신명기는 포괄적인 의미에서 모세가 쓴 책이라고 볼 수 있다. 이제까지 우리는 윤리적 유일신 신앙과 조건적 계약사상의 모세 귀속 가능성을 옹호함으로써, 신명기의 모세저작설의 해석학적 의미를 좀 더 밝혀 보려고 했다.[76]

### 3. 토라의 예언서에 대한 우위적 사고의 중요성

벨하우젠 이래 문서가설 옹호자들이 모세전승을 역사의 무대에서 추방하고 모세전승을 허구적 후대 투사물이라고 주장하는 이유는,[77] 모세전승 안에 나타나 있는 고도로 윤리적인 유일신 신앙과 고도로 성숙한 계약사상 때문이다. 그래서 그들은 토라를 예언자들의 예언의 결정판으로 해석한다. 이것은 벨하우젠의 고전적인 명제 중 하나인 "율법(모세오경)은 예언자들보다 후대에 나왔다."에 근거하고 있다.[78] 침멀리는 토라의 원래 뜻의 확장 과정을 ① 제사장의 구두신탁에 의한 지침 혹은 제사지침, ② 신명기에 와서 확장된 의미로서

---

75) Albright, *From the Stone Age to Christianity*, 42-43.

76) J. Soggin, *Introduction to the Old Testament* (London : SCM Press, 1972), 57, 59.

77) 장일선, 「알기 쉬운 구약학」(서울 : 종로서적, 1989), 136. 반시터스(Van Seters)는 구약 대부분을 포로기 이후로 돌리나, 올브라이트, 크로스(F. M. Cross), 프리드만(N. Friedmann) 등은 히브리시(詩)의 고대성에 근거하여 오경 중 상당 부분(창 49장 ; 출 14장 ; 신 32-33장 등)의 고대성을 추정한다.

78) Zimmerli, *The Law and the Prophets* (Oxford : Basil Blackwell Press, 1965), 23.

하나님이 주신 땅에서의 바른 삶에 대한 포괄적 가르침과 지침들, ③ 오경 전체에서 드러난 이스라엘을 향한 하나님의 의지와 요구의 선포 등 세 단계로 정리했다.[79)]

벨하우젠은 초기 이스라엘에는 고정된 성문 율법이 존재하지 않았고, 제사장들과 선지자들에 의해 주어진 자유로운 종교적 가르침의 개별적인 형태만 존재했다고 본다. 이 개별적인 것들을 위대한 영감으로 결합시켜서 하나의 예언자적 종교의 독특성인 윤리적 유일신 신앙을 만들어 낸 사람들이 주전 8세기의 문서 예언자들이라는 것이다. 주전 8세기 문서 예언자들의 보편적 하나님 이해와 윤리적 유일신적 하나님 이해는 전승에서 온 것이 아니고 하나님의 영감에서 온 것이라는 것이다. 물론 이것은 영감을 모든 문학창작의 원동력이라고 보던 독일 낭만주의의 거장 헤르더(J. G. Herder)의 영향을 깊이 받았던 진화론적 세계관의 특징이다. 벨하우젠은 신명기와 더불어 고정된 하나의 성문 율법이 생기기 시작하자 위대한 영감의 시대는 가고 예언의 쇠퇴가 초래되었다고 본다. 벨하우젠은 1894년에 나온 「이스라엘과 유대의 역사」(*Israelische und Judische Geschicgte*)라는 책에서는 모세를 좀 더 긍정적으로 그리는데, 출애굽의 지도자로, 가데스에서 초보적인 재판활동을 했던 초보적인 입법자로 보고 있다. 물론 그는 모세 시대의 야웨와 이스라엘의 관계를 신명기적 윤리조건적 계약관계가 아니라, 암몬과 그모스 신과의 관계처럼 자연-생태적 관계로 보는 입장은 끝내 바꾸지 않았다. 그에 따르면 모세의 업적은 '야웨는 이스라엘의 하나님이요, 이스라엘은 야웨의 백성'이라는 자연종교적 신념을 이스라엘에 도입한 것이다. 따라서 "이스라엘과 야웨의 관계는 불가분리적이며, 어떤 계약 조건들에 근거한 것이 아니다."[80)] 조건적 계약사상을 이스라엘 신앙의 한가운데 가져다 놓은 자들은 주전 8세기 예언자들이며, 이 계약관계에 상응하는 율법 또한 예언자들의 창조적 영감의 산

---

79) Ibid., 12.
80) Wellhausen, *Israelische und Judische Geschichte* (Berlin : Walter de Gruyter, 1958), 13.

물이라는 것이다.

그런데 벨하우젠은 고대 사회가 한 종교와 신앙을 받아들이는 데 있어서 집단적이었다는 것을 간과하고 지극히 서구적 개인 창작 저작권 개념에 치우쳐 있다. 벨하우젠에 반해 침멀리는 오경 중에는 예언자들에게 돌릴 수 없는 더 고대적인 율법들이 해결되지 않은 채로 남아 있다고 본다.[81] 침멀리는 매우 적절하게도 앞으로 율법과 예언서 관계의 연구방향은 모세가 예언자들에 대해 갖는 우위성을 탐구하는 방향으로 진행되어야 할 것이라고 지적하고 있다.[82]

벨하우젠의 종교진화론적 도식, 영감의 창조성에 대한 극단적인 낭만주의적 강조, 예언서의 토라에 대한 우위성 등의 선입견에 근거한 오경비평과 모세의 역사에 대한 곡해는 다시 한번 비판적으로 검토되어야 할 것이다. 성경 이해, 특히 오경 이해에 관건이 되는 해석학적 원칙으로서 계시의존적 사고는 진지하게 고려되어야 한다. 모세전승 속에 담긴 유일신 신앙사상과 계약사상은 후대의 허구적 투사가 아니라,[83] 모세전승의 역사성을 회복하고 계시의 실재성을 확보해 주는 해석학적 열쇠가 될 수 있다. 신명기에 나타난 모세의 합법적이고 초월적이기까지 한 권위와 모세의 역사는 분리할 수 없을 정도로 정치(精緻)하게 결합되어 있으며, 신명기의 해석학적 단초는 일차적으로 모세적 경험의 경계 안에서 추구되어야 한다.

---

81) Zimmerli, *The Law and the Prophets*, 30.

82) Ibid.

83) R. E. Clements, *Old Testament Theology*, 김찬국 역, 「구약신학」(서울 : 대한기독교서회, 1989), 89-94. 클레멘츠는 이스라엘의 선민사상을 전면에 부각시킨 세 요소는 왕권, 중앙성소, 땅이라고 주장한다. 창세기 15 : 18-21, 사무엘하 8 : 1-15 등이 그리는 이스라엘 영토의 이상적 기대치는 늘 다윗 제국이 통치한 전체 영토였다고 주장하며, 신명기는 땅 소유 조건 및 결과를 충분하게 취급한 책이라고 본다.

제 I 부

# 모세의 첫째 강론

## 신명기 1-4장

A. 약속의 땅 경계선까지 이르는 이스라엘의 여정과 모세의 가나안 입성 좌절(1-3장)

1. 하나님의 인도를 믿지 못하는 불신앙의 대가-패배와 퇴행(1 : 1-46)
2. 가나안 땅으로 전진하는 이스라엘의 평화 조우와 전쟁 조우(2 : 1-3 : 29)

B. 시내산 신현현 회고와 하나님의 심장에서 우러난 호소(4 : 1-49)

1. 네가 호렙산 네 하나님 여호와 앞에 섰던 날을 기억하라(4 : 1-14)
2. 어떤 우상도 제작하지 말고 숭배하지도 말지니라(4 : 15-40)
3. 요단강 동편의 도피성과 모세가 요단강 동편에서 선포한 율법(4 : 41-49)

| 신명기 1-4장 |

# 모세의 첫째 강론

## A. 약속의 땅 경계선까지 이르는 이스라엘의 여정과 모세의 가나안 입성 좌절(1-3장)

신명기는 이스라엘 백성의 심장에 호소하는 사활적 가르침으로, 단순화시켜 말하면 '십계명(쉐마)에 대한 자세한 해설'이다. 십계명은 이스라엘 백성 개개인의 마음에 새겨진 하나님의 가르침임과 동시에, 가나안 땅에 들어가서 이스라엘이 구성할 국가공동체를 조직하는 데 결정적으로 중요한 헌법적 대요강(大要綱)이자 국체규정이다. 헌법적 대요강의 제1조는 쉐마에 나와 있다(신 6 : 4-5). "이스라엘아 들으라 우리 하나님 야웨는 한 분이시니 너는 마음을 다하고 뜻을 다하고 힘을 다하여 네 하나님을 사랑하라." 이렇게 직접적으로 하나님을 사랑하라고 요구한 책은 신명기밖에 없다. 하나님이 온 마음과 뜻과 힘을 다하여 이스라엘을 사랑하여 당신을 이스라엘 백성의 하나님으로 내어 주셨기 때문에, 이 하나님의 선제적, 선행적 사랑에 응답하라는 것이다.

신명기의 무대는 민수기가 끝나는 모압 평지다(민 36 : 13). 38년간의 광야순종학교에서 혹독한 연단과 훈육을 받아 온 이스라엘 백성은 출애굽력 40년째 되는 해에 모압 평지에 당도했다. 모압 평지는 광야와 약속의 땅 가나안 사이의 경계지점이면서 가나안 땅을 지척에 두고 있다. '오늘' '결단'에 따라 당장 건너가 차지할 수 있을 만큼 약속의 땅과 가깝다. 신명기는 모세사경의 종결부이면서, 가나안 땅에서 펼쳐질 하나님 백성 이스라엘의 가나안 정착 시대 역사의 서론부를 구성한다. 이런 점에서 신명기는 경계선(boundary)적 특성을 가지고 있다. 신명기는 모세의 죽음과 모세를 대신하여 이스라엘을 향도할 '토라'(신명기의 핵심인 5-30장)의 탄생을 동연적(同延的) 사건으로 본다. 모세오경은 모세가 죽으면서 남긴 분신적 존재이며 모세의 최대 유산이다. 모세의 죽음은 이스라엘 지도력의 공백이 아니다. 모세적 권위를 가진 토라와 하나님께서 각 시대마다 계기적(繼起的)으로 일으켜 주실 모세적 예언자가 합해 모세의 역할을 할 것이다. 모세는 토라를 남기면서, 자신 이후에 등장할 모세적 예언자들이 기록된 토라를 매개로 이스라엘을 향도할 것임을 믿고 선언했다(신 18 : 15-18). 1대 모세적 예언자는 여호수아이며, 모세적 예언자의 완성자는 또 다른 여호수아(예수아), 나사렛 예수다(마 5 : 17 ; 눅 24 : 27, 44).

모세의 죽음으로 완성되는 신명기는 모세 시대, 즉 광야 시대의 종말을 확정짓지만 동시에 가나안 땅 정착 시대를 내다보는 권계적 권면으로 가득 차 있다. 신명기는 단지 과거의 기록이 아니고 미래를 대비한 가르침이다. 신명기는 가나안 다신교의 땅에서 살아가야 할 미래 세대의 삶과 문명의 토대를 세워 주는 다림줄이다. 그래서 신명기는 과거를 회고하는 책으로 이해되어야 할 뿐만 아니라 또한 미래를 전망하는 책으로 이해되어야 한다.

신명기 1~4장은 이스라엘 백성이 광야 방랑과 연단을 거치면서 어떻게 약속의 땅 입구까지 오게 되었는지를 회고한다. 4장 서두의 '이제 지금'은, 4 : 1 이하의 모세강설이 앞선 역사적 회고로부터 자연스럽게 도출되는 실제적 권고임을 강조한다. 모세는 과거의 역사적 회고를 통해 이스라엘의 순종 동기를 극대화하고 순종의 결과로 얻게 될 상급을 고지한다. 그러면서도 이스라엘 안에 상존하는 불순종과 불신앙의 경향성을 정조준하며 권계한다. 특히 신명기 7장부터 시작해서 후반부로 갈수록, 가나안 땅에 들어간 이스라엘이 장차 우상 숭배와 배교에 빠져 가나안 땅을 상실하고 다시 약속의 땅 밖으로 내쫓길 수 있다는 권계적인 강론이 주조음이 되어 간다.

## 1. 하나님의 인도를 믿지 못하는 불신앙의 대가-패배와 퇴행(1 : 1-46)

### 1) 내가 너희 조상들에게 주리라고 맹세한 땅을 차지할지어다(1 : 1-8)

1이는 모세가 요단 저쪽 숩 맞은편의 아라바 광야 곧 바란과 도벨과 라반과
하세롯과 디사합 사이에서 이스라엘 무리에게 선포한 말씀이니라 2호렙산에
서 세일산을 지나 가데스 바네아까지 열 하룻길이었더라 3마흔째 해 열한째
달 그 달 첫째 날에 모세가 이스라엘 자손에게 여호와께서 그들을 위하여 자
기에게 주신 명령을 다 알렸으나[1)] 4그때는 모세가 헤스본에 거주하는 아모리
왕 시혼을 쳐 죽이고 에드레이에서 아스다롯에 거주하는 바산 왕 옥을 쳐 죽
인 후라 5모세가 요단 저쪽 모압 땅에서 이 율법을 설명하기 시작하였더라
일렀으되 6우리 하나님 여호와께서 호렙산에서 우리에게 말씀하여 이르시기
를 너희가 이 산에 거주한 지 오래니 7방향을 돌려 행진하여 아모리 족속의

1) 강원주는 1 : 3의 "주신 명령을 다 알렸으나"라고 번역된 개역개정의 초판을 개악사례라고 지적했는데 옳은 지적이었다(강원주, 「성경 '개역개정판'에 대해 말한다」〈서울 : 소망, 2008〉, 30). '역접' 접속사를 집어넣을 필요가 없는데 인위적으로 집어넣었기 때문이다. 다만 '알렸으니'가 '알렸으나'로 번역된 것은 단순 인쇄상의 오류처럼 보인다. 강원주가 발견한 '개악'사례들은 번역된 한글문체와 관련된 쟁점(하나님의 자기존칭어체 '여호와께서'를 '여호와가'라고 고칠 것을 제안한다.)인 경우가 많다(5 : 16, 2 : 7의 '개악')(강원주, op. cit., 31).

산지로 가고 그 근방 곳곳으로 가고 아라바와 산지와 평지와 네겝과 해변과 가나안 족속의 땅과 레바논과 큰 강 유브라데까지 가라 8내가 너희의 조상 아브라함과 이삭과 야곱에게 맹세하여 그들과 그들의 후손에게 주리라 한 땅이 너희 앞에 있으니 들어가서 그 땅을 차지할지니라

**[1 : 1-8]** 1장 전체는 가나안 땅 정복 과정에 함께하실 하나님을 믿지 못하는 이스라엘의 불신앙을 적나라하게 보여 준다. 1장은 물론 신명기 전체에서 이상할 정도로 반복되는 후렴구 같은 야웨의 명령, "너희 조상들에게 주리라고 맹세한 약속의 땅에 들어가 차지하라."는 명령은 역설적으로 이스라엘 백성들이 가나안 땅 입성과 정복에 얼마나 미온적이며 소극적인가를 증시(證示)한다. 신명기의 모세강론은 이스라엘 백성이 요단강 동쪽의 두 아모리 왕 헤스본 왕 시혼과 바산 왕 옥을 쳐부순 후에 이뤄졌다.

1~4절은 신명기의 모세강론이 시작되는 시점과 장소를 소개한다. 요단 저쪽에 있는 모든 이스라엘 백성에게 들려준 강설이다. 요단 동쪽을 요단 저쪽이라고 말하는 것을 고려하면 신명기 저자는 이미 요단 이쪽, 즉 가나안 본토에 와 있는 사람임이 암시된다. 신명기는 이미 가나안 땅에 들어간 사람의 입장에서 쓰여진 것이다. 이미 가나안 땅에 먼저 들어가 계신 하나님의 입장에서 모세는 요단 저쪽에 와 있는 이스라엘 백성에게 호소한다. 1절 하반절은 이스라엘 백성이 머물고 있는 위치를 비교적 자세히 소개한다. 숩(Suph) 맞은편의 아라바 광야 곧 바란과 도벨과 라반과 하세롯과 디사합 사이에서 모세는 이스라엘 무리에게 하나님의 율법을 선포한다. 나중에 밝혀지겠지만 이 이스라엘 무리는 여호수아와 갈렙을 제외하고는 모두 출애굽 세대의 후손 세대다. 이들은 출애굽 구원대사를 2차적으로 경험한 세대요 광야 40년 순종 훈련에도 2차적으로 참여한 세대다. 가나안 본토에 아직 들어오지 못한 후세대에게 모세는 왜 이스라엘이 가나안 땅에 들어가 그 땅을 차지하고 살아가야 하는지를 자세히 설명하기 시작한다.

2절은 이스라엘의 광야 40년 역사에서 가장 의미 깊은 두 장소를 중심으로 이스라엘 무리의 여정을 요약한다. 호렙산에서 세일산을 지나 가데스 바네아까지 열 하룻길 여정은 민수기 10 : 11에서 발진하여 바란 광야 가데스(민 13 : 26)에 장기간 체류한 이스라엘 백성의 여정을 회고한다. 출애굽 후 시내산에서 보낸 1년, 광야 38년을 보내고 이제 모압 평지에서 이스라엘은 출애굽 기점으로 계산하면 40년째를 맞이하고 있다. 3절은 바로 마흔 해 11월 1일 야웨께서 이스라엘에게 주신 야웨의 명령을 말해 줬다고 말한다. 앞으로 전개될 신명기의 모든 강설들은 이 마흔 해 11월 1일부터 시작된 모세의 율법강론의 결과물인 셈이다. 11월 1일은 하나님 백성들에게 성별된 백성으로 살아가야 할 의미 깊은 월삭(月朔)이다. 이스라엘에게 매월 첫째 날의 의미는 각별하다. 월삭은 하나님의 명령을 듣고 새기고 새 달을 시작하겠다는 결심을 기리는 날이다. 4절은 이 모세의 율법강론이 일어난 상대적 시점을 말한다. 그때는 헤스본에 본거지를 둔 아모리 왕 시혼과 아스다롯에 본거지를 둔 바산 왕 옥을 쳐 죽인 후였다. 이미 그때는 가나안 땅 정복이 시작된 시점이었다. 즉, 가나안 땅을 아브라함의 후손들에게 주리라고 맹세하신 하나님의 맹세가 실현되기 시작한 시점이었다는 것이다. 또한 이스라엘 백성이 하나님의 가나안 땅 선사 약속을 능히 믿었어야 하는 시점이라는 것이다. 5절은 요단 동쪽 모압에서 모세가 '이 율법'(이미 책으로 된 토라인 신명기)을 설명하기 시작했다고 말한다. 여기서 '설명하다'라고 번역된 히브리어 강세능동형 동사 뻬에르(bēʼēr)는 하나님의 명령과 율법대강령, 세목이 구체적인 삶의 현장에 적용될 수 있도록 해설하는 작업을 의미한다. 곧 신명기가 하나님의 율법대강을 구체적인 삶의 현장들에 적용 가능한 방식으로 해석하는 데 치중할 것임을 암시한다. 신명기 12~26을 포괄적으로 보자면 십계명의 순서와 구조와 호응을 이루는 구체화되고 상황적으로 적용된 율법들인 셈이다.

6~8절은 이스라엘이 호렙에 거주하면서도 가나안 땅을 향해 진군하는 데 굼떴음을 암시하는 명령이다. 이스라엘이 필요 이상 호렙에 오래 체류하

는 상황을 타개하기 위해 하나님이 주도권을 쥐시고 가나안 땅을 향해 기수를 돌려 전진하라고 명하신다. 나중에 밝혀지겠지만 신명기 1~3장에는 "너 자신을 위해 진행하라"(7절, sĕ'û lekem)는 2인칭 복수명령이 쩌렁쩌렁 울린다. 이스라엘 백성들은 '돌이키라'(pānā)와 '진행하라'(nāsā')/'건너가라'('ābar) 등의 명령을 자주 듣는다. 히브리어 동사 '파나'(pānā)는 방향을 돌이키라는 말이다. 이집트 쪽으로 다시 돌아가려는 역주행 경향을 혁파하고 가나안 땅을 향해, 하나님의 약속 신뢰의 방향으로 돌이키라는 말이다. 여행하다는 동사 '나사'(nāsā')나 '건너다'('ābar)보다는 방향 전향인 '파나'가 더 중요하다. 속도보다는 방향이 중요하다는 것으로, 이스라엘 백성은 하나님의 약속이 걸려 있는 땅으로 얼굴을 돌려 전진해야 한다는 말이다.

7절은 이스라엘이 구체적으로 들어가 차지하여야 할 땅 세목이 소개된다. 아모리 족속의 산지, 그 근방 곳곳, 아라바(광야)와 산지와 평지와 네겝과 해변과 가나안 족속의 땅과 레바논과 큰 강 유브라데까지 이르는 광대한 땅이다. 남북의 국경으로 말하면 남쪽의 네게브에서 '북쪽의 유프라테스 강까지' 뻗어 있는 넓은 땅이다. 이것은 아브라함에게 약속(창 15 : 18-21)하신 바로 그 땅이다(8절). 개역개정은 8절의 히브리어 구문의 강조점을 충분히 반영하지 못하고 있다. 히브리어 원어구문의 직역은 "보라, 그 땅을 너희들 앞에 주었다. 들어가 야웨께서 너희 조상들, 아브라함, 이삭, 야곱에게 그들과 그들의 후손들에게 주리라고 맹세했던 그 땅을 차지할지어다."이다. 개역개정은 '보라'(르에〈rĕ'ē〉)라는 영탄적 발어사(發語辭)를 누락시켰고, 신명기에서 가장 자주 등장하는 선사개념인 '주다'(nātan)를 부각시키지 못했다. 이 동사는 소유권을 양도하다는 의미와 하나님의 절대주권적 하사(下賜) 개념을 동시에 함축한다. 또한 '보라'는 이스라엘의 가나안 땅에 대한 미온적인 태도를 혁파하려는 하나님의 주의환기용 영탄사다. 하나님이 약속하신 땅을 이스라엘 백성들은 신뢰하는 마음으로 들어가 차지하여야 마땅하다는 사실을 강조하는 표현이다.

이처럼 가나안 땅은 한편으로 선물로 약속된 땅이지만 동시에 믿음으로 정복되어야 할 땅이다. 이 후자의 사실이 모압 평지에 모여 있는 아브라함의 후손들을 두렵게 만들고 있다. 왜냐하면 그들은 400년 이상 오래전에 조상들에게 이뤄진 하나님의 약속에 대한 믿음을 갖지 못했고, 가나안 땅 원주민에 대한 공포와 두려움도 떨쳐 내지 못했기 때문이다. 가나안 땅을 선물로 주시는 하나님의 절대주권적 행위가 '나탄'(nātan=주다)과 '야라쉬'(yāraš=차지하다〈2인칭 남성단수 명령형 레쉬[rēš] 혹은 복수명령 러슈[rĕšû]〉)의 연쇄적 사용에서 강조되고 있다. 그런데도 이스라엘 백성은 가나안 땅 정복을 두려운 과업으로 간주해 떨고 있다. 모세오경 전체에 잘 드러나듯이 하나님의 가나안 땅 선사는 하나님의 절대주권적 행동임과 동시에 이스라엘의 능동적인 응답을 촉구하는 행동이다(1 : 8, 21, 25, 36, 38 ; 2 : 31, 33 ; 3 : 3, 12, 18 ; 7 : 1-3 ; 9 : 1-3). 하나님의 땅 선사가 실현되려면 이스라엘 백성이 능동적으로 땅을 차지하는 행위를 해야 한다. 모세 당시의 이스라엘 백성에게 가나안 땅을 선물로 받는 행위는 가나안 원주민들과의 전쟁수행을 의미했다. 결국 하나님의 땅 선사는 이스라엘 백성의 가나안 정복전쟁 행위를 향도하고 견인한다. 하나님의 절대주권적 땅 선사행위와 이스라엘의 가나안 정복 및 쟁취는 언약적인 상호의무를 수행하는 행동이다. 그것은 절대주권적인 선물 수여와 그것에 응답하는 인간 편에서의 약속성취적인 행동(가나안 정복 전쟁)을 통전시키는 구약성서의 비대칭적인[2] 신인(神人)협력적 성격을 잘 반영한다.[3] 그러나 이 신인협력은 비대칭적인 신인협력, 즉 하나님 주도적이며 인간 응답적인 형태의 협력이므로 결코 공로주의 구원론을 정당화하는 것은 아니다.

---

2) 구약성서와 유대교의 신인협력설은 공로주의 구원론을 지지하지 않는다. 하나님의 압도적으로 주도적인 선행적(先行的) 구원에 대한 인간의 응답적 순종과 믿음을 지칭하는 개념이다. 개신교는 유대교와 구약성서를 너무 손쉽게 공로주의 혹은 신인협력적 구원론이라고 비판하는데 이것은 오도된 비판일 뿐이다.

3) 비교. Miller, *Deuteronomy*, 27. 신인협력적 관계의 비대칭성을 강조하지 않는 밀러와 달리 저자는 신인협력의 비대칭성을 강조해야 된다고 본다. 그래야 구약성서의 율법준수 강조를 공로주의 구원론이라고 비판하는 논리를 봉쇄할 수 있기 때문이다.

하나님의 주된 관심은 이스라엘이 재산으로서의 땅을 차지하고 소유하는 데 있지 않고 가나안 땅을 거룩하게 사용하는 데 있다. 이스라엘의 가나안 땅 정복과 차지는 오랫동안 죄악으로 관영케 하고 더럽혀서 더 이상 그 땅을 누릴 권리를 박탈당한 가나안 원주민들의 죄악을 가나안 땅으로부터 일소하고 그 땅을 하나님의 관할과 통치권역으로 변형시키는 행위다. 2 : 12~23이 말하듯이 가나안 원주민들도 가나안 원원주민(元原住民)들을 몰아내고 한시적으로 그 땅을 차지했던 것이다. 땅은 하나님의 땅이며 모든 인간은 그 땅에 잠시 머물다가 가는 거류민에 불과하다(레 25 : 23).

### 2) 천부장, 백부장, 오십부장, 십부장을 세우는 모세(1 : 9-18 ; 참조. 출 18 : 13-17)

9그때에 내가 너희에게 말하여 이르기를 나는 홀로 너희의 짐을 질 수 없도다
10너희의 하나님 여호와께서 너희를 번성하게 하셨으므로 너희가 오늘날 하
늘의 별같이 많거니와 11너희 조상의 하나님 여호와께서 너희를 현재보다 천
배나 많게 하시며 너희에게 허락하신 것과 같이 너희에게 복 주시기를 원하
노라 12그런즉 나 홀로 어찌 능히 너희의 괴로운 일과 너희의 힘겨운 일과 너
희의 다투는 일을 담당할 수 있으랴 13너희의 각 지파에서 지혜와 지식이 있
는 인정받는 자들을 택하라 내가 그들을 세워 너희 수령을 삼으리라 한즉
14너희가 내게 대답하여 이르기를 당신의 말씀대로 하는 것이 좋다 하기에
15내가 너희 지파의 수령으로 지혜가 있고 인정받는 자들을 취하여 너희의 수
령을 삼되 곧 각 지파를 따라 천부장과 백부장과 오십부장과 십부장과 조장
을 삼고 16내가 그때에 너희의 재판장들에게 명하여 이르기를 너희가 너희의
형제 중에서 송사를 들을 때에 쌍방 간에 공정히 판결할 것이며 그들 중에
있는 타국인에게도 그리 할 것이라 17재판은 하나님께 속한 것인즉 너희는 재
판할 때에 외모를 보지 말고 귀천을 차별 없이 듣고 사람의 낯을 두려워하지

말 것이며 스스로 결단하기 어려운 일이 있거든 내게로 돌리라 내가 들으리
라 하였고 [18]내가 너희의 행할 모든 일을 그때에 너희에게 다 명령하였느니라

**[1 : 9-18]** 9~18절은 신명기 1장 문맥에서 상당히 돌연스럽게 사법적 관료제 도입 문제를 다룬다. 하나님께서는 모세를 위하여 재판 동역자들을 세우도록 명하신다. 출애굽기 18장에서는 모세의 장인 이드로가 하루 종일 대소사를 재판하고 심리하는 모세의 과로현장을 보고 사법적인 관료제를 도입하도록 모세에게 권고하는 것으로 나온다(출 18 : 13-17). 출애굽기에서는 시내산 언약체결이 있기 전에 이미 모세에게 집중된 재판권한이 하급 재판관들과 지도자들에게 이양되는 권한 분산이 이뤄진다. 그런데 신명기 1장은 모세에게 집중된 영도력과 사법활동을 하위 지도력들에게 분산시키는 분권화 방안을 모세가 친히 제시한 것으로 보도한다. 왜 신명기 1장은 외견상 가나안 정복전쟁 과업을 설득시키는 맥락에 갑자기 모세의 동역자들인 천부장, 백부장, 오십부장, 십부장을 세우라는 하나님의 명령을 배치하고 있을까? 세 가지 이유를 생각해 볼 수 있을 것이다.

첫째, 모세에게 집중된 영도력을 이제 하위 중간 지도자들에게 분산시킴으로써 하나님께서 모세 이후 시대를 준비하고 계신다는 것이다. 데니스 올슨(Dennis T. Olson)은 신명기의 주제를 모세의 죽음과 세대 교체라고 보며, 모세의 조력자들로 하위재판관들을 임명하는 것은 모세 부재 시를 대비하시는 하나님의 섭리라고 본다.[4] 아니나 다를까 19~33절의 가나안 땅 정탐 파견 사건에서 지파 대표 수령들의 안목과 지도력이 얼마나 중요한가를 볼 수 있다. 이스라엘 백성을 가나안 땅으로 이끄는 모세의 영도력을 일시에 붕괴시킬 수 있는 잠재적인 위협이 10지파의 두령이 보인 불신앙과 환애굽반역으로 나타난다. 그런 점에서 중간 지도자 임명은 19~33절의 12지파 정탐 보도 파

---

4) Dennis T. Olson, *Deuteronomy and the Death of Moses : A Theological Reading* (OBT ; Minneapolis, MN. : Fortress, 1994).

문의 복선인 셈이다.

둘째, 가나안 정복전쟁을 효율적으로 수행하려면 이스라엘 백성이 강력하게 결속된 공동체로 거듭나야 하기 때문에 중간 지도자들이 요청되었다고 본다. 중간 지도자들을 세움으로써 이스라엘 백성의 억울하고 원통한 민원이 적절하게 수리되고 해결될 것이며, 이스라엘 백성 안에서는 하나님의 공평과 정의가 효율적으로 극대화될 것이다. 그런 경우 이스라엘 백성이 하나님의 다스림을 친히 맛보며 하나님 언약백성다운 정체성을 되새길 수 있을 것이다. 각 지파 중에서 중간 지도자들을 세움으로써 12지파가 수령급 중간 지도자들의 지도 아래 가나안 정복전쟁 능력을 배가시킬 수 있을 것이다. 지도자가 없는 무정부적인 평등주의 공동체보다는 거룩과 덕성의 위계질서를 갖춘 공동체가 가나안 정복전쟁 전략에 더욱 유리할 것이기 때문이다.

셋째, 중간 지도자들을 세워야 하는 이유는 아브라함과 이삭과 야곱에게 주신 하나님의 약속 실현으로 이스라엘 백성의 숫자가 엄청나게 불었기 때문이다. 이 점을 상기시킴으로 가나안 땅을 이스라엘 백성에게 기업의 땅으로 주시겠다는 약속도 실현될 것이라는 믿음을 심어 줄 수 있다. 이스라엘 백성은 과연 하나님의 약속대로 하늘의 별처럼 허다한 족속으로 번성되었으니 이제 가나안을 기업으로 주실 하나님의 약속도 반드시 성취될 것이라고 믿으라는 것이다.

9~10절은 모세의 과로를 가중시키는 상황을 말한다. 모세가 이스라엘 회중에게 자신의 문제상황을 먼저 개진한다. 재판과업이 모세 홀로 감당하기에는 너무 과중케 된 이유는 역설적이게도 하나님의 복 주심 때문이다. 아브라함과 이삭과 야곱에게 주신 약속대로 이스라엘을 하나님 야웨께서 '오늘날'(모세 당대) 하늘의 별같이 번성케 하셨기 때문이다. 11절은 이스라엘 백성의 수효를 현재보다 천배나 많게 하시며 허락하신 모든 복을 실현시켜 주시기를 비는 모세의 소원을 보도한다. 자신이 지는 짐은 중할지라도 하나님께서 이스라엘을 천배나 더욱 번성케 해 주시기를 간구하는 것이다. 12절은 모

세의 과로를 가중시키는 문제를 세 가지로 나눠 구분한다. '너희의 괴로운 일'과 '너희의 힘겨운 일'과 '너희의 다투는 일'을 홀로 담당할 수 없다는 것이다. 이 세 가지 문제 상황들은 포괄적으로는 재판송사와 관련되어 있으나 좀 더 세분할 수 있다. 광야방황과 행진 시 닥치는 괴로운 일과 힘겨운 일은 의식주와 관련된 역경과 고난들이다. 물 부족, 양식 부족, 대적자들의 공격, 더위, 추위 등이 괴로운 일과 힘겨운 일이다. 마지막으로 다투는 일은 이스라엘 백성 사이에서 발생되는 송사들이다. 이 세 가지 일들 모두 '듣고 판단하고 숙고하여 해결책'을 제시해 주어야 할 상황들이다. 12지파 모두에서 발생되는 세 가지 일들이 모세에게 쇄도하는 상황은 가히 상상하기도 힘든 곤경이 아닐 수 없다.

그래서 모세는 각 지파의 문제를 지파의 수령들이 심리하고 해결하도록 유도한다. 지혜와 지식이 있어서 인정받는 자들을 각 지파의 수령으로 삼는다(13절). 하나님을 아는 지식, 인생경영의 지혜를 구비하되 지파 구성원들에게 인정받는 자들을 지파의 수령으로 삼기로 한다. 모세는 백성들의 동의와 승인을 받아 각 지파에서 천부장과 백부장과 오십부장과 십부장과 조장을 선발한다(14-15절). 중·하급 지도자들의 선임 과정을 하나님의 임명과 백성의 승인이라는 이중적인 검증 절차에 맡김으로써, 가나안 땅에서 전개될 신정통치가 자의적인 전제정치로 전락하지 않도록 만든다. 모세가 임명한 각급 지도자들은 중·하급 재판을 수행하는 재판장들이다. 그들은 이스라엘 동포 중에서 송사를 들을 때에 쌍방 간에 공정히 판결하되, 그들 중에 있는 타국인에게도 공평하게 재판할 사명을 받았다(16절). 재판권은 원래 전지하시고 절대로 공의로우신 하나님의 고유업무이지만 하나님께서 인간대리자에게 이 고유권한을 위임하신다. 중·하급 재판관들은 원래 재판권은 하나님께 속한 것임을 의식하여 재판할 때에 외모를 보지 말고 귀천을 차별 없이 듣고 사람의 낯을 두려워하지 말아야 한다(17절). 17절은 재판을 굽게 만들 가능성이 있는 요인은 외모, 귀천 여부(계층, 계급, 인맥), 사람의 낯임을 인정한다. 이 세 가지 요인들이 재판을 왜곡시킨다는 것은 만고불변의 진리다. 중·하급 재판관들은 스스로 판단하기 어려운 일은 최고 재판관인 모세에게로 이첩하여야 했다. '모세는 자신이 듣고 판단할 것이다'라고 선언한다. 모세는 이 중·하급 재판관 임명과 재판권 분산 시 이스라엘 백성이 행해야 할 모든 일을 명령했다는 사실을 강조한다(18절).

### 3) 가나안 땅 정복을 두려워하여 정탐을 파송하는 이스라엘(1 : 19-33 ; 참조. 민 13 : 1-33)

[19]우리 하나님 여호와께서 우리에게 명령하신 대로 우리가 호렙산을 떠나 너
희가 보았던 그 크고 두려운 광야를 지나 아모리 족속의 산지 길로 가데스
바네아에 이른 때에 [20]내가 너희에게 이르기를 우리 하나님 여호와께서 우리
에게 주신 아모리 족속의 산지에 너희가 이르렀나니 [21]너희의 하나님 여호와
께서 이 땅을 너희 앞에 두셨은즉 너희 조상의 하나님 여호와께서 너희에게
이르신 대로 올라가서 차지하라 두려워하지 말라 주저하지 말라 한즉 [22]너희
가 다 내 앞으로 나아와 말하기를 우리가 사람을 우리보다 먼저 보내어 우리
를 위하여 그 땅을 정탐하고 어느 길로 올라가야 할 것과 어느 성읍으로 들어
가야 할 것을 우리에게 알리게 하자 하기에 [23]내가 그 말을 좋게 여겨 너희
중 각 지파에서 한 사람씩 열둘을 택하매 [24]그들이 돌이켜 산지에 올라 에스
골 골짜기에 이르러 그곳을 정탐하고 [25]그 땅의 열매를 손에 가지고 우리에게
로 돌아와서 우리에게 말하여 이르되 우리의 하나님 여호와께서 우리에게 주
시는 땅이 좋더라 하였느니라 [26]그러나 너희가 올라가기를 원하지 아니하고
너희의 하나님 여호와의 명령을 거역하여 [27]장막 중에서 원망하여 이르기를
여호와께서 우리를 미워하시므로 아모리 족속의 손에 넘겨 멸하시려고 우리
를 애굽 땅에서 인도하여 내셨도다 [28]우리가 어디로 가랴 우리의 형제들이 우
리를 낙심하게 하여 말하기를 그 백성은 우리보다 장대하며 그 성읍들은 크

고 성곽은 하늘에 닿았으며 우리가 또 거기서 아낙 자손을 보았노라 하는도
다 하기로 [29]내가 너희에게 말하기를 그들을 무서워하지 말라 두려워하지 말
라 [30]너희보다 먼저 가시는 너희의 하나님 여호와께서 애굽에서 너희를 위하
여 너희 목전에서 모든 일을 행하신 것같이 이제도 너희를 위하여 싸우실 것
이며 [31]광야에서도 너희가 당하였거니와 사람이 자기의 아들을 안는 것같이
너희의 하나님 여호와께서 너희가 걸어온 길에서 너희를 안으사 이곳까지 이
르게 하셨느니라 하나 [32]이 일에 너희가 너희의 하나님 여호와를 믿지 아니하
였도다 [33]그는 너희보다 먼저 그 길을 가시며 장막 칠 곳을 찾으시고 밤에는
불로, 낮에는 구름으로 너희가 갈 길을 지시하신 자이시니라

**[1 : 19-33]** 19~33절은 가나안 남부에 정탐을 파견하는 이야기이며, 34~46절은 대다수의 정탐꾼들이 제출한 부정적이고 비관적인 정탐보고가 이스라엘 백성의 진영을 두려움과 패배의식으로 몰아가는 과정을 분석하고 있다. 이 단락은 민수기 13~14장의 가데스 바네아 반역 사건의 심층심리학적 분석이요 신학적 성찰을 담고 있다. 물론 이 신명기 단락에서는 가나안 정탐 시도 자체가 이스라엘의 불신앙과 불순종의 반영이라는 점에서 민수기의 분위기와는 약간 다르다. 신명기는 하나님-모세의 가나안 진격 명령과 이 명령에 반발하다가 급기야 정탐할 자들을 파견하자고 전격 제안하는 이스라엘 백성의 불순종과 그 밑에 깔린 두려움을 부각시킨다.

19~20절은 가데스 바네아 정탐 반역 사건이 일어난 시점과 장소를 말한다. 모세는 호렙산을 떠나 크고 두려운 광야를 지나 아모리 산지 길 초입, 즉 가데스 바네아에 들어섰을 때 이스라엘 백성에게 가나안 땅 정복전쟁을 시작하라고 다그쳤다. 야웨께서 주신 아모리 족속의 산지에 당도한 이상, 후퇴는 있을 수 없다고 말하며 가나안 진격을 명한다. 21절은 8절의 땅 상속 약속을 재차 상기시킨다. 야웨 이스라엘의 하나님께서 이 땅을 이스라엘 자손에게 주셨다. 아브라함, 이삭, 그리고 야곱의 하나님께서 명하신 것처럼 이스라엘

은 이제 올라가 차지하기만 하면 된다. 이 과정에서 이스라엘은 두려워해서는 안 된다. 그런데 이때 두려움에 사로잡힌 이스라엘 백성이 전격적으로 정탐 파견을 제안한다(22절). 가나안 진격 명령에 대한 백성들의 첫 반응으로서 정탐 파견 제안은 중립적인 어조처럼 들린다. 그들 마음속에 똬리를 틀고 있는 잠재적인 공포심과 패배감을 아직은 노출시키지 않는다. 그들은 다만 어느 길로 올라가는 것이 최선의 길인지를 결정하기 위하여 정탐꾼을 보내어 땅을 탐색하자고 제안한다. 모세는 그 제안을 즉각 수용해 각 지파에서 한 사람씩 뽑아 모두 12명을 정탐꾼으로 택했다(23절). 12명의 정탐꾼은 40일 동안 아모리 산지에 올라 에스골 골짜기 지역을 정탐하고 그 땅의 열매를 손에 가지고 돌아와서 "우리의 하나님 여호와께서 우리에게 주시는 땅이 좋더라"고 보도했다. 첫 정탐 결과 보고는 상서롭게 들렸다. 그들은 하나님이 주신 그 땅은 좋더라고 말함으로써 신학적 판단까지 포함하는 보고를 내놓았다. 하나님이 주신 땅이라는 믿음을 피력한 것이다.

그런데 놀랍게도 대다수의 정탐꾼들이 피력한 두 번째 반응(26-28절)은 충격적인 소극성을 띤다. 첫 번째 반응 속에 감춰졌던 근본적인 두려움이 과장적으로 표출되었다. 가나안 남부지역에 거주하는 거민들의 성읍과 성곽, 그리고 거기 사는 거인족속(아낙자손)들에 대한 정탐꾼들의 보고가 일반백성들의 장막에 가서는 부정적인 반응을 초래했다(27절 '장막 중에서 원망하여'). 그래서 이스라엘 백성은 아모리 산지로 올라가기를 원하지 않고 야웨의 명령을 정면으로 거역했다(26절). 이 신명기 본문의 더 원래 버전인 민수기 14장(4절)은 가나안 땅으로 올라가는 대신 이집트로 되돌아가려고 한 장관급 지도자를 세우자고 말한다. 민수기 13~14장과 이 신명기 본문 둘 다를 함께 읽어보면 각기 자기 장막에 돌아가서는 더욱더 충격적인 반역언동을 터뜨렸던 이스라엘 백성이 다음 세 가지를 주장했음을 알 수 있다. 첫째, 야웨께서 우리를 미워하시므로 아모리 족속의 손에 넘겨 멸하시려고 우리를 애굽 땅에서 인도하여 내셨다(신 1 : 27). 우리는 이제 길을 잃었다. 가나안으로의 전진도 불가능하고 애굽으로 되돌아가는 것도 불가능하다. 둘째, 아모리 족속은 우리보다 장대하며 그 성읍들은 크고 성곽은 하늘까지 닿았으며 거기서 우리는 심지어 고대 거인 전사들의 후손인 아낙 자손들도 보았다(신 1 : 28 ; 민 13 : 33). 아모리 족속은 높다랗고 거대한 성채를 보유했고 그 거민은 막강한 거인 족속인 아낙이었다는 것이다. 그러나 이제까지 하나님께서 그들에게 보여 주신 엄청난 능력과 인도하심에 비추어 보면 이 과장된 두려움이 전혀 예기치 못한 응답이요 노골적인 반역언동임이 드러난다. 셋째, 이스라엘 백성은 한 지휘관을 세워 출애굽 구원을 무효화시키는 환(還)애굽 운동을 선동했다(민 14 : 4).

이에 모세는 부정적이고 두려움에 가득 찬 백성들의 동요를 진정시키기 위해 훨씬 더 광범위하고(29-30절) 심화된 확신의 말로 응답한다(29절). "무서워하지 말라 두려워하지 말라" 30절은 이 명령의 근거가 무엇인지를 밝힌다. 하나님이 함께하신 과거와 현재의 상황을 설명한다. 왜냐하면 첫째, 하나님은 무엇보다 지금의 이스라엘보다 먼저 가나안 땅으로 들어가시며, 둘째, 이스라엘 하나님 여호와께서 애굽에서 이스라엘을 위하여 그들의 목전에서 모든 일을 행하신 것같이 이제도 이스라엘 백성을 위하여 친히 싸우실 것이기 때문이다. 한마디로 모세는 이스라엘 백성으로 하여금 지난 광야 여정 내내 함께하신 하나님께서 지금 곧 시작될 가나안 정복전쟁에도 함께하실 것임을 믿으라고 권고한다. 이스라엘의 지난 광야여정은 아버지 야웨 하나님께서 아들 이스라엘을 안고 걸어오신 역사라는 것이다(31절). 이스라엘의 적극적인 순종의 결과로 가나안 땅 입구까지 온 것이 아니라 하나님의 절대주권적인 '안아 옮겨 주심'의 결과, 모압 평지까지 당도할 수 있었다. 아들을 안고 광야를 돌파한 아버지 이미지는 광야 여정 내내 압도적으로 신실함으로 이스라엘을 보호하시고 먹거리를 공급하시고, 영적 직립보행자로 성장시키기 위해 이스라엘에게 믿음과 순종훈련을 실시하신 성부 하나님의 총체적인 돌보심을 강조한다. 이 후견자요 보호적 동행자요 훈육자인 아버지 하나님 이미지는 출애굽기 19 : 4~6과 신명기 32 : 10~12에서 사용된 독수리 비유와 일맥상통한다. 그런데 이스라엘 백성은 이런 살가운 확신 고취용 이미지 언어를 듣고도 하나님 야웨를 신실하게 붙좇지 않았다. 실로 하나님께서는 광야 여정 내내 이스라엘보다 먼저 광야길을 개척하며 장막 칠 곳을 찾으시고 밤에는 불로, 낮에는 구름으로 이스라엘 백성의 여정을 인도하셨건만 이스라엘 백성은 민망할 정도로 냉담한 반응을 보였다(32-33절).

### 4) 불순종과 불신앙에 빠진 이스라엘에게 임한 하나님의 심판(1 : 34-46)

34여호와께서 너희의 말소리를 들으시고 노하사 맹세하여 이르시되 35이 악한
세대 사람들 중에는 내가 그들의 조상에게 주기로 맹세한 좋은 땅을 볼 자가
하나도 없으리라 36오직 여분네의 아들 갈렙은 온전히 여호와께 순종하였은
즉 그는 그것을 볼 것이요 그가 밟은 땅을 내가 그와 그의 자손에게 주리라
하시고 37여호와께서 너희 때문에 내게도 진노하사 이르시되 너도 그리로 들
어가지 못하리라 38네 앞에 서 있는 눈의 아들 여호수아는 그리로 들어갈 것
이니 너는 그를 담대하게 하라 그가 이스라엘에게 그 땅을 기업으로 차지하
게 하리라 39또 너희가 사로잡히리라 하던 너희의 아이들과 당시에 선악을 분
별하지 못하던 너희의 자녀들도 그리로 들어갈 것이라 내가 그 땅을 그들에
게 주어 산업이 되게 하리라 40너희는 방향을 돌려 홍해 길을 따라 광야로 들
어갈지니라 하시매 41너희가 대답하여 내게 이르기를 우리가 여호와께 범죄
하였사오니 우리 하나님께서 우리에게 명령하신 대로 우리가 올라가서 싸우
리이다 하고 너희가 각각 무기를 가지고 경솔히 산지로 올라가려 할 때에
42여호와께서 내게 이르시되 너는 그들에게 이르기를 너희는 올라가지 말라
싸우지도 말라 내가 너희 중에 있지 아니하니 너희가 대적에게 패할까 하노
라 하시기로 43내가 너희에게 말하였으나 너희가 듣지 아니하고 여호와의 명
령을 거역하고 거리낌 없이 산지로 올라가매 44그 산지에 거주하는 아모리 족

속이 너희에게 마주 나와 벌 떼같이 너희를 쫓아 세일산에서 쳐서 호르마까
지 이른지라 45너희가 돌아와 여호와 앞에서 통곡하나 여호와께서 너희의 소
리를 듣지 아니하시며 너희에게 귀를 기울이지 아니하셨으므로 46너희가 가
데스에 여러 날 동안 머물렀나니 곧 너희가 그곳에 머물던 날 수대로니라

**[1 : 34-46]** 이 단락은 민수기 14 : 20~45을 회고체 어투로 재진술하고 있다. 가데스 바네아 데자뷔 사태를 미연에 방지해 보고자 모세는 광야 40년 방랑이 어떻게 시작되었는가를 말한다. 어떻게 이스라엘 정탐의 40일 불신앙이 이스라엘 민족 전체의 40년간 광야 방황으로 귀착되었는지를 쓰라린 마음으로 회고한다. 34~39절은 이스라엘 10지파 수령의 정탐 이후 파괴적이고 부정적인 보고로 촉발된 반역(환애굽)에 대한 하나님의 심판을 보도한다. 하나님의 진노는 맹세를 동반했다(34절). 야웨의 진노에 찬 반응이 역설적인 성격을 지닌 심판 맹세로 나타난다. 즉, "그 땅이 너희에게 주어졌다. 그런데 너희들은 그 땅을 차지하기를 두려워한다. 그러므로 너희들은 그 땅을 받지 못할 것이다"(34-40절). 심판은 두 갈래로 이뤄졌다(35-39절).

첫째, 긍정적이고 건설적인 정탐 보고를 통해 가나안 정복전쟁 분위기를 북돋운 여분네의 아들 갈렙과 여호수아를 제외하고 출애굽 1세대 모두는 광야에서 사멸될 것이다. 오직 하나님의 가능성들을 믿었던 갈렙과 여호수아만이 땅 약속의 성취를 보도록 허용될 것이다. 오히려 가나안 정복전쟁 시 사로잡힐 것이라고 간주되는 유·청소년 세대만이 가나안 땅에 들어갈 것이다.

둘째, 모세도 출애굽 1세대가 받을 징벌을 받아 끝내 광야사멸 세대와 함께 광야에서 죽을 것이며 가나안 땅에 들어가지 못할 것이다. 출애굽 1세대가 받을 진노를 모세 또한 받을 것이다. 대신 모세는 여호수아로 하여금 가나안 땅 정복대업을 잇게 하여야 한다. 가나안 남부의 최근접 접경지대였던 가데스 바네아에서 이스라엘은 가나안을 지척에 두고도 40년의 광야여정으로 퇴행할 수밖에 없었다. 이스라엘은 방향을 돌려 홍해 길을 따라 광야로 들어가

라고 명령받았다(40절). 이 황망한 심판선언을 들은 이스라엘은 사후약방문 처방으로 위기를 돌파하려고 했다. 성급하게 자신들의 죄를 회개하고 아모리 산지로 올라가 싸우려고 나갈 태세를 갖추었다(41절). 이스라엘이 각각 무기를 들고 경솔히 산지로 올라가 전쟁을 개시하려고 했던 것이다. 그때 야웨께서는 당신께서 이 경거망동하던 이스라엘 백성의 가나안 산지 정복전쟁에 함께하지 않으시겠다고 경고했다. 하나님께서 함께하지 않으시면 가나안 정복전쟁은 대패로 끝날 것임을 경고했다(42절). 하지만 청개구리 같은 이스라엘은 기어코 모세를 통해 들려오는 야웨의 명령을 듣지 않고 거리낌 없이 아모리 산지로 올라갔다가 세일산과 호르마에서 대패를 당하고 만다(43-44절). 대패한 이스라엘이 하나님 앞에 와 통곡했으나 하나님께서는 그들의 기도를 외면하셨다(45절). 가데스 바네아의 충격적인 심판 경험 때문인지 이스라엘은 가데스 바네아에서 장기간 체류했다(46절).

모세가 가나안 땅 입구 모압 평지에서 약 40년 전에 일어났던 가데스 바네아 반역 사건을 상기시키는 이유는 명확하다. 다시는 가데스 바네아의 반역과 불순종을 되풀이하지 말라는 것이다. 또다시 가데스 바네아의 반역과 불순종을 반복한다면 이스라엘 백성은 또다시 광야로 추방되어 참혹한 유랑과 방황을 감수해야 한다는 것이다.

## 설교를 위한 묵상

1장은 두 가지 주제를 담고 있다. 가나안 땅을 아브라함의 후손 이스라엘에게 주시겠다는 하나님의 약속과 그 약속을 믿지 못하고 가나안 땅 입구에서 진격을 망설이고 있는 이스라엘 백성의 마음 깊은 곳의 불신앙과 동요다. 이스라엘 백성 목전의 가나안 땅은 아브라함과 이삭과 야곱과 그 후손들에게 하나님께서 주겠다고 맹세까지 동반하신 약속의 땅이다. 하나님 편에서 그것을 지키지 않으면 하나님의 이름에 심각한 명예훼손을 가져올 만한 부담스러운 약속이다.[5] 그런데도 이스라엘 백성은 가나안 땅 목전에서 흔들리고 있다. 그래서 모세 자신은 가나안 땅에 들어가지 못하지만 개인적으로나 민족적으로나 40년의 광야사역 중 가장 고통스러웠던 순간인 가데스 바네아 반역 사건을 고통스럽게 회고한다. 왜 신명기는 초입부터 민수기 13~14장에 기록된 그 유명한 가데스 바네아 정탐사건과 그 결과 발생한 환애굽반역사건(민 14 : 3, "이에 서로 말하되 '우리가 한 지휘관을 세우고 애굽으로 돌아가자' 하매")을 회상하고 있을까? 신명기는 모세를 통해 조상들의 망령된 행실을 대표하는 이 가데스 바네아 반역 일화를 자세히 들려줌으로써 세 가지 원칙을 말하려고 한다. 첫째, 하나님의 약속은 그 약속을 믿는 하나님의 백성들의 순종과 결단을 통해 이뤄진다는 진리다. 모세는 왜 40년의 광야방황이 초래되었는지에 대해 원인론적인 설화를 상기시킴으로써 설명한다. 불신앙, 불순종은 약속의 땅 진입을 좌절시키고 지연시킨다. 하나님이 조상들에게 맹세하여 주신 약속의 땅을 후손들이 불신앙과 불순종으로 차지하기를 거절하면 광야방황 외에 다른 대안이 없다는 것이다. 하나님은 전능하시지만 겸손하셔서 인간 대리자의 순종과 믿음을 통해 당신의 나라를 세워가신다. 이스라엘은 땅을 얻고 차지하는 데 만족해서는 안 된다. 어떤 과정을 통해 가나안 땅을 차지하고 그 땅에 거하는가가 더욱 중요하다. 이스라엘의 존립 근거는 가나안 땅이 아니라 하나님의 약속에 대한 믿음이요 신뢰다. 이스라엘은 가나안 땅 밖에서도 거주할 수 있으나, 아브라함, 이삭, 야곱과 맺은 하나님의 약속을 믿지 않고는 한시도 존재할 수 없다. 창세기 12 : 1~3 이래 모세오경은 아브라함, 이삭, 야곱과 그들의 후손에게 가나안 땅을 기업의 땅으로 주시겠다는 하나님의 약속이 성취되는 과정이다. 이미 약속하신 대로 아브라함의 후손을 하늘의 허다한 별처럼 번성하게 해 주신 하나님이 가나안 땅을 이스라엘에게 주셔서 이스라엘로 하여금 땅의 모든 족속에게 복을 유통시키고 베푸실 만민구원역사를 시작하셔야 한다. 이스라엘이 하나님을 믿어야 하는 이유는 단지 자신들이 잘 먹고 잘살기 위함이 아니라 자신들을 통해 세계만민을 하나님의 다스림 아래 복속시키시려는 하나님 당신의 비전을 이뤄드리기 위함이다. 참된 기독교 신앙은 우리 각자가 하나님 나라를 상속받아 다른 사람에게 하나님의 복을 확산시키는 데까지 자라 가야 한다. 하나님의 다스림이 우리 각자의 삶과 인격에 맺혀 하나님 다스림의 열매가 풍성해지면 만민은 하나님의

5) 이 약속은 하나님과 언약을 맺고 깊이 잠든 아브라함의 밤환상에서 들려온 하나님의 약속이자 이삭과 야곱에게까지 상속된 약속이다(창 15 : 13-16, 18-21).

복을 누리게 되고 하나님을 직접 믿는 데까지 나오게 된다.

둘째, 가데스 바네아 반역 사건은 눈에 보이는 대로 혹은 눈이 보는 것에 의해 좌우되지 말고 하나님의 말씀과 약속을 더욱 신실하게 믿고 따라야 함을 보여 준다. 갈렙과 여호수아는 가나안 땅이 하나님이 이스라엘에게 주신 땅임을 믿고 가나안 정복을 하나님의 도우심으로 감당할 수 있다고 보았고, 10지파의 수령들은 자신들이 '본 것'에 지배당했다. 그들은 아브라함과 이삭과 야곱, 3대에 걸쳐서 이뤄진 하나님의 약속을 믿기보다는 자신의 눈이 보는 현실 앞에 메뚜기처럼 작아졌다. 민수기 13장의 정탐꾼들이 보고 와서 스스로를 메뚜기에 불과하다고 여기게 만든 가나안 원주민들은, 가나안 남방 땅에 거하는 아말렉, 산지에 사는 헷 족속과 여부스 족속, 아모리 족속 그리고 해변과 요단강 근처 저지대에 사는 가나안 족속들이었다(민 13 : 29). 10지파 수령의 비관적인 보고에는 '보다'라는 동사가 지배한다. 그들은 강력한 원주민, 특히 창세기 6장에 나오는 고대 거인족의 후손인 네피림 후손 아낙 자손과 크고 견고한 성읍을 보았다(민 13 : 28 ; 특히 민 13 : 33, '거기서…… 보았나니', '우리는 스스로 보기에도', '그들이 보기에도'). '현실'(現實)이라는 한자에도 볼 견(見)이라는 글자가 들어 있다. 우리가 마주치는 현실이라는 것은 우리 눈이 본 것들로 구성되어 있다. 우리 눈에 의해 보여지고 뇌에 의해 해석된 것들이 우리에게 의미 깊은 현실이다. 10지파의 수령들은 하나님 약속을 제외한 채 아낙 자손의 크고 강한 성읍을 보고 패배감과 두려움에 압도되어 버렸다. 자신보다 먼저 가나안 땅에 들어가셔서 그들을 위해 싸워 주시는 크고 강력한 출애굽의 하나님, 광야 40년의 기적을 베푸시고 엄청난 백성을 먹여 오신 하나님, 십계명과 율법을 주셔서 자신들을 언약백성으로 삼아 주신 하나님을 망각하고, 가나안 원주민들의 강하고 용맹스러운 모습만 본 것이다. 믿음은 보는 것에 근거하지 않고 살아 계신 하나님의 살아 있는 약속과 말씀에 근거한다. 하나님의 약속과 말씀을 고려하지 않고 우리가 맨몸으로 현실과 부딪치면 우리는 메뚜기처럼 작아지고 위축되고 의기소침해진다. 하나님이 함께 하시면 우리는 기드온처럼 용사가 될 수 있다(삿 6 : 1-14). 믿음이 없이는 하나님을 기쁘시게 할 수 없다. 우리는 믿는 자를 찾으시고 그 믿는 자에게 상급을 주시기까지 당신의 동역자를 찾으시는 하나님께 아멘으로 응답해야 한다.

셋째, 마지막 순간까지 빛나는 모세의 사명감을 일깨워 준다. 이스라엘 백성이 가나안에 들어가지 직전, 모세는 자신의 죽음을 앞둔 상황에서(3 : 27), 야웨께서 자기에게 명하신 율법을 출애굽 2세대에게 선포하고 있다. 이스라엘 백성의 완악함 때문에 가나안 땅을 밟아보지도 못한 채 역사의 무대에서 퇴장당하여야 하는 순간에도, 모세는 자신의 모든 것을 부인하고 오직 여호와의 말씀만을 선포하고 있다. 마지막 순간까지 하나님의 말씀을 강해하고 적용하고 있다. 모세는 광야 40년의 역사에서 가장 치욕스럽고 고통스러운 순간을 모압 평지의 이스라엘 자손에게 상기시킴으로써 조상의 망령된 행실을 끊고 이제 "가나안 땅으로 진격해 들어가라."고 호소한다. 가나안 땅 정복보다는 이스라엘이 하나님의 약속을 믿고 순종하는 백성으로 존재하는 것이 더 중요하다. 하나님의 약속과 말씀에 사로잡힌 이스라엘 백성만이 가나안 땅을 정당한 의미에서 정복할 수 있다. 가나안 정복의 핵심은 원주민을 살상해 죽여버리는 데 있지 않고 가나안 땅을 압류하여 사유재산으로 삼는 데 있는 것도 아니다. 가나안 땅의 원주민들이 이룬 악하고 패역한 문화를 일소하고 하나님의 율법이 지배하는 하나님 나라를 이루는 데 있다. 그래서 모세는 가나안 정복에 앞서서 하나님의 말씀을 선포했다. 그 하나님의 말씀은 창세기에 나오는 아브라함, 이삭, 야곱에게 주신 하나님의 약속이었다. 가나안 정복은 조상적부터 내려오는, 결코 실패할 수 없는 하나님의 약속임을 상기시켰다. 세상 방식으로 생각하면 가나안을 정복하려면 말씀보다는 전쟁기술이 더 필요했고, 백성들을 훈련시키고 무기를 제조하며 치밀한 전투전략을 세워야 했을 터이지만, 모세는 이 모든 것에 앞서 하나님의 율법을 설명했다. 그 이유는 다른 모든 것보다는 영적인 무장이 더 시급하다고 생각했기 때문이다. 이스라엘 백성은 가나안 정복에 성공하기 위해서 잘 훈련된 군사와 훌륭한 무기로 무장하기보다는 하나님의 말씀을 믿고 순종하는 영적 무장을 해야 했다. 신자들이 실패하는 데는 외적인 환경과 조건에 그 이유가 있기보다 말씀이 부족하고 기도가 부족하기 때문이다. 사람은 떡으로만 사는 존재가 아니요, 하나님의 입으로 나오는 모든 말씀으로 사는 존재다. 영적 무장이 잘되어 있지 못할 때 다른 모든 것이 아무리 잘 갖추어져 있다 하더라도 실패할 수밖에 없다.

## 2. 가나안 땅으로 전진하는 이스라엘의 평화 조우와 전쟁 조우(2 : 1-3 : 29)

### 1) 비껴가야 할 족속과 쳐부수어야 할 족속을 구별하시는 하나님(2 : 1–23)

1우리가 방향을 돌려 여호와께서 내게 명령하신 대로 홍해 길로 광야에 들어
가서 여러 날 동안 세일산을 두루 다녔더니 2여호와께서 내게 말씀하여 이르
시되 3너희가 이 산을 두루 다닌 지 오래니 돌이켜 북으로 나아가라 4너는 또
백성에게 명령하여 이르기를 너희는 세일에 거주하는 너희 동족 에서의 자손
이 사는 지역으로 지날진대 그들이 너희를 두려워하리니 너희는 스스로 깊이
삼가고 5그들과 다투지 말라 그들의 땅은 한 발자국도 너희에게 주지 아니하
리니 이는 내가 세일산을 에서에게 기업으로 주었음이라 6너희는 돈으로 그
들에게서 양식을 사서 먹고 돈으로 그들에게서 물을 사서 마시라 7네 하나님
여호와께서 네가 하는 모든 일에 네게 복을 주시고 네가 이 큰 광야에 두루
다님을 알고 네 하나님 여호와께서 이 사십 년 동안을 너와 함께하셨으므로
네게 부족함이 없었느니라 하시기로 8우리가 세일산에 거주하는 우리 동족
에서의 자손을 떠나서 아라바를 지나며 엘랏과 에시온 게벨 곁으로 지나 행
진하고 돌이켜 모압 광야 길로 지날 때에 9여호와께서 내게 이르시되 모압을
괴롭히지 말라 그와 싸우지도 말라 그 땅을 내가 네게 기업으로 주지 아니하
리니 이는 내가 롯 자손에게 아르를 기업으로 주었음이라 10(이전에는 에밈
사람이 거기 거주하였는데 아낙 족속같이 강하고 많고 키가 크므로 11그들을
아낙 족속과 같이 르바임이라 불렀으나 모압 사람은 그들을 에밈이라 불렀으
며 12호리 사람도 세일에 거주하였는데 에서의 자손이 그들을 멸하고 그 땅에
거주하였으니 이스라엘이 여호와께서 주신 기업의 땅에서 행한 것과 같았느
니라) 13이제 너희는 일어나서 세렛 시내를 건너가라 하시기로 우리가 세렛
시내를 건넜으니 14가데스 바네아에서 떠나 세렛 시내를 건너기까지 삼십팔
년 동안이라 이때에는 그 시대의 모든 군인들이 여호와께서 그들에게 맹세하
신 대로 진영 중에서 다 멸망하였나니 15여호와께서 손으로 그들을 치사 진영

중에서 멸하신 고로 마침내는 다 멸망되었느니라 [16]모든 군인이 사망하여 백
성 중에서 멸망한 후에 [17]여호와께서 내게 말씀하여 이르시되 [18]네가 오늘 모
압 변경 아르를 지나리니 [19]암몬 족속에게 가까이 이르거든 그들을 괴롭히지
말고 그들과 다투지도 말라 암몬 족속의 땅은 내가 네게 기업으로 주지 아니
하리니 이는 내가 그것을 롯 자손에게 기업으로 주었음이라 [20](이곳도 르바임
의 땅이라 하였나니 전에 르바임이 거기 거주하였음이요 암몬 족속은 그들을
삼숨밈이라 일컬었으며 [21]그 백성은 아낙 족속과 같이 강하고 많고 키가 컸으
나 여호와께서 암몬 족속 앞에서 그들을 멸하셨으므로 암몬 족속이 대신하여
그 땅에 거주하였으니 [22]마치 세일에 거주한 에서 자손 앞에 호리 사람을 멸
하심과 같으니 그들이 호리 사람을 쫓아내고 대신하여 오늘까지 거기에 거주
하였으며 [23]또 갑돌에서 나온 갑돌 사람이 가사까지 각 촌에 거주하는 아위
사람을 멸하고 그들을 대신하여 거기에 거주하였느니라)

**[2 : 1-23]** 2 : 1~3 : 11은 이스라엘이 광야에서 보낸 해를 회고하되, 모압 평지에 오기까지 만난 인근 족속들과의 평화로운 조우 혹은 전쟁 조우를 중심으로 회고한다. 하나님의 백성들에게도 우호적으로 바라보며 평화롭게 마주쳐 지나가야 할 이방인들과 정면으로 마주쳐 대적하여야 할 이방인들이 있다. 이 기준은 하나님의 말씀이다. 가데스 바네아에서 바로 남방 네게브 육로를 통해 가나안 땅을 강습(強襲)할 기회를 놓친 이스라엘은 광야 38년의 방랑여정을 시작하지 않을 수 없었다. 방향을 돌리지 않을 수 없었다. 가나안 땅으로 가는 길로의 전진을 거부하면 홍해 광야길이 나타난다. 이스라엘은 홍해 광야길로 들어가 바위와 암혈로 구성된 세일산을 두루 돌아다니며 살았다(1절). 세일산을 두루 돌아다녔다는 말은 정착할 곳을 찾지 못해 방황했다는 말이다. 세일산을 두루 돌아다니며 거한 지가 오랜 후에 하나님께서 돌이켜 북으로 행진하라고 명하셨다(2-3절). 홍해길로 내려가는 길이 남으로 내려가는 길이라면 이번에는 북으로 올라가는 길을 지정해 주신 것이다. 이때 특이

한 것은 하나님께서 이스라엘이 세일산을 지나 북으로 나아가는 행로에서 에돔 족속과 조우할 때 어떻게 행동할 것인가를 자세히 일러 주신다는 것이다(4-7절). 에돔 족속이 거대한 이스라엘 광야행진 행렬을 보면 두려움에 빠질 수 있으니 스스로 깊이 삼가며 행동하여야 한다. 세력 과시나 도발적인 접근을 해서는 안 된다. 그들과는 다투면 안 된다(4-5절). 왜냐하면 하나님께서 세일산과 근처를 에서에게 기업의 땅으로 주셨기 때문이다. 창세기 36장은 세일산을 기업의 땅으로 삼아 번성하는 에서 족속의 역사, 에돔이 몰아냈던 세일산 원주민 호리 족속의 계보(창 36 : 20-30 ; 대상 1 : 28-41)를 담고 있다. 기업(基業, 여루샤〈yĕruššā〉)이라는 말은 하나님이 에서 족속이 정당하게 차지한(야라쉬) 땅임을 인정하고 정착권을 보장해 준다는 말이다. 에돔 족속의 기업인 세일산을 두루 다니며 가나안 땅을 기업(여루샤)으로 주시면 얼마나 좋을까 부러움을 느끼도록 유도하셨을 수도 있다. "그들의 땅은 한 발자국도 너희에게 주지 아니하리니 이는 내가 세일산을 에서에게 기업으로 주었음이라"(5절). 에돔 족속은 약탈과 도발의 대상이 되어서는 안 된다. 양식과 물을 현지 군수품 조달하듯이 강제징발하거나 약탈해서는 안 된다. 하나님이 이스라엘을 야웨의 기업으로 택하신 것이 이방 족속을 사랑과 관심에서 배제한다는 말은 아니다. 이스라엘의 하나님은 에돔의 하나님이시기도 하고 에돔을 복 주셔서 번성하게 하시는 하나님이시기도 하다. 선민은 만민을 배제하는 자가 아니라 만민을 하나님께로 이끄는 자다. 하나님이 이스라엘을 위하는 마음이나 에돔을 위하는 마음은 같다. "하나님은 아브라함을 통해 땅의 모든 족속이 하나님의 복을 누리는 데까지 이르기를 원하신다."[6)]

7절은 6절에서 8절로 이어지는 자연스러운 흐름을 끊어 놓는 삽입문이다. 광야방랑 40년은 가난과 궁핍의 시간이 아니었다. 하나님의 절대주권적인 돌보심과 공급하심을 맛본 시간이었다는 점을 강조한다. 하나님 야웨께서

---

6) 크리스토프 J. H. 라이트(Wright)의 두 책, 「하나님의 선교」(*Mission of God*, 정옥배, 한화룡 역, 서울 : IVP, 2012), 「하나님 백성의 선교」(*The Mission of God's people*, 한화룡 역, 서울 : IVP, 2012)는 만민구원을 위한 선민의 역사를 명쾌하게 해설하고 있다.

이스라엘이 하는 모든 일에 복을 주시고 이스라엘이 큰 광야에 두루 다닐 때 그들의 길을 감찰하셨기 때문이다. 개역개정의 '알다'라는 말은 언약적 책임감을 갖고 돌보셨다는 것을 가리킨다. '야다 렉터카 엣 함미드바르 하가돌 하제'(yāda‘ lektĕkā et-hammidbār haggādôl hazze). 하나님께서 이 사십 년 동안 이스라엘 백성과 함께하셨으므로 그들에게 부족함이 없었음을 진술한다. "야웨 하나님은 나의 목자시니 내게 부족함이 없으리로라"(시 23 : 1)를 공동체적으로 40년 동안 경험했다는 것이다.

8절에서 에서를 '세일산에 거주하는 우리의 동족'(아헤누〈’aḥênû〉)이라고 부르는 점이 인상적이다. 창세기 33장의 야곱과 에서의 극적 화해와 형제우애의 회복을 반영하는 시기의 에돔관이다. 이사야 34장이나 오바댜의 에돔관은 냉혹할 정도로 부정적인 데 비하여 모세오경에서는 대체로 에서를 우호적으로 다룬다. 이스라엘은 과연 하나님 명령대로 에서 지역을 비껴 통과해 홍해 항구인 엘랏과 에시온 게벨 곁을 지나 행진했다(8절). 남단 홍해 근처로 가던 이스라엘은 이번에는 또 한 번 돌이켜 다시 모압지역으로 북상했다. 하나님께서는 이번에도 동일하게 모압을 괴롭게 하거나(히브리어 추르〈ṣûr〉는 '에워싸다', '에워싸 곤경에 처하게 하다'를 의미) 모압과 다투지 말 것을 주문하신다. 그 이유는 모압 땅을 이스라엘의 기업으로 넘겨주지 아니하실 것이며 롯 자손 모압에게 아르(Ar)를 중심으로 한 지경을 기업으로 이미 선사하셨기 때문이다(9절 ; 창 19 : 30-38). 아브라함과 롯의 형제우의가 아브라함의 후손과 롯의 후손 사이에도 이어져야 한다고 보신 것이다. 신명기 2장은 창세기에서 형성된 족장시대의 형제우애와 친밀성을 보존하시려는 하나님의 관심을 부각시킨다.

10~11절은 모압 사람들과 에돔 사람들이 각자 자신의 현 영토를 하나님으로부터 기업으로 받게 된 원인론적 일화를 보도하는 삽입단락이다. 모압 족속은 그 이전의 원주민인 거인족 에밈 사람들(다른 말로 아낙 자손과 같은 르바임으로 불렸다.)을 축출한 후에 현재의 기업을 차지했고, 에서 자손도 동

일한 방식으로 세일산을 기업으로 차지했다.[7] 모압과 에돔에게도 하나님은 그들 나름의 약속의 땅 정복전쟁을 통해 기업의 땅을 선사하신 것이다. 심지어 아모스 9 : 7은 아람 사람들을 기르(Kir)에서, 블레셋 사람들을 갑돌(크레타 섬)에서 이끌어 내어 각각 아람과 가나안 땅에 거주케 하셨다는 사실을 강조한다. 아람판 출애굽, 블레셋판 출애굽 이야기인 셈이다. 이처럼 하나님은 각 민족에게 나름대로의 '출애굽 구원'과 '가나안 정복전쟁'을 통한 기업 획득의 역사를 허락하신 것이다. 이스라엘의 하나님은 세계만민의 하나님이시다. 그래서 모압은 에밈으로 불렸던 장대한 원주민을 축출했고 에서 족속은 세일산의 원원주민이었던 장대한 호리 사람들을 축출하고 세일산 일대를 차지했다. 한결같이 전쟁 혹은 물리적 압박과 힘 우위를 통해 야웨가 주신 기업을 차지한 것이다. "이스라엘이 여호와께서 주신 기업의 땅에서 행한 것과 같았느니라"(12절)는 첨언은, 이스라엘이 가나안 땅을 야웨 하나님의 기업으로 받기 위해서는 전쟁을 피할 수 없다는 뉘앙스를 풍긴다. 모세는 여기서 모압과 에서가 행했듯이 이스라엘 백성도 장대하고 막강해 보이는 가나안 원주민을 진멸하고 가나안 땅을 기업으로 능히 차지할 수 있다는 확신을 고취하려고 한다.

13~14절은 가데스 바네아에서 모압 평지로 이어지는 세렛 건천(乾川, 와디)을 건너 현재의 지점에 오기까지 38년이 소요되었음을 강조한다. 가데스 바네아 반역 사건을 처리하는 과정에서 하나님께서 맹세하신 대로 출애굽 1세대의 모든 군인들이 진영 중에서 다 멸망했다. '모든 세대의 군인들'로 번역된 히브리어 '핫도르 안쉐 함밀하마'(haddôr 'anšê hammilḥāmā)는 '그 전쟁의 사람들 세대'이다. 14절의 이 하반절을 직역하면 '이 전쟁의 사람들 세대가 군대의 진영으로부터 완전히 떨어져 나갔다'는 의미다.[8] 가데스 바네

7) 창세기 14 : 5-8은 세일의 원원주민(元原住民)인 호리 족속과 모압의 원원주민인 에밈(엠) 족속을 공격한 세력이 그돌라오멜 동맹군이라고 말한다. 그돌라오멜 동맹군의 남부 가나안 정벌이 이 지역의 원주민 교체에 기여했던 것으로 보인다.

8) 생물학적 죽음을 가리키기보다는 '군역, 전쟁복무 의무에서 자유케 되었다'(핫도르 안쉐 함밀하마 미퀘렙 함마하네〈haddôr 'anšê hammilḥāmā miqereb hammaḥăne〉)는 말로도 해석될 수 있다.

아의 반역 사건을 한 세대 전체의 죄악이라고 본 것이다. 지난 38년의 시간은 불순종하고 완악한 출애굽 1세대의 소멸과 퇴장을 위한 시간이었다. 한 세대의 죄악이 그 다음 세대로 이어지는 것을 막기 위한 최소한 징벌이었다. 다시 이집트로 돌아가자던 망령된 광야불순종 세대는 가나안 땅으로 행진하는 이스라엘 백성의 진영에 더 이상 머물지 못했다. 15절은 그들이 자연사했다기보다는 야웨께서 손으로 쳐서 진영 중에서 멸망당했다고 말한다. 15절의 히브리어 구문 직역은 "그리고 심지어 야웨의 손이 그들을 진영으로부터 온전히 끊어내기까지 계속 그들을 겨냥해 계셨다."가 된다. 야웨의 손은 하나님의 의지가 작용인이 되어 그들을 이스라엘의 행진 진영에서 끊어내셨다는 말이다. 불순종 세대, 다시 노예살이로 되돌아가자던 반역세대는 하나님이 주신 자유의 나라, 곧 자유케 하는 율법멍에를 지고 살아가는 자유민들의 나라에 속할 수 없다. 하나님 나라로 들어가는 진영에서 끊어지는 심판을 자초하지 않기 위하여 우리는 약속의 땅을 향해 발을 재촉하여야 한다.

16~23절은 이스라엘이 암몬 사람들을 우호적으로 대하여야 하는 이유를 말한다. 에서와 모압에게 행한 대로 이번에도 이스라엘 백성은 암몬 족속을 공격하거나 에워싸 괴롭게 해서는 안 된다. 그들의 땅도 하나님으로부터 받은 기업이기 때문이다(17-19절). 20~21절은 암몬 족속이 자신의 현재 영토를 차지하게 된 역사를 회고한다. 암몬도 삼숨밈 혹은 르바임이라고 불리는 거대한 족속 원주민을 몰아내고 하나님의 기업을 선사받았다. 아낙 자손처럼 강하고 많고 키 큰 거인 족속을 축출하고 지금의 기업을 누리고 있다. 암몬 자손의 기업 차지 일화도 10지파의 정탐꾼들이 아낙 자손을 보고 기겁을 해서 뒤로 물러나 침륜에 빠진 가데스 바네아 반역 사건을 반추하면서, 이스라엘 백성이 야웨가 주시는 기업을 차지하기 위해 얼마나 용감하여야 하며 하나님을 굳게 신뢰하여야 하는가를 간접적으로 강조한다. 세일산의 호리 족속을 진멸하여 자기 기업을 차지한 에돔 족속처럼(창 14 : 6 ; 참조. 창 36 : 20-30), 암몬 자손도 자신보다 더 강대한 원주민을 몰아낸 후에 지금의 기업

을 누리고 있는 것이다(22절). 23절에 따르면 심지어 블레셋의 조상인 갑돌 사람도 가사(Gaza) 지역의 각 촌에 거주하던 아위 사람들을 멸망시키고 현재의 자기 기업을 확보했다. 에서, 모압, 암몬, 갑돌 사람 모두 자신보다 훨씬 더 많고, 크고, 강력한 원주민을 몰아내고 현재의 기업의 땅을 차지했다. 이스라엘 백성들도 네피림 후손 아낙 자손을 두려워해서는 안 된다. 현재 가나안 일대의 인근 부족들 모두 강대하고 막강한 원주민들을 패퇴시키고 현재의 기업을 누리고 있다. 이 가나안 근처 지역의 원원주민들을 축출하고 대신 기업을 차지한 인근 족속들의 보금자리 확보 역사는 이스라엘에게 영감과 도전의 원천이 된다.

### 2) 헤스본 왕 시혼을 쳐부수고 요단강 동쪽 아래땅을 정복하는 이스라엘 (2 : 24-37 ; 참조. 민 21 : 21-30)

24너희는 일어나 행진하여 아르논 골짜기를 건너라 내가 헤스본 왕 아모리 사
람 시혼과 그의 땅을 네 손에 넘겼은즉 이제 더불어 싸워서 그 땅을 차지하라
25오늘부터 내가 천하 만민이 너를 무서워하며 너를 두려워하게 하리니 그들
이 네 명성을 듣고 떨며 너로 말미암아 근심하리라 하셨느니라 26내가 그데못
광야에서 헤스본 왕 시혼에게 사자를 보내어 평화의 말로 이르기를 27나를 네
땅으로 통과하게 하라 내가 큰길로만 행하고 좌로나 우로나 치우치지 아니하
리라 28너는 돈을 받고 양식을 팔아 내가 먹게 하고 돈을 받고 물을 주어 내가
마시게 하라 나는 걸어서 지날 뿐인즉 29세일에 거주하는 에서 자손과 아르에
거주하는 모압 사람이 내게 행한 것같이 하라 그리하면 내가 요단을 건너서
우리 하나님 여호와께서 우리에게 주시는 땅에 이르리라 하였으나 30헤스본
왕 시혼이 우리가 통과하기를 허락하지 아니하였으니 이는 네 하나님 여호와
께서 그를 네 손에 넘기시려고 그의 성품을 완강하게 하셨고 그의 마음을 완
고하게 하셨음이 오늘날과 같으니라 31그때에 여호와께서 내게 이르시되 내

가 이제 시혼과 그의 땅을 네게 넘기노니 너는 이제부터 그의 땅을 차지하여
기업으로 삼으라 하시더니 [32]시혼이 그의 모든 백성을 거느리고 나와서 우리
를 대적하여 야하스에서 싸울 때에 [33]우리 하나님 여호와께서 그를 우리에게
넘기시매 우리가 그와 그의 아들들과 그의 모든 백성을 쳤고 [34]그때에 우리가
그의 모든 성읍을 점령하고 그의 각 성읍을 그 남녀와 유아와 함께 하나도
남기지 아니하고 진멸하였고 [35]다만 그 가축과 성읍에서 탈취한 것은 우리의
소유로 삼았으며 [36]우리 하나님 여호와께서 그 모든 땅을 우리에게 넘겨주심
으로 아르논 골짜기 가장자리에 있는 아로엘과 골짜기 가운데에 있는 성읍으
로부터 길르앗까지 우리가 모든 높은 성읍을 점령하지 못한 것이 하나도 없
었으나 [37]오직 암몬 족속의 땅 얍복강가와 산지에 있는 성읍들과 우리 하나님
여호와께서 우리가 가기를 금하신 모든 곳은 네가 가까이하지 못하였느니라

**[2 : 24–37]** 24~37절은 헤스본 왕 시혼을 정복한 사건을 보도한다. 가데스 바네아 사건은 광야방랑 시대의 초기 사건이며 요단 동쪽 헤스본 왕 시혼과 바산 왕 옥(신 3 : 1–11)을 정복한 전쟁은 '최신' 사건이다. 이 두 사건이 수미쌍관 구조를 이루며 광야 시대를 포괄한다. 가데스 바네아 사건이 부정적인 교훈이라면 요단 동쪽 두 왕 정복 이야기는 긍정적인 교훈을 담고 있다. 요단 동쪽 두 왕에 대한 전쟁 승리는 가나안 본토에서 전개될 정복전쟁이 어떤 양상으로 진행될지를 가늠할 수 있는 기준이 된다. 24절에서 하나님은 아르논 골짜기를 건너 헤스본 왕을 정면으로 조우할 것을 명하신다. 아르논 골짜기를 건넌다는 것은 선제도발을 의미한다. 26~30절은 왜 헤스본 왕을 공격할 수밖에 없었는가를 설명한다. 에돔, 모압, 암몬 족속과는 달리 왜 헤스본과 바산을 공격할 수밖에 없었는가를 궁금해하는 독자들에게 제시된 설명이다. 신명기 20 : 10~12은 이스라엘이 이방인의 도성에 접근하여 전쟁을 할 것인지 혹은 평화교섭을 통해 공존을 선택할 것인지를 결정하는 기준을 제시한다. 평화를 먼저 제의하여 오는 이방인의 도성을 향해서는 일방적인 전쟁을 도발

해서는 안 된다. 그런데 평화를 거부하고 전쟁을 걸어오면 전쟁을 감수해야 한다. 이 기준에 비추어 볼 때 헤스본 왕 시혼은 이전의 인근 족속들과는 달리 평화로운 통과, 정상적인 음식물 구매 요청도 거절하는 선제적인 적대행위를 했기 때문에 이스라엘은 불가피하게 헤스본을 공격할 수밖에 없었다. 다른 한편으로는 하나님이 헤스본 왕의 성품을 완강하게 하셨고 그의 마음을 완고하게 하셔서 이스라엘을 끝까지 적대하게 하셨기 때문에 헤스본 왕 시혼은 평화교섭을 원치 않았을 것이다. 원칙적으로 하나님은 멸망시키기로 작정한 하나님의 대적자들을 완고하고 강퍅하게 하신다. 애굽의 파라오를 열 가지 재앙으로 징벌했으나 하나님께서 그 마음을 강퍅하게 하셨기 때문에 이성적이고 분별력 있는 판단을 내릴 능력을 상실했다. 헤스본 왕 시혼이 파라오의 길을 간다.

이런 이유로 하나님은 이스라엘 백성에게 지체 없이 아르논 골짜기를 건너라고 명하신다. 하나님은 헤스본 왕 시혼과 그 땅을 이스라엘의 손에 넘기셨다. 어떤 대적을 '이스라엘 손에 넘기다'라는 어구는 하나님의 '거룩한 전쟁'[9] 교범에 나오는 전문표현이다. 히브리어 '나탄 쁘 야드 이스라엘'(nātan bĕyad 'iśrā'ēl)은 이스라엘의 손에 (대적을) 양도했다는 말이다. 하나님의 절대주권적인 전쟁행위에 가장 자주 등장하고, 따라서 신명기나 여호수아에 자주 등장하는 어구다. 하나님의 선제적인 대적 양도행위가 있은 후에 이스라엘은 대적과 싸워 이길 수 있다. 하나님이 이스라엘의 손에 대적을 넘겼기에

9) 이 표현은 게르하르트 폰 라드(*Holy War in Ancient Israel* 〈Grand Rapids, MI. : Eerdmans, 1991〉)가 유포시킨(1958년 독일어) 개념으로 약간의 오해를 불러일으킨다. 이 말이 야웨의 종교를 전파할 목적으로 치러지는 전쟁이라는 인상을 주기 때문이다. 이 구약의 '거룩한 전쟁'은 이슬람의 지하드와는 완전히 다른 전쟁이다. 이 거룩한 전쟁의 목적은 하나님의 심판전쟁으로서 전쟁 수행상의 신적 주도성을 강조하고 무한대로 야만적이고 잔혹해지는 것을 막는 데 있다. 단지 다른 민족의 사유재산이나 영토를 탈취할 목적은 거룩한 전쟁이 아니다. 이스라엘은 만군의 야웨가 주도하는 '거룩한 전쟁'에서 보조군대를 파견하는 보조적 역할(출 14 : 14, 25 ; 15 : 3 ; 민 10 : 36 ; 출 12 : 41)을 맡는다(J. H. Tigay, *The JPS Torah Commentary Deuteronomy* 〈Philadelphia et al. : The Jewish Publication Society, 1996〉, 430).

그 싸움의 승자는 이스라엘이 된다. 하나님의 절대주권적 전쟁교범에 자주 등장하는 또 다른 표현은 이스라엘이 대적에게 두려움과 공포의 대상으로 작용한다는 것이다. 하나님의 선제적 심리전 전략인 셈이다(25절). 하나님은 비정규적인 전쟁교범으로 가나안 정복전쟁을 진두지휘하신다. 가나안 땅 정복전쟁에서 가나안 원주민들은 하나님의 이 심리전 전략 때문에 지레 겁을 먹고 사기가 꺾이고 만다. "오늘부터 내가 천하 만민이 너를 무서워하며 너를 두려워하게 하리니 그들이 네 명성을 듣고 떨며 너로 말미암아 근심하리라 하셨느니라"(25절). 하나님은 가나안 원주민 대적들이 이스라엘과 야웨 하나님의 명성을 듣고 마음이 녹아내려 투항하기를 기대하시는 듯 심리전을 펼치신 것이다. 이 전략으로 여리고 성의 기생 라합 가문을 투항시켜 하나님 백성의 일원으로 영접해 주신다(수 2장). 하나님과의 전쟁에서 패배당하는 것, 마음이 무너져 내리는 것이 구원이요 행복이다. 하나님이 인생을 향해 벌이는 전쟁은 우리의 멸절을 위함이 아니라 우리를 항복시켜 하나님의 율법멍에를 메고 진정 자유인으로 거듭 태어나도록 하시기 위함이다.

모세는 그데못 광야에서 헤스본 왕 시혼에게 사자를 보내 평화교섭과 평화로운 국경 통과를 요청했다. 이미 세일산의 에돔 족속과 아르의 모압 족속의 영토를 평화롭게 통과한 것처럼 그렇게 평화롭게 통행할 것을 약속하였다(27-29절). 요단을 건너 하나님이 주시는 가나안 땅으로 가는 길을 좀 빌려 달라고 요청한 모세에게 헤스본 왕은 거절과 배척으로 응답했다. 30절은 헤스본 왕의 완악한 마음을 하나님의 절대주권적 섭리로 설명한다. "네 하나님 여호와께서 그를 네 손에 넘기시려고 그의 성품을 완강하게 하셨고 그의 마음을 완고하게 하셨음이 오늘날과 같으니라"(30절). 헤스본 왕 시혼은 완악해진 마음으로 하나님의 백성들을 대적하다가 파멸당한다. 31절에 다시 거룩한 전쟁교범 공식 구절인 신적 양도 공식('손에 붙이다')이 등장한다. 하나님의 신적 양도가 선언된 이후 이스라엘은 실제 전투를 통해 시혼과 그의 땅을 정복한다. 그 후부터 시혼의 영토는 이스라엘의 기업이 된다. 32~33절은 시혼과의 전투장면을 간략하게 요약한다. 시혼이 그의 모든 백성을 거느리고 나와서 이스라엘을 대적하여 야하스에서 싸울 때에 이스라엘의 하나님 야웨께서 시혼을 이스라엘에게 넘기셨다. 이스라엘은 실제의 전쟁승리를 통해 신적 양도가 이뤄졌음을 확증했다. 이스라엘은 시혼과 그의 아들들과 그의 모든 백성을 쳤다(33절). 34절은 시혼과의 전쟁이 헤렘(하나님께 제물로 바쳐진 대적들을 완전 파멸로 몰아가는 극단적 전멸전쟁)임을 보여 준다. 이 전멸전쟁은 현대인의 전쟁교범이나 국제전쟁 관례로 볼 때 이해가 안 되는 잔학한 전쟁행위처럼 보인다. 이스라엘 백성이 시혼의 모든 성읍을 점령하고 그의 각 성읍을 남녀와 유아 중 누구도 남기지 아니하고 진멸하였기 때문이다(34절). 보통 전쟁의 경우 전쟁 당사자 중 대부분은 극단 전멸에 이르기 전에 강화 조약을 맺거나 전쟁 진행 중에 이미 전쟁 승패가 갈려 버려 진멸전쟁은 거의 일어나지 않는다. 고대 근동의 진멸전쟁 관습인 헤렘에 따르면 극단적인 인명살상이 불가피할 때가 있었다. 한 종족이나 한 가문의 말소(抹消) 혹은 도말행위를 수반한 헤렘이 신명기와 여호수아 전쟁 본문에 등장한다. 이런 때 전리품도 취하지 못하고 불태워 버리는 경우가 있는데, 여기서는 가축과 기타 전리품은 취할 수 있도록 허용되었다(35절). 하나님께서 그 모든 땅을 이스라엘 백성에게 넘겨주셨기 때문에 아르논 골짜기 가장자리의 아로엘과 골짜기 가운데에 있는 성읍으로부터 길르앗까지 모든 높은 성읍을 모조리 점령했다(36절). 그러나 오직 암몬 족속의 땅 얍복강가와 산지에 있는 성읍들과 우리 하나님께서 이스라엘의 접근과 도발을 금하신 모든 곳에는 이스라엘이 가까이하지 못했다(37절).

## 설교를 위한 묵상

2장은 이스라엘 백성들이 가나안 땅 경계까지 이르기 위하여 가데스 바네아에서 인근 민족들의 국경을 우회하거나 통과하는 과정에서 일어난 일들로, 인근 종족들과 이스라엘 사이에 이뤄진 평화로운 만남들과 적대적인 조우 일화를 회고한다. 홍해 근처의 엘랏과 에시온 게벨에서 가나안 땅으로 가려면 세일산의 에돔, 암몬, 모압, 그리고 요단 동쪽 헤스본과 바산을 거쳐야 한다. 에돔, 암몬, 모압은 이스라엘의 국경 통과를 허락했거나 양식을 팔아 그들의 광야행진을 도와주었던 것처럼 보인다. 반면에 헤스본 왕 시혼과 바산 왕 옥은 이스라엘이 자신의 영토를 가로질러 가나안으로 들어가는 것 자체를 허락하지 않는 것은 물론이거니와 적대적으로 방해했던 것으로 보인다. 그래서 이스라엘은 에돔, 모압, 암몬과는 우호적이고 평화로운 조우를 경험했고, 헤스본과 바산과는 적대적 조우를 경험했다.

2장은 우리에게 적어도 세 가지 정도의 메시지를 들려준다. 첫째, 이스라엘 하나님 야웨는 이스라엘 선민만의 하나님이 아니라 세계 만민의 하나님이시다. 에돔, 모압, 암몬, 심지어 가사의 블레셋에게까지 타민족이 함부로 빼앗아 갈 수 없는 기업을 허락하신다. 이 말은 무엇을 의미하는가? 이 세상에 존재하는 모든 나라와 종족들이 차지하고 사는 땅은 근본적으로 하나님의 땅이며, 하나님이 어느 특정한 순간에 선물로 주신 기업이라는 것이다. 하나님이 주신 기업이라는 말은 하나님의 율법과 명령을 준행하는 토대로서 주셨다는 말이다. 영구불변하고, 배타적으로 소유권을 주장하라고 주신 것이 아니라 하나님의 통치를 받아 누리는 터전으로 삼으라고 주신 것이다. 이것이 이스라엘 백성이 에돔, 모압, 암몬의 영토를 침략하면 안 되는 주요한 이유다. 이스라엘이 이 족속들의 영토를 빼앗기 위해 전쟁하지 말아야 할 또 다른 이유는 그들이 모두 이스라엘의 형제부족이라는 사실 때문이다. 에돔은 야곱의 형 에서의 후손이며, 모압과 암몬은 아브라함의 조카 롯의 후손들이다. 그런 점에서 신명기 2장의 형제 개념은 아주 포괄적이며 최소한 지켜야 할 의리 실천을 기대하는 실천적 함의를 담고 있다.

둘째, 가나안 인근의 세일산, 모압, 암몬의 땅도 한때는 원원주민의 거주지였으며, 현 거주 족속들이 원원주민을 몰아내고 그 대신 차지하게 되었다는 것이다. 이 과정에 하나님이 직접 개입하셔서 에서, 모압, 암몬, 블레셋도 자신들이 누리는 땅을 차지할 수 있었다. 땅의 영원한 주인은 없다는 것이다. 우리가 지금 영원히 누리고 살 것이라고 믿는 이 땅도 언젠가 다른 족속의 땅으로 얼마든지 바뀔 수 있다는 것이다. 현재 경남, 전남 농촌은 다문화가족들에 의해 채워지고 있다. 한국의 농촌은 베트

남, 캄보디아 등 이주민들과 그 후손들이 경영하는 날이 올 수 있으며 한반도 인구의 대다수가 남방계 아시아인으로 채워질 가능성도 배제할 수 없다. 이스라엘은 가나안 인근 족속들의 기업 정복일화를 들음으로써 인간은 땅의 임시거류민에 불과하다는 것을 깨달아야 했다.

셋째, 에돔, 모압, 암몬처럼 이스라엘 백성도 가나안 땅을 기업으로 받으려면 자신들보다 훨씬 장대하고 막강한 원주민들을 몰아내고 진멸할 전쟁을 치르지 않으면 안 된다. 에돔, 모압, 암몬 모두 자신들보다 훨씬 강력하고 장대한 원주민 세력들을 진멸하고 오늘의 그 기업을 차지할 수 있었다. 에돔, 모압, 암몬 족속도 하나님의 은혜로(?) 나름대로 그 이전의 더 강력한 원주민들을 몰아내고 현재의 영토를 차지하였다는 사실로부터 이스라엘도 배워야 한다. 하나님의 약속이 걸린 땅을 상속받기 위해서 강하고 장대하지만 가나안 땅 전체를 죄악으로 관영케 한 가나안 원주민들을 진멸하여야 한다. 이 전쟁을 통해 이스라엘은 하나님의 약속의 땅을 선물로 받아야 한다. 하나님의 선물을 받는 과정이 전쟁이라니 참으로 놀랍지만 이스라엘은 이 전쟁명령에 아멘으로 순종하여야 한다. 하나님께서는 에돔, 모압, 암몬에 대한 우호적인 조우 명령과는 대조적으로 아모리 족속의 두 왕 시혼과 옥의 왕국에 대하여는 가차 없는 정복전쟁을 개시하라고 명하신다. 이것은 인종주의적 편애 때문이 아니다. 민수기 22~31장이 잘 보여 주듯이, 이 두 아모리 왕들은 이스라엘의 가나안 진입을 필사적으로 막았을 뿐만 아니라 선제공격을 감행했다. 이스라엘의 경우 어떤 의미에서는 일종의 정당방어전쟁을 치른 셈이다. 따라서 이스라엘 백성들의 가나안 진입을 주도하시는 하나님의 절대주권적인 기획에 반대하는 세력은 하나님 나라에서 어떤 분깃도 얻지 못한다. 하나님 나라는 하나님의 영토를 불법적으로 점거해 땅을 더럽히는 죄인들에게 대해서는 항상 복된 공격을 감행한다.

### 3) 바산 왕 옥을 쳐부수고 요단강 동쪽 위 땅을 정복하는 이스라엘(3 : 1-11 ; 참조. 민 21 : 21-35)

1우리가 돌이켜 바산으로 올라가매 바산 왕 옥이 그의 모든 백성을 거느리고
나와서 우리를 대적하여 에드레이에서 싸우고자 하는지라 2여호와께서 내게
이르시되 그를 두려워하지 말라 내가 그와 그의 모든 백성과 그의 땅을 네
손에 넘겼으니 네가 헤스본에 거주하던 아모리 족속의 왕 시혼에게 행한 것
과 같이 그에게도 행할 것이니라 하시고 3우리 하나님 여호와께서 바산 왕
옥과 그의 모든 백성을 우리 손에 넘기시매 우리가 그들을 쳐서 한 사람도
남기지 아니하였느니라 4그때에 우리가 그들에게서 빼앗지 아니한 성읍이 하
나도 없이 다 빼앗았는데 그 성읍이 육십이니 곧 아르곱 온 지방이요 바산에
있는 옥의 나라이니라 5그 모든 성읍이 높은 성벽으로 둘려 있고 문과 빗장이
있어 견고하며 그 외에 성벽 없는 고을이 심히 많았느니라 6우리가 헤스본
왕 시혼에게 행한 것과 같이 그 성읍들을 멸망시키되 각 성읍의 남녀와 유아
를 멸망시켰으나 7다만 모든 가축과 그 성읍들에서 탈취한 것은 우리의 소유
로 삼았으며 8그때에 우리가 요단강 이쪽 땅을 아르논 골짜기에서부터 헤르
몬 산에까지 아모리 족속의 두 왕에게서 빼앗았으니 9(헤르몬산을 시돈 사람
은 시룐이라 부르고 아모리 족속은 스닐이라 불렀느니라) 10우리가 빼앗은 것
은 평원의 모든 성읍과 길르앗 온 땅과 바산의 온 땅 곧 옥의 나라 바산의
성읍 살르가와 에드레이까지이니라 11(르바임 족속의 남은 자는 바산 왕 옥뿐
이었으며 그의 침상은 철 침상이라 아직도 암몬 족속의 랍바에 있지 아니하
냐 그것을 사람의 보통 규빗으로 재면 그 길이가 아홉 규빗이요 너비가 네
규빗이니라)

**[3:1-11]** 3:1~11은 2장 마지막 단락과 연결되어 있다. 이스라엘의 가나안 행진을 막으려고 선제공격을 감행하는 바산 왕 옥을 쳐부수는 일화다. 이스라엘이 돌이켜 바산으로 올라갔을 때 바산 왕 옥이 모든 백성을 거느리고 나와 이스라엘을 대적하여 에드레이에서 싸움을 걸어왔다(1절). 2절은 이 전쟁도 야웨 하나님이 친히 기획하시고 주도하시는 전쟁임을 말한다. 신적 양도

구문이 다시 사용된다. 바산 왕 옥과 그의 땅은 이미 하나님에 의해 이스라엘 손에 양도되기로 예정되어 있다. 따라서 이스라엘은 하나님의 절대주권적인 전쟁 주도를 믿고 두려워하지 말아야 한다. 헤스본 왕 시혼이 하나님께서 그를 이스라엘 손에 넘겨주신 신적 양도로 파멸되었듯이, 바산 왕 옥도 하나님에 의해 이스라엘 손에 양도될 것이다(2절). 3절은 바산 왕 옥과 그의 모든 백성을 하나님께서 이스라엘 백성의 손에 넘겨주셨기 때문에 이스라엘이 바산 왕 옥과 그의 왕국거민을 쳐서 한 사람도 남기지 않고 진멸했다고 말한다. 이 전쟁의 결과 이스라엘 백성은 바산 왕 옥으로부터 육십 성읍을 빼앗았다. 아르곱 온 지방과 바산에 있는 옥의 나라 전체를 노략한 것이다(4절). 바산 왕국의 무장상태는 놀라웠다. 모든 성읍이 높은 성벽으로 둘려 있고 문과 빗장이 있어 견고하며 그 외에 성벽 없는 고을이 심히 많았다(5절). 그러나 하나님의 신적 양도라는 방식의 절대주권적 전쟁 개입으로 바산 왕 옥도 멸망당했다. 이스라엘은 헤스본 왕 시혼에게 행한 것과 같이 그 성읍들을 멸망시키되 각 성읍의 남녀와 유아를 멸망시켰으나(6절), 다만 모든 가축과 그 성읍들에서 탈취한 것은 전쟁전리품으로 취했다(8절). 8~9절은 아모리 족속의 두 왕으로부터 빼앗은 영토 경계를 말한다. 이스라엘 백성은 요단강 이쪽 땅, 즉 아르논 골짜기에서부터 헤르몬산까지 이르는 광활한 땅과 성읍들을 아모리 족속의 두 왕에게서 빼앗았다(8절). 9절은 지명과 관련된 삽입문이다. 헤르몬산을 시돈 사람은 시룐이라 부르고 아모리 족속은 스닐이라 불렀다는 사실을 첨가한다. 10절은 바산 왕 옥으로부터 빼앗은 성읍들의 목록과 영토 경계에 대해 추가적 정보를 제공한다. 이스라엘은 평원의 모든 성읍과 길르앗 온 땅과 바산의 온 땅 곧 옥의 나라 바산의 성읍 살르가와 에드레이까지 이르는 광활한 땅을 정복한 것이다. 11절도 각주 수준의 삽입문이다. 바산 왕 옥이 얼마나 대단한 자였는가를 과장적으로 진술한다. 기골장대한 르바임 족속의 마지막 남은 자였던 바산 왕 옥의 침상은 철 침상이었는데(신명기가 쓰여질 당시까지 그것은 암몬 족속의 랍바에 있었다.) 그 크기가 엄청났다. 사람의 보통 규빗으로 재면 그 길이가 아홉 규빗이요 너비가 네 규빗이었다.

바산 왕 옥에 대한 승리는 가나안 본토 아낙 자손급의 기골장대 족속도 이길 수 있다는 확신을 고취시키는 데 유용하다. 바산 왕 옥의 거대한 침대 논평은 "이스라엘 족속아, 기골장대한 아낙 자손, 르바임 족속을 두려워하지 말라. 하나님께서 너희 손에 넘겨주시기만 하면 가나안 땅의 어떤 기골장대한 아낙 자손도 정복할 수 있다. 용기와 믿음을 가질지어다." 정도의 격려를 의미했을 것이다.

#### 4) 요단강 동쪽에 자리잡은 지파들(3 : 12-22 ; 참조. 민 32 : 1-42)

12그때에 우리가 이 땅을 얻으매 아르논 골짜기 곁의 아로엘에서부터 길르앗
산지 절반과 그 성읍들을 내가 르우벤 자손과 갓 자손에게 주었고 13길르앗의
남은 땅과 옥의 나라였던 아르곱 온 지방 곧 온 바산으로는 내가 므낫세 반
지파에게 주었노라 (바산을 옛적에는 르바임의 땅이라 부르더니 14므낫세의
아들 야일이 그술 족속과 마아갓 족속의 경계까지의 아르곱 온 지방을 점령
하고 자기의 이름으로 이 바산을 오늘날까지 하봇야일이라 불러오느니라)
15내가 마길에게 길르앗을 주었고 16르우벤 자손과 갓 자손에게는 길르앗에서
부터 아르논 골짜기까지 주었으되 그 골짜기의 중앙으로 지역을 정하였으니
곧 암몬 자손의 지역 얍복강까지며 17또는 아라바와 요단과 그 지역이요 긴네
렛에서 아라바 바다 곧 염해와 비스가 산기슭에 이르기까지의 동쪽 지역이니
라 18그때에 내가 너희에게 명령하여 이르기를 너희의 하나님 여호와께서 이
땅을 너희에게 주어 기업이 되게 하셨은즉 너희의 군인들은 무장하고 너희의
형제 이스라엘 자손의 선봉이 되어 건너가되 19너희에게 가축이 많은 줄 내가
아노니 너희의 처자와 가축은 내가 너희에게 준 성읍에 머무르게 하라 20여호
와께서 너희에게 주신 것같이 너희의 형제에게도 안식을 주시리니 그들도 요
단 저쪽에서 너희의 하나님 여호와께서 그들에게 주시는 땅을 받아 기업을

삼기에 이르거든 너희는 각기 내가 준 기업으로 돌아갈 것이니라 하고 [21]그때 에 내가 여호수아에게 명령하여 이르기를 너희의 하나님 여호와께서 이 두 왕에게 행하신 모든 일을 네 눈으로 보았거니와 네가 가는 모든 나라에도 여호와께서 이와 같이 행하시리니 [22]너희는 그들을 두려워하지 말라 너희의 하나님 여호와께서 친히 너희를 위하여 싸우시리라 하였노라

**[3 : 12-22]** 이 단락은 가나안 본토에 들어가지 않고 요단 동쪽에 먼저 정착하기를 원하는 지파들인 르우벤, 갓, 므낫세 반 지파들에 대한 땅 할당을 보도한다(3 : 12-22 ; 민 32 : 1-42). 모세는 아르논 골짜기 곁의 아로엘에서부터 길르앗 산지 절반과 그 성읍들을 르우벤 자손과 갓 자손에게 주었고(12절), 길르앗의 남은 땅과 옥의 나라였던 아르곱 온 지방 곧 온 바산은 므낫세 반 지파에게 주었다. 13절 하반절과 14절은 바산의 지명 변천 과정을 간략하게 언급한다. 옛적에는 바산이 르바임의 땅이라 불렸는데, 므낫세의 아들 야일이 그술 족속과 마아갓 족속의 경계까지의 아르곱 온 지방을 점령하고 자기의 이름으로 이 바산을 신명기가 쓰여지던 그 시점까지 하봇야일이라 불렀다. 나중에 사사 드보라의 중부 가나안 곡창지대 전투에서 혁혁한 전공을 세운 므낫세의 아들 마길에게 모세는 길르앗을 주었고(15절), 르우벤 자손과 갓 자손에게는 길르앗에서부터 아르논 골짜기까지 주었다(16절). 아르논 골짜기의 중앙으로 지역을 정하였으니 곧 암몬 자손의 지역 얍복강까지며(16절) 또 아라바와 요단과 그 지역이요 긴네렛에서 아라바 바다 곧 염해와 비스가 산기슭에 이르기까지의 동쪽 지역이 르우벤 자손과 갓 자손에게 할당된 땅 경계다(17절). 왜 두 지파와 반 지파가 요단 동쪽에 우선적으로 영토를 할당받았는지는 확실하지 않으나, 헤스본과 바산과 전쟁을 할 때 이 세 지파가 압도적으로 기여하지 않았을까 하는 추측을 해 볼 수 있다. 아마도 어떤 지역을 정복한 지파가 그 정복지를 영지로 삼았던 원칙을 생각해 보면 르우벤, 갓, 므낫세 반 지파는 요단 동편에서 시혼과 옥에 대한 정복전쟁을 수행하고 있었을

때 선봉대 역할을 했을 가능성이 매우 크다. 여호수아 14~15장(14 : 6-15), 16~17장(17 : 14-18)을 보면 능동적으로 가나안 정복전쟁을 주도한 유다 지파와 요셉 지파는 제비뽑기로 땅을 할당받기 전에 스스로 정복한 땅을 자신의 영토로 확보한 것으로 보인다. 대표적인 인물이 유다 지파의 갈렙이다. 갈렙은 스스로 땅을 정복하여 자신의 영지로 나중에 추인을 받았다.

18~22절은 요단 동쪽에 먼저 땅을 할당받아 정착한 세 지파에게 가나안 본토 정복전쟁에 동참을 독려하는 모세의 권면을 담고 있다. "너희의 하나님 여호와께서 이 땅을 너희에게 주어 기업이 되게 하셨은즉 너희의 군인들은 무장하고 너희의 형제 이스라엘 자손의 선봉이 되어 건너가라(18절) 다만 세 지파의 처자와 많은 가축은 요단 동쪽에 할당받은 성읍에 머무르게 하라"(19절). 아홉 지파와 반 지파의 형제들도 요단 저쪽에서 하나님께서 그들에게 주시는 땅을 받아 기업을 삼기에 이르거든, 두 지파와 반 지파는 다시 야웨께서 주신 요단 동쪽의 기업으로 돌아가야 한다. 이처럼 두 지파와 반 지파는 요단 동편 영토를 우선적으로 할당받은 혜택을 누린 대가를 지불하여야 한다. 그들은 아홉 지파와 반 지파가 요단강 서편 땅을 완전히 차지하여 안식을 누릴 때까지 가나안 본토 정복의 선봉대가 되어야 한다는 것이다. 자신들의 요단 동편 정착이 가나안 본토 정복전쟁 의무의 회피가 아니며, 심지어 12지파의 형제적 연대를 깨고 스스로 독립하려는 시도도 아님을 증명해야 한다는 것이다. 그래서 그들은 비록 자신들의 영지를 이미 상속받았지만 12지파의 일치와 연합을 위하여 기꺼이 부녀들과 가축을 남겨두고 가나안 정복전쟁의 선봉대를 이룬다. 신명기는 여기서 요단 동편의 두 지파와 반 지파처럼 12지파의 형제 우애적 연합의 대의명분에 투신하여 가나안 정복전쟁을 추진하라는 격려를 보내고 있다(12-22절).

21~22절은 다시 신명기 전체의 후렴구를 되울리고 있다. 모세는 헤스본 왕 시혼과 바산 왕 옥에게 행하신 하나님의 모든 전쟁수행이 가나안 본토의 여러 왕들에게도 동일하게 행해질 것임을 확신시켜 준다. 이스라엘에게 적대

적으로 나오는 모든 나라에도 야웨께서 이와 같이 행하실 것이다(21절). 따라서 이스라엘은 제발 장대하고 막강한 가나안 원주민들을 두려워하지 말아야 한다. 왜냐하면 이스라엘의 하나님 야웨께서 친히 이스라엘을 위하여 싸우실 것이기 때문이다(22절).

### 5) 모세가 받는 연대적 징벌-가나안 입성 금지(3 : 23-29)

> 23그때에 내가 여호와께 간구하기를 24주 여호와여 주께서 주의 크심과 주의
> 권능을 주의 종에게 나타내시기를 시작하셨사오니 천지간에 어떤 신이 능히
> 주께서 행하신 일 곧 주의 큰 능력으로 행하신 일같이 행할 수 있으리이까
> 25구하옵나니 나를 건너가게 하사 요단 저쪽에 있는 아름다운 땅, 아름다운
> 산과 레바논을 보게 하옵소서 하되 26여호와께서 너희 때문에 내게 진노하사
> 내 말을 듣지 아니하시고 내게 이르시기를 그만해도 족하니 이 일로 다시 내
> 게 말하지 말라 27너는 비스가산 꼭대기에 올라가서 눈을 들어 동서남북을 바
> 라고 네 눈으로 그 땅을 바라보라 너는 이 요단을 건너지 못할 것임이니라
> 28너는 여호수아에게 명령하고 그를 담대하게 하며 그를 강하게 하라 그는 이
> 백성을 거느리고 건너가서 네가 볼 땅을 그들이 기업으로 얻게 하리라 하셨
> 느니라 29그때에 우리가 벳브올 맞은편 골짜기에 거주하였느니라

**[3 : 23-29]** 이 단락은 자신이 왜 가나안 땅에 들어갈 수 없게 되었는가를 토로하는 장면을 담고 있다. 23~25절은 가나안 땅을 보게 해 달라는 간청을 담은 모세의 기도다. 자신을 출애굽 구원의 대사에 부르셔서 사용해 주신 하나님께서 자신이 유종지미를 거두게 해 주시도록 간구한다. 주의 크심과 권능을 나타내신 사건은 출애굽 구원부터 지금까지 40년 동안 진행된 하나님의 구원대사를 가리킨다. 이 세상 어떤 신도 야웨 하나님 같지 않음을 강조하며 자신이 요단 저쪽의 아름다운 땅, 아름다운 산과 레바논을 보게 해 달라고

간청한다. 그러나 광야불순종 세대가 받은 징벌을 모세도 받아 가나안 입성이 거절된다. 하나님은 냉혹하게 모세의 간청을 거절하신다. 모세는 르비딤 반석에서 샘물을 내게 하는 과정에서 이스라엘 백성의 완악함에 역정을 내다가 야웨의 거룩하심을 드러내지 못했다. 모세는 바로 이 허물 때문에 자신도 가나안 땅에 들어가지 못하게 된 내력을 말한다(출 17 : 1-7 ; 민 20 : 1-13). 하나님은 당신의 거룩함을 나타내지 못한 모세의 허물을 그 현장에서 질책하셨다. 이렇게 해서 모세 자신의 평생 사명(출 3 : 6-13)인 이스라엘의 가나안 땅 인도 허락 요청은 하나님 앞에서 냉혹하게 거절당한다. 그는 어떤 의미에서 불순종한 광야 세대의 일원이 되어 광야에서 사멸되는(?) 중보자다. 그가 받는 징벌은 대속적 징벌은 아닐지라도 불순종 세대의 지도자로서 약간의 연좌적, 연대적 의미로 받은 징벌인 셈이다. 신명기 1 : 34~37이 이미 말하고 있듯이, 일생 동안 야웨 하나님의 신실한 종으로 봉사했던 모세가 약속의 땅 밖에서 죽을 수밖에 없었던 것은 백성들을 향한 하나님의 진노 때문이었다. 모세가 받은 징벌은 대속적 의미의 징벌은 아니지만, 연대책임적 징벌이다. 모세가 가나안 땅에 들어가지 못한 것은 개인적 죄책에 대한 하나님의 심판결일 수만은 없다. 백성의 죄악 때문에 그 또한 죄인이 되었고, 마침내 반역적인 백성들의 일원이 되어 광야에서 죽는다. 그리하여 그는 출애굽 2세대를 가나안 땅에 입성시킨 채 가나안 땅 밖에서 죽는다. 사도 바울도 완악하고 미성숙한 고린도 교인들을 향해 목회적 권면을 할 때 그의 언어가 다소 거칠고 날카로워졌다. 목회자와 회중은 서로를 날카롭고 거칠게 만들 수 있는 사이다. 모세는 회중의 완악함과 불순종을 처리하다가 일순간에 지도자로서의 자제력과 미덕을 잃은 것이다. 물론 모세의 가나안 입성 거절이 하나님의 구원에서 배제된 것을 의미하지는 않는다. 그는 마가복음 9장 예수님의 변화산 사건에서 보듯이 엘리야와 함께 예수님이 예루살렘에서 별세할 것을 의논한 상대로 가나안 땅에 화려하게 등장한다. 모세의 간청 거절은 단지 구원 거절이 아니라 연대책임적 징벌을 통해 그의 중보자적 경력을 고통스럽게 완수하는 순간이다. 광야 세대의 일원이 되어 이스라엘 백성의 소멸과 몰락을 자신도 온몸으로 겪은 것이다.

## 설교를 위한 묵상

출애굽 1세대 회중은 하나님의 엄청난 구원대사와 능력, 자비와 은총을 경험해 놓고도 가나안 땅, 약속의 땅으로 굳이 가야 할 이유를 확신하지 못한 채 이집트 고센을 그리워하다가 하나님께 반역죄를 범했다. 굉장한 희생과 대가를 지불하고 이루신 하나님의 출애굽 구원대사를 무효화시키는 환애굽운동 반역 사건은, 단순한 죄가 아니라 하나님의 오래 숙고된 이스라엘 건국, 이스라엘을 통한 세계 만민 구원경륜을 좌절시킬 수 있는 극악의 죄악이었다. 출애굽 구원세대에게 고향 같은 이집트 땅은 어떤 일이 있어도 되돌아가서는 안 되는 땅이었다. 그러나 출애굽 1세대는 이집트 고기가마, 풍성한 야채, 과일, 풍부한 농산물 등 1차원적 욕망을 충족시키는 풍요의 땅을 잊지 못했다. 파라오의 강제노동과 압제, 착취는 괴로웠지만 먹고 사는 문제는 광야보다 더 낫다는 생각을 버리지 못했다. 출애굽 1세대는 파라오의 채찍을 싫어하지만 이집트의 풍요로운 땅, 풍요로운 식생활은 그리워했다. 자유로부터 도피하고자 하는 욕망이 그들을 지배했다. 그래서 젖과 꿀이 흐르는 가나안 복지, 하나님의 400년 된 약속이 걸려 있는 땅에 대한 기대를 갖지 못했다. 이스라엘 백성은 거친 음식과 부족한 물, 거칠고 험한 길, 위험한 대적들과 전갈과 불뱀이 득실거리는 광야 여정을 싫어했다. 자유가 갖는 어두운 면을 다 본 것이다. 그래서 출애굽 1세대는 광야의 만나, 단백질 없는 단조로운 메뉴에 진절머리를 쳤고, 타는 목마름 때문에 지도자 모세를 향해 언제든지 돌을 던질 준비가 되어 있었다. 이런 사정을 고려한다면, 광야 40년의 최대 기적은 만나, 메추라기 기적도 아니요, 반석에서 샘물 내게 하신 사건도 아니다. 비무장 모세가 분노와 혈기로 무장한 돌든 회중들을 강압적이고 무서운 공권력이 없이 40년 동안 다스린 사건이다. 이것이야말로 기적이다. 그러나 공권력과 무력에 의지하지 않은 모세의 영적 통치는 그를 극도로 소진시켜 지상에서 가장 '온유한' 모세도 므리바 맛사에서 폭발했다. 하나님의 종 모세는 하나님의 거룩함을 드러내지 못하고 거칠고 충동적인 회중의 반사체가 되어 자제력을 잃었다. 하나님의 종 모세는 이렇게 회중과 하나가 되었다. 모세의 가나안 입성 거절 사건은 회중을 인도하는 영적 지도자의 영육간의 탈진과 소진이 얼마나 어처구니없는 실수를 초래하는지를 보여 준다. 회중의 지도자는 회중의 또 다른 자아가 되어 회중의 불신앙과 완악함을 되받아 수용할 수 있는 위험에 노출되어 있다. 타락한 회중이 거룩한 지도자를 역삼투압 현상으로 오염시킬 수도 있고 반대로 지도자가 회중을 오염시킬 수도 있다. 회중과 지도자의 쌍무적 호환성은 서로에게 부정적으로 애착을 느끼는 관계로 전락하지 않도록 각별히 유의해야 한다.

## B. 시내산 신현현 회고와 하나님의 심장에서 우러난 호소(4 : 1-49)

### 1. 네가 호렙산 네 하나님 여호와 앞에 섰던 날을 기억하라(4 : 1-14)

1이스라엘아 이제 내가 너희에게 가르치는 규례와 법도를 듣고 준행하라 그
리하면 너희가 살 것이요 너희 조상의 하나님 여호와께서 너희에게 주시는
땅에 들어가서 그것을 얻게 되리라 2내가 너희에게 명령하는 말을 너희는
가감하지 말고 내가 너희에게 내리는 너희 하나님 여호와의 명령을 지키라
3여호와께서 바알브올의 일로 말미암아 행하신 바를 너희가 눈으로 보았거니
와 바알브올을 따른 모든 사람을 너희의 하나님 여호와께서 너희 가운데에서
멸망시키셨으되 4오직 너희의 하나님 여호와께 붙어 떠나지 않은 너희는 오
늘까지 다 생존하였느니라 5내가 나의 하나님 여호와께서 명령하신 대로 규
례와 법도를 너희에게 가르쳤나니 이는 너희가 들어가서 기업으로 차지할 땅

에서 그대로 행하게 하려 함인즉 6너희는 지켜 행하라 이것이 여러 민족 앞에
서 너희의 지혜요 너희의 지식이라 그들이 이 모든 규례를 듣고 이르기를 이
큰 나라 사람은 과연 지혜와 지식이 있는 백성이로다 하리라 7우리 하나님
여호와께서 우리가 그에게 기도할 때마다 우리에게 가까이하심과 같이 그 신
이 가까이함을 얻은 큰 나라가 어디 있느냐 8오늘 내가 너희에게 선포하는
이 율법과 같이 그 규례와 법도가 공의로운 큰 나라가 어디 있느냐 9오직 너
는 스스로 삼가며 네 마음을 힘써 지키라 그리하여 네가 눈으로 본 그 일을
잊어버리지 말라 네가 생존하는 날 동안에 그 일들이 네 마음에서 떠나지 않
도록 조심하라 너는 그 일들을 네 아들들과 네 손자들에게 알게 하라 10네가
호렙산에서 네 하나님 여호와 앞에 섰던 날에 여호와께서 내게 이르시기를
나에게 백성을 모으라 내가 그들에게 내 말을 들려주어 그들이 세상에 사는
날 동안 나를 경외함을 배우게 하며 그 자녀에게 가르치게 하리라 하시매 11너
희가 가까이 나아와서 산 아래에 서니 그 산에 불이 붙어 불길이 충천하고
어둠과 구름과 흑암이 덮였는데 12여호와께서 불길 중에서 너희에게 말씀하
시되 음성뿐이므로 너희가 그 말소리만 듣고 형상은 보지 못하였느니라 13여
호와께서 그의 언약을 너희에게 반포하시고 너희에게 지키라 명령하셨으니
곧 십계명이며 두 돌판에 친히 쓰신 것이라 14그때에 여호와께서 내게 명령하
사 너희에게 규례와 법도를 교훈하게 하셨나니 이는 너희가 거기로 건너가
받을 땅에서 행하게 하려 하심이니라

**[4 : 1-14]** 4장은 모세에 의한 이스라엘 과거사 회고가 끝나고 이제 미래를 전망하는 전환 장면을 보도한다. 4 : 44~49이 가리키듯이 이스라엘은 지리적으로도 가나안 본토와 광야 중간 지역 경계선에 와 있다. 요단 동쪽 벳브올 맞은 편 골짜기에서 야웨의 증언과 규례와 법도를 선포한다. 이스라엘은 경계선까지 와 있으나 아직 그 약속의 땅에 들어가지는 못한 상태이다. 이제 가나안 땅에서의 안정된 정착과 번영은 야웨의 증거와 법도와 규례를 얼마나

잘 지키느냐에 달려 있다.

모세는 이스라엘 백성이 하나님의 심판과 파란만장한 징계와 연단의 세월을 통과한 후 마침내 약속의 땅 입구까지 당도하게 된 과정을 찬찬히 톺아본다. 광야의 시간들은 거룩하신 하나님이 지근거리에서 이스라엘과 동행하신 결정적인 순간들로 채워져 있다. 그때마다 당신의 현존을 허락하시고 생명의 율법을 선포하신 하나님의 은혜로운 동행 여정을 감격적으로 회고한다. 이 지극히 가까이 와 주신 하나님의 권고와 돌봄이 이스라엘에게 주는 실천적 함의(含意)들을 설명해 준다. 4장은 시내산 신현현(神顯現) 회고 부분(1-40절)과 도피성 규정(41-43절 ; 비교. 신 19장), 그리고 1~4장을 요약하는 한편 모세의 둘째 강론(5-28장)을 도입하는 전환 단락(44-49절)으로 구성되어 있다.

4 : 1~9의 작은 두 단락 모두 청중의 주의를 환기시키는 영탄적 명령으로 시작한다. 히브리어 구문의 1~4절은 '들으라'를 포함하고 5절은 '보라'라는 영탄사로 시작된다. 영탄사 뒤에는 법률적 선언 자체(1절과 5절)가 따라 나오고, 그 다음에 상급을 예기케 하는 동기절들(1절)과 율법을 전달하게 되는 법률적 근거(즉, '야웨 나의 하나님께서 내게 명령하신 것처럼' ; 20절 참조)가 뒤따라 나온다. 그리고 율법 준수를 명하는 명령들(2절 하반절과 6절 상반절) 다음에 그것들을 지키도록 독려하는 동기절들이 뒤따라 나온다(3-4절과 6-8절). 이것은 신명기에서 모세에 의해 가르쳐지는 '하나님의 율법'은 순종을 기대하며 선포되는 설교적 권면의 일부임을 보여 준다. 또한 율법이 효력을 발하는 시점과 그것의 효력 범위(5절 하반절)에 대한 언급이 함께 나온다. 결국 이 단락은 비길 수 없는 하나님의 현존을 그토록 가깝게 향유하고 소유한 이스라엘 백성의 지복(至福)을 감격적으로 예찬한다. 이스라엘의 이런 특권에 대한 환기는 하나님께 드리는 일편단심의 충성이 얼마나 당연한 응답인가를 강조하는 역할을 한다.

1~2절은 "듣고 준행하라. 그리하면 너희가 살 것이며 조상의 하나님이 주시는 땅에 들어가 그것을 차지하고 살 것이라."고 선언한다. 이때 중요한

사실은 야웨의 명령을 가감하지 말고 지켜야 한다는 것이다. 하나님을 사랑하는 방식은 하나님을 경건하게 두려워하고 삼가며 그의 계명을 묵묵히 준수하는 실천이다. 야웨의 규례와 법도를 듣고 준행하여야 하나님의 속 깊은 마음이 전달되고 그 명령과 규례를 주신 하나님의 마음과 이스라엘의 심장이 잇닿게 된다. 하나님의 마음과 이스라엘의 심장이 잇닿아질 정도로 인격적 결속을 누리는 것이 이스라엘에게 있어서 산다는 의미다. 야웨 하나님 앞에 산다는 말은 야웨의 명령을 지켜 하나님이 주시는 생명과 자유를 누리는 것을 의미한다. 구약성서는 율법 준수를 강요하는 율법주의 종교가 아니다. 구약의 하나님도 은혜와 구원으로 먼저 감화·감동시킨 후 율법 준수를 요구하신다. 구약의 하나님은 하나님을 사랑하고 신뢰하기에 자발적으로 추동된 감미로운 계명순종을 요구하신다. 하나님을 사랑하고 신뢰하기에 하나님의 어떤 율법도 준행할 수 있는 용기와 힘을 부여받는다. 이렇게 사는 것이 인간이 사는 길이다.

하나님 앞에 산다는 말의 이차적인 의미는 하나님이 주시는 약속의 땅에 들어가 그것을 차지하고 사는 것이다. 에덴동산의 아담 사명을 이어받아 약속의 땅 가나안을 하나님의 공평과 정의가 하수처럼 흐르는 세상으로 만드는 것이 '땅을 차지한다'는 말의 의미다. 이스라엘에게 있어서 영생은 형제자매가 한데 모여 연합하여 동거하며 하나님으로부터 오는 우로 같은 은혜를 누리는 것, 그것을 사회의 가장 밑바닥 계층 사람들에게까지 흘러내리게 하는 나눔의 삶이다(시 133편 ; 레 18 : 5). 하나님의 명령과 규례는 우리의 죄악된 인간성과 어느 정도 충돌하여 우리의 죄악된 이기심을 십자가에 못 박으라고 요구할 때가 있다. 이때 우리는 하나님의 법도와 규례 중 일부를 일부러 훼손하거나 감축하거나 외면하기도 하고, 또 어떤 경우에는 하나님의 율법보다 지나치게 자신과 이웃에게 순종 의무를 강요하기도 한다. 예수님 당시의 바리새인들은 장로들의 유전이라는 이름으로 지나치게 율법을 세목화하여 지킬 것을 요구하기도 했다(마 11 : 28=23 : 3 ; 막 7장 고르반 규정). 종교권력을 쥔 엘리트들은 민중에게 율법의 과잉 준수를 요구하기 쉽다. 탐욕적인 사람들은 물질과 재물의 희사와 나눔을 강조하는 하나님의 명령과 규례를 배척할 가능성이 있다. 여호야김 왕은 예레미야를 통해 들려오는 하나님의 말씀을 배척하고 급기야 예언을 기록한 두루마리를 잘라 불태워 버리는 만행을 저질렀다. 하나님의 명령을 지키면 하나님께서 왜 그 명령을 주셨는가를 납득하게 된다.

야웨의 명령을 지키면 살고 그렇지 않으면 죽는다는 원칙을 예증하기 위해 모세는 3~4절에서 바알브올 음행 사건을 언급한다.[10] 이스라엘 남자들이 바알브올에서 바알을 섬기며 모압과 미디안 여인들과 음행을 동반한 종교제의에 참여했다가 하나님의 염병 심판을 초래했다(민 25 : 1-18). 미디안 족속 수령의 딸 고스비를 데려와 행음한 시므온 지파의 수령급 인물 시므리가 제사장 엘르아살의 아들 비느하스에게 창에 찔려 죽임을 당했다(민 25 : 7-8). 이 일로 이스라엘 진영을 덮친 염병이 그쳤고 엘르아살-비느하스는 야웨를 위하여 질투를 과시한 공로로 이스라엘의 영원한 제사장 가문으로 택정되었다(민 25 : 13). 바알브올 음행 사건에서 하나님께서는 바알브올을 따른 모든 사람들을 이스라엘 가운데에서 멸망시키셨으나(3절), 하나님 야웨께 붙어(dābaq) 떠나지 않은 사람들은 '오늘까지' 다 살려 주셨다(4절).

신명기 4장의 이 모세강론을 듣고 있는 청중은 야웨께 붙어 있었던 사람들이다. 그들은 하나님과 마음과 마음으로 연락되어 하나님의 계명을 떠나지 않았던 사람들이다. 그래서 지금까지 살아 있다. 확실히 바알브올 사건은 야웨의 법도와 규례와 명령을 지키면 산다는 말뜻이 무엇인지를 확실히 예증했다. 모세가 가나안 땅에 들어가기도 전에 하나님 야웨께서 명령하신 대로 규

10) 바알브올(민 25 : 3, 5 ; 시 106 : 28 ; 신 4 : 3)은 발람이 끌어들인 음란제의 종교다. 바알브올은 모압의 성읍인데, 이스라엘 백성은 발람의 꾐에 빠져 바알브올에서 우상을 숭배하였다. 이것은 이스라엘 백성의 집단적 배교로는 두 번째 사건이었다. 하나님께서는 바알브올을 숭배하는 이스라엘 백성의 타락과 변절을 탄식하신다(호 9 : 10). 벧브올(신 3 : 29 ; 수 13 : 20), 브올(민 23 : 28)과 동일 지명이다. 벧브올, 브올 맞은편에는 모세의 무덤이 있다.

례와 법도를 가르친 이유는, 이스라엘 백성이 기업으로 차지할 땅에 들어가 그대로 행하게 하려 함이었다(5절). 가나안 땅에 들어가서 야웨의 명령과 법도와 규례를 준수하는 것이 녹록치 않은 과업임을 모세는 어느 정도 감지한 듯 진지하고 간절하게 이스라엘에게 말한다.

야웨의 명령과 규례와 법도를 준행하면 야웨 하나님 앞에서 살 수 있을 뿐만 아니라 열국 중에서 이스라엘을 거룩한 백성으로 구별짓게 만드는 요인이 될 것이다. 이스라엘이 열국 중에서 두각을 드러내게 되는 계기는 야웨의 법도와 명령과 규례를 행하는 것 외에 다른 길이 없다. 야웨의 율법을 지켜 행하면 그것이 열국 중에서 이스라엘을 돋보이게 만드는 지혜와 지식이 된다. 열국 백성들은 이스라엘이 준행하는 야웨의 명령과 규례와 법도를 들어보고는 "이 큰 나라 사람(학고이 학가돌 하제〈haggôy haggādôl hazze〉)은 과연 지혜와 지식이 있는 백성이로다"라고 찬탄하게 될 것이다(6절). 창세기 12 : 2, 18 : 18이 아브라함 후손의 미래에 대하여 말하는 약속인 '큰 민족'(고이 가돌〈gôy gādôl〉) 약속은 시간이 가면서 자연스럽게 발전되는 것이 아니라, 이스라엘 백성이 야웨의 명령과 법도와 규례를 지켜 행함으로 그와 같이 성장해 간다는 말이다. 하나님의 약속은 인간의 능동적인 기투(企投) 행위를 통해 실현된다. 약속은 하나님의 몫이지만 그것을 믿고 실현시키는 것은 인간의 몫일 때가 많다. 야웨의 법도와 규례, 명령과 증거를 계속 준행하다 보면 이스라엘 개개인이 지혜와 지식으로 가득 찰 뿐만 아니라, 이스라엘 국가운영, 공동체생활 능력 등에서도 지혜와 지식이 위력을 드러낼 것이라는 말이다. 하나님의 속마음과 지혜와 지식은 하나님의 법도와 규례, 명령과 증거를 지키는 사람에게 전달되고 공유된다.

7~8절은 이스라엘 백성이 지혜와 지식이 가득 찬 백성이라는 칭찬을 받는 이유를 구체적으로 말한다. 첫째, 이스라엘은 기도를 통해 하나님 알현권, 하나님 현존 향유권을 얻는다. 이스라엘이 기도할 때마다 하나님은 이스라엘에게 가까이하셨다. 하나님은 당신의 현존을 이스라엘이 지근거리에서 누릴

권리를 주셨다. 이스라엘은 제사장 나라, 거룩한 백성으로 부름을 받아 하나님의 심장에서 들리는 속마음을 청취할 수 있는 지근거리에서 하나님과 동행할 권리를 얻었다(롬 9 : 4-5, 택한 백성 이스라엘의 특권 나열). 8절은 모세가 선포하는 율법과 같이 그 규례와 법도가 공의로운 큰 나라가 어디 있느냐고 묻는다. 모세가 선포하는 하나님의 율법만큼 공의로운 법이 없으며, 이스라엘이 고이 가돌, 큰 나라가 된 이유는 규례와 법도가 야웨 하나님의 공의로운 성품을 반영하고 있기 때문이다. 이스라엘의 율법은 하나님의 사랑과 자비를 철저하게 반영하는 약자우호적, 약자견인적, 강자권계적인 법이다. 부자와 강자의 탐욕과 이기심을 부단히 경계하고, 경쟁에서 혹은 타고난 불운으로, 우발적인 재난과 불행으로 삶의 터전이 붕괴된 사람들을 재활·복구시켜 하나님의 언약적 돌봄을 받도록 배려하는 공의로운 법령이다. 이스라엘의 하나님이 주시는 율법을 따라 사는 공동체에는 가난한 자와 핍절한 자가 발생될지라도 해결책을 갖고 있다. 야웨의 율법은 가난하고 뒤처진 자는 스스로 절명하는 출구 없는 정글로 전락되는 것을 원천적으로 봉쇄한다.

9절은 이스라엘의 심장에 대고 당부하는 하나님의 육성과 같이 들린다. "너는 스스로 삼가며 네 마음을 힘써 지키라 그리하여 네가 눈으로 본 그 일을 잊어버리지 말라 네가 생존하는 날 동안에 그 일들이 네 마음에서 떠나지 않도록 조심하라 너는 그 일들을 네 아들들과 네 손자들에게 알게 하라"

하나님은 세 가지를 당부하신다. 첫째, 스스로 삼가며 네 마음을 힘써 지키라(9절 ; 잠 4 : 23)는 것이다. 마음은 중립적인 영토다. 마음은 악한 자가 틈탈 수 있는 에덴동산과 같다. 마음은 수동적인 면이 있다. 따라서 우리 마음에 하나님의 법도와 계명이 감미롭게 영접되고 내면화되려면 우리 마음을 악한 동무의 영향권으로부터 벗어나게 해야 한다. 우리 마음의 순전한 일편단심을 흩트리는 불결한 세력을 멀리하여야 한다. 둘째, 호렙산의 하나님의 폭풍 및 흑암 동반 현현(히 12 : 18-21)을 잊어버리지 말고 생존하는 날 내내 호렙산 하나님 강림 사건의 기억이 지워지지 않게 하라는 것이다. 즉, 잊어버리지 말라는 것이다. 하나님의 무섭고도 떨리게 만드는 현현이 각인되어야 한다는 말이다. 소멸하는 불이자 거룩한 충돌자로서의 하나님의 거룩한 현존을 두려워하고 삼가며 하나님의 법도와 규례, 명령과 증거를 지켜야 한다. 하나님을 두려워하며 삼가는 사람들이 하나님을 제대로 만난 사람들이다. 하나님의 거룩한 현존에 대한 삼가와 두려움이 없는 기독교는 참된 기독교가 아니다. 셋째, 시내산 하나님 강림 사건과 그 후에 발생한 금송아지 숭배 사건, 그리고 하나님의 거룩한 분노 폭발 사건 등을 후손들에게 대대손손 알려 주어야 한다. 하나님의 두렵고 거룩한 충돌 경험과 하나님에 대한 삼가, 경건한 두려움을 후손에게 전달하는 것이 조상의 제일 중요한 사명이다. 오늘날 신약 시대를 사는 성도들은 불같은 하나님의 진노를 두고 이제는 지나간 과거지사로 보는 마르시온적 이단을 신봉하는 경향이 있다. 주후 2세기에 나타난 영지주의 이단지도자였던 마르시온(Marcion)은 진노하시는 구약성서의 하나님과 예수님을 보내 주신 사랑의 하나님을 분리시키며 진노는 열등한 신의 성품이라고 주장했다. 이런 이단적인 경향이 정통교회 안에도 빈번히 나타난다. 거룩한 하나님의 진노는 십자가상에서 하나님의 독생자에게 다 쏟아졌기에 신약 시대를 사는 그리스도인들에게 더 이상 진노 폭발은 없다고 믿는 자들은 아직도 하나님의 거룩하심을 전혀 맛보지 못한 사람이다. 하나님의 진노는 하나님 사랑의 또 다른 면이다. 죄악에 대한 하나님의 진노는 죄악으로부터 우리를 건져 내시려고 당신의 독생자를 보내 주신 그 사랑 가득 찬 하나님이 죄를 얼마나 미워하시는가를 보여 주시는 계기다.

10~14절은 가장 장엄하고도 충격적인 호렙산 신현현 사건을 간략하게 보도한다. 이스라엘이 호렙산에서 하나님 야웨 앞에 섰던 날에 야웨께서는 모세에게 특별 중보자 사명을 하명하신다. 모세가 받은 사명은, 먼저 이스라엘 백성을 야웨의 존전으로 모아 하나님의 말씀을 들려주어 그들이 세상에 사는 날 동안 하나님 경외함을 배우게 하며, 더 나아가서 그들의 자녀에게도 하나님 경외를 가르치게 하는 교육자의 사명이었다(10절). 하나님의 압도적

관심은 하나님 존전에 모인 이스라엘에게 야웨의 말씀을 들려줌으로써 일생 동안 하나님 경외를 배우게 하며, 더 나아가서 그들이 자신의 자녀들에게도 하나님의 말씀과 하나님 경외를 가르치게 하는 것이었다. 하나님의 백성 교육은 일생 동안 이뤄지는 평생 교육이며, 교육의 목표는 하나님 경외다. 하나님 말씀 교육과 하나님 경외를 체득하는 일은 일생에 걸쳐 이뤄져야 하며 그들의 자녀 세대들에게도 이 교육과 배움은 계승되고 연장되어야 한다. 성경이 강조하는 신앙생활은 하나님 말씀을 듣고 하나님 경외를 체질화시키는 연습 이외에 다름 아니다. 하나님 경외는 하나님의 율법적 요구를 지극히 겸손하게 듣고 순종하는 것이다. 때때로 하나님 경외는 자신의 독자를 아끼지 않고 하나님께 번제로 드리고자 했던 급진적이고 파격적인 결단과 순종을 통해 표현되기도 한다.

11~14절은 신현현이 얼마나 거룩한 배척과 신적 이격(離隔) 경험이었는가를 강조한다. 하나님이 강림하신 호렙산에는 불이 붙어 불길이 충천하고 어둠과 구름과 흑암이 꽉 찼다(11절). 불, 어둠, 구름, 흑암이 하나님의 강림에 수반된 현상들이었다. 죄인들의 접근을 아예 원천 차단하는 장엄한 이격이었다. 야웨께서는 불길 중에서 이스라엘에게 말씀하셨지만 음성으로만 들렸지 형상을 보여 주시지는 않았다. 이스라엘은 말소리만 듣고 형상은 보지 못하였다(12절). 바로 이 이유 때문에 십계명의 제2계명이 배태된다. 아무도 하나님의 형상을 보지 못했기에 형상으로 하나님을 표현하려는 어떤 시도도 단죄된다. 하나님을 인간의 부분 경험을 반영하는 형상으로 주형하려는 어떤 시도도 금지된다. 하나님을 시각화하지 말아야 하는 이유는 하나님이 인간의 감각기관에 의해 100% 인식될 수 없는 절대적 신비이기 때문이다. 오로지 하나님은 당신의 음성을 통해 우리를 다스리신다. 만일 하나님이 당신을 형상으로 표현할 수 있게 허용한다면 그것은 인간의 시각과 사고의 좁은 범주에 당신을 축소시키는 행위가 될 것이다.

13~14절은 호렙산의 신현현의 목적이 언약을 반포하시려는 것임을 보여

준다. 두렵고 장엄한 신현현을 동반하며 하나님은 이스라엘과의 언약을 체결하셨다. 언약을 유지하는 데 결정적으로 중요한 준수조항은 십계명으로 집약된다. 하나님은 두 돌판에 십계명을 친히 쓰셔서 이스라엘 앞에 공포하셨다(13절). 야웨께서 모세를 통해 이스라엘에게 야웨의 규례와 법도를 교훈하게 하신 까닭은 그것들이 이스라엘이 가나안 땅에서 하나님의 백성으로 살아가려면 반드시 지켜야 할 것들이기 때문이다. 규례와 법도를 지켜 행하는 것, 이것이 하나님이 이스라엘에게 주신 언약을 보존하고 유지하는 길이다. 신명기가 말하는 야웨의 법도와 규례들은 이스라엘 백성이 가나안에 건너가서 받을 땅에서 그대로 행하게 하려 하심이었다(14절).

### 2. 어떤 우상도 제작하지 말고 숭배하지도 말지니라(4 : 15-40)

15여호와께서 호렙산 불길 중에서 너희에게 말씀하시던 날에 너희가 어떤 형
상도 보지 못하였은즉 너희는 깊이 삼가라 16그리하여 스스로 부패하여 자기
를 위해 어떤 형상대로든지 우상을 새겨 만들지 말라 남자의 형상이든지, 여
자의 형상이든지, 17땅 위에 있는 어떤 짐승의 형상이든지, 하늘을 나는 날개
가진 어떤 새의 형상이든지, 18땅 위에 기는 어떤 곤충의 형상이든지, 땅 아래
물 속에 있는 어떤 어족의 형상이든지 만들지 말라 19또 그리하여 네가 하늘
을 향하여 눈을 들어 해와 달과 별들, 하늘 위의 모든 천체 곧 너희의 하나님
여호와께서 천하 만민을 위하여 배정하신 것을 보고 미혹하여 그것에 경배하
며 섬기지 말라 20여호와께서 너희를 택하시고 너희를 쇠 풀무불 곧 애굽에서
인도하여 내사 자기 기업의 백성을 삼으신 것이 오늘과 같아도 21여호와께서
너희로 말미암아 내게 진노하사 내게 요단을 건너지 못하며 네 하나님 여호
와께서 네게 기업으로 주신 그 아름다운 땅에 들어가지 못하게 하리라고 맹
세하셨은즉 22나는 이 땅에서 죽고 요단을 건너지 못하려니와 너희는 건너가
서 그 아름다운 땅을 얻으리니 23너희는 스스로 삼가 너희의 하나님 여호와께

서 너희와 세우신 언약을 잊지 말고 네 하나님 여호와께서 금하신 어떤 형상
의 우상도 조각하지 말라 24네 하나님 여호와는 소멸하는 불이시요 질투하시
는 하나님이시니라 25네가 그 땅에서 아들을 낳고 손자를 얻으며 오래 살 때
에 만일 스스로 부패하여 무슨 형상의 우상이든지 조각하여 네 하나님 여호
와 앞에 악을 행함으로 그의 노를 일으키면 26내가 오늘 천지를 불러 증거를
삼노니 너희가 요단을 건너가서 얻는 땅에서 속히 망할 것이라 너희가 거기
서 너희의 날이 길지 못하고 전멸될 것이니라 27여호와께서 너희를 여러 민족
중에 흩으실 것이요 여호와께서 너희를 쫓아 보내실 그 여러 민족 중에 너희
의 남은 수가 많지 못할 것이며 28너희는 거기서 사람의 손으로 만든 바 보지
도 못하며 듣지도 못하며 먹지도 못하며 냄새도 맡지 못하는 목석의 신들을
섬기리라 29그러나 네가 거기서 네 하나님 여호와를 찾게 되리니 만일 마음을
다하고 뜻을 다하여 그를 찾으면 만나리라 30이 모든 일이 네게 임하여 환난
을 당하다가 끝날에 네가 네 하나님 여호와께로 돌아와서 그의 말씀을 청종
하리니 31네 하나님 여호와는 자비하신 하나님이심이라 그가 너를 버리지 아
니하시며 너를 멸하지 아니하시며 네 조상들에게 맹세하신 언약을 잊지 아니
하시리라 32네가 있기 전 하나님이 사람을 세상에 창조하신 날부터 지금까지
지나간 날을 상고하여 보라 하늘 이 끝에서 저 끝까지 이런 큰일이 있었느냐
이런 일을 들은 적이 있었느냐 33어떤 국민이 불 가운데에서 말씀하시는 하나
님의 음성을 너처럼 듣고 생존하였느냐 34어떤 신이 와서 시험과 이적과 기사
와 전쟁과 강한 손과 편 팔과 크게 두려운 일로 한 민족을 다른 민족에게서
인도하여 낸 일이 있느냐 이는 다 너희의 하나님 여호와께서 애굽에서 너희
를 위하여 너희의 목전에서 행하신 일이라 35이것을 네게 나타내심은 여호와
는 하나님이시요 그 외에는 다른 신이 없음을 네게 알게 하려 하심이니라
36여호와께서 너를 교훈하시려고 하늘에서부터 그의 음성을 네게 듣게 하시
며 땅에서는 그의 큰 불을 네게 보이시고 네가 불 가운데서 나오는 그의 말씀
을 듣게 하셨느니라 37여호와께서 네 조상들을 사랑하신 고로 그 후손인 너를

택하시고 큰 권능으로 친히 인도하여 애굽에서 나오게 하시며 [38]너보다 강대
한 여러 민족을 네 앞에서 쫓아내고 너를 그들의 땅으로 인도하여 들여서 그
것을 네게 기업으로 주려 하심이 오늘과 같으니라 [39]그런즉 너는 오늘 위로
하늘에나 아래로 땅에 오직 여호와는 하나님이시요 다른 신이 없는 줄을 알
아 명심하고 [40]오늘 내가 네게 명령하는 여호와의 규례와 명령을 지키라 너와
네 후손이 복을 받아 네 하나님 여호와께서 네게 주시는 땅에서 한없이 오래
살리라

**[4 : 15-40]** 9~40절 전체가 호렙산 신현현 경험을 바탕으로, 십계명의 제2계명 반포 배경을 보도한다. 15~19절은 호렙산에서 어떤 하나님의 형상도 보지 못했음을 상기시키며 형상 제작 및 형상을 통한 하나님 예배를 원천적으로 단죄하고 있다. 20~24절은 호렙산에 장엄하게 현현하신 하나님을 소멸하는 불이요 질투하는 하나님으로 정의한다. 25~31절은 가나안 땅에 들어가 후손들을 낳고 번성을 맛보다가 혹시 부패, 타락하여 열국 중에 흩어지는 심판을 받는 자리까지 추방될지라도 자비로운 하나님께 마음을 돌이켜 회개하면 미래가 열릴 것임을 강조한다. 32~40절은 이스라엘의 구원사를 상고하며 왜 이스라엘이 야웨 하나님 한 분만을 믿고 섬겨야 하는지를 말한다.

15~19절은 모세가 미래에 있을 사태를 미리 내다보고 경고하는 형식으로 편집되어 있으나 이스라엘과 유다 왕국에 일어난 형상 숭배 사태를 반영한 것처럼 보인다. 유다 왕국의 말기를 반영하는 에스겔 8장은 예루살렘 성전을 가득 채운 우상 형상들을 보여 준다. 하나님께서는 호렙산 불길 중에서 음성만으로 말씀하셨고 이스라엘 중 누구도 하나님의 어떤 형상도 보지 못하였음이 강조된다. 따라서 형상을 통한 야웨 숭배를 도입하지 않도록 이스라엘은 깊이 삼가야 한다(15절). 16~19절은 이스라엘의 형상 숭배 성향을 미리 내다본다. 이 절들은 비록 경고의 형식을 띠고 있으나 실제로 이스라엘과 유다를 멸망으로 몰아간 우상 숭배, 즉 형상 숭배 백태가 예상된다. 모세는 이

스라엘 안에 스스로 부패하여 자기를 위해 어떤 형상이든지 우상을 새겨 만들 모든 가능성을 미리 경고한 것이다. 남자의 형상이든지, 여자의 형상이든지, 땅 위에 있는 어떤 짐승의 형상이든지, 하늘을 나는 날개 가진 어떤 새의 형상이든지, 땅 위에 기는 어떤 곤충의 형상이든지, 땅 아래 물 속에 있는 어떤 어족의 형상이든지 어떤 형상도 만들어서는 안 된다(16-18절). 로마서 1 : 21~25가 보여 주듯이 피조물의 형상을 통해 신을 표현하려는 욕구는 인간문명의 보편적인 현상이다. 살아 계신 하나님은 이스라엘의 자기중심적, 자기주장적 욕망을 부인하고 억제하는 율법으로 인간을 교육하시려고 하는데 이스라엘은 하나님의 율법과 법도로 자신을 부인하기보다는 자기 욕망을 투사한 피조물의 형상으로 된 신상을 만들어 두고 거기에 절한다. 출애굽기 32~34장은, 모세가 십계명 돌판을 받으러 호렙산으로 올라가 있는 40일 동안 아론을 중심으로 금송아지를 세워 놓고 그것을 향해 '당신은 우리를 애굽에서 인도해 낸 신'이라고 말하며 경배했던 사건을 보도한다. 이스라엘이 민족적으로 최초로 범한 십계명 조항이 바로 2계명이었다. 모세는 여기서 금송아지 숭배사건을 직접 언급하지는 않으나 그것을 염두에 두고 형상 숭배로 기울어지는 이스라엘 백성의 내적 경향성을 간파하고 엄중하게 권계하고 있다.

또한 모세는 하늘을 향하여 눈을 들어 해와 달과 별들, 하늘 위의 모든 천체 곧 이스라엘의 하나님 야웨께서 천하 만민을 위하여 배정하신 천체들을 보고 미혹되어 그것들을 경배하며 섬기지 말라고 엄중히 경고한다. 주전 7~6세기 예언서들의 우상 숭배 탄핵 단락들뿐만 아니라 다수의 고고학적 유물도, 유다 왕국의 멸망기에는 하늘여신[11] 숭배, 천체 숭배, 태양신[12] 숭배가

---

11) 하늘 황후(Queen of heaven)는 예루살렘의 거민(렘 7 : 16-20), 또는 애굽에 피난한 친(親)애굽 유대인에 의해 예배된 우상(렘 44 : 15-30)이다. 앗수르의 하늘 여왕으로서 여신 이쉬타르(Ishtar → 아스다롯)와 동일시되던 여신이다(Venus). 이 사랑과 전쟁의 여신을 향한 예배는 특히 부녀층에 영향력이 컸다. 이 예배에는 '그녀의 형상대로 과자를 만들어'(개역난외) 놓았는데(렘 44 : 19), 이 여신 숭배자들이 과자에 여신상을 새기거나 그 표상인 별 모양으로 과자를 만들었다. 이 하늘 황후 숭배는 므낫세 왕 시대에 앗수르에 영합하기 위한

아주 만연했음을 보여 준다. 창세기 1장은 해와 달과 별들, 하늘 천체가 모두 이스라엘의 하나님이 친히 창조하신 피조물임을 선언한다. 살아 계신 참 하나님과의 교제가 끊어지면 형상 우상 숭배, 천체 숭배 등의 대안을 찾을 수밖에 없다. 인간은 경배할 대상을 찾는 영성적 추구 성향을 갖고 있다. 인간은 하나님을 경배하고 하나님의 율법을 일상생활 속에서 묵묵히 실천하면서 감미롭게 하나님과 동행하지 않으면 우상 숭배적 욕구에 시달리게 된다. 우상 숭배의 핵심은 자아 숭배, 더 구체적으로 말하면 자기파멸적 탐욕, 쾌락, 권력 숭배이다. 성 어거스틴(St. Augustine)의 「하나님의 도성」 1~10권이 잘 보여 주듯이, 로마 제국 전체는 일년 내내 주피터, 유노, 마르스, 아르테미스 등 20명의 제국 수호신들로 지정된 주신(主神)들을 경배하느라고 분주하다가 멸망했다. 로마 제국의 멸망과 쇠락은 우상 숭배 때문이었다. 사도 바울은 아테네에 가서 온 도시가 신상으로 가득 찬 것을 보고 거룩한 분노가 격앙되어 '범사에 종교성'이 많은 아테네 사람들에게 살아 계신 하나님께 돌아오라고 소리쳤다(행 17 : 22-23).

20~24절은 모세 자신의 가나안 땅 입성 좌절을 말하며 호렙산 하나님 현현 경험에서 드러난 이스라엘의 하나님 야웨의 비길 데 없는 거룩한 성품을 강조한다. 20절은 출애굽 구원의 본질을 말한다. 쇠풀무불 애굽에서 이스

---

정책에서 도입된 것인 듯하고, 요시야의 개혁 때에 불식되었으나(왕하 23장), 그의 사후 다시 융성해진 듯하다. 하늘 황후의 예배자들은 예레미야의 경고에도 불구하고 유다 사람들에 의해 지속되었다. 이 여신 숭배자들은 바벨론에 의한 예루살렘 멸망이 이 여신 예배를 게을리했기 때문이라고 생각했다(렘 44 : 15-19). 반면에 예레미야는 하늘 황후 숭배가 야웨 종교의 배교요 반역이며 국가적 위기와 재난은 그 배교의 결과임을 주장했다(렘 44 : 20-30). 애굽의 엘레판틴에 거주하던 유대인 사이에서도 숭배된 것으로 보이는 여신 아나트 베델(Anat-Bethel)은 아나트 야호(Anat-Yaho)로도 불렸는데, 이것은 아나트가 야호(여호와)의 배우자 여신으로도 생각되었을 가능성을 암시한다. 이 경우 아나트는 '하늘 황후'와 동일시되었을 전쟁 여신이다.

12) 태양신은 유다 왕국 말기에 기승을 부린 이집트 유래 신이다. 말 형상의 신상으로 표현되었다. 요시야 종교개혁 때는 태양신 제단이 혁파되었다(왕하 23 : 11). 태양신 숭배는 유다 멸망을 재촉한 우상 숭배로 간주된다. 나아만은 자신을 고쳐 준 엘리사 선지자에게 아람으로 돌아가 자신의 주 아람 왕의 신전인 림몬(Rimmon) 태양신상에게 경배하게 해 달라고 요청한다(왕하 5 : 18).

라엘을 이끌어 내신 야웨 하나님의 목적은 이스라엘을 당신 기업의 백성(암나할라〈'am naḥălā〉)으로 삼으시기 위함이었다(신 32 : 8-9). 그동안 '기업'은 가나안 땅을 가리키는 말이었는데(신 4 : 21), 여기서는 이스라엘 백성 자체가 하나님이 경작하시는 땅이라는 의미에서 기업의 백성으로 불린다. 야웨 하나님은 이스라엘을 통해 하나님의 절대주권적 통치권을 실현시켜 세계 만민 가운데 찬양을 받으시고 경배를 받으시길 기뻐하셨다. 하나님은 이스라엘을 이집트에서 캐내 온 극상품 포도나무라고 말하신다. 그런데 이사야 5 : 1~11은 하나님이 이스라엘이라는 포도원을 재배하는 농부임을 드러낸다(요 15 : 1-7). 그는 이스라엘은 하나님께 공평과 정의의 포도송이를 맺어 드려야 하는 기업의 백성이었는데, 포학과 부르짖음의 들포도 열매를 맺어 농부 되신 하나님을 실망시켰다고 비탄했다. 21절은 다시 3 : 23~29의 모세 가나안 입성 간구 거절 일화를 간략하게 언급한다. 하나님께서는 이스라엘 광야 세대로 인해 모세에게 진노하셔서 그가 요단을 건너지 못하게 하셨다. 모세가 이스라엘에게 기업으로 주신 그 아름다운 땅에 들어가지 못하게 하리라고 맹세까지 하셨다(21절). 하나님은 모세를 포함한 광야 불순종 세대 전체를 부정하신 것이다. 하나님의 냉정하고 엄중한 심판은 위대한 모세도 한갓 피조물의 자리로 순식간에 되돌린다. 22절은 모세의 간절한 아쉬움이 진하게 배인 말이다. "나는 이 땅에서 죽고 요단을 건너지 못하려니와 너희는 건너가서 그 아름다운 땅을 얻으리니" 모세는 광야 세대와 함께 광야에서 죽을 수밖에 없는 자신의 처지를 안타까워하며 아름다운 가나안 땅에 들어갈 출애굽 2세대에게 다시 한번 격정적인 권면을 토한다(23절). "너희는 스스로 삼가 너희의 하나님 여호와께서 너희와 세우신 언약을 잊지 말고 네 하나님 여호와께서 금하신 어떤 형상의 우상도 조각하지 말라" 왜냐하면 형상 숭배는 이스라엘의 왕실, 정치종교 지배층들이 주도하는 우상 숭배였기 때문이다. 하나님의 율법과 규례에 복종하는 사람들은 살아 계신 하나님과의 쉼 없는 교통을 맛보기에 영적 공허가 찾아오지 않는다. 신의 형상으로 만들어진 우상을 경배할 어떤 필요도 느끼지 못한다.

24절은 호렙산에 현현하신 하나님의 진수를 보여 준다. “네 하나님 여호와는 소멸하는 불이시요 질투하시는 하나님이시니라” 하나님은 거룩하셔서 인간의 죄악과 부정을 돌파하시고 소멸하신다. 창조주 하나님의 피조물인 인간이 하나님이 아닌 다른 열등 존재들에게 충성과 진정을 바치는 것을 보면 하나님은 질투하신다. 하나님과 이스라엘 사이에 있어야 할 친밀성, 언약적 유대감을 지켜 주시기 위한 하나님 편에서의 격정이 바로 질투다. 질투는 하나님의 분노의 토대다. 질투는 하나님이 이스라엘과 맺은 언약을 지키시려고 의도적으로 발동하시는 거룩한 분노감정이다. 이스라엘에게 배타적인 친밀감, 사랑을 요구하시는 하나님의 자기속박적 언약수호 행위다. 하나님께서는 이스라엘에게 배타적으로 친밀하게 당신을 계시했기 때문에 이스라엘의 배타적 충성을 요구하실 수 있다는 말이다. 실로 참다운 부부간에는 질투감이 작동하게 된다. 나의 연인이 다른 사람에게 가 안겨 있는 것을 참는 것은 사랑이 아니라 사랑의 포기다. 남존여비사상이 지배한 유교에서는 남자의 무분별한 여성편력과 애정행각을 너그럽게 봐 주기 위해 ‘여자들의 질투에는 부처도 돌아앉는다’는 궤변을 유통시켰다. 질투는 배타적 친밀감으로, 이스라엘을 사랑하시는 하나님의 언약수호 행위다. 소멸하는 불과 질투하시는 하나님에 대한 바른 이해를 통해서만 성경이 말하는 절대유일신 신앙이 다종교, 다신교주의보다 백번 더 옳은 진리임을 알 수 있다. 다종교와 다신교주의는 자신들의 종교감정을 중심으로 삼는 자들이 담합한 결과 공유하는 지극히 인간적인 평화주의다. 그들이 과연 복수의 신들이 있다고 믿어 이런 관용적 다신교주의를 표방하는지는 알 수 없다. 어차피 신은 그들 마음에 있다고 믿는 사람들에게는 신이 한 분만 존재해야 한다는 유일신 신앙은 불편하다. 그러나 하나님이 우리 인생의 창조주요 통치자라고 믿는다면 그런 하나님은 단 한 분만 계셔야 한다. 진리는 배타적이면서도 보편적이다. 성경은 한 분 하나님만을 믿는 신앙고백을 표방하지만 그 한 분 하나님 안에서의 인류평화를 희구한다. 한 분 하나님만을 믿는 신앙인들의 거칠고 미숙한 배타적 태도에 대한 비판은 수용되어야 하지만, 하나님이 여럿이 되어도 좋다는 다신교는 용납하기 힘들다. 따라서 오로지 한 분 하나님만이 계시다고 믿는 사람들은 하나님께만 경배하라라고 요구하는 성경의 주장이 전적으로 타당하다고 믿는다. 호렙산에 강림하신 하나님에 대한 이스라엘의 집단경험은 루돌프 오토(R. Otto)의 누미노제 경험[13]이나 마르셀 엘리아데(M. Eliade)의 성스러움 경험과는 본질적으로 다르다. 호렙산의 하나님 현현은 종교학자들이 말하는 종교현상적인 보편적인 누미노제 경험, 그 이상이다. 그것은 인격적인 하나님의 의지와 지향을 명백하게 맛본 경험이자 하나님의 인격성, 거룩성에 대한 집단 각인 경험이다. 또한 이스라엘 백성의 마음속에 유일하시고 거룩하신 하나님의 발자국이 선명하게 찍힌 경험이다. 유일무이한 거룩하신 하나님의 자기 계시였다. 기독교, 유대교, 이슬람에는 이 거룩하신 하나님에 대한 이해가 어느 정도 반영되어 있다. 기독교와 유대교의 거룩하신 하나님의 변증법적 속성(사 57 : 15), 즉 죄를 참지 못하는 극단적 초월성과 죄인을 재활·복구시킬 정도로 사랑이 많으신 하나님의 극한 긍휼(출 34 : 6-8 ; 시 103 : 11-14)의 연동을 잘 이해하고 있다. 아브라함 요수아 헤셸(Abraham J. Heschel)의 「예언자들」에 나오는 하나님 진노에 대한 논의나 영국 성공회의 J. C. 라일(J. C. Ryle) 주교가 쓴 「거룩」은 거룩하신 하나님에 대한 탁월한 안내다. 거룩하신 하나님에 대한 올바른 이해가 없으면, 십자가에 인류의 죄를 대신 짊어지신 하나님의 독생자를 냉정하게 내동댕이치는 하나님의 엄정한 이격과 십자가에 달려 죽은 나사렛 예수를 죽은 자 가운데서 다시 부활시켜 죄인을 의롭게 하시는 길을 여시고야마는 하나님의 무조건적 죄인 용서의 변증법적인 구원 행위를 이해할 수 없다.

25~31절은 거룩하신 하나님의 '추적하시는 사랑'을 다룬다. 거룩하신 하나님의 또 다른 면모는 심판당하여 산산조각 난 죄인을 찾아가 다시 재생시

13) 신비스럽고 매혹적인 초자연적 존재에 조우하는 경험을 지칭하는 말이다.

키고 갱생시켜 주시는 부활과 재활의 의지가 가득 찬 하나님의 성품이다. 역사적-비평적 주석가들에 따르면 바벨론 포로생활 경험을 반영한다고 추정되는 이 본문은, 여러 민족 중에 흩어지는 심판을 예상한다는 점과 유배당한 열국에서 마음을 다하고 뜻을 다하여 하나님을 찾으면 하나님을 찾을 수 있다는 이른바 회개신앙을 강조한다는 점에서(렘 29 : 12-14 ; 신 30 : 1-6) 이들의 판단은 타당해 보인다. 그러나 모세가 가나안 땅에 들어가기 전에 이런 예언적 설교를 했다고 하더라도 전혀 이상할 것이 없다. 모세는 이스라엘 백성이 가나안 땅에 들어가서 하나님 경외에서 일탈하여 가나안 땅에서 추방되어 갈 가능성을 내다보고 극단적인 이산과 유배 상황에서라도 하나님께 올 귀로가 있음을 강조한다. 하나님은 죄를 심판하시지만 죄인 된 이스라엘을 멸절시켜 버리기까지 심판하시지는 않는다. 하나님이 스스로 체결하신 언약을 이스라엘의 죄악 때문에 취소하시지 않는다.

25절은 이스라엘 백성이 후손 세대를 얻고 가나안 땅에 오래 살게 된 어느날 스스로 부패할 가능성을 말한다. 신명기 32장의 모세의 노래처럼 이스라엘이 가나안 땅에 가서 약속의 땅에 담긴 하나님의 뜻을 망각하고 죽음을 불러오는 권태에 빠져 스스로 부패, 타락할 가능성을 본다. 인간은 물질적인 환경이 안정되고 자녀후손 세대까지 형통하고 안연하게 살 때 놀랍게도 하나님을 망각하고 하나님과의 살아 있는 교제를 상실할 경향성에 노출된다. 하나님과의 살아 있는 교제가 끊어지고 나면 하나님의 현존을 그리워하게 되고 갈구하게 된다. 그런데 불순종이 누적된 이스라엘 백성으로부터 하나님은 당신의 거룩한 현존을 철수하시고 이격하신다. 하나님이 이스라엘로부터 얼굴을 가리고 숨으신다. 이스라엘은 하나님 현존을 더욱더 갈망하게 되고 결국 피조물의 형상 우상을 조각하여 하나님이라고 믿고 경배하기 시작한다. 형상 우상 숭배 자체가 오랫동안 하나님을 참되고 진정하게 예배하지 못한 결과인 셈이다. 우상조각과 하나님 앞에 악을 행하는 행위는 밀접하게 관련되어 있다. 악은 하나님과 이스라엘 사이에 맺어진 십계명 같은 헌법요강을 범하는 죄악이다. 야웨의 진노를 격발시키는 죄악은 대개 예배 관련 죄악이거나 하나님과 언약 맺은 동포 이스라엘 백성들을 언약공동체로부터 축출하고 배제하는 죄악을 가리킨다. 즉, 나라 전체를 멸망시켜야 할 정도로 민족적으로 범한 죄악을 의미한다. 그래서 하나님은 천지를 불러 증거를 삼아 선언하신다(26절). 그런 형상 우상 숭배 죄악을 범하여 너희가 야웨의 진노를 격발하면 이스라엘 백성은 요단을 건너가서 얻는 땅에서 속히 망할 것이다. 이스라엘은 거기서 오래 거주하지 못한 채 전멸될 것이다. 마침내 야웨께서 이스라엘 백성을 여러 민족 중에 흩으실 것이요 야웨께서 이스라엘을 쫓아 보내실 그 여러 민족 중에 대부분 죽을 것이며 살아남은 자의 수가 많지 못할 것이다(27절). 역설적이게도 그 유배지에서 이스라엘은 아예 실컷 사람의 손으로 만든 바 보지도 못하며 듣지도 못하며 먹지도 못하며 냄새도 맡지 못하는 목석의 신들을 어쩔 수 없이 섬길 수밖에 없게 될 것이다(28절 ; 사 41 : 6-7 ; 42 : 17 ; 44 : 9-20 ; 46 : 1-2, 6-7). 가나안 땅에서 자의로 형상 우상을 조각하고 그것을 하나님이라고 섬겼으나 포로의 땅에서는 강제로 자기 의지에 반하여 우상을 섬길 수밖에 없을 때, 우상 숭배의 허무함을 뼈저리게 느낄 그 순간에, '목석 조각물 숭배'를 강요하는 그 낯선 이방 땅에서 비로소 이스라엘은 그들의 하나님 야웨를 '찾게' 될 것이다(29절 ; 렘 29 : 11-14 ; 다니엘 부록 외경인 "세 젊은이의 노래" 주제). 만일 마음을 다하고 뜻을 다하여 하나님을 찾으면 하나님을 만날 수 있을 것이다. 하나님은 반심(半心)을 원하지 않고 전심(全心)을 원하신다. 정신은 부분과 전체를 나눌 수 없다. 우리 마음 일부는 우상에게 주고 일부는 하나님께 드릴 수 없다. 마음을 다하고 뜻을 다하는 것, 이 지극함으로 하나님을 찾으면 하나님과의 교통이 회복된다. 하나님의 음성이 다시 들리기 시작한다. 30절은 모든 부정적인 예언들이 성취되고 환난이 임하고 그 환난의 끝날(환난의 극고점)에야 전심으로 회개한 이스라엘이 하나님 야웨께 돌아와 청종할 것이라고 내다본다. 여기서도 결정적인 요인은 이스라엘의 회개가 아니라 하나님의 자비하신 성품 때문이다. 하나님께서 자비하신 하나님이기에, 즉 하나님이 이스라엘을 용서하시고 다시 언약백성으로 재활·복구시켜 주시기로 결단하셨기 때문에(신 30 : 1-6) 이스라엘의 돌이킴이 열매를 맺는다.

25~31절은 누가복음 15장에 나오는 돌아온 탕자의 비유의 대본과 같다. 예수님은 신명기 4장이나 호세아의 회개 간청 본문들을 중심으로 인류역사에 길이 남을 탕자의 귀환드라마를 창작하셨을 것이다. 탕자의 귀환 드라마의 핵심은 아버지의 가없는 착하고 자비로운 마음이다. 탕자가 돌아올 때 환영받으리라는 보장이 없었으나 탕자도 예상하지 못할 정도의 환대와 용서와 사랑이 기다리고 있었다. 그 측량할 수 없는 아버지의 사랑이 바로 하나님의 사랑이다. 예수님은 구약성서 전체를 읽고 누가복음 15장에 나오는 아버지 같은 아버지 하나님을 찾아내셔서 온 인류의 가슴을 적셨다. 이스라엘의 범죄-심판-유배-귀환-재활·복구 드라마는 이스라엘 민족의 특별 역사이면서도 온 인류, 인간 일반의 이야기다. 환난의 극고점에서 아버지 집으로 돌아갈 결단을 했던 탕자처럼 이스라엘은 아버지 하나님께 돌아와 청종할 것이다(롬 11 : 25-26). 이스라엘의 하나님은 극적 드라마를 통해 당신의 자비로운 성품을 각인시켜 주신다. 이스라엘의 하나님은 자비로운 하나님이시다. 죄를 미워하시지만 죄인을 사랑하시는 역설적인 하나님이시다. 하나님의 마음에는 죄를 미워하는 거룩한 이격과 배척의 열정과 죄인을 다시 재활·복구시켜 주시려는 자비와 사랑의 열정이 길항하고 있다. 이스라엘의 하나님은 범죄한 당신의 자녀들을 당신의 존전으로부터 가장 먼 하늘 끝으로 유배시키지만, 거룩한 분노 열정을 삼키는 사랑과 용서, 자비와 긍휼의 열정이 승하여 마음을 돌이키셔서 하늘 끝 이역만리로 쫓겨난 자들을 불러 모으신다. 이스라엘의 조상들과 맺은 언약을 잊어버리지 않으시고 다시 기억하신다. 하나님의 거룩한 심판폭풍에 저 땅끝 망각의 골짜기로 굴러떨어진 자들도 하나님은 다시 불러들이신다. 하나님은 죄를 이기는 은총으로 찬란하게 불붙은 사랑이시다. 하나님은 사랑이시다. 이스라엘 조상들과 맺은 언약으로 이스라엘은 다

시 복구되어 제2성전 시대를 열었다. 에스라-느헤미야를 통해 다윗의 후손 메시야를 기다리는 신앙으로 페르시아, 헬라, 로마 제국의 압도적인 통치 아래서도 살아남았다. 마침내 나사렛 예수 다윗의 후손이 오셔서 만민 구원의 시대를 열었다.

32~40절은 출애굽 구원, 호렙산 하나님 현현(顯現)과 율법 수여, 그리고 가나안 땅 정복에 이르는 이 장대한 구원사의 궁극적인 목적이 무엇인지를 말한다. 39~40절이 그 궁극적인 목적을 말한다. 절대적인 유일신 하나님 야웨를 믿고 경배하며 야웨의 규례와 명령을 잘 지켜 가나안 땅에서 오래 사는 삶을 위함이다. 32절에 따르면 이스라엘을 위한 하나님의 구원사는 창조 이래 세계 어디에서도 유례가 없는 유일무이한 사건이다. 창조주 하나님이 친히 한 백성을 택하여 당신의 기업의 백성으로 삼으시려고 일으키신 구원사는 유일무이한 은총이다. 이를 뒷받침하는 두 가지 질문이 던져진다. 첫째, 호렙산 하나님의 현현을 경험한 백성, 하나님의 음성을 듣고도 생존한 백성이 있는가?(33절) 없다. 호렙산 하나님의 현현과 율법 수여는 절대로 비길 데 없는 독특한 사건이다. 둘째, 시험과 이적, 기사와 전쟁과 강한 손과 편 팔과 크게 두려운 일(출 7-12장)로 한 약소민족을 강한 민족의 손아귀에서 구출해 준 일이 있었는가? 출애굽 구원 사건과 같은 장엄한 규모의 민족구원사는 전혀 없다. 하나님은 이스라엘 목전에서 이런 전무후무한 구원대사를 일으키셨다. 이스라엘은 이 일의 증인이다. 이런 배타적일 정도로 유일무이한 하나님의 구원대사의 교육적 목적은 이스라엘 하나님 야웨만이 하나님이시요 그 외에는 다른 신이 없음을 알려 주기 위함이다. 이스라엘은 절대적 유일신 하나님이 이 세상의 창조주임을 믿고 널리 전파하는 선교사요 증인으로 부름을 받은 것이다(35절). 이스라엘은 신구약성경 66권을 통해 세계 만민에게 절대적 유일신 창조주 하나님 신앙을 전파하는 선교사요 증인으로 3,500년 동안 활약해 오고 있다. 그런 점에서 하나님께서 이스라엘을 성민으로 택한 목적이 성취된 셈이다. 이스라엘이 인류공동체에 끼친 최대의 기여는, 우리 구주 예

수 그리스도가 이 세상에 오시는 길을 예비한 일이다.

야웨께서는 이스라엘 백성을 교훈하시려고 하늘에서부터 그의 음성을 들려주셨고 땅에서는 큰 불을 보여 주셨다. 이스라엘 백성이 불 가운데서 나오는 야웨 하나님의 말씀을 듣게 하셨던 것이다(36절). 불길 가운데 들려온 하나님의 음성은 이스라엘에게 영원히 유일하신 창조주 하나님 신앙을 각인시켰다. 37~38절은 이스라엘 백성의 출애굽 구원과 가나안 땅 하사가 이스라엘의 조상들을 사랑하신 하나님의 언약적 사랑으로 말미암은 선물임을 강조한다. 신명기는 아브라함, 이삭, 야곱에게 주신 약속, 곧 그들의 후손들에게 가나안 땅을 기업으로 상속하게 해 주시겠다고 약속해 주신 하나님의 '창세기 약속'(창 12 : 1-3 ; 13 : 14-17 ; 15 : 7-9, 13-21 ; 17 : 7-8 ; 18 : 18-19 ; 26 : 3-4 ; 28 : 3-4, 13-15 ; 35 : 11-12 ; 50 : 24)의 정밀한 성취 과정을 보여 준다. 400년 이상 된 세월의 경과에도 불구하고 아브라함, 이삭, 야곱과 맺은 언약을 기억하시는 하나님이시다. 이런 신실하신 하나님, 조상들과 맺은 언약을 성취하시기 위해 전무후무한 이스라엘 구원사를 전개해 주시는 하나님이 이스라엘의 심장에 새기시려는 교훈은, 위로 하늘에나 아래로 땅에 오직 야웨만이 하나님이시요 다른 신이 없는 줄을 알아 명심하고 야웨의 규례와 명령을 지킴으로써 이스라엘과 그들의 후손이 복을 받아 하나님 야웨께서 주시는 땅에서 한없이 오래 살기 위함이다. 하나님이 주시는 땅에서 오래 사는 것이 이스라엘이 기대한 일차적인 영생이다. 절대적 유일신 하나님을 믿어야 그의 계명이 갖는 절대적 의의를 깨닫게 된다. 야웨의 명령과 법도는 곧 밝혀지겠지만 하나님을 전심으로 사랑하고 하나님 사랑에 입각해 이웃을 네 몸처럼 사랑하는 삶을 살라는 것이다.

### 3. 요단강 동편의 도피성과 모세가 요단강 동편에서 선포한 율법(4 : 41-49)

[41]그때에 모세가 요단 이쪽 해 돋는 쪽에서 세 성읍을 구별하였으니 [42]이는
과거에 원한이 없이 부지중에 살인한 자가 그곳으로 도피하게 하기 위함이며
그중 한 성읍으로 도피한 자가 그의 생명을 보전하게 하기 위함이라 [43]하나는
광야 평원에 있는 베셀이라 르우벤 지파를 위한 것이요 하나는 길르앗 라못
이라 갓 지파를 위한 것이요 하나는 바산 골란이라 므낫세 지파를 위한 것이
었더라 [44]모세가 이스라엘 자손에게 선포한 율법은 이러하니라 [45]이스라엘 자
손이 애굽에서 나온 후에 모세가 증언과 규례와 법도를 선포하였으니 [46]요단
동쪽 벳브올 맞은편 골짜기에서 그리하였더라 이 땅은 헤스본에 사는 아모리
족속의 왕 시혼에게 속하였더니 모세와 이스라엘 자손이 애굽에서 나온 후에
그를 쳐서 멸하고 [47]그 땅을 기업으로 얻었고 또 바산 왕 옥의 땅을 얻었으니
그 두 사람은 아모리 족속의 왕으로서 요단 이쪽 해 돋는 쪽에 살았으며 [48]그
얻은 땅은 아르논 골짜기 가장자리의 아로엘에서부터 시온산 곧 헤르몬산까
지요 [49]요단 이쪽 곧 그 동쪽 온 아라바니 비스가 기슭 아래 아라바의 바다까
지이니라

**[4 : 41-49]** 41~43절은 요단 동쪽 두 지파와 반 지파의 영토에 설치한 도피성 규정을 언급하는데, 전후 문맥과 다소 동떨어진 주제처럼 보인다. 도피성은 비의도적인 살인자가 희생자의 피붙이로부터 보복당하는 것을 막기 위한 피난처로, 초보적인 사법장치다(42절). 국가가 등장하기 이전의 부족사회는 당사자가 사법적 정의를 실현하는 사회였는데, 도피성 제도는 그런 시대 상황을 반영하고 있다. 일종의 넓은 의미의 거주 제한 지역에 들어가 희생자의 보복감정이 누그러질 때까지 머무는 곳이다. 르우벤 지파를 위한 도피성은 광야 평원에 있는 베셀이며, 갓 지파를 위한 도피성은 길르앗 라못이고 므낫세 지파를 위한 도피성은 바산 골란이다.

44~49절은 4장의 마지막 단락이지만, 내용과 주제면에서는 신명기 5~28장의 전체 서론이다. 44절은 모세가 이스라엘에게 선포한 율법, 즉

5~28장을 도입한다. 45절은 신명기 5~28장에 나오는 야웨의 말씀을 증언, 규례, 법도라고 나눠 말한다. 증언(에도트⟨'ēdôth⟩), 규례(훅킴⟨ḥûqqîm⟩), 법도(미쉬파팀⟨mišpāṭîm⟩)가 각각 무엇을 가리키는지는 불명확하지만, 대체로 '증언'은 호렙산에서 하나님께서 직접 선포하신 십계명 수준의 포괄적인 대강령 같은 계명을 가리키며, '규례'는 돌판이나 문서 등에 기록된 원시적 성문 규정을 말하며, '법도'는 대체로 판례 규정, 혹은 특수조건의 처벌 규정들을 말하는 것처럼 보인다. 신명기 안에는 이외에도 여러 용어들이 혼용되고 있는 점을 고려해 볼 때 각각의 용어가 가리키는 범위가 무엇인지를 확정 짓기는 쉽지 않다.

46절은 모세가 율법을 선포한 장소를 말한다. 요단 동쪽 벳브올 맞은편 골짜기에서 야웨 하나님의 율법을 이스라엘 백성에게 선포하고 설명했다. 모세의 신명기 율법강론은 설교적이며 심장에 호소하는 권계문으로 가득 차 있다. 모세는 자신이 마지막 사역을 수행한 이곳에 묻혔다(신 34 : 6). 원래는 벳브올 맞은편 골짜기는 헤스본 왕 시혼에게 속하였으나 모세와 이스라엘 자손이 정복해 차지한 땅이었다(46절). 요단 동쪽 지역에 모세가 묻혔기에 길르앗 디셉 사람 엘리야가 모세의 전승을 익히 들어 알고 있었을 것이며, 그는 이세벨-아합 세력에게 박해당하고 쫓겨 살 기력을 잃었을 때 사십주 사십야를 달려 하나님의 산 호렙에 올라갔다. 모세의 자리에 서서 하나님의 세미한 음성을 듣고 사명감을 새롭게 했다.

47절도 46절에 이어 모세가 주도하여 요단 동쪽 두 아모리 왕의 땅을 정복한 일화를 다시 언급한다. 48~49절은 다시 두 아모리 왕으로부터 빼앗은 땅의 경계를 말한다. 아르논 골짜기 가장자리의 아로엘에서부터 시온산(예루살렘 시온산이 아님. 히브리어 단어를 음역하면 '시욘'⟨šîyôn⟩) 곧 헤르몬산까지요 요단 이쪽 곧 그 동쪽 온 아라바니 비스가 기슭 아래 아라바의 바다까지였다.

이 세계에는 많은 종교가 있고 천년 이상 여러 민족, 여러 나라에서 많은 신봉자를 거느린 거대 고등종교들도 건재하고 있다. 그런데 모세를 통해 알려진 이스라엘의 하나님 야웨 같은 하나님은 어떤 종교에도 없다. 유대교와 기독교가 같은 하나님을 믿고 있으며 이슬람교가 약간 흐려진 유일신에 대한 이해를 보유하고 있다. 유대교가 이해하는 하나님에 비하여 기독교의 유일신 이해는 삼위일체 신앙으로 한층 더 발전되었다. 유대교와 기독교를 보면 거룩하신 한 분 하나님에 대한 이해는 유사하나 거룩하신 하나님이 동시에 어떻게 자비로운 하나님이 되실 수 있는가를 놓고 이견을 보인다. 유대교는 거룩하신 하나님은 다른 사람의 죄를 대속하고 대신 고난받는 중보자를 두실 수가 없다고 보며, 모든 사람이 하나님 앞에 하나님의 은총에 응답하는 순종을 드려야 구원을 누릴 수 있다고 주장한다. 그러나 기독교는 하나님의 독생자 예수 그리스도가 십자가에서 흘린 보혈로 구원받은 죄인이 죄 용서의 감격을 바탕으로 하나님의 율법요구를 준행할 힘을 얻는다고 주장한다. 이 차이를 제외하고는 기독교와 유대교는 호렙산에 나타나신 비길 데 없는 거룩하신 하나님을 아는 유이(唯二)한 종교다.

호렙산에 강림한 하나님은 무엇보다도 거룩하신 하나님이다. 거룩하신 하나님은 불결과 부정과 속된 것으로부터 당신을 보호하시기 위해 스스로 이격시키는 하나님이시다. 거룩하신 하나님은 비린내 나는 욕망을 가진 개인이나 단체, 조직이나 국가 등과 동일시되는 것을 지극히 경계하신다. 당신의 거룩한 성품을 반영하지 못하는 개인과 집단과 동일시되는 것은 하나님 거룩한 이름을 더럽히는 일이 되기 때문이다. 이처럼 거룩하신 하나님의 또 하나의 면모는 하나님이 제시하는 거룩한 삶의 기준을 충족시키지 못해 실패하고 좌초당하는 죄인의 비참한 파산, 실패를 동정하시는 자비와 긍휼의 마음이다. 거룩하신 하나님의 지극히 엄정한 절대기준과 그 절대기준을 충족시키지 못하는 죄인에 대한 불타는 동정심은 깊이 연결되어 있다. 출애굽기 32~34장은 거룩하신 하나님의 이 두 가지 면모를 동시에 보여 준다.

호렙산에 강림하신 하나님은 구름과 연기 속에 당신의 영광을 감추시고도 죄인의 접근을 막으신다. 죄인이 하나님의 산으로 실수로 올라오다가 거룩하신 하나님에 의해 돌격당할까 걱정하시며 어떤 일이 있더라도 호렙산 정상으로 올라오지 말도록 엄명을 내리신다. 하나님은 거룩한 돌격자요 충돌자이시다. 죄와 부정을 참지 않으시며 돌파하신다(출 19 : 21-24 ; 24 : 2, 17 ; 사 33 : 14). 호렙산 폭풍 계시를 경험한 이스라엘 회중은 아무런 형상을 보지 못했건만, 모세가 하나님의 구름 속으로 들어가 하나님께 십계명 돌판을 받아오는 사이에 이스라엘 회중과 아론은 금송아지 형상을 만들어 놓고 "이 금송아지가 우리를 이집트에서 이끌어 낸 신"이라고 소리치며 난잡한 종교제의를 벌였다. 거룩하신 하나님의 돌격이 시작되었다. 금송아지 우상 숭배를 주도한 모든 죄인들을 즉각 처단하셨고 이스라엘 백성 전체, 즉 아브라함의 언약으로 형성된 아브라함 후손 전체를 도륙하고 모세와 더불어 새로운 백성을 창조할 의향까지 내비치셨다. 그럼에도 불구하고 모세의 간절한 중보적 기도를 들어주시사 금송아지 우상 숭배죄를 범한 이스라엘 회중을 용서하신다. 아브라함과 맺은 언약을 기억하시사 이스라엘을 다시 영접하신다. 하나님의 자비와 긍휼이 죄악에 대한 하나님 진노의 극단 표출을 억제하신 것이다. 이 가없는 긍휼과 죄 용서 열정이 거룩하신 하나님의 또 다른 성품이다. 이사야 57 : 14~18이 거룩하신 하나님의 진면목을 보여 준다. 지극히 높은 데 거하시는 거룩하신 하나님은 통회하고 마음이 겸손한 자의 영을 소생시키시며 통회하는 자의 마음을 소생시키신다. 하나님이 죄를 미워하시나 영원히 다투지 않으시는 이유는, 하나님이 지으신 인간의 영과 혼이 하나님 앞에 피폐케 될까를 염려하시기 때문이다. 선지자 이사야는 지극히 거룩하신 하나님을 뵙고 자신은 이제 죽었다고 생각한 바로 그 순간에 하나님의 죄 사함의 화저로 어루만짐을 당한 후 갱생되었다(사 6 : 1-7). 거룩하신 하나님은 공의로우시므로 거룩하다 일컬음을 받으신다(사 5 : 16). 이사야 5 : 16의 하반절은 '하나님이 거룩하신 하나님으로 불리는 까닭은 그의 의로움을 인함이다'를 의미한다. 의로움(츠다카〈ṣĕdāqā〉)은 하나님이 이스라엘을 당신의 언약적 결속 안에 묶어 두시기 위해 주도적으로 선행적으로 베푸시는 언약적 친절(covenantal loyalty), 자비, 돌보심을 가리킨다. 죄에 대한 진노로 불타오르는 하나님은 통회하는 죄인을 보는 순간 긍휼이 불타오르는 하나님이다. 호세아 11 : 8~9은 거룩하신 하나님의 자기 전향을 감동적으로 표현한다. "에브라임이여 내가 어찌 너를 놓겠느냐 이스라엘이여 내가 어찌 너를 버리겠느냐 내가 어찌 너를 아드마같이 놓겠느냐 어찌 너를 스보임같이 두겠느냐 내 마음이 내 속에서 돌이키어(네흐파크 알라이 립비 야하드 니크머루 니후마〈nehpak 'ālay libbî yaḥad nikmĕrû niḥûmā〉="내 마음이 나를 향하여 뒤집어지고 마찬가지로 내 긍휼이 불붙었다") 나의 긍휼이 온전히 불붙듯 하도다 내가 나의 맹렬한 진노를 나타내지 아니하며 내가 다시는 에브라임을 멸하지 아니하리니 이는 내가 하나님이요 사람이 아님이라 네 가운데 있는 거룩한 이니 진노함으로 네게 임하지 아니하리라" 하나님은 진노하시다가 긍휼로 불타오르는 자기전향을 감행하신다. 거룩하신 하나님의 자유는 신비롭고도 장엄하다. 이 세상에 거룩하신 하나님을 계시해 준 호렙산 신현현은 종교의 역사, 아니 인류 역사에서 가장 의미심장한 순간이다. 한국 교회가 윤리적 일탈이 심한 이유는 거룩하신 하나님에 대한 바른 이해가 결여되었기 때문이다. 거룩하신 하나님 앞에 엎드려 경배할 때 자유가 임하고 기쁨이 쇄도한다.

# 제 Ⅱ 부

# 모세의 둘째 강론

## 신명기 5-28장

A. 영원히 갱신되는 시내산 계약(5-11장)

1. 호렙산 언약과 십계명(5 : 1-21 ; 참조. 출 20 : 1-17)
2. 당신이 듣고 우리에게 전하소서(5 : 22-33 ; 참조. 출 20 : 18-21)
3. 율법의 심장이자 으뜸 계명, 쉐마(6 : 1-25)
4. 야웨의 성민 이스라엘이 걸어가야 할 좁은 길(7 : 1-26)
5. 광야 40년 훈련의 궁극 목적 : 마음속 깊은 순종 연습(8 : 1-20)
6. 완악함과 불순종으로 얼룩진 과거사에 대한 권계적(勸誡的) 설교(9 : 1-29)
7. 하나님의 절대주권적인 언약갱신(10 : 1-22)
8. 그리심산의 축복 또는 에발산의 저주로 소환된 이스라엘(11 : 1-32)

B. 가나안 땅에 들어가서 지켜야 할 십계명의 실천세칙으로서의 신명기 법전(12-26장)

1. 이방신들의 신상/제단을 파괴하라(12 : 1-32)
2. 거짓 선지자와 배교하는 성읍을 진멸하라(13 : 1-18)
3. 이스라엘의 일상적 거룩 함양 훈련 : 장례 및 음식법, 그리고 십일조의 거룩한 처분에서 드러나야 할 거룩한 이스라엘(14 : 1-29)
4. 4계명의 실천세칙들 : 안식년 절기의 해방(15 : 1-23)
5. 하나님과의 수직 언약과 이스라엘 백성들 간의 수평적 언약을 동시에 결속시키는 절기들(16 : 1-22)
6. 제5계명의 확장적 적용으로서의 신정통치 대리자들에 관한 율법(17 : 1-20)
7. 합법적인 영적 중보자 규정(18 : 1-22)
8. 살인 금지 계명(6계명), 탐심 금지 계명(10계명), 거짓 증거 금지 계명(9계명) 시행세칙(19 : 1-21)
9. 거룩한 전쟁법(20 : 1-20 ; 21 : 10-14 ; 참조. 23 : 9-14 ; 24 : 5)
10. 공평과 정의로 보존되는 땅과 백성의 성결(21 : 1-23)
11. 이웃의 가축을 탐내지 말고 아내의 순결을 쉽게 의심하지 말라(22 : 1-20)
12. 거룩한 백성의 배타성과 포용성(23 : 1-25)
13. 소박맞은 여자, 가난한 자, 고아와 과부를 위한 사회적 자비 실천 강령(24 : 1-22)
14. 형제 사랑, 이웃 배려, 원수 대적에서 드러나는 공평과 정의(25 : 1-19)
15. 토지 소산 만물과 소득의 십일조를 나눔으로 부요해지는 하나님의 보배 백성(26 : 1-19)
16. 세겜 언약갱신 의식과 에발산 저주선언(27 : 1-26)
17. 언약 순종 시 받게 될 간결한 복 목록과 언약 파기 시 받게 될 긴 저주 목록(28 : 1-68)

| 신명기 5-28장 |

# 모세의 둘째 강론

## A. 영원히 갱신되는 시내산 계약(5-11장)

모세의 둘째 강론은 십계명과 쉐마, 선민의 품격과 품격 유지를 위한 분투(5-11장)와 신명기 율법(12-28장)으로 구성되어 있다. 앞서 말했듯이 둘째 강론(5-28장)의 서론은 4：44~49 단락이다. 이 단락이 세분하여 말하는 야웨의 '증거들'(testimonies)은 '십계명'(5-11장)을 가리키고, '법도'와 '규례'는 12~26장의 구체적 율법 조항들과 세칙들이다. 이 법도와 규례는 가나안 정착생활을 전제하거나 반영한 십계명의 확장적 적용을 위한 시행 세칙들이다. 5~11장은 시내산 언약이 가나안 땅에 정착하게 될 출애굽 2세대에게 어떤 의미가 있는가를 논한다. 이 단락의 전제는 실제로 역사적으로 모세 당시에 시내산 언약체결 현장에 존재하지 않았을지라도 이스라엘의 모든 후세대들은 스스로를 시내산 언약의 상속자요 심지어 언약체결 당사자라고 믿는다는 사실이다. 시내산 언약은 야웨 하나님과 이스라엘 백성 사이에 맺어진 가장 엄숙하고 순전한 쌍방언약인데, 엄격한 의미에서는 비대칭적 쌍방언약이다. 쌍방언약이라 함은 이스라엘과 하나님 각각에게 계약 준수 의무가 부과되어 있다는 의미이며, 비대칭적이라 함은 하나님이 일방적으로 이스라엘을 언약백성으로 부르시고 언약으로 속박하셔서 하나님의 백성으로 삼았다는 말이다. 또한 이 말은 하나님의 압도적인 주도성을 강조하는 말이다. 언약을 지킬 의무는 쌍방 각각의 당사자에게 부과되지만 언약의 유지와 보존은 하나님의 절대주권적인 의지에 달려 있다. 이스라엘의 배교나 죄악이 이 언약 파기를 강제하지는 않는다. 언약 파기의 권한도 하나님께 있다는 말이다.

따라서 이 시내산 언약은 쌍방언약이지만 더 강하고 자유로운 언약 창조자인 하나님과 더 약한 언약 당사자이자 언약 동반자인 이스라엘 사이의 언약으로, 불합리할 정도로 이스라엘에게 유리하고 지극히 은혜로운(?) 불평등 언약이다. 잘 알려져 있듯이, 형식과 구성요소에 관한 한 시내산 언약은 주전 14세기~주전 8세기에 고대 근동(히타이트 제국과 애굽/여러 작은 나라 사이에 맺어진 조약)에서 강대국과 약소국 사이의 외교관계를 확정 지을 때 사용된 종주(宗主)-봉신 조약을 따르고 있다. 고대 종주-봉신 조약의 핵심은 종주가 봉신에게 먼저 압도적인 은혜를 베푼 후(패전의 위기에서 군사적 도움을 주는 것 등), 그 선행적 호의에 근거하여 봉신에게 배타적인 충성심을 요구하는 데 있다. 모세오경, 특히 신명기에서 하나님은 거룩한 종주로서 출애굽 구원, 광야인도 등 은혜로운 전사(前史)를 근거로 봉신인 이스라엘에게 배타적인 충성심을 요구한다. "나는 너희를 애굽 땅 종 되었던 집에서 이끌어 낸 야웨다."라는 선언(6절)은 십계명의 서언이다. 십계명의 첫 계명은 이 은혜로운 전사에 입각한 종주 되신 야웨 하나님의 합당한 요구인 것이다. 모세오경, 특히 신명기에서 하나님께서 이스라엘 백성에게 야웨 하나님 한 분만을 섬기고 사랑하라고 요구하시는 이유는 이 종주-봉신 조약의 논리에 따른 것이다. "온 마음과 온 뜻과 온 힘을 다하여 하나님을 사랑하라."는 쉐마에서 '사랑하다'라는 동사도 봉신이 종주에게 언약적 충성심을 보이라는 말이다. 결국 이스라엘의 자발적이고 의지적인 하나님 사랑은 하나님의 앞선 자발적이고 의지적인 사랑에 대한 응답이다.

### 1. 호렙산 언약과 십계명(5 : 1–21 ; 참조. 출 20 : 1–17)

[1]모세가 온 이스라엘을 불러 그들에게 이르되 이스라엘아 오늘 내가 너희의
귀에 말하는 규례와 법도를 듣고 그것을 배우며 지켜 행하라 [2]우리 하나님
여호와께서 호렙산에서 우리와 언약을 세우셨나니 [3]이 언약은 여호와께서 우
리 조상들과 세우신 것이 아니요 오늘 여기 살아 있는 우리 곧 우리와 세우신
것이라 [4]여호와께서 산 위 불 가운데에서 너희와 대면하여 말씀하시매 [5]그때
에 너희가 불을 두려워하여 산에 오르지 못하므로 내가 여호와와 너희 중간
에 서서 여호와의 말씀을 너희에게 전하였노라 여호와께서 이르시되 [6]나는
너를 애굽 땅, 종 되었던 집에서 인도하여 낸 네 하나님 여호와라 [7]나 외에는
다른 신들을 네게 두지 말지니라 [8]너는 자기를 위하여 새긴 우상을 만들지
말고 위로 하늘에 있는 것이나 아래로 땅에 있는 것이나 땅밑 물 속에 있는
것의 어떤 형상도 만들지 말며 [9]그것들에게 절하지 말며 그것들을 섬기지 말
라 나 네 하나님 여호와는 질투하는 하나님인즉 나를 미워하는 자의 죄를 갚
되 아버지로부터 아들에게로 삼사 대까지 이르게 하거니와 [10]나를 사랑하고
내 계명을 지키는 자에게는 천 대까지 은혜를 베푸느니라 [11]너는 네 하나님
여호와의 이름을 망령되이 일컫지 말라 나 여호와는 내 이름을 망령되이 일
컫는 자를 죄 없는 줄로 인정하지 아니하리라 [12]네 하나님 여호와가 네게 명령
한 대로 안식일을 지켜 거룩하게 하라 [13]엿새 동안은 힘써 네 모든 일을 행할
것이나 [14]일곱째 날은 네 하나님 여호와의 안식일인즉 너나 네 아들이나 네
딸이나 네 남종이나 네 여종이나 네 소나 네 나귀나 네 모든 가축이나 네 문
안에 유하는 객이라도 아무 일도 하지 못하게 하고 네 남종이나 네 여종에게

너같이 안식하게 할지니라 15너는 기억하라 네가 애굽 땅에서 종이 되었더니
네 하나님 여호와가 강한 손과 편 팔로 거기서 너를 인도하여 내었나니 그러
므로 네 하나님 여호와가 네게 명령하여 안식일을 지키라 하느니라 16너는 네
하나님 여호와께서 명령한 대로 네 부모를 공경하라 그리하면 네 하나님 여
호와가 네게 준 땅에서 네 생명이 길고 복을 누리리라 17살인하지 말지니라
18간음하지 말지니라 19도둑질하지 말지니라 20네 이웃에 대하여 거짓 증거하
지 말지니라 21네 이웃의 아내를 탐내지 말지니라 네 이웃의 집이나 그의 밭이
나 그의 남종이나 그의 여종이나 그의 소나 그의 나귀나 네 이웃의 모든 소유
를 탐내지 말지니라

**[5 : 1–21]** 1절은 이스라엘을 율법 경청의 자리로 소환한다. 신명기에서 아주 빈번하게 등장하는 '오늘'이 청중의 결단을 요청한다. 신명기의 청중과 독자는 '오늘' 즉시 순종하고 결단하여야 한다는 말이다. 모세는 '이스라엘아'라고 부름으로써 이 후에 나올 모든 강론이 인격적 호소임을 가리킨다. 2절은 호렙산 언약체결을 단순히 회고하는 데 그치지 않고 그것이 오늘 여기에 살아 있는 출애굽 2세대와 맺어진 '현재화된 언약'임을 강조한다. 3절은 2절을 부연한다. 호렙산 언약은 야웨께서 우리 조상들과 세우신 것이 아니요 오늘 여기 살아 있는 우리 곧 우리와 세우신 것임을 강조한다. 여기 살아 있는 출애굽 2세대가 호렙산 언약의 상속자일 뿐만 아니라 언약체결 당사자라는 말이다. 이 주장은 역사적으로 정확한 말이 아닐 수 있으나 이런 주장을 할 수 있는 역사적 근거가 전혀 없는 것은 아니다. 출애굽기 24 : 4~7은 호렙산 언약체결의 현장에 이스라엘 자손의 '청년들'이 함께했다고 증언하기 때문이다.

"모세가 여호와의 모든 말씀을 기록하고 이른 아침에 일어나 산 아래에 제단을 쌓고 이스라엘 열두 지파대로 열두 기둥을 세우고 이스라엘 자손의 청년들을 보내어 여호와께 소로 번제와 화목제를 드리게 하고 모세가 피를 가지고 반은 여러 양푼에 담고 반은 제단에 뿌리고 언약서를 가져다가 백성

에게 낭독하여 듣게 하니 그들이 이르되 여호와의 모든 말씀을 우리가 준행하리이다"

모세와 아론, 나답, 아비후 그리고 70장로와 함께 호렙산 언약체결식에 올라간 이스라엘 자손 청년들의 입장에서 보면 3절의 주장은 역사적으로도 어느 정도 타당성이 있다. 하지만 3절은 역사적인 신빙성의 관점에서 해석할 주장이 아니라 신학적 주장으로 보아야 한다. 이스라엘의 모든 후세대들은 실존적으로는 호렙산 언약체결의 현장에 있었던 것처럼 언약 준수 의무를 기꺼이 짐 진다는 말이다. 호렙산 언약은 먼 과거에 이스라엘의 먼 조상세대와 맺은 과거의 언약이 아니라, '지금 여기(모압 평지) 살아 있는 현세대'와 지금 당장 체결한, 현재 유효한 언약임을 강조한다. 호렙산 언약의 영속적 효력을 보증하는 3절의 히브리어 원전 중 언약 당사자를 지칭하는 구문을 직역하면 이렇다. '우리들과 함께, 이 사람들 곧 여기 오늘 살아 있는 우리 모두에게' 여기서 출애굽 1세대와 출애굽 2세대 사이에 있는 시간적인 간격은 사라져 버린다. 과거 세대와 현재 세대는 호렙산 언약체결 현장에서 한 덩어리의 공동체 언약 백성 이스라엘로 승화된다. 호렙산 언약은 과거 사건이 아니고, 현재에 속한 사건이라는 것이다.

4~5절은 모세가 야웨 하나님과 이스라엘 백성 사이의 중보자로 활약하게 된 배경의 일단을 보도한다. 호렙산 불 가운데서 이스라엘 백성과 대면하여 말씀하시는 야웨의 거룩하고 장엄한 현존(불)을 두려워하여 이스라엘 백성이 호렙산에 오르지 못했기에, 모세가 야웨와 이스라엘의 중간에 서서 언약체결 중보자, 율법 수납과 선포의 중보자가 되었다는 것이다. 시내산 계약체결을 다루는 출애굽기 19, 24장과 비교해 보면 신명기 5장에서는 모세의 중보자 사명이 훨씬 현양(顯揚)된다. 십계명을 직접 들었던 이스라엘 백성이 야웨의 나머지 말씀들은 더 이상 직접 듣기를 무서워하여 나머지 말씀들은 모세의 중개 작용을 통해 들었던 것처럼 보인다. 직접 계시로 주어진 십계명과 모세가 중개해서 가르쳐 준 나머지 율법들이 구별되고 있다. 십계명은 이

스라엘 백성이 직접 들은 말씀이기에 다른 모든 법도들과 규례들과 구분되어 우선적으로 중요시되어야 한다는 함의가 감지된다.

6~21절은 십계명이다. 1552년에 공포된 종교개혁교회(루터교회)의 "공동기도서"는 매 주일예배 시 죄 고백에 앞서 십계명을 낭독하도록 규정한다. 십계명은 그리스도인들이 지켜야 할 최소한의 신적 요구이며, 이 세상을 향한 하나님의 도전이다. 십계명은 400여 년간의 노예생활로부터 생겨난 노예근성을 근절하고 완전한 자유인의 품성을 함양케 해 주는 자유의 명에다(약 1 : 25). 신명기는 이름 그대로 되풀이하여 가르쳐진 율법으로서 항상 새로운 세대(가나안 정착 세대)에게 십계명을 선포한다. 십계명의 첫 네 계명은 이스라엘과 하나님의 관계를 지탱시키는 토대적 계명들이며, 나머지 여섯 계명은 언약공동체를 지탱하는 데 필수적인 계명들이다. 하나님에 대한 전심의 사랑은 하나님을 향한 합당한 예배로 표현되고, 언약공동체의 다른 구성원들에 대한 사랑은 이웃을 해치거나 이웃의 것을 빼앗지 않는 행위를 통해 표현된다.

6절, "나는 너를 애굽 땅, 종 되었던 집에서 인도하여 낸 네 하나님 여호와라"에서 하나님은 거룩한 종주로서 자기 신원을 먼저 밝힌다. 이스라엘에게 복종을 요구할 수 있는 근거를 말한다. 이 종주의 정체 선포를 종주봉신조약의 틀에 따라 이해하면 봉신의 배타적 충성을 요구할 근거다. 하나님의 선행적(先行的) 구출이라는 은혜로운 전사에 의거해서 하나님은 이스라엘에게 언약적 복종을 요구하고 계신다. 하나님께서 파라오의 노예로 살던 아브라함의 후손들을 파라오의 노예살이로부터 건져 내신 이유는 하나님에게 배타적으로 속한 한 백성을 창조하기 위함이었다. 따라서 7절이 하나님 외에 어떤 다른 신들도 두지 말아야 하는 이유를 말하는 것은 당연하다.

### 제1계명 : 나 외에는 다른 신들을 네게 두지 말지니라(5 : 7)

모세는 다른 신들이 이스라엘에게 항구적인 유혹이 될 것을 내다본다. 이스라엘을 구원하신 하나님은 이스라엘을 다스릴 권리를 갖고 계신다. 이스라엘의 하나님은 거룩하신 하나님이시기에 이스라엘이 다종교, 다신교 세계인 가나안 땅에 들어가 야웨 하나님 한 분만 섬기고 경배하는 일이 엄청난 난제가 될 것임을 내다본 것이다. 이스라엘이 야웨 한 분만을 알고 섬기려면 출애굽의 구원대사, 광야인도, 가나안 땅 하사 등 구원사의 모든 순간을 의미심장하게 기억하고 기려야 한다(신 4 : 39-40). 열왕기상 17장~열왕기하 10장은 하나님 외에 다른 신 바알과 아세라를 섬겼을 때 이스라엘이 어떻게 부패하고 타락해 가는가를 자세히 보여 준다. 역사적으로 풍요와 다산을 탐하는 왕실, 지배층, 귀족과 지주 등이 야웨 하나님 외에 다른 신들을 두고 경배한 것을 볼 수 있다. 지배층과 유력자들의 다른 신들 경배가 이스라엘의 언약적 공동체성을 붕괴시키고, 이스라엘 자유농민들의 땅을 빼앗는 불법행위를 조장하고 촉진했다. 아합과 이세벨은 바알과 아세라 신을 숭배하면서부터 이스라엘 자유농민이 하나님께 받은 기업을 강탈했고 이스라엘 언약공동체는 해체되었다. 하나님 외에 다른 신을 섬기는 행위는 왕실과 지배층의 사회경제적, 정치적 불의와 압제행위를 촉발시키는 행위였다. 따라서 제1계명은 단지 종교적 계명이 아니라 한 사회와 공동체의 존망을 결정짓는 헌법요강인 것이다. 하나님은 마음 일부를 다른 신들에게 빼앗긴 백성들의 분열된 마음을 받으실 수 없는, 즉 나눠질 수 없는 '하나님'이시다.

현대는 돈(맘몬)을 신으로 숭배하는 세상이다. 돈을 숭배하는 마음에 하나님을 모셔 들일 자리는 없다. 돈을 숭배하지 말고 거룩하게 낭비하여야 하나님 예배가 가능하다(마 6 : 22-24). 또한 스탠리 하우어워스(S. Hauerwas)와 윌리엄 윌리몬(W. Willimon)은 십계명의 제1계명을 중심으로 현대의 이신론(세상일에 간섭하지 않고 초연한 신)을 논파한다.[1] 이스라엘의 하나님은 명령하시는 하나님이며 순종을 원하시는 하나님이시다. 이것은 무한히 자유롭고자 하는 현대인의 감수성과 충돌한다. 그러나 현대인들은 엄청나게 다양한

---

1) 스탠리 하우어워스(S. Hauerwas), 윌리엄 윌리몬(W. Willimon), *The Truth About God : The Ten Commandments in Christian Life*, 강봉재 역, 「십계명」(서울 : 복있는 사람, 2007), 29-33.

파라오의 명령에 시달리며 사는 노예들이다. 자유인이라고 생각하는 현대인들은 자기욕망의 노예가 되어 버린 것이다. 광고와 성취욕의 노예가 되고 유행의 노예가 되어 버린 것이다.

그러나 인간은 하나님의 질투의 대상일 만큼 하나님만 전적으로 사랑하고 그에게 순종할 때만 자유롭도록 창조되었음을 기억해야 한다. 하나님의 질투는 하나님의 피조물 사랑, 인간 사랑의 무한한 원동력이다. 하나님의 창조주적인 질투는 당신의 창조 주권에 대한 자랑스러운 음미인 것이다. 이 질투의 하나님은 포이에르바하(L. Feuerbach)가 말하듯이 인간욕구의 투영체도 아니고 인간성 소외의 외화물(外化物)도 아니다. 십계명의 제1(개혁교회는 제2계명)계명에는 우상 숭배자에 대한 신적 징벌 언급이 있다. 십계명의 제1계명은 신학적 다원주의(여러 신들을 숭배하는 사조)를 비판하지만 하나님 안에서 인간문명의 다양성을 단죄하지는 않는다.

### 제2계명 : 너는 자기를 위하여 새긴 우상을 만들지 말라(5 : 8-10)

이 계명은 살아 계신 하나님과의 교통과 교제가 끊어지거나 하나님과의 언약적 결속감이 느슨해질 때 범해지는 계명이다. 이는 음성으로만 당신을 알리시고 형상으로는 당신 자신을 보여 주지 않으시는 하나님을 보이는 형상으로 조각해 숭배하려는 조작적 욕구를 금지한다. 하나님은 종교적, 심미적 조각물로 대표되거나 표현될 수 없는 무한한 전체이시고 무한한 자유자이시다. 인간의 하나님 경험이 아무리 진실하고 깊다고 하더라도 광활하고 심원한 하나님을 시각화할 수는 없다. 호렙산 신현현에서 하나님은 끝내 당신의 형상을 보여 주지 않으셨다. 이스라엘 백성을 두렵게 만드는 폭풍의 음성을 들려주셨을지라도 이스라엘은 어떤 하나님의 형상도 보지 못하였다(신 5 : 22-23). 하나님과 얼굴로 대면하며 말했던 모세마저도 하나님의 얼굴(형상)을 보지 못했고 등만 보았다(출 33 : 12-23). 종교개혁자 칼빈은 신학의 역사에서도 하나님을 특정 형상(성품)과 밀착시키는 형상고착적인 시도들이 자주 나타났음을 지적했다. 하나님을 특정 이미지로 고착시키는 신학노선이나 교파주의는 신학적 축소주의이며 최악의 경우 형상 숭배 금지계명을 위반하는 행위가 될 수 있다.

### 제3계명 : 너는 네 하나님 여호와의 이름을 망령되이 일컫지 말라(5 : 11)

제3계명의 첫 문장을 직역하면 "너는 네 하나님 야웨의 이름을 헛되이 들지 말라."이다. 하나님의 이름을 '들어서' 자신의 명예를 보호하거나 거짓을 은폐하려고 하지 말라는 것이다(사 1 : 10-11 ; 암 5 : 18-23). 기도 시, 공예배, 그리고 법정 맹세 시 우리는 하나님의 이름을 '들어야' 하는데, 하나님의 성품과 반하는 일을 하면서 하나님의 이름을 거론하지 말라는 것이다. 아주 흉악한 범죄자가 "오직 하나님께서 내 진실을 안다."고 말하며 여운을 남기는 행위는 헛되이 하나님의 이름을 거명하는 것이다. 하나님의 이름을 불러 가면서 응답될 수 없는 기도를 하는 행위(사 1 : 11-14 ; 58 : 1-4), 마음에 우상을 품고 야웨 하나님의 뜻을 물으러 오는 행위(겔 20장)도 하나님의 이름을 헛되이 드는 행위다. 죄악을 마음에 품고 드리는 기도, 하나님의 이름을 부르는 행위도 하나님의 이름을 망령되이 일컫는 행위다. 하나님은 하나님의 백성들이 자신들의 불의한 일에 하나님을 연루시키는 일체의 가능성을 금지하신다.

### 제4계명 : 네 하나님 여호와가 네게 명령한 대로 안식일을 지켜 거룩하게 하라(5 : 12-15)

신명기에서 안식일 계명은 하나님 사랑 계명인 첫 세 계명을 얼마나 성실하게 지켰는가를 검증하는 시금석이다. 또한 하나님 사랑 계명과 이웃 사랑 계명을 연결시키는 교량이다. 출애굽기 20 : 8~11의 안식일 계명이 하나님의 창조 사역 종료와 하나님의 안식으로부터 안식일 계명을 도출하는 반면에, 신명기는 야웨의 출애굽 구원 사건에 근거하여 안식일을 기억하여 지킬 것을 강조한다. 안식일에 끝난 야웨의 창조 사역을 기억함으로써(혼돈세력에 대하여 거둔 하나님의 승리를 경축) 이스라엘 백성들도 야웨의 승리에 동참하라고 명령하는 출애굽기의 안식일 계명과 달리, 신명기는 안식일을 지킬 것을 기억하라고 말하지 않고 역으로, 안식일을 지켜서 이스라엘 백성 너희도 한때 안식을 박탈당한 노예들이었음을 기억하라고 말한다(15절). 신명기의 안식일 계명은 출애굽 구원 기억을 생생하게 살림으로써, 공동체의 모든 구성원들(특히 종과 가축)을 억압적 노동으로부터 해방시키라고 명령한다(14절). 특히 종과, 노비 그리고 광범위한 농장을 가진 부유계층의 탐욕과 우상 숭배적 성취주의(workaholic)를 경계하고 있다. 안식일 계명은 안식을 가치와 의미의 중심에 둠으로써 일의 우상화를 막는 데 도움을 준다. 안식일은 인간의 노동을 통한 구원을 상대화하고 하나님의 은총의 절대가치를 우선시하는 날이다.

제5계명 : 너는 네 하나님 여호와께서 명령한 대로 네 부모를 공경하라 (5 : 16)

이 계명은 성년이 된 자식들에게 연로한 부모를 잘 봉양하라고 명한다. 마가복음 7장에는 고르반 제도(전답 등 재산이 하나님께 바쳐졌기에 부모에 대한 봉양의무를 저버린 불효자들을 책망하는 본문)를 핑계 삼아 연로한 부모를 홀대하는 당시의 불효 세대를 향한 예수님의 질책이 나온다. 성인이 된 자녀들에게 연로한 부모는 약자로 보이거나 하찮게 대접받아도 되는 짐스러운 존재로 전락하기 쉽다. 재산권을 상속받은 성년 자녀들이 연로한 부모를 홀대하는 그런 무자비한 사회는 땅을 빼앗길 수 있다. 부모 공경에는 부모에 대한 봉양 이상의 의미도 있을 수 있다. 구약성서에서 부모는 영적 조상이며 야웨에 대한 신앙 전수자요 훈육자다. 따라서 부모 공경 계명은 부모의 양육 수고에 대한 보은의 마음 표현 이상을 요구한다. 부모 공경은 부모의 출산, 양육과 훈육의 수고를 통하여 하나님의 백성 공동체를 창조하시는 하나님의 질서를 존중하는 행위다. 또한 부모 공경에는 부모가 자녀에게 남겨 준 영적 유산을 존중하며 상속하겠다는 의미도 들어 있다(잠 6 : 20-23). 이렇게 볼 때 하나님에 대한 경외와 경배가 부모 공경 계명의 대전제인 셈이다(엡 6 : 1).

또한 제5계명은 "하나님께서 주시는 땅에서 장수하리라."는 약속이 첨가되어 있는 첫 계명이다(엡 6 : 1-3). 부모 세대 공경이 어떻게 땅에서 장수하는 결과를 가져올까? 각 자녀 세대가 연로한 부모 세대를 공경할 때, 즉 사회적으로 연로하고 의존적인 구성원들을 잘 돌볼 때 그런 공동체는 하나님이 주신 땅을 오랫동안 차지할 수 있다는 것이다.

### 제6계명 : 살인하지 말지니라(5 : 17)

이 계명은 의도적으로 살인하지 말라는 명령이다. '살인하다'로 번역된 히브리어 동사는 흔히 쓰이는 동사 '하락'(hārag)이 아니고 '라차흐'(rāṣaḥ)다. 라차흐는 살인 행위뿐만 아니라 종국적인 살인 행위에 이르는 심리적 기획 과정까지도 포괄한다(pre-mediated murder). 따라서 그것은 증오, 분노, 혹은 어떤 개인을 고의적으로 살해할 마음 등 예비적 살인 행위도 포함된다. 창세기 9 : 1~7은 하나님의 형상으로 창조된 사람을 죽이는 죄는 하나님을 향한 범죄임을 증거한다. 이 계명으로 기독교는 지구상의 모든 나라들과 긴장을 이룬다. 모든 나라들은 하나님의 자리를 차지하면서 자기의 주권을 방어하기 위하여 전쟁을 감수하고 대량살인을 범하기 때문이다. 마태복음 5 : 21~26은 이 계명을 급진적으로 재해석한다. 예수님은 언어폭력과 분노도 잠재적인 살인죄로 보신다. 퀘이커교파적 평화주의자들만이 이 산상수훈에 나타난 예수님의 급진적인 해석을 따르려고 노력한다. 그들만이 국가주도형 전쟁의 대량살인을 비판하며, 남용되어 온 역사적 경험을 근거로 '정의를 위한 정당한 전쟁론'도 비판한다. 하지만 미국총기협회는 총기 소유를 통한 개인 생명책임 보호권을 주장하며 미국 총기 사고의 원인을 총기 소유에 돌리려는 사회적 여론에 맞선다. 이 총기 소유와 살인 금지 계명의 긴장은 복잡한 문제를 일으킨다. 전체적으로 이 계명은 우리로 하여금 폭력에 의존하지 않고도 공생할 수 있는 백성으로 살도록 압박한다(사 11장). 개인적인 차원에서도 개인의 탐욕과 부의 축적이 잠재적인 이웃 살인 행위가 될 수 있다. 우리가 누리는 안전과 평화는 다른 사람의 희생 위에 얻어진 것일 때가 많다.[2)]

제7계명 : 간음하지 말지니라(5 : 18)

이 계명은 합법적으로 구성된 가정의 신성성을 보호하는 데 초점을 둔다. 아내와 남편 사이에 이뤄지는 성관계가 우선적으로 보호되어야 된다. 성적 친밀성은 부부 상호간의 인격적 친밀성과 언약적 책임감을 성취하도록 북돋아 주는 선물이기 때문이다. 현대사회는 대중문화 혹은 예술이라는 이름으로 일부일처제 중심의 가정을 위협하고 있다. 따라서 혼인언약의 엄숙성과 신적 기원을 잘 가르치는 것이 간음의 보편적 확산을 막는 한 방편이 된다. 간음하지 말라는 계명은 부부 사이의 인격적 친밀도를 '매 순간 점검하라'는 명령으로 '들으라'는 말이다. 예수님은 산상수훈에서 음욕을 품고 한 여자를 주의 깊게 지속적으로 쳐다보는 행위가 간음 행위가 될 수 있다고 경고하셨다(마 5 : 27-32 ; 막 10 : 2-12). 예수님 당시의 유력한 유대인 남자들은 자신의 본처 외에도 성적으로 매력적인 다른 여성이 나타나면 언제든지 자신의 본처를 버리고 그 새롭게 등장한 여자를 아내로 삼을 수 있었기 때문이다. 간음하지 말라는 계명은 가정의 신성성 외에도 여성의 인권을 보호하는 계명이다. 오늘날도 대부분 간음죄를 범하는 사람들은 자신의 성적 욕구를 과도하게 충족시키려는 왕적 지배자 의식을 갖는 남성(혹은 극히 예외적으로 여성!)들이다.

제8계명 : 도둑질하지 말지니라(5 : 19)

2) 포괄적인 의미에서 제6계명은 대량살인 무기나 생화학 무기를 가졌다는 혐의를 받고 있는 나라들을 평정한다는 명분으로 전쟁을 일으키는 미국도 단죄한다. 이런 미국의 전쟁 도발을 자제시키거나 질타하기보다는 중동으로 떠나는 미군들에게 승리와 안전을 빌었던 빌리 그래함, 찰스 콜슨 등 모든 미국복음주의 기독교 지도자들도 미국의 생명 살해 전쟁을 지지한 셈이 되었다.

여기서 '도둑질하다'라고 번역된 히브리어 '가납'(gānab)은 좀도둑질이나 물질적 재산의 절도행위라기보다는 '인신납치'를 의미한다. 따라서 인신납치 하지 말라는 계명이다. 이 계명은 고대사회에 만연했던 인신납치 범죄를 염두에 두었다. 사사기 21장에는 베냐민 지파의 남은 남자들을 위해 실로(Shiloh)에 춤추러 오는 여자들을 집단으로 납치하는 범죄가 보도되고 있다. 노동력을 징발하기 위하여 혹은 배우자를 찾기 위하여 인신납치가 광범위하게 자행되던 고대사회에서 이 계명은 대단히 심각한 적실성을 가졌을 것이다. 동료 인간을 노예로 부리고자 하는 모든 욕망은 제8계명의 위반을 초래한다. 이런 점에서 애굽의 노예였던 요셉이 자신을 '히브리인들의 땅에서 훔쳐진 사람'(창 40 : 15 ; 출 21 : 16 ; 신 24 : 7)이라고 말한 것은 의미심장하다. 임금을 지불하지 않고 사람을 부리는 것도 인신납치급 죄악이다.

제9계명 : 네 이웃에 대하여 거짓 증거하지 말지니라(5 : 20)

이 계명은 법정 혹은 그와 유사한 맥락에서 범해지는 죄악을 금한다. 거짓 증거는 거짓 증인을 동원할 수 있는 위치에 있는 자들에 의해 자행되는 죄악인데, 법정에서 부당하게 대우받을 가능성이 있는 약한 구성원을 보호하는 계명이다. 열왕기상 21장은 이스라엘의 자유농민 나봇의 포도원을 강탈하고 그를 왕 모욕죄로 기소하기 위하여 거짓 증인을 동원하는 아합 왕과 이세벨의 정의 왜곡 사건을 보도한다(왕상 21 : 11-14). 예수님의 재판도 거짓 증인의 증언으로 졸속하게 이뤄진 재판이었다(마 26 : 57-62). 거짓 증언은 거짓의 아비이자 살인자인 사탄의 악의가 동원되는 죄악이다. 인류 역사는 거짓 증언으로 희생된 의인들의 무덤으로 가득 차 있다. 오늘날 인터넷 등 온라인 언론이 활개침으로써 한 사람의 인권과 명예를 순식간에 파괴하는 죄악이 범람하고 있다. 언론의 이름으로 자행되는 명예훼손, 과장왜곡보도 등도 거짓 증언의 죄악이다. 거짓 증언의 가장 치명적 해악은 거짓이 진실을 삼키는 일이 다반사가 되면 진실을 담지한 언어가 양화(良貨)가 되고 거짓 증언과 거짓 언어가 악화(惡貨)가 되어 영적 그레샴 법칙이 작동한다는 점이다. 진실 언어는 양화처럼 벽장 속에 감춰지고 거짓 언어와 거짓 증언은 시장과 거리를 지배하게 된다.

제10계명 : 네 이웃의 아내를 탐내지 말지니라(5 : 21)

이웃의 아내와 재산을 탐내지 말라고 금지하는 이 계명은 인간의 항구적 탐욕을 경계한다. '탐내다'를 의미하는 히브리어 동사들은 '하마드'(ḥāmad)와 '아봐'('āwā)의 히트파엘 미완료 '히트아붸'(hit'awe)인데, 이 두 동사는 행동화되기 이전의 심층심리적 탐욕 행위까지 내포한다. 이 계명은 자신에게 허용되지 않은 것을 가지려고 하는 집착적 갈망이다. 탐욕은 불의하게 부풀려진 자아욕심 숭배다. 이런 탐심은 우상 숭배로 쉽게 이어진다(겔 14 : 1-4). 아합 왕은 나봇의 포도원을 갖고자 갈망하다가 마침내 그를 죽이는 데까지 간다. 이 경우는 탐욕이 살인을 부르는 죄악이라는 점을 잘 보여 준다(왕상 21장). 아간은 여리고 성 전리품 중 금지된 시날산 외투와 은금을 보고 탐내다가 그것을 숨겼다(수 7 : 21). 이스라엘과 유다의 유력자들은 이웃의 밭들을 탐하여 빼앗고 집들을 탐하여 강탈했다(사 5 : 8-10). 이웃과 이웃의 집과 산업 자체를 강탈해 버린 것이다(미 2 : 2). 다윗은 부하의 아내 밧세바를 보고 탐하여 이웃의 아내를 빼앗아 버렸고(삼하 11-12장), 급기야 이 죄악을 감추기 위해 그녀의 남편 우리아를 죽게 했다. 탐심은 인간의 가장 저열하고 자기 파괴적인 열정 숭배다. 하나님 대신 자신의 욕망을 신처럼 섬기는 우상 숭배인 것이다. 칼빈은 십계명 중 제10계명 강해에서 원죄론을 이끌어 내는데, 죄는 우리 영혼에 스며 있고 우리 몸속에 일백 가지 양상을 띠고 암약하고 있음을 강조한다.[3] 십계명의 마지막 계명이 금지하는 탐심이야말로 모든 죄악의 초기 단계의 죄악이면서도 모든 계명을 어길 수 있는 죄악이 기획되는 곳이다.

---

3) 존 칼빈, *Sermons on Deuteronomy*, 곽홍석 역, 「신명기 강해 3」(서울 : 서로사랑, 2011), 21-44.

## 2. 당신이 듣고 우리에게 전하소서(5 : 22-33 ; 참조. 출 20 : 18-21)

[22]여호와께서 이 모든 말씀을 산 위 불 가운데, 구름 가운데, 흑암 가운데에서
큰 음성으로 너희 총회에 이르신 후에 더 말씀하지 아니하시고 그것을 두 돌
판에 써서 내게 주셨느니라 [23]산이 불에 타며 캄캄한 가운데에서 나오는 그
소리를 너희가 듣고 너희 지파의 수령과 장로들이 내게 나아와 [24]말하되 우리
하나님 여호와께서 그의 영광과 위엄을 우리에게 보이시매 불 가운데에서 나
오는 음성을 우리가 들었고 하나님이 사람과 말씀하시되 그 사람이 생존하는
것을 오늘 우리가 보았나이다 [25]이제 우리가 죽을 까닭이 무엇이니이까 이 큰
불이 우리를 삼킬 것이요 만일 우리가 우리 하나님 여호와의 음성을 다시 들
으면 죽을 것이라 [26]육신을 가진 자로서 우리처럼 살아 계시는 하나님의 음성
이 불 가운데에서 발함을 듣고 생존한 자가 누구니이까 [27]당신은 가까이 나아
가서 우리 하나님 여호와께서 하시는 말씀을 다 듣고 우리 하나님 여호와께
서 당신에게 이르시는 것을 다 우리에게 전하소서 우리가 듣고 행하겠나이다
하였느니라 [28]여호와께서 너희가 내게 말할 때에 너희가 말하는 소리를 들으
신지라 여호와께서 내게 이르시되 이 백성이 네게 말하는 그 말소리를 내가
들은즉 그 말이 다 옳도다 [29]다만 그들이 항상 이 같은 마음을 품어 나를 경외
하며 내 모든 명령을 지켜서 그들과 그 자손이 영원히 복 받기를 원하노라
[30]가서 그들에게 각기 장막으로 돌아가라 이르고 [31]너는 여기 내 곁에 서 있으
라 내가 모든 명령과 규례와 법도를 네게 이르리니 너는 그것을 그들에게 가
르쳐서 내가 그들에게 기업으로 주는 땅에서 그들에게 이것을 행하게 하라
하셨나니 [32]그런즉 너희 하나님 여호와께서 너희에게 명령하신 대로 너희는
삼가 행하여 좌로나 우로나 치우치지 말고 [33]너희 하나님 여호와께서 너희에
게 명령하신 모든 도를 행하라 그리하면 너희가 살 것이요 복이 너희에게 있
을 것이며 너희가 차지한 땅에서 너희의 날이 길리라

**[5 : 22-33]** 이 단락은 5 : 4~5에 대한 부연설명이며 중보자의 역할과 사명을 말한다. "여호와께서 산 위 불 가운데에서 너희와 대면하여 말씀하시매 그때에 너희가 불을 두려워하여 산에 오르지 못하므로 내가 여호와와 너희 중간에 서서 여호와의 말씀을 너희에게 전하였노라 여호와께서 이르시되"(5 : 4-5).

22절은 이 모든 말씀, 즉 십계명을 산 위 불 가운데, 구름 가운데, 흑암 가운데에서 큰 음성으로 이스라엘 총회(카할〈qāhāl〉; 창 35 : 11, "……한 백성과 백성들의 총회가 네 허리에서 나오고 왕들이 네 허리에서 나오리라")에게 말씀하셨음을 말한다. 십계명은 모든 이스라엘 총회가 함께 들었다. 불 가운데, 구름 가운데, 흑암 가운데에서 큰 음성으로 들었다. 불, 구름, 흑암은 하나님 임재의 외적 현상이다. 불, 구름, 흑암과 큰 음성이 한데 일으키는 공감각적인 효과는 극한의 두려움이었다. 그래서 이스라엘은 더 이상 두려워 견디지 못해 모세에게 긴급 중재요청을 하기에 이른다(23절). 야웨께서는 이스라엘 회중의 두려움을 배려해 십계명을 돌판에 써서 모세에게 주셨다(22절). 23~26절은 종교현상학적으로 아주 희귀한 사례다. 루돌프 오토가 말하는 누미노제 경험 연구나 마르셀 엘리아데가 말하는 극한의 '성스러움' 현상 연구도 이렇게 집단적으로 하나님의 거룩한 현존을 경험한 사례를 제시하지 못한다. 이스라엘 민족 전체가 하나님과의 전면적 조우를 경험한 것이다. 이것은 이스라엘 백성 개개인이 하나님 현존에 압도되어 거룩한 하나님 의식을 각인당하는 경험임과 동시에 이스라엘 사람 개개인이 이 전율적인 하나님 현존 경험으로 하나의 공동체로 결속되는 경험이었다. 이스라엘 12지파의 수령과 장로들은 확실히 하나님 현현 분위기가 자아내는 압도적인 위엄을 감지했다(23절). 불에 타는 산, 캄캄함 가운데에서 나오는 우레 같은 소리는 이스라엘 12지파의 수령과 장로들을 압도했다. 그들은 하나님 야웨께서 방출하시는 영광과 위엄을 대면했고, 불 가운데에서 나오는 음성을 들었으며, 하나님이 모세와 말씀하셨지만 그가 죽지 않고 생존하는 것을 목격하고 모세에게 중재자가 되어 줄 것을 부탁한 것이다(27절). 모세를 두고 하나님이 얼굴을 맞대고 말씀하시던 선지자 중의 선지자라고 보는 이유가 여기에 있다(신 34 : 10). 여기서 우리는 모세가 하나님 앞에서 누렸던 특권적 지위를 실감할 수 있다. 하나님과 깊은 인격적 교제를 거친 모세에게는 영광의 광채가 그 얼굴에 나타났다(출 34 : 29–35). 모세가 아무런 무장병력이나 공권력 없이 60만 명이 넘는 남자들을 어거할 수 있었던 비결은 바로 이 카리스마 때문이었다. 출애굽기 33 : 9~11은 하나님과 모세의 친구 같은 대면과 영적 교제가 광야시절 내내 이뤄졌음을 말한다. "모세가 회막에 들어갈 때에 구름 기둥이 내려 회막 문에 서며 여호와께서 모세와 말씀하시니 모든 백성이 회막 문에 구름 기둥이 서 있는 것을 보고 다 일어나 각기 장막 문에 서서 예배하며 사람이 자기의 친구와 이야기함같이 여호와께서는 모세와 대면하여 말씀하시며 모세는 진으로 돌아오나 눈의 아들 젊은 수종자 여호수아는 회막을 떠나지 아니하니라"

하나님의 거룩한 현존을 더 이상 대면하다가는 죽을 것 같은 외경과 두려움에 사로잡힌 이스라엘 장로들과 지파 수령들이 "이 큰 불이 우리를 삼킬 것이요 만일 우리가 우리 하나님 여호와의 음성을 다시 들으면 죽을 것이라"고 고백하면서 모세의 중재 역할을 강청한다(25절). 그들은 거룩하신 하나님과 동행하는 일이 얼마나 위험하고 고단한 일인가를 뼈저리게 느꼈다. "시온의 죄인들이 두려워하며 경건하지 아니한 자들이 떨며 이르기를 우리 중에 누가 삼키는 불과 함께 거하겠으며 우리 중에 누가 영영히 타는 것과 함께 거하리요 하도다 오직 공의롭게 행하는 자, 정직히 말하는 자, 토색한 재물을 가증히 여기는 자, 손을 흔들어 뇌물을 받지 아니하는 자, 귀를 막아 피 흘리려는 꾀를 듣지 아니하는 자, 눈을 감아 악을 보지 아니하는 자"(사 33 : 14–15). 지극히 거룩하고 정결한 사람들만 죄악을 불태우시는 소멸의 불이신 하나님과 동행할 수 있다(출 24 : 17, "산 위의 여호와의 영광이 이스라엘 자손의 눈에 맹렬한 불같이 보였고……").

이 세상 민족 중 이스라엘만이 아브라함 때부터 예수님 때까지 약 1,500년 이상의 긴 세월 동안 삼키는 불, 영영히 타는 화염 같은 거룩하신 하나님과,

그 신적 화염에 치명적인 전신화상을 입으면서까지 그토록 친근하게 동행해 보았다. 이스라엘은 뜨겁고 무서운 하나님의 거룩하심의 정수를 맛보았다. 그러면서도 이스라엘 지파와 수령처럼 "육신을 가진 자로서 우리처럼 살아 계시는 하나님의 음성이 불 가운데에서 발함을 듣고 생존한 자가" 되어 인류에게 성경과 기독교 복음을 전해 주었다. 참된 종교는 거룩하신 하나님과의 대면을 통한 극한의 자기부인, 자기축소, 자기감춤에서 그 진가를 보인다. 거룩하신 하나님이 일으키시는 가장 최초의 반응은 두려움과 이격감이다. 거룩하신 하나님과 대면하고도 죽지 않고 살아남은 자는 죄 사함의 구원을 받은 것이다. 그러나 거룩하신 하나님을 알기 전과 후는 같을 수 없다. 호렙산 폭풍, 불꽃, 흑암 속에서 들려온 우레와 천둥 같은 음성을 듣고 나면 자신의 비릿한 욕망을 숭배하는 저등 영성과 열등종교는 더 이상 존립할 수 없다.

이스라엘 지파 수령들과 장로들은 정직한 사람들이다. 그들은 진실로 하나님의 거룩한 현존을 대면했다. 27절은 중보자의 사명을 잘 정의한다(MT 5 : 24). "당신은 가까이 나아가서 우리 하나님 여호와께서 하시는 말씀을 다 듣고 우리 하나님 여호와께서 당신에게 이르시는 것을 다 우리에게 전하소서 우리가 듣고 행하겠나이다" 27절(MT 24절)은 "가까이 가소서(qĕrab). 당신이(돌출사용된 대명사, 아타〈'atā〉) 그리고 야웨께서 말씀하시는 모든 말씀을 들으소서(샤마〈šămā'〉). 그리고 우리에게 우리 하나님 야웨께서 당신에게 말한 모든 것을 말하소서(트다베르〈tĕdabbēr〉). 우리가 듣고(샤마누〈šāma'nû〉) 행할 수 있도록(아씨누〈'āśînû〉)." 세 개의 명령형(가까이 가소서 ; 들으소서 ; 말하소서) 동사 다음에 나오는 와우연속 완료형 구문은 목적절('우리가 듣고 행하도록')로 해석되어야 한다. 첫째, 중보자는 하나님께 최대한 가까이 가서 하나님의 말씀을 다 듣는 사람이다. 중보자는 하나님께 먼저 듣는 자다. 이스라엘 백성은 모세에게 2인칭 대명사를 돌출적으로 사용함으로써 중보자가 하나님께 가까이 가서 야웨의 그 음성을 듣는 자여야 함을 부각시킨다. 둘째, 청중이 야웨의 말씀을 준행하도록 '말해 주는 자'다. 곧 야웨 하나님이 이르는 것을 잘 듣고 이해한 후에 하나님의 신적 감수성을 가지고 하나님의 백성에게 신언을 잘 전하는 자다. 셋째, 하나님의 말씀을 잘 전해 야웨의 총회로 하여금 듣고 행하도록 돕는 자다. 하나님의 자녀는 영적 지도자나 목회자가 진정으로 하나님께 가까이 가서 하나님 말씀을 다 듣고 와서 전하면, 그 전하는 과정에 영적 감화를 받아 듣고 순종하며 준행할 힘을 얻는다. 이것이 목회적 감화력이다. 영적 감화력은 하나님께 얼마나 가깝게 다가가 하나님 음성을 듣는가에 달려 있다. 영적 청력이 영적 감화력의 원천이다. 그래서 중보자에게 가장 중요한 덕목은 야웨의 총회에게 말하는 것보다 하나님께 더 가까이 가서 다 듣는 일이다. 자신이 섬기는 회중보다 더 가까이 지속적으로 하나님께 가야 하나님의 음성이 들리고 명령과 호소가 감청된다. 이런 점에서 27절은 또한 목회자의 영적 지도력과 감화력이 어떤 과정을 거쳐 작동하는가를 잘 보여 준다. 목회자의 영적 감화력과 지도력의 원천은 설교의 기술이나 기발한 목회 프로그램 창조, 목회행정이 아니라 하나님께 가까이 가서 하나님의 말씀을 듣는 일이다. 목회자가 영적 고도를 높여 하나님께 더 가까이 가지 않으면 회중은 야웨의 말씀을 듣고 준행할 동기를 부여받지 못한다. 이스라엘 지파 수령들과 장로들의 요청을 하나님이 수용하셔서 모세가 회중에게도 인정받는 공인 중보자가 되었다(28절).

29절에는 하나님의 가정법이 끼어든다. "오, 그들이 항상 이 같은 자세로 나를 경외하며 나의 모든 명령을 지켜 그들과 그들의 후손이 영원히 복 받기를!" 하나님은 회중들이 모세의 중보를 통해 간접적으로 하나님의 말씀을 들을지라도, 하나님을 두려워하는 마음으로 야웨의 모든 명령을 지켜 그들과 후손이 영원히 복 받기를 바라신다. 이것이 하나님의 본마음이다. 하나님은 당신의 백성들이 당신의 명령과 규례, 법도를 잘 지켜 영원히 복 받기를 원하신다. 하나님은 중보자 모세를 남기고 모든 백성들을 자기 장막으로 돌려보낸다(30-31절). 31~33절은 4 : 5, 14, 40을 종합한다. 홀로 남겨진 중보자 모세는 하나님으로부터 모든 명령과 규례와 법도를 듣고 이스라엘 회중이 하나님이 기업으로 주는 땅에 들어가 살 때 그것들을 준행하도록 가르쳐야 할 사명을 받는다(31절). 이스라엘 회중에게 가르칠 교훈의 핵심은 이것이다. "너희 이스라엘 백성아 야웨의 명령과 도를 준행하면 살 것이며 복 받을 것이다. 그리고 너희들이 차지한 가나안 땅에서 장구하게 살게 될 것이다." 야웨의 명령과 도를 준행하는 것이 야웨의 복을 누리는 길이며 가나안 땅을 장구하게 차지하고 누릴 수 있는 유일한 방법이다. 따라서 이스라엘은 하나님 야웨께서 명령하신 대로 삼가 행하되 좌로나 우로나 치우치지 말아야 한다. 야웨 하나님께서 명령하신 모든 도를 행하라. 그리하면 이스라엘이 하나님 언약백성으로 살 것이요 복을 누리게 될 것이다. 복 중에 최고의 복은 가나안 땅에서 이스라엘이 장구하게 사는 것이다. 이 복은 이스라엘이 가나안 땅을 언제든지 잃을 수 있다는 부정적 가능성을 염두에 둔 말이다. 6장부터는 가나안 땅에 들어가기 전에 이스라엘이 가나안 땅을 얼마 동안만 차지하다가 이내 잃을 수도 있다는 미래의 시나리오가 노골적으로 언급되기 시작한다. 가나안 땅 자체는 하나님의 선물이자 구원의 증표지만, 그 땅에서 오래 살고 누리기 위해서는 이스라엘 백성이 하나님의 도(道)를 부단하게 준행하여야 한다.

## 설교를 위한 묵상

신명기의 가장 중요한 관심사는 가나안 땅에 들어간 이스라엘 백성이 십계명을 지킴으로 말미암아 그 땅에서 오랫동안 사는 것이다. 신명기의 땅은 재산이 아니라 야웨와 언약을 성취하고 실현하기 위한 터전이다. 신명기에서 땅이 중요한 이유는 야웨의 율법을 준행하여 하나님의 통치를 구현하기 위함이다. 신명기에서 산다는 말은 야웨의 계명을 이해하고 납득하여 자발적으로 준행함으로써 하나님과 언약적 결속감을 누린다는 말이다. 신명기가 말하는 가나안 땅 정복 목적은 단순한 재산 취득이나 소유에 있지 않고 하나님의 율법과 법도와 규례대로 살기 위한 실험을 해 보는 데 있다. 하나님의 다스림을 결정적으로 매개하는 것이 십계명 준수다.

흔히 일부 경륜교체주의자들, 혹은 대체 신학 신봉자들은 2세기의 로마 교회에 등장한 마르시온처럼 구약성서의 율법 폐기를 주장한다. 그들은 예수님이 구약율법의 마침이 되었기에 신약 시대의 성도들인 그리스도인들은 구약율법(십계명 포함)을 더 이상 지킬 의무가 없다고 말하기도 한다. 그러나 이런 율법폐기론은 정통 기독교에서 한참 벗어난 입장이다. 예수님이 구약율법의 마침이 되었다는 바울의 말을 제대로 이해하기 위해서는 구약성서의 율법에 대한 정교한 이해가 요청된다.
구약에는 세 가지 종류의 법이 나온다. 제사법(레위기 1-16장과 민수기 일부), 의식법(儀式法, ceremonial laws/식사법과 정결예식법), 그리고 도덕법과 시민법이다. 예수님이 율법을 완성하셨다는 로마서 10 : 4의 선언은 제사법을 완성시켜 용도 폐기하였음(발전적 해체)을 의미한다. 제사법의 문자적 준수 의무가 해소되었다는 뜻이다. 왜냐하면 예수님 자신이 하늘 성소에 자신의 몸을 영단번(once and for all 〈히 7 : 27 ; 9 : 12, 26, 28 ; 10 : 14〉)에 제물로 드려 구약의 반복적 제사, 동물로 드리는 제사를 완성시켰기 때문이다. 나머지 의식법은 폐기되었다기보다는 신약 성도들의 삶과 윤리로 발전되었고, 시민법은 현대의 국가 공동체의 법으로 전용되거나 활용되었다. 하지만 도덕법은 하나도 폐기되지 않았다. 십계명이 바로 구약성서 도덕법의 근본이다. 구약성서 전체는 십계명을 중심으로 돌아가는 책이라고 해도 과언이 아니다. 십계명이 무너지면 사회나 공동체 자체가 무너지게 되어 있다. 오늘날 한국 교회 일부 신자들도 구약 율법은 이제 신약 시대에 사는 신약 성도들에게는 더 이상 구속력이 없다고 생각하는 것처럼 보인다. 그러나 그것은 올바르지 못한 생각이다. 십계명은 종교개혁자 칼빈의 「기독교강요」의 핵심 부분으로서 칼빈은 참으로 구원받은 성도들이 힘써 지켜야 할 계명이 십계명임을 역설한다. 로마서 7 : 6~11에 나오는 일련의 말씀 때문에 신약 성도들은 구약 율법을 지킬 의무에서 풀려났다고 생각하며 급기야 십계명을 부정하기까지의 극단으로 나가는데, 그것은 짧은 생각이다. 기독교적 참 구원은 십계명을 지킬 수 있는 능력을 얻었음을 의미한다. 성령충만의 목적 중 하나가 신약 성도들에게 율법의 요구가 이루어져 그리스도의 형상을 본받은 자가 되도록 하는 것(성화)이다(롬 8 : 3-4). 예수 그리스도를 보라. 그는 십계명을 삶과 인격, 메시야 사역으로 완성하신 분이다. 십계명의 완성자들이 메시야의 백성들이 되는 것이다. 따라서 성령의 권능에 덧입어 신약 성도들도 십계명의 참 정신을 깨달아야 한다. 십계명을 지키려고 분투하다 보면 이 계명을 주신 하나님 아버지의 마음을 알게 되고 하나님 아버지께 복종하기 위하여 자신의 삶을

100% 드린 예수님의 마음과 연락하게 된다.

십계명은 하나님의 참된 공동체인 교회가 이 땅에서 실천해야 할 독보적인 하나님 나라의 정치활동이다."[4] 땅에 임하는 하나님 나라를 영접하고 하나님의 복음을 이 땅의 현실정치와 사회적 삶 속에서 구현해야 할 하나님의 백성들은 일상생활 속에서 하나님께 복종하기 위하여 십계명을 공부해야 한다. 십계명은 결코 복음의 도래와 함께 용도 폐기되거나 영적 영역으로 후퇴한 옛 언약의 잔재가 아니다. 마틴 루터는 심지어 대·소요리문답에서 "십계명을 온전히 아는 것은 성경 전체를 아는 것이다."라고 말했을 정도다. 여기서 계명을 안다는 것은 그것을 자기중심적으로 해석하지 않고, 계명의 요구대로 살고 실천하는 능력을 갖추는 것을 의미한다.[5] 십계명은 구약계명의 요약이다. 그것은 유일하신 하나님에 대한 배타적 충성심만이 가족, 국가, 인류 공동체의 안정과 평화를 도모할 수 있음을 가르쳐 준다. 성 어거스틴의 「하나님의 도성」 19권은 참되신 유일하신 하나님 경배가 살아 있는 곳에서만 정상적인 평화로운 사회생활이 가능하다고 역설한다.

다시 강조하지만 신약시대의 성도들이 십계명에 대해 확실하게 알아야 할 가장 중요한 진실은, 십계명은 나사렛 예수와 함께 훨씬 더 과격화, 급진화, 내면화의 방향으로 재해석되었다는 점이다. 산상수훈 마태복음 5 : 21~48은 십계명에 대한 나사렛 예수 판본(version)이다. 만일 십계명이 없다면 신약성경이 말하는 하나님 나라는 땅과 하늘 중간계에서 건설되는 관념과 형이상학의 구조물로 전락했을 것이다. 십계명이 신약의 그리스도인들의 계명이 되었기에 예루살렘 원시교회는 물론이요 사도 바울이 개척한 이방교회들도 우상 숭배, 음행금지 등 십계명의 중심을 지키며 그리스도의 산상수훈을 사회, 경제, 정치, 국제 관계 등 모든 영역 속에서 구현하려고 분투했다. 따라서 하나님 나라 운동에 참여하는 사람들은 십계명의 요구에 정확하게 응답하고 그것의 요구를 개인적, 국가적, 인류공동체적으로 실현하는 일에 전적으로 투신하여야 한다. 성령충만은 십계명을 능히 준수할 능력과 의지를 부어 준다. 이스라엘 백성이 가나안 땅을 차지하는 이유는 가나안 족속보다 여호와의 율법을 매개하는 데 더욱 적합한 민족이라고 기대되기 때문이다. 이스라엘이 가나안 땅에서 보낸 600년 역사는 십계명 준수 여부로 이스라엘이 살고 죽을 수 있음을 예증한 시간이었다. 우리 주 예수 그리스도는 유일하신 한 분 아버지 하나님이 어떤 하나님

4) 하우어워스, 윌리몬, 「십계명」, 표지글.
5) Ibid., 25.

인지를 100% 계시하신 하나님의 아들이다. 삼위일체 신학은 구약성서의 유일신 하나님 신앙을 한층 더 정교하게 완성시킨다.

### 3. 율법의 심장이자 으뜸 계명, 쉐마(6 : 1-25)

#### 1) 율법의 심장, 쉐마(6 : 1-9)

> 1이는 곧 너희의 하나님 여호와께서 너희에게 가르치라고 명하신 명령과 규
> 례와 법도라 너희가 건너가서 차지할 땅에서 행할 것이니 2곧 너와 네 아들과
> 네 손자들이 평생에 네 하나님 여호와를 경외하며 내가 너희에게 명한 그 모
> 든 규례와 명령을 지키게 하기 위한 것이며 또 네 날을 장구하게 하기 위한
> 것이라 3이스라엘아 듣고 삼가 그것을 행하라 그리하면 네가 복을 받고 네
> 조상들의 하나님 여호와께서 네게 허락하심같이 젖과 꿀이 흐르는 땅에서 네
> 가 크게 번성하리라 4이스라엘아 들으라 우리 하나님 여호와는 오직 유일한
> 여호와이시니 5너는 마음을 다하고 뜻을 다하고 힘을 다하여 네 하나님 여호
> 와를 사랑하라 6오늘 내가 네게 명하는 이 말씀을 너는 마음에 새기고 7네 자
> 녀에게 부지런히 가르치며 집에 앉았을 때에든지 길을 갈 때에든지 누워 있
> 을 때에든지 일어날 때에든지 이 말씀을 강론할 것이며 8너는 또 그것을 네
> 손목에 매어 기호를 삼으며 네 미간에 붙여 표로 삼고 9또 네 집 문설주와
> 바깥 문에 기록할지니라

**[6 : 1-9]** 1절은 신명기의 후렴구들 중 하나다. 야웨의 명령과 규례와 법도가 왜 중요한지는 가나안 땅에 들어가 보면 알게 된다. 이 후렴구는 이스라엘이

건너가 차지할 땅은 야웨의 명령과 규례와 법도를 준행하는 일이 대단히 어려운 일일 것임을 암시한다. 2절은 목적절 접속사 '르마안'(lĕma'an)을 두 번 사용해 부모 세대의 후손 교육 사명과 그것의 목적을 효과적으로 부각시킨다. 이 야웨의 명령과 규례와 법도를 부모 세대가 잘 지켜야 하는 이유는 후손 세대도 평생에 야웨를 경외하며 야웨의 명령, 법도, 규례를 잘 지키도록 교육하고 본을 보이기 위함이며, 후손 세대가 야웨의 명령, 법도, 규례를 잘 지켜야 하는 목적은 이스라엘 백성이 가나안 땅을 장구한 세월 동안 차지할 수 있기 위함이다. 이스라엘이 야웨의 명령, 법도, 규례를 잘 듣고 삼가 지키면 야웨 하나님께서 이스라엘의 조상들에게 약속하신 것처럼 이스라엘이 젖과 꿀이 흐르는 땅에서 크게 번성하게 될 것이다(3절). 하나님께서 아브라함과 그 후손에게 주신 두 가지 위대한 약속(땅과 후손 번성)은 이스라엘이 야웨의 명령, 법도, 규례를 준행함으로써 성취될 것이다. 이스라엘 백성들이 가나안 땅을 오래 차지하려면, 그리고 그 땅에서 인구가 번성하고 강대한 공동체로 성장하려면 호렙산 계약에 딸려 있는 법도, 규례, 그리고 명령을 지켜야 한다(1-3절).

'쉐마'('들으라')라고 불리는 6 : 4~5 단락은 신명기의 모든 가르침들을 응집시키는 핵이자 으뜸 계명이다. 그것은 십계명의 서언과 제1, 2계명을 총괄적인 긍정계명으로 표현하고 있다. 쉐마 언어는 십계명의 서언과 첫 두 계명은 물론이며 신명기 전체에 걸쳐서 되울리고 있다(6 : 12-15 ; 7 : 8-10, 16 ; 8 : 11, 19 ; 9 : 1 ; 10 : 12-13 ; 11 : 1, 13, 16, 18-22, 28 ; 13 : 2-5, 6, 10, 13 ; 18 : 9 ; 26 : 16-17 ; 29 : 26 ; 30 : 2, 6, 8, 9-10, 16-17).

쉐마의 첫 고백인 '우리 하나님 여호와는 한 분이시니'(yhwh 'eḥād, 아도나이 에하드)라는 절은 '여호와는 (복수의 신이 아니라 한 분으로 존재하는) 하나이시다' 혹은 '오직 한 분(지역적으로 다른 하나님으로 자기를 표현하는 신이 아니라) 여호와뿐이시다' 둘 중 하나를 의미한다. 전자의 경우 '에하드'('eḥād)가 '독특함'(lĕbad를 보라)이라기보다는 일치, 단일성을 함축하는 것으로 이해된다. 반면 후자는 쉐마가 이스라엘의 하나님에 대한 복수적인 표현들이 아니라 야웨에 대한 유일신앙적 숭배를 강조하는 것으로 본다. 네게브 지역에서 발견된 주전 8세기 쿤틸레트 아쥬르드(Kuntillet Ajrud) 히브리어 비명(碑名)들에서 지역과 결합된 야웨의 이름('사마리아의 야웨'와 '데만의 야웨') 언급은, 후자의 견해가 전제하는 것처럼 고대 이스라엘 사람들이 하나님 야웨를 특정지방과 관련 시켜 다르게 불렀을 가능성을 시사한다.[6] 만일 쉐마가 이런 상황을 겨냥했다면 쉐마는 하나님 야웨는 각 지방별로 다르게 불릴 수 있는 하나님이 아니라 지역을 초월하여 한 분 하나님으로 고백되어야 함을 천명하는 셈이다.[7] 즉, 지방산당의 야웨 이름 남용을 금지하거나 경계하고 있는 것으로 보여진다. 이런 해석이 역사적으로 더 지지받을지 모르나 전자의 해석도 아예 원천적으로 배제될 필요는 없다. 5절 "너는 마음을 다하고 뜻을 다하고 힘을 다하여 네 하나님 여호와를 사랑하라"(붜아합타 엡-아도나이 엘로헤카 쁘콜 러바브카 우쁘콜 나프슈카 우쁘콜 므오데카)에 비추어 보면 전자의 해석도 고려해 볼 수 있을 것이다. 하나님이 한 분이라는 고백은 우리의 전심의 충성과 사랑을 받을 하나님은 한 분 하나님, 호렙산에서 모세와 이스라엘에게 나타난 그 하나님 한 분밖에 없다는 고백이 될 수도 있다. 모세와 이스라엘에게 자신을 계시하는 그 하나님은 유일무이한 하나님이며 열국이 신이라고 숭배하는 신들은 이 유일무이한, 비길 데 없이 독특한 하나님 앞에서는 우상이요, 헛것이며, 없는 존재로 간주된다. 이사야 40~48장에 집중적으로 나타나는 우상배척적 논쟁신탁들은 열방의 신들을 헛것이라고 말하며 이스라엘 하나님만이 유일무이한 한 분 하나님이라고 고백한다. 그래서 이스라엘은 물론 온 세계만민도 야웨 하나님을 전심으로 사랑하여야 한다. 하나

---

6) Patrick D. Miller, *Deuteronomy Interpretation : A Bible Commentary for Teaching and Preaching* (Louisville, KY. : Westminster John Knox Press, 1990), 99.

7) 창세기 14장의 멜기세덱이 부르는 하나님 이름 '엘 엘리욘'과 아브라함의 하나님 이름 '엘 샤다이'(창 17장 ; 출 3 : 1–14)가 약간 다르지만, 멜기세덱과 아브라함 각각에게는 두 하나님 이름이 결국은 동일한 하나님을 지칭한 것으로 이해되었다. 따라서 야웨 이름을 지방명과 결합시켜 부르는 하나님 호칭 방식을 다신교적 상황 반영이라고 볼 필요는 없다.

님이 이스라엘을 온 마음과 뜻과 힘을 다하여 사랑한 그 사랑에 대한 응답이, 마음, 뜻, 힘을 다한 이스라엘의 하나님 사랑이다. 천지를 창조하신 자기충족적이고 절대 궁핍 없는 자유의 하나님께서, 왜 한갓 피조물인 이스라엘의 사랑을 원하시는가? 이 점이 하나님의 신비다. 확실히 하나님은 자기충족적이고 스스로 충만하신 분이다. 하나님은 고독 때문에 인간을 동역자나 친구로 창조하신 것이 아니다. 하나님은 절대자유 가운데서 인간을 창조하셨다. 그럼에도 불구하고 인간의 신뢰와 찬양, 순종과 사랑을 기뻐하시고 그 사랑에 영향을 받으신다. 인간의 죄악 때문에 인간 창조를 후회하시기도 하고 탄식하시기도 한다(창 6 : 6). 하나님은 자기평가적이고 자기성찰적이며 자기음미적인 하나님이시다. 하나님은 절대자존의 하나님이시면서도 인간의 사랑과 신뢰를 요청하신다. 이런 점에서 하나님을 사랑하라고 명하는 신명기는 참 독특하다. 하나님은 자기충족적이며 절대자존적이면서 동시에 언약적, 관계적, 친교적, 수용적, 의존적인 하나님이시다. 이 모든 것은 하나님의 어떤 결핍을 의미하는 것이 아니라 하나님의 신비로운 충만, 충일의 발현이다. 하나님은 이스라엘의 사랑을 요구하시고 기대하신다. 전심으로 드리는 사랑은 하나님을 기쁘게 한다. 하나님은 이스라엘의 사랑에 영향을 받으신다. 하나님은 피조물 인간의 사랑에 영향을 받으실 정도로 겸손하게 자신을 낮춰 가면서 인간과 언약을 맺어 주신다. 생각할수록 기막힌 하나님의 사랑이요 눈부신 겸손이다.

6~9절은 쉐마가 자자손손에게 전달되어야 할 이스라엘의 생명줄임을 역설한다. 야웨 신앙의 일차적 교육과 배움은 가정임을 전제하고 있다. 이스라엘이 하나님의 백성공동체로 존립할 수 있느냐 없느냐는 후세대에게 쉐마교육을 시킬 수 있는지 없는지에 달려 있다. 자녀 세대에게 쉐마교육을 철두철미하게 시키려면 먼저 부모 세대가 이 쉐마를 마음에 새겨 두어야 한다. 마음에 새긴다는 말은 행동과 실천으로 언제든지 표현될 정도로 쉐마를 온전히 이해하고 내면화해야 한다는 말이다. 이것은 첫째, 부모 세대의 심장에 새겨

진 쉐마가 후손에게 전달될 수 있다는 암시이기도 하다(참조 11 : 18 ; 30 : 14 ; 32 : 46). 심장에 새긴다는 말은 하나님의 율법에 맹목적으로 복종하는 것이 아니라 왜 하나님의 계명이 이러저러한지를 온전히 납득하고 이해한 후에 받아들인다는 말이다. 하나님의 율법은 그 자체의 논리와 호소력을 갖고 있으므로 이스라엘은 그 논리와 호소 근거를 마음으로 영접해야 한다. 둘째, 하나님의 율법을 마음에 새긴 부모 세대는 자녀에게 부지런히 가르쳐야 한다. 집안에 있을 때, 누웠을 때, 일어날 때에든지 이스라엘 하나님은 나눠지지 않는 마음으로 사랑해야 할 한 분 하나님임을 삶으로, 말로, 모범으로 보여 주어야 한다. 자녀들이 길을 갈 때나 문설주와 바깥문을 통과하여 사회로 나아갈 때도 쉐마가 그들의 삶을 주장하도록 가르쳐야 한다. 삶으로 가르친다는 말은 부모가 먼저 쉐마를 손목에 기호로, 미간의 표로 착용해야 한다는 것이다. 행동의 중추인 손과 판단과 사유의 중추인 두 눈 사이의 미간을 쉐마의 영향력 아래 두라는 말이다. 셋째, 쉐마의 말씀은 우리 자신의 몸의 일부가 될 뿐만 아니라 우리 가옥의 일부가 되어야 하며, 거주지, 도시 안에 부착되고 유지되어야 한다(8-9절 ; 참조. 11 : 18-20). 문설주와 바깥문에 기록된 쉐마는 우리 가정이 한 분 하나님만을 사랑하고 섬기는 가문임을 공포하는 기표다. 문 인방과 좌우 설주는 출애굽 구원의 밤에 유월절 어린 양의 피가 뿌려지고 발라진 부분이다(출 12 : 22). 구원사의 현장에서 멀리 떨어진 시대에 태어난 자녀 세대는 쉐마와 야웨의 모든 명령과 규례, 법도와 증거들을 무감동하게 대하며 이것들의 의미가 도대체 무엇이냐고 묻는다(출 12 : 26 ; 신 6 : 20). 부모 세대는 이런 상황을 대비하여 야웨 하나님께서 주신 율법을 하나님의 장엄한 구원사의 드라마 맥락 안에서 자세히 설명하고 강론해 주어야 한다. 하나님의 구원사 드라마를 배제한 채 율법 준수 의무만 지나치게 강조하면, 부모는 자기 할 일 다했다고 만족할지 모르나 자녀는 하나님에 대한 심각한 편견을 갖게 된다. 부모는 하나님의 구원사 드라마를 재생하듯이 야웨의 율법과 명령을 삶 속에서 준행하고 체현하여야 한다.

### 2) 후손들에게 야웨의 구원사를 부지런히 가르치라(6 : 10-25)

10네 하나님 여호와께서 네 조상 아브라함과 이삭과 야곱을 향하여 네게 주리
라 맹세하신 땅으로 너를 들어가게 하시고 네가 건축하지 아니한 크고 아름
다운 성읍을 얻게 하시며 11네가 채우지 아니한 아름다운 물건이 가득한 집을
얻게 하시며 네가 파지 아니한 우물을 차지하게 하시며 네가 심지 아니한 포
도원과 감람나무를 차지하게 하사 네게 배불리 먹게 하실 때에 12너는 조심하
여 너를 애굽 땅 종 되었던 집에서 인도하여 내신 여호와를 잊지 말고 13네
하나님 여호와를 경외하며 그를 섬기며 그의 이름으로 맹세할 것이니라 14너
희는 다른 신들 곧 네 사면에 있는 백성의 신들을 따르지 말라 15너희 중에
계신 너희의 하나님 여호와는 질투하시는 하나님이신즉 너희의 하나님 여호
와께서 네게 진노하사 너를 지면에서 멸절시키실까 두려워하노라 16너희가
맛사에서 시험한 것같이 너희의 하나님 여호와를 시험하지 말고 17너희의 하
나님 여호와께서 너희에게 명하신 명령과 증거와 규례를 삼가 지키며 18-19여
호와께서 보시기에 정직하고 선량한 일을 행하라 그리하면 네가 복을 받고
그 땅에 들어가서 여호와께서 모든 대적을 네 앞에서 쫓아내시겠다고 네 조
상들에게 맹세하신 아름다운 땅을 차지하리니 여호와의 말씀과 같으니라[8]
20후일에 네 아들이 네게 묻기를 우리 하나님 여호와께서 명령하신 증거와 규
례와 법도가 무슨 뜻이냐 하거든 21너는 네 아들에게 이르기를 우리가 옛적에
애굽에서 바로의 종이 되었더니 여호와께서 권능의 손으로 우리를 애굽에서
인도하여 내셨나니 22곧 여호와께서 우리의 목전에서 크고 두려운 이적과 기
사를 애굽과 바로와 그의 온 집에 베푸시고 23우리 조상들에게 맹세하신 땅을
우리에게 주어 들어가게 하시려고 우리를 거기서 인도하여 내시고 24여호와

8) 개역개정은 18-19절의 개역개정 번역을 '개악'이라고 지적한 강원주의 지적을 받아들여 고치는 것이 좋다. 개역처럼 번역하면 '그 땅'이라는 불필요한 말을 추가할 필요가 없다(강원주, op. cit., 30).

께서 우리에게 이 모든 규례를 지키라 명령하셨으니 이는 우리가 우리 하나님 여호와를 경외하여 항상 복을 누리게 하기 위하심이며 또 여호와께서 우리를 오늘과 같이 살게 하려 하심이라 [25]우리가 그 명령하신 대로 이 모든 명령을 우리 하나님 여호와 앞에서 삼가 지키면 그것이 곧 우리의 의로움이니라 할지니라

**[6 : 10–25]** 6 : 10~25은 세 개의 작은 단락으로 나눠져 있다. 10~11절은 하나님의 은혜로 이스라엘 백성이 가나안 땅을 차지하고 포만감에 빠져 야웨 하나님의 율법을 망각하게 되는 상황을 말한다. 12~19절은 가나안 땅에서 하지 말아야 할 것들에 대한 부정명령과 적극 행하여야 할 긍정명령을 대조하고 있다. 20~25절은 가나안 땅에서 태어난 후손들이 야웨 하나님의 증거, 규례, 법도의 의미가 무엇이냐고 묻는 상황을 대비하여 후손에게 하나님의 은혜로운 구원사와 이스라엘의 언약 준수 의무를 가르쳐야 할 부모 세대의 교육 의무를 말한다.

10절은 이스라엘 백성이 가나안 땅을 차지할 수 있게 되는 근거를 먼저 말한 후 가나안 땅을 차지하는 것이 구체적으로 무엇을 의미하는지 가르치기 시작한다. 신명기는 아브라함, 이삭, 야곱에게 가나안을 기업으로 주시겠다고 맹세로 약속하신 하나님의 자기속박적 언약 준수 의무 수행 분투를 잘 보여 준다. 이런 점에서 창세기와 신명기는 약속과 성취도식으로 이해할 수 있다. 하나님은 400년 이상 오래된 약속을 기억하시고 기어코 지키시는 신실한 하나님이시다. 이스라엘은 400년 이상 약속을 기억하고 반드시 지키시는 하나님의 언약백성이므로 하나님 앞에 신실한 언약백성으로 살아가야 한다. 가나안 땅을 차지한다는 말은 단지 텅 빈 땅을 점유하는 행위가 아니다. 10절 하반절부터 11절은 가나안 땅 정복이 원주민들이 남긴 문명시설과 재산도 상속한다는 것을 의미함을 말해 준다. 하나님께 심판을 받아 멸망당한 원주민들이 남긴 크고 아름다운 성읍, 아름다운 물건이 가득한 집, 우물, 포도원과

감람나무들을 상속받는 것이다. 고대 이스라엘 사람들이 생각하는 행복한 삶의 조건이 총망라된 상속재산들이다. 성, 우물, 아름다운 물건이 가득 차 있는 집, 포도원과 감람나무는 안전하고 안락하고 풍요로운 삶을 가능케 하는 조건들이다. 이런 상황이 배불리 먹을 수 있는 상황이다. 그런데 바로 이 포식과 포만을 선사하는 안전과 풍요의 삶은 치명적인 약점을 안고 있다. 이스라엘 백성이 자신들을 애굽 땅 종 되었던 집에서 해방시켜 주신 야웨 하나님을 잊어버릴 위험이 그것이다(12절). 소득 수준이 높아 갈수록 종교에 대한 관심, 즉 삶의 궁극적 질문과 불안에 대한 관심이 적어지는 이유는 풍요와 포식이 주는 치명적 해악 때문이다. 12절은 포식과 풍요, 안락의 생활에 탐닉하여 하나님을 잊어버리지 않기 위해 스스로 조심하라고 말한다(히샤메르 르카 펜 티쉬카흐 엩-아도나이). '스스로 조심하라'는 '지키다'라는 동사의 2인칭 재귀명령형(히샤메르⟨hiššamer⟩)과 용도의 여격(dativus commodi)인 '너를 위하여'(르카⟨lěkā⟩)를 번역한 말이다. '너 자신을 위하여 스스로를 지키라' 풍요와 포식의 순간은 하나님을 망각하는 것에 빠지지 않도록 스스로 자신을 지키기 위해 조심하고 또 조심해야 하는 때이다. 한국 중산층의 로망은 좋은 집, 좋은 직장, 좋은 건강, 풍요로운 휴가 등이다. 한국 중산층의 풍요와 포식 문화는 하나님 망각이라는 치명적 질병을 불러들인다. 한국 교회가 이런 중산층의 풍요와 안락에 탐닉해 하나님을 망각하지 않도록 극도로 조심하여야 한다.

13절은 조심하고 스스로를 지키는 방법을 알려 준다. 그것은 하나님과 관련된 세 가지 행동을 명한다. "하나님 야웨를 경외하며(야레) 그를 섬기며(아바드) 그의 이름으로 맹세할지니라(샤바)." 하나님을 경외하는 태도는 하나님의 거룩하신 위엄과 죄악배척적인 성품을 의식하고 삼가는 태도다. 하나님을 섬기는 삶은 삶의 구체적인 현장에서 하나님을 경외하는 태도다. 그리스도인 상인이 도량형을 속이지 않고, 그리스도인 공직자가 뇌물수수를 하지 않는 것이며, 목회자들이 양무리를 이익의 수단과 치부의 방편으로 생각하지 않는 것이다. 하나님을 경외하는 태도가 지극히 내적이고 심령 중심의 움직임을 의미한다면, 하나님을 섬기는 행위는 외적인 행동으로 표현된다. 마지막으로 하나님의 이름으로 맹세한다는 말은 법정이나 계약을 맺을 때 하나님의 이름(성품)에 걸맞은 정직을 드러내는 것이다. 하나님이 요구하시는 정직과 신용의 언어생활을 하라는 것이며, 하나님의 명예를 더럽히지 말고 현양하며 살라는 것이다.

14~15절은 이스라엘이 주변 사방의 이방신들을 따르다가 질투하시는 거룩하신 하나님의 멸망심판을 자초하지 말라고 엄중하게 경고한다. 이스라엘이 들어가게 될 가나안 땅 사면은 이방신들을 믿는 이방인들의 땅이다(14절). 야웨 하나님께 바쳐져야 할 이스라엘의 일편단심 충성을 가로챌 가능성이 있는 이방신들을 따라서는 안 된다. 야웨 하나님이 과연 우리 중에 계신가 시험하기 위해 일부러 이방신들을 따라가서는 안 된다. 이스라엘 중에 계신 하나님은 질투하시는 하나님이시다(신 5 : 9). 하나님은 당신의 언약백성 이스라엘의 충성과 사랑을 독점할 권리를 갖고 계신다. 질투하시는 하나님은 당신에게 충성을 바치지 않는 이스라엘에게 진노하사 지면에서 멸절시킬 수 있는 하나님이시다. 노아 시대의 타락한 인류를 지면에서 멸절시키셨듯이 어떤 남은 자도 남겨 두지 않고 소돔과 고모라처럼 멸절시키실 수 있으신 하나님이시다(비교. 사 1 : 9 ; 호 11 : 8). 여기서 처음으로 가나안 땅에 들어가 살 이스라엘이 배교와 우상 숭배의 죄악으로 멸절될 가능성이 언급된다. 가나안 땅에 들어간다는 것은 질투하시는 하나님과의 언약적 결속을 감미롭게 받아들이지 않으면 멸절로 끝날 수 있는 위험한 여정이다. 이스라엘 백성은 광야에서 야웨 하나님이 우리 중에 계신가를 묻고 시험하다가 자주 심판을 자초했다. 맛사의 시험(출 17 : 1-7 ; 민 20 : 1-13)은 광야 시대의 가장 대표적인 배교적 시험이었다. 야웨의 뜻에 순종하기 위해 야웨를 시험하는 시험은 신적 진노를 촉발시키지 않는다(삿 6장 : 기드온의 시험 ; 사 7장 : 아하스 왕에게 허락하는 표적 요구). 그러나 하나님께 불순종하고 반역하는 것을 정당화하는 시

험은 배교적 시험이다. 맛사에서 이스라엘은 물을 요구하면서 하나님의 노를 격발시켰다(16절). 하나님이 이스라엘 중에 계신가를 시험하기 위해 다른 신들을 섬기고 따르는 행위는 진노를 촉발시킨다(겔 8 : 5-12, "……여호와께서 우리를 돌아보지 아니하시며 이 땅을 버리셨다 하느니라"). 야웨 하나님의 현존 밀도는 이스라엘의 배교적 불순종과 시험이 누적될수록 이스라엘 가운데 작아진다. 사회지도층의 죄악이 가중될수록 하나님은 이스라엘 중에서 자신의 현존을 철수시키시고 감추신다. 당신의 얼굴을 야곱의 집으로부터 감추신다. 이스라엘이 하나님을 시험하는 방식으로 하나님의 임재와 동행을 확신할 것이 아니라 하나님 야웨께서 명하신 명령과 증거와 규례를 삼가 지키며 하루하루 생활하여야 한다. 이것은 일상적이고 소소한 삶의 현장에서 각 직업, 직능, 지위에 맞게 하나님의 명령, 증거, 규례를 준행하는 것을 의미한다. 문제는 야웨의 명령, 규례, 법도를 준행하는 과정은 사면에 둘러싼 다른 신들을 따르지 않고 섬기지 않겠다는 결단을 수반한다는 점이다. 배금주의(맘모니즘), 성적 방종주의, 권력인맥주의, 학력주의, 현세주의 세계관, 과학절대신봉, 자가 해탈을 선전하는 뉴에이지 종교 등 다른 신들은 하나님 백성의 일편단심 야웨 순종 신앙을 약화시키거나 방해한다.

18~19절은 이스라엘 백성이 일편단심 야웨 순종을 통해 야웨께서 맹세로 약속하신 땅을 10~11절의 의미로 차지하기 위해서, 야웨께서 보시기에 정직하고 선량한 일을 행하라고 명한다. 정직하고 선량한 일은 전심으로 야웨를 사랑하고 이웃을 언약공동체의 형제자매로 자애롭게 대우하고 화평을 누리는 삶을 가리킨다. 더 나아가 그것은 사회구성원 중 가장 연약하고 가난한 자들을 돌보는 삶을 가리킨다. 정직하고 선한 삶은 야웨 신앙의 열매다. 이런 삶을 살 때 야웨께서 모든 대적을 이스라엘 앞에서 쫓아내시겠다고 이스라엘 조상들에게 맹세하신 그 아름다운 땅, 즉 가나안 원주민들이 남겨 놓은 성, 집, 우물, 포도와 감람나무를 차지할 수 있다(10-11절). 여기서 '차지한다'는 말은 '상속한다'는 말이다. 왜 하나님은 야웨에 대한 순종을 가나안 땅 차지의

전제 조건인 것처럼 말씀하실까? 그것은 야웨 하나님의 증거, 규례, 법도를 모르면 가나안 땅 선물과 상속에 담긴 하나님의 뜻을 깨달을 수 없기 때문이다. 하나님의 선물인 가나안 땅 상속과 점유는 하나님의 율법에 대한 부단한 순종이라는 조건에 걸려 있는 미래다.

20~25절은 야웨의 증거, 규례, 법도를 지키려고 애쓰는 부모 세대에게 던지는 자녀 세대의 냉담하고도 무관심해 보이는 질문과 부모의 답변을 다룬다. 후일에 이스라엘 백성의 후손들은 "우리 하나님 여호와께서 명령하신 증거와 규례와 법도가 무슨 뜻이냐?"라고 물을 것이다(20절). 이 질문은 야웨의 증거와 규례와 법도를 준행하는 과정 중 결정적인 것이 후손들에 대한 쉐마 교육이라는 사실과 깊은 관련이 있다. 이 질문은 중립적인 질문이 아니라 "이렇게 복잡하게 살아야 하는 이유가 뭐냐?"고 묻는 다소 도발적이고 반발심 섞인 질문이다. 하나님의 구원사에 담긴 의미와 감동의 현장에서 시간적으로 멀리 이격된 후손들에게 부모 세대의 감동에 찬, 자발적인 야웨 순종 신앙은 복잡하고도 고단한 과업으로 보일 뿐이다.

부모의 답변은 21~23절이어야 한다. 부모 세대는 출애굽 구원(21-22절)과 가나안 정복(23절), 그리고 하나님의 율법 수여(24절)를 연속적인 이야기로 만들어 후손에게 부단히 들려주어야 한다. 모세오경의 핵심구원사 전승을 후손에게 가르치고 전해야 한다. 모세오경 최초의 저작동기는 부모 세대의 자녀교육, 즉 구원사 전승을 후세대에게 가르치려는 신앙계승 동기였다. 부모 세대가 자녀들에게 왜 우리가 하나님의 율법을 지켜야 하는지를 마음으로 설복시키려고 이스라엘 부모 세대가 모세오경을 쓴 것이다. 모세오경은 이스라엘 신앙의 토대요, 근본이다. 유대교에서도 토라의 권위가 가장 우선시된다. 예언서와 성문서, 시편은 토라에서 파생된 정경들이다. 창세기와 출애굽기는 출애굽, 율법 수여, 가나안 정복 동기를 말하고 레위기와 민수기와 신명기는 가나안 정복전쟁을 준비하는 과정, 즉 야웨 예배공동체 형성, 광야의 연단과 훈련, 가나안 정복과 가나안 정착생활을 위한 영적 준비를 다룬다. 24절은 야웨께서 이스라엘에게 이 모든 규례를 지키라 명령하신 이유를 선포한다. 이스라엘 백성이 하나님 야웨를 경외하여 항상 복을 누리게 하기 위함이며, 야웨 앞에서 살도록 하기 위함이다. 하나님의 율법은 인간을 억제하고 강압하는 것이 아니라 하나님과 동행하기에 최적화시키는 품성적, 인격적 단련과 성화를 성취한다. 하나님의 율법을 지키면 하나님의 심장에 잇닿게 되고 하나님의 마음에 감동받아 율법을 순종할 힘을 덧입게 된다. 하나님 앞에 산다는 말은 하나님과 동행하는 삶을 의미한다. 거룩하신 소멸의 불같은 하나님의 임재를 견디며 하나님께 성화되어 가며 산다는 것이다. 하나님 앞에 산다는 것은 하나님과의 언약적 결속을 누리며 사는 것이다. 하나님의 마음에 잇닿아 가깝게 사는 사람은 하나님의 율법이 억압과 속박이 아니라 죄에 대한 억제와 부단한 견제를 통해 하나님 안에서 자유를 극대화시켜 줌을 깨닫게 될 것이다. 하나님의 율법은 선하고 거룩하며 자유케 한다. 하나님의 모든 명령을 지키면 이스라엘이 언약 상대자인 하나님께 수행해야 할 언약수행의 의무를 다하게 되는 셈이다. 이것이 이스라엘의 의(義)다. 이스라엘의 의(義, 츠다카〈ṣĕdāqā〉)는 하나님과 맺은 호렙산 언약을 지키기 위해 이스라엘 백성 편에서 응당 지켜야 할 언약조항 준수 행위를 의미한다. 불행히도 이스라엘의 역사는 이스라엘의 의가 함량 미달이었음을 증거한다. 대개의 경우 이스라엘은 하나님에게서 멀리 떠나 스스로 하나님께 되돌아갈 복원력을 상실했으나, 그때마다 하나님의 의가 이스라엘의 불의를 덮어쓰는 방식으로 언약관계를 지탱해 오셨다(사 46 : 12-13 ; 59 : 15b-16 ; 비교. 롬 1 : 17).

## 설교를 위한 묵상

오늘날 한국 교회는 다음 세대 신앙교육에 실패하고 있다. 간신히 예배 출석 기준으로 볼 때도 유·청소년의 교회 이탈은 심각하다. 여러 가지 이유가 있으나 가장 큰 이유는 한국 교회가 주변 사면의 신들에게 포위당하고 정신적으로 포획되었기 때문이다. 부모 세대가 중산층의 주류 이데올로기의 종이 되었다. 존 웨스트호프 3세의 지적처럼 교회는 자녀 세대에게 기독교신앙의 살아 있는 모습을 가르칠 기독교문화 자체를 상실했다. 기독교신앙은 요리문답이나 성경공부로 전달되기에는 너무 큰 실재다. 그것은 돈과 재산을 신처럼 경배하는 주변 문화에 경종을 울리고 자녀들을 그 타락한 주류 문화로부터 보호해 줄 아늑한 창조적 분리공동체를 통해 전달되고 보양된다. 그러나 현실에서 우리가 만나는 교회는 교회의 표징인 거룩성을 상실하고, 풍요와 번영, 포식과 안락의 중산층 생활을 구원받은 삶의 표준으로 제시하는 경향으로 흘러가고 있다. 특히 오늘날 유·청소년 자녀들의 부모 세대는 베이비부머 세대(1955-1963년)이거나 좀 더 가깝게는 유신체제의 가난극복적 고도성장기에 태어난 부모들의 '자녀들'이다. 요즘 유·청소년 세대의 부모 세대는 우리나라의 가난극복을 위해 사투를 벌이던 세대의 자녀 세대로서, 교육을 통해 입신양명을 꿈꾸었던 세대다. 그래서 이들에게 기독교신앙은 지극히 기복적이고 현세주의적인 신앙으로 손쉽게 수용되었다. 그 결과 풍요와 안락함을 확보하기 위해 짐승처럼 일하면서도 기독교신앙의 가장 근본인 공평과 정의, 자비와 공동체적 우애 윤리를 간과했다. 기독교신앙을 지키기 위해 분투하는 모습을 자녀들에게 보여 주지 못했다. 즉, 야웨의 법도와 명령, 규례와 법도를 마음에 새긴 부모가 적고, 건성으로 교회 출석하는 것을 기독교신앙 입문으로 생각하는 수준에서 신앙을 유지했다. 전체적으로 한국 교회는 한국사회가 꿈꾸는 풍요와 포식중산층 이데올로기를 극복할 신앙적 위력을 전수해 주지 못했다.

오히려 교회는 무한경쟁적인 신자유주의 이데올로기를 주입하고 그것을 확산시키는 데 앞장서고 있다. 우리나라 대도시 중·대형교회에서 명문대학에 자녀를 보내지 못한 부모는 신앙의 문제가 있는 사람, 기도의 열심이 부족한 사람으로 간주되기 쉽다. 학원 때문에 주일예배가 소홀히 되고, 중간고사, 학기말고사 때에는 주일학교 출석률이 떨어지는 것도 교육을 통한 신분 상승, 신분 유지를 기도하기 때문이다. 이런 상황에서 신명기의 쉐마교육은 시대착오적인 요구처럼 들린다. 안드로메다 성운에서 들려오는 신탁처럼 현실 적합성이 약해 보인다. 여기서 우리의 도전이 시작되어야 한다. 하나님 한 분만을 사랑하고 예배하고 섬기는 삶이 세상에서 주변화되고 패배자가 된 사람들의 자기위안적 심리조작이 아니라, 만인이 보는 앞에서 하나님의 언약적 돌보심을 맛보고 악에 빠지지 않고도 이 세상을 이길 수 있는 삶임을 보여 주는 성도들이 출현하여야 한다. 겉옷 옷술 가장자리에, 양미간에 쉐마를 부착하고 다니는 삶, 하나님에 대한 일편단심 충성심으로 일상생활을 영위하는 삶은 그리스도인의 사회생활을 불편하게 하고 옥죌 수 있다. 자신을 공공연히 기독교인이라고 밝히는 사람들은 편법, 탈법, 편의주의적 삶의 기술로 일상생활을 감당할 수밖에 없기 때문이다. 하지만 자신을 하나님의 자녀라고 밝히며 사는 자들은 위험과 불편을 감수하면서도 자신의 정체성을 드러내야 한다. 야웨의 명령, 증거, 법도와 규례를 지키는 삶은 만인이 다니는 탈법, 위법, 불법의 지름길 대신에 불편하고 땀과 노력이 드는 정식 우회로를 택해 걷는 삶이다. 오늘날 공직후보자 중 많은 그리스도인들은 표절, 위장 전입, 연구비 횡령, 아파트 다운 계약, 병역 기피 등 온갖 추문에 얽혀 있었음이 드러난다. 하나님 야웨 한 분만을 따라 사는 길은 분명 좁은 길, 좁은 문을 통과하는 매순간의 결단이 요청되는 삶이다. 그래서 기독교신앙은 장엄하고 박진감이 작동하는 드라마와 같다. 오로지 한 분 하나님을 따라 살다가 겪는 유배당한 것 같은 고립감, 무력감, 불안, 두려움 때문에 성경에 나오는 하나님의 말씀은 힘있게 역사한다. 다신교 문명 한복판에서 하나님 한 분만을 섬기고 경배하는 일은 영적 고독감과 정신적 긴장을 야기하지만, 하나님은 만민 앞에서 하나님을 전심으로 사랑하는 당신의 자녀들을 하감하시고 지키신다.

## 4. 야웨의 성민 이스라엘이 걸어가야 할 좁은 길(7 : 1-26)

### 1) 가나안 원주민들과 통혼하지 말라(7 : 1-11 ; 참조. 출 34 : 11-16)

1 네 하나님 여호와께서 너를 인도하사 네가 가서 차지할 땅으로 들이시고 네
앞에서 여러 민족 헷 족속과 기르가스 족속과 아모리 족속과 가나안 족속과
브리스 족속과 히위 족속과 여부스 족속 곧 너보다 많고 힘이 센 일곱 족속을

쫓아내실 때에 [2]네 하나님 여호와께서 그들을 네게 넘겨 네게[9)] 치게 하시리니 그때에 너는 그들을 진멸할 것이라 그들과 어떤 언약도 하지 말 것이요 그들을 불쌍히 여기지도 말 것이며 [3]또 그들과 혼인하지도 말지니 네 딸을 그들의 아들에게 주지 말 것이요 그들의 딸도 네 며느리로 삼지 말 것은 [4]그가 네 아들을 유혹하여 그가 여호와를 떠나고 다른 신들을 섬기게 하므로 여호와께서 너희에게 진노하사 갑자기 너희를 멸하실 것임이니라 [5]오직 너희가 그들에게 행할 것은 이러하니 그들의 제단을 헐며 주상을 깨뜨리며 아세라 목상을 찍으며 조각한 우상들을 불사를 것이니라 [6]너는 여호와 네 하나님의 성민이라 네 하나님 여호와께서 지상 만민 중에서 너를 자기 기업의 백성으로 택하셨나니 [7]여호와께서 너희를 기뻐하시고 너희를 택하심은 너희가 다른 민족보다 수효가 많기 때문이 아니니라 너희는 오히려 모든 민족 중에 가장 적으니라 [8]여호와께서 다만 너희를 사랑하심으로 말미암아, 또는 너희의 조상들에게 하신 맹세를 지키려 하심으로 말미암아 자기의 권능의 손으로 너희를 인도하여 내시되 너희를 그 종 되었던 집에서 애굽 왕 바로의 손에서 속량하셨나니 [9]그런즉 너는 알라 오직 네 하나님 여호와는 하나님이시요 신실하신 하나님이시라 그를 사랑하고 그의 계명을 지키는 자에게는 천 대까지 그의 언약을 이행하시며 인애를 베푸시되 [10]그를 미워하는 자에게는 당장에 보응하여 멸하시나니 여호와는 자기를 미워하는 자에게 지체하지 아니하시고 당장에 그에게 보응하시느니라 [11]그런즉 너는 오늘 내가 네게 명하는 명령과 규례와 법도를 지켜 행할지니라

**[7 : 1-11]** 7~11장은 가나안 정착생활을 시작할 이스라엘이 직면할 영적 위기를 미리 내다보고 엄중하게 권계하는 강론들로 이루어져 있다. 7장은 가차

9) 강원주는 2절의 '네게 붙여'라고 번역한 개역을 '네게 넘겨'라고 번역한 것을 개악이라고 주장하나 이것은 지나친 지적이다. 둘 다 가능한 번역으로 오히려 '네게 넘겨'가 더 정확하다. 야웨의 전쟁 공식 중 하나님의 선제적 대적 양도 공식구문이다(강원주, op. cit., 31).

없는 가나안 원주민 배척 및 추방 전쟁 동참을 독려하고, 8장은 광야 40년 세월의 결정적인 교훈, 즉 하나님의 입에서 떨어지는 말씀에 대한 매순간의 순종이 이스라엘의 존립에 결정적인 변수가 될 것임을 선포한다. 9 : 1~10 : 11은 시내산 금송아지 숭배 사건과 다베라, 맛사, 기브롯 핫다아와의 불순종 일화들을 회고함으로써 이스라엘의 미래가 불확실할 것임을 암시한다. 모세가 여기서 이스라엘이 과거에 범한 배교와 반역 사건들뿐만 아니라 모세의 중보적 기도가 아니었으면 이스라엘 백성 전체가 전멸될 위기에 놓였었음을 상기시키는 이유는, 이스라엘의 땅 정복이 이스라엘 백성의 의로움에 대한 보상이 아님을 강조하기 위함이다. 10 : 12~11 : 32은 이스라엘이 가나안 땅에 들어가서 그 아름답고 광대한 땅을 영속적으로 향유하기 위하여 준행하여야 할 규례와 법도들, 계명들과 명령들을 다시 총괄한다.

7 : 1~11은 가나안 원주민들에 대한 가차 없는 정복전쟁을 수행하라는 명령 단락(1-5절)과 이스라엘을 성민으로 부르신 목적과 성민 이스라엘의 언약 준수 의무를 규정하는 단락(6-11절)으로 구성되어 있다. 1절은 가나안 정복전쟁의 주체가 하나님임을 명백히 한다. 가나안 정복전쟁은 가나안 원주민들에 대한 하나님의 심판전쟁인 것이다. 가나안 원주민들의 죄는 온 땅에 관영했는데, 가장 큰 죄악은 음란과 풍요다산 종교를 통해 땅을 선물로 주신 창조주 하나님의 땅을 오용한 죄다. 하나님께서는 하나님의 가나안 원주민 심판전쟁에 이스라엘을 동참시킴으로써 이스라엘에게 타산지석의 교훈을 주시려고 하신다. 이스라엘 백성 앞에서 하나님 야웨께서 이스라엘보다 많고 힘이 센 일곱 족속, 즉 헷 족속, 기르가스 족속, 아모리 족속, 가나안 족속, 브리스 족속, 히위 족속, 그리고 여부스 족속을 쫓아내실 때(1절) 하나님께서 그들을 이스라엘 백성에게 넘겨 이스라엘로 하여금 그들을 치게 하실 것이다(2절 ; 창 15 : 19-21이 최초로 가나안 원주민 족속 언급). 그때에 이스라엘 백성은 그들을 진멸해야 한다. 그들과 어떤 언약도 맺지 말고 그들을 불쌍히 여기지도 말며(2절), 그들과 혼인하지도 말아야 한다. 이스라엘의 딸을 그들의 아들에

게 주지 말며(창 34장, 세겜 아들 하몰에게 딸을 결혼시킨 야곱 집안의 대환란), 반대로 그들의 딸도 이스라엘 사람의 며느리로 삼지 말아야 한다(3절). 왜냐하면 가나안 원주민의 딸이 이스라엘의 아들을 유혹하여 그가 여호와를 떠나고 다른 신들을 섬기게 하므로 야웨께서 이스라엘 백성에게 진노하사 갑자기 멸하실 것이기 때문이다(4절 ; 민 25장 미디안-모압여인들에게 유혹당한 이스라엘의 집단 바알브올 숭배). 그들과 통혼하여 서로 뒤섞이지 말고 오히려 그들의 제단을 헐며 주상을 깨뜨리며 아세라 목상을 찍으며 조각한 우상들을 불살라야 한다(5절).

일부 학자들이 주장하는 것처럼 이런 가나안 원주민 멸절전쟁이 실제로 집행된 전쟁인지 아니면 이념적으로 명령된 이상화된 가나안 원주민 신앙 극복 시나리오를 과장적으로 표현한 것인지는 분명하지 않다. 그러나 현재의 이 본문은 현대인들의 정의로운 국제질서에 대한 감수성에 어긋나며, 인종과 종교에 상관없이 보장되어야 한다는 근대적 인권사상과도 매우 동떨어진 명령을 신의 명령으로 진술하고 있다. 국제연합(UN) 인권헌장 등 모든 문명국가의 인권법도 종교와 인종, 국적을 차별 기준으로 삼아서는 안 된다고 가르친다. 언뜻 보면 가나안 정복 전쟁은 하나님의 인종차별적 인종 청소 전쟁으로 보인다. 김용옥 등 구약성서 폐기론자들도 야웨를 사막의 깡패라고 조롱하며 구약성서의 가나안 정복 명령을 반인륜적, 반인권적 행위라고 생각한다.[10] 그러나 야웨 하나님의 가나안 정복전쟁은 이 세상을 창조하시고 땅을 창조하신 하나님의 공의로운 심판전쟁이다. 한 인종을 편애하여 다른 인종을 말살하는 인종말살 전쟁이 아니다. 이 세상의 모든 땅의 주인은 하나님이시다. 인간은 땅의 임시 거류민이며 임차인일 뿐이다. 하나님은 땅을 창조하신 창조주로서 당신의 땅을 하나님의 법도와 율법에 어긋나게 사용하는 임차인들의 땅 사용권을 박탈하실 권리가 있다. 가나안 원주민들도 원원주민들을

10) 도올의 구약폐기론과 야웨의 호전성에 대한 비난을 자세히 분석하고 비판한 글로는 김회권, "도올 김용옥의 기독교 및 성서 이해 담론 자세히 읽기", 「기독교사상」 2007년 6, 7, 8월호(통권 582-584권 : 6월호, 208-219쪽 ; 7월호, 158-171쪽 ; 8월호, 256-272쪽)를 참조하라.

정복하고 대신 그 땅을 차지한 최신 거주민일 뿐이다. 이스라엘이 하나님의 가나안 정복전쟁 수행자로 지명되어 가나안 원주민들을 추방하고 정복하는 전쟁에 동참하지만 이스라엘 백성 또한 가나안 원주민의 죄악들을 답습할 때는 하나님의 심판전쟁을 피할 수 없다. 또한 우리는 인간생명이 지고의 가치라고 믿는 인본주의를 최고의 이념으로 간주하는 시대에 살고 있는데, 이것이 창조주 하나님의 인간 생살여탈권을 자명하게 믿었던 성경 시대에는 낯설었을 것이다. 인간 목숨보다 더 중요한 것은 창조주 하나님의 이름과 명예다. 하나님은 당신이 심각하게 잘못 알려지거나 오해될 정도로 당신을 대적하는 인간 상황에 진노와 심판으로 응대하신다. 이런 거룩한 심판은 신적 이성이라고 불릴 수 있는 신적 파토스의 분출이자 주도면밀한 숙고의 소산이다. 하나님의 진노는 이성을 잃었기 때문에 분출되는 반이성적 원시감정이 아니다. 주도면밀하고 공의로우신 신적 이성의 분출이다. 가나안 원주민들의 죄악이 관영했을 때(창 15 : 16) 하나님은 심판전쟁을 정당하게 집행하신 것이다. 그들의 죄악된 문명 자체가 그것만으로도 하나님의 심판을 초래하였지만 그들이 진멸되어야 할 보다 더 중요한 이유는 그들이 장차 가나안에 살게 될 이스라엘의 배교를 부추길 잠재적인 유혹이 될 것이기 때문이었다. 특히 그들의 종교(그들의 주상, 아세라 목상, 조각한 우상들)를 통해 이스라엘의 야웨 신앙 이탈을 촉진시킬 것이며 그 결과 이스라엘마저도 갑자기 땅에서 진멸될 위기를 자초하게 될 것이다(7 : 3). 따라서 이스라엘 민족에게 가나안 원주민 축출과 진멸은 이스라엘의 자기보호 행위라는 것이다. 하나님의 성민 보호를 위해 가나안 원주민들을 진멸하는 것은 공리주의적이고 편의주의적인 발상처럼 보이나, 이스라엘 민족이 성민으로 존재해야만 열국이 아브라함의 후손을 통해 받을 복이 실현된다는 원칙이 여기서는 최우선시되고 있다. 하나님의 공변된 심판은 인권개념을 충분히 존중하지 않는 것처럼 보이나 이것은 지극히 인간중심적 인권절대주의에 대한 현대적인 편견이다.

오히려 하나님은 가나안 원주민 문명 전체에 만연된 인권 유린 사태를 개선하기 위해 죄악된 기득권 체제를 분쇄하신 것이다. 가나안 원주민을 저 아프리카의 원주민과 동일시하면 안 된다. 가나안 원주민의 지배층 사회는 소돔과 고모라 같은 잔인무도한 사회였다. 억압과 불평등, 음란과 풍요의 신 숭배문화가 거룩한 윤리와 도덕, 사회적 자비심을 거덜 낸 사회였다. 하나님이 가나안 원주민들을 일소하신 것이 다른 종교를 가졌거나 다른 인종이기 때문이 아니라는 점이 중요하다. 타락한 포도원 임차인을 심판하시는 주인 되신 하나님의 공의로운 심판은 이스라엘 백성 자체 또한 정조준하기도 한다(사 5 : 1-7).

6~11절은 성민 이스라엘의 존재 목적과 성민으로 살아가는 길의 위험성을 말한다. 성민 이스라엘 자체도 가나안 땅에 들어가기도 전에 즉각적인 진멸과 보응을 초래할 위험에 대하여 경고받는다. 이스라엘은 지상 만민 중에서 야웨의 기업의 백성으로 택정되었다(6절). 이스라엘은 특별한 의미로 야웨께 속한 보배이다(쉬굴라⟨sĕgûllā⟩)(출 19 : 5-6). 히브리어 쉬굴라라는 단어는 은금과 같은 매우 소중한 재산을 가리키는 전문적 용어이다. 하나님께서는 이스라엘 백성을 가꾸시는 정원사요 농부다. 이스라엘은 농부 되신 하나님이 원하시는 열매를 맺어야 하는 밭이요 땅인 것이다. 기업의 백성(암 나할라)이 된다는 말은 하나님이 원하시는 열매와 소출을 산출하여야 하는 땅이라는 말이다. 하나님께서 이스라엘을 기뻐하시고 이스라엘을 야웨의 성민으로 택정하신 까닭은 다른 민족보다 수효가 많기 때문이 아니라 오히려 모든 민족 중에 가장 적었기 때문이다(7절). 성민 지위는 이스라엘을 영구적으로 겸손케 할 요소다. 하나님께서는 이스라엘에 대한 편애와 이스라엘의 조상들에 대한 맹세를 지키시려고 그 권능의 손으로 출애굽 구원대사를 일으키셨다(7-8절). 곧 애굽 왕 바로의 손에서 속량하셨다. 이스라엘 백성은 이제 파라오의 손에서 속량하신 하나님의 백성이 된 것이다. 하나님의 속량 목적은 거룩하면서도 자유로운 백성 이스라엘의 창조다. 거룩한 백성은 하나님의 언약에 속박되어 하나님의 심장에 자신의 심장을 댄 하나님의 친(親)백성이다. 하

나님의 친백성은 하나님 율법이라는 멍에를 메고 자유를 누리는 역설적인 백성이다.

본 단락의 마지막 절인 11절의 '오늘'이라는 말은 신명기의 설교적 강론문체의 가장 현저한 요소다. 청중/독자에게 지금 당장 결단과 각성을 요청하는 설교문체다. 이스라엘은 '오늘'(영원히 계속되는 '오늘')이라는 시점에서 이스라엘 하나님 야웨가 참 하나님이시요 신실하신 하나님이시며 그를 사랑하고 그의 계명을 지키는 자에게는 천대까지 그 언약을 이행하시며 인애를 베푸시되 그를 미워하는 자에게는 당장에 보응하여 멸하시나니 여호와는 자기를 미워하는 자에게 지체하지 아니하시고 당장에 보응하시는 하나님임을 알아야 한다(9-10절). 천대까지 인애를 베푸시는 하나님임과 동시에 당장 보응하시는 하나님임을 알아야 한다. 앞으로 전개될 구약 역사는 이 두 하나님의 면모를 교대로 경험하게 될 것이다. 야웨의 언약과 계명을 지키는 자에게는 천대까지 언약을 이행하시고 인애를 베푸시기 때문에 이스라엘 백성은 거의 재기 불능의 대파국을 맛보고도 살아남았다. 이스라엘 역사의 알파와 오메가는 천대까지 언약을 이행하시며, 그 괄호 안의 특정 순간에는 즉각 보응하시는 하나님에 의한 징벌과 심판 사건들로 점철되어 있다. 그래서 모세는 바로 이 하나님의 양면성을 바탕으로 오늘 자신이 명하는 야웨의 명령과 규례와 법도를 지켜 행하라고 명령한다(11절).

### 2) 크고 두려운 하나님이 너희 중에 계심이라(7 : 12-26 ; 참조. 신 28 : 1-14)

12 너희가 이 모든 법도를 듣고 지켜 행하면 네 하나님 여호와께서 네 조상들에게 맹세하신 언약을 지켜 네게 인애를 베푸실 것이라 13 곧 너를 사랑하시고 복을 주사 너를 번성하게 하시되 네게 주리라고 네 조상들에게 맹세하신 땅에서 네 소생에게 은혜를 베푸시며 네 토지 소산과 곡식과 포도주와 기름을

풍성하게 하시고 네 소와 양을 번식하게 하시리니 14네가 복을 받음이 만민보다 훨씬 더하여 너희 중의 남녀와 너희의 짐승의 암수에 생육하지 못함이 없을 것이며 15여호와께서 또 모든 질병을 네게서 멀리하사 너희가 아는 애굽의 악질에 걸리지 않게 하시고 너를 미워하는 모든 자에게 걸리게 하실 것이라 16네 하나님 여호와께서 네게 넘겨주신 모든 민족을 네 눈이 긍휼히 여기지 말고 진멸하며 그들의 신을 섬기지 말라 그것이 네게 올무가 되리라 17네가 혹시 심중에 이르기를 이 민족들이 나보다 많으니 내가 어찌 그를 쫓아낼 수 있으리요 하리라마는 18그들을 두려워하지 말고 네 하나님 여호와께서 바로와 온 애굽에 행하신 것을 잘 기억하되 19네 하나님 여호와께서 너를 인도하여 내실 때에 네가 본 큰 시험과 이적과 기사와 강한 손과 편 팔을 기억하라 네 하나님 여호와께서 네가 두려워하는 모든 민족에게 그와 같이 행하실 것이요 20네 하나님 여호와께서 또 왕벌을 그들 중에 보내어 그들의 남은 자와 너를 피하여 숨은 자를 멸하시리니 21너는 그들을 두려워하지 말라 너희의 하나님 여호와 곧 크고 두려운 하나님이 너희 중에 계심이니라 22네 하나님 여호와께서 이 민족들을 네 앞에서 조금씩 쫓아내시리니 너는 그들을 급히 멸하지 말라 들짐승이 번성하여 너를 해할까 하노라 23네 하나님 여호와께서 그들을 네게 넘기시고 그들을 크게 혼란하게 하여 마침내 진멸하시고 24그들의 왕들을 네 손에 넘기시리니 너는 그들의 이름을 천하에서 제하여 버리라 너를 당할 자가 없이 네가 마침내 그들을 진멸하리라 25너는 그들이 조각한 신상들을 불사르고 그것에 입힌 은이나 금을 탐내지 말며 취하지 말라 네가 그것으로 말미암아 올무에 걸릴까 하노니 이는 네 하나님 여호와께서 가증히 여기시는 것임이니라 26너는 가증한 것을 네 집에 들이지 말라 너도 그것과 같이 진멸당할까 하노라 너는 그것을 멀리하며[11] 심히 미워하라 그것은 진멸

11) 강원주는 개역개정의 26절의 '멀리하며'가 개역의 '극히 꺼리며'를 대신한 것은 개악이라고 보는데, 옳은 지적이다(강원주, op. cit., 31). 히브리어 구문은 샤카츠의 강세 능동 절대형 부정사(šaqqēṣ)가 본동사(미완료시제〈tĕšaqqĕṣenû〉 앞) 앞에 와 '철저하게 멀리하라'는

당할 것임이니라

**[7 : 12-26]** 이 단원은 이스라엘이 야웨의 모든 법도를 행하면 받게 될 복을 말하는 단락(12-15절)과 가나안 원주민들과 그들의 종교에 대한 가차 없는 진멸 전쟁을 독려하는 단락(16-26절)으로 구성되어 있다. 12절은 이스라엘이 야웨의 모든 법도를 지켜 행하면 그들의 조상들에게 맹세하신 모든 언약 축복을 베푸실 것임을 선언한다. 이스라엘 백성의 야웨 법도 준행이 조상들에게 약속된 하나님의 언약 축복이 실현되는 결정적 통로다. 하나님이 베푸실 인애는 하나님께서 언약에 보장한 모든 의리(헤세드, 인애)와 친절과 호의를 말한다. 13~15절은 야웨께서 베푸실 인애의 구체적인 항목들을 진술한다. 야웨께서 사랑하시고 복을 주사 번성하게 하시되 조상들에게 "그들의 후손들에게 주리라"고 맹세하신 그 땅에서 이스라엘 백성의 소생에게 은혜를 베푸시며 토지 소산과 곡식과 포도주와 기름을 풍성하게 하시고 소와 양을 번식하게 하실 것이다(13절). 후손 번성, 토지 소산, 곡식과 포도주와 기름, 소 떼와 양 떼 번식 등은 하나님이 농경과 목축, 과수로 살아가는 이스라엘에게 베푸실 수 있는 최고의 복이다. 이스라엘이 만민보다 훨씬 더 큰 복을 받을 것이며, 남녀 사람과 짐승의 암컷과 수컷에 공히 생육의 복이 임할 것이며(14절), 모든 질병을 없애 주시되 이집트에서 자주 걸리던 악질도 없애 주실 것이며, 그 악질은 이스라엘을 미워하는 대적에게 옮겨붙을 것이다(15절). 이스라엘의 대적은 하나님의 원수로 간주되기에, 하나님을 대적하는 자에게 악질이 생겨날 것이라는 말이다. 성민 이스라엘이 성민임을 입증하는 길은 야웨의 모든 법도와 규례를 근실하게 준행하는 길이다. 그런데 성민 이스라엘이 야웨의 법도와 규례를 준행하며 성민의 길을 걷는 것을 원천 방해하는 환경이 존재한다. 가나안 원주민들의 종교와 그들의 문화다. 가나안 원주민의 문화와 종교는 이제 막 가나안 땅에 진입한 신생 부족 이스라엘에게 결정적인 역

---

뜻을 가지고 있다.

경이다. 하나님의 법도와 규례는, 유일하신 하나님의 공평과 정의, 자비와 인애를 실천하고, 사회경제적 압제의 척결과 형제자매적 평등 우애 사회분위기를 조성하는 일에 투신하라고 한다. 그런데 가나안 원주민들의 종교와 문화는 야웨 하나님이 척결하여야 할 악행과 우상 숭배로 관영되어 있다.

이런 배경을 이해하고 나서 16~26절을 이해할 수 있다. 이스라엘 백성은 하나님 야웨께서 자신들에게 넘겨주신 모든 민족을 긍휼히 여기지 말고 진멸해야 하며 그들의 신을 섬기지 말아야 한다. 여기서 핵심은 가나안 원주민들이 섬기는 신이 이스라엘 백성들에게 올무가 될 것이라는 사실이다(16절). 인간이 섬기는 신은 인간이 추구하는 최고 가치를 대변한다. 가나안 원주민이 섬기는 신들은 야웨 하나님을 대적하는 가치를 대변하는 신들이다. 인간 역사는 최고 가치들의 대결이며 곧 신들의 대결이기도 하다. 가나안 원주민들의 신은 가나안의 압제적 계급사회, 음란과 풍요다산 사회를 지탱시키는 이념적 구현체다. 그들은 왕을 중심으로 움직이는 계층과 계급사회였다. 권력 집중체인 왕이 지배하는 나라는 모세와 이스라엘이 받은 호렙산 율법의 정신에 어긋나는 사회다. 모세오경의 이상적인 사회와 압제적인 왕이 다스리는 국가는 서로 대립된다. 가나안 원주민 사회를 클로드 레비 스트로스(Claude Levi Strauss)나 마거릿 미드(Margaret Mead) 같은 문화인류학자들이 본 것처럼 문명화 이전의 원시부족사회 정도로 보면 안 된다. 적어도 반(半)유목민들인 이스라엘에 비해 가나안 원주민들은 고도의 도시문명 국가를 이루었다. 성안에 살던 왕과 상비군, 관료계급이 지배하는, 당시 기준의 첨단도시국가였다. 그들은 크고 광대한 성읍으로 무장된 국가였고 전투상비군을 가진 군사국가였다.

그래서 17절이 보여 주듯이 이스라엘이 가나안 도시국가들에 대하여 스스로 느끼는 열등감은 이해가 될 만하다. "이 민족들이 나보다 많으니 내가 어찌 그를 쫓아낼 수 있으리요?" 가나안 도시국가들은 압도적으로 강한 상대였다. 이스라엘 백성이 두려워할 만한 적수였다. 18절은 이런 맥락에서 이해가 된다. 이스라엘이 단독으로 가나안 도시국가들을 상대하고 이길 수는 없다. 하나님은 두려워하지 말고 하나님 야웨께서 바로와 온 애굽에 행하신 것, 즉 출애굽 전쟁을 통해 본 큰 시험과 이적과 기사와 강한 손과 편 팔을 기억하라고 명한다(18-19절). 가나안 정복전쟁은 출애굽 구원전쟁의 2막이 될 것이다. 하나님 야웨께서 이스라엘이 두려워하는 모든 민족을 애굽을 멸망시키듯이 멸절시킬 것이다(19절). 20절은 다소 신비한 하나님의 전략을 말한다. 하나님께서 가나안 족속들에게 왕벌을 보내어 그들의 남은 자와 이스라엘 백성을 피하여 숨은 자를 멸하실 것이다. 개역개정에서 '왕벌'로 번역된 히브리어 하치레아(haṣṣirĕ'â/출 23 : 28 ; 수 24 : 12)는 70인역과 고대 역본들에서도 '왕벌'로 번역되었는데, 이 단어는 압도적으로 습격해 오는 침략군을 가리키는 은유로 추정된다(신 1 : 44 ; 사 7 : 18-19). 출애굽기 23 : 27~28에서는 이 단어가 '공포'를 가리키는 히브리어 에마('êmâ)와 병행어로 사용되고 있다. 이런 점에서 하치레아는 쇄도하는 침략군이 불러일으키는 급격한 두려움을 가리키는 말로 이해될 수 있다.[12] 실제 전투병력을 보내기 전에 하나님은 적진에 왕벌(쇄도하는 침략선봉대)이 불러일으키는 수준의 황망한 두려움이 임하게 하여 살육백병전 없이 이기신다. 왕벌은 하나님이 미리 파견하는 천군천사를 가리킬 수도 있고, 이스라엘이 파견한 최정예 선봉타격대를 가리킬 수도 있으나, 그 핵심은 하나님이 적의 간담을 녹게 만드는 심리전을 먼저 수행하신다는 것이다. 이것은 구약성서에 자주 등장하는 거룩한 전쟁법 혹은 야웨의 전쟁의 특징적인 요소다. 이스라엘 백성은 자신의 진영에 거하시는 하나님이 적진을 미리 와해시킬 '왕벌'을 보내실 것을 믿고 두려워하지 말아야 한다(21절). '두려워하지 말라'는 명령이 반복되는 것은 이스라엘 백성이 여전히 하나님의 가나안 원주민 정복전쟁 참여를 두려워하고 있음을 보여 준다. 그러면 하나님의 가나안 정복전쟁은 지연되고 일순간에 완료되는 전쟁이 아니라 긴 시간에 걸쳐 이뤄지는 전쟁으로 바뀔 것이다. 하나님의 가나안 원

12) J. G. McConville, *Deuteronomy* (Apollos OTC ; Downers Grove, IL. : IVP, 2002), 149.

주민 심판전쟁이 이스라엘 전쟁 속도로 조정된다. 하나님은 이스라엘의 보폭에 당신의 보폭을 맞추시는 겸손한 하나님이시다. 가나안 정복전쟁이 지구전이 될 것이며 어쩌면 지지부진한 전쟁이 될 것임을 예고한 것이다. 벌써 사사기의 지지부진한 가나안 정복전쟁 분위기가 감지된다(삿 2 : 23-3 : 2).

하나님께서 가나안 민족들을 이스라엘 앞에서 조금씩 쫓아내시기로 한 이유는 이스라엘 백성이 그들을 급히 멸하고 나면 갑자기 들짐승이 번성하여 이스라엘을 해칠까 염려하셨기 때문이다(22절). 그럼에도 불구하고 하나님 야웨께서 가나안 민족들을 이스라엘에게 넘기시고 그들을 크게 혼란하게 하여 마침내 진멸하시고(23절) 그들의 왕들을 이스라엘의 손에 넘기실 것이니 이스라엘은 그들의 이름을 천하에서 제하여야 한다. 이스라엘은 천하무적 막강세력이 되어 가나안 땅에서 당할 자가 없을 것이며, 마침내 이스라엘이 가나안 민족을 진멸할 것이다(24절). 하나님의 신적 혼란 작전으로 가나안 민족들은 진멸되며 그들을 다스리는 왕들은 이스라엘 손에 양도될 것이다. 가나안 정복전쟁은 선제적 신적 혼란(왕벌 파견), 적의 신적 양도, 이스라엘의 원주민 진멸 순서로 진행된다. 이스라엘의 가나안 원주민 진멸의 절정은 그들이 조각한 신상들을 불사르는 것이다. 이 과정에서 이스라엘은 조각한 가나안 신상에 입힌 은이나 금을 탐내지 말며 취하지도 말아야 한다. 전쟁이 은금을 획득하기 위한 수단, 즉 치부나 축재 수단으로 변질되어서는 안 된다. 하나님의 공의롭고 거룩한 성품이 반영되는 전쟁이 되어야 한다. 은금이 전쟁 전리품으로 사취(私取)되면 그 전쟁은 인간 탐욕 충족전쟁이 되어 하나님의 공의로운 심판전쟁으로 간주되지 않는다. 가나안 민족들의 조각우상에 입힌 은금은 이스라엘 백성에게 올무가 되고, 가나안 원주민 종교나 신에 대한 호기심을 촉발시킬 것이며 이것은 배교로 이어진다. 그런 점에서 조각상에 있는 금은 채취는 야웨 하나님께서 가증히 여기시는 범죄다(25절). 따라서 가증한 조각신상을 집에 들이면 안 된다. 처음에는 은금을 채취하기 위해 집에 들인 그 신상이 나중에는 경배 대상이 되어 가나안 원주민 종교 동화를 초래할 것이기 때문이다. 가나안 원주민들의 조각신상을 집에 들이면 우상신상이 이스라엘 종교적 심성의 한복판에 들어온 셈이 될 것이며, 이스라엘 백성 사이에 우상 숭배에 대한 경보음이 약화될 것이고 우상 숭배가 전 이스라엘 사람들에게 요원의 불길처럼 퍼질 것이다(26절). 26절의 히브리어 구문은 연대진멸 논리를 명확하게 밝힌다. 첫 소절을 직역하면, "너는 가증한 것(토에바)을 네 집에 들여오지 말라. (들여오면) 네가 그것처럼 진멸(헤렘)될 것이다." 이스라엘이 진멸될 가증한 가나안 토착신 조각상과 같이 전락할 것이라는 것이다(워하이타 헤렘 카모후〈wĕhāyîtā ḥērem[헤렘] kāmôhû〉). 또한 26절 하반절은 샤카츠(šāqaṣ〈멀리하다〉) 절대형 부정사 샤케츠(šaqqēṣ〈샤카츠의 피엘 부정사절대형〉)와 타아브(tā'ab〈미워하다〉)의 피엘 부정사절대형(ta'ēb)을 연속으로 사용함으로써 이스라엘이 가나안 원주민들의 조각한 신상을 얼마나 철저하게 멀리하고 철저하게 미워해야 하는지를 실감나게 명령한다. 이처럼 이스라엘은 진멸당한 우상의 운명에 휩쓸려 '진멸'되는 결과를 초래하지 않기 위해 가나안 원주민들의 은금으로 조각한 신상을 절대로 집에 들여와서는 안 된다. 가나안 원주민들은 바알과 아세라 신상인형물 조각이나 조형물을 집안 벽감에 안치해 두었는데, 그것들이 아무리 은금이 붙어 있는 탐나는 조각물이라 할지라도 이스라엘 백성은 야웨께 가증히 여김을 당하는 가나안의 조각신상을 멀리하여야 한다. 그것은 진멸되어 마땅한, 야웨 하나님 앞에 가증한 물건이기 때문이다.

## 설교를 위한 묵상

신명기의 관심은 출애굽한 후 태어난 제 2세대(새로운 세대)를 시내산 계약의 정회원으로 초청하여 하나님의 계약 당사자로 세우는 일이다. 신명기는 이 새로운 세대들에게 시내산 계약의 핵심내용을 반복적으로 가르치고 선포하는 내용을 담고 있다. 쉽게 말해 신명기는 자녀들에게 대한 부모들의 신앙교육의 책임을 규정하는 책이다.

이스라엘의 국가적 존립 여부는 부모 세대가 자녀들(새로운 세대들)에게 베푸는 쉐마교육에 달려 있다. 이스라엘의 새 세대들이 가나안 정착과 더불어 이방신들과 이방문화에 굴복하게 될지도 모르는 상황을 전제하고 있는 신명기의 최고 쟁점은, 이스라엘 백성들이 '어떻게 하면 가나안의 다신 숭배 분위기에서 야웨 하나님 한 분만 섬기며 자신들의 독특한 정체성을 지킬 수 있을 것인가?'였다. 결코 뒤섞여서는 안 된다. 가나안 땅과 주민, 그들이 일군 종교, 문화, 정치, 경제체제는 전체적으로 땅의 주인이신 천지창조주 야웨 하나님의 진멸(헤렘) 대상이기에 이스라엘이 진멸될 대상과 동일시되거나 통혼을 통해 민족통합을 추구해서는 절대 안 된다. 이스라엘이 들어가 차지할 가나안 땅은 비어 있는 땅이 아니라 자신들의 종교와 문화를 가지고 오랫동안 그 땅에 정착해 온 원주민들이 완강한 기득권 체제를 구축해 놓은 문명권이다. 가나안 원주민들의 종교와 신들은 야웨 하나님의 궁극적 관심인 공평과 정의, 사회적 자비와 긍휼이 균형을 이룬 자유민 이스라엘의 민족적 정체성을 파괴할 것이 틀림없는 세력을 대표한다. 여기가 이스라엘과 가나안 원주민 사이에 영적·종교적 및 문화적 갈등이 일어나는 지점이다. 신명기는 이방문화와 이방신을 용납하지 말고 오로지 야웨 하나님을 배타적으로 섬김으로 가나안 원주민 종교와 문명 전체를 거부하고 배척하라고 명한다. 이방신들과 이방문화에 대한 무조건적인 굴복과 동화는 처음에는 너그러움, 도량 넓음, 포용심 등의 미덕처럼 보인다. 하지만 가나안 원주민들의 신들과 종교 체제는 하나님과 이스라엘과의 언약관계를 깨뜨리는 결과를 초래할 것이며, 진멸될 가나안 문명에 이스라엘을 동화시킬 것이다. 그래서 이스라엘은 가나안 원주민 종교와 신들에 대한 하나님의 신적 배척과 혐오감을 배양하면서 절대로 그들과 뒤섞여서는 안 된다.

요약하자면, 이스라엘 백성이 가나안 원주민들을 배척하고 그들의 신들을 혐오하고 멀리하여야 하는 가장 우선적 이유는, 가나안 원주민 문명과 종교, 땅과 주민 전체가 하나님의 진멸 심판 선고를 받고 있기 때문이다. 이런 하나님의 심판 아래 굴러 떨어진 가나안 사람들과 그들의 종교를 본받거나 수용하는 것은 이스라엘 민족 자체를 야웨 앞에 진멸대상이 되게 만들어 버린다. 다음으로 가나안 원주민들이 철저히 파멸되어야 하는 이유는 이스라엘이 하나님께 순결하고 전적으로 충성스러운 상태(거룩한 백성의 정체성)로 자신을 보존해야 하기 때문이다(6절). 멸절되어야 할 이방민족들은 이스라엘의 영적 순결성을 해칠 잠재적인 배교 주동세력이라는 것이다

(4절). 이런 선민의식은 이스라엘을 스스로 하나님 앞에 공로를 세운 의인이라고 착각하게 만들 수 있다. 바로 이런 이유 때문에 7 : 7~11은 선택신앙에 대한 신명기의 자아비판적 논평을 제시한다. 7절의 '그의 사랑을 두시사'(하샤크[ḥāšag])라는 표현은 하나님의 이스라엘에 대한 비타산적인 사랑 의지를 잘 설명한다(창 34 : 8 ; 신 21 : 11). 이스라엘을 선택해 당신의 언약백성으로 삼아, 당신 자신과 언약으로 결속시켜 주신 야웨의 행위는 이스라엘의 매력에 의하여 촉발된 것이 아니라 순전히 일방적인 하나님의 자유로부터 비롯되었다. 하나님께서 이스라엘을 선택하신 이유는 무엇인가? 첫째, '야웨께서 (조건 없이) 너희들을 사랑하셨다'. 이 '사랑'은 하나님의 전적 자유의지의 소산이다(7절). 이스라엘을 향한 하나님의 일방적이고 주도적인 사랑만 강렬하게 부각된다. 둘째, 하나님 자신이 스스로 제시한 약속에 속박되어 있었기 때문이다. 아브라함을 부르셨을 때 야웨께서는 땅과 후손을 주시겠다고 맹세하셨다. 그래서 '땅'은 신실하여 스스로 맹세를 지키시는 야웨의 일관된 일편단심을 입증하는 신적 신실성의 보증물이다. 하나님이 먼저 마음과 뜻과 힘을 다하여 이스라엘에게 일편단심으로 베푸신 그 사랑의 증표가 바로 땅이었다. 바로 이런 이유 때문에 하나님께서도 이스라엘에게 신앙(7 : 9-10)과 삶(7 : 11)에서 일편단심의 사랑과 전심의 충성심을 요구하신다.

이처럼 하나님의 일방적인 언약적 사랑 때문에 이스라엘은 세계 열방 가운데서 하나님의 특별하게 소유된 보배백성이 된 것이다. 어떤 의미에서 모든 민족들이 야웨께 속하였지만, 하나님의 특별한 소유가 된다는 것은 야웨를 섬기기 위하여 다른 모든 민족들로부터 따로 떼어져서 야웨께 배타적으로 소속되어 다른 열방과는 동화될 수 없는, 독특한 구별됨을 형성한다는 것을 의미한다(비교. 출 19 : 4-5). 이스라엘은 열국들과는 달리, 그들을 대신해서 하나님과 거룩한 관계를 유지하면서 야웨를 섬겨야 한다. 이를 위해서 그들 스스로 온전히 하나님께만 속한 백성으로 성별되어져야 하고 자신들에게 충성과 경배를 요구하는 존재로부터 자신들을 분리시켜 오직 야웨의 의(義)와 공도(公道)를 세상에 밝히 드러내야 한다(창 18 : 19).

이런 이유 때문에 가나안 원주민들과 통혼해서도 안 되고 그들을 그냥 주변에 살도록 내버려 두어서도 안 된다는 상당히 가혹한 명령을 받는다. 실제 이스라엘 역사에서는 신명기 7장 첫 단락의 가나안 원주민 배척 및 척결명령은 준행되지 않았음이 금세 드러난다. 사사기가 바로 그 증거다. 이스라엘과 가나안은 광범위하게 뒤섞여 살게 되었고, 가나안 원주민의 다신교 문명이 광야에서 막 들어온 이스라엘에게 광범위한 삼투압 작용을 일으켰다. 야웨의 성민 정체성은 급격하게 흐려지게 되었고, 가나안 원주민 진멸명령과 그들과의 통혼금지 명령의 참뜻은 북이스라엘 왕국과 유다 왕국의 멸망기 때 비로소 이해되고 납득되었다. 기독교회는 가나안 원주민의 다신교문화에 둘러싸여 부단하게 침식되고 있다. 유일절대자인 하나님 한 분만 믿고 경배하는 일편단심 신앙정절은 좁고 협착한 길로서 찾는 이가 적다. 멸망으로 가는 넓은 문은 활짝 열려 있다.

기독교회는 세속문화의 첨병들에 의해 점령당해 가고 있다. 번영과 풍요신학, 다신교적 세상 관용과 자신의 거주지나 자신이 속한 계급/계층의 욕망을 숭배하는 자아숭배적 신앙 형태가 하나님의 초월성과 거룩성, 죄악에 대한 하나님의 진노와 그 강도에 대한 몰이해와 무감각을 심화시킨다. 지금 한국 교회 안에는 하나님 한 분만 믿고 따르는 쉐마체현형 성도들이 천년기념물처럼 희귀해져 가고 있다.

## 5. 광야 40년 훈련의 궁극 목적 : 마음속 깊은 순종 연습(8 : 1-20)

### 1) 40년의 광야학교에서 순종을 배우고 익힌 이스라엘(8 : 1-10)

1내가 오늘 명하는 모든 명령을 너희는 지켜 행하라 그리하면 너희가 살고 번
성하고 여호와께서 너희의 조상들에게 맹세하신 땅에 들어가서 그것을 차지
하리라 2네 하나님 여호와께서 이 사십 년 동안에 네게 광야 길을 걷게 하신
것을 기억하라 이는 너를 낮추시며 너를 시험하사 네 마음이 어떠한지 그 명
령을 지키는지 지키지 않는지 알려 하심이라 3너를 낮추시며 너를 주리게 하
시며 또 너도 알지 못하며 네 조상들도 알지 못하던 만나를 네게 먹이신 것은
사람이 떡으로만 사는 것이 아니요 여호와의 입에서 나오는 모든 말씀으로
사는 줄을 네가 알게 하려 하심이니라 4이 사십 년 동안에 네 의복이 해어지

지 아니하였고 네 발이 부르트지 아니하였느니라 [5]너는 사람이 그 아들을 징
계함같이 네 하나님 여호와께서 너를 징계하시는 줄 마음에 생각하고 [6]네 하
나님 여호와의 명령을 지켜 그의 길을 따라가며 그를 경외할지니라 [7]네 하나
님 여호와께서 너를 아름다운 땅에 이르게 하시나니 그곳은 골짜기든지 산지
든지 시내와 분천과 샘이 흐르고 [8]밀과 보리의 소산지요 포도와 무화과와 석
류와 감람나무와 꿀의 소산지라 [9]네가 먹을 것에 모자람이 없고 네게 아무
부족함이 없는 땅이며 그 땅의 돌은 철이요 산에서는 동을 캘 것이라 [10]네가
먹어서 배부르고 네 하나님 여호와께서 옥토를 네게 주셨음으로 말미암아 그
를 찬송하리라

**[8 : 1–10]** 8 : 1은 '오늘'에 초점을 둔 설교적 훈계로 구성된 8장 전체를 도입하는 역할을 맡는다. 신명기의 독자는 '모압 평지'에 서서 가나안 땅 정착을 시작할 회중이며 복과 저주 중에 복을, 생명과 죽음 중에서 생명을 택하는 결단을 하도록 요청받는 회중이다. 신명기는 '오늘' 순종할 회중에게 호소한다. 하나님의 약속이 걸려 있는 가나안 땅에 사는 것은 신명기가 말하는 야웨의 증거와 규례와 법도를 지키며 살겠다는 결심을 매일 갱신하는 삶이다. 가나안 땅에 몸이 들어가는 것이 중요한 것이 아니다. 야웨의 율법과 증거와 규례를 지키는 데 투신되어 있지 않다면 아무 의미가 없다. 야웨의 율법이라는 자발적인 언약멍에를 지지 않는다면 가나안 정착은 사면에 진을 친 유혹적인 신들이 쳐 놓은 올무에 빠지는 일, 그 이상의 아무것도 아니다. '오늘'은 신명기의 말씀을 풀어 가는 데 결정적인 열쇠어들 중 하나다.

'오늘' 대언하는 야웨의 모든 명령을 이스라엘이 지켜 행하면 두 가지 복을 누리게 된다. 첫째, 이스라엘이 야웨 앞에서 야웨의 언약백성으로 살고 번성하게 되며, 둘째, 야웨께서 조상들에게 맹세하신 땅에 들어가 하나님과 함께 동거하는 터전으로 그 땅을 차지할 수 있게 된다. 야웨의 모든 명령을 행하는 것이 가나안 땅을 차지할 수 있게 만드는 선행조건이다. 2~6절은 광야

40년간의 연단과 징계의 시간이 하나님의 명령을 나날이 지켜 그를 경외하는 법을 배우고 익히게 하기 위함이었음을 말한다. 하나님 야웨께서 지나간 사십 년 동안에 이스라엘로 하여금 광야 길을 걷게 하신 까닭은 이스라엘을 낮추시며 시험하사 그들의 마음이 어떠한지, 곧 야웨의 명령을 지키는지 지키지 않는지 알려 하심이었다(2절). 전지하신 하나님이 이런 실험을 거쳐야 아시는가? 아니다. 하나님께서는 이런 광야 순종 실험 없이도 이스라엘 백성 속에 무엇이 들어 있는지 아신다. 그런데 이스라엘은 자신 안에 어떤 경향성이 있는지 모른다. 따라서 2절의 '알려 하심'은 이스라엘 백성을 깨우쳐 주기 위함이었다는 말이다. 하나님의 광야훈육은 이스라엘 백성을 낮춰, 그들이 의지할 수 있는 정상적인 자원들을 빼앗아 버린 후 극단적인 곤경 가운데(참조 11 : 1-7) 던져 넣으심으로써 실행된다. 그런 위기 가운데에서 이스라엘은 자신의 자원으로 살아날 수 없다는 것을 배우고, 그들의 모든 필요를 공급하시는 하나님의 능력과 그 의향을 배우고 익히게 된다. 1 : 31(이스라엘을 자상하게 돌보는 아버지의 이미지)과는 달리 8 : 5에서 하나님은 훈계적 연단에 주력하는 아버지의 이미지로 표상된다(호 2 : 14-15).

그래서 이스라엘은 광야 시절 40년 동안 농경지 경작을 본격적으로 하지 않았고 만나와 메추라기로 연명했다. 그 넓은 시나이 반도 어디에 장막을 쳐야 할지, 어떤 길이 안전하고 오아시스로 인도하는지 아무것도 몰랐다. 하나님의 구름기둥과 불기둥, 그리고 모세의 장인 이드로와 처남 호밥의 실제적인 도움으로 광야장막 생활에 적응해 갔다. 하나님께서는 마침내 이스라엘에게 복 주시기 위해 그들을 낮추시고 시험하시며, 야웨의 명령을 마음속 깊은 곳에서부터 지키는지 지키지 않는지의 여부를 검증하신다. 인간은 궁핍과 굴욕, 가난과 영락에 처할 때 마음 가장 깊은 곳을 드러낸다. 썰물이 빠져나간 후에 바다 쪽으로 길게 뻗은 갯벌이 훤히 드러나듯, 비천에 처할 때 인간 본성의 심층 은닉 자아의 면모가 드러난다. 이스라엘의 광야 40년은 이스라엘의 존재의 뿌리까지 노정(露呈)시켰으며, 겸비와 의존영성을 배우고 익히게 한 학교였다.

또한 하나님께서 이스라엘을 낮추시며 주리게 하신 것과 이스라엘 백성은 물론이요 그들의 조상들도 알지 못하던 만나로 광야 40년 동안 먹이신 까닭은 "사람이 떡으로만 사는 것이 아니요 야웨 하나님의 입에서 나오는 모든 말씀으로 산다."는 진리를 이스라엘 백성의 가슴속에 금과옥조(金科玉條)로 심어 주시기 위함이었다(3절). 이 구절은 예수께서 광야에서 마귀에게 시험을 받으실 때 마귀를 대적하셨던 무기가 된 그 말씀이다(마 4 : 1-4, 특히 4절 ; 눅 4 : 4). 예수께서는 사십 일을 금식하셔서 몹시 굶주린 가운데서도 이 신명기 구절로 마귀를 대적하여 이기셨다. 이 문맥에서 떡 대신에 제시되는 음식인 '야웨께서 명하시는 어떤 것'은 만나와 계명, 둘 다를 포함한다. 만나냐, 말씀이냐의 문제가 아니라 자신에 대한 신뢰냐, 야웨의 공급하심(만나와 하나님 말씀)에 대한 신뢰냐의 문제이다. 이 구절은 광야에서 굶주리던 이스라엘이 하나님의 선물인 만나를 먹고 생명을 유지했듯이, 가나안 땅에 들어간 이스라엘이 영적으로 굶주릴 때 하나님의 거룩한 가르침인 계명들을 지킴으로써(예. 신 4 : 1 ; 5 : 16 ; 8 : 1, 19 ; 11 : 13-17 ; 30 : 15-20) 그 생명을 유지할 수 있다는 진리를 선포한다. 요한복음 6장(참조. 요 7 : 17)은 다시금 8 : 3을 자세하게 해설한다. 예수님의 표적으로 만들어진 떡을 먹는 자와 예수님 자신을 생명의 떡으로 먹는 자의 차이는 다르다. 예수님이 표적으로 만든 떡을 먹는 자는 일차원적 욕망 충족이 신앙생활의 궁극목표가 된 자다. 그러나 예수님 자신을 생명의 떡으로 먹는 자는 하나님께 순종함으로 원기를 공급받는 자다(요 4 : 34 ; 6 : 33-35). 우리는 예수님을 생명의 떡으로 먹는 자가 되어야 한다. 어떻게 하나님의 말씀인 예수님의 살과 피를 먹고 생기를 얻을 수 있을까? 하나님의 말씀을 듣고, 이해하고, 그 논리를 납득하고 그리고 말씀을 준행하면 하나님의 심장에 우리의 심장을 갖다 댄 것처럼 하나님과의 깊은 소통이 일어난다. 이 소통에서 인간은 살아갈 힘을 얻는다. 하나님의 입에서 떨어지는 말씀을 매일 받아먹고 섭취하여 소화시키면 생기를 맛본다. 이

소화시키는 과정에서 신적 생명을 덧입는 이유는, 각각의 말씀에 담긴 하나님의 마음을 영접하고 그 마음과 연락되어 영적 생명이 샘솟기 때문이다.

4절은 광야 시절의 낮추심의 시간에도 이스라엘의 의복이 해어지지 아니하였고, 그들의 발이 부르트지 아니하였다는 점을 강조함으로써 하나님의 섬세한 돌보심이 있었음을 증언한다. 광야의 순종 연습학교가 비록 낮추심과 징계를 통한 연단의 시절이었을지라도 하나님은 의식주를 공급하셨다. 따라서 이스라엘은 자신들이 받는 징계와 연단을 하나님이 자신들을 하나님의 아들, 즉 하나님의 상속자로 대우하시는 과정임을 알고 하나님의 명령을 지켜 그 길을 따라가며 그를 경외하여야 한다(5-6절 ; 히 12 : 5-11). 고대 이스라엘에서 아버지는 아들을 상속자로 키우고 기르기 위해 아들로 하여금 적절한 징계와 연단을 받게 했다. 곧 징계와 연단은 상속자로서의 대우였다. 이스라엘은 하나님의 맏아들(출 4 : 22, "이스라엘은 내 아들 내 장자라" ; 참조. 출 13 : 2, 15)로서 가나안 땅을 상속받을 것이며 어떤 환경에서도 하나님을 경외하고 그 명령을 지킬 백성으로 훈련받았던 것이다(6절).

7~10절은 가나안 땅에 들어가 그것을 차지하고 싶은 마음을 불러일으키는 다채로운 가나안 땅 묘사를 담고 있다. 가나안 땅은 아름다운 땅이다. 그곳에는 골짜기든지 산지든지 시내와 분천과 샘이 흐르고(7절), 밀과 보리의 소산지요 포도와 무화과와 석류와 감람나무와 꿀의 소산지다(8절). 8~9절은 이스라엘이 듣고 탄복할 수밖에 없게 만드는 하나님의 신적 유인언어다. 광야생활에 찌든 이스라엘 백성이 들었을 때 정신을 차리지 못하게 만드는 풍요의 그림을 환상처럼 펼쳐 보이신다. 먹을 것에 모자람이 없고 아무 부족함이 없는 땅이며 철과 구리를 매장한 땅이다. 무기와 귀금속 등 온갖 청동기와 철기문명을 일으킬 수 있는 지하자원이 풍부하다. 이스라엘을 두렵게 하는 대적들을 능히 맞설 수 있게 만드는 물질적 환경이다. 가나안 땅에서는 먹고 배불러 하나님 야웨께서 옥토를 주셨음으로 말미암아 하나님을 찬송할 수밖에 없을 것이다. 포만과 풍요는 하나님을 찬양하게 하지만 하나님을 망각하

게도 한다. 그러나 여기서는 이스라엘이 포식으로 인해 하나님을 찬양하게 될 것이라고 말한다.

### 2) 멸망의 지름길, 야웨 하나님의 은혜 망각(8 : 11-20)

[11]내가 오늘 네게 명하는 여호와의 명령과 법도와 규례를 지키지 아니하고 네
하나님 여호와를 잊어버리지 않도록 삼갈지어다 [12]네가 먹어서 배부르고 아
름다운 집을 짓고 거주하게 되며 [13]또 네 소와 양이 번성하며 네 은금이 증식
되며 네 소유가 다 풍부하게 될 때에 [14]네 마음이 교만하여 네 하나님 여호와
를 잊어버릴까 염려하노라 여호와는 너를 애굽 땅 종 되었던 집에서 이끌어
내시고 [15]너를 인도하여 그 광대하고 위험한 광야 곧 불뱀과 전갈이 있고 물
이 없는 간조한 땅을 지나게 하셨으며 또 너를 위하여 단단한 반석에서 물을
내셨으며 [16]네 조상들도 알지 못하던 만나를 광야에서 네게 먹이셨나니 이는
다 너를 낮추시며 너를 시험하사 마침내 네게 복을 주려 하심이었느니라 [17]그
러나 네가 마음에 이르기를 내 능력과 내 손의 힘으로 내가 이 재물을 얻었다
말할 것이라 [18]네 하나님 여호와를 기억하라 그가 네게 재물 얻을 능력을 주
셨음이라 이같이 하심은 네 조상들에게 맹세하신 언약을 오늘과 같이 이루려
하심이니라 [19]네가 만일 네 하나님 여호와를 잊어버리고 다른 신들을 따라 그
들을 섬기며 그들에게 절하면 내가 너희에게 증거하노니 너희가 반드시 멸망
할 것이라 [20]여호와께서 너희 앞에서 멸망시키신 민족들같이 너희도 멸망하
리니 이는 너희가 너희의 하나님 여호와의 소리를 청종하지 아니함이니라

**[8 : 11-20]** 이 단락은 야웨의 은혜 망각이 멸망의 지름길임을 역설한다. 11절도 '오늘 명하는' 야웨의 명령과 법도와 규례를 지키지 않음으로써 하나님 야웨를 잊어버리지 않도록 삼가라고 말한다. 야웨의 명령과 법도와 규례는 하나님의 마음과 숨결이 고취되어 있는 하나님의 현존매개체다. 하나님 현존을

담보하는 야웨의 명령과 법도와 규례를 지키면 지킬수록 하나님과의 언약적 결속감은 심화되고 이스라엘의 자유는 더 커진다. 그런데 이 모든 명령과 법도와 규례를 지키지 아니하면 하나님을 잊어버리게 된다. 하나님의 인격적 요구를 무시하기 쉬워진다. 하나님의 심장에서 들려오는 호소도 들리지 않게 된다. 이런 경우 이스라엘 신정통치의 대리자들인 왕, 제사장, 예언자가 부패하고 타락하여, 이스라엘 동포형제를 압제하는 지배자로 변질된다. 이스라엘 자유농민들은 아우성치게 되고 국가는 붕괴되고 외적 침입 시 나라를 지켜낼 애국심과 공동체적 결속력은 약화된다. 그래서 멸망당한다. 하나님을 망각한 사회는 공동체 구성원 사이에 깊은 균열이 생긴다. 사회적 유력자와 지배층의 교만은 극에 달하고 민중들의 도덕적 타락과 하나님을 저주하는 저항적 무신론 분위기가 팽배해진다. 그래서 하나님 망각은 사회구성원들의 경건과 양심 토대가 붕괴되는 사태이며, 야수적 정욕과 탐욕을 견제할 영적 경보 장치가 고장 난 사태다. 알렉산드르 솔제니친(Aleksandr Solzhenitsyn, 1918-2008)은 1983년 제11회 종교계의 노벨상 격인 템플턴상 수상연설("Men Have Forgotten")에서 러시아의 공산혁명, 스탈린 대숙청과 양민학살 등의 재난들이 일어난 이유가 "사람들이 하나님을 잊어버렸기 때문"이라는 말을 어린 시절부터 들어왔기 때문이라고 설파했다. 그는 하나님 망각이 사회의 공동체성 균열과 해체, 악마적 독재권력 등장을 가져왔다는 러시아 민중들의 하나님 원인론적인 설명을 어린 시절부터 귀에 못이 박히도록 들어왔다고 고백했다.[13] 하나님의 은혜로 맛본 번영과 포만이 역설적으로 하나님 망각을 가져올

13) 솔제니친의 수상소감은 다음과 같이 시작된다 : "More than half a century ago, while I was still a child, I recall hearing a number of older people offer the following explanation for the great disasters that had befallen Russia : Men have forgotten God ; that's why all this has happened. Since then I have spent well-nigh fifty years working on the history of our Revolution ; in the process I have read hundreds of books, collected hundreds of personal testimonies, and have already contributed eight volumes of my own toward the effort of clearing away the rubble left by that upheaval. But if I were asked today to formulate as concisely as possible the main cause of the ruinous Revolution that swallowed up some sixty million of our people,

수 있다고 경고하는 모세의 음성이 하나님 은혜로 경제적인 번영을 맛본 한국중산층에게 양심을 일깨우는 경보음으로 들리기를 간구한다.

10절에서는 이스라엘이 가나안 땅의 풍요를 먹고 배부르면 하나님을 찬양하게 된다고 말한 반면에 12~14절은 풍요와 포식이 하나님 망각을 초래할 가능성을 경고한다. 물질적 풍요와 포만은 두 얼굴을 가지고 있다. 12~14절이 보다 더 현실적인 관찰이다. 이 단락은 이스라엘이 가나안의 풍요를 먹어 배부르고 아름다운 집을 짓고 거주하게 되며(12절), 소와 양이 번성하며 은금이 증식되며 소유가 다 풍부하게 될 때에(13절), 그 마음이 교만하여 하나님 야웨를 잊어버릴까 염려한다(14절). 이 염려는 모세의 염려이지만 본질적으로 하나님의 염려이기도 하다(신 32 : 15). 구약성서에서 풍요와 포만 속에서도 하나님을 망각하지 않은 대표적인 인물들은 아브라함과 이삭, 그리고 욥 정도다. 풍요와 포만은 그것이 아무리 하나님의 복이라 해도 배교와 하나님 망각을 불러들일 수 있는 위험한 선물이다. 하나님 앞에서 고도로 단련된 영성을 갖고 살지 않으면 하나님 망각에 이르게 된다. 14절 하반절~16절은 광야의 극단적인 낮추심과 순종시험은 물질적인 축복 자체보다 하나님을 더욱 의뢰하도록 하는 훈련이었음을 분명하게 밝힌다. 애굽 땅 종 되었던 집에서 이스라엘을 이끌어 내신 하나님은 이스라엘의 영적 성장과 성숙, 하나님 의뢰와 순종을 내면화시켜 주기 위해 그리고 마침내는 복을 주시기 위해 복을 감당할 품성 그릇을 만드셨던 것이다. 하나님이 이끄시는 길은 광대하고 위험한 광야 곧 불뱀과 전갈이 있고 물이 없는 간조한 땅을 지나는 여정이었고, 그래서 단단한 반석에서 물을 내어 마시게 하셨다(15절). 하나님은 극한 갈증의 상황에서 반석샘물로, 굶주림의 순간에는 하늘만나로 채워 주셨다(16절). 이 모든 극단적 한계 상황 대면 경험들은 이스라엘을 낮추시며 시험하사 마침내 이스라엘에게 복을 주려 하심이었다(16절). 영적으로 단련된 이스라엘

---

I could not put it more accurately than to repeat : Men have forgotten God ; that's why all this has happened."

이었음에도 불구하고 가나안의 풍요와 포만의 문화에 탐닉해 망자존대에 빠질 위험이 도사리고 있다. 이스라엘이 하나님이 주신 가나안 땅의 풍요를 보고 스스로 마음에 이르기를 "내 능력과 내 손의 힘으로 내가 이 재물을 얻었다 말할" 가능성을 모세(하나님)는 이미 간파했다(17절). 곧장 반박이 나온다(18절). "네 하나님 여호와를 기억하라 그가 네게 재물 얻을 능력을 주셨음이라 이같이 하심은 네 조상들에게 맹세하신 언약을 오늘과 같이 이루려 하심이니라" 가나안의 풍요는 하나님이 네게 재물 얻을 능력을 주셨기 때문이며, 이스라엘 조상들에게 맹세하신 약속 성취의 과정에서 이스라엘에게 선사되었다는 것이다.

만일 이스라엘의 망자존대와 교만, 영적 무감각이 도를 지나쳐 하나님 야웨를 잊어버리고 다른 신들을 따라 그들을 섬기며 그들에게 절하면 이스라엘은 반드시 멸망할 것이다(19절). 이 사실을 모세는 엄숙한 법정용어인 '증언하다'(하이도티〈ha'idôtî, 우드['ûd]의 히필 완료 1인칭 단수〉 바켐〈bākem〉='나는 너희를 거슬러 엄중하게 증언했다')는 단어를 사용함으로써 강조한다. 히브리어 구문 '하이도티 바켐'(ha'idôtî bākem)은 이미 단죄의 의미를 가진 엄중경고를 발하는 어법이다. 모세가 구사한 이 어법은, 이스라엘이 가나안 땅의 풍요와 포만에 빠져 하나님을 망각해 멸망될 미래를 미리 내다본 것 같은 섬뜩한 분위기를 풍긴다. 20절은 이런 인상을 강화시킨다. 아뿔싸, 이스라엘 백성도 결국 하나님 야웨의 소리를 청종하지 않아서 야웨께서 그들 앞에서 멸망시키신 민족들같이 멸망할 수 있다는 것이다. 가나안 땅의 풍요는 부정성의 절정으로 끝나는 이스라엘의 비극적인 파탄역사의 시발점이 될 수도 있다. 신명기가 진행될수록 이스라엘이 가나안 땅에 들어가 가나안의 풍요와 포만 때문에 하나님을 망각하고 멸망당할 수 있는 예언이 점점 더 구체적인 시나리오로 발전되어 간다.

8장은 예수님의 오병이어 기적을 생각나게 한다. 요한복음 6장에서 예수님은 광야의 만나 사건을 해석할 수 있는 실마리를 던져 준다. 떡 다섯 덩이와 물고기 두 마리로 오천 명을 배부르게 하신 후 예수님은 자신을 '억지로' 왕을 삼으려는 무리들로부터 자신을 급히 숨기신다(요 6 : 15). 그러나 이튿날 무리들은 가버나움 회당에서 말씀을 가르치던 예수님을 찾아온다. 그때 예수님은 물질적인 표적의 빵이 아니라 "내 살이 참된 양식이요 내 피가 참된 음료로다"(요 6 : 26-38)라는 충격적인 말씀을 들려준다. 요한복음 6 : 26~38에는 예수님과 무리 사이의 심각한 의사소통 문제가 부각되고 있다. 군중이 생각하는 '구원'과 예수님이 주려고 하는 '구원' 사이의 차이가 컸기 때문이다. 무리들은 자신의 배부름을 위하여 예수님을 왕으로 삼으려고 한다. 그러나 예수님은 무리들이 자신의 권능에 치중하지 말고 자신이 누구인지 정확하게 알고 자신이 하나님께로부터 파송된 하나님의 아들임을 믿어 주기를 기대하신다. 예나 오늘이나 군중들은 항상 자신의 일차원적 욕망 충족 이상을 생각하지 못할 때가 많다. 한국 교회에도 이런 의미의 군중들이 쇄도하고 있다. 자신의 욕망만 충족시켜 준다면 현재 자신의 영적 지도자가 아무리 잘못되어도 상관이 없다고 말한다(이진우, 「한국 교회 이대로 좋은가?」). 소위 '은혜로운' 설교를 해 주기만 한다면, '병을 고쳐 주고 죽을 고비에서 자신을 건져 주기만' 한다면, '인생의 고달픔을 이길 위로와 소망을 주기만' 한다면, 목회자가 어떤 성질과 인격의 소유자이든 상관이 없다고 주장하는 군중도 많다.

그러나 더 깊이 묵상해 보면 오병이어의 '표적'은 '사람이 무엇으로 사는가?'라는 질문을 제기하고 있다. 요한복음 6장의 오병이어 표적은 신명기 8 : 3의 "사람이 떡으로만 사는 것이 아니요 '하나님 입에서 떨어진 모든 것'으로 산다."는 금언을 해설하고 있다. 굶주린 무리를 오병이어로 먹이신 예수님의 표적은 먼저 '사람은 떡을 먹어야 하는 존재'라는 것을 가리킨다. 그런데 이 표적은 그 이상의 진리를 가리킨다. 즉, 사람을 진정으로 살리는 떡은, 이 세상의 일터에서 얻는 물질적인 양식이 아니라 하나님의 생명떡(말씀)이라는 것이다. 이는 밥 대신에 성경말씀만 읽고도 살 수 있다는 말이 아니라 하나님의 말씀을 먹고 '하나님을 사랑하고 사는 것이 진정으로 사는 것'임을 역설한다. 하나님을 사랑하고 살려면 하나님과 영적으로나 지적으로 깊이 소통해야 한다. 그래야만 하나님의 뜻을 따라 살 수가 있다. 이스라엘에게 만나의 기적은, '산다'는 것이 단지 동물적 생존이 아니라 하나님과 교제하고 동행하는 삶임을 가르쳐 주기 위한 교육이었다. 모세는 이스라엘이 가나안 땅에 들어가서도 만나의 교훈을 잊지 말아야 하는데, 그것을 잊어버릴까 걱정한다. 동물적인 생존에 급급한 나머지 하나님과의 동행과 교제를 상실할까 염려하는 것이다.

요한복음 6장에서 무리들도 예수님 자체에 주목하지 않고 자신들을 배부르게 한 떡에 주목한다. 그러나 예수님의 권능으로 만들어진 떡을 먹고 배불렀기 때문에 예수님을 왕으로 삼으려는 사람들은, 예수님 자신을 주(主)라고 모시는 것이 아니라 그들의 배를 주(主)로 섬기는 사람들이다. 예수님은 군중들 속에 예수님 자신이 누구인가에 대한 관심은 없고 자신의 욕망을 충족시켜 주기 때문에 자신을 필사적으로 찾고 추구함을 간파하셨다. 예수님은 이런 자기욕망 충족을 최고의 목표로 삼는 추종 군중들 속에서 가히 군중 속의 고독을 느끼셨다. 예수님은 어제 디베랴 바다 건너편 광야에서 먹었던 떡과 물고기 때문에(표적) 자신을 찾아온 대중들에게 심각한 경고를 들려준 것이다. 어제 표적(sign)의 핵심은 두 가지라는 것이다. 표적은 물리적-자연적 사건이나 물건을 가지고 영적인 사건/실체를 가리키는 것이다. 첫째, 오병이어 표적은 예수님이 하늘에서 내려온 산 떡이라는 진리를 계시하는 사건이다. 둘째, 하늘에서 내려온 산 떡의 정체는 하나님의 보내신 뜻을 성취하는 복종의 화신이다. 이런 점에서 예수님은 살리는 떡이요 살리는 영이요 말씀이다(사 55 : 10-11). 예수님 자신이 하나님이 보내신 자의 뜻을 행하는 데 목숨을 거는 복종의 화신이기에, 예수님을 먹는 사람, 즉 예수님 말씀을 영접하고 이해하고 소화한 사람도 하나님의 뜻을 행하는 것이 하나님의 생명력을 공급받는 삶이라는 진리를 깨닫고 체험한다. 이 예수님의 살과 피를 먹고 마시는 삶이 영생이다. 영생은 하나님의 생명력을 공급받는 삶이요 하나님을 알고 친밀하게 교제하는 삶이기 때문이다. 인간은 하나님의 말씀에 순종할 때 힘을 방출하도록 창조되고 설계되어 있다. 하나님의 말씀에 순종하면 할수록 힘과 원기를 공급받도록 설계되어 있다. 그래서 성경은 하나님의 말씀에 대한 믿음과 순종을 하나님의 말씀을 먹는 행위라고 말한다. 예수님의 넘치는 원기와 에너지는 하나님의 말씀을 행하려는 의지와 행하는 순종에서 비롯되었다(요 4 : 34 ; 6 : 38). 예수님은 군중들의 관심이 떡이나 배부름이 아니라 예수님 자신과 예수님 자신의 주장에 집중하기를 바라신 것이다. 예수님은 썩는 양식을 위하여 일하지 말고, 영생하도록 있는 양식을 위하여 일하라고 명령하신다. 영생하도록 있는 양식을 위한 일은 하나님께서 보내신 자를 믿는 것이다. 예수님이 하나님이 파송하신 하나님의 아들임을 믿는 것이 영생을 위한 일이다. 예수님은 철두철미한 복종을 통하여 하나님의 뜻을 준행하시고 영원한 산 떡(영원한 살려 주는 떡)이 되었다. 예수님의 살은 십자가에서 찢어진 떡덩이요, 예수님의 피는 우리를 위하여 흘려진 보혈의 잔이다. 실로 예수님은 오병이어의 표적을 통하여 자신의 초자연적인 권능을 과시하기를 원하지 않았다. 오히려 무리들이 그 오병이어의 권능을 맛본 후 예수님 자신의 정체와 사명을 밝히 깨닫기를 원하셨다. 우리는 한국 교회가 예수님이 주는 떡을 먹는 수준에서 벗어나 예수님의 살을 먹고 피를 마시는 교회로 성장하기를 열망한다.

## 6. 완악함과 불순종으로 얼룩진 과거사에 대한 권계적(勸誡的) 설교(9 : 1–29)

### 1) 이스라엘이 가나안 땅을 차지할 수 있는 근거 : 아브라함과 이삭과 야곱과 맺은 하나님의 언약(9 : 1–5)

[1]이스라엘아 들으라 네가 오늘 요단을 건너 너보다 강대한 나라들로 들어가
서 그것을 차지하리니 그 성읍들은 크고 성벽은 하늘에 닿았으며 [2]크고 많은
백성[14)]은 네가 아는 아낙 자손이라 그에 대한 말을 네가 들었나니 이르기를
누가 아낙 자손을 능히 당하리요 하거니와 [3]오늘 너는 알라 네 하나님 여호와
께서 맹렬한 불과 같이 네 앞에 나아가신즉 여호와께서 그들을 멸하사 네 앞

14) 아낙 자손을 '크고 많은 백성'이라고 번역한 개역개정 번역을 개악이라고 지적한 강원주의 지적이 옳다(강원주, op. cit., 31). 대한성서공회는 신속하게 고쳐야 할 것이다.

> 에 엎드러지게 하시리니 여호와께서 네게 말씀하신 것같이 너는 그들을 쫓아내며 속히 멸할 것이라 [4]네 하나님 여호와께서 그들을 네 앞에서 쫓아내신 후에 네가 심중에 이르기를 내 공의로움으로 말미암아 여호와께서 나를 이 땅으로 인도하여 들여서 그것을 차지하게 하셨다 하지 말라 이 민족들이 악함으로 말미암아 여호와께서 그들을 네 앞에서 쫓아내심이니라 [5]네가 가서 그 땅을 차지함은 네 공의로 말미암음도 아니며 네 마음이 정직함으로 말미암음도 아니요 이 민족들이 악함으로 말미암아 네 하나님 여호와께서 그들을 네 앞에서 쫓아내심이라 여호와께서 이같이 하심은 네 조상 아브라함과 이삭과 야곱에게 하신 맹세를 이루려 하심이니라

**[9 : 1-5]** 7장과 마찬가지로 9장도 이스라엘이 하나님께 택정된 선민이라는 것이 무엇을 의미하는지를 비판적으로 성찰한다. 이스라엘 민족은 자신의 의로움 때문이 아니라, 그들의 조상 아브라함과 맺은 하나님의 언약(창 15 : 13)(적극적 이유)과 가나안 원주민들의 사악함(소극적 이유) 때문에 가나안 땅을 차지한다는 것을 기억해야 한다(9 : 1-6). 사악하기로 말하자면 이스라엘 민족 또한 열국 못지않음을 그들의 구체적인 반역과 패역의 역사를 통해 입증한다(9 : 7-10 : 5). 모세는 9 : 7~10 : 5에서 광야시절의 3대 반역 사건을 고통스럽게 상기시킨다 : ① 호렙산 금송아지 숭배와 반역 (9 : 8-21), ② 다베라(Taberah), 맛사(Massah), 기브롯 핫다아와(Kiboroth-hatta-avah) 반역(9 : 22), ③ 가데스 바네아(Kadesh-barnea) 반역(9 : 23-10 : 5). 지나간 광야 역사를 통해 드러났듯이 이스라엘은 본디 완악한 백성들이라서 어떤 의(義)도 주장할 수 없다. 7장은 이스라엘이 성민으로 선택받았다는 것의 의미를 긍정적으로 해설하는 데 반하여, 9장은 이스라엘의 선민 지위를 부정적으로 해설한다. 가나안 땅 정복과 점유의 신학적 근거를 부정적인 용어로 진술하는 과정에서 모세는 하나님께서 가나안 원주민들이 땅을 상실할 수밖에 없는 이유를 제시하면서 동시에 이스라엘의 가나안 땅 상실 가능성도 강조한다.

놀랍게도 이스라엘도 가나안 원주민들이 축출되고 추방되는 바로 이 원칙 때문에 가나안 땅을 빼앗길 수도 있다는 사실이 확언된다. 7장과 9장, 둘 다 이스라엘이 왜 선택되었는가에 대한 오도된 추론을 논박하는 데서 출발하여 하나님이 왜 이스라엘을 성민으로 선택하셨는지를 설명하는 데로 나아간다. 특히 9장의 이스라엘의 자기공의에 대한 오만한 확신이 얼마나 터무니없는가를 밝히기 위해 이스라엘 백성이 광야시절에 얼마나 완악했으며, 얼마나 빈번히 하나님의 진노를 촉발하고(7-8, 18, 22절) 반역했는가를 상기시킨다.

1~3절은 이스라엘이 정복해야 할 가나안 원주민들의 압도적인 위력과 가나안 정복 과제의 불가능을 걱정하는 이스라엘의 심정을 진술한다. 성읍, 성벽, 크고 많은 백성, 심지어 장대한 아낙 자손이 진을 치고 있는 가나안 땅은 이스라엘을 주눅 들게 하기에 충분하다. 모세도 이 사실을 인정한다. 이스라엘 백성의 마음에 자리 잡은 집요한 두려움을 인정해 준다. 이처럼 모세도 가데스 바네아의 12정탐들을 통해 알려진 것처럼 이스라엘이 익히 '알고 소문으로 들었던'(1-2절) 원주민들의 천하무적의 위세를 인정한다. 2~3절의 히브리어 구문은 이스라엘을 가리키는 2인칭 남성단수 대명사 '아타'('attā)와 야웨를 가리키는 3인칭 남성단수 대명사 '후'(hû)를 반복적으로 사용하고 있다. 1~3절은 모세가 가나안 원주민들이 이스라엘을 주눅 들게 할 만큼 강하지만 야웨 하나님이 친히 가나안 원주민 정복전쟁을 향도하실 것이니 두려워 말라는 요지의 말을 하는 맥락이다. 직역하면 이렇다.

"들으라 이스라엘아. 너 자신이('attā) 이제 너보다 강력하고 큰 민족들과 워낙 커서 하늘에 닿을 만큼 높다란 도시들을 차지하려고 요단을 건너게 될 것이다. 네가 알았던 아낙 자손들은 강하고 장대한 족속이다. 그런데 너는 '누가 아낙 자손 앞에 맞설 수 있으리요?'라는 말을 들었다(2절 하반절은 상황절). 그런데 너는 오늘 알아야 한다. '네 하나님 야웨, (다른 이가 아닌) 그가(hû) 네 앞서 가시는 자요(하+분사로 행위자를 가리킴 : hā'ôbēr lĕpānekā), 소멸하는 불로서 그가(hû) 그들을 진멸하실 것이며 그리고 그가(상황절을 도입하는 주어는 하나님⟨hû⟩) 그들로 하여금 네 앞에 엎드러지게 하실 것이며 그리고 너는 야웨께서 너에게 말씀하신 것처럼 그들을 정복하며 그들을 신속히 멸망시킬 것이다."

1~2절은 아낙 자손급 가나안 원주민들에 대해 이스라엘이 품고 있는 공포심(민 13 : 32-33)을 부각시킨 후에, 3절에서 야웨 하나님의 극적 등장을 강조한다. 3절부터 반전이 시작된다는 점을 부각시키는 것이다. 야웨 하나님은 이스라엘보다 앞서 가시는 자다. '하오베르 러파네카'(hāʻôbēr lĕpānekā)다. 야웨 하나님은 또한 맹렬한 불이시다. 맹렬한 불이신 야웨 하나님이 이스라엘 백성보다 앞서 나가 장대한 가나안 원주민들을 멸하사 이스라엘 앞에 엎드러지게 하실 것이기 때문에, 이스라엘 백성은 그들을 쫓아내며 속히 멸망시킬 수 있을 것이다. 이스라엘이 가나안 땅의 '경계를 넘을 때부터'(1절), 야웨께서는 그들보다 먼저 건너가실 것이다(3절). 하나님의 선제적 진격과 타격으로 가나안 원주민들은 신적 공포와 전율에 휩싸이게 될 것이며, 그 사이에 이스라엘은 하나님이 이겨 놓으신 승리를 추수하기만 하면 된다. 다만 모세는 이 승리 후에 이스라엘 백성이 스스로 공치사를 할 것을 내다보고 미리 경계한다(4절). "내 공의로움으로 말미암아 여호와께서 나를 이 땅으로 인도하여 들여서 그것을 차지하게 하셨다"고 생각하지 말라는 것이다. 이스라엘 백성이 '우리의 의로움과 열국의 사악함 때문에(4절 하반절) 야웨께서 더 의로운 우리로 하여금 더 사악한 가나안 원주민들의 땅을 차지하게 하신다'고 생각할 수 있다는 것이다. 이런 미래의 이스라엘 심중 생각은 즉시 반박된다.

4절 하반절~5절은 이스라엘 백성이 가나안 원주민들의 땅을 차지할 수 있는 두 가지 근거를 제시한다. 첫째, 가나안 민족들이 악함으로 말미암아 야웨께서 그들을 이스라엘 앞에서 쫓아내신 것이다. 그러나 이스라엘이 더 공의롭기 때문에 혹은 이스라엘의 마음이 정직하기 때문이 아니다. 다시 말하지만 가나안 원주민의 사악함으로 말미암아 이스라엘의 하나님 야웨께서 그들을 이스라엘 앞에서 쫓아내셨다. 이것은 장차 밝혀지듯이 지극히 의미심장한 타산지석의 교훈을 배울 순간이 도래하겠지만 불행히도 이스라엘은 가나안 원주민들의 멸망 과정을 보면서 아무것도 배우지 못했다. 둘째, 보다 더 적극적인 근거는 야웨께서 이스라엘의 조상 아브라함과 이삭과 야곱에게 하신 맹세를 성취하시려고 가나안 땅을 아브라함의 후손 이스라엘 백성에게 기업으로 주시려는 것이다. 하나님은 역사의 하나님, 세대를 넘어 언약을 지키시는 신실한 하나님이시다. 이에 반하여 언약의 인간 당사자인 이스라엘은 하나님의 이 눈부신 신실함에 응답하지 못하고 있다. 광야 40년은 반역, 배교, 불신앙으로 얼룩진 역사였다.

### 2) 호렙산 금송아지 숭배 사건을 늘 기억하며 우상 숭배 경향을 경계하라 (9 : 6-21)

> 6그러므로 네가 알 것은 네 하나님 여호와께서 네게 이 아름다운 땅을 기업으
> 로 주신 것이 네 공의로 말미암음이 아니니라 너는 목이 곧은 백성이니라 7너
> 는 광야에서 네 하나님 여호와를 격노하게 하던 일을 잊지 말고 기억하라 네
> 가 애굽 땅에서 나오던 날부터 이곳에 이르기까지 늘 여호와를 거역하였으되
> 8호렙산에서 너희가 여호와를 격노하게 하였으므로 여호와께서 진노하사 너
> 희를 멸하려 하셨느니라 9그때에 내가 돌판들 곧 여호와께서 너희와 세우신
> 언약의 돌판들을 받으려고 산에 올라가서 사십 주 사십 야를 산에 머물며 떡
> 도 먹지 아니하고 물도 마시지 아니하였더니 10여호와께서 두 돌판을 내게 주
> 셨나니 그 돌판의 글은 하나님이 손으로 기록하신 것이요 너희의 총회 날에
> 여호와께서 산상 불 가운데서 너희에게 이르신 모든 말씀이니라 11사십 주 사
> 십 야를 지난 후에 여호와께서 내게 돌판 곧 언약의 두 돌판을 주시고 12내게
> 이르시되 일어나 여기서 속히 내려가라 네가 애굽에서 인도하여 낸 네 백성
> 이 스스로 부패하여 내가 그들에게 명령한 도를 속히 떠나 자기를 위하여 우
> 상을 부어 만들었느니라 13여호와께서 또 내게 말씀하여 이르시되 내가 이 백

성을 보았노라 보라 이는 목이 곧은 백성이니라 [14]나를 막지 말라 내가 그들
을 멸하여 그들의 이름을 천하에서 없애고 너를 그들보다 강대한 나라가 되
게 하리라 하시기로 [15]내가 돌이켜 산에서 내려오는데 산에는 불이 붙었고 언
약의 두 돌판은 내 두 손에 있었느니라 [16]내가 본즉 너희가 너희의 하나님 여
호와께 범죄하여 자기를 위하여 송아지를 부어 만들어서 여호와께서 명령하
신 도를 빨리 떠났기로 [17]내가 그 두 돌판을 내 두 손으로 들어 던져 너희의
목전에서 깨뜨렸노라 [18]그리고 내가 전과 같이 사십 주 사십 야를 여호와 앞
에 엎드려서 떡도 먹지 아니하고 물도 마시지 아니하였으니 이는 너희가 여
호와의 목전에 악을 행하여 그를 격노하게 하여 크게 죄를 지었음이라 [19]여호
와께서 심히 분노하사 너희를 멸하려 하셨으므로 내가 두려워하였노라 그러
나 여호와께서 그때에도 내 말을 들으셨고 [20]여호와께서 또 아론에게 진노하
사 그를 멸하려 하셨으므로 내가 그때에도 아론을 위하여 기도하고 [21]너희의
죄 곧 너희가 만든 송아지를 가져다가 불살라 찧고 티끌같이 가늘게 갈아 그
가루를 산에서 흘러내리는 시내에 뿌렸느니라

**[9 : 6-21]** 이 단락은 호렙산 금송아지 숭배 배교 일화를 자세히 회고한다(출 32-34장).[15] 6절은 1~5절의 결론이면서 다음 단락의 도입절이다. '그러므로'

---

15) 아론의 금송아지(출 32 : 1, 4, molten calf〈에겔 마세카/'ēgel massēkā〉) 우상은 모세가 하나님의 계시를 받기 위해 시내산 정상에 가 있는 40일 동안 이스라엘 백성이 아론을 강압하여 만든 주형물이었다. 아론은 에겔 마세카를 가리키며 이스라엘 백성에게 "이것이 너희를 애굽에서 인도해 낸 신이다."라고 말한다(출 32 : 8). 시리아-페니키아의 주신이었던 하다드/바알은 '소'(ox)라고 표현되었다. 솔로몬 성전의 12 황소가 떠받치는 놋바다를 보면(왕상 7 : 23-26 ; 대하 4 : 2-5), 야웨도 초기에는 '황소'로 형상화되었던 것으로 보인다. 느밧의 아들 여로보암이 단과 벧엘에 세운 황소 제단도 야웨를 황소로 형상화하던 옛 관습이라는 맥락에서 이해된다(왕상 12 : 28-29). 창세기 49 : 24의 '야곱의 전능자'(the almighty One of Jacob)도 '야곱의 황소'(Bull of Jacob)를 의역한 말이다. 이상을 종합해 볼 때 금송아지는 이스라엘에게 아주 익숙한 형상화된 신이었을 가능성이 크다. 십계명이 새겨진 두 개의 돌판을 가지고 하산하던 모세는 이스라엘이 금송아지 상에게 경배하는 것을 보고 분노해 돌판을 깨뜨리고 금송아지 상도 분쇄했다. 이것이 사실상 이스라엘과 바알과의 첫 조우다.

는 1~5절에서 진술된 것을 바탕으로 모세가 내리는 결론이다. 하나님 야웨께서 이스라엘 백성에게 이 아름다운 땅을 기업으로 주신 것이 이스라엘의 공의(츠다카〈ṣĕdāqā〉)로 말미암음이 결코 아니다(6절). 히브리어 성경의 6절 마지막 소절은 직역하면 다음과 같다 : '목이 곧은 백성, 너여!'(암-퀵쉐-오렙 아타〈'am-qĕšē-ôreph 'āttā〉). 여기서 2인칭 단수대명사 아타('āttā)가 돌출적으로 사용되었다는 점에서 2인칭 단수 주어, 곧 이스라엘의 정체성 부각이 이 구문의 강조점임을 알 수 있다. 더군다나 목이 곧은 백성은 모두 하이픈으로 연결되어 있어 목이 곧은 것이 이스라엘의 일관된 본성을 가리키는 형용사 수식어처럼 들린다. 목이 곧다는 말은 멍에를 메기에 익숙하지 않은 송아지 혹은 소를 연상시킨다. 목이 곧으면 멍에를 멜 수 없다. 야웨 하나님이 부과하시는 율법의 멍에를 지기에 불구의 목을 가지고 있다는 뜻이다(호 8 : 12, "내가 그들을 위하여 내 율법을 만 가지로 기록하였으나 그들은 이상한 것으로 여기도다"). 도저히 율법을 지킬 능력과 의향이 없는 백성이라는 뜻이다(참조. 호 10 : 11).

7절은 이스라엘 백성으로 하여금 광야 배교사를 고통스럽게 회고하도록 촉구한다. 마음 깊은 곳 본성의 일부가 된 반하나님적 완악성과 반역성을 입증하는 소행들이 그들을 기소하고 있다. 모세오경 중 민수기와 신명기는 원죄설을 충분히 입증하는 것처럼 보인다. 이 두 책 중 신명기는 인간의 마음속에 뿌리내린 반역성을 다채롭게 성찰하게 만든다. 원죄설을 믿지 않을 수 없게 할 정도로 이스라엘은 동일한 죄와 불순종을 범한다. 이스라엘은 무엇보다도 자신을 잘 알아야 한다. 자기의 내적 취약성과 치명적 약점을 알고 대비하여야 한다. 이스라엘은 광야에서 하나님 야웨를 격노하게 하던 일을 잊지 말고 기억하되 애굽 땅에서 나오던 날부터 모압에 이르기까지 늘 여호와를 거역하였던 일을 잊지 말아야 한다(7절). 야웨를 거역하던 첫 사건은 호렙산 반역 사건이다. 이때 하나님은 아브라함 후손을 멸절시키고 모세를 조상으로 다시 선민의 역사를 시작할 생각까지 하셨다(8절 ; 참고. 14절). 이 일은 모세가 하나님이 이스라엘과 세우신 언약을 기록한 두 돌판을 받으려고 호렙산에 올라가 40일 주야를 금식할 때 일어났다(9절). 그 돌판에 기록한 말씀은 이스라엘 총회 날에 야웨께서 산상 불 가운데서 이르신 모든 말씀인데, 하나님이 손으로 기록하신 것이었다(10절). 사십 주 사십 야를 지난 후에 야웨께서 언약의 두 돌판을 주시고(11절), 모세에게 "일어나 속히 내려가라."고 명하셨다. 이 명령과 더불어 청천벽력 같은 하나님의 노기 어린 음성이 들려왔다. "애굽에서 인도하여 낸 네 백성이 스스로 부패하여 내가 그들에게 명령한 도를 속히 떠나 자기를 위하여 우상을 부어 만들었느니라"(12절). 하나님은 이스라엘의 본질을 간파하셨다("이 백성을 보았노라")(13절). 하나님의 실망과 분노는 이스라엘 백성을 '목이 곧은 백성'(암-쿼쉐-오렙)이라고 부르는 데서 드러난다. 이는 가르침으로 변화될 수 없는(unteachable), 교육으로 개선될 여지가 없는 집단이라는 말이다. 개선과 교육의 여지가 없는 백성을 하나님은 포기하려고 하신다. 그들을 멸하여 그들의 이름을 천하에서 없애고 모세의 후손을 아브라함의 후손보다 더 강대한 나라가 되게 해 주시겠다고 제안하셨다(14절). 이스라엘에게 기록말살형을 집행하시려고 했다. 기록말살형은 사형보다 100배 위중한 평결이다. 이런 제안을 하실 때 모세는 불붙은 호렙산을 뒤로하고 언약의 두 돌판을 아직 손에 들고 하산하는 중이었다(15절). 마침내 모세는 사태의 진상을 대면했다. 이스라엘 백성은 하나님 야웨께 범죄하여 자기를 위하여 송아지를 부어 만들어서 야웨께서 명령하신 도를 빨리 떠났다. 이스라엘이 언약을 파기한 것이다(16절). 더 이상 언약의 두 돌판은 이스라엘에게 필요 없다. 마음으로 하나님을 떠난 배교의 무리들에게는 하나님의 말씀이 더 이상 들리지 않는다. 그들의 죄악이 두 돌판을 산산조각 냈기 때문이다. 우리가 범죄하는 순간, 언약의 두 돌판은 파쇄되고 만다. 하나님의 말씀은 우리 인간의 배교와 우상 숭배 때문에 부서지고 깨어진다. 마음에 금송아지 우상을 숭배하는 자들에게는 성경이나 예언자들도 더 이상 권위 있는 하나님의 음성을 매개하지 못한다(겔 14, 20장). 우리의 죄악이 언약의 두 돌판을 파괴했기 때문이다. 지극히 황망한 분위기에도 아랑곳하지 않고 모세는 이전과 같이 사십 주 사십 야를 야웨 앞에 엎드려서 떡도 먹지 아니하고 물도 마시지 아니하고 이스라엘의 죄로 인해 중보적 기도를 드렸다(18절). 야웨의 목전에 악을 행하여 그를 격노하게 하고 크게 죄를 지어 더 이상 하나님 백성의 지위를 유지할 수도 없는 이스라엘을 용서해 달라고 강청하고 강청했다. 야웨께서 심히 분노하사 이스라엘을 멸하려 하셨으므로 모세가 심히 두려워하여 비상한 중보적 기도를 드렸고 야웨께서 그때에도 모세의 기도를 들으셨다(19절). 모세는 야웨의 진노를 촉발시켜 멸망당할 위기에 몰린 아론을 위해서도 중보했다(20절). 금송아지 제작과 숭배로 배교한 이스라엘 백성은 즉각적 멸망이라는 심판으로부터는 죄 사함을 받았으나, 굴욕적이고 고통스러운 상징적인 죄 씻음에 참여해야 했다(21절). 그들은 그들 스스로 만든 금송아지를 불살라 찧고 티끌같이 가늘게 갈아 그 가루를 산에서 흘러내리는 시내에 뿌렸다. 금송아지 우상 숭배의 기억을 씻어 버리는 통과의례였다.

### 3) 중보자 모세(9 : 22-29)

22너희가 다베라와 맛사와 기브롯 핫다아와에서도 여호와를 격노하게 하였느
니라 23여호와께서 너희를 가데스 바네아에서 떠나게 하실 때에 이르시기를
너희는 올라가서 내가 너희에게 준 땅을 차지하라 하시되 너희가 너희의 하
나님 여호와의 명령을 거역하여 믿지 아니하고 그 말씀을 듣지 아니하였나니
24내가 너희를 알던 날부터 너희가 항상 여호와를 거역하여 왔느니라 25그때
에 여호와께서 너희를 멸하겠다 하셨으므로 내가 여전히 사십 주 사십 야를
여호와 앞에 엎드리고 26여호와께 간구하여 이르되 주 여호와여 주께서 큰 위
엄으로 속량하시고 강한 손으로 애굽에서 인도하여 내신 주의 백성 곧 주의
기업을 멸하지 마옵소서 27주의 종 아브라함과 이삭과 야곱을 생각하사 이 백
성의 완악함과 악과 죄를 보지 마옵소서 28주께서 우리를 인도하여 내신 그

땅 백성이 말하기를 여호와께서 그들에게 허락하신 땅으로 그들을 인도하여 들일 만한 능력도 없고 그들을 미워하기도 하사 광야에서 죽이려고 인도하여 내셨다 할까 두려워하나이다 29그들은 주의 큰 능력과 펴신 팔로 인도하여 내신 주의 백성 곧 주의 기업이로소이다 하였노라

**[9 : 22–29]** 이 단락은 다베라, 맛사, 기브롯 핫다아와 반역 사건과 가데스 바네아 반역 사건을 회고한다(22–23절). 특히 가데스 바네아 반역 사건이 자세하게 회고되며, 광야 시대의 중대한 반역 사건 때마다 모세의 중보자적 활약이 어느 정도였는가를 회고한다. 가데스 바네아 반역 사건은 호렙산 반역 사건에 버금가는 치명적인 반역이었다. 올라가서 야웨가 주신 땅을 차지하라고 명령했으나, 이스라엘 백성이 야웨 하나님의 명령을 거역하며 그 말씀을 청종치 않았다(23절). 모세는 자신이 이스라엘 백성의 지도자 역할을 맡는 순간부터 그들이 항상 야웨를 거역했다는 사실을 주지시킨다. 안타깝게도 이스라엘 백성은 가나안 땅에 들어가기도 전에 이미 40년 광야시절을 통해 목이 곧은 백성, 반역적 백성으로 악명을 얻었다. 과연 이런 반역적 성향을 가진 이스라엘 백성이 가나안 땅에서 야웨의 백성으로 야웨의 모든 명령과 규례와 법도를 행함으로써 가나안 땅을 오랫동안 차지할 것인가? 아니면 자신들에 앞서서 멸망당한 가나안 원주민들처럼 급속히 멸망당할 것인가? 신명기 독자들은 이미 9장에서 이스라엘의 미래가 어떻게 전개될지 자못 궁금해진다.

25~29절은 모세의 중보적 기도에 대한 활약상을 보도한다. 이스라엘을 멸하시겠다고 공언하신 야웨의 의향을 돌리려고 모세는 이번에도 사십 주 사십 야를 야웨 앞에 엎드렸다(25절). 출애굽 구원의 역사를 무효화시키는 그런 결정을 물려 달라고 간구한다. 주 야웨께서 큰 위엄으로 속량하시고 강한 손으로 애굽에서 인도하여 내신 주의 백성 곧 주의 기업을 멸하지 말라고 간청한다(26절). 주의 종 아브라함과 이삭과 야곱을 생각하사 그들의 후손 이스라엘 백성의 완악함과 악과 죄를 보지 말아 달라고 간청했다(27절). 특히 주 야

웨의 명예 실추를 가장 걱정하며 야웨를 만류한다. 애굽 백성이 야웨께서 이스라엘 백성에게 허락하신 땅으로 그들을 인도하여 들일 만한 능력도 없고 그들을 미워하기도 하사 광야에서 죽이려고 인도하여 내셨다고 오해할까 두렵다는 것이다(28절). 모세는 주의 큰 능력과 펴신 팔로 인도하여 내신 주의 백성 곧 주의 기업 이스라엘을 살려 달라고 강청했다(29절).

## 설교를 위한 묵상

9장은 이스라엘의 불순종과 배교가 심대할수록 더욱 빛나는 모세의 중보자적 경륜을 조명한다. 특히 9 : 22~29은 출애굽기 33장에 대한 확장된 주석이다. 모세는 온 이스라엘이 보는 앞에서 회막 문 앞 구름기둥 안에서 하나님과 대면하며 하나님의 이스라엘 멸절 계획을 취소해 달라고 간청했다. 사람이 친구와 이야기하는 것처럼 하나님께서는 모세에게 당신의 속마음을 다 털어놓으셨다(출 33 : 11). 하나님의 흉금은 두 가지의 강한 부정감정이었다. 첫째, 이스라엘 백성을 더 이상 언약백성으로 대우하지 않고 언약관계를 파기하시고, 아브라함, 이삭, 야곱의 후손 이스라엘 백성을 진멸해 도말하시겠다는 것이다. 대신 배교자를 처단하는 데 앞장선 모세와 레위 지파를 중심으로 새 백성을 창조하시겠다는 제안이었다. 둘째, 설령 이스라엘 백성이 언약백성의 신분은 유지하고 가나안 땅을 차지하려고 거기로 들어간다고 할지라도 따라가지 않으시겠으며 앞서지도 않으시겠다는 것이었다(출 33 : 3). 모세는 이 하나님의 강한 부정감정을 누그러뜨리기 위해 비상한 중보적 기도를 드렸다.

출애굽기 33장과 신명기 9 : 22~29에서 드러난 모세의 중보적 기도는 탄탄한 논리와 진정성 넘치는 호소력을 겸비하고 있다. 첫째, 모세는 하나님과 이스라엘의 계약관계의 본질에 호소한다. 하나님의 명예를 먼저 앞세운다. 모세는 야웨께서 아브라함과 이삭과 야곱(출 32 : 13)에게 그들의 후손을 하나님의 기업백성 삼으며 그들에게 가나안 땅을 기업의 땅으로 주시리라고 약속하신 그 맹세에 근거하여 하나님의 급진전된 심판집행을 철회해 달라고 호소한다(9 : 26-29). 모세는 하나님 당신에 의해 시작된 이 비대칭적이고 불균등하게 은혜로운, 상호구속적 호렙산 언약을 스스로 파기하지 말도록 탄원한다.

둘째, 모세는 이스라엘을 이집트의 노예살이에서 구속하셨던(9 : 26) 그 구속사역을 완성시켜 달라고 간청한다. "당신께서 이 백성에게 행하신 그 구속사역을 헛수고로 만들지 마십시오." 셋째, 모세는 야웨 하나님의 국제적 명성에 호소하여 이스라엘 백성 앞에서 하나님의 권능을 보여 달라고 요구한다. 만일 이스라엘 백성을 진멸해 버리시면 이집트 사람들이 하나님의 무능력, 무자비를 조롱할 것이라고 말하며 하나님의 진멸심판을 만류한다. 중보자는 하나님의 산에 올라 기도의 혈투를 벌이기도 하고 말씀의 돌판을 받기 위해 40일 주야를 깨어 있는 자다. 중보자는 하나님께 먼저 스스로 가까이 가서 하나님께 직접 듣고 산 아래로 내려와 말하는 자다(신 5 : 27). 중보자는 하나님의 명예, 하나님의 흉금, 하나님의 좌절감과 실망, 분노와 탄식을 깊이 공감한 후에 쉽게 부서지는 흙덩이 같은 인간의 체질적 연약함을 동정하는 경계인이다. 중보자는 불화하는 양측, 심판집행자와 심판당할 자를 절묘하게 화해시키는 자다. 그런데 중요한 것은 모세의 역할, 진노하는 역할(언약돌판을 파쇄하는 행동)과 이스라엘의 처지를 동정하는 행동 둘 다가 사실 하나님의 속마음을 반영한다는 사실이다. 모세는 1인 2역을 하는 하나님의 흉금 대변 중보자다.

마침내 야웨께서 이런 모세의 철저한 중보적 기도에 응답하셨다(출 32 : 14, "여호와께서 뜻을 돌이키사 말씀하신 화를 그 백성에게 내리지 아니하신지라"). 중보적 기도는 이미 심판을 작정한 하나님의 마음을 돌이키는 가장 효과적인 길이다. 하나님은 성이 무너진 데에 올라서서 하나님으로 하여금 이 멸망당할 성을 사해 달라고 기도하는 중보자를 찾으신다. 하나님을 알고 신뢰하는 중보자의 간구를 통해 하나님의 죄 사함과 자비를 베풀기를 기뻐하신다(겔 22 : 30).

우리 주 예수 그리스도는 온 인류를 위해 모세의 역할을 확장적으로 온전히 감당하셨다. 예수님은 진멸할 수밖에 없는 범죄한 인류를 위해 자신의 목숨을 대속물로 주셨다(막 10 : 45). 중보자는 죄에 대한 하나님의 불타는 진노와 그 깊이를 몸서리치게 느끼는 동시에 죄인을 향한 불타는 긍휼로 마음이 뜨거워지는 자다. 그는 하나님의 폭풍 같은 진노를 아는 자이면서도 그 진노를 억제하는 가없는 하나님 사랑을 만져본 자다. 지극히 존귀하여 영원히 거하시며 거룩하다 이름하는 야웨 하나님은 높고 거룩한 곳에 거하시지만 또 통회하고 마음이 겸손한 자와 함께 계시다. 거룩하신 하나님은 겸손한 자의 영을 소생시키시며 통회하는 자의 마음을 소생시키신다.

이 거룩하신 하나님의 신비한 양극성을 이해하는 자가 중보자가 된다. 예수 그리스도는 육신을 입고 오신 하나님의 아들로서 육신을 입고 살아가는 모든 인간의 연약함을 체휼하시는 중보자다. 우리 사회는 이런 중보자, 평화를 만드는 하나님의 아들들과 딸들을 무한히 필요로 한다.

## 7. 하나님의 절대주권적인 언약갱신(10 : 1–22)

### 1) 다시 받은 십계명 돌판–죄를 이기는 하나님의 사죄 은총(10 : 1–11 ; 참조. 출 34 : 1–10)

[1]그때에 여호와께서 내게 이르시기를 너는 처음과 같은 두 돌판을 다듬어 가
지고 산에 올라 내게로 나아오고 또 나무궤 하나를 만들라 [2]네가 깨뜨린 처음
판에 쓴 말을 내가 그 판에 쓰리니 너는 그것을 그 궤에 넣으라 하시기로 [3]내
가 조각목으로 궤를 만들고 처음 것과 같은 돌판 둘을 다듬어 손에 들고 산에
오르매 [4]여호와께서 그 총회 날에 산 위 불 가운데에서 너희에게 이르신 십계
명을 처음과 같이 그 판에 쓰시고 그것을 내게 주시기로 [5]내가 돌이켜 산에서
내려와서 여호와께서 내게 명령하신 대로 그 판을 내가 만든 궤에 넣었더니
지금까지 있느니라 [6](이스라엘 자손이 브에롯 브네야아간에서 길을 떠나 모
세라에 이르러 아론이 거기서 죽어 장사되었고 그의 아들 엘르아살이 그를
이어 제사장의 직임을 행하였으며 [7]또 거기를 떠나 굿고다에 이르고 굿고다
를 떠나 욧바다에 이른즉 그 땅에는 시내가 많았으며 [8]그때에 여호와께서 레
위 지파를 구별하여 여호와의 언약궤를 메게 하며 여호와 앞에 서서 그를 섬
기며 또 여호와의 이름으로 축복하게 하셨으니 그 일은 오늘까지 이르느니라
[9]그러므로 레위는 그의 형제 중에 분깃이 없으며 기업이 없고 네 하나님 여호

와께서 그에게 말씀하심같이 여호와가 그의 기업이시니라) [10]내가 처음과 같
이 사십 주 사십 야를 산에 머물렀고 그때에도 여호와께서 내 말을 들으사
너를 참아 멸하지 아니하시고 [11]여호와께서 내게 이르시되 일어나서 백성보다
먼저 길을 떠나라 내가 그들에게 주리라고 그들의 조상들에게 맹세한 땅에
그들이 들어가서 그것을 차지하리라 하셨느니라

**[10 : 1-11]** 1~5절은 모세가 언약의 두 돌판을 새로 받아 오는 과정을 말한다. 하나님은 모세로 하여금 나무궤 하나를 새로 만들고 처음과 같은 두 돌판을 다듬어 가지고 산으로 올라오게 하셨다(1절). 모세가 깨뜨린 처음 판에 쓴 말을 하나님은 다시 그 새로 다듬은 돌판에 쓰셔서 그 나무궤에 넣으라고 하셨다(2절). 모세는 조각목으로 궤를 만들고 처음 것과 같은 돌판 둘을 다듬어 손에 들고 산에 올랐다(3절). 야웨께서 그 총회 날에 산 위 불 가운데에서 이스라엘에게 이르신 십계명을 처음과 같이 그 판에 쓰시고 그것을 모세에게 주셨다(4절). 모세는 십계명을 새롭게 새긴 두 언약 돌판을 나무궤에 넣었고, 모압 평지의 강론 시점까지 두 돌판을 담은 나무궤는 이스라엘 백성 진영에 있었다(5절).

6~9절은 언약궤 보관과 관리 책임을 레위 지파에게 맡기게 된 과정을 보도하고, 10~11절은 모세의 중보적 기도의 복된 결과를 재진술한다. 6~9절은 삽입절로서 레위 지파가 언약궤 관리 책임을 맡게 된 원인론적 설화다. 이스라엘 자손이 브에롯 브네야아간에서 길을 떠나 모세라에 이르러 아론이 거기서 죽어 장사되었고, 그의 아들 엘르아살이 그를 이어 제사장 직무를 행하였다(6절). 또 이스라엘이 거기를 떠나 굿고다를 거쳐 욧바다에 당도했는데, 그곳에는 시내가 많았다(7절). 그때에 야웨께서 레위 지파를 구별하여 야웨의 언약궤를 메게 하며 야웨 앞에 서서 그를 섬기며 또 야웨의 이름으로 축복하게 하셨는데, 그 직분 수행 전통은 모세가 신명기 강론을 하는 그 시점까지 이어지고 있었다(8절). 그러므로 언약궤를 맡은 일을 분깃으로 받은

레위 지파에게는 그의 형제들에게 할당된 분깃(헬렉⟨ḥeleq⟩)과 기업(나할라⟨naḥălā⟩)이 없는데, 하나님 야웨께서 친히 레위 지파의 기업(나할라)이 되시기 때문이다(9절).

6~9절의 삽입절을 고려하면 10절은 5절과 자연스럽게 연결된다. 두 돌판을 새로 받기 위하여 모세가 처음과 같이 사십 주 사십 야를 산에 머물렀고, 모세는 9 : 22~29이 묘사하는 대로 강력하고 논리적인 중보적 기도를 드렸고, 야웨께서 모세의 말을 들으사 이스라엘을 참아 멸하지 아니하셨다(10절). 언약은 유효하다. 가나안 땅을 아브라함, 이삭, 야곱의 후손에게 주리라고 맹세하신 그 맹세도 유효하다. 그래서 야웨께서 다시 모세에게 가나안 땅 정복 대업을 계속 추진하라고 명하신다. "일어나서 백성보다 먼저 길을 떠나라. 내가 그들에게 주리라고 그들의 조상들에게 맹세한 땅에 그들이 들어가서 그것을 차지하리라"(11절). 하나님은 이스라엘의 가나안 진군을 독려하신다. 하나님은 이스라엘의 죄악을 극복하시는 긍휼과 사랑의 동력으로 이스라엘 백성을 독려하신다.

### 2) 마음에 할례를 행하고 다시는 목을 곧게 하지 말라(10 : 12-22)

> 12이스라엘아 네 하나님 여호와께서 네게 요구하시는 것이 무엇이냐 곧 네 하
> 나님 여호와를 경외하여 그의 모든 도를 행하고 그를 사랑하며 마음을 다하
> 고 뜻을 다하여 네 하나님 여호와를 섬기고 13내가 오늘 네 행복을 위하여 네
> 게 명하는 여호와의 명령과 규례를 지킬 것이 아니냐 14하늘과 모든 하늘의
> 하늘과 땅과 그 위의 만물은 본래 네 하나님 여호와께 속한 것이로되 15여호
> 와께서 오직 네 조상들을 기뻐하시고 그들을 사랑하사 그들의 후손인 너희를
> 만민 중에서 택하셨음이 오늘과 같으니라 16그러므로 너희는 마음에 할례를
> 행하고 다시는 목을 곧게 하지 말라 17너희의 하나님 여호와는 신 가운데 신이
> 시며 주 가운데 주시요 크고 능하시며 두려우신 하나님이시라 사람을 외모로

보지 아니하시며 뇌물을 받지 아니하시고 [18]고아와 과부를 위하여 정의를 행
하시며 나그네를 사랑하여 그에게 떡과 옷을 주시나니 [19]너희는 나그네를 사
랑하라 전에 너희도 애굽 땅에서 나그네 되었음이니라 [20]네 하나님 여호와를
경외하여 그를 섬기며 그에게 의지하고 그의 이름으로 맹세하라 [21]그는 네 찬
송이시요 네 하나님이시라 네 눈으로 본 이같이 크고 두려운 일을 너를 위하
여 행하셨느니라 [22]애굽에 내려간 네 조상들이 겨우 칠십 인이었으나 이제는
네 하나님 여호와께서 너를 하늘의 별같이 많게 하셨느니라

**[10 : 12–22]** 이 단원은 선민 이스라엘의 하나님 사랑 의무(12–15절)와 이웃 사랑 의무(16–22절)를 다룬다. 12절은 '이스라엘아'라고 부르는 전형적 구두설교문체의 호격구문으로 하나님의 요구를 질문과 대답형식으로 제시한다. 이스라엘 하나님 야웨께서 이스라엘에게 요구하시는 것은, 하나님 야웨를 경외하여 그의 모든 도를 행하고 그를 사랑하며 마음을 다하고 뜻을 다하여 하나님 야웨를 섬기고(12절), '오늘' 이스라엘 백성 자신들의 행복을 위하여 모세가 명하는 야웨의 명령과 규례를 지키는 것이다(13절). 하나님에 대한 투신은 '마음과 목숨을 다하여' 전 존재를 바쳐 전심으로 수행되어져야 한다. 14~15절은 이스라엘 백성이 선민이라는 의미가 무엇인지를 음미한다. '하늘과 모든 하늘의 하늘과 땅과 그 위의 만물'은 본래 이스라엘 하나님 야웨의 창조물이므로 그에게 속한다. 즉, 이스라엘 하나님 야웨는 만유와 우주 전체의 하나님이시다. 하늘들과 천체, 그 아래 있는 만물은 일반적인 의미에서 하나님께 속한 피조물이다. 그런데 이스라엘은 특별한 의미에서 야웨 하나님께 속한 피조물이다(출 19 : 5–6). 야웨께서 오직 이스라엘 백성의 조상들을 기뻐하시고 그들을 사랑하사 그들의 후손인 이스라엘 백성을 만민 중에서 택하셨다(암 3 : 2). 야웨께서 만민 중에서 이스라엘을 선민으로 선택하신 결과로, 이스라엘 백성이 가나안 땅을 차지하기 위해 모압 평지에 모여 야웨의 언약과 율법들을 듣고 배우게 된 것이다(15절).

야웨의 첫째 요구는 하나님을 전적으로 사랑하고 경외하며, 마음을 다해 하나님만을 섬기라는 것이다. 우리는 여기서 다시 쉐마의 메아리를 본다(신 6 : 4-5 ; 참조. 미 6 : 6-8). 하나님은 지극한 온전함으로 하나님을 사랑하고 경배하는 삶을 원하신다. 사적 경건생활이나 종교생활에서는 하나님을 사랑하고 섬기는 일이 종교적 의무 정도를 수행하는 것으로 나타날지 모르나, 공적으로 하나님을 사랑하는 일은 결코 쉽지 않다. 주전 14세기의 종주-봉신조약에 나오는 '사랑하다'라는 동사는 봉신이 종주에게 일편단심의 충성을 바치는 행위를 가리킨다. 호세아에서는 야웨를 사랑하는 행위가 국제정치적 맥락에서 이해된다. 하나님의 신부 되는 북왕국 에브라임이 앗수르나 애굽에게 군사원조를 요청하기 위해 동맹을 맺는 행위는 하나님에게 바쳐야 할 충성심을 음부에게 주는 음행으로 간주된다. 상인이 타인에게 해를 끼칠 정도로 이익에 집착하거나 정치가가 다른 사람의 인권을 억압하고 반대편 사람들의 행복추구권을 파괴할 정도로 권력을 탐하는 일은 하나님의 사랑을 배반하는 행동이다. 우상 숭배시되는 돈을 사랑함은 일만 악의 뿌리가 된다. 저급하고 퇴폐적인 오락을 사랑하는 일은 하나님을 사랑하고 예배드리는 것을 방해한다. 이처럼 하나님을 사랑하고 섬기는 일의 사회적 차원, 경제적, 정치적 차원은 일편단심 하나님 사랑의 진정성을 검증한다.

16~22절은 하나님 사랑 의무가 이웃 사랑 의무와 밀접하게 연동되어 있음을 보여 준다. 16절은 "마음에 할례를 행하고 다시는 목을 곧게 하지 말라"고 말한다. 할례는 아브라함의 후손으로 야웨의 백성으로 살겠다는 언약결속의 영원한 표지다. 이스라엘의 역사가 진행될수록 육체에 행하는 할례가 별다른 의미를 갖지 못하자 '마음에 할례'를 받아야 한다는 주장이 등장한다. 그것은 하나님의 언약적 요구에 전 존재를 동여매라는 요구다(레 26 : 41 ; 렘 4 : 4 ; 9 : 26 ; 겔 44 : 9 ; 롬 2 : 25-29). 마음과 의지, 감정과 성향, 이 모든 것이 정결케 되어야 하고 하나님과의 친밀한 관계 속으로 들어가야 한다는 말이다. 이처럼 마음에 행한 할례는 하나님과 마음으로 연락되고 결속되게

만드는 할례를 의미한다. 진정에서 우러나온 언약적 결속감의 표징이 마음에 행해진 할례다. 앞뒤 문맥을 고려하면, 여기서 "야웨께서 전 존재를 바쳐 너희 조상들과 너희들을 사랑하셨기에(14-15절), 이스라엘 백성, 너희도 마음에 할례를 행하고(16절) 우거하는 이방인을(19절) 사랑하여야 한다."는 논리를 본다. "너희 마음의 가죽에 할례를 행하라"(16절 ; 또한 렘 4 : 4)는 명령은 전적 헌신을 요구하는 명령이다. 17~18절은 이스라엘이 전심으로 사랑해야 할 하나님이 어떤 하나님인지를 말한다. 공의로우심과 사회적 자비심이 많으신 하나님이시다. 거룩하신 하나님은 신 가운데 신이시며, 주 가운데 주시요, 크고 능하시며 두려우신 하나님이시다. 비길 데 없이 유일무이한 하나님이시다. 크고 능하시며 두려우신 하나님은 사랑이 많으시고 자비롭다는 사실이 우리에게 우주적 안정감을 선사한다. 하나님은 사람을 외모로 보지 아니하시며 뇌물을 받지 아니하시고(17절), 고아와 과부를 위하여 정의를 행하시며 나그네를 사랑하여 그에게 떡과 옷을 주신다(18절). 18절의 히브리어 구문은, 하나님이 고아와 과부를 위해 정의를 수행하는 일('행하다'를 의미하는 아사〈'āśā〉 동사의 능동분사 오세〈'ôśe, 행하는 자〉)과 떡과 옷을 주시기까지 나그네를 사랑하는 일('사랑하다'〈'āhab〉를 의미하는 동사의 분사형 오헵〈'ôhēb, 사랑하는 자〉)이 분사형으로 표현되어 있다. 고아, 과부, 나그네(gēr)는 이스라엘 공동체에서 먹고사는 생존기반이 가장 취약한 구성원들이다. 나그네는 외지에서 흘러와 이스라엘 사람들의 날품팔이 정도로 빌붙어 사는 사람을 의미한다. 이를테면 경제난민인 셈이다. 고아는 전쟁과 질병 등으로 부모를 일찍 여읜 미성년 자녀, 과부는 전쟁이나 질병 등으로 남편을 여의고 자녀도 없이 홀로 남겨진 여인이다. 이들은 법적 보호를 거의 받지 못한 채 노예로 전락되기 쉬운 존재들이었다.

19절은 역지사지, 동병상련의 논리로 이집트의 나그네 출신이었던 자신들의 과거를 돌아보며 이스라엘 땅에 흘러들어온 나그네를 사랑하라고 명한다. 나그네를 사랑하라는 말은 애교와 애정이 넘치는 감정노동으로서의 사랑을 행하라고 요구한다기보다는 그에게 최소한의 인간적 삶을 보장해 주라는 의미다. 곧 의식주 문제를 챙겨 주라는 것이다. 이사야 58 : 6~12은 유리하는 빈민을 집에 식객으로 들이고 주린 자를 먹이라고 명한다. 고대사회의 기준으로 볼 때 이스라엘 사회는 요즘의 유럽 선진국 수준의 외국인 복지혜택 혹은 그 이상을 제공했던 셈이다. 결국 이스라엘은 두 가지 이유 때문에 경제 난민을 사랑하여야 한다. 첫째, 하나님이 나그네를 사랑하고 돌보기 때문이다. 하나님을 사랑한다면 그의 나그네 사랑에도 동참해야 한다. 둘째, 자신들의 과거 나그네 경험을 돌아보아 동병상련 윤리를 실천하여야 한다.

20~22절은 한때 보잘것없었던 애굽 이주민 70명을 하늘의 별처럼 번성하게 하신 하나님(22절)을 기억하며 이스라엘이 힘쓸 일은, 하나님 야웨를 경외하며 그를 섬기며 그에게 의지하고 그의 이름으로 맹세하는 일이다(20절). 하나님을 경외하는 일은 하나님이 금지하신 일을 삼가며 범하지 않는 겸손한 조심성을 유지하는 것이다. 하나님 경외는 하나님께서 명하신 금지규정을 마음에 새기고 원시바다처럼 출렁거리는 욕망을 억제하고 더 이상 일정 경계를 넘지 못하도록 명령하는 일이다(시 74 : 12-14 ; 욥 38 : 8-11). 하나님을 섬기는 일은 하나님의 필요를 채워드리는 일이다. 하나님이 기뻐하시는 일에 수종드는 일이다. 고아와 과부, 나그네를 사랑하고 돌보는 일은 원래 하나님의 고유사역인데, 하나님을 섬긴다는 말은 이런 하나님의 고유사역에 수종드는 것을 말한다. 하나님의 이름으로 맹세하는 일은 하나님의 성품을 보증물로 삼고 말하고 행동하는 것이다(6 : 13 ; 참조. 5 : 11). 하나님의 이름으로 행하는 맹세는 하나님의 진실을 앞당겨 쓰는 것이다. 따라서 하나님의 명예와 이름을 더럽히는 일이 이 맹세 아래서 자행되지 않아야 한다. 고대 사회에서 특정신의 이름으로 맹세하는 것은 맹세에 언급된 신이 맹세자의 삶에 중요하고 결정적인 신임을 공언하는 행위였다. 야웨의 이름으로 맹세한다는 것은, 야웨만이 이스라엘에게 결정적으로 중요하고 살아 계신 하나님이라고 고백하는 행위였다. 다른 신들의 이름으로 맹세하는 것은, 다른 신들이 자신의 인

생에 주권적 간섭을 할 수 있다고 고백하는 것이며, 다른 신들에게 충성을 공언하는 행위가 되는 것이다. 고대 수메르의 한 신하는 자신은 자신이 섬기는 수메르 왕 이외에 다른 왕의 이름으로 맹세하지 않았음을 공언하기도 했다.[16] 이처럼 이스라엘은 자신들을 위하여 크고 두려운 일을 행하신 야웨 하나님만을 부단히 찬송하여야 한다. 야웨 하나님이 이스라엘의 찬송이라는 말은, '이스라엘에게 찬양받으시는 하나님'이라는 뜻도 되고, '이스라엘로 하여금 찬양하게 하시는 하나님'이라는 뜻도 된다(21절). 야웨 하나님을 찬양하는 삶이 이스라엘의 존재 이유다. 이스라엘은 하나님을 찬양하기 위해 창조된 백성이다(사 43 : 21).

## 설교를 위한 묵상

신명기는 의식 중심의 인간종교의 허상을 정확하게 간파하며 지극히 내면적 진실을 쏟는 종교를 주창한다. 레위기의 그 꼼꼼한 제사지침, 정결지침을 전혀 요구하지 않고, 나눠지지 않은 존재 전체를 하나님께 드릴 것을 명한다. 신명기의 중심음은 쉐마다. 쉐마는 하나님을 마음을 다하고 뜻을 다하고 힘을 다하여 사랑하고 섬기라고 명한다. 신명기에서는 '사랑하라'(2인칭 명령)는 동사의 목적어가 거의 대부분 '너희들의 하나님 야웨'이다. 전존재적 하나님 사랑 요구계명은 정형화된 구문으로 등장한다.

신명기 11 : 13(לְאַהֲבָה אֶת־יהוה אֱלֹהֵיכֶם) 러아하바 엩-야웨 엘로헤켐 :
'너희들의 하나님 야웨를 사랑하라.'
신명기 11 : 22(לְאַהֲבָה אֶת־יהוה אֱלֹהֵיכֶם) 러아하바 엩-야웨 엘로헤켐 :
'너희들의 하나님 야웨를 사랑하라'
신명기 19 : 9(לְאַהֲבָה אֶת־יהוה אֱלֹהֶיךָ) 러아하바 엩-야웨 엘로헤카 :
'너의 하나님 야웨를 사랑하라'

---

16) Tigay, *Deuteronomy*, 80-81.

신명기 30 : 6(לְאַהֲבָה אֶת־יהוה אֱלֹהֶיךָ) 러아하바 엩–야웨 엘로헤카 :
'너의 하나님 야웨를 사랑하라'

신명기 30 : 16(לְאַהֲבָה אֶת־יהוה אֱלֹהֶיךָ) 러아하바 엩–야웨 엘로헤카 :
'너의 하나님 야웨를 사랑하라'

신명기 30 : 20(לְאַהֲבָה אֶת־יהוה אֱלֹהֶיךָ) 러아하바 엩–야웨 엘로헤카 :
'너의 하나님 야웨를 사랑하라'

이처럼 신명기는 사랑을 요구하는 야웨 하나님을 유난히 강조한다. 그래서 사람들은 흔히 질문한다. '하나님께서 무엇이 부족해서 그렇게 사랑해 달라고 요구하실까? 그것도 전심으로 사랑해 달라고? 과연 하나님같이 크신 분이 과연 인간의 사랑을 받아야 할 만큼 결핍감이나 고독에 시달리는가?' 토마스 아퀴나스의 「신학대전」은 아마도 삼위일체 하나님의 본성에 대해 가장 사변적인 질문들을 많이 제기하고 다룬 책일 것이다. 아퀴나스는 삼위일체 하나님은 교제의 하나님, 충만의 하나님이자 절대자유의 하나님이시기에 결핍이나 고독을 극복하기 위해 어떤 외부의 존재를 요청하지 않음을 재미있게 설명했다. 하나님을 마음을 다하고 뜻을 다하고 힘을 다해 사랑하고 섬긴다는 말은 사랑의 위계질서를 의미한다. 하나님부터 전심으로 사랑하여야 나머지 존재들에 대한 사랑이 가능하고 건전해지기 때문이다. 최고 가치인 하나님 사랑에 전 존재의 의지와 자원을 다 쏟아부어야 최고 가치 바로 아래의 대상들에게 순차적으로 사랑이 부어질 수 있기 때문이다. 하나님은 인간을 그렇게 창조해 놓으셨다. 하나님은 인간을 창조하셨을 때 하나님을 먼저 전적으로 사랑해야만 이웃과 만물을 안전하고 거룩하게 사랑할 수 있도록 설계하셨다. 하나님을 전 존재적으로 사랑하여야 사랑의 대상이 되는 존재들에게 노예적 굴종이나 집착을 하지 않게 된다. 하나님을 사랑하여야 하나님이 사랑하는 방식으로 사랑하는 방법을 배운다. 하나님은 우리 인간의 행복을 극대화하기 위해 하나님을 전 존재적으로 먼저 사랑하라고 하신다. 마가복음 10장의 부자 청년은 십계명 준수 시험은 통과한 듯했으나 이 쉐마 준행 시험에서 실족한다(막 10 : 17–22 ; 마 19 : 16–22 ; 눅 18 : 18–23). 마음, 뜻, 힘을 다 동원한 하나님 사랑에 실패한 것이다. '마음을 다해'는 내면의 결단을 가리킨다. 사람들은 마음속에 일어나는 그 결단을 알아차릴 수 없을지도 모른다. 마음은 분산되기 쉽다. 몸은 바깥에 드러나 있어서 정직하다. 내 손이 남의 물건을 훔친다면 그것은 절도행위다. 내 마음이 절도가 아니라고 강변해도 소용없다. 그런데 마음은 분산되고 갈라지고 뒤섞이기 쉽다. 마음의 영역에는 거짓이 끼어들 여지가 많다. 마음을 다한다는 말은 집중시키고, 한 가지 목표로 결집시키는 행위다. 하나님을 마음을 다해 사랑한다는 말은 마음의 내적 성소에 다른 경쟁자가 끼어들어서는 안 된다는 말이다. 다른 신들이 마음에 틈타 들어오지 못하게 하여야 한다. 마음은 이해와 납득과 수긍을 관장한다. 하나님을 마음을 다해 사랑하라는 명령은 하나님의 마음에 공감이 되어 하나님의 뜻을 이해하고 하나님 명령을 준행하라는 말이다. 뜻을 다하는 것은 마음의 내적 결단을 집행하는 '의지적' 행동이다. 모아지고 집중된 마음을 하나님께 바치는 것이다. 의지적이고 일관성이 있는 하나님 계명 순종이다. 온 마음으로 공감되고 납득되는 하나님 요구와 계명을 의지적으로 실천하는 것이다. 마지막으로 힘을 다하여 사랑하는 것은 자신이 가진 모든 재능, 직장, 재산, 인맥, 관계 등을 총동원해 하나님 계명을 준행하는 것이다. 에스더는 자신의 황후 지위를 이용해 민족전멸의 위기에서 동포들을 구출했다. 마가복음 10장의 부자청년은 돈이 많았는데 그 돈이 그가 동원할 수 있는 힘이었다. 그가 돈을 다 하나님께 바쳐서 가난한 자들을 위한 구제의 배낭에 털어 넣을 수 있었다면(눅 12 : 33) 하나님 전폭 사랑의 계명인 쉐마를 '힘'을 다하여 지킬 수 있었을 것이다. 많은 '힘'을 가진 사람이 '힘을 다하여' 쉐마를 지키려면 고통이 수반될 가능성이 크다. 자신이 정치지도자로서 권세가 있다면 그 권세는 하나님 계명 준행을 위해 바쳐져야 한다. 이렇게 전 존재로 하나님을 사랑하여야 인간은 행복해질 수 있다. 그래서 신명기는 쉐마가 단지 하나님을 기쁘게 하려는 뜻에서만 주어진 것이 아니라 인간 자신의 행복을 극대화하시기 위한 하나님의 배려임을 강조한다(10 : 13). 하나님을 전폭적으로 사랑해 본 사람은 하나님과 자신의 마음이 포개지고 결속되는 내적 희락을 맛본다. 하나님은 절대주권적 자존자이면서도 인간의 사랑을 받고 기뻐하실 정도로 겸손하고 우정과 교제에 민감하시다. 하나님은 인간이 믿음으로 나아갈 때, 인간이 전 존재적으로 사랑해 드릴 때 기뻐하신다. 창조주 하나님은 인간이 겸손하게 당신을 경배하고 그 계명을 이해하고 준행할 때 사랑받는다고 느끼신다. 하나님이 사랑받는다고 느끼시는 가장 현저한 영역이 가난한 이웃 사랑이다. 하나님의 백성이 하나님의 긍휼과 동정을 자아낼 정도로 비참하게 사는 가난한 사람들을 하나님을 섬길 때처럼 섬기고 돌볼 때 하나님은 사랑받는다고 느끼신다. 반면에 유력자들이 가난한 사람들을 멸시할 때 하나님은 모욕당하고 멸시당한다고 느끼신다(잠 14 : 31 ; 17 : 5 ; 비교. 잠 19 : 17 ; 28 : 27). 이웃 사랑이야말로 하나님의 마음을 표현하고 실감하며 마침내 하나님과의 강력한 언약적 유대를 느끼게 만드는 쉐마실천장이다. 10 : 19은 '사랑하다'는 동사의 주어가 2인칭 복수형이며 목적어가 '게르'〈גֵּר〉[17]임을 보여 준다(바아합템〈וַאֲהַבְתֶּם〉, '너희들은 게르를 사랑하라'). '사랑하다'의 목적어는 '하나님'과 '게르'다. 사회적 최약층인 '게르'는 이스라엘의 이웃 사랑 계명 준행 여부를 결정짓는 시금석이다. 게르가 이스라엘 사람에게 사랑을 받았다고 증언해야 이스라엘의 이웃 사랑 계명이 준행된 것이다. 사회경제적으로 자기 보호 장치가 없는 이웃들을 사랑해야 하는 근본 목적은 우리 하나님 야웨를 영화롭게 하기 위함이다. 이스라엘의 이웃 사랑은 하나님의 가난한 이웃 사랑에 보조적으로 참여하는 이웃 사랑인 것이다. 가난한 이웃을 돌보고 사랑하는 이 행위가 바로 야웨를 경배하고 섬기는 예전적 행위다. 이처럼 이웃 사랑은 우리 하나님의 거룩하심과 보편적 사랑에 수렴하는 실천이다(마 5 : 48). 원수, 동포, 형제, 이웃 모두 다 제한된 자원을 놓고 함께 나누어 쓰며 공동체를 일구어야 할 동역자들이다. 이웃 사랑이 없는 사회는 자기해체적인 사회다. 이 세상은 불완전하지만 이웃 사랑의 고리로 연결되어 있다. 계급적, 계층적, 인종적, 이데올로기적, 종교적 장벽도 이웃 사랑의 거대한 실험 앞에 장애가 될 수 없다. 이웃 사랑 계명은 참으로 현실적이며 실천 가능한 계명이다. 이웃 사랑에 투신된 사람에게는 사랑할 이웃을 반드시 구체적으로 허락하실 것이다. 특히 신명기 10 : 18은 "고아와 과부를 위하여 신원하시며 나그네(게르)를 사랑하사 그에게 식물과 의복을 주시나니"(개역한글)라고 말한다.[18] 신명기 율법에서는 '객'을 의미하는 단어 '게르'와 '너희가 애굽 땅에서 나그네 되었다'는 표현이 연결되어 나온다.

---

17) 게르(gēr)는 가나안 정복 과정에서 이스라엘에 합류한 원주민이거나 외지에서 온 전쟁/경제적 난민들이었다. 또한 게르가 애굽에서 종살이하던 이스라엘과 같은 처지의 사람들(출 22 : 21-2 ; 신 10 : 18 ; 14 : 29 ; 16 : 11, 14 ; 24 : 17, 19, 20-21 ; 26 : 12-13)로 묘사되는 것으로 보아 이스라엘의 혜택을 바라고 자발적으로 이스라엘 야웨 종교에 참여한 사람들일 것이다(시 94 : 6 ; 146 : 9 ; 사 56 : 3, 6 ; 렘 7 : 6 ; 22 : 3 ; 겔 22 : 7 ; 슥 7 : 10 ; 말 3 : 5).

18) 또한 신명기 14 : 29, "너희 중에 분깃이나 기업이 없는 레위인과 네 성중에 거류하는 객(גֵּר)과 및 고아와 과부들이 와서 먹고 배부르게 하라 그리하면 네 하나님 여호와께서 네 손으로 하는 범사에 네게 복을 주시리라"(참조. 신 24 : 14, 17, 19, 20, 21 ; 26 : 11, 12, 13 ; 27 : 19 ; 28 : 43 ; 29 : 11 ; 31 : 12).

이 객(나그네)에 대한 사랑이 네 몸과 하나님을 사랑하는 것처럼 소중한 의무 준행이다. 신명기 10장에서 하나님은 하나님에 대한 사랑을 사회경제적 약자에 대한 사랑으로 구체화시키지 않으면 그 사랑은 형이상학적 관념으로 증발될 것을 우려하신다. 고대 이스라엘의 예언자들도 사회적 약자들인 이웃을 외면하는 것은 사회경제적 불의를 행하는 것이며, 하나님을 배반하는 우상 숭배죄를 범하는 것이라고 단죄했다(암 2 : 4-5, 6-16 ; 3 : 1-2 ; 5 : 6-24 ; 호 4 : 6 ; 12 : 5-6 ; 사 1 : 2-17 ; 5 : 7, 20-25 ; 9 : 13 ; 10 : 1-4 ; 17 : 10 ; 58 : 5-11 ; 미 6 : 6-8, 9-16 ; 렘 2 : 6-8, 19 ; 4 : 1-4 ; 5 : 20-31 ; 6 : 10-15 ; 8 : 7-12 ; 22 : 13-17 ; 겔 18 : 21-23 ; 20 : 20).

## 8. 그리심산의 축복 또는 에발산의 저주로 소환된 이스라엘(11 : 1-32)

### 1) 출애굽 구원 대사 회고(11 : 1-7)

1그런즉 네 하나님 여호와를 사랑하여 그가 주신 책무와 법도와 규례와 명령
을 항상 지키라 2너희의 자녀는 알지도 못하고 보지도 못하였으나 너희가 오
늘날 기억할 것은 너희의 하나님 여호와의 교훈과 그의 위엄과 그의 강한 손
과 펴신 팔과 3애굽에서 그 왕 바로와 그 전국에 행하신 이적과 기사와 4또
여호와께서 애굽 군대와 그 말과 그 병거에 행하신 일 곧 그들이 너희를 뒤쫓
을 때에 홍해 물로 그들을 덮어 멸하사 오늘까지 이른 것과 5또 너희가 이곳
에 이르기까지 광야에서 너희에게 행하신 일과 6르우벤 자손 엘리압의 아들
다단과 아비람에게 하신 일 곧 땅이 입을 벌려서 그들과 그들의 가족과 그들
의 장막과 그들을 따르는 온 이스라엘의 한가운데에서 모든 것을 삼키게 하
신 일이라[19) ]7너희가 여호와께서 행하신 이 모든 큰일을 너희의 눈으로 보았

느니라

**[11 : 1-7]** 11장은 앞의 6~9장의 주요 관심사들을 맥락과 관점을 달리하면서 되풀이하고 있다. 11 : 1~7은 광야에서의 야웨의 연단과 섭리적 돌보심이라는 주제를 공유하는 8 : 1~6, 15~16을 되풀이한다. 11 : 1~7, 18~21은 자녀 세대들을 교육시키는 일의 중요성이라는 주제를 공유하면서 6 : 4~9, 20~25을 이어받고 있다. 11 : 6은 이스라엘의 광야시절 반역이라는 주제를 공유하면서 9 : 1~10 : 1을 이어받고 있다. 11 : 8~17은 비옥하고 기름진 땅을 하사하신 야웨 하나님이라는 주제를 공유하며 6 : 10~11과 8 : 7~10, 12~13을 이어받고 있다. 11 : 16, 28은 모든 다른 신들을 단호하게 배척하고 부정하는 하나님이라는 주제를 공유하면서 6 : 14~15, 7 : 4~5, 16, 25~26, 그리고 8 : 19을 이어받고 있다. 11 : 24~25은 야웨의 권능으로 대적들을 제압하는 이스라엘의 능력이라는 주제를 공유하면서 7 : 17~26을 이어받고 있다. 전체적으로 11장은 이스라엘의 미래가 그리심산 축복을 맛보게 될지 에발산의 저주를 맛보게 될지는 이스라엘이 '오늘' 내리는 결단, '오늘' 내리는 매 순간의 선택에 달려 있음을 분명히 한다.

11 : 1~7 단락은 출애굽 구원대사와 르우벤 자손 엘리압의 아들 다단과 아비람 반역을 진압하신 하나님의 심판대사를 회고하고 있다. 이 회고의 목적은 야웨 하나님께서 이스라엘 백성의 가나안 진군을 가로막는 외적(外敵) 뿐만 아니라 내부의 적을 친히 소탕했음을 밝히는 데 있다. 이렇게 엄청난 출애굽 구원대사를 일으켜 구원해 주신 야웨를 사랑하고, 그가 주신 책무(미

---

19) 6절의 개역개정 번역은 거의 오역에 가깝다. 강원주의 지적처럼 '삼키다'의 목적어가 불분명하게 처리되었다(op. cit., 32). 6절을 정확하게 번역하면 이렇다. '땅이 입을 벌려서 온 이스라엘 중에서 그들의 가족들과 그들의 장막들과 그들의 밭들 안에 있는 모든 살아 있는 것들(가축이나 어린 자녀들 혹은 기타 관할 재산들)과 함께(엩) 삼켜 버렸던 다단과 르우벤의 아들 엘리압의 후손 아비람에게 그가 행하신 일', '삼키다'의 목적어는 관계대명사 아쉐르의 선행사인 다단과 아비람이며 아쉐르 절에 나오는 '엩바테헴과 엩오할레헴 엩콜하여킴'의 '엩'은 모두 다 직접목적어를 도입하는 불변사가 아니라 '함께'를 의미하는 전치사다.

쉬메레트〈mišĕmereth〉=샤마르〈šāmar, 지키다〉 동사의 여성명사형)와 법도와 규례와 명령을 항상 지킬 마음을 불러일으키기 위함이다(1절). 이스라엘 백성의 자녀들은 이 출애굽 구원대사 현장에 없어 직접 목격하지 못했지만 부모 세대(출애굽 1세대)는 그들 스스로 목격한 하나님의 직접적인 구원대사들을 기억해야 한다. 호렙산에서 내려 주신 하나님 야웨의 교훈과 그의 위엄과 그의 강한 손과 펴신 팔과(2절) 애굽에서 그 왕 바로와 그 전국에 행하신 이적과 기사(3절), 또 애굽 군대와 그 말과 그 병거에 행하신 일 곧 그들이 이스라엘 백성을 뒤쫓을 때에 홍해 물로 그들을 덮어 멸하사 오늘까지 이른 것과(4절), 또 이스라엘이 모압 평지에 이르기까지 광야에서 행하신 일과(5절) 특히 르우벤 자손 엘리압의 아들 다단과 아비람에게 하신 일 곧 땅이 입을 벌려서 그들과 그들의 가족과 그들의 장막과 그들을 따르는 온 이스라엘의 한가운데에서 모든 것을 삼키게 하신 일을 기억해야 한다. 이 기억은 이스라엘 백성을 가나안 땅으로 인도하고자 하는 하나님의 일관된 열심을 마음에 새기는 기억이어야 하며, 이스라엘의 부단한 야웨 경외를 불러일으키는 기억, 그리고 기어코 이런 하나님의 가나안 인도 열심에 응답하여 가나안 땅에 들어가 차지하고자 하는 열심을 불러일으키는 기억이어야 한다.

### 2) 야웨께서 주리라고 맹세한 가나안 땅을 차지하라(11 : 8-17)

8그러므로 너희는 내가 오늘 너희에게 명하는 모든 명령을 지키라 그리하면
너희가 강성할 것이요 너희가 건너가 차지할 땅에 들어가서 그것을 차지할
것이며 9또 여호와께서 너희의 조상들에게 맹세하여 그들과 그들의 후손에게
주리라고 하신 땅 곧 젖과 꿀이 흐르는 땅에서 너희의 날이 장구하리라 10네
가 들어가 차지하려 하는 땅은 네가 나온 애굽 땅과 같지 아니하니 거기에서
는 너희가 파종한 후에 발로 물 대기를 채소밭에 댐과 같이 하였거니와 11너희
가 건너가서 차지할 땅은 산과 골짜기가 있어서 하늘에서 내리는 비를 흡수

하는 땅이요 12네 하나님 여호와께서 돌보아 주시는 땅이라 연초부터 연말까
지 네 하나님 여호와의 눈이 항상 그 위에 있느니라 13내가 오늘 너희에게 명
하는 내 명령을 너희가 만일 청종하고 너희의 하나님 여호와를 사랑하여 마
음을 다하고 뜻을 다하여 섬기면 14여호와께서 너희의 땅에 이른 비, 늦은 비
를 적당한 때에 내리시리니 너희가 곡식과 포도주와 기름을 얻을 것이요 15또
가축을 위하여 들에 풀이 나게 하시리니 네가 먹고 배부를 것이라 16너희는
스스로 삼가라 두렵건대 마음에 미혹하여 돌이켜 다른 신들을 섬기며 그것에
게 절하므로 17여호와께서 너희에게 진노하사 하늘을 닫아 비를 내리지 아니
하여 땅이 소산을 내지 않게 하시므로 너희가 여호와께서 주신 아름다운 땅
에서 속히 멸망할까 하노라

**[11 : 8-17]** 이 단락은 이스라엘이 가나안 땅에 들어가 그 땅을 차지하게 될 조건을 말하고 가나안 땅의 자연지리, 기후 정보를 제공한다. 가나안 땅이 얼마나 아름답고 탐스러운 땅인가를 강조하기 위한 다채로운 가나안 땅 묘사가 인상적인데, 애굽 땅과의 비교가 이뤄진다. 8~9절은 선(先) 야웨 명령 준수, 중(中) 강성, 후(後) 가나안 정복과 가나안 정착기간의 장구화의 논리를 제시한다. 이런 논리의 끝에 '선(先) 야웨 명령 준수'와 '중(中) 강성'의 조건이 충족되면 젖과 꿀이 흐르는 땅에서 이스라엘은 오랫동안 살게 될 것이다(9절). 10~15절은 농경에 유리한 가나안 땅의 자연지리, 기후 조건 등을 말한다. 이스라엘로 하여금 가나안 땅을 탐내어 차지하고 싶은 마음이 일어나도록 진술한다. 파종한 후에 채소밭에 발로 관개(灌漑)하였던 애굽 땅과 달리(10절), 이스라엘이 건너가서 차지할 가나안 땅에는 강과 같은 자연관개시설이 없다. 가나안 땅은 산과 골짜기가 있어서 하늘에서 내리는 비를 흡수하는 땅이요(11절), 하나님 야웨께서 돌보아 주시는 땅이라 연초부터 연말까지 하나님 야웨의 눈이 항상 그 위에 있는 땅이다(12절). 하나님의 매시 매초의 감찰이 작동하는 땅이다. 즉, 하나님을 믿고 의뢰하는 신앙농법이 더욱 중요한 농경작

법이 된다. 13~15절은 농경과 목축업에 유리한 자연적 조건이 야웨와의 관계에 의해 결정됨을 말한다. '오늘' 이스라엘이 바로 야웨의 명령을 청종하고 하나님 야웨를 사랑하여 마음을 다하고 뜻을 다하여 섬기면(13절), 야웨께서 땅에 이른 비, 늦은 비를 적당한 때에 내리실 것이며 그 결과 곡식과 포도주와 기름을 얻을 것이며(14절), 또 가축을 위하여 들에 풀이 나게 하셔서 이스라엘이 먹고 배부르게 될 것이다(15절). 하나님의 복 주심으로 말미암아 풍요와 포만이 찾아온다. 불길한 징조를 띤 풍요와 포만이다. 풍요와 포만이 목이 곧은 백성, 과거의 사건으로부터 훈계를 배우지 못한 죄악 된 인간성에는 배교와 일탈의 올무가 된다. 그래서 16~17절은 이 가능성을 즉시 경고한다. 하나님의 은혜와 복 주심으로 번영을 누린 이스라엘이 마음에 미혹을 받아 다른 신들을 섬기며 절하다 결국 야웨가 주신 아름다운 땅에서 속히 멸망당할 가능성을 경고하는 것이다. 호세아 전체가 바로 이 역설적인 논리에 빠져 급히 망해 버린 북왕국 에브라임의 멸망사를 압축적으로 보여 준다. 이스라엘은 야웨의 복 주심으로 풍요와 포만이 찾아올 때 '너희 스스로 삼가야' 한다. 다른 신들의 유혹과 미혹을 경계해야 한다. 이스라엘 왕국과 유다 왕국의 역사, 그 이전의 200년 동안의 사사기 역사는 하나님의 백성이 얼마나 주변 사면의 다른 신들을 쉽게 따르고 섬기며 그 결과 원수대적의 압제로 고생하며 마침내 쇠락해 가는가를 생생하게 보여 준다. 다른 신들(바알과 아세라)[20]을

20) 바알과 아세라, 돌기둥(마체바)은 사사 시대부터 열왕기하 시대까지 이스라엘의 심장을 갉아먹던 이단이었다. 풍요, 다산, 안전 보장의 신으로 불리던 이 신들은 가나안 원주민들에게 숭배되던 주신(主神)들이었다. 요시야 종교개혁 때 바알과 아세라 제의와 깊은 관련이 있는 미동(美童)의 집(남창)과 음행 제의 관련 여사제들을 척결했다. 바알은 고대 시리아-페니키아 지역에서 숭배된 셈족(族) 고유의 남신(男神)으로서 그의 배우자 신이 아세라/아스다롯 등으로 불린다. 바알은 '주'(主)/'남편' 또는 '소유자'를 의미한다. 페니키아 신화에서는 바알이 각 도시의 수호신으로 숭배되었는데, 페니키아인이 팔레스타인 남부 네게브 지방에서 지중해 연안으로 이주한 때에 처음으로 나타난다. 또 시리아 북부 도시 우가릿에서 발견된 라 샤라 문서(文書)에서는 대기와 구름과 폭풍의 신인 하다드(Hadad)로 그려져 있다. 바알은 태양의 주신(主神)인 엘 다음으로 위대한 신이며, 엘보다도 더 역동적이다. 실세 사무총장급 혹은 실세 총리급 주신(主神)으로서 바알은 혼돈세력(모트, 얌)과의 전쟁을 치르고 승리한 후에 최고 신의 자리에 오른다. 바알은 천둥으로 무장하여, 번개를 나타내는 창을 땅에

섬기는 이유는 그들이 야웨보다 더 진정한 의미의 풍요와 다산의 신이라고 믿었기 때문이다. 이런 어처구니없는 배교에 대한 하나님의 응답은 하늘을 닫아 비를 내리지 않는 것이다(17절). 자연관개 시설이 없는 가나안 땅에서는 농사와 목축의 성공은 하늘에서 내리는 비에 달려 있다. 이른 비는 10~11월의 파종을 위한 비이며, 늦은 비는 3~4월의 추수를 위한 비다. 비는 하나님이 통제하시는 자연조건으로 이스라엘의 땅 자체를 옥토로 바꿀 수도 있고 황무지로 바꿀 수도 있다. 위로부터 임하는 하나님의 은혜의 비를 받지 못하는 인생은 그 자체가 황무지다. 은혜를 받은 마음밭만이 30, 60, 100배의 결실을 맺는다(막 4장). 비를 받아 마시지 못하는 땅은 기근을 겪고 농업생산은 급감되고 가축은 목초지를 구하지 못해 다 죽는다. 이런 경우에는 외부침략자가 없어도 망한다. 세계 역사적으로 볼 때 하나님께서는 한 왕조나 나라, 혹은 문명 전체를 멸망시키려고 작정하셨을 때는 3년 연속 기근과 가뭄을 보내셨다. 기근과 가뭄으로 절망에 내몰린 자작 자영 농민들이 왕실과 나라 전체의 통치권이 하늘과 불화에 빠진 것으로 여겨 반란을 일으키고 결국 왕조와 나라는 멸망당한다. 하나님의 우로 같은 은혜 없는 인생은 황무지다.

### 3) 복과 저주의 갈림길에 선 이스라엘(11 : 18–32)

> 18이러므로 너희는 나의 이 말을 너희의 마음과 뜻에 두고 또 그것을 너희의
> 손목에 매어 기호를 삼고 너희 미간에 붙여 표를 삼으며 19또 그것을 너희의
> 자녀에게 가르치며 집에 앉아 있을 때에든지, 길을 갈 때에든지, 누워 있을
> 때에든지, 일어날 때에든지 이 말씀을 강론하고 20또 네 집 문설주와 바깥 문

---

딛고 암소에 올라탄 모습으로 표현된다. 이집트 고(古)왕국에서도 외래(外來)의 신으로서 숭배되었고, 구약성서는 토지소유자로 간주되는 신들의 총칭으로서 바알의 이름을 인용하고 있는데, 거기서는 곡물, 과실, 가축 등의 결실 및 성장을 주관하는 신으로 숭배되었다. 이 바알 신앙이 차츰 야웨 신앙을 혼란케 하였기 때문에 주전 8세기의 예언자들로부터 바알 숭배는 우상 숭배라는 낙인이 찍혀 배격되었다(미 6 : 16, 오므리의 율례는 바알 대지주 제도 도입을 지칭).

에 기록하라 21그리하면 여호와께서 너희 조상들에게 주리라고 맹세하신 땅
에서 너희의 날과 너희의 자녀의 날이 많아서 하늘이 땅을 덮는 날과 같으리
라 22너희가 만일 내가 너희에게 명하는 이 모든 명령을 잘 지켜 행하여 너희
의 하나님 여호와를 사랑하고 그의 모든 도를 행하여 그에게 의지하면 23여호
와께서 그 모든 나라 백성을 너희 앞에서 다 쫓아내실 것이라 너희가 너희보
다 강대한 나라들을 차지할 것인즉 24너희의 발바닥으로 밟는 곳은 다 너희의
소유가 되리니 너희의 경계는 곧 광야에서부터 레바논까지와 유브라데 강에
서부터 서해까지라 25너희의 하나님 여호와께서 너희에게 말씀하신 대로 너
희가 밟는 모든 땅 사람들에게 너희를 두려워하고 무서워하게 하시리니 너희
를 능히 당할 사람이 없으리라 26내가 오늘 복과 저주를 너희 앞에 두나니
27너희가 만일 내가 오늘 너희에게 명하는 너희의 하나님 여호와의 명령을 들
으면 복이 될 것이요 28너희가 만일 내가 오늘 너희에게 명령하는 도에서 돌
이켜 떠나 너희의 하나님 여호와의 명령을 듣지 아니하고 본래 알지 못하던
다른 신들을 따르면 저주를 받으리라 29네 하나님 여호와께서 네가 가서 차지
할 땅으로 너를 인도하여 들이실 때에 너는 그리심산에서 축복을 선포하고
에발산에서 저주를 선포하라 30이 두 산은 요단강 저쪽 곧 해지는 쪽으로 가
는 길 뒤 길갈 맞은편 모레 상수리나무 곁의 아라바에 거주하는 가나안 족속
의 땅에 있지 아니하냐 31너희가 요단을 건너 너희의 하나님 여호와께서 너희
에게 주시는 땅에 들어가서 그 땅을 차지하려 하나니 반드시 그것을 차지하
여 거기 거주할지라 32내가 오늘 너희 앞에 베푸는 모든 규례와 법도를 너희
는 지켜 행할지니라

**[11 : 18–32]** 18~22절은 쉐마를 되울리고 있다. 쉐마에 대한 순종 여부가 가나안 땅 정복 성취 여부를 결정한다. 18~20절은 6 : 6~9를 거의 반복하고 있다. 하지만 18절의 '나의 이 말'은 여기서는 11 : 1~17의 말씀이다. 그것은 출애굽 구원사 은혜, 가나안 땅 정복과 장구한 정착 조건으로 제시된 야웨의

모든 책무, 명령, 법도 준수를 명령하는 말씀 등을 가리킨다. 그런데 이 모든 권계적 설교들을 쉐마의 확장이라고 본다면 결국 '이 말'은 쉐마라고 볼 수도 있다. 이스라엘 백성은 야웨의 심장에서 우러나오는 권계의 말씀을 마음과 뜻에 두고 또 그것을 손목에 매어 기호를 삼고 미간에 붙여 표를 삼으며(18절), 또 그것을 자녀에게 가르치며 집에 앉아 있을 때에든지, 길을 갈 때에든지, 누워 있을 때에든지, 일어날 때에든지 이 말씀을 강론하고(19절), 또 집 문설주와 바깥문에 기록하여야 한다(20절). 야웨의 모든 권계의 말씀을 준행하는 순서와 논리가 중요하다. 첫째, 마음과 뜻에 두어야 한다. 내면적 저장이다. 둘째, 개인적으로 모두 그것을 손목에 기호로 착용하고 미간에 붙여 표를 삼아야 한다. 손으로 하는 모든 행동은 야웨의 모든 권계 감찰 아래 이뤄져야 하고 눈으로 보는 활동 또한 쉐마의 감독 아래 이뤄져야 한다. 부모가 개인적으로 쉐마를 인격과 본성의 일부로 삼으면 그다음 자녀들에게 가르쳐야 한다. 집에 있을 때, 길을 걸어갈 때, 누워 있을 때, 일어날 때 쉐마를 강론하여야 한다. 강론은 납득시켜 설명하는 것이다. 자녀의 동의와 승인을 받아가며 가르치라는 것이다. 이 경우 자녀의 질문 제기권은 존중되어야 한다. 자녀의 인격권을 침해하면서 강압적으로 주입하는 것이 아니라 강론하여야 한다. 강론은 '림마드'(limmad : '배우다', '가르치다'를 의미하는 '라마드'〈lāmad〉의 강세능동 피엘)를 의미한다. 습득시킨다는 말이다. 가르침의 근본과 세목을 잘 납득시켜 자녀가 스스로 받아들이도록 하는 것이 강론이다. 자녀가 어떤 자세로, 어떤 위치에 있든지 강론하는 것이다. 각각의 위치와 상황을 고려한 강론을 하라는 말이다. 그런 연후에 가정 전체를 쉐마의 가르침으로 인테리어 공사를 해야 한다. 문설주와 바깥문에 이 쉐마를 부착하여 집 밖의 생활도 쉐마의 감찰과 지도 아래 놓이도록 하라는 것이다.

이 쉐마의 개인적 습득, 자녀 세대 전수, 각 가정집 중심 처소의 쉐마 부착을 통해 이스라엘 백성의 사회생활이 쉐마의 감독 아래 영위된다면 야웨께서 이스라엘 조상들에게 주리라고 맹세하신 땅에서 이스라엘은 장구하게 거주할 것이며, 그들의 자녀들도 장구한 세월 가나안 땅을 누리게 될 것이다. 하늘이 땅 위에 떠 있는 한, 그들의 가나안 땅 향유는 영속될 것이다(21절). 이는 "하늘이 땅을 덮는 날과 같으리라"는 '키메 하샤마임 알-하아레쯔'(kîmê haššāmayim 'al-hā'āreṣ)를 번역한 구문이다. '하늘이 땅 위에 있는 날만큼'이라는 뜻이다. 하나님이 땅 위 궁창에 하늘을 세웠다. 이것이 창조질서다. 하나님이 만드신 창조질서가 유지되는 한, 이스라엘과 그 자녀들은 가나안 땅을 차지하고 향유할 것이라는 뜻이다. 이처럼 이스라엘 백성이 모세를 통해 명령된 이 모든 명령을 잘 지켜 행하여 하나님 야웨를 사랑하고 그의 모든 도를 행하여 그에게 의지하면(22절), 야웨께서 친히 그 모든 나라 백성을 이스라엘 앞에서 다 쫓아내실 것이다(23절). 그래서 이스라엘은 자신들보다 더 강대한 나라들을 차지할 것이다(hôrîš, '상속하다'를 의미하는 야라쉬〈yāraš〉의 사역동사〈dispossess〉). 여기서 차지한다는 말은 가나안 원주민들을 진멸하는 인적인 소거작업을 한다는 의미라기보다는 가나안 땅의 지배권, 통치권을 장악한다는 말이다. 진멸되지 않은 원주민들은 이스라엘의 종과 하급거류민 지위로 강등됨을 의미한다.

24~25절은 야웨의 법도와 명령을 준행한 거룩한 이스라엘 백성이 가나안 땅에서 천하무적의 위세를 떨칠 것을 말한다. 이스라엘 백성이 발바닥으로 밟는 곳은 다 그들의 소유가 되고, 그들이 차지할 땅의 경계는 남쪽의 광야에서부터 북쪽의 레바논까지와 동쪽의 유브라데 강에서부터 서해(지중해)까지 이를 것이다(24절). 여기서 중요한 것은 이스라엘의 영토 확장은 야웨의 모든 법도와 계명을 준수하는 그 이스라엘의 확장을 의미한다는 것이다. 하나님께서 이스라엘 백성으로 하여금 닥치는 대로 이민족을 정복하고 깃발을 꽂는 칭기즈 칸과 같은 방식의 무절제한 정복을 용인하거나 부추긴 것이 아니다. 하나님의 입장에서 볼 때는 야웨의 모든 법도와 계명을 지키는 이스라엘이 가나안 땅의 지배권을 갖는 것이 가나안 땅 전체로 볼 때 더 공의로운 질서인 것이다. 이스라엘의 영토 확장은 엄격한 의미에서 야웨의 법도와 규

례가 시행되는 영토의 확장이므로 하나님 통치권의 확장, 즉 하나님 나라의 확장인 것이다.

야웨의 법도와 규례, 명령과 증거를 다 지키고 구현한 이스라엘 백성은 그들이 밟는 모든 땅의 원주민들에게 두려움과 공포를 안겨 준다. 막강한 위력과 파죽지세의 권세 앞에 원주민들은 주눅이 든다. "너희의 하나님 여호와께서 너희에게 말씀하신 대로 너희가 밟는 모든 땅 사람들에게 너희를 두려워하고 무서워하게 하시리니 너희를 능히 당할 사람이 없으리라"(25절). 여리고 성의 기생 라합(수 2, 6장)과 기브온 족속(수 9장), 모압 왕 발락(민 22-24장) 등은 폭풍처럼 쇄도하는 이스라엘 백성들의 강습을 보고 기가 질렸다. 질풍노도처럼 밀어닥치는 이스라엘 백성의 가나안 쇄도에 대한 한 가나안 원주민이 보인 반응을 보라.

"또 그들이 눕기 전에 라합이 지붕에 올라가서 그들에게 이르러 말하되 여호와께서 이 땅을 너희에게 주신 줄을 내가 아노라 우리가 너희를 심히 두려워하고 이 땅 주민들이 다 너희 앞에서 간담이 녹나니 이는 너희가 애굽에서 나올 때에 여호와께서 너희 앞에서 홍해 물을 마르게 하신 일과 너희가 요단 저쪽에 있는 아모리 사람의 두 왕 시혼과 옥에게 행한 일 곧 그들을 전멸시킨 일을 우리가 들었음이니라 우리가 듣자 곧 마음이 녹았고 너희로 말미암아 사람이 정신을 잃었나니 너희의 하나님 여호와는 위로는 하늘에서도 아래로는 땅에서도 하나님이시니라"(수 2 : 8-11).

26~32절은 '오늘' 이스라엘 백성에게 두 갈래의 선택 중 하나를 선택하라고 명하는 모세의 격정에 찬 권면을 담고 있다. 이스라엘은 '오늘' 결단하여야 한다. '오늘' 결단이 이스라엘의 '내일'을 결정짓는다. 하나님은 이스라엘 앞에 복과 저주의 선택지를 제시하신다(26절). 만일 이스라엘 백성이 오늘 모세를 통해 명령되는 하나님 야웨의 명령을 들으면 복이 될 것이지만(27절), 야웨께서 명령하는 도에서 돌이켜 떠나 하나님 여호와의 명령을 듣지 아니하고 본래 알지 못하던 다른 신들을 따르면 저주를 받을 것이다(28절). 26~28절

세 절 모두에서 1인칭 돌출대명사 '아노키'('ānōkî)가 사용되고 있다. 야웨 하나님의 신적 1인칭 자아를 대신하는 모세가 이 인칭대명사를 돌출시켜 사용함으로써 하나님의 주도적인 행위를 강조하고 있다. 히브리어 구문에는 26절 앞에 '보라'(르우, Look)라는 영탄사가 문두에 있다. 이것은 비상한 주의를 환기시키는 영탄사다.

"[보라] 내가(아노키) 오늘 복과 저주를 너희 앞에 두나니 너희가 만일 내가(아노키) 오늘 너희에게 명하는 너희의 하나님 여호와의 명령을 들으면 복이 될 것이요 너희가 만일 내가(아노키) 오늘 너희에게 명령하는 도에서 돌이켜 떠나 너희의 하나님 여호와의 명령을 듣지 아니하고 본래 알지 못하던 다른 신들을 따르면 저주를 받으리라"

29~30절은 이 복과 저주의 선택의 엄중한 의미를 극화시켜 재현하라고 말한다. 하나님 여호와께서 이스라엘 백성이 차지할 땅으로 그들을 인도하여 들이실 때에 이스라엘은 그리심산에서 축복을 선포하고 에발산에서 저주를 선포함으로써 복과 저주 중 어떤 것을 선택할지를 결정하라고 압박하라는 것이다. 이 두 산은 요단강 저쪽 곧 해지는 쪽으로 가는 길 뒤 길갈 맞은편 모레 상수리나무 곁의 아라바에 거주하는 가나안 족속의 땅에 있다(30절). 이 두 산은 세겜을 분지로 만드는 서로 마주보는 산이다(수 24장 세겜 언약 갱신 제의). 그리심산 복 선언과 에발산 저주 선포는 27 : 11~26에서 부연되고 있다. 그리심산에서 순종-복 논리를 담은 축복문을 레위인들이 선포하면 이스라엘 백성들은 '아멘'으로 응답했고(27 : 12), 에발산에서 불순종-저주 논리를 담은 저주문을 들을 때에도 그들은 '아멘'으로 응답했다.

이제 모세를 통해 하나님께서는 이스라엘 백성이 확실히 요단을 건너 하나님 여호와께서 이스라엘 백성에게 주시는 땅에 들어가서 그 땅을 차지하여 정착하게 될 것을 인정하며, '오늘' 모세를 통해 공포된 모든 규례와 법도를 지켜 행할 것을 다시 명령한다(31절). 31절 첫 소절에서 2인칭 복수인칭대명사 '아템'('atem)이 돌출적으로 사용되어, '다른 사람들이 아닌 너희들이야말로'의 의미를 부각시킨다. 가나안 땅 진입 사명을 부각시키는 어법이다.

이렇게 해서 5~11장에 담긴 모세의 둘째 강론은 종료된다. 결국 '으뜸 계명'인 쉐마에 대한 모세의 훈계적 강론은 11 : 26~31에서 끝난다. 이스라엘 앞에 놓인 축복과 저주의 두 길은 계약에 대한 순종 및 불순종 여부에 따라 예상되는 결과들을 규정하는 계약상의 상벌규정들이다. 이스라엘은 가나안 땅에 들어가서 그리심산과 에발산 산록(11 : 29)에서 축복 선언과 저주 선언을 동시에 듣게 될 것이다(신 27장).[21] 과연 이스라엘은 에발산의 저주선언을 따라 갈 것인가? 그리심산의 축복 선언으로 역사의 항로를 개척할 것인가? 하나님의 백성들은 순종과 불순종의 갈림길에서 매 순간 선택하며 그들의 미래를 엮어 가야 한다.

## 설교를 위한 묵상

왜 신명기는 다른 신들을 따르면 저주를 받는다는 말을 그토록 자주 하는가? 야웨 하나님은 너무 편협하지 않은가? 만일 야웨 하나님이 천지를 창조하신 대주재 유일하신 절대자라면 왜 다른 신들을 따라가는 인간의 종교적 일탈을 그토록 두려워하시는가? 어차피 다른 신들은 신도 아닌 헛것인데 헛된 우상들을 숭배하는 인간을 그냥 내버려 두면 될 일이지 그렇게 성가시게 저주를 하실까? 혹은 만일 다른 신들이 야웨 하나님보다는 열등하지만 신들의 세계에서는 나름대로 신으로 대접받고 활동한다면 하나님이 너무 지나치게 독선적이지 않은가? 즉, 다신교 만신전에서 하나님 야웨가 최고 대권을 가진 신일 뿐 다른 신들도 어차피 존재한다면 이스라엘이 다른 신들을 숭배하는 것이 뭐가 그리 나쁜가? 이스라엘이 하나님의 기업의 백성이라서 이스라엘의 다른 신 숭배만 하나님을 자극하는가? 다른 민족들이 다른 신들을 섬기고 경배하는 것은 하나님의 관심사가 아닌가?

---

21) 27 : 12은 그리심산에서 축복 선언이 있었음을 전제하나 27 : 11-26에는 저주 선언만 기록되어 있다.

신명기는 이런 산만하고도 진지한 질문에 답변을 준다. 첫째, 신명기가 말하는 '너희들이 본래 알지 못하던 다른 신들'(엘로힘 아헤림 아쉐르 로-여다템〈'ĕlôhîm 'ăḥêrîm 'ăšer lô-yĕdatem〉)은 다른 민족의 종교가 아니다. 단순히 다른 신들은 다른 민족들이 섬기는 신들이 아니라 이스라엘과 언약관계에 있지 않은 신들, 즉 이스라엘에게 어떤 구원의 전사(前史)나 은전(恩典)도 베풀어 준 적이 없는 낯선 존재들이다. 이스라엘에게 경배와 충성, 신뢰와 경외를 요구할 어떤 권리도 갖지 못한 낯선 존재들이다. 이스라엘에게 하나님 노릇이나 해방의 주(主)나 구세주 역할을 해 준 적이 없는 도무지 낯선 존재들이다. 신명기 11 : 28이 '알지 못하던'이라고 말할 때 '알다'라는 단어는 종주-봉신조약에서 봉신이 종주에게 배타적 충성과 복종을 바치는 행위를 가리킬 때 사용하는 단어이며, 심지어 남녀 간의 성적 연합을 지칭할 때 사용하는 단어다. 가나안 민족들이 섬기는 신들은 이스라엘을 출애굽시키신 신도 아니며, 광야 40년 동안 먹이고 입히신 신도 아니요, 가나안 땅을 약속하며 선사하신 신도 아니다. 이스라엘에게 어떤 언약적 혜택을 덧입힌 종주(宗主)가 아닌 것이다. 따라서 이스라엘이 알지 못하는 신들이다. 고대 사회에서 자신에게 어떤 선행적(先行的) 은전이나 구원을 베풀지도 않은 종주에게 충성을 맹세하는 봉신은 없었다. 이스라엘에게 가나안 신들은 이런 의미로 낯설고 다른 신들이다. 이스라엘에게 어떤 종교적 기득권이나 요구를 해 올 권리가 없다. 둘째, 가나안의 다른 신들은 가나안 문명을 음란, 다산풍요숭배, 억압적 불평등 사회로 타락시킨 원죄를 지은 존재들이다. 이것은 가나안 신들이 실제로 존재하는 신들이라는 말이 아니라, 신들의 이름으로 가나안 족속들이 소돔과 고모라 같은 세상을 만들었다는 말이다. 따라서 야웨가 신명기 율법에서 꿈꾸는 이상 사회를 파괴할 수밖에 없는 신들이다. 야웨는 야웨와 언약을 맺은, 해방된 자유 농민들을 중심으로 압제나 불평등이 약화되거나 거의 사라진 사회를 꿈꾼다. 모세오경 특히 신명기는 시편 133편이 그리는 형제자매적 연합사회를 희구한다. 형제자매적 연합이 구축된 사회는 사회적 약자들도 숨쉴 곳이 있다. 참새와 제비도 새끼 둘 보금자리를 찾는 성전을 중심으로 야웨는 이스라엘의 왕이 되어 다스린다. 이스라엘의 이상 사회는 야웨를 아는 지식으로 가득 찬 '암 카도쉬'(거룩한 백성)가 주인이 되는 사회다. 암 카도쉬는 어떤 인간 전제왕권의 지배와 압제도 받지 않는 자유로운 백성이다. 왜냐하면 하나님이 선물로 주신 기업의 땅을 경작하는 자작자영농민들은 전제왕권을 필요로 하지 않기 때문이다. 다른 신들은 특권화된 왕, 귀족, 제사장 등 특권 지배층을 중심으로 사회를 여러 계급과 계층으로 분화하는 사회를 선호한다. 북왕국 오므리와 아합 왕이 바알과 아세라라는 다른 신들을 이스라엘에 도입하자마자 대규모 토지집중 지주제가 나타났다(미 6 : 16). 이스라엘 자유농민 나봇의 포도원을 아합 왕이 빼앗는 것을 정당화하고 지지하는 자들이 바알과 아세라라는 다른 신들이다. 다른 신들은 하나님이 희망하는 이스라엘 자유농민 공동체에 파괴적인 가치와 행동, 파괴적인 종교와 사회체제를 강요한다. 다른 신들은 탐욕과 음란, 풍요와 다산 숭배를 조장하면서 야웨 하나님이 그토록 강조하는 공평과 정의, 자비와 긍휼의 가치를 파괴한다. 결국 다른 신들은 다른 민족의 신이 아니라 인간을 비인간화시키고 하나님의 이름을 욕되게 하는 신이다. 다른 신들은 이스라엘 언약공동체를 파괴하고 언약공동체 구성원들을 양극화시킨다. 자유농민이 부채로 소작인이 되고 지주의 임(賃)노동자가 되면 이스라엘 땅을 지킬 애국심의 세포가 파괴되는 것과 같다. 임노동자, 혹은 박탈당한 소작인이 더 악성 진화되면 강도떼가 되고 난민이 되어 이스라엘 땅을 떠나게 된다. 인구수가 줄어들면 나라는 망한다. 헤로도토스(Herodotos)의 「역사」는 30만 명의 페르시아 대군을 10만 명도 안 되는 그리스의 도시국가 동맹국연합군이 이길 수 있었던 이유는, 자유의 가치를 아는 그리스 자유농민 출신 군인들 덕분이었다고 분석한다. 자유농민은 땅을 가질 때 자유를 누리는 농민이다. 하나님이 선사한 재산인 땅을 경작하는 농민만이 자유를 누리고 그런 자유농민만이 전시에는 애국심을 발휘하는 용사가 된다. 다른 신들은 이런 이스라엘 자유농민들을 대량학살하는 악한 종교와 정치 체제, 억압수탈 체제를 재가하고 지지한다. 그래서 다른 신들을 숭배하게 되면 이스라엘은 가나안 땅을 더 이상 누리지 못하게 된다. 결국 다른 신들의 숭배는 이스라엘이 가나안 정착 시대를 신속히 마감하게 될 것이다. 모세는 아직 가나안 땅에 들어가지 못한 이스라엘 백성에게 아름다운 땅에서 속히 멸망당할 가능성을 의식하면서 가나안 땅에 들어가라고 경고한다(11 : 9, 17). 신명기의 다른 신들은 오늘날 다른 민족들의 종교를 총칭하는 말이 아니다. 신명기는 타 종교에 대한 십자군적 정벌을 지지하지 않는다. 신명기는 이스라엘 자유농민을 파괴하고 죽이는 그런 억압적 사회 체제를 정당화하는 종교와 신들의 제단을 파괴할 것을 명한다. 신명기는 외국인, 외국문화나 종교에 대해 막연히 갖는 외국인 혐오증(제노포비아)을 결코 고취하지 않는다. 다른 신들이 지배하는 가나안의 억압적 도시국가 체제에서 소외되고 배척당하여 이스라엘 언약공동체로 피신한 노예나 난민들(게르)을 지극한 환대로 맞을 것을 명령한다. 신명기는 이스라엘을 생물학적 순혈주의 공동체로 만들려고 하지 않는다. 다인종, 다민족 합중국을 지향한다.

## B. 가나안 땅에 들어가서 지켜야 할 십계명의 실천 세칙으로서의 신명기 법전(12-26장)

신명기 12~26장은 다신교적이고 풍요로운 가나안 땅에서 야웨의 언약백성으로 살아가려고 할 때 반드시 준행하여야 할 세부적인 율법들을 담고 있다. 그 내용은 쉐마와 십계명의 확장적 적용에서 도출된 시행세칙들이다. 그 중에서도 12장은 '신명기 법전'(12-26장)의 서론장이다. 12~26장의 규례들과 판례법들 중 더러는 '계약법전'(the Covenant Code)이라고 불리는 출애굽기 21~23장의 보다 초기의 법도들과 규례들을 반복하지만, 전체적으로 다신교가 지배하는 가나안 땅 정착이 초래할 도전적 상황에 맞게 개정되거나 증보되었다. 포괄적으로 말하자면 12~26장이 어느 정도는 십계명의 확장적 적용이자 시행세칙적 율법이라고 불릴 정도로 십계명 순서에 상응하는 방식으로 편집되어 있지만, 어떤 규정이나 규례들은 십계명과 명시적으로 연결시키기 어려운 것들도 있다. 대략 12~16장은 십계명의 1~4계명의 확장적 적용이라고 불릴 정도로 첫 네 계명을 구체적으로 준행하는 데 긴요한 세목들을 보여준다. 특히 12 : 1~32, 14 : 22~29, 15 : 19~16 : 17 단원은 유일하신 하나님에 대한 일편단심의 예배와 그 함의를 다루고 있다. 12~26장의 율법들을 십계명의 순서에 따라 아래와 같이 나눠 볼 수 있을 것이다.[22)]

22) 왕대일은 신명기 12-26장이 다음과 같이 십계명 순서를 따르고 있다고 본다 : 1. 하나님 예배(12 : 2-28) ; 2. 다른 신을 따르려는 유혹(12 : 29-13 : 18) ; 3. 금지된 풍속(14 :

1. 예배법 및 제단법(1계명) : 모든 이방신들의 제단을 파괴하라. 질투하시는 하나님은 배타적인 충성을 원하시는 하나님이시다(12 : 1-32)
2. 거짓된 영적 중개자/배교선동자 배척 규정(1-3계명) : 예언자/꿈꾸는 자, 친족, 인근 마을이 거짓된 영적 중개자나 배교 선동자로 상정된다(13 : 1-18).
3. 이스라엘 성별 규정(2-3계명) : 가나안 장례 애도 문화 모방 금지, 정결한 식용음식과 불결한 음식 규정을 통해 정결/거룩을 함양하라(14 : 1-21).
4. 십일조법(4계명) : 레위인, 객, 고아, 과부를 공궤하라(14 : 22-29).
5. 안식일/면제년 제도(4계명) : 이방인/하층민/종을 공궤하라(15 : 1-18).
6. 맏아들/맏물 봉헌법(1-4계명) : 합당한 처소에서 제물을 드려라(15 : 19-23)
7. 3대 축제절기, 유월절, 칠칠절, 초막절(4계명) : 사회적 약자들을 윤택케 하는 야웨의 절기를 축성하라(16 : 1-17)
8. 영적 부모들인 신정통치의 대리자 규정(5계명) : 재판관/왕/제사장 규정(16 : 18-17 : 13 ; 17 : 14-20 ; 18 : 1-8)
9. 영적 간음 금지 규정(7계명) : 가나안 원주민들의 영매 관습 배척 규정(18 : 9-14).
10. 모세적 예언자 규정(5계명) : 영적 부모들인 정경적 예언자 규정(18 : 15-19)
11. 영적 간음을 부추기는 거짓 예언자 식별 규정과 참 예언자 식별법(7계명) : 예언자는 이스라엘의 일편단심을 야웨께 바치도록 유도하라(18 :

---

1-21) ; 4. 십일조와 절기(14 : 22-16 : 17) ; 5. 권위 있는 자들(16 : 18-18 : 22) ; 6. 죽임과 죽음(19 : 1-22 : 8) ; 7. 성과 순결(22 : 9-23 : 18) ; 8. 부와 재산(23 : 19-24 : 7) ; 9. 보호받아야 할 자와 처형되어야 할 자(24 : 8-25 : 4) ; 10. 형제의 아내와 이웃의 아내(25 : 5-19)("신명기, 어떻게 설교할 것인가?" 94차 구약학회 송년학술대회 발표문, 1-13 〈7쪽〉).

20-22).

12. 도피성 확보법(6계명) : 오살자(誤殺者)를 살인자로 단죄하지 말라(19 : 1-13).
13. 이웃의 땅을 탐내지 말라(10계명) : 이웃의 경계표 이동 금지 규정(19 : 14)
14. 거짓 증언을 경계하라(9계명) : 복수 증인 확보법(19 : 15-21)
15. 거룩한 전쟁법(6계명) : 가나안 정복전쟁과 살인 금지 계명의 차이(20 : 1-20).
16. 무죄한 자 피 속죄법(6계명) : 무죄한 자 피 흘린 혐의에서 벗어나는 규정(21 : 1-9)
17. 가정의 신성성을 보호하는 규정(5, 7계명) : 여자 포로 아내 삼는 규정, 소박맞은 아내의 장자상속 규정, 패역자 처리 규정(21 : 10-21)
18. 공동체적 삶에 관한 규정들(6-10계명) : 사회적 약자를 위한 자비 실천 규정(21 : 22-22 : 30)
19. 회중적인 삶에 대한 규정들(6-10계명) : 거룩한 백성 자격 규정의 배타성과 포용성(23 : 1-18)
20. 연약한 이웃, 약자 관련 규정들(6-10계명) : 이웃 사랑, 약자 배려법(23 : 19-25 : 19)
21. 만물 봉헌법과 매 3년 봉헌 십일조 처분법(1-5계명) : 참다운 예배는 수평적 나눔과 환대 축제로 승화된다(26 : 1-19).

## 1. 이방신들의 신상/제단을 파괴하라(12 : 1-32)

### 1) 가나안 일곱 부족 신들의 제단을 훼파하라(12 : 1-12)

1네 조상의 하나님 여호와께서 네게 주셔서 차지하게 하신 땅에서 너희가 평

생에 지켜 행할 규례와 법도는 이러하니라 2너희가 쫓아낼 민족들이 그들의
신들을 섬기는 곳은 높은 산이든지 작은 산이든지 푸른 나무 아래든지를 막
론하고 그 모든 곳을 너희가 마땅히 파멸하며 3그 제단을 헐며 주상을 깨뜨리
며 아세라 상을 불사르고 또 그 조각한 신상들을 찍어 그 이름을 그곳에서
멸하라 4너희의 하나님 여호와께는 너희가 그처럼 행하지 말고 5오직 너희의
하나님 여호와께서 자기의 이름을 두시려고 너희 모든 지파 중에서 택하신
곳인 그 계실 곳으로 찾아 나아가서 6너희의 번제와 너희의 제물과 너희의
십일조와 너희 손의 거제와 너희의 서원제와 낙헌 예물과 너희 소와 양의 처
음 난 것들을 너희는 그리로 가져다가 드리고 7거기 곧 너희의 하나님 여호와
앞에서 먹고 너희의 하나님 여호와께서 너희의 손으로 수고한 일에 복 주심
으로 말미암아 너희와 너희의 가족이 즐거워할지니라 8우리가 오늘 여기에서
는 각기 소견대로 하였거니와 너희가 거기에서는 그렇게 하지 말지니라 9너
희가 너희 하나님 여호와께서 주시는 안식과 기업에 아직은 이르지 못하였거
니와 10너희가 요단을 건너 너희 하나님 여호와께서 너희에게 기업으로 주시
는 땅에 거주하게 될 때 또는 여호와께서 너희에게 너희 주위의 모든 대적을
이기게 하시고 너희에게 안식을 주사 너희를 평안히 거주하게 하실 때에 11너
희는 너희의 하나님 여호와께서 자기 이름을 두시려고 택하실 그곳으로 내가
명령하는 것을 모두 가지고 갈지니 곧 너희의 번제와 너희의 희생과 너희의
십일조와 너희 손의 거제와 너희가 여호와께 서원하는 모든 아름다운 서원물
을 가져가고 12너희와 너희의 자녀와 노비와 함께 너희의 하나님 여호와 앞에
서 즐거워할 것이요 네 성중에 있는 레위인과도 그리할지니 레위인은 너희
중에 분깃이나 기업이 없음이니라

**[12 : 1-12]** 12장은 가나안 토착신들과 그들의 대리자들에 대한 하나님의 심판을 다룬다. 동시에 1~2계명의 확장적 시행세칙을 담고 있다. 그래서 12장은 불법적이고 음란한 종교제의가 자행되는 제단을 파괴하라는 명령부터 시작

된다. 우상의 신들에게 바쳐진 제단에서 드려진 예배는 하나님이 받으실 수 없는 예배다. 따라서 12장에서는 합당하고 적법한 성소에서 예배드리는 문제에 대한 가르침이 가장 먼저 제시된다. 야웨의 이름(성품)이 있는 곳, 야웨의 현존이 확보되는 곳에서 드린 예배만이 하나님께 받아들여짐이 분명하게 선포된다. 예배란 하나님의 왕적인 다스림에 감미롭게 복종하는 의식이다. 야웨의 이름이 현존하는 곳은 하나님의 성품에 적합한 가르침이 선포되고, 하나님의 거룩한 요구를 구현하는 제의가 집행되는 곳이다. 이렇게 야웨의 이름(현존)이 있는 합법적 처소에서 드려진 예배만이 하나님의 다스림을 매개한다. 하나님의 이름이 있는 합법적 예배 처소에서 드려진 제사와 제물은 이스라엘 구성원 중 가장 연약하고 가난한 자들에게 나눠져 하나님의 자애로운 돌보심을 느끼고 믿게 만든다. 하나님의 이름이 없는 예배당에 바쳐진 제물과 헌금은 제도권 종교권력자들의 손아귀로 흘러 들어간다.

이처럼 신명기 저자는 처음부터 야웨의 이름이 있는 곳, 즉 합법적인 예배 장소에서 제물을 드리라고 명한다. 합법적인 예배 장소에 대한 가르침을 첫 번째로 배치한 것은, 십계명 중 제1계명의 우선적 중요성을 명백하게 강조하기 위함이다. 하나님의 다스림이 이스라엘 백성 개인의 삶, 공동체의 문화, 그리고 국가 경영과 국제관계에 세밀하게 스며들기 위해서는 이스라엘이 야웨에 대한 자원적이고 정통적인 순종을 드려야 한다. 이 순종의식이 바로 예배다. 예배는 이스라엘이 하나님을 사랑하는 가장 대표적인 방법이다. 하나님 나라(다스림)는 하나님을 자발적으로 사랑하는 공동체와 개인에게 임한다.

십계명의 제1, 2계명들과 쉐마에서 분명하게 천명되듯이, 올바르고 완전하며 또한 배타적인 사랑의 첫 출발점은 이스라엘의 배타적이고 순결한 예배 안에서 발견된다. "하나님을 향하여 전적으로 헌신하라", 즉 "하나님 한 분만을 섬기고 예배하라"는 급진적이고 단호한 요구는 이방신상들과 제단들의 파괴에서 실현된다. 예배는 경배이자 교제이기 때문에 하나님만을 사랑하려면 하나님께 바쳐져야 할 우리의 충성심과 일편단심의 사랑을 도적질하려는 우상신들을 배척할 수밖에 없다. 예배는 실로 하나님의 이름(본질과 성품)을 불러 하나님의 현존과 접촉하는 경험이 아닌가? 여기에 어떤 경쟁자나 인간적 매개물이 끼어들어서도 안 된다.

1~7절과 8~12절은 하나님에 대한 올바른 예배가 무엇인가를 정의하고 올바르고 합당한 예배를 구성하는 기준이 무엇인가를 가르쳐 준다. 1~7절은 이스라엘이 배척해야 할 가나안 식의 예배를 정죄한다. 가나안 원주민들이 종교행사를 벌인 모든 장소들과 그것들에 대한 기억을 소멸하여야 한다. 제단, 아세라 상, 조각한 신상들을 파괴하여야 한다. 반면에 이스라엘은 야웨 하나님의 이름이 계시되는 성소와 제단에 그들의 희생, 십일조, 거제, 서원제, 낙헌제물을 바쳐야 한다. 이스라엘 백성들은 공동체를 이루어 하나님이 지정하신 예배 장소에서 그들의 노동의 수고를 복으로 응답하신 하나님을 경배하고 하나님을 즐거워하여야 한다.

8~12절은 이스라엘이 가나안 땅에서 새롭게 실행하여야 할 야웨 예배 방식과 이스라엘의 재래의 예배 방식을 대조시킨다. 가나안 땅 정착 이후에 하나님께서 주변 사방의 대적들로부터 안식을 허락하실 때 하나님의 이름을 두신 성소와 제단으로 나아가야 할 의무가 다시금 강조된다. 자녀, 노예, 그리고 성중에 거하는 레위인들도 이스라엘이 바치는 제물의 사회복지적 혜택의 수혜자가 되어야 한다. 이런 점에서 보면 예배 행위는 이웃 사랑을 실천하는 사회복지적 활동이었다.

### 2) 네 하나님 야웨의 목전에서 선과 의를 행하라(12 : 13-32)

13너는 삼가서 네게 보이는 아무 곳에서나 번제를 드리지 말고 14오직 너희의
한 지파 중에 여호와께서 택하실 그곳에서 번제를 드리고 또 내가 네게 명령
하는 모든 것을 거기서 행할지니라 15그러나 네 하나님 여호와께서 네게 주신
복을 따라 각 성에서 네 마음에 원하는 대로 가축을 잡아 그 고기를 먹을 수

있나니 곧 정한 자나 부정한 자를 막론하고 노루나 사슴을 먹는 것같이 먹으
려니와 [16]오직 그 피는 먹지 말고 물같이 땅에 쏟을 것이며 [17]너는 곡식과 포도
주와 기름의 십일조와 네 소와 양의 처음 난 것과 네 서원을 갚는 예물과 네
낙헌 예물과 네 손의 거제물은 네 각 성에서 먹지 말고 [18]오직 네 하나님 여호
와께서 택하실 곳에서 네 하나님 여호와 앞에서 너는 네 자녀와 노비와 성중
에 거주하는 레위인과 함께 그것을 먹고 또 네 손으로 수고한 모든 일로 말미
암아 네 하나님 여호와 앞에서 즐거워하되 [19]너는 삼가 네 땅에 거주하는 동
안에 레위인을 저버리지 말지니라 [20]네 하나님 여호와께서 네게 허락하신 대
로 네 지경을 넓히신 후에 네 마음에 고기를 먹고자 하여 이르기를 내가 고기
를 먹으리라 하면 네가 언제나 마음에 원하는 만큼 고기를 먹을 수 있으리니
[21]만일 네 하나님 여호와께서 자기 이름을 두시려고 택하신 곳이 네게서 멀거
든 내가 네게 명령한 대로 너는 여호와께서 주신 소와 양을 잡아 네 각 성에
서 네가 마음에 원하는 모든 것을 먹되 [22]정한 자나 부정한 자를 막론하고 노
루나 사슴을 먹는 것같이 먹을 수 있거니와 [23]다만 크게 삼가서 그 피는 먹지
말라 피는 그 생명인즉 네가 그 생명을 고기와 함께 먹지 못하리니 [24]너는 그
것을 먹지 말고 물같이 땅에 쏟으라 [25]너는 피를 먹지 말라 네가 이같이 여호
와께서 의롭게 여기시는 일을 행하면 너와 네 후손이 복을 누리리라 [26]오직
네 성물과 서원물을 여호와께서 택하신 곳으로 가지고 가라 [27]네가 번제를 드
릴 때에는 그 고기와 피를 네 하나님 여호와의 제단에 드릴 것이요 네 제물의
피는 네 하나님 여호와의 제단 위에 붓고 그 고기는 먹을지니라 [28]내가 네게
명령하는 이 모든 말을 너는 듣고 지키라 네 하나님 여호와의 목전에 선과
의를 행하면 너와 네 후손에게 영구히 복이 있으리라 [29]네 하나님 여호와께서
네가 들어가서 쫓아낼 그 민족들을 네 앞에서 멸절하시고 네가 그 땅을 차지
하여 거기에 거주하게 하실 때에 [30]너는 스스로 삼가 네 앞에서 멸망한 그들
의 자취를 밟아 올무에 걸리지 말라 또 그들의 신을 탐구하여 이르기를 이

민족들은 그 신들을 어떻게 섬겼는고 나도 그와 같이 하겠다 하지 말라 [31]네 하나님 여호와께는 네가 그와 같이 행하지 못할 것이라 그들은 여호와께서 꺼리시며 가증히 여기시는 일을 그들의 신들에게 행하여 심지어 자기들의 자녀를 불살라 그들의 신들에게 드렸느니라 [32]내가 너희에게 명령하는 이 모든 말을 너희는 지켜 행하고 그것에 가감하지 말지니라

**[12 : 13-32]** 13~19절은 20~28절에서 확장적으로 설명되고 있는 올바른 희생제사에 대한 최초의 그리고 근본적인 정의를 제공한다. 이스라엘 백성들은 각자 자신의 성읍에서 벗어나서 하나님이 정하신 공동체적인 성소와 제단에 나아가서 제물을 바치고 즐거워하여야 한다. 이것은 무엇을 의미하는가? 예배, 즉 야웨 하나님께 예물을 드리는 행위가 사회공동체의 결속력을 강화시키는 사회적인 장치였음을 의미한다.

20~28절은 13~19절 단락을 확장적으로 설명한다. 야웨 하나님이 자기 이름을 두시려고 택할 한 장소에 가서 예배드릴 것을 다시 강조한다. 또한 가나안 족속들과 달리 희생제물을 피 채 먹지 말아야 할 것이 다시금 강조된다(16, 23-25절). 여기서 야웨 하나님이 지정하신 장소에서 예물을 바치라는 명령이 피 채 희생제물을 먹는 가나안 제의풍습과의 단절 명령과 긴밀하게 연관되어 있다. 피를 신성시하여 마셨던 고대 가나안 제의풍습에 비하여, 이스라엘에게 희생제물의 피는 죄를 대속하는 기능을 하였다. 피를 마심으로 신적 능력에 참여하는 일이 있을 수 없다는 것이다. 그래서 피는 헌제자가 마실 수 없으며 오로지 제단에 쏟아부어져야 한다.

결론 단락(29-32절)은 다시 중심주제인 올바른 예배 문제로 되돌아간다. 즉, 가나안 신들의 유혹과 예배관습에 대해 저항하라는 것이다. 여기서 중요한 경고가 발하여진다. 가나안 토착종교를 척결하는 이스라엘 백성이 스스로 그들의 발자취를 밟아 그들이 놓은 올무에 빠질 것에 대한 경고다. 그들의 신을 탐구하여 이르기를 '가나안 토착족속들은 그들의 신을 위하여 어떻게

헌신하였는가?' 하지 말라는 것이다. 자녀들을 불살라 드리기까지 나아가는 극단적인 예배를 모방하지 말라는 것이다. 이 결론 단락은 또한 가나안의 이교적 예배 관습으로부터 올바른 야웨 예배를 보호하기 위한 추가적 규례들을 제시하는 13장으로 넘어가는 전환 단락 기능을 맡고 있다.

이상의 소단락들을 관통하여 엮어 주고 있는 공통적인 주제는 올바르고 열납될 만한 배타적 일편단심의 예배다. 배타적 일편단심의 예배는 하나님이 당신의 이름을 두시려고 지정하신 한 장소에 모여 예배를 드리는 것이다. 하나님의 이름이 계시된 곳에서 드리는 예배, 함께 모여 공동체적으로 드리는 예배가 열납되는 예배인 것이다. 요약하자면 12장의 근본 주장은 신명기의 으뜸 가르침의 또 한 번의 반복이다. 즉, 그것은 '한 분 야웨 너희 하나님'에 대한 완전한 충성이다. 12장의 근본 주장은 이스라엘의 하나님의 절대 주권에 대한 급진적인 요구이며, 이스라엘을 향한 모든 다른 신들의 예배 요구에 대한 전적인 거부이다. 이 전적인 거부는 다른 신들을 예배하는 데 포함되는 모든 요소들, 즉 예배 장소, 예배 관습들 및 이름을 완전히 폐기하라는 명령이다(2-3절). 가나안 신들을 섬기는 예배가 척결되어야 하는 이유가 본문에는 명시되어 있지 않으나 구약성서 전체 맥락에서는 추론된다. 가나안 종교의 배척 이유 중 가장 큰 이유는 그것이 거룩하신 하나님의 성품을 대적하기 때문이다. 가나안의 신들은 왕족들과 지배층의 통치 토대를 제공하는 악한 상부구조인 것이다. 역사적으로 확증된 사실 중 하나는 악한 종교가 악한 정치를 가져온다는 것이다. 악한 종교는 악한 문명의 토대를 구축한다. 이방신들을 예배한 성소들과 더불어 다른 신들의 이름들을 도말하라는 명령의 근거는, 그것들이 야웨 하나님의 현존을 드러내는 통로가 결코 아닐 뿐만 아니라 하나님을 거짓되게 대표하기 때문이다. 하나님은 기존의 가나안 신들의 제단에 현존하지 않으시고, 하나님 자신이 선택한 제단에서 자신의 현존을 드러내신다. 야웨 자신이 드러내기로 작정한 제단(하나님의 이름을 두기로 한 곳)에서 하나님의 현존이 나타난다.

다른 여러 신들의 이름들을 한 분 하나님의 거룩한 이름으로 대신하는 것은 사실상 하나의 새로운 질서를 요구하며 전면적 사회적 변혁을 내포한다. 인간의 충성심을 요구하는 다수의 신들에 대한 예배가 자의적 방식으로(2절 하반절) 이뤄지는 사회질서로부터, 오로지 한 분 하나님에 대한 배타적 예배만이 용납되는 새로운 질서로의 변동이다. 일본의 유명한 기독교 사상가인 우찌무라 간조(內村鑑三)는 「회심기」(홍성사)에서, 일본적인 다신교 사회에서 한 분 하나님만 섬기는 것의 의미, 특히 정신위생학적 의의를 잘 설명하고 있다. 그는 평소에 자신이 섬기던 마늘신, 달걀신, 활의 신, 그리고 글쓰기 신의 이름을 부르지 않고도 아무런 해를 입지 않고 하루를 보낼 수 있었다는 사실에 감격해한다. 우찌무라 간조는 예수 그리스도를 주라 부르기 위하여 모든 다른 신들의 이름들을 도말해 버렸다. 이스라엘에게 하달된 "다른 신들의 이름을 도말하라."는 명령도 더 이상 그들의 이름을 부르지 말고 그들을 의지하지 말라는 명령인 셈이다. 이제 가나안의 신들은 가나안 땅에서 어느 누구에 의해서도 고백되어서도 예배되어서도 안 된다. 그래서 이스라엘에 관한 한 그들은 더 이상 효력을 끼치지 못하는 신들로 전락했다(시편 82편에 다른 신들을 반드시 멸망되어야 할 유한자로 강등시키는 하나님 선고 참조). 죄악된 인간의 의도가 모든 예배 장소와 성격을 결정하는 사회 질서(가나안 질서)는, 하나님의 다스림이 인간의 자의적 예배보다 우선하고 한 분 거룩한 하나님의 이름이 모든 다른 이름들을 대신하는 전혀 다른 질서(이스라엘 질서)에 굴복해야 한다는 것이다.

여기서 바로 하나님의 거룩한 이름이 거할 장소를 의도적으로 택하시는 야웨의 의도가 드러난다. 여기서 핵심은 특정한 한 장소에 대한 강조가 아니라, 야웨께서 선택하시는 장소에 대한 강조이다. 백성들은 "모든 산들과 언덕들과 모든 푸른 나무 아래에서 신들을 예배하는 열국들과 같이"(2절) "자신들의 눈이 선택한 모든 각각의 장소에서" 번제를 드리지 말아야 한다(13절). 예배장소는 예배를 받으실 분인 야웨에 의해 결정된다. 그 예배는 "너희 지파들 중 한 지파의 영토" 중에서(14절 ; 5절 참조) 드러져야 하지만 아직 여기서는 특정 도시를 선택하고 나머지 도시들은 배제하는 단계까지 나아가지는 않는다. 야웨의 명령 안에서, 야웨께서 친히 거하시고 인생과 하나님의 백성을 만나실 장소를 선택하시고 계시하실 것이다. 이 점에서 본문은 하나님 나라의 도래를 예기한다. 즉, 그것은 다수의 신들이 무질서하고 가증스럽게 인간의 충성심을 차지하려고 쟁탈하는 현재 상황을 전제하지만, 종국적으로는 야웨의 이름만이 존귀하게 되고 야웨의 질서가 확립되는 상당히 다른 상황을 예기한다(주기도, Hallowed be your name). 옛 질서로부터 새 질서로의 전환은 단지 다른 신들을 예배하던 삶에서 야웨만을 배타적으로 예배하라는 명령에 귀순하는 것만 의미하는 것이 아니다. 그것은 또한 각자의 소견대로 행하는 삶으로부터(8절) 야웨의 눈에 선한 것을 행하는 삶으로의 급진적인 전향이다(12 : 25, 28 ; 13 : 18).

## 설교를 위한 묵상

12장은 십계명의 1~2계명 안에 내재된 호전적-배타적 성격을 유감없이 드러낸다. 언뜻 보면 인종 청소적인 학살을 명령하는 것처럼 들린다. 이 본문은 사실상 종교의 이름으로 자행된 숱한 전쟁들(내전이든 국제전이든)을 정당화하는 데 동원되어 왔다. 2~3절은 가나안의 종교체제와 부대시설들을 파괴하라고 명령한다. 신명기나 여호수아의 다른 부분에서는, 이 명령이 가나안의 토착종교의 사제들, 그리고 그것들을 떠받드는 사람들까지 학살하라는 명령으로 이어지고 있다. 야웨 하나님에 대한 이스라엘의 배타적인 예배를 좌절시킬 수 있는 모든 잠재적인 배교 유혹 세력들을 멸절하라는 것이다. 이런 전쟁을 구약성서에서는 '야웨의 전쟁'(Yahweh's war) 혹은 '거룩한 전쟁'(the divine war)이라고 한다. 전쟁의 목적이 신학적이기 때문에, 즉 하나님이 설정한 이유 때문에 전쟁이 치러지기 때문에 붙여진 이름이다. 물론 이 전쟁이 야웨의 전쟁 혹은 거룩한 전쟁이라고 불리는 이유는 야웨 신앙을 타민족에게 강압적으로 주입시키거나 개종을 강제하기 위하여 치러지는 전쟁이기 때문이 아니다. 하나님을 배타적으로 섬길 이스라엘 공동체를 창설하고 유지하려는 지상 과제 때문에 하나님은 일견 문명 파괴적인(?) 명령을 하달하시는 것이다. 도올 김용옥은 이런 신명기의 야웨를 사막의 깡패라고 부른다(「여자란 무엇인가?」). 많은 시대의 성서 독자들에게 하나님의 잔혹한 전쟁 이미지는 극단적인 혐오감을 유발시켜 왔다. 그래서 서구신학자들은 이 신명기의 호전성과 야웨 하나님의 호전적인 이미지를 희석시키려고 노력하였다.

마틴 노트-폰 라드 계열의 학자들은 이 명령은 실제 모세-여호수아 시대에 주어진 명령이 아니라 가나안 정착 이후에 이스라엘 민족이 가나안 문화와 종교에 포섭되어 정체성을 잃어버렸을 때 사후적(事後的)으로 선포된 지극히 관념적이고 이론적인 명령이었다고 본다.[23] 즉, 주전 7세기 신명기 종교개혁 운동의 주창자들이 자신의 시대에 벌어진 종교전쟁, 문화전쟁의 정당화를 위하여 이런 극단적인 명령을 모세의 입에 집어넣었다고 본다. "너희들은 애초에 가나안 토착족속을 멸절시켰어야만 했다."고 본다. 이런 노력에도 불구하고 국제적 평화와 다원적인 가치관이 지배적인 규범이 되어 있는 현대문화와 인권 존중 감수성에 부응하지 못하는 이런 종족신적인 이념을 독일의 아돌프 하르낙(A. Harnack) 같은 학자들은 원시적 선민의식의 잔재라고 폄하한다. 그러나 우리는 출애굽기-신명기에 걸쳐서 가나안 토착종교가 이방 민족의 종교이기 때문이 아니라, 가나안 땅을 더럽히고 가나안 문명을 하나님께 혐오스럽게 만드는 데 기여했다는 이유로 부정되거나 배척되고 있음을 기억하여야 한다. 가나안 토착종교나 문명은 이스라엘과 공존 불가능한 타락과 부패의 극치를 보여주는 것으로 묘사된다. 이것은 무엇을 말하는가? 이것은 아마도 가나안 토착문명에 대한 하나님의 파괴명령의 가혹성을 완화시키려는 심리적인 준비 과정일 것이다. 가나안 토착세력은 자신들의 관영한 죄악 때문에 멸망당한다는 사실을 받아들이게 된다. 여기서 모세오경의 땅신학의 한 면모를 이해할 필요가 있다. 모세오경의 땅신학 중 하나는 인간은 땅의 거류자에 불과하다는 사상이다. 어떤 누구도 땅을 영구적으로 소유하지 못한다. 현재의 가나안 토착족속들도 그 이전 시기의 토착족속을 몰아내고 정착하였고, 이제 이스라엘 백성들에 의하여 이들도 쫓겨날 운명에 놓인 것

23) 로날드 클레멘츠(Ronald E. Clements, *Deuteronomy* [OT Guides ; Sheffield : Sheffield Academic Press, 1989], 54)와 장일선(「성서주석 신명기」, 51) 등은 이런 입장을 따른다.

이다. 그 토착민이 공의와 정의를 드러내지 못할 때, 땅이 그 토착민들을 몰아내기(토한다) 마련이라는 것이다(창 15 : 1-15 ; 레 18장). 그런데 역사적으로 우연하게도 땅이 그 가나안 토착거민을 토해 내는 과정에 이스라엘 백성은 하나님의 공변된 심판의 대리자로 참여하는 것이다. 따라서 가나안 정복전쟁에서 이스라엘이 거둔 승리는 가나안 원주민에 대한 하나님의 심판의 결과일 뿐, 다른 어떤 것도 의미하지 않는다. 이스라엘의 군사적 승리도 아니고 도덕적 승리도 아니다. 하나님의 심판이자, 공의와 정의가 악행과 불의에 대하여 거둔 승리일 뿐이다. 오히려 가나안 정복전쟁에서 멸절되거나 예속되는 토착민들의 운명은 장차 이스라엘 민족이 겪을 운명의 전조가 될 수도 있다는 경고가 쩌렁쩌렁 울려 퍼지고 있다.

그렇다면 무엇이 한 문명, 한 민족으로 하여금 땅을 잃고 소멸되거나 이산과 유랑의 신세가 되게 하는가? 신명기는 하나님과 맺은 계약, 공평과 정의의 계약을 어기는 죄를 범할 때(다른 열방들의 멸망 원인-형제 조약의 파기, 가난한 자들에 대한 착취, 사법 정의의 타락, 영적·도덕적·윤리적인 타락, 성적 타락), 땅의 거주민은 땅의 사용권을 잃고 소멸되거나 추방된다고 본다. 소돔과 고모라, 아드마와 스보임 등 사해 근처의 네 도시국가들은 공평과 정의의 결핍, 도덕적·성적 문란으로 땅 위에서 흔적도 없이 자취를 감추었다. 베수비오 화산의 화산재 아래 함몰된 고대 로마의 저 유명한 폼페이의 운명도 마찬가지였다.

한 문명창조와 발전의 중심요소는 인구, 문자, 교육, 그리고 종교다. 그중에서도 종교는 으뜸 요소다. 종교(宗教)는 문자 그대로 으뜸 가르침이기 때문이다. 으뜸 가르침은 문명과 제도, 국가경영, 이웃관계, 상거래 등 개인, 가정, 공동체, 국가공동체, 국제관계의 틀을 짓는 토대적인 가르침이다. 이런 점에서 종교의 파탄은 문명의 파탄을 의미한다. 그릇된 신관(神觀)이 종교 파탄을 초래한다. 그릇된 신관이 문명을 타락시킨다. 신명기는 가나안의 신관이 가나안 문명을 존립할 수 없을 정도로 타락시켰고 부패시켰다고 본다. 그래서 하나님은 가나안 문명을 심판하신 것이다. 특히 가나안 신들에 대한 심판, 가나안 문명의 으뜸 가르침에 대한 심판이 최우선순위로 배치된 것은 당연하다(12장). 바로 이런 이유 때문에 신명기 도처에서는 가나안 종교에 대한 아주 살벌할 정도의 호전적인 명령들이 발포되고 있다. 과연 부정적이고 파괴적인 이미지와 언어들이 신명기 12장을 가득 채운다.

하지만 이때 우리는 하나님만을 잔인하고 잔혹한 이미지로 그려 낼 것이 아니라, 우리 문명의 토대, 내 삶의 토대가 하나님께 얼마나 역겨운가를 먼저 생각하여야 한다. 우리 문명의 토대가 하나님의 창조주권을 얼마나 크게 훼손하고 공격하였는지를 생각하여야 한다. 가나안 토착 문명, 토착 으뜸 가르침, 그리고 토착 사제들, 그리고 토착인들(특히 상류층)에 대한 파괴 명령은 또 달리 생각하면 바로 이스라엘 백성들 자신 안에 잠재된 그릇된 신관에 대한 파괴 명령인 것이다. 따라서 신명기의 가나안 토착 족속들에 대한 명령은 인종청소적 학살 명령이 아니라, 인류 일반의 악행에 대한 하나님의 심판이다. 그것은 창조주 하나님을 배반하고 우상을 섬기는 인류의 하나님 위엄 훼손과 하나님의 창조주 영광의 침탈에 대한 대항이자 공변된 심판인 것이다. 이 하나님의 거룩하고 공변된 심판의 대행자가 이스라엘 백성들이다. 따라서 이스라엘의 가나안 정복전쟁은 본질적으로 하나님의 전쟁이다. 영토적 야심, 자원 약탈, 신붓감 확보를 위한 전쟁이 아니다. 종교가 다르기 때문에 벌이는 협량한 종교전쟁은 더욱 아니다. 전쟁의 본질적 당사자는 이스라엘과 가나안 족속이 아니라 하나님과 가나안의 신들이며 그들의 대리자들이다.

이렇게 해서 출애굽 2세대이자 가나안 정착 1세대 이스라엘 백성들은 가나안 토착문화에 대한 하나님의 심판을 대행하는 대리자들로 부름을 받았다. 아브라함의 후손을 통하여 의와 공도(미쉬파트와 체데크)를 구현하는 전혀 새로운 공동체를 창조하시려는 하나님의 계획 첫 단계는 가나안 토착문명의 전복이다. 이스라엘은 가나안의 토착종교, 토착신들로부터 분리되어야 한다. 이전까지의 가나안은 다양하고 화려한 우상신들의 땅이었고, 이 신들과 종교는 이스라엘에게 유혹과 시험이 될 것이 틀림없다. 이 혼돈의 땅에서 이스라엘은 유일하신 하나님에 대한 일편단심의 예배(12 : 1-32 ; 14 : 22-29 ; 15 : 19-16 : 17)를 유지하기 위하여 전쟁을 하여야 한다. 즉, 가나안의 토착신들과 그들이 대표하는 가치체제를 전복하여야 한다.[24)]

---

24) 가나안 원주민 학살명령을 담은 불편한 신명기 본문을 영해(靈解)하면, 신명기는 '내 안의 가나안 원주민 죽이기', '우리 안에 있는 옛 자아를 벗어 버리는 싸움', 즉 성화를 위한 영적 싸움 이야기로 읽힐 수도 있다. 박영선의 신명기 강해설교 시리즈는 이런 입장을 보여 준다(「다음 세대를 위한 책」〈서울 : 세움, 2010〉, 13-21). 이 책의 장점은 하나님의 율법을 복음의 일부로 긍정적으로 해석한다는 데 있다(22-36). 이처럼 신명기를 독특한 방법의 기복설교로 읽어 가면서도 율법에 대한 순종을 강조하는 이 시리즈(「구별을 위한 책」, 「순종을 위한 책」, 「언약을 위한 책」)는 영해의 예를 보여 준다.

## 2. 거짓 선지자와 배교하는 성읍을 진멸하라(13 : 1–18)

[1]너희 중에 선지자나 꿈꾸는 자가 일어나서 이적과 기사를 네게 보이고 [2]그가
네게 말한 그 이적과 기사가 이루어지고 너희가 알지 못하던 다른 신들을 우
리가 따라 섬기자고 말할지라도 [3]너는 그 선지자나 꿈꾸는 자의 말을 청종하
지 말라 이는 너희의 하나님 여호와께서 너희가 마음을 다하고 뜻을 다하여
너희의 하나님 여호와를 사랑하는 여부를 알려 하사 너희를 시험하심이니라
[4]너희는 너희의 하나님 여호와를 따르며 그를 경외하며 그의 명령을 지키며
그의 목소리를 청종하며 그를 섬기며 그를 의지하며 [5]그런 선지자나 꿈꾸는
자는 죽이라 이는 그가 너희에게 너희를 애굽 땅에서 인도하여 내시며 종 되
었던 집에서 속량하신 너희의 하나님 여호와를 배반하게 하려 하며 너희의
하나님 여호와께서 네게 행하라 명령하신 도에서 너를 꾀어내려고 말하였음
이라 너는 이같이 하여 너희 중에서 악을 제할지니라 [6]네 어머니의 아들 곧
네 형제나 네 자녀나 네 품의 아내나 너와 생명을 함께하는 친구가 가만히
너를 꾀어 이르기를 너와 네 조상들이 알지 못하던 다른 신들 [7]곧 네 사방을
둘러싸고 있는 민족 혹 네게서 가깝든지 네게서 멀든지 땅 이 끝에서 저 끝까
지에 있는 민족의 신들을 우리가 가서 섬기자 할지라도 [8]너는 그를 따르지
말며 듣지 말며 긍휼히 여기지 말며 애석히 여기지 말며 덮어 숨기지 말고
[9]너는 용서 없이 그를 죽이되 죽일 때에 네가 먼저 그에게 손을 대고 후에
뭇 백성이 손을 대라 [10]그는 애굽 땅 종 되었던 집에서 너를 인도하여 내신
네 하나님 여호와에게서 너를 꾀어 떠나게 하려 한 자이니 너는 돌로 쳐 죽이
라 [11]그리하면 온 이스라엘이 듣고 두려워하여 이 같은 악을 다시는 너희 중에
서 행하지 못하리라 [12]네 하나님 여호와께서 네게 주어 거주하게 하시는 한
성읍에 대하여 네게 소문이 들리기를 [13]너희 가운데서 어떤 불량배가 일어나
서 그 성읍 주민을 유혹하여 이르기를 너희가 알지 못하던 다른 신들을 우리
가 가서 섬기자 한다 하거든 [14]너는 자세히 묻고 살펴보아서 이런 가증한 일

이 너희 가운데에 있다는 것이 확실한 사실로 드러나면 [15]너는 마땅히 그 성읍 주민을 칼날로 죽이고 그 성읍과 그 가운데에 거주하는 모든 것과 그 가축을 칼날로 진멸하고 [16]또 그 속에서 빼앗아 차지한 물건을 다 거리에 모아 놓고 그 성읍과 그 탈취물 전부를 불살라 네 하나님 여호와께 드릴지니 그 성읍은 영구히 폐허가 되어 다시는 건축되지 아니할 것이라 [17]너는 이 진멸할 물건을 조금도 네 손에 대지 말라 그리하면 여호와께서 그의 진노를 그치시고 너를 긍휼히 여기시고 자비를 더하사 네 조상들에게 맹세하심같이 너를 번성하게 하실 것이라 [18]네가 만일 네 하나님 여호와의 말씀을 듣고 오늘 내가 네게 명하는 그 모든 명령을 지켜 네 하나님 여호와의 목전에서 정직하게 행하면 이같이 되리라

**[13 : 1-18]** 13장은 다른 신을 섬기자고 배교를 부추기는 선지자나 꿈꾸는 자들을 처단하라고 규정하는 단락(1-11절)과 배교에 빠져든 성읍을 진멸하라는 명령(12-18절)으로 구성되어 있다. 이스라엘을 배타적 야웨예배로부터 이탈시켜 다른 신들을 섬기도록 부추기는 잠재적 유혹은 공동체 내부에서 생길 수 있다. 본문은 먼저 선지자/꿈꾸는 자, 친인척/친구, 온 공동체 모두가 배교 방조 혹은 배교 사주의 죄를 범할 수 있다고 본다(13 : 1-8). 아무리 선지자나 영적 지도자라도 신령한 꿈이나 신탁(神託)이라도 야웨예배로부터 이탈을 부추기면 그것은 단죄된다. 이미 이방 신상과 제단 파괴 명령이 선포된 이후에도 배교 사주자, 배교 선동자가 여전히 이스라엘을 유혹할 수 있다는 사실이 놀랍다. 이미 멸망당한 신들의 자취를 추적하지도 말고 탐구해 볼 호기심도 가져서는 안 되지만(12 : 30), 다른 신들을 섬기고자 하는 유혹은 상존한다. 이처럼 유일하신 하나님 한 분만 믿고 섬기는 일은 유혹적인 다신교 상황에서는 도전적 과제가 아닐 수 없다. 이적과 표적에 압도당하고 휘둘리는 이스라엘의 내적 취약성이 선지자나 꿈꾸는 자가 끼어드는 영적 빈틈이다. 이스라엘 사람 중 선지자나 꿈꾸는 자가 일어나서 (아마도 다른 신의 이름으로 일어

난) 이적과 기사를 보이고(1절), 그 이적과 기사가 이루어지고, 마침내 "우리가 다른 신들을 따라 섬기자."고 말할 것이다(2절). 여기서 이적과 기사를 일으키는 신들에 대한 흠모가 배교로 빠져드는 지름길임을 알 수 있다. 이적과 기사는 정상적인 방법으로 하나님의 현존을 모셔 향유하는 길이 막힌 자들에게 유혹적이다. 정상적으로 하나님의 율법과 명령을 지키면 하나님은 일상적인 방식으로 당신의 임재와 현존을 이스라엘에게 허락하신다. 사울 왕은 정상적인 방법으로 하나님의 인도를 구하기 위해 법궤와 에봇을 가져다 놓고 하나님의 뜻을 물었지만 하나님은 응답하지 않으셨다. 아히둡의 아들 제사장 아히멜렉과 85명의 놉 제사장을 학살하고(삼상 22장) 난 후 하나님은 사울과의 영적 소통을 끊으셨다. 이때 사울은 엔돌의 신접한 여인을 찾아 사무엘의 혼령을 불러 달라고 요청하기에 이르렀다(삼상 28장). 하나님이 금지하신 영매를 찾은 것이다. 하나님의 율법을 어겨 정상적인 방식으로 하나님과 소통하는 길이 막힌 자들은 표적을 구한다. 예수님께서는 악하고 음란한 세대가 표적을 구한다고 갈파하셨다(마 12 : 38-39). 왜 표적을 구하면 악하고 음란한 세대라고 단죄를 당할까? 표적 추구 신앙은 이스라엘의 마음 깊은 곳에서 우러나온 신뢰를 만들어 내지 못한다. 하나님의 권능을 이용하려는 신앙이며 자신 안에 있는 불신앙을 감추려는 이중적 마음자리에서 이런 표적 추구 신앙이 비롯되기 때문이다. 바리새인들이 항상 예수님께 당신이 하나님의 아들이거나 그리스도이거든 하늘로서 오는 표적을 보여 보라고 다그친 이유도 바로 그들의 우상 숭배적 일탈을 감추려는 동기 때문이었다(참조. 눅 11 : 16, 29). 종말에 나타날 적그리스도나 거짓 선지자들도 표적과 기사를 동원해 성도의 신앙을 노략질할 것이다(살후 2 : 9-11).

이스라엘 백성은 어떤 선지자나 꿈꾸는 자가 다른 신의 이름으로 이적과 기사를 행하며 다른 신의 역동적 임재를 믿으라고 선동할지라도, 그런 선지자나 꿈꾸는 자의 말을 청종하지 말아야 한다(3절). 이는 너희의 하나님 여호와께서 이스라엘이 마음을 다하고 뜻을 다하여 하나님 여호와를 사랑하는지 그 여부를 알려 하사 이스라엘을 시험하려고 했기 때문이다. 쉐마를 지키는지의 여부를 시험하고자 이적과 기사를 행하는 선지자나 꿈꾸는 자의 출현을 허락하신 것이다(살후 2 : 9-12). 다른 신의 이름으로 이적과 기사를 행하는 선지자와 꿈꾸는 자는 출애굽 구원을 이루신 하나님, 호렙산의 언약으로 당신 자신을 계시하신 호렙산의 하나님을 배반하도록, 그리하여 하나님과 언약적 결속을 유지하고 심화시켜 주는 모든 야웨의 법도와 규례를 무시하고 범하도록 유혹한다(5절). 이때 이스라엘 백성들은 하나님 야웨를 따르며 그를 경외하며 그의 명령을 지키고 그의 목소리를 청종하고 그를 섬기고 그를 의지함으로써(4절), 일편단심의 야웨 예배를 와해시키는 선지자나 꿈꾸는 자를 제하여야 한다. 이같이 하여 이스라엘 중에서 악을 척결하여야 한다. 이 극단적인 대책만이 야웨의 언약공동체를 보호한다(5절).

그런데 6~11절은 배교 유혹이 형제, 배우자, 그리고 친구를 통해서 올 수도 있다고 말한다. 사방의 다른 족속들의 신들을 섬기자고 부추긴다면 가장 가까운 골육지친(형제, 자녀, 품의 아내), 생명을 주고받을 절친한 친구라도 죽여야 한다. 이때 가장 중요한 것은 유혹당한 당사자(즉, 최초로 배교 부추김을 받은 자 ; 사도행전 7장에서는 스데반의 설교를 처음 듣고 배교 유혹을 받았다고 느낀 자들이 돌로 쳐 죽인다.)가 배교자에게 가장 먼저 손을 대고 공동체 전체가 응징하여야 한다는 것이다. 마지막으로 12~18절은 한 성읍이 배교 범죄를 범하고 다른 성읍에게 배교를 부추기면 그 배교한 성읍 전체가 파괴되어야 한다고 말한다. 한 성읍 전체의 배교도 처음에는 불량배들(아나쉼 쁘네 블리야알〈'ănāšîm běnê-běliyya'al=사람들, 벨리알의 아들들〉)에 의해 시작된다(12-13절). 불량배들은 도시의 조폭들이나 깡패들을 가리키는 말이 아니라 의도적으로 야웨 혹은 거룩한 대의명분에 대하여 의심과 악의를 불러일으키는, 분열적 인간들을 가리킨다(삼상 10 : 27 ; 왕상 21 : 10). 야웨신앙의 경직되어 보이는 배타성과 절대적 충성 요구를 받아들이지 못하는 다원주의자들일수도 있다. 이들은 일어나 유혹하면 파급력이 커서 한 성읍 전체가 휘둘릴 수 있을 정도의 영향력을 가진 자들이다. '우리가 알지 못하던 다른 신을 섬기자'는 것이 그들의 구호였다. 일견 그들은 선진적이고 진보적인 사람들처럼 보일 수도 있다. 그래서 그들이 성읍 전체의 영적 분위기를 장악하여 배교가 온 성읍에 퍼졌다는 소문이 들리면 이스라엘 언약공동체는 그 성읍의 동태를 자세히 묻고 살펴보아야 한다(14절). 자세히 살펴본 후 사실로 드러나면 헤렘전쟁의 관습을 적용해 성읍의 사람과 물건 전체를 진멸하여야 한다. 탈취한 물건도 진멸하되 다시는 그 도시의 재건을 기도하지 말아야 한다. 영구적으로 도말되어야 한다(16절). 이 진멸되어야 할 물건에 어떤 애착도 갖지 말아야 하며 손도 대지 말아야 한다. 다른 신들을 섬긴다는 말은 그 배교성읍이 약속의 땅 밖으로 성읍 전체가 탈출해 그 다른 신의 관할 영토로 재배치된 것을 의미하며, 사실상 가나안 원주민의 성읍 중 하나로 간주될 조건을 만든 셈이다. 그래서 야웨의 명령에 불복하고 저항하는 가나안 원주민의 성읍에 대한 헤렘이 배교 성읍에 대해서도 집행되는 것이다.[25] 이런 신적 진노를 배교한 성읍에 실행한 후에야 야웨의 긍휼과 자비가 배가될 것이며 이스라엘 조상들에게 약속한 것처럼 인구 번성이 실현될 것이다(17절). 만일 이스라엘이 오늘 모세를 통해 들려진 야웨의 명령을 듣고 청종하면, 즉 야웨 목전에서 정직하게 행하면 이스라엘의 인구 번성 약속은 반드시 실현될 것이다(18절).

이때 배교가 일어난 성읍 주민 전체는 물론이거니와 모든 물건들도 하나님을 위하여 진멸되어야 한다(헤렘).[26] 가나안에 들어가 이스라엘이 하나님의 명령대로 가나안 원주민의 성읍들을 헤렘으로 진멸한 이유는 그것들이 이스라엘에게 배교를 부추기는 죄를 범할 가능성이 컸기 때문이다. 민수기 25장의 바알브올 배교 사건을 돌이켜 볼 때 이런 가능성은 단지 가능성이 아니라 언제나 일어나는 현실이었음을 알 수 있다. 가나안 도시문명에 대한 파괴와 진멸이 하나님의 거룩한 심판전쟁이었듯이, 가나안의 다른 신들을 섬기는 배

25) McConville, *Deuteronomy*, 240.
26) 주전 7-6세기에 일어난 사마리아와 예루살렘의 전적인 파괴는 배교한 성읍에 대한 헤렘의 집행 결과였다. 두 도시는 배교를 범하여 야웨 하나님에 의해 진멸되었다.

교한 이스라엘 성읍들도 하나님의 헤렘 심판의 대상이 될 수밖에 없다. 하나님의 헤렘을 초래하는 배교 유혹은 무서운 심판을 초래할 수 있다.

## 설교를 위한 묵상

가나안 땅 원주민들(신 13 : 7, '네 사방을 둘러싸고 있는 민족')에 대한 신명기의 호전적 적대 분위기는 기독교인들에게 굉장히 불편하다. 다원주의적 공존과 화합을 최고 가치로 삼는 현대문화에서 자기정체성을 지키기 위해 과도하게 배외적(排外的)이고 타자말살적인 신명기의 분위기는 기독교적 이방선교 열정과도 공존하기 어려워 보인다. 그래서 미국의 구약학자인 윌리엄 L. 할러데이(William L. Holladay)는 현대 독자들이나 그리스도인들이 구약성서를 읽을 때 만나는 열 가지 장애를 지적한다.[27] (1) 예수를 통해 이미 구원이 완성되었는데 왜 다시 구약을 읽어야 하는가? (2) 너무나 길고 복잡한 갈래의 구약성서 내용, (3) 너무 오래된 관습, 고대적 주제와 관심사항으로 도배된 구약 인물의 이야기들, (4) 과학적 세계관으로 볼 때 받아들이기 힘든 기이한 기적, 초자연적 이적 이야기(아얄론 골짜기에 뜬 달과 중천에 정지한 태양 ; 천 살에 육박하는 므두셀라의 나이 등), (5) 너무 낯설고 역겨운 풍습을 당연시하는 구약성서(노예의 귀를 뚫는 관습 ; 몰렉에게 아이를 태워 바치는 종교), (6) 매우 빈번한 전쟁과 살육 이야기가 하나님의 이름으로 정당화되는 상황, (7) 민주주의적 평등정서를 거스르는 이스라엘의 배타적 선민의식, (8) 자기 의로 가득 찬, 그리고 때때로 원시적 복수심을 옹호하는 듯한 시편기도들, (9) 서로 배치되고 모순되어 보이는 기사들과 관점들의 병립(창세기 1장과 2장의 차이), (10) 여성비하와 차별을 정당화하는 원시 셈족의 관습을 하나님의 이름으로 정당화하는 듯한 인상. 할러데이가 지적한 불편한 진실 중 (1), (2), (3), (5), (6), (7), (10) 등 적어도 일곱 가지가 신명기와 관련이 있다. 확실히 신명기의 배외주의적(排外主義的) 태도와 가나안 원주민 도륙명령은 아무리 이스라엘이 처한 상황을 고려한다 하더라도

---

27) William L. Holladay, *Long Ago God Spoke* (Minneapolis, IN. : Fortress Press, 1995), 10-16.

하나님의 보편적 만민사랑과 자비를 심각하게 의심하게 만드는 요소임이 분명하다. 이스라엘의 배외주의적 태도와 가나안 토착신들에 대한 극단적 혐오는 모세 시대나 여호수아 시대에 극고점을 찍은 것이 아니라 히스기야-요시야 종교개혁 시대에 절정에 도달했다는 현대학자들의 견해도 하나님의 호전적 이미지, 잔혹 이미지 개선에 별다른 도움이 안 된다. 그러나 한 가지 분명한 사실은 이스라엘 백성은 그들의 사면을 에워싼 신들에 의해 가나안 땅 생존 자체가 위협을 받았을 때 이런 가나안 원주민 학살명령을 받았다는 것이다. 사느냐 죽느냐 하는 전쟁터에서 하나를 선택하라고 강요받았던 상황에서 이스라엘은 가나안 원주민 문명을 덮어쓰기 하면서 그들을 대신해 가나안 땅 경영을 위임받았던 것이다. 가나안 원주민들에 대한 잔혹한 전쟁은 가나안 원주민의 관영한 죄악을 징치하려는 하나님의 심판 일환이었고 이스라엘은 하나님의 입장에서 가나안 원주민의 죄악을 미워하고 배척하고 또한 그들을 축출하거나 죽여야 했다. 이스라엘 백성이 전쟁 중인 상황에서 가나안 원주민 배척, 도륙, 축출명령을 받았다는 것이다. 그중에서도 특히 가나안 신들을 앞세워 이스라엘 존립을 좌절시키고 대적하는 자들을 죽이라는 명을 받았다. 구체적으로는 가나안 억압체제의 기득권자인 도시국가의 지배층들과 그들의 가족, 가축들을 도륙하라고 명령받았다. 가혹하지만 하나님 편에서는 불가피한 심판이었다. 따라서 영토경계가 불분명했던 고대사회에서 이스라엘의 보금자리를 확보하기 위해 이스라엘의 가나안 정착을 방해하는 가나안 원주민 지배층을 제거한 것은 하나님의 절대주권적 심판이었다는 점이 중요하다. 하나님은 죄악된 체제를 전복하고 새로운 문명건설의 사명을 이스라엘에게 위임하셨다. 이 가나안 주도 문명 교체 과정이 잔혹했던 것은 숨길 수 없다. 이스라엘이 가나안 원주민에게 가혹했다기보다는 하나님이 가나안 원주민들에게 가혹했다. 하나님의 진노는 주도면밀하게 숙고된 진노다. 하나님의 공평과 정의, 거룩함과 의분은 가혹한 심판집행을 통해 표출된다. 여기서 우리는 하나님이 가나안 원주민들에 대한 이스라엘의 정복과 잔인한 도륙을 두고 잘하는 일이라고 격려하셨다고 생각하면 안 된다. 가나안 정복전쟁은 피할 수 있었다면 피했어야 했다. 이스라엘 사면을 에워싼 원주민들과 원주민을 조종한다고 믿어지는 다른 신들에 대한 극한 혐오는 다른 신을 섬기고자 유혹한 친척, 가족, 인근 마을까지 철저하게 응징하라는 명령으로 밝히 드러난다. 11장 메시지에서 우리는 다른 신들에 대한 하나님의 극단 혐오의 함의를 이미 논했으니 여기서 재론할 필요는 없다. 13장은 배교자 처단 규정으로 가차 없는 응징이다. 진멸되어야 할 이방신의 운명처럼 배교자도 진멸되어야 한다. 하나님께 일편단심을 바치는 이스라엘이 존재하여야 세상 만민에게 하나님의 구원과 복이 흘러간다. 하나님을 모르는 이방인들 모두는 정결하게 되고 거룩하게 된 이스라엘을 통해서만 구원을 받고 하나님께로 되돌아갈 길을 얻을 수 있다. 이스라엘은 세계만민을 구원하시려는 하나님의 구원섭리 때문에 이방인들을 닮아서도, 이방신들을 섬겨서도 안 된다. 이방신들을 섬기자는 유혹이 오는 모든 근원을 제거하여야 한다. '다른 신들'은 이스라엘의 영적 집단학살을 초래할 존재들이다. 다른 신들을 따르다가 이스라엘의 성민다움이 상실되면 세계 구원의 길은 그만큼 지연되고 오랫동안 좌초된다. 야웨 하나님을 배타적으로 섬기고 예배하고 사랑하는 그 외견상의 배타성 안에 세계만민을 무조건적으로 포용하고 구원할 보편적 개방성이 있다. 나사렛 예수는 이스라엘의 배타적 자기정체성 보존의 궁극 목적이 세계만민을 하나님의 백성과 권속으로 입양하기 위함이었다는 것을 입증했다. 신명기는 영토적 단일체를 갖고 하나님 통치를 받던 구약 시대의 특수 상황을 위해 주어진 본문이었고, 나사렛 예수는 이미 영토적 단일체 이스라엘을 초월해 온 세상에 하나님 나라의 전초기지를 세우셨다. 신명기의 모든 율법적 요구는 나사렛 예수의 십자가 죽음으로 성취되었고, 기독교 신앙에 있어서 하나님 나라는 더 이상 영토적 고정성으로 표현되지 않는다. 하나님 나라는 어린 양 예수의 인을 이마에 친 사람들이 순종하고 주 예수의 복음을 체현하는 곳에 역동적으로 임한다. 다른 지도상의 국가와 충돌하는 세상 나라들 중의 나라가 아니라, 세상 모든 나라 안에서 자라고 있으나 세상 모든 나라를 아우르며 그 위에 존재하는 나라다(요 18 : 35-36). 따라서 오늘날 기독교인들은 신명기의 배외주의적이고 호전적 본문을 문자적으로 읽지 않는다. 다른 신들을 섬기고자 선동하는 배교자들을 돌로 쳐 죽여서는 안 된다. 다만 우리의 일편단심을 앗아 가는 사방의 에워싼 다른 신들을 영적으로 무장해제시키는 싸움에서는 물러섬이 없어야 한다(엡 6 : 10-17). 지금도 믿지 않는 자들에게는 이 세상 신(神)이 역사하고 있다(고후 4 : 4 ; 엡 2 : 2). 우리의 싸움은 계속되어야 한다. 물리적 폭력이 아니라 영적 무장해제 권능으로 싸워야 한다. 우리 주변의 배교자들을 경계하되, 말씀의 권위로 무장해제시켜야 한다.

## 3. 이스라엘의 일상적 거룩 함양 훈련 : 장례 및 음식법, 그리고 십일조의 거룩한 처분에서 드러나야 할 거룩한 이스라엘(14 : 1-29)

### 1) 이방의 애도풍습을 본받지 말라(14 : 1-2)

> [1]너희는 너희 하나님 여호와의 자녀이니 죽은 자를 위하여 자기 몸을 베지 말며 눈썹 사이 이마 위의 털을 밀지 말라 [2]너는 네 하나님 여호와의 성민이라 여호와께서 지상 만민 중에서 너를 택하여 자기 기업의 백성으로 삼으셨느니라

**[14 : 1-2]** 14장은 장례 애도풍습, 정결한 음식법, 그리고 십일조의 거룩한 처분 규정을 담고 있다. 14장은 일견 분야가 다른 율법들이 어수선하게 묶여 다뤄진 것처럼 보인다. 하지만 굳이 공통적인 관심사를 찾자면 이스라엘 백성이 일상적인 삶의 자리에서도 자신의 거룩한 백성다움을 열국 중에서 드러내야 한다는 것이다. 음식문화나 장례 애도풍습은 종교적 가치의 내면화를 위하여 동원되는 가장 일상적이고 초보적인 통로다. 이런 일상적이고 반복적인 일을 통해 이스라엘은 자신의 성민다움을 체현해 가야 한다.

1절은 이스라엘은 가나안 장례 애도풍습에 영향을 받아서는 안 된다고 말한다. 죽은 자를 위해 과도하게 애도하기 위하여 산 자의 몸을 손상시켜서는 안 된다.[28] 자기 몸을 베거나 눈썹을 밀거나 이마의 털을 밀지 말아야 한다(1절). 죽은 자를 위해 이런 식의 신체 손상을 통한 애도를 표현한다면 신체 중 성한 곳이 하나도 남지 않을 것이다. 죽음은 일상적이고 빈번한 일이다. 죽은 자를 위해 이런 방식으로 슬픔을 표현하는 것은 죽음의 절대성을 신봉하는 셈이 될 것이다. 어떤 의미에서 장례식 애도풍습은 종교의 특질 곧 사생관을 보여 준다. 고대 가나안의 다른 종교들과는 달리 성경에는 장례제의가

---

28) 신체 피부 손상과 과장된 통곡 등은 그리스에서 유행한 장례 애도였으며, 이것이 그리스 크레타 섬 출신의 블레셋 족속에게도 만연했을 것이다. 주전 6세기 아테네의 개혁정치가 솔론도 피부 손상과 과도한 만가를 금지시켰다(Plutarchos, 「플루타르코스 영웅전 1」, 223).

거의 발전되지 않았다. 하나님은 죽은 자의 하나님이 아니라 산 자의 하나님이기 때문이다. 레위기 21~22장에서 이미 언급되고 있듯이 이스라엘은 죽음의 미화와 극화를 경계하여야 하며, 배교적인 가나안 애도문화를 배격하여야 한다. 이스라엘은 하나님의 아들들(자녀들)이기 때문이다. 1절의 첫 소절은 이스라엘의 선민 정체성을 부각시킨다. '바님 아템 라도나이 엘로헤켐'(bānîm 'atem laYahweh 'elôhêkem/Sons, you, to Yahweh your God), 직역하면, '아들들이다. 너희들은 너희들의 하나님 야웨께!'이다. 여기에는 '하나님의 아들들 됨'이라는 서술어가 문두에 오는 도치구문과 2인칭 복수인칭대명사가 사용된다. 또한 2절 첫 소절도 이스라엘의 선민정체성을 같은 방식으로 강조한다(2절). '키 암 카도쉬 아타 라도나이 엘로헤카'(kî 'am qādôš 'attā laYahweh 'elôhêka/For people holy, you, to Yahweh your God!), 직역하면, '왜냐하면, 거룩한 백성이다. 너는 너희 하나님께!'이다. 2절 하반절은 기업의 백성을 '암 나할라'라고 표현하지 않고 '암 쉬굴라'('am sĕgûllā)로 표현한다(출 19 : 5, "……모든 민족 중에서 내 소유가 되겠고……"). 땅의 모든 민족들 중에서 이스라엘을 '암 쉬굴라'로 삼으시려고 이스라엘을 선택하셨다. 쉬굴라는 하나님이 품에 착용하고 다니는 인장반지 같은 보물, 보화를 가리킨다. 이스라엘은 하나님께 밀착되어 하나님이 소중하게 품고 다니는 보물백성이라는 말이다. 하나님의 보물은 손상되거나 훼손되지 말아야 한다. 이방의 장례 애도풍습이 이스라엘 백성의 신체를 손상시키거나 훼손해서는 안 된다. 하나님의 보물이 되기 위하여 이스라엘이 하나님께 열국 중에서 선택되었기 때문이다. 열방들은 이스라엘이 하나님께 얼마나 존귀하게 대우받고 사랑받고 돌봄받는가를 보면서 하나님이 어떤 분인가를 배우고 깨닫도록 예정되었다. 암 쉬굴라는 열방을 향한 하나님의 메시지가 되어야 한다. 이런 이스라엘의 독특한 지위 때문에 이방의 장례 애도풍습을 받아들여서는 안 된다. 이런 원칙은 음식물 규정에서도 관철되어야 한다.

### 2) 정한 짐승과 부정한 짐승(14 : 3-21 ; 참조. 레 11 : 1-47)

3너는 가증한 것은 무엇이든지 먹지 말라 4너희가 먹을 만한 짐승은 이러하니
곧 소와 양과 염소와 5사슴과 노루와 불그스름한 사슴과 산 염소와 볼기가
흰 노루와 뿔이 긴 사슴과 산양들이라 6짐승 중에 굽이 갈라져 쪽발도 되고
새김질도 하는 모든 것은 너희가 먹을 것이니라 7다만 새김질을 하거나 굽이
갈라진 짐승 중에도 너희가 먹지 못할 것은 이것이니 곧 낙타와 토끼와 사반,
그것들은 새김질은 하나 굽이 갈라지지 아니하였으니 너희에게 부정하고 8돼
지는 굽은 갈라졌으나 새김질을 못하므로 너희에게 부정하니 너희는 이런 것
의 고기를 먹지 말 것이며 그 사체도 만지지 말 것이니라 9물에 있는 모든
것 중에서 이런 것은 너희가 먹을 것이니 지느러미와 비늘 있는 모든 것은
너희가 먹을 것이요 10지느러미와 비늘이 없는 모든 것은 너희가 먹지 말지니
이는 너희에게 부정함이니라 11정한 새는 모두 너희가 먹으려니와 12이런 것은
먹지 못할지니 곧 독수리와 솔개와 물수리와 13매와 새매와 매의 종류와 14까
마귀 종류와 15타조와 타흐마스와 갈매기와 새매 종류와 16올빼미와 부엉이와
흰 올빼미와 17당아와 올응과 노자와 18학과 황새 종류와 대승과 박쥐며 19또
날기도 하고 기어다니기도 하는 것은 너희에게 부정하니 너희는 먹지 말 것
이나 20정한 새는 모두 너희가 먹을지니라 21너희는 너희의 하나님 여호와의
성민이라 스스로 죽은 모든 것은 먹지 말 것이나 그것을 성중에 거류하는 객
에게 주어 먹게 하거나 이방인에게 파는 것은 가하니라 너는 염소 새끼를 그
어미의 젖에 삶지 말지니라

**[14 : 3-21]** 이 단락은 정결한 음식과 부정한 음식을 구분하고 정결한 음식을 먹어야 한다는 규정을 담고 있다. 3절은 처음부터 '모든 가증한 것'(콜-토에바 〈kol-tô'ēbā〉)을 먹지 말라고 말한다. 4~6절은 먹을 수 있는 동물을 말하면서 그 이유를 제시한다. 소와 양과 염소와(4절) 사슴과 노루와 불그스름한

사슴과 산 염소와 볼기가 흰 노루와 뿔이 긴 사슴과 산양들은 먹을 수 있다(5절). 굽이 갈라져 쪽발도 되고 새김질도 하는 것은 식용 가능 동물이 될 수 있는 필요조건이다(6절). 4~5절이 말하는 짐승들은 이 조건을 충족해서 먹을 수 있다. 하지만 이 조건을 부분적으로 충족시키는 동물은 먹을 수 없다. 7~8절이 그런 동물을 열거한다. 새김질을 하거나 굽이 갈라진 짐승 중에도 먹지 못할 것은 낙타와 토끼와 사반이다. 그것들은 새김질은 하나 굽이 갈라지지 아니하였기 때문에 이스라엘에게 부정(ṭāmē')하다(7절). 돼지는 굽은 갈라졌으나 새김질을 못하므로 부정하다. 따라서 이런 고기를 먹지 말 것이며 그 사체도 만지지 말아야 한다(8절).

9~10절은 식용 어류와 식용 불가 어류를 구분한다. 지느러미와 비늘 있는 모든 것은 먹을 수 있고(9절), 지느러미와 비늘이 없는 것은 이스라엘에게 부정하니 먹을 수 없다(10절). 11~20절은 조류 중 식용 조류와 식용 불가 조류를 구분한다. 모든 정한 새는 식용 가능하다(11절). 하지만 독수리와 솔개와 물수리와(12절) 매와 새매와 매의 종류와(13절) 까마귀 종류와(14절) 타조와 타흐마스와 갈매기와 새매 종류와(15절) 올빼미와 부엉이와 흰 올빼미와(16절) 당아와 올응과 노자와(17절) 학과 황새 종류와 대승과 박쥐는 먹지 말아야 한다(18절). 또한 날기도 하고 기어다니기도 하는 새 종류는 이스라엘에게 부정하니 먹지 말아야 한다(19절). 20절은 11절과 마찬가지로 정한 새의 종류는 언급하지 않고 모든 정한 새는 먹을 수 있다고 말하며 이 단락을 종료한다. 정한 새는 먹어도 된다는 규정이 이 조류 분류 단락을 양괄식으로 에워싼다.

21절은 특수규정을 두 가지 추가한다. 그전에 다시 한번 모세는 이스라엘 백성의 지위, 즉 하나님 야웨의 성민임을 강조하고 그러기 때문에 두 가지를 하지 말라고 덧붙인다. 첫째, 이스라엘 백성은 스스로 죽은 모든 것은 먹지 말아야 한다. 다만 그것을 성중에 거류하는 객에게 주어 먹게 하거나 이방인에게 파는 것은 가하다. 둘째, 염소 새끼를 그 어미의 젖에 삶지 말아야 한다(출 23 : 19 ; 34 : 26). 염소 새끼도 어미 염소에게서 나온 산물이요 어미 젖도 어미 염소에게서 나온 것이다. 아마도 새끼 염소를 부드럽게 삶아 먹기 위해 이렇게 요리하는 관습이 있었던 것처럼 보이는데, 이 마지막 계명의도가 무엇인지는 분명치 않다. 염소의 입장에서 보면 너무 잔인해 보이는 요리법이라서 그런지 다른 종교제의적 함의가 있는지는 확실치 않다. 풍요다산 제의의 일환으로 어미 염소의 젖으로 염소 새끼를 요리했을 것이라는 추측은 있으나 결정적인 증거는 나오지 않았다.

전체적으로 3~21절의 정결음식 규정의 의미가 무엇일까? 오늘날 우리가 문자적으로 준수할 수 없는 이 규정을 어떻게 받아들여야 할까? 주전 2세기경에 나온 유대인 위경 「아리스테아스의 편지」는 이 규정을 우의적으로 해석함으로써 해석상의 난점을 극복하려고 했다. 「아리스테아스의 편지」는 부정한 동물을 이방인, 정한 동물을 선민 유대인이라고 해석한다(행 10 : 9-16의 부정한 짐승을 먹으라고 명하는 하늘음성을 듣고 놀란 베드로). 발굽이 갈라지고 되새김질을 하는 동물은 하나님 앞에서 제물처럼 자아가 쪼개어지고 하나님의 말씀을 깊이 묵상하고 되새김질하는 하나님 백성이라는 것이다. 특히 21절의 '스스로 죽은 정한 동물' 고기를 먹지 말라는 계명은 이스라엘과 열방을 가르는 보다 명백한 기준이 된다. 이스라엘은 오로지 하나님의 희생제물로 바쳐진, 즉 거룩하게 도살된 제물의 고기만을 먹어야 한다는 것이다. 사도행전 15장의 1차 사도공의회에서 이방인 신자들에게 주는 최소한의 율법규정도 대부분 음식물 규정으로 채워졌다. '우상의 제물과 피와 목매어 죽인 것을 먹지 말라'는 규정이 이방인 교회와 신자들에게 최소한의 음식규정으로 보내졌다(행 15 : 29). 이 우의적 해석은 흥미롭지만 과연 최초의 청중들에게도 이런 방식으로 이해되었을지는 의심스럽다.

결국 이런 우의적 해석을 받아들이지 않더라도 3~21절의 음식규정이 성민 이스라엘의 음식관습을 통해 성민의 정체성을 형성해 가시려는 하나님의 뜻을 반영한다고 해석하면 대체로 무리가 없을 것이다. 무분별한 육식관습이 가나안 문화에 대한 저항력을 저하시키는 것을 경계하는 말씀으로 받아들일 수 있을 것이다. 사람은 무엇을 먹는가에 따라 그 존재가 결정되기 때문에 초대교회 그리스도인들에게나 오늘날의 유대인들에게 음식법은 참으로 중요했다. 부정하고 맹폭한 맹금류와 육식성 짐승고기를 먹는 사람은 맹폭한 맹금류와 잔인한 야수성을 드러낸다고 보는 유비적 해석으로 이 본문의 의미를 파악해도 될 것이다. 주전 2세기~주후 1세기에 존재했을 것으로 추정되는 쿰란공동체의 「공동체 규약」에는 야웨의 율법(「공동체 규약」에 나오는 율법) 준수는 속임수와 불의라는 우주적인 악의 세력들을 패배시키는 무기들로 간주된다. 실로 한 사람이 야웨의 율법들을 준수하려고 노력할 때, 그는 자신을 어둠의 영역에서 구출해 내는 셈이며, 빛의 아들과 그들의 천상 옹호자에게 힘을 보태는 셈이다. 주후 2세기 이후의 랍비유대교에서는 야웨의 계명들의 준수가 갖는 성례전적인 효력에 대한 집중적인 강조가 이뤄졌다. 그중에서도 음식법이야말로 유대인 정체성 형성의 가장 중요한 대강이었다. 약 4세기 후에 랍비 베레키아가 식사법(벨하우젠의 구약율법 경시에 대한 모세 와인펠트의 비판) 준수 여부가 종말론적인 향연의 참여 여부를 (부분적으로) 제한한다고 볼 정도로 음식법은 유대인의 선민정체성 보존에 결정적이었다.

### 3) 십일조의 사회복지적 역할(14 : 22-29)

[22]너는 마땅히 매년 토지 소산의 십일조를 드릴 것이며 [23]네 하나님 여호와 앞 곧 여호와께서 그의 이름을 두시려고 택하신 곳에서 네 곡식과 포도주와 기름의 십일조를 먹으며 또 네 소와 양의 처음 난 것을 먹고 네 하나님 여호와 경외하기를 항상 배울 것이니라 [24]그러나 네 하나님 여호와께서 자기의 이름을 두시려고 택하신 곳이 네게서 너무 멀고 행로가 어려워서 네 하나님 여호와께서 그 풍부히 주신 것을 가지고 갈 수 없거든 [25]그것을 돈으로 바꾸어 그 돈을 싸 가지고 네 하나님 여호와께서 택하신 곳으로 가서 [26]네 마음에 원하는 모든 것을 그 돈으로 사되 소나 양이나 포도주나 독주 등 네 마음에 원

하는 모든 것을 구하고 거기 네 하나님 여호와 앞에서 너와 네 권속이 함께 먹고 즐거워할 것이며 [27]네 성읍에 거주하는 레위인은 너희 중에 분깃이나 기업이 없는 자이니 또한 저버리지 말지니라 [28]매 삼 년 끝에 그 해 소산의 십분의 일을 다 내어 네 성읍에 저축하여 [29]너희 중에 분깃이나 기업이 없는 레위인과 네 성중에 거류하는 객과 및 고아와 과부들이 와서 먹고 배부르게 하라 그리하면 네 하나님 여호와께서 네 손으로 하는 범사에 네게 복을 주시리라

**[14 : 22-29]** 이스라엘은 자신의 거룩성을 드러내는 일환으로 매년 모든 소출(맏아들과 맏물)의 십일조를 하나님이 택하신 성소제단에 드려야 한다(22-29절). 먼저 매년 토지 소산(곡식과 포도주와 기름)의 십일조를 드려야 한다(22절). 이스라엘 백성은 야웨 하나님이 자신의 이름을 두시려고 선택한 곳에서 축제절기를 행할 때 십일조를 바침으로써 자신들이 하나님의 선물에 의존해 사는 존재임을 기억해야 한다. 그리고 야웨 앞, 즉 야웨가 택한 합법적인 성소에서 소와 양의 맏물을 제물로 드리고 먹음으로써 하나님 경외하기를 항상 배워야 한다(23절). 그러나 하나님이 택한 성소로부터 먼 곳에서 사는 사람들은 화폐를 갖고 와 성소에 준비된 제물(소, 양, 포도주, 독주)을 사서 드릴 수도 있다. 여기서 중요한 점은 헌제자와 그 권속이 함께 하나님 앞에서 먹고 즐거워하라는 것이다(24-25절). 하나님께 드리는 제사는 가장과 그의 권속이 결속되는 계기를 제공했다. 에브라임 산지 라마다임소빔에 살던 엘가나와 그의 가족(한나, 브닌나)은 실로(Shiloh) 성소에서 먹고 마시고 즐거워했다(삼상 1 : 3-8, 14-15〈포도주, 독주가 제사 때 사용되었음을 암시〉). 또한 22절이 말하는 매년 드려지는 토지 소산의 십일조와 제물은 이스라엘 지방 성읍에 거주하는 레위인에게 그 일부가 나눠졌다. 레위인은 분깃도 기업도 없기에 이스라엘 세속 지파들이 돌봐 주어야 한다. 이 레위인을 돌보라는 규정은 어느 시점에 모든 사회적·경제적 약자를 구휼하고 부조하라는 명령으로 확장된다(27절).

28~29절은 3년마다 바쳐지는 십일조를 대대적인 가난 구제, 사회복지

자산으로 활용할 것을 명령한다. 3년마다 바쳐지는 십일조는 경제적 약자들을 위한 구제기금이었다. 그것은 레위인, 객(게르, 경제 및 전쟁난민, 도망친 노예, 빌붙어 사는 외국인 등), 고아, 과부를 위해 사용되어야 한다. 이 십일조는 그들을 위한 예물을 마련하는 데 사용되었을 것이며, 그들은 이렇게 마련된 제물을 하나님께 바쳐 배부르게 먹었을 것이다. 이스라엘 사람들이 예배드리는 행위는 가난한 이웃 구제기금 마련행사로 연결된 것이다. 하나님께서 이스라엘 백성이 이렇게 레위인, 고아, 객과 과부 등 사회 최빈곤층을 배부르게 하면 친히 이스라엘 백성이 행하는 범사에 복을 주실 것이다. 하나님이 주시는 번영의 길은 자비와 사회적 애휼 실천을 통해 닦여진다. 나눔이 신적 번영의 지름길이다.

## 설교를 위한 묵상

한국 교회가 신구약성서를 한데 묶어 읽는 방법 중 가장 대표적인 것은 율법과 복음, 예언과 성취, 모형(예표)-실체 도식으로 읽는 읽기다. 구약성서는 율법이며 신약성서는 복음이요, 구약성서는 예언이며 신약성서는 성취요, 그리고 구약성서는 모형이며 신약성서는 실체라고 보는 읽기다. 이런 읽기가 대체로 건전한 읽기다. 그러나 대부분의 한국 교회는 구약성서를 거의 설교하지 않는 것으로 조사되었다.[29] 최근

29) 김중은, "구약도 자주 설교합시다", 「구약의 말씀과 현실」(서울 : 성서학연구소, 1996), 336-337. 일찍이 김중은은 한국 교회 강단의 구약 무시와 주변화를 분석하고 구약이 어떤 점에서 한국 교회의 강단을 풍요롭게 할 수 있는지를 모색했다. 그에 따르면 구약 전체의 설교 메시지는 '이 땅에 하나님 나라를 구현하자'이며 모세오경은 하나님 사랑과 이웃 사랑의 설교에, 예언과 역사서는 하나님의 정의와 공의에 대한 강조와 그에 상응하는 회개생활에 관한 설교에, 시편은 찬양과 기도 등 감사의 생활에 관한 설교에, 지혜문학은 일상생활의 야웨 경외, 즉 지혜생활에 관한 설교에 풍성한 영감을 준다고 말한다. 본 저자는 대여섯 해 전 대학원수업시간에 수강생들에게 20여 개 중대형 교회의 3년치 주일예배 설교 본문 조사를 해 보라는 과제를 준 적이 있었는데, 합동측 교회가 구약성서를 가장 덜 설교하고, 기장측과 감리교가 좀 더 자주 설교하는 것으로 나타났다. 칼빈이 1541-1564년 2차 제네바 사역 기간 동안에 행한 설교 2,050편 중 구약설교는 571편, 신약설교는 397편이 남아

몇 년 동안 대도시 중심의 한국 교회의 구약설교 빈도를 조사해 보면(저자의 2014년 가을학기 대학원 수업시간에 이뤄진 조사) 1년에 10주 이하로 구약성서를 주일설교 본문으로 선택한 것으로 나타난다. 그런데 가장 빈번히 설교되는 구약성서 본문조차 성전건축 봉헌 본문, 십일조 봉헌 착복탄핵 본문, 그리고 창세기 족장들의 받은 복 관련 구절들로 편협하게 치우쳐 있었다. 한국 목회자들 중 대다수는 구약성서의 율법들이 거의 폐지되었거나 발전적으로 해체되었다고 믿는데, 유독 십일조법만은 아직도 신약 시대의 그리스도인들에게도 적용된다고 굳게 믿고 설교한다. 십일조 규정을 가지고 설교본문으로 택하는 것은 전혀 문제가 아니다. 그러나 십일조의 목적, 용도 등을 바르게 가르치지 않고 십일조 헌금 행위 자체만을 강조하는 것이 문제다. 십일조는 성전(성막) 관리, 성직자 생활비, 그리고 구제헌금으로 사용되어야 한다. 부동산 투기나 고금리 단기 증권시장 투기 등 재테크에 투기되어서는 안 된다. 구약성서의 십일조 규정은 십계명에 들어갈 정도의 강제적 구속력을 가진 법은 아니었으나, 십일조를 바치는 이스라엘 사람들은 자신을 아브라함의 적자후손이라고 생각했다(눅 3 : 8 ; 18 : 12). 예수님 자신도 십일조의 중요성을 우회적으로 언급하셨고(마 23 : 23, "박하와 회향과 근채의 십일조는 바치되 정의, 긍휼과 믿음은 버렸다") 심지어 성전연보궤 앞에 앉아 생활비 전부인 두 렙돈을 연보하는 과부를 크게 칭찬하셨다(눅 21 : 1-4). 예수님도 십일조나 연보에 지대한 관심을 보이셨다. 따라서 십일조 규정은 예수님의 십자가 구속사역으로 인해 폐지된 것이 아니다. 예수님은 부자들이 풍족한 중에 헌금하는 것보다 가난한 과부의 생활비 전액 헌금을 더 칭찬하셨다. 물론 이 말씀이 십일조 헌금에 관한 이야기로만 읽힐 수는 없다. 참다운 연보와 봉헌 정신은 마음의 전부를 드리는 것이라는 진리를 깨우치기 위함일 것이다.

구약과 신약 시대의 십일조는 화폐가 아니라 곡물, 동물 등 농축산물로 드려졌다. 먼 곳에서 성전예배를 드리러 가는 사람은 화폐를 갖고 성전에서 파는 제물을 사서 드려야 했다. 따라서 토지 산물, 가축 등으로 드려진 십일조나 기타 봉헌물은 무한 저장이 불가능했다. 십일조나 토지 소산의 맏물, 혹은 봉헌물 모두 저장이 곤란한 예물들이었기 때문에 십일조는 당연히 즉각 나눠지는 것이 기대되었다. 매년 드려지는 십일조는 봉헌하는 가족들이 함께 먹고 마시는 데 사용되고 나머지는 레위인

있다(칼빈, 「신명기 강해 1」, 표지글).

부양에 쓰여졌다. 3년에 한 번씩 드려지는 십일조는 레위인 외에 일반적으로 경제적 최약자들에게 분배되었다. 십일조는 사회최약자층의 생활보조자금이었고, 구제기금이었던 것이다. 놀라운 것은 하나님께 바쳐진 예물이 결국 레위인들과 객, 고아, 과부들에게 나눠졌다는 사실이다. 이 사회경제적 최약자층에게 돌아가는 십일조는 하나님께 바쳐진 십일조라고 간주된 것이다. 예나 오늘이나 토지 소산물이나 가축, 혹은 심지어 화폐로 된 봉헌물이 중력법칙을 이기고 우주선처럼 대기권 너머 우주 중심에 있을 법한 하나님 나라로 올라갈 것이라고 믿는 사람은 없다. 하나님의 이름이 있는 곳에(하나님의 거룩한 현존이 있는 곳, 즉 하나님의 말씀이 들려오고 하나님으로부터 기도 응답이 이뤄지는 곳) 드려진 봉헌물은 이처럼 사회경제적 최약자층으로 옮겨 간다. 하나님께 바쳐진 십일조는 사회경제적 최약자의 부양기금이요 하나님의 살아 계심을 맛보게 만드는 영적 자원이다. 이렇게 십일조를 잘 드리는 이스라엘 백성에게 하나님은 범사에 복주실 것을 약속하신다. 십일조는 교회가 이 세상 어떤 조직이나 결사체들로부터 자신을 거룩하게 구별 짓는 결정적인 표징이다. 십일조는 오늘날 국가에 바치는 세금과 기타 공제금(연금, 보험 등)을 공제한 후 남는 가처분 소득을 기준으로 바쳐진다. 이것은 굉장히 큰 헌신이 아닐 수 없다. 소득이 많은 신자일수록 십일조의 자율실천은 성령의 감화감동이 없이는 실행되지 않는다. 이렇게 귀하게 바쳐진 십일조가 사회경제적 최약자들을 위한 생활보호기금으로 바쳐지지 못하면 그것은 십일조를 도둑질한 것이다. 하늘(하나님 나라)에 바쳤다고 생각한 자신의 십일조가 오용되고 남용되는 사태를 본 교우들의 충격은 얼마나 클까? 십일조 헌금으로 비자금을 조성한 교회나 목사, 십일조 축적금으로 고위험-고수익 단기펀드에 투자해 100억 중 50억을 잃은 교회나 성직자 등은 십일조를 도둑질했다는 비난을 면키 어렵다. 고위험-고수익 펀드에 투자해 헌금을 손실한 것보다 더 근원적 죄악은 이웃 사랑에게 바쳐져야 할 하나님의 성물을 그런 펀드에 투자한 행위 자체다. 말라기 선지자의 십일조 도둑질 책망을 들어보자(말 3 : 7-12).

"만군의 여호와가 이르노라 너희 조상들의 날로부터 너희가 나의 규례를 떠나 지키지 아니하였도다 그런즉 내게로 돌아오라 그리하면 나도 너희에게로 돌아가리라 하였더니 너희가 이르기를 우리가 어떻게 하여야 돌아가리이까 하는도다 사람이 어찌 하나님의 것을 도둑질하겠느냐 그러나 너희는 나의 것을 도둑질하고도 말하기를 우리가 어떻게 주의 것을 도둑질하였나이까 하는도다 이는 곧 십일조와 봉헌물이라 너희 곧 온 나라가 나의 것을 도둑질하였으므로 너희가 저주를 받았느니라 만군의 여호와가 이르노라 너희의 온전한 십일조를 창고에 들여 나의 집에 양식이 있게 하고 그것으로 나를 시험하여 내가 하늘 문을 열고 너희에게 복을 쌓을 곳이 없도록 붓지 아니하나 보라 만군의 여호와가 이르노라 내가 너희를 위하여 메뚜기를 금하여 너희 토지 소산을 먹어 없애지 못하게 하며 너희 밭의 포도나무 열매가 기한 전에 떨어지지 않게 하리니 너희 땅이 아름다워지므로 모든 이방인들이 너희를 복되다 하리라 만군의 여호와의 말이니라"

말라기는 하나님이 가난한 자들과 레위인을 도우려고 십일조를 비축할 창고를 마련해 두었는데, 그 십일조 비축용 창고가 비어 있다고 책망한다. 이스라엘 백성들이 십일조를 드리지 않거나 제사장들이 드려진 십일조를 가로챘기 때문이다. 이 본문이 말라기 2장부터 시작되는 제사장 탄핵 단원의 일부임을 고려하면 제사장들의 십일조 봉헌 오남용을 가리키는 것처럼 들린다. 그러나 이스라엘 백성이 십일조를 드리지 않았던 상황을 질타하는 장면일 수도 있다. 십일조는 사회경제적 최약자층을 하나님 아버지께서 돌보시고 도우실 때 사용하시는 하나님 나라 기금이다. 가난한 이웃이나 레위인, 객, 고아, 과부 등을 외면하는 교회는 십일조를 도둑질한다고 비난받을 수 있다. 한국 교회는 십일조를 내라는 설교보다는 십일조를 거룩하게 낭비하고 처분하는 일에 민첩하여야 한다. 기복신앙처럼 들릴지 몰라도 십일조를 드리는 성도와 교회, 십일조를 드리는 단체가 하나님의 권고하심을 받았다는 간증은 넘친다. 십일조를 드리는 이스라엘 농민들의 포도나무 열매는 낙과가 생기지 않으며, 십일조 봉헌 농민들의 토지 소산물은 메뚜기떼 습격을 받지 않을 것이다. 십일조는 이스라엘의 사회적 자비와 긍휼총량을 늘려 안전하고 자애롭고 평안한 사회로 만든다. 이스라엘이 만일 십일조를 통해 레위인, 객, 고아, 과부들을 배불리 먹이면 하나님께서 십일조 봉헌자 곧 이스라엘의 손으로 하는 모든 일에 복을 주실 것이다. 십일조로 사회경제적 빈곤인 이웃을 배불리 먹이면 야웨의 복이 임한다. 인근 이방 민족들이 십일조 봉헌 민족인 '이스라엘은 복되도다'라고 말할 것이다(말 3 : 12). 말라기 3 : 12의 하반절은 직역하면, "왜냐하면 (다른 이가 아니라) 이스라엘 당신들(아템)이야말로 희락의 땅이기 때문이다."가 된다. 이스라엘 사람들이 희락의 땅(에레즈 하페쯔〈'ereṣ ḥēpeṣ〉)이 된 것이다. 십일조라는 신령한 공적부조금이 하나님의 창고에 비축되기만 하면 하나님께서는 국가도 손 못 대는 가난한 자들을 교회를 통하여 항구적으로 배불리 먹이실 수 있다. 십일조는 가장 급진적 이웃 사랑의 방식이다. 단, 십일조는 하나님의 이름이 있는 곳에 드려질 때 하늘로 올라간다. 하늘은 어디인가? 가난한 자들을 돕는 구제의 배낭이다.

## 4. 4계명의 실천세칙들 : 안식년 절기의 해방(15 : 1–23)

### 1) 면제년(15 : 1–11 ; 참조. 레 25 : 1–7)

1매 칠 년 끝에는 면제하라 2면제의 규례는 이러하니라 그의 이웃에게 꾸어
준 모든 채주는 그것을 면제하고 그의 이웃에게나 그 형제에게 독촉하지 말
지니 이는 여호와를 위하여 면제를 선포하였음이라[30] 3이방인에게는 네가 독
촉하려니와 네 형제에게 꾸어 준 것은 네 손에서 면제하라 4-5네가 만일 네
하나님 여호와의 말씀만 듣고 내가 오늘 네게 내리는 그 명령을 다 지켜 행하
면 네 하나님 여호와께서 네게 기업으로 주신 땅에서 네가 반드시 복을 받으
리니 너희 중에 가난한 자가 없으리라 6네 하나님 여호와께서 네게 허락하신
대로 네게 복을 주시리니 네가 여러 나라에 꾸어 줄지라도 너는 꾸지 아니하
겠고 네가 여러 나라를 통치할지라도 너는 통치를 당하지 아니하리라 7네 하
나님 여호와께서 네게 주신 땅 어느 성읍에서든지 가난한 형제가 너와 함께

30) 강원주는 2절 하반절의 개역개정 "이는 여호와를 위하여 면제를 선포하였음이라"를 개악이라고 보고 개역한글, "이 해는 여호와의 면제년이라 칭함이니라"라는 번역이 더 낫다고 보는데 꼭 그렇지는 않다(강원주, op. cit., 32–33). 일단 본문에 면제년을 의미하는 히브리어 쉬나트 하쉬미타(šěnath haššěmiṭṭa 혹은 쉬미타)라는 말이 없기에 '면제년'이라는 말을 삽입하는 것은 해석적 번역의 사례일 뿐이다. 굳이 번역하자면 개역개정이 더 낫다. 다만 아도나이(야웨) 앞에 있는 전치사를 '위하여'라고 번역한 것은 어색하고 '의하여' 혹은 '께'라고 번역하는 것이 더 정확하다. "그(이스라엘 혹은 하나님)가 여호와에 의한 면제라고 불렀다."

거주하거든 그 가난한 형제에게 네 마음을 완악하게 하지 말며 네 손을 움켜
쥐지 말고 [8]반드시 네 손을 그에게 펴서 그에게 필요한 대로 쓸 것을 넉넉히
꾸어 주라 [9]삼가 너는 마음에 악한 생각을 품지 말라 곧 이르기를 일곱째 해
면제년이 가까이 왔다 하고 네 궁핍한 형제를 악한 눈으로 바라보며 아무것
도 주지 아니하면 그가 너를 여호와께 호소하리니 그것이 네게 죄가 되리라
[10]너는 반드시 그에게 줄 것이요, 줄 때에는 아끼는 마음을 품지 말 것이니라
이로 말미암아 네 하나님 여호와께서 네가 하는 모든 일과 네 손이 닿는 모든
일에 네게 복을 주시리라 [11]땅에는 언제든지 가난한 자가 그치지 아니하겠으
므로 내가 네게 명령하여 이르노니 너는 반드시 네 땅 안에 네 형제 중 곤란
한 자와 궁핍한 자에게 네 손을 펼지니라

**[15 : 1-11]** 15~16장은 안식일 계명의 각론적이고 세부적인 시행령을 담고 있다. 안식년 준수 계명은 육체노동을 팔아 살아가는 노예들에게 안식을 베풀고 6년간 혹사당하여 비옥도를 상실한 땅을 휴경하도록 명하는 규정이다. 하나님 자신은 피로하지 않고 곤비치 않으시지만 피조물 인간의 유익을 위하여 친히 안식일을 제정하신다. 안식년 계명은 안식일 계명의 확장이다. 이 안식일 계명은 창조주 하나님에 대한 믿음이 없이는 준수할 수 없는 계명이다. 신명기 안식일 계명은 출애굽기 안식일 계명과 차이를 보인다. 출애굽기 20 : 8~11이 창조신학적인 근거(창조주 하나님의 안식을 모방하는 이스라엘의 안식)를 가지고 안식일 계명을 선포하는 데 비해, 신명기 5 : 12~15은 한때 애굽의 노예였던 이스라엘 자신의 해방을 기념하기 위하여 안식할 것을 명령한다. 특히 신명기에서 안식일을 지킨다는 말은 노예들과 같은 최하층민에게까지 안식을 선사한다는 것을 의미한다. 안식일 계명은 노예들과 객, 농사용 가축들을 소유한 사회적 유력자들에게 노예들과 동물의 쉴 권리와, 그리고 땅의 쉴 권리를 보장하라는 정치경제적인 명령이었다. 이 안식일 명령이 안식년 제도로 발전되어 간다.

15 : 1~11 단락은 매 칠 년 끝에는 '면제하라'는 명령으로 시작된다(1절). 면제의 규례가 다루는 첫째 조항은 채무 면제 명령이다. 이웃에게 꾸어 준 모든 채주는 그것을 면제하고 그의 이웃에게나 그 형제에게 독촉하지 말아야 한다. 하나님께서는 '면제 명령'을 선포하셨기 때문이다. 하나님은 동포들에게 노예로 팔렸던 당신의 언약백성들을 다시 자유민으로 회복하려고 하신다(2절). 이방인에게는 빚 독촉을 할 수 있으나 생계형 채무자인 자신의 형제에게는 독촉하지 말고 채무 변제 부담에서 면제해 주어야 한다(3절). 만일 이스라엘 백성 개개인이 이런 자비로운 면제 명령을 준행하면 하나님 여호와께서 기업으로 주신 땅에서 반드시 복을 받을 것이며 결국 이스라엘 중에는 가난한 자가 없어질 것이다(행 2 : 44-45 ; 4 : 32-35). 이스라엘 백성 중에 가난해 굶어죽는 사람이 없어진다는 말이다. 이스라엘 백성 개개인이 경제적 최약자요 생계형 채무자들에게 빚 탕감을 선언해 그들도 재기할 기회를 얻었기 때문이다. 악성채무, 고율의 복리이자를 받으며 고리대금업을 하는 자들이 채무자에게 빚탕감을 선언해 재활복구를 돕는 일인 셈이다. 이런 사회적 상호부조와 애휼이 흘러넘치면 이스라엘이 공동체적으로 부강한 나라가 될 것이다(6절). 하나님 여호와께서 복을 극대화시켜 주심으로써 이스라엘은 여러 나라에 꾸어 줄지라도 꾸지 아니하겠고 여러 나라를 통치할지라도 통치를 당하지 아니할 것이다(6절). 사회구성원 중 최약자를 재활복구[31] 시키는 사회는 부강한 나라가 된다는 것이다. 가난한 자를 돌보는 일은 이스라엘의 모든 성읍에서 이뤄져야 할 일이다. 이스라엘 백성 개개인은 하나님 여호와께서 주신 땅 어느 성읍에서든지 가난한 형제가 함께 거주하거든 그 가난한 형제에게 마음을 완악하게 하지 말며 손을 움켜쥐지 말고(7절), 반드시 손을 그에게

---

31) 신명기 15 : 11이 원의와는 달리 마태복음 26 : 11("가난한 자들은 항상 너희와 함께 있거니와……")과 마가복음 14 : 7("가난한 자들은 항상 너희와 함께 있으니 아무 때라도 원하는 대로 도울 수 있거니와……")에서 '가난한 자 항상존재론'으로 바뀌는 과정을 잘 설명한 책은 패트릭 밀러(Patrick D. Miller)의 신명기 15장 강해다(*Deuteronomy : Interpretation : A Bible Commentary for Teaching and Preaching*, 김회권 역, 「현대성서주석시리즈 신명기」 〈서울 : 한국장로교출판사, 2001〉, 220-221).

펴서 그에게 필요한 대로 쓸 것을 넉넉히 꾸어 주어야 한다(8절). 설령 이웃에게 꾸어 준 어떤 이스라엘 사람이 면제년이 다가오는데 그 채무자 형제가 여전히 가난해 빚 갚을 기미를 보이지 않는다고 해서 삼가 마음에 악한 생각을 품지 말아야 한다(9절). 일곱째 해 면제년이 가까이 왔다고 해서 궁핍한 형제를 악한 눈으로 바라보며 아무것도 주지 아니하면 그 가난한 형제가 무자비한 그 이웃을 여호와께 호소할 것이며, 그것이 가난한 이웃을 외면하고 배척한 그 사람에게 죄가 될 것이다(9절). 따라서 이스라엘 백성 개개인은 돈을 빌려 달라고 요청하거나 먹을 것을 달라고 요청하면 반드시 그에게 주어야 하며, 줄 때에도 아끼는 마음을 품지 말아야 한다(10절). 이 너그러운 나눔과 베풂은 신적 보답을 초래한다. 이 너그러운 나눔과 베풂을 보신 하나님 여호와께서 가난한 이웃을 동정해 꾸어 주는 그 사람이 하는 모든 일과 그의 손이 닿는 모든 일에 복을 주실 것이다.

따라서 어떤 가난한 자도 땅으로부터 끊어져서는 안 된다(11절). 신명기 15 : 11의 개역개정은 "땅에는 언제든지 가난한 자가 그치지 아니하겠으므로 내가 네게 명령하여 이르노니 너는 반드시 네 땅 안에 네 형제 중 곤란한 자와 궁핍한 자에게 손을 펼지니라"로 되어 있다. 가난한 자와 궁핍한 자들은 나라님도 구제할 수 없다는 비관론을 정당화하는 말처럼 들린다. 그러나 이 구절은 언약공동체 구성원을 향한 보편 복지를 강조한다. 이 구절의 정확한 원전 해석은 다음과 같다. "어떤 가난한 사람도 땅으로부터 끊어져서는 안 될 것이다. 따라서 나는 너희들에게 '반드시 네 땅 안에 있는 너희 형제들 중 곤란한 자와 가난한 자에게 네 손을 펼쳐야 한다'라고 명령한다."

신명기 15 : 11 כִּי לֹא־יֶחְדַּל אֶבְיוֹן מִקֶּרֶב הָאָרֶץ
עַל־כֵּן אָנֹכִי מְצַוְּךָ לֵאמֹר פָּתֹחַ תִּפְתַּח אֶת־יָדְךָ לְאָחִיךָ
לַעֲנִיֶּךָ וּלְאֶבְיֹנְךָ בְּאַרְצֶךָ׃ ס

왜냐하면(정녕) 어떤 가난한 자(에뷔욘)도 땅의 심장(중심, 소출)으로부터 끊어서는 안 될지어다. 따라서 나는 네게 명령한다. "정녕 네 손을 네 땅 안에 있는 네 비천한 자들과 네 가난한 자들에게, 네 형제에게 활짝 펴라."

그리스어역 구약 번역 성경인 70인역은 대체로 직역에 가깝게 번역한다.

신명기 15 : 11, οὐ γὰρ μὴ ἐκλίπῃ ἐνδεὴς ἀπὸ τῆς γῆς διὰ τοῦτο ἐγώ σοι ἐντέλλομαι ποιεῖν τὸ ῥῆμα τοῦτο λέγων ἀνοίγων ἀνοίξεις τὰς χεῖράς σου τῷ ἀδελφῷ σου τῷ πένητι καὶ τῷ ἐπιδεομένῳ τῷ ἐπὶ τῆς γῆς σου

왜냐하면 어떤 가난한 자도 땅으로부터 끊어져서는 안 될지어다. 이로 인해 나는 너희들에게 명령한다. 이 말을 행하라. 말하기를, 정녕 네 형제에게, 네 땅 안에 있는 비천하고 가난한 자에게 네 손들을 펴고 펴라.

여기서 핵심은, '네 땅 안에 있는 형제, 곧 가난하고 비천해진 형제'에게 손을 펼쳐 진심으로 도우라는 것이다. 히브리어 원어 구문에는 '펴다' 동사의 절대형 부정사(파토아흐⟨pātôaḥ⟩)가 정동사 앞에 배치되어 '정녕, 확실히, 반드시'라는 부사어로 사용되고 있다(파토아흐 티프타흐). 이스라엘 언약공동체, 즉 형제자매 공동체 구성원들은 '어떤 가난한 자도 땅의 소출향유권으로부터 배제되어 잃어버린 자로 전락하게 내버려지는 일이 없도록' 해야 한다는 것이다. 출애굽기 21장의 면제년 제도, 레위기 25장 희년 제도, 그리고 레위기 19 : 9~10의 가난한 자들을 위한 추수 수확물 잔여 명령, 신명기 26장의 객과 고아와 과부 등을 위한 십일조 비축 명령 등은 한결같이 언약공동체 구성원 중 가장 비참하고 연약한 자들을 공동체 복지망으로 감싸안으라는 하나님의 포괄적인 뜻이었다. 11절 하반절은 이 모든 명령을 요약한다. "내가 네게 명령하여 이르노니 너는 반드시 네 땅 안에 네 형제 중 곤란한 자와 궁핍한 자에게 네 손을 펼지니라"

### 2) 히브리 동포 종을 대하는 규례(15 : 12-18 ; 참조. 출 21 : 1-11)

[12]네 동족 히브리 남자나 히브리 여자가 네게 팔렸다 하자 만일 여섯 해 동안
너를 섬겼거든 일곱째 해에 너는 그를 놓아 자유롭게 할 것이요 [13]그를 놓아
자유하게 할 때에는 빈손으로 가게 하지 말고 [14]네 양 무리 중에서와 타작 마
당에서와 포도주 틀에서 그에게 후히 줄지니 곧 네 하나님 여호와께서 네게
복을 주신 대로 그에게 줄지니라 [15]너는 애굽 땅에서 종 되었던 것과 네 하나
님 여호와께서 너를 속량하셨음을 기억하라 그것으로 말미암아 내가 오늘 이
같이 네게 명령하노라 [16]종이 만일 너와 네 집을 사랑하므로 너와 동거하기를
좋게 여겨 네게 향하여 내가 주인을 떠나지 아니하겠노라 하거든 [17]송곳을 가
져다가 그의 귀를 문에 대고 뚫으라 그리하면 그가 영구히 네 종이 되리라
네 여종에게도 그같이 할지니라 [18]그가 여섯 해 동안에 품꾼의 삯의 배나 받
을 만큼 너를 섬겼은즉 너는 그를 놓아 자유하게 하기를 어렵게 여기지 말라
그리하면 네 하나님 여호와께서 네 범사에 네게 복을 주시리라

**[15 : 12-18]** 12절은 "동족 히브리 남자나 히브리 여자가 네게 팔렸다 하자. 만일 여섯 해 동안 너를 섬겼거든 일곱째 해에 그/그녀를 놓아 자유롭게 하라."고 명령한다. 그를 놓아 자유하게 할 때에는 빈손으로 가게 하지 말고(13절), 양 무리 중에서와 타작 마당에서와 포도주 틀에서 그에게 후히 주되, 하나님 여호와께서 노예 주인에게 복을 주신 대로 그에게 주라고 명한다(14절). 14절을 직역하면 "너희는 너희의 가축 떼들과 타작마당과 너희 포도주 틀로부터 그/그녀를 위하여 풍성한 목걸이를 만들어 주라."(14절)이다. 즉, 너희들의 모든 개인적 자산들로부터 나온 소산들을 가지고 그녀(혹은 그)에게 풍성하게 안겨 주라는 것이다. 풀려난 몸종에게는 다시 사회 안에서 삶의 보금자리를

확보하는 데 필요한 재산이 주어져야 한다. 15절은 히브리 동포 노예를 이렇게 인자하게 대우하여야 하는 이유를 말한다. “너는 애굽 땅에서 종 되었던 것과 네 하나님 여호와께서 너를 속량하셨음을 기억하라” 야웨 하나님의 선행적 해방으로 자유케 된 자로서 이스라엘 백성 개개인도 자신의 동포들을 하나님처럼 해방하는 자가 되어야 한다(15절). 만일 그 종이 자신이 섬긴 주인과 그 집을 사랑하므로 동거하기를 좋게 여겨 “내가 주인을 떠나지 아니하겠노라 하거든”(16절), 그를 영구적인 종으로 삼아도 된다. 송곳을 가져다가 그의 귀를 문에 대고 뚫음으로써 그를 영구히 종으로 부릴 수 있을 것이며, 여종에게도 이같이 대우하면 된다(17절). 히브리 동포 종이 여섯 해 동안에 품꾼의 삯의 배나 받을 만큼 섬겼은즉 종의 주인 된 이스라엘 사람은 종을 놓아 자유하게 하기를 어렵게 여기지 말아야 한다. 이렇게 너그럽게 인자하게 종을 자유케 하면 하나님 여호와께서 히브리 동포 종을 자유케 한 그 사람에게 범사에 복을 주실 것이다(18절).

결국 칠 년마다 실시되는 면제년법은 이스라엘 백성으로 하여금 자신들을 위한 하나님의 과거 출애굽 노예속량을 기억하게 하는 것이다(15 : 15). 여기서 ‘기억하는 행위’는 하나님의 노예속량을 모방하여 노예를 소유한 이스라엘 부농(富農)이나 지주가 동포노예들을 풀어 줌으로써 하나님 역할을 하는 행위다. 노예를 소유한 유력자들이 7년에 한 번씩 히브리 동포노예들을 과중한 노동으로부터 풀어 주고 쉬게 해 주는 것은, 표토를 상실하여 비옥도가 뚝 떨어진 땅을 휴경하는 것과 같다(출 23 : 10-11). 15 : 12에서 노예를 ‘자유하게 하다’ 혹은 ‘풀어 준다’고 할 때 사용된 ‘šemiṭṭa’(쉬미타)라는 용어는 출애굽기 23 : 10~11에서 처음으로 나타나는데, ‘풀려난’ 땅이 제7년째에 ‘쉬게 된다’(휴경)는 것을 의미한다.

15 : 1~18에 있는 두 단락은 가난한 사람을 항상 한결같이 ‘이웃’(2절) 또는 형제(2, 3, 7절〈2회〉, 9, 11절과 12절)로 부른다. 이웃이나 형제라는 말은 계약공동체의 구성원들을 가리킨다. 형제는 서로 돌보아 주고 서로 지켜 주

는 관계다(창세기 4 : 1-16에서 가인은 아벨에게 '형제' 계약을 파기한 자로 묘사된다). 동정, 돌봄, 그리고 관심은 형제와 자매 혹은 이웃과 함께 걸어가는 삶의 정상궤도다(눅 10 : 25-37). 가난한 사람들과 풀려난 몸종들을 대우하는 가르침 속에서 가장 손쉽게 식별되는 또 다른 특징은 아낌없이 주는 아량과 관대함의 요구이다. 움켜쥐었던 손은 가난한 형제자매를 향하여 활짝 펴 열려져야 한다. 가난한 자매/형제가 필요로 하는 것은 반드시 빌려 주어야 한다. 너희들은 너희 가축 떼들과 쌓아 놓았던 포도주로부터 아낌없이 주어야 한다(10, 14절). 그러므로 아낌없이 주고 베푸는 관대한 정신과 행위들은 베풀어야 하는 사람 자신이 가난과 역경 앞에서도 견지해야 할 삶의 자세인 것이다. 이것은 결코 아까워하거나 주기 싫어하거나 마음이 열려지지 않은 채 이뤄지는 자선적 응답을 요구하는 것이 아니다.

### 3) 처음 난 소와 양의 새끼 규례(15 : 19-23)

> 19네 소와 양의 처음 난 수컷은 구별하여 네 하나님 여호와께 드릴 것이니 네
> 소의 첫 새끼는 부리지 말고 네 양의 첫 새끼의 털은 깎지 말고 20너와 네 가
> 족은 매년 여호와께서 택하신 곳 네 하나님 여호와 앞에서 먹을지니라 21그러
> 나 그 짐승이 흠이 있어서 절거나 눈이 멀었거나 무슨 흠이 있으면 네 하나님
> 여호와께 잡아 드리지 못할지니 22네 성중에서 먹되 부정한 자나 정한 자가
> 다 같이 먹기를 노루와 사슴을 먹음같이 할 것이요 23오직 피는 먹지 말고 물
> 같이 땅에 쏟을지니라

**[15 : 19-23]** 이 단락은 처음 난 소와 양의 새끼 규례와 제물로 쓰일 수 없는 짐승을 식용으로 이용하는 방식에 대해 말한다. 이스라엘 백성은 소와 양의 처음 난 수컷은 구별하여 하나님 여호와께 드리되, 소의 첫 새끼는 부리지 말고 양의 첫 새끼의 털은 깎지 말고 드려야 한다(19절). 이스라엘 남자는 가

족을 데리고 매년 야웨가 택하신 합법적 성소에서 제사를 드리고 먹어야 한다(20절). 앞에서 살펴본 것처럼 사무엘의 아버지 엘가나는 매년 실로 성소에 가족들을 데리고 가 제사드린 후 먹고 마셨다. 야웨 앞에서 제사와 축제를 같이 행하라는 것이다. 이런 규정은 이스라엘 사람들의 가족적 유대와 결속을 강화시키는 데 기여했을 것이다. 이때 유의할 사항은 흠있는 짐승(절거나, 눈멀었거나)은 야웨께 제물로 열납되지 못한다(21절). 그런 짐승은 성중에서 먹되 정한 자나 부정한 자가 다 같이 먹으며 노루와 사슴을 잡아먹듯이 먹으면 된다. 그러나 피는 먹지 말고 물같이 땅에 쏟아 버려야 한다(23절).

## 설교를 위한 묵상

안식원리에 입각한 해방(면제)에 관한 15장에서는, 인간 존재에게 부과되는 가혹한 노동과 짐들로 인해 최소한의 안식과 해방마저도 누리지 못한 공동체 내의 구성원들에 대한 따뜻한 사회적 배려를 만난다. 여기서 우리는 사회적인 약자들을 위하여 공평한 기회를 제공하고, 그들을 옭아매는 사슬들과 짐들로부터 그들을 자유롭게 하기 위한 정규적인 시간을 확보하려는, 하나의 해방원리를 만나게 된다. 하나님은 7년에 한 번씩 제한적이고 잠정적인 사회적 해방과 질서 재편을 명령함으로써, 가난과 부의 세습을 원천봉쇄하고 있다. 안식년 면제법은 인간이성이 고안한 제도가 아니라 하나님의 계약적 자비가 인류양심에게 부과한 양심의 멍에다.

이처럼 안식원리는 일단 불가피한 상황에 의하여 어떤 사람이 노예 상태로 전락하게 되면 어떤 일이 있어도 해방될 수 없다는 전제를 부정하며, 특정시점에 발생한 인과응보적 관계(채무, 전쟁 등으로 노예화)의 사슬이 무한정 유지되어야 한다는 전제를 부정한다. 신명기의 안식년 사상은 사람들을 가혹할 정도로 채무로 옥죄이는 경제 체제를 거부한다. 그것은 땅이 그것을 획득한 사람에게 영원히 그리고 절대적으로 소유된다는 주장을 거부하고, 하나의 당연한 현실로서 수용되는 참혹한 가난의 악순환을 허용치 않는다.

매 칠 일마다, 매 칠 년마다, 매 오십 년마다, 즉 예속과 피폐, 채무와 가난, 땅 없이 사는 불안정을 초래한 시간은 정지되어야 한다. 그 정지를 통해 새로운 자유가 시작되어야 한다. 하나님께서 해방시켜 주기 전에 이스라엘 백성 자신이 겪었던 노예살이의 현실이, 채무자 동포의 삶을 치명적으로 옥죄게 내버려 두어서는 안 된다. 그들은 스스로를 재충전하여 새롭게 출발하도록 격려받아야 한다. 이 동포노예 해방법은 현실성도 없고 진지하게 받아들여져서도 안 되는 공허한 이상이 아니었다. 예레미야 34 : 8~11은 이 면제법을 실행하려다가 좌절한 시드기야 왕의 일화를 담고 있다. 바벨론 군대에 의해 포위당한 예루살렘 성에서 시드기야 왕은 유력 귀족들의 요구로 면제법에 따라 노예해방을 선언했다가, 바벨론이 포위를 해제하자마자 다시 귀족들에 의해 이 선언이 취소되고 노예제도가 부활하도록 방치했다. 예레미야는 이 면제법 미시행을 하나님의 거룩한 이름을 더럽힌 악행이라고 비판했다(렘 34 : 16). 신명기적 급진성을 가진 이 안식원리는 예수님의 나사렛 회당 메시야 취임설교에서 다시금 부활하였다(눅 4 : 16-19, 21). "주의 성령이 내게 임하셨으니…… 포로된 자에게 자유를, 눈먼 자에게 다시 보게 함을 전파하며 눌린 자를 자유롭게 하고……" 위의 누가복음 본문에서는 이사야의 두 본문이 하나의 연결어인 헬라어 '아페시스'(aphesis)에 의해 결합되어 있다. 아페시스라는 단어는 해방 혹은 자유를 의미하는데, 안식원리에 따라 시행되는 노예해방 혹은 채무면제를 의미하는 히브리어 '더로르'(dĕrôr)의 그리스어다. 이것은 예수님께서 성경을 읽고 해석하는 데 작용한 열쇠어이며, 누가복음에서 예수님의 전체 사역을 해석하는 데 규정적인 범주가 된다. 이사야가 예언하였고 야웨의 안식일 안에서 구현되고 실행되는 그 해방이야말로 예수님의 공생애 사역의 진정한 의도요 목표였다. 그러나 신약에서 이 '아페시스'라는 말은 또 다른 종류의 해방, 즉 죄책의 속박과 사슬로부터 풀려남을 의미한다. 빚 탕감을 통한 해방을 의미하는(마 18장 일만 달란트 빚진 자 비유) 아페시스가 죄 사함을 의미하기도 한다는 것이다. 죄는 인간자유의 오용결과다. 하나님께 자유를 빌려 죄를 지으면 그것은 외상 처리가 되고 빚이 된다. 일만달란트 빚진 자(마 18장)는 30만 킬로그램의 금덩어리 만큼 빚을 진 자다(1달란트=11억 원 정도). 인간은 일생동안 이렇게 많은 죄를 짓는 존재다.

한때는 예수님의 빚 탕감 사역을 이해하는 데 있어서 양극단적 견해가 우세했다. 경제적 빚 탕감에 방점을 찍는 극단적 해방신학 계열과 영적채무 탕감(죄 사함)만 강조하는 관념론적 속죄신학이 양극단을 대표한다. 한국 교회는 이 후자 극단에 경사되어 있다. 그러나 구약성서나 신약성서 모두에서 말하는 구원은 총체적이다. 크리스토퍼 라이트(Christopher J. H. Wright)의 「하나님의 선교」는 기독교가 말하는 하나님의 구원이 얼마나 통전적이고 총체적인가를 잘 설명하고 있다. 김세윤의 「구원이란 무엇인가?」는 영적채무 탕감에 치중한 구원론을 말하지만 하나님의 구원이 갖는 총체적, 통전적 차원을 무시하지 않는다.

즉, 우리 한국 교회 그리스도인들은 하나님께서 예수님 안에서 시작하신 일이 단순히 죄로부터의 해방만이 아니라 모든 구체적인 종류의 해방, 즉 신체적, 사회적, 경제적 해방을 포함하고 있다는 점을 분명하게 인식하여야 한다. 하나님께서 그리스도를 통해 우리에게 주신 복음적 자유는 우리의 삶 속에 역사하는 죄의 권세와 죄에 옥죄는 속박과 짐으로부터의 풀려남이며, 궁극적으로 우리의 전 존재를 바쳐서 야웨를 사랑할 수 있을 정도로 자유케 하는 전면적 해방이다. 이 점이 바로 우리가 개인을 구원할 복음뿐만 아니라 이 악한 사회구조를 복음의 능력으로 의롭게 만들 사회선교적 사명에 응답해야 할 이유다. 하지만 순서상으로 '개인' 단위에서 맛보는 구원의 상대적 우선성을 옹호하여야 한다. 자신의 죄 문제가 해결된 사람만이 사회구조화된 죄의 문제 해결도 하나님께 있음을 확신하게 되기 때문이다. 경험으로 보면 '개인' 구원을 맛보지 못한 사람들이 '사회' 구조 복음화에 투신할 가능성이 거의 없기 때문이다. 도로시 데이(Dorothy Day)의 「고백」은 1933년 미국대공황기에 가톨릭사회선교활동에 뛰어들게 된 도로시 데이의 영적 자서전으로, 개인구원을 맛본 후 사회문제에 뛰어드는 여정이 잘 그려져 있다. 다만 20대의 도로시 데이처럼 개인구원을 맛보지 못한 사람들이 구원의 감격과 충만을 누리지 못하기 때문에 그 공허감을 채우기 위해 사회활동에 몰입할 가능성은 있다. 물론 이 말은 개인구원을 맛보지 못했다고 해서 사회개혁 활동에 참여하는 것이 무의미하다는 것을 말하는 것은 아니다.

분명한 것은 예수님이 주신 안식의 절정은 죄 사함이며 그 죄는 사회적 뒤얽힘을 통해 인간본성에 작용하는 구조화된 죄라는 것이다. 죄는 하나님을 향한 의도적 불순종을 잉태한 인간본성의 치명적 결손임과 동시에, 죄인들이 구축한 이 불의하고 부조리한 사회가 이 부서진 인간성을 격동시켜 일으키는 사회적 불순종이다. 예수님이 개인을 향해 죄 사함을 선언하지만 그것은 궁극적으로 하나님에 대한 사회구조화된 반역을 제거하려는 죄 사함 선언이기도 하다. 세계사에 출현한 모든 현인들과 종교창시자들과 전혀 다른 예수의 인격과 사역의 특이점은, 그가 지상에서 사죄선언을 하고 이에 근거하여 사죄받은 사람들에게 회개를 촉구했다는 점이다(눅 24 : 47). 예수의 사죄선언의 문자적 의미는 빚 탕감 선언이다(마 18장). 일만 데나리온 빚진 자에게 빚 전체를 탕감하는 면제 선언이다. 주기도에서 '죄 용서' 관련 기도는 빚 탕감 기도문이다. "우리가 우리에게 빚진 자를 탕감하듯이, 우리의 빚을 탕감해 주옵소서." 아람어 맥락에서 빚은 죄를 의미하는 은유였다. 결국 나사렛 예수는 영적으로는 죄 사함을, 사회경제적으로는 빚 탕감 운동을 동시에 전개했을 가능성이 크다.[32] 예수의 사죄선언의 근거는 십자가상에서 자신이 감수한 대속적-대신적-대표적 죽음이자 부활이다. 예수는 저주받은 자의 죽음을 수용하고 그를 믿는 사람들의 사죄확신을 결정적으로 입증하는 증거로서 하나님의 일으키심(죽은 자 가운데서의 부활)을 맛보았다(갈 3 : 13). 이 지상에서 새롭게 시작될 사회생활의 근거는 나사렛 예수의 의로운 삶을 바쳐 얻어낸 사죄선언과 사죄효력이다. 나사렛 예수의 인격과 사역 안에서 활동하는 하나님 나라는 세계 변화와 세계 갱신을 담보하는 일종의 필요조건이다.

이처럼 구약에서 약속되고 나사렛 예수에게서 더 온전히 체현된 하나님 나라는 현실이면서도 아직은 소망이며 약속의 형태로 인간 역사 속에서 자라고 있다. 나사렛 예수를 통해 온 사죄선언과 성령을 통해 경험되는 사죄경험이 창조해 준 자유는, 단지 압제의 부재가 아니라 하나님과의 적극적 친밀성의 향유며 연합을 의미한다.

하나님 나라는 마지막 때, 즉 하나님 나라의 완전 도래를 앞둔 길목에서 이 자유케 된 새로운 백성(교회공동체)으로부터 시작되고 현존한다. 교회는 그리스도의 몸으로서 자유의 나라의 첫 번째 형태이며 대기실이다. 높이 들리어진 주(主)는 이 교회 안에서 성령의 은사들과 함께 현존해 있다. 신앙인들은 세례를 통하여 입교한다. 기독교 공동체는 모든 인종과 민족 출신의 사람들이 사귀기 위하여 결합된 하나님의 백성이며, 이 공동체는 하나님의 사랑을 받아들이고 인식할 수 있다는 점에서만 다른 인류보다 앞서 있다. 교회는 인류의 운명이 결정되는 일종의 국제모임이다. 국제적인(세계교회적) 결속이 국가와 민족에 대한 모든 결속과 의무보다 우위를 차지한

32) 예수님의 사역을 희년회복을 위한 하나님 나라 운동으로 해석한 책으로는 André Trocmé, *Jesus and the Nonviolent Revolution*, 박혜련, 양명수 역, 「예수와 비폭력혁명」(서울 : 한국신학연구소, 1986)을 보라.

다. 이런 사실에 비추어 보면 서구교회의 실패 중 하나가 개별 국가의 교회들이 그들이 속한 국가 이데올로기의 하수인이었다는 데 있다. 교회는 개별 민족들의 역사를 뚫고 하나님에 의하여 지시된 세계 완성의 때를 바라보며 자신에게 제시된 거룩한 길을 가야 한다.[33] 교회 공동체의 강력한 결속감은 높이 들리어진 주와의 밥상교제에서 개시된다. 이 초기 기독교회의 공동생활은 현대 집단심리학적인 실험과는 전혀 다르다. 신성불가침으로 여겨지는 사유재산권의 자발적인 유보를 통해 구축된 밥상공동체 삶을 통하여 실현된 하나님 나라는, 자기증식적이며 숭배요구적인 돈(mammon)과 재산에 의한 생활안전보장이라는 거짓된 신화로부터 인간을 해방한다. 오히려 신격화된 돈과 재물은 형제자매적인 친교를 위해 거룩하게 낭비된다. 창조주 하나님에게서 소외되고 외톨이가 된 사람들이 염려와 탐욕에 사로잡힐 때, 그런 사람들이 사는 세상 안에서 돈은 치명적인 위력을 발휘한다. 하나님과 화목케 된 성도 안에서 돈과 재물은 천사처럼 착하게 하나님 나라의 대의에 유순하게 복종한다. 예수님은 인간을 속이고 노예화하며 부자유하게 하는 인간의 적이 돈의 신인 맘몬임을 폭로하고, 소유를 통하여 삶의 질을 증진시키려는 열망이 얼마나 그릇되었는가를 드러낸다. 교회사의 이른 시기에는 한때 하나님과 소외되어 살 때 위세를 떨쳤던 돈과 재물이 형제자매를 섬기는 데 사용되었다(눅 12 : 15 ; 딤전 6 : 10 ; 히 13 : 5 ; 참조. 마 6 : 20 ; 13 : 22). 교회는 이 세상 안에 치명적인 비인간화의 동력으로 작용하는 곤궁과 가난에 대한 예민한 감수성을 가지고 거의 무한책임적인 이웃사랑을 실천함으로써 자신의 거룩성과 사도적 정통성을 과시한다.

## 5. 하나님과의 수직 언약과 이스라엘 백성들 간의 수평적 언약을 동시에 결속시키는 절기들(16 : 1–22)

33) Hans-Joachim Kraus, *Reich Gottes : Reich der Freiheit*, 박재순 역, 「조직신학-하느님의 나라-자유의 나라」(서울 : 한국신학연구소, 1988), 435.

## 1) 이스라엘이 지켜야 할 3대 순례축제 절기 : 유월절, 칠칠절, 초막절 (16 : 1–17)

1아빕월을 지켜 네 하나님 여호와께 유월절을 행하라 이는 아빕월에 네 하나
님 여호와께서 밤에 너를 애굽에서 인도하여 내셨음이라 2여호와께서 자기의
이름을 두시려고 택하신 곳에서 소와 양으로 네 하나님 여호와께 유월절 제
사를 드리되 3유교병을 그것과 함께 먹지 말고 이레 동안은 무교병 곧 고난의
떡을 그것과 함께 먹으라 이는 네가 애굽 땅에서 급히 나왔음이니 이같이 행
하여 네 평생에 항상 네가 애굽 땅에서 나온 날을 기억할 것이니라 4그 이레
동안에는 네 모든 지경 가운데에 누룩이 보이지 않게 할 것이요 또 네가 첫날
해 질 때에 제사 드린 고기를 밤을 지내 아침까지 두지 말 것이며 5유월절
제사를 네 하나님 여호와께서 네게 주신 각 성에서 드리지 말고 6오직 네 하
나님 여호와께서 자기의 이름을 두시려고 택하신 곳에서 네가 애굽에서 나오
던 시각 곧 초저녁 해 질 때에 유월절 제물을 드리고 7네 하나님 여호와께서
택하신 곳에서 그 고기를 구워 먹고 아침에 네 장막으로 돌아갈 것이니라 8너
는 엿새 동안은 무교병을 먹고 일곱째 날에 네 하나님 여호와 앞에 성회로
모이고 일하지 말지니라 9일곱 주를 셀지니 곡식에 낫을 대는 첫날부터 일곱
주를 세어 10네 하나님 여호와 앞에 칠칠절을 지키되 네 하나님 여호와께서
네게 복을 주신 대로 네 힘을 헤아려 자원하는 예물을 드리고 11너와 네 자녀
와 노비와 네 성중에 있는 레위인과 및 너희 중에 있는 객과 고아와 과부가
함께 네 하나님 여호와께서 자기의 이름을 두시려고 택하신 곳에서 네 하나
님 여호와 앞에서 즐거워할지니라 12너는 애굽에서 종 되었던 것을 기억하고
이 규례를 지켜 행할지니라 13너희 타작 마당과 포도주 틀의 소출을 거두어
들인 후에 이레 동안 초막절을 지킬 것이요 14절기를 지킬 때에는 너와 네 자
녀와 노비와 네 성중에 거주하는 레위인과 객과 고아와 과부가 함께 즐거워
하되 15네 하나님 여호와께서 택하신 곳에서 너는 이레 동안 네 하나님 여호
와 앞에서 절기를 지키고 네 하나님 여호와께서 네 모든 소출과 네 손으로

행한 모든 일에 복 주실 것이니 너는 온전히 즐거워할지니라 [16]너의 가운데 모든 남자는 일 년에 세 번 곧 무교절과 칠칠절과 초막절에 네 하나님 여호와께서 택하신 곳에서 여호와를 뵈옵되 빈손으로 여호와를 뵈옵지 말고 [17]각 사람이 네 하나님 여호와께서 주신 복을 따라 그 힘대로 드릴지니라

**[16 : 1–17]** 이 단원은 유월절(1–8절 ; 출 12 : 1–20), 칠칠절(9–12절 ; 출 34 : 22 ; 레 23 : 15–21), 초막절(13–17절 ; 레 23 : 33–43) 절기를 규정하는 세 단락으로 구성되어 있다. 이스라엘 백성은 그들의 하나님 여호와께서 그들을 출애굽시켰던 그 아빕월 밤을 기억하여 하나님 여호와께 아빕월 유월절을 축성(祝聖)해야 한다(1절). 여호와께서 당신의 이름을 두시려고 택하신 곳에 가서 소와 양으로 하나님 여호와께 유월절 제사를 드리되(2절), 유교병을 그 소나 양의 고기와 함께 먹지 말고 이레 동안은 무교병 곧 고난의 떡을 그것과 함께 먹어야 한다(3절). 입에는 유교병이 맛있겠지만 무교병을 먹어야 하는 이유는, 이스라엘 백성이 애굽 땅에서 급히 나오느라고 발효되지 못한 빵(무효병〈無酵餠〉[34])을 먹었기 때문이다. 무교병은 '고난의 떡'이다(레헴 오니〈leḥem 'ônî〉). 이 고난의 떡 무교병을 먹음으로써 이스라엘 백성은 평생 동안 그들이 애굽 땅에서 급속히 탈출해 나왔던 날을 기억하여야 한다.

무교병을 먹는 유월절-무교절기 이레 동안에는 이스라엘 사람이 사는 모든 지경 가운데에 누룩이 보이지 않게 할 것이요, 또 첫날 해 질 때에 제사드린 고기를 밤을 넘겨 아침까지 두지 말아야 한다(4절). 즉시 나눠 먹음으로써 처분하여야 한다. 유월절 고기는 독점과 저장, 축적의 재산이 될 수 없다. 시간이 갈수록 가치가 없어진다. 이런 유월절 절기 축성은 하나님 여호와께서 할당해 주신 각 거주지 성에서 드리지 말고(5절), 오직 하나님 여호와께서 자기의 이름을 두시려고 택하신 곳에서 행해져야 한다(6절). 이스라엘 백성이

34) 함경도 출신의 한국어 성경번역 조력자들이 중국어 성경에서 한자 효(酵)를 음역하는 과정에서 '효'('발효하다'에서 사용되는 글자) 자를 유사한 글자인 '교'로 읽는 실수를 해 '무효병'을 '무교병'으로 음역하였다. 무교병은 아직 발효되지 않은 밀가루로 만든 무효병이었던 셈이다.

애굽에서 나오던 시각 곧 초저녁 해 질 때에 유월절 제물을 드리고(6절), 하나님 여호와께서 택하신 곳에서 그 고기를 구워 먹고 아침에 자기 장막으로 돌아가야 한다(7절). 유월절은 이스라엘 사람들이 보다 큰 단위의 공동체를 이루며 해방과 속량의 축제를 즐겨야 한다는 것이다. 유월절은 서로가 서로에게 해방자가 되어 주는 날이다. 히브리 동포노예를 소유한 유력자들도 이 유월절 축성에 참여함으로써 자신도 하나님처럼 노예속량의 예전에 참여하는 것이다. 엿새 동안은 무교병을 먹고 일곱째 날에 하나님 여호와 앞에 성회(아체레트〈'ăṣereth〉)로 모이고 일하지 말아야 한다(8절). 특히 16 : 8의 '아무 노동도 하지 말고'라는 표현이 이 감사절기들과 안식일 계명을 연결 짓는 고리다.

유월절을 기점으로 일곱 주를 지나면 칠칠절이 된다. 첫 열매수확절인 셈이다. 칠칠절은 사회복지의 수혜자가 되는 사람들과 함께 자원하는 마음으로 첫 열매 제물을 가지고 야웨 앞에서 벌이는 축제 절기다(9-12절). 구체적으로는 곡식에 낫을 대는 첫날부터 일곱 주를 세어(9절), 하나님 여호와 앞에 칠칠절을 지키되 이스라엘 언약백성은 하나님 여호와께서 복을 주신 대로 힘을 헤아려 자원하는 예물을 하나님께 드려야 한다(10절). 이스라엘 언약백성과 그 자녀와 노비와 성중에 있는 레위인과 및 객과 고아와 과부가 함께 하나님 여호와께서 당신의 이름을 두시려고 택하신 곳에서 하나님 여호와 앞에서 즐거워하며 칠칠절을 축성해야 한다(11절). 이스라엘 백성은 이번에도 애굽에서 종 되었던 것을 기억하고 이 규례를 지켜 행하여야 한다. 언약백성과 그의 자녀와 노비와 그의 성중에 있는 레위인과 및 객과 고아와 과부가 함께 합법적인 성소에서 하나님 여호와 앞에서 즐거워하는 칠칠절은 사회계층, 신분 차이를 뛰어넘어 하나님 앞에서 한 언약공동체로 재결속되고 화해케 되는 절기인 셈이다.

13~17절은 초막절 절기 규정이다. 초막절도 공동체 상호부조와 하나됨의 축제다. 이스라엘 언약백성은 타작마당과 포도주 틀의 소출을 수확한 후에 이레 동안 초막절을 지켜야 하는데(13절), 이때 자녀와 노비와 성중에 거

주하는 레위인과 객과 고아와 과부가 함께 즐거워하는 축제절기로 지켜야 한다(14절). 이번에도 하나님 여호와께서 택하신 곳에서 이레 동안 하나님 여호와 앞에서 절기를 지켜야 한다. 하나님 여호와께서 모든 소출과 손으로 행한 모든 일에 복 주신 것과 복 주실 것으로 인해 온전히 즐거워하며 이 절기를 지켜야 한다(15절). 모든 남자는 일 년에 세 번, 곧 무교절과 칠칠절과 초막절에 하나님 여호와께서 택하신 곳에서 여호와를 뵈옵되 빈손으로가 아니라(16절) 각 사람이 하나님 여호와께서 주신 복을 따라 그 힘대로 드림으로써 야웨 하나님을 뵈어야 한다(17절). 신명기에는 이 초막절이 이스라엘의 구원사와 연결되지 않은 채 규정되고 있는데, 이 절기는 이스라엘의 구원사와 밀접하게 관련되어 있다. 히브리 노예들의 40년 초막생활을 기억하는 절기로서 그 동안에 이스라엘은 광야 초막생활을 기념하면서 초막에서 지내야 한다(레 23 : 42-44).

신명기 31 : 9~13은 면제년의 초막절에, 즉 매 칠 년 끝 해에 야웨가 택하신 성소에서 모든 이스라엘 영토 거주 구성원들(타국인 포함)을 모아 율법을 낭독해 공부를 시키도록 명한다. 레위 자손 제사장들과 이스라엘 모든 장로들은 매 칠 년 끝 해 곧 면제년의 초막절에 온 이스라엘의 귀에 이 율법을 낭독하여 듣게 해야 한다. 느헤미야 8장의 수문 앞 광장 초막절 행사 때 학사 에스라와 레위인들이 율법을 낭독하고 해석해 주었다. 율법의 말씀을 듣고 백성이 우는 바람에 행사 진행이 어려울 정도였다(느 8 : 9). 이런 율법 강독과 공부를 통해 하나님께 감사 자원 예물을 기꺼이 바쳤을 것이다. 느헤미야 8장의 수문 앞 광장 초막절에도 감사예물로 넘쳐 온 이스라엘과 참여자들이 야웨 앞에서 즐거워했다.

이처럼 초막절 절기도 자원하는 제물이 넘치는 감사의 축제요 가난한 이웃이 혜택을 입는 절기였다. 결국 사회의 약자들을 보살피고 먹이는 절기다. 이처럼 고대 이스라엘에서 하나님께 드려진 감사 자원 예물은 사회 최약자들을 먹이는 사회복지기금이었다. 3대 축제절기는, 사회경제적 약자가 야웨의 언약공동체에서 끊어진 자처럼 대우받는 현실을 타개하기 위해 하나님의 자비로운 언약적 돌보심을 맛보게 하는 축제였다. 그리스도인들이 하나님께 드린 감사 자원 예물이 우리 사회의 가난한 자들을 먹이는 구제기금이 된다면, 예수 그리스도의 하나님 나라 복음은 가난한 자들에게 가장 먼저 들려진 복음이 되지 않겠는가?(눅 4 : 18-20 ; 마 11 : 4-5 ; 사 61 : 1-4 ; 잠 14 : 31) 이처럼 하나님께 바쳐진 감사제물이 가난한 이웃을 살리고 먹이는 신적 구제기금이 된다는 생각은, 사유재산권의 신성불가침 권리를 믿는 근대 시민계급의식을 가진 사람들에게는 생소하다. 기독교만이 이 사유재산권 신성불가침을 초극한다. 예수 그리스도께서 부활·승천하셔서 보내 주신 성령은, 우리의 모든 재산과 소유를 하나님 사랑과 이웃 사랑의 자산으로 공탁하게 만드는 감동, 감화의 힘을 공급하기 때문이다. 이 세상의 모든 가치 있는 식량과 가축과 조류, 어류가 하나님이 주신 선물인 땅이라는 부의 근원으로부터 파생된 소산임을 기억한다면, 땅에서 발생하는 모든 소출을 하나님의 것이라고 믿고 그 믿음을 표현하기 위하여 야웨 앞에서 감사 축제를 가지라고 명하는 신명기는 오늘도 유효한 하나님 말씀이다.

### 2) 공의로운 재판규례(16 : 18-22)

> 18 네 하나님 여호와께서 네게 주시는 각 성에서 네 지파를 따라 재판장들과
> 지도자들을 둘 것이요 그들은 공의로 백성을 재판할 것이니라 19 너는 재판을
> 굽게 하지 말며 사람을 외모로 보지 말며 또 뇌물을 받지 말라 뇌물은 지혜자
> 의 눈을 어둡게 하고 의인의 말을 굽게 하느니라 20 너는 마땅히 공의만을 따
> 르라 그리하면 네가 살겠고 네 하나님 여호와께서 네게 주시는 땅을 차지하
> 리라 21 네 하나님 여호와를 위하여 쌓은 제단 곁에 어떤 나무로든지 아세라
> 상을 세우지 말며 22 자기를 위하여 주상을 세우지 말라 네 하나님 여호와께서
> 미워하시느니라

**[16 : 18-22]** 이스라엘 백성은 하나님 여호와께서 주시는 각 성에서 각 지파별로 재판장들(쇼페팀)과 지도자들(쇼터림)을 두어야 하며, 그들은 신적 견제와 신적 자비를 바탕으로 백성을 재판하여야 한다. 개역개정이 "공의로 재판할 것이니라"고 번역한 히브리어 구문은 '붜샤퍼투 엩-하암 미쉬파트-체데크'(wĕšāpĕṭû 'et-hā'am mišpāṭ-ṣedeq)인데, 직역하면 '너희들은 백성을 공평-정의로 재판하라'이다. '미쉬파트'는 사회적 강자와 유력자들을 견제하고 탐욕과 과잉욕망을 억제하는 형평적 판결이다. '체데크'는 신적 친절을 가리킨다(사 5 : 16 ; 시 89 : 13-14). 기근을 피해 고향 땅을 떠날 수밖에 없었던 수넴 여인이 잃어버린 집과 전토를 되찾아 달라고 이스라엘 왕에게 호소하자 왕이 집과 전토를 되찾아 주었다(왕하 8 : 1-6). 수넴 여인의 땅과 집을 전집물로 잡았던 한 유력자가 여러 가지 이유를 들어 돌려주지 않으려고 했을 때, 왕이 개입해 재판을 한 후 돌려주었을 것이다. 이 경우 유력자에게 집행한 것은 미쉬파트이며, 수넴여인에게 집행한 것은 체데크가 되는 셈이다(사 1 : 17). 재판관이나 지도자들은 재판을 굽게 하지 말아야 한다. 재판을 굽게 하는 경우는 사람을 사회경제적 지위와 조건들을 고려해 재판하거나 뇌물을 받고 재판하는 경우다. 특히 뇌물은 지혜자의 눈을 어둡게 하고 의인의 말을 굽게 한다. 뇌물은 재판관도 매수하고 증인도 매수할 수 있다는 말이다(19절). 재판관들은 마땅히 공의만을 따라야 한다. 철저히 공의로운 재판을 추구하면 이스라엘 백성이 하나님의 언약백성의 신분을 유지하며 살겠고, 하나님 여호와께서 주시는 땅을 차지할 것이다(20절). 즉, 공의로운 재판이 가나안 땅 차지의 선행조건이 된다. 가나안 땅에 들어간 이스라엘이 공의로운 재판을 통해 공정사회를 이루어야, 가나안 땅을 차지하고 그 안에서 장구히 살 수 있다는 말이다. 여기서 주목할 만한 구문이 있는데, 20절의 첫 소절이다. 이 절의 히브리어 구문은 '체데크 체데크 티르도프 르마안 티허예'(ṣedeq ṣedeq tirĕdōph lĕma'an tiḥĕye)이다. 직역하면, "공의(신적 친절, 체데크), 공의(신적 친절, 체데크)를 너는 추구하라 네가 살기 위하여."다. 2인칭 남성단수는

재판관을 가리킬 뿐만 아니라 이스라엘 백성 전체를 가리킨다. "오직 정의(미쉬파트)를 물같이, 공의(체데크〈신적 친절〉)를 마르지 않는 강같이 흐르게 할지어다"(암 5 : 24). 체데크를 문두에 배치하고 반복함으로써 신적 자비와 친절을 구현하는 재판을 추구하라고 명하신다. 21~22절은 아세라상 제단을 배척하라고 명한다. "네 하나님 여호와를 위하여 쌓은 제단 곁에 어떤 나무로든지 아세라 상을 세우지 말며 자기를 위하여 주상을 세우지 말라 네 하나님 여호와께서 미워하시느니라" 아세라(Asherah)는 페니키아와 시리아의 중심 여신으로서 가나안의 3대 여신 중의 하나다. 이 여신은 바알의 아내이며 풍요를 상징한다. 특히 페니키아 사람들이 행복을 가져다주는 신으로 숭배한 우상신이었다. 아세라 여신상은 나뭇가지를 잘라 낸 나무기둥(목상)으로 바알의 제단 곁에 세워졌다(삿 3 : 7). 이 여신은 음란을 조장함으로써 풍요와 다산을 가져다주는 신으로 숭배되었다(출 34 : 16). "또 네가 그들의 딸들을 네 아들들의 아내를 삼음으로 그들의 딸들이 그들의 신들을 음란하게 섬기며 네 아들로 그들의 신들을 음란하게 섬기게 할까 함이니라" 바알 및 아세라의 제의는 성적 부도덕을 동반하였기 때문에 이스라엘에서는 철저히 금지되었다. 그러나 북왕국 아합왕 때에는 왕비인 이세벨에 의해 아세라 예배가 성해졌다(왕상 16 : 33). 결국 이 아세라 숭배는 이스라엘 왕국을 멸망시키는 원인이 되었다. 선지자 엘리야는 이스라엘 백성들과 함께 아세라 숭배척결에 전력투구하여 아세라 예언자 400명을 바알의 예언자 450명과 함께 기손강에서 도륙했다(왕상 18 : 40).

## 설교를 위한 묵상

개신교의 가장 큰 약점은 집단적으로 구원받은 경험을 기리고 기억할 만한 축제절기가 없다는 데 있다. 이스라엘은 출애굽 구원부터 광야방랑, 가나안 정복전쟁 등 모든 결정적인 순간마다 집단적이고 공동체적인 구원을 맛보았다. 야웨의 구원은 오합지졸 같은 이스라엘 사람들을 하나의 목적의식 있는 공동체로 결집시켰다. 개신교의 구원론은 오로지 개인이 믿음으로 말미암아 양심 속에서 맛보는 구원의 확신, 죄 사함의 확신에서 시작된다. 따라서 개신교인들에게는 출애굽 구원을 기리는 유월절-무교절, 첫 추수를 감사하는 칠칠절이나 포도 수확을 감사하는 초막절과 같은 공동체 결속을 돕는 축제절기가 없다. 오늘날 개신교의 종교적 경건성의 쇠락은 예전이 너무 빈약한 데서 비롯되었다는 것이 실천신학자들의 공통된 의견이다. 개신교는 너무 원자화된 종교적 확신과 신념으로 무장된 단자적 개인신자들의 우발적 이합집산처럼 느껴진다. 이슬람의 메카순례가 우리가 보기에는 우습게 보여도, 가톨릭교도들의 성지순례나 성자유적지 순례 탐방이 의미 없어 보여도, 그 각각은 참여하는 신자들에게 개신교도들에게는 없는 언약공동체적 결속감을 안겨 준다. 특히 개신교회에 자신이 받은 공동체적 구원을 기억하면서 즐거워하는 희락축제가 없다는 점은 치명적인 약점이다.

유대교는 우리 개신교인들이 우습게 여기는 코쉐르 정결음식법, 토라공부와 탈무드공부, 할례와 안식일 준수 등 공동체적인 기억학습과 축제 축성을 통해, 오랫동안 견지된 유럽의 반(反)유대주의라는 역경과 그 절정인 히틀러의 유대인 대학살에도 살아남아 아직도 건재하고 있다. 신명기 14장은 축제절기 축성의 의미를 반추하게 한다.

유월절-무교절의 분위기는 장중한 기억을 먹는 날이다. 간결하고 단출한 유월절 양고기와 쓴나물과 무교병을 가족들과 함께 먹으며 출애굽기 3~15장의 긴박한 구원대사(救援大事)를 음송(吟誦)하고, 자녀들에게는 출애굽과 유월절-무교절 절기의 의미를 입체적으로 전달한다. 가족들이 함께 먹는 절기가 종교적 진리를 가르치고 전달하는 데 가장 좋은 통로다. 구약성서에서 먹는 행위는 언약적 결속을 다지는 행위다. 유월절 양고기를 먹으면서, 열 가지 재앙의 마지막 순서였던 장자재앙의 긴박한 순간을 회고하며 이스라엘 가문의 문설주와 바깥문에 발라진 유월절 어린 양의 피를 보고 '넘어가 주신' 하나님의 죄 용서를 극적으로 기억해야 한다. 출애굽 구원의 결과로 야웨 하나님과 이스라엘 사이에 체결된 호렙산 언약은 이스라엘 백성을 이중적인 계약에 동여맨다. 첫째, 그것은 야웨 하나님만을 주(主)요 왕으로 섬기겠다는 정치적 언약체결 행위다. 다른 신이나 인간적인 종주를 섬기지 않겠다는 자기

속박적 맹세이다. 둘째, 호렙산 언약은 이스라엘 백성을 수평적인 형제자매로 재창조하는 속박이다. 하나님과 언약을 맺은 이스라엘 동포들은 이제 서로에 대하여 형제요 자매관계로 상호속박적 언약을 맺은 것이다. 하나님과 맺은 언약은 이스라엘 동포들을 언약적 책임에 상호속박적으로 결속시키는 수평언약을 파생시켰다. 유월절-무교절, 칠칠절, 초막절 모두 이 이중언약의 실례다.

칠칠절은 첫 추수절로서, 하나님께 바쳐진 제물로 사회적 최약자들과 함께 기뻐하고 즐거워하는 축제다. 유월절-무교절기와 마찬가지로 칠칠절의 중심 기억 테마도, 출애굽 구원 감격과 한때 자신들이 노예였다는 점을 기억해 지금 이스라엘 땅에서 노예로 사는 모든 사람들을 '속량'해 주려는 마음으로 환대하고 함께 야웨 앞에서 즐거워하는 것이다. 초막절은 가을 추수절기로 동일한 구원 기억을 바탕으로 하나님께 감사하며 사회경제적 최약자들과 함께 야웨 앞에서 즐거워하는 축제다. 모든 사회계층 사람들이 야웨 앞에서 함께 즐거워하는 축제를 기림으로써 이스라엘 백성과 하나님 사이의 언약적 결속감은 강화될 것이다. 뿐만 아니라 이스라엘 사람들 사이에, 심지어 이스라엘 사람들과 객, 고아, 과부 같은 소외되기 쉬운 사회경제적 최약자들과의 사회적 유대도 강화될 것이다. 참다운 종교는 사회적 대화합을 이루게 만드는 영적 화학작용을 일으킨다. 하나님 앞에 참다운 구원 기억 절기를 진지하게 기억하면 할수록 사회경제적 최약자들에게 나눠지는 혜택도 많아질 것이다. 이스라엘 자유민들이 기리는 이 3대 순례절기는 이스라엘 백성 사이의 어떤 부정적 균열도 미연에 방지할 것이다. 야웨 하나님 앞에 함께 즐거워하는 축제야말로 사회적 대화합과 통합력을 창조할 것이다.

## 6. 제5계명의 확장적 적용[35]으로서의 신정통치 대리자들에 관한 율법 (17 : 1-20)

35) 칼빈은 부모를 포함한 방백 등 사회질서상의 모든 윗사람은 부모공경에 준하는 공경을 바쳐야 할 대상이라고 가르쳤다(*Sermons on Deuteronomy*, 곽홍석 역, 「신명기 강해 2」〈서울 : 서로사랑, 2010〉, 382-389).

### 1) 배교를 부추기는 죄에 대한 응징(17 : 1–7)

[1]흠이나 악질이 있는 소와 양은 아무것도 네 하나님 여호와께 드리지 말지니
이는 네 하나님 여호와께 가증한 것이 됨이니라 [2]네 하나님 여호와께서 네게
주시는 어느 성중에서든지 너희 가운데에 어떤 남자나 여자가 네 하나님 여
호와의 목전에 악을 행하여 그 언약을 어기고 [3]가서 다른 신들을 섬겨 그것에
게 절하며 내가 명령하지 아니한 일월성신에게 절한다 하자 [4]그것이 네게 알
려지므로 네가 듣거든 자세히 조사해 볼지니 만일 그 일과 말이 확실하여 이
스라엘 중에 이런 가증한 일을 행함이 있으면 [5]너는 그 악을 행한 남자나 여
자를 네 성문으로 끌어내고 그 남자나 여자를 돌로 쳐 죽이되 [6]죽일 자를 두
사람이나 세 사람의 증언으로 죽일 것이요 한 사람의 증언으로는 죽이지 말
것이며 [7]이런 자를 죽이기 위하여는 증인이 먼저 그에게 손을 댄 후에 뭇 백
성이 손을 댈지니라 너는 이와 같이 하여 너희 중에서 악을 제할지니라

**[17 : 1–7]** 1절은 전후 맥락에 어울리지 않는 주제를 다룬다. 열납될 수 없는 소·양 제물을 바치는 것은 야웨께 가증한 죄가 됨을 경고한다. 말라기 1 : 7~8, 13~14은 하나님께 바쳐진 흠 있는 제물로 인해 예언자의 규탄을 촉발하는 상황을 반영한다. 제사를 드리는 헌제자는 제물과 동일시된다. 하나님은 동물 희생제사의 기름과 피를 마시거나 받으시는 분이 아니라 제물을 드리는 자의 마음을 받으신다. 헌제자의 마음에 흠이 있을 때 그가 드리는 제물은 설령 외견상 최상등품 소나 양이라도 하나님은 기뻐 받지 않으신다. 하나님은 완벽한 제물을 원하시는 것이 아니라, 온전한 제물, 인간의 상하고 통회하는 정직한 마음을 기뻐 받으신다. 하나님은 마리문서에 나오는 다간 신처럼 제물 자체의 외적 조건들로 인해 분노하시지 않는다. 헌제자가 건성으로 드리는 제물은 건성으로 바쳐진 마음이라고 생각해 싫어하신다.

2~7절은 야웨의 목전에서 그의 언약을 어김으로써(부정사 구문, 라아보르

버리토〈la'ăbōr bĕrîtô〉) 악을 행하고 더 나아가서 다른 신들을 섬기자고 꼬드기거나 일월성신[36]을 섬기자고 부추기는 자가 있으면(2-3절) 그를 죽일 것을 명한다(5절 ; 참조. 신 13 : 6-11). 13장에서처럼 여기서 사용된 용어들도(2절, 3절 하반절, 4절, 5절 하반절, 6절 하반절, 10절 하반절, 13절 하반절) 십계명의 1~2계명과 쉐마에 대한 순종 여부에 관련된 것이다. 그런데 이 십계명과 쉐마를 어긴 죄를 조사하고 재판할 때에라도 공정한 절차를 거쳐야 한다(2-7절과 9절). 배교 소문이 접수된 후에 객관적인 사실 조사가 우선시되어야 한다(4절). 배교 선동이나 사주, 그리고 배교행위가 사실로 드러난 경우 성문으로 끌어내 공동체적 투석형(投石刑)을 집행해야 한다(5절). 재판관들은(참조. 19 : 18 상반절) 송사에 관련된 사실 확인에 최우선 순위를 두어야 한다. 동시에 유죄 판결이 확정되려면 혐의를 받는 자의 혐의를 입증해 줄 충분한 수의 증인들이 증언에 동의해야 한다(6절). 여기서 열왕기상 21장의 나봇의 재판사건에서 드러나듯이 위증의 가능성이 생길 수 있다. 본문에서는 다뤄지지 않지만 19 : 15~21(특히 16-20절)은 위증자 처벌 규정을 담고 있다. 다수의 증인에 대한 15~21절의 강조가 한편으로는 위증 가능성을 차단하고(9계명), 다른 한편으로는 편파적 증언과 뇌물에 매수된 위증자들의 개입을 차단하는 안전판 역할을 한다. 이처럼 신명기는 복수 증인 제도를 통해 인간재판관들의 오판 가능성과 혹은 거짓 증언으로 인해 야웨 하나님 통치의 기초인 공평과 정의가 붕괴되는 것을 막으려고 했다.

현대의 재판과는 달리 신명기에서는 재판에 연루된 공동체가 또한 재판 결과를 집행할 의무를 지고 있다. 피고소인에게 불리한 증언을 한 증인이 재판 집행에 앞장서고 공동체 내의 나머지 구성원들이 뒤따라야 한다(7절). 19 :

---

36) 일월성신(日月星辰)은 해(쉐메쉬), 달(야레아흐), 하늘의 모든 천군(콜-츠바 하샤마임)을 번역한 말이다. 창세기 2 : 1 "천지와 만물이 다 이루어지니라"의 히브리어 구문은 '와여쿨루 하샤마임 붜하아레쯔 붜콜-츠바아암'(wayĕkullû haššāmayim wĕhā'āreṣ wĕkol-ṣĕbā'ām)으로서 '그리고 하늘들과 땅과 그것들(해, 달)의 모든 천군이 완성되었다'로 직역된다. 붜콜-츠바 하샤마임이 경배의 대상이 되는 이유가 창세기 2 : 1에 이미 암시되어 있는 셈이다.

16~20은 거짓 증인이 받을 처벌 규정을 담고 있다. 자신의 위증으로 다른 사람에게 가했을지도 모르는 바로 그 똑같은 벌을 위증자가 받도록 규정하고 있다. 이 위증죄 처벌 규정은 증언하는 증인이 얼마나 진지하고 정직해야 하는가를 강조한다.

외견상 1절은 2~7절 단락의 주제인 공평과 관련이 없어 보인다. 그러나 앞서 말했지만 신들에 대한 예배는 종교(으뜸 가르침)의 근본이며 공평과 정의의 토대다. 부적합한 예물로 하나님께 바치는 행위는 하나님에 대한 인격적 홀대와 배척을 조장하고, 그 결과 하나님 나라의 기초인 공평과 정의에 대한 사람들의 무관심을 초래한다. 하나님 앞에 악하고 결점 많은 제물을 바치는 것이나, 이방의 우상들에게 절하는 것이나, 불공정한 재판을 하는 것이나 모두 다 공평과 정의의 요구를 상대화시킨다. 아세라와 바알 신을 배격하고 멸절시켜야 하는 이유가 그 신들이 이민족이 섬기는 신들이기 때문이 아니라 하나님의 언약공동체인 이스라엘의 공평과 정의의 토대를 파괴하기 때문이다. 이스라엘 하나님 야웨는 공평과 정의의 수호에 투신된 하나님인 데 반하여, 시돈 출신 왕비인 이세벨의 바알 숭배 장려 정책은 이스라엘에게 지주 제도와 소수에 의한 토지겸병 사태를 초래하였다(미 6 : 16). 따라서 17 : 1~7에서 다시 강조되고 있는 십계명의 1~2계명은 공평과 정의 수호를 위하여 반드시 지켜져야 하는 계명들이다. 이방신을 섬기는 행위는 이스라엘과 하나님이 맺은 언약, 동시에 이스라엘의 구성원이 서로에게 맺은 언약을 파괴하는 행위가 되기 때문이다.

### 2) 재판 결과 불복자에 대한 처리 규정(17 : 8-13)

8네 성중에서 서로 피를 흘렸거나 다투었거나 구타하였거나 서로 간에 고소
하여 네가 판결하기 어려운 일이 생기거든 너는 일어나 네 하나님 여호와께
서 택하실 곳으로 올라가서 9레위 사람 제사장과 당시 재판장에게 나아가서

> 물으라 그리하면 그들이 어떻게 판결할지를 네게 가르치리니 [10]여호와께서
> 택하신 곳에서 그들이 네게 보이는 판결의 뜻대로 네가 행하되 그들이 네게
> 가르치는 대로 삼가 행할 것이니 [11]곧 그들이 네게 가르치는 율법의 뜻대로,
> 그들이 네게 말하는 판결대로 행할 것이요 그들이 네게 보이는 판결을 어겨
> 좌로나 우로나 치우치지 말 것이니라 [12]사람이 만일 무법하게 행하고 네 하나
> 님 여호와 앞에 서서 섬기는 제사장이나 재판장에게 듣지 아니하거든 그 사
> 람을 죽여 이스라엘 중에서 악을 제하여 버리라 [13]그리하면 온 백성이 듣고
> 두려워하여 다시는 무법하게 행하지 아니하리라

**[17 : 8–13]** 8~13절은 중앙재판소 설치 규정이다(출 18 : 22 ; 신 1 : 17). 지방 장로급 재판관들과 제사장 재판관들이 함께 송사를 심판하였던 이 상급 법정은 적어도 초기에는 각 지파의 중앙 성소(8절 하반절)에 세워졌던 것 같다. 8절은 형사사건을 지방 촌장급 어른들이 재판하기 어려운 일이라고 상정한다. 피 흘리는 사건, 다툰 사건, 구타 사건 등은 신체 상해 사건들로서, 이스라엘 동족 사이에 고밀도 적개심이 작동한 형사사건들이다. 이런 경우에는 지파의 중앙 성소 혹은 합법 성소(야웨께서 택하실 곳)에 있는 상급법정에 이 사건 판결 절차와 형량 등을 물어야 한다(8절). 그 상급법정에 있는 레위 사람 제사장과 사건 당시의 재판장에게 나아가서 물어 재판하여야 한다. 그들이 가르친 대로 재판 진행을 하여야 한다(9절). 상급법정은 판결을 지시하거나 직접 내리고 지방법정은 형을 집행하는 역할을 분담하라는 것이다(10–11절). 상급법정의 판결을 집행함에 있어서도 좌우로 치우쳐서는 안 된다. 과잉집행도 안되고 축소집행도 안 된다. 그러나 만일 그 사건의 피의자가 상급법정의 재판 결과를 무시하고 무법하게 행하고 야웨 앞에서 섬기는 제사장이나 재판관의 말을 듣지 않으면 그 사람을 죽여 이스라엘 중에 악을 제거하여야 한다(12절). 일벌백계 차원에서 그를 사형시켜 일반 백성에게 상급법정 판결의 엄중함을 고취시킴으로써 그런 재판 결과에 저항하는 악이 나타나지 않도록

해야 한다(13절).

### 3) 이스라엘의 왕, 입헌군주제 규정(17 : 14-20)

[14]네가 네 하나님 여호와께서 네게 주시는 땅에 이르러 그 땅을 차지하고 거
주할 때에 만일 우리도 우리 주위의 모든 민족들같이 우리 위에 왕을 세워야
겠다는 생각이 나거든 [15]반드시 네 하나님 여호와께서 택하신 자를 네 위에
왕으로 세울 것이며 네 위에 왕을 세우려면 네 형제 중에서 한 사람을 할 것
이요 네 형제 아닌 타국인을 네 위에 세우지 말 것이며 [16]그는 병마를 많이
두지 말 것이요 병마를 많이 얻으려고 그 백성을 애굽으로 돌아가게 하지 말
것이니 이는 여호와께서 너희에게 이르시기를 너희가 이 후에는 그 길로 다
시 돌아가지 말 것이라 하셨음이며 [17]그에게 아내를 많이 두어 그의 마음이
미혹되게 하지 말 것이며 자기를 위하여 은금을 많이 쌓지 말 것이니라 [18]그
가 왕위에 오르거든 이 율법서의 등사본을 레위 사람 제사장 앞에서 책에 기
록하여 [19]평생에 자기 옆에 두고 읽어 그의 하나님 여호와 경외하기를 배우며
이 율법의 모든 말과 이 규례를 지켜 행할 것이라 [20]그리하면 그의 마음이 그
의 형제 위에 교만하지 아니하고 이 명령에서 떠나 좌로나 우로나 치우치지
아니하리니 이스라엘 중에서 그와 그의 자손이 왕위에 있는 날이 장구하리라

**[17 : 14-20]** 14~20절은 왕을 세우는 규정이다. 14절은 가나안 땅에서의 정착이 이뤄진 후 어느 시점에서 이스라엘 백성이 주변 가나안 민족들을 모방해 왕이라는 중앙집권적 지도자를 세워야 할 상황을 상정한다(삼상 8 : 5). 15절은 이스라엘을 다스릴 왕이 될 자격을 규정한다. 첫째, 야웨께서 택하여 세우신 자를 왕으로 세워야 한다. 둘째, 이방인 출신이 아닌 이스라엘 형제 중에서 왕을 세워야 한다. 신명기가 생각하는 이스라엘의 '왕'은 고대 이집트나 가나안의 왕정신학에서 말하는 왕과 다르다. 신명기가 생각하는 왕은 신들의

생물학적 혈통을 이어받은, 말 그대로 '신의 자손'이 아니라 이스라엘 형제 중 한 사람이어야 한다. 왕은 '하늘'에서 내려온 자가 아니라 이스라엘 동포들의 애환과 고통에 익숙한 형제 중 일인이어야 한다. 왕은 모범적인 이스라엘 사람이어야 한다.

16절은 이스라엘 왕이 군사력 강화를 위해 다시 이집트의 군사력을 수입하려고 해서는 안 된다고 못 박는다. 이스라엘의 존재 근거는 야웨 하나님이 선사해 주신 출애굽 대사이기에, 출애굽 이후로 이스라엘은 다시는 군사력 보강을 위해서든 다른 이유에서든 애굽으로 내려가서는 안 된다는 것이 야웨 하나님의 비타협적인 명령이었다. 애굽은 하나님을 대신해 이스라엘의 의지처가 되려는 경쟁자다. 애굽은 북이스라엘 왕국과 남왕국 유다에게 항구적인 거짓 피난처요 신실하지 못하지만 늘 속이는 동맹국이었다(호 7-14장; 사 30-31장). 이집트 병마는 이스라엘과 유다 왕들에게 항구적인 매력수입품이었고, 전쟁을 기획하는 모든 군주들이 최고로 여기는 수입물이었다. 왕의 위엄은 병마의 숫자에 달려 있다고 생각하던 고대의 왕들은 야외 기동전을 수행할 기병력을 확보하기 위해 병마 확보에 엄청난 공을 들였다. 이런 고대 가나안 왕들의 군사력 숭배를 이스라엘의 왕은 따르지 말아야 한다. 병마 수입은 애굽에 대한 의존감을 심화시킴으로써 다시 이스라엘 백성이 자발적으로나 비자발적으로 애굽으로 이주하거나 피난 가는 일이 벌어질 수 있기 때문이다(렘 43, 46장). 히스기야는 군마를 얻기 위해 애굽에 금은보화를 바리바리 싸 보냈다가 이사야의 규탄을 촉발했다(사 30 : 6-8, 네게브 짐승 신탁). 이사야 30~31장은 히스기야 왕실의 군사대국화를 비판하는 데 초점을 두고 있다.

17절은 이스라엘 왕은 아내를 많이 둠으로써 일편단심 야웨 신앙에서 이탈하지 않도록 하고 많은 은금을 쌓지 말아야 할 것을 말한다. 많은 아내는 솔로몬의 경우에서 보듯이(왕상 3 : 1-3; 9 : 24; 11 : 1-8; 시 45 : 9-13), 외국과의 동맹, 지방 호족세력 등과의 결탁 등으로 정략결혼을 함으로써 생긴다. 특히 외국에서 온 많은 아내들은 왕의 마음을 도둑질한다. 솔로몬 왕과 북왕국 아합은 이방 출신 아내 때문에 마음이 미혹되어 배교해 야웨 일편단심 신앙에서 떠난 경우다. 마음이 미혹된다. 특히 열왕기상 11 : 1~11은 왜 이 신명기 왕의 율법이 생겨났는가를 보여 준다.

"솔로몬 왕이 바로의 딸 외에 이방의 많은 여인을 사랑하였으니 곧 모압과 암몬과 에돔과 시돈과 헷 여인이라 여호와께서 일찍이 이 여러 백성에 대하여 이스라엘 자손에게 말씀하시기를 너희는 그들과 서로 통혼하지 말며 그들도 너희와 서로 통혼하게 하지 말라 그들이 반드시 너희의 마음을 돌려 그들의 신들을 따르게 하리라 하셨으나 솔로몬이 그들을 사랑하였더라 왕은 후궁이 칠백 명이요 첩이 삼백 명이라 그의 여인들이 왕의 마음을 돌아서게 하였더라 솔로몬의 나이가 많을 때에 그의 여인들이 그의 마음을 돌려 다른 신들을 따르게 하였으므로 왕의 마음이 그의 아버지 다윗의 마음과 같지 아니하여 그의 하나님 여호와 앞에 온전하지 못하였으니 이는 시돈 사람의 여신 아스다롯을 따르고 암몬 사람의 가증한 밀곰을 따름이라 솔로몬이 여호와의 눈앞에서 악을 행하여 그의 아버지 다윗이 여호와를 온전히 따름같이 따르지 아니하고 모압의 가증한 그모스를 위하여 예루살렘 앞 산에 산당을 지었고 또 암몬 자손의 가증한 몰록을 위하여 그와 같이 하였으며 그가 또 그의 이방 여인들을 위하여 다 그와 같이 한지라 그들이 자기의 신들에게 분향하며 제사하였더라 솔로몬이 마음을 돌려 이스라엘의 하나님 여호와를 떠나므로 여호와께서 그에게 진노하시니라 여호와께서 일찍이 두 번이나 그에게 나타나시고 이 일에 대하여 명령하사 다른 신을 따르지 말라 하셨으나 그가 여호와의 명령을 지키지 않았으므로 여호와께서 솔로몬에게 말씀하시되 네게 이러한 일이 있었고 또 네가 내 언약과 내가 네게 명령한 법도를 지키지 아니하였으니 내가 반드시 이 나라를 네게서 빼앗아 네 신하에게 주리라"

이 신명기 왕정 규정은 미래에 들어서게 될 인간 왕정을 미리 예고하는 말이기도 하지만, 또 다른 한편 인간 왕정의 몰락을 이미 목격하고 포로기

시대의 이스라엘 사람들의 신학적 추후 반성을 담고 있는 것이기도 하다. 14~20절에는 남북 왕국 모두의 역사에서 인간 왕들이 야웨의 신정통치의 이상에 미치지 못했을 때 왕정은 하나님의 선물이 아니라 국가 멸망을 촉진한 재앙이었다는 반성이 내포되어 있다. 왕정은 신명기법의 이상처럼 견제와 균형 속에서 작용해야 하는 제한적인 권력 기관이었음에도 불구하고, 이스라엘 남북왕국의 왕정은 고대 가나안 전제왕권을 모방하다가 파멸에 이르렀다는 것이다. 이런 반성이 이미 북왕국 멸망기부터 북왕국 예언자 호세아를 통해 시작되었다(호 13 : 10-11). "전에 네가 이르기를 내게 왕과 지도자들을 주소서 하였느니라 네 모든 성읍에서 너를 구원할 자 곧 네 왕이 이제 어디 있으며 네 재판장들이 어디 있느냐 내가 분노하므로 네게 왕을 주고 진노하므로 폐하였노라"

17절 하반절은 왕이 자기를 위하여 은금을 많이 쌓지 말라고 명하는데, 은금 축적은 군사력을 강화하고 많은 아내를 거느려 사치스러운 생활을 하기 위함이었다. 이사야 2장은 군마와 은금 축적을 통한 군사력 강화정책을 하나님이 지진으로 심판했음을 보여 준다(사 2 : 6-21〈암 1 : 1 웃시야 왕 시절의 지진 언급 본문〉[37]).

"주께서 주의 백성 야곱 족속을 버리셨음은 그들에게 동방 풍속이 가득하며 그들이 블레셋 사람들같이 점을 치며 이방인과 더불어 손을 잡아 언약하였음이라 그 땅에는 은금이 가득하고 보화가 무한하며 그 땅에는 마필이 가득하고 병거가 무수하며 그 땅에는 우상도 가득하므로 그들이 자기 손으로 짓고 자기 손가락으로 만든 것을 경배하여 천한 자도 절하며 귀한 자도 굴복하오니 그들을 용서하지 마옵소서 너희는 바위 틈에 들어가며 진토에 숨어 여호와의 위엄과 그 광대하심의 영광을 피하라 …… 사람들이 암혈과 토굴로 들어가서 여호와께서 땅을 진동시키려고 일어나실 때에 그의 위엄과 그 광대

37) 김회권, 「성서주석 이사야 1」(대한기독교서회 100주년 기념주석, 서울 : 대한기독교출판사, 2006), 122-127.

하심의 영광을 피할 것이라 사람이 자기를 위하여 경배하려고 만들었던 은 우상과 금 우상을 그날에 두더지와 박쥐에게 던지고 암혈과 험악한 바위 틈에 들어가서 여호와께서 땅을 진동시키려고 일어나실 때에 그의 위엄과 그 광대하심의 영광을 피하리라"

병마, 많은 아내, 은금 축적은 왕조 멸망 재촉 3종 세트라고 볼 수 있다. 군사력 강화[38](영토 야심, 강한 외국동맹에게 의지해 왕조를 유지하려는 시도, 군사력에 의존한 국내통치와 국방도모), 산만하고 배교적인 동맹외교를 위한 아내와 비빈(妃嬪) 축적, 사치생활, 심지어 우상 숭배를 위한 은금 축적은 민중을 억압하는 정책, 자유농민에게 가중한 징세, 우상 숭배를 위한 재정낭비를 의미한다. 이런 일은 왕권강화, 왕실보존, 왕의 권력 과시를 위해 이뤄진다. 이스라엘 왕은 이래서는 안 된다. 그가 힘쓸 일은 두 가지다. '이 율법서(신 31 : 9-13) 등사본'(미쉬네 하토라 하조트)을 레위 제사장 앞에서 기록하여(18절), 평생 자기 옆에 두고 읽어 하나님 여호와 경외하기를 배우며 이 율법의 모든 말과 이 규례를 지켜 행하여야 한다(18절 ; 비교. 왕하 22 : 3-13〈특히 10-11절〉, "왕이 율법책의 말을 듣자 곧 그의 옷을 찢으니라"〈11절〉). 18절이 말하는 이 율법서는 신명기 31 : 9~13이 말하는 완성된 모세토라(신명기 자체)를 말하는 것처럼 보인다.

"또 모세가 이 율법을 써서 여호와의 언약궤를 메는 레위 자손 제사장들과 이스라엘 모든 장로에게 주고 모세가 그들에게 명령하여 이르기를 매 칠 년 끝 해 곧 면제년의 초막절에 온 이스라엘이 네 하나님 여호와 앞 그가 택하신 곳에 모일 때에 이 율법을 낭독하여 온 이스라엘에게 듣게 할지니 곧 백성의 남녀와 어린이와 네 성읍 안에 거류하는 타국인을 모으고 그들에게 듣고 배우고 네 하나님 여호와를 경외하며 이 율법의 모든 말씀을 지켜 행하게 하

---

38) 한동구는 이 왕의 율법이 주전 8-7세기 유다왕국의 신명기 개혁운동을 반영한다고 본다. 그에 따르면 신명기 개혁운동 세력은 작지만 강한 민주적 국가를 희망했고, 그 결과 엘리트 부대를 지양하고, 국민 부대를 육성했다("신명기 개혁운동에서의 군사개혁", 「구약논단」, 35[16/1]〈2010년 3월〉, 224-238).

고 또 너희가 요단을 건너가서 차지할 땅에 거주할 동안에 이 말씀을 알지 못하는 그들의 자녀에게 듣고 네 하나님 여호와 경외하기를 배우게 할지니라"

이스라엘 왕은 평생 토라 공부에 힘쓰는 학생이 되어야 한다(19절). 이스라엘 왕은 가장 모범적인 토라학도가 되어 야웨의 왕적 통치를 100% 구현해야 한다. 평생에 자기 옆에 모세토라를 두고 읽어 하나님 여호와 경외하기를 배우며, 율법의 모든 말씀과 규례를 지켜 행하는 것이 왕도다. 왕의 제일 사명은 십계명의 첫째 계명 수호다(6 : 13 ; 10 : 20). 결국 왕정에 대한 율법도, 신명기의 모든 가르침과 마찬가지로, 배교와 우상 숭배에 대한 경고인 셈이다. 무소불위(無所不爲)의 권능을 휘두르는 전제왕권은 이스라엘에게는 너무 낯설다. 이렇게 평생의 토라학도가 되어 왕의 직무를 수행하면, 그 마음이 그의 형제 위에 교만하지 않고 하나님의 명령에서 떠나 좌로나 우로나 치우치지 않게 될 것이다. 이 조건이 충족되면 그의 왕적 통치는 이스라엘 백성들 가운데 오랫동안 유지될 것이며, 그의 후손들이 오랫동안 그의 왕위를 계승할 수 있을 것이다. 북왕국은 약 200년 동안 여섯 왕조 19명의 왕을 배출했고(마지막 여섯 왕은 네 번 정도의 궁중정변으로 왕이 바뀐다.), 남왕국은 약 400년 동안 한 단일 왕조 아래 22명의 왕을 배출했다. 남왕국은 약 2명(히스기야, 요시야)의 걸출한 선왕과 서너 명의 무난한 선왕(善王)을 배출했고, 북왕국은 단 한 명도 신명기적 이상을 구현한 왕을 내지 못했다. 호세아 전체는 이스라엘에 도입된 왕정이 배교와 국가 멸망의 주요 원인이었다고 고발한다(호 8 : 1-14 ; 삼상 8 : 10-18). 이후에 전개된 이스라엘 역사는 자신들이 택하여 세운 왕 때문에 못살겠다고 부르짖는 환난과 고초의 연속이었다. 인간 왕정에는 하나님의 직접 통치를 거부하고 배척하는 배교의 동기가 작용하기 때문이다(삼상 8 : 7, "그들이…… 나를 버려 자기들의 왕이 되지 못하게 함이니라").

아니나 다를까 사무엘상 8~12장은 벌써 왕정제도의 도입 안에 하나님의 통치에 대한 저항이 내재되어 있음을 인정하고 있다. 하나님께서는 열방과 같이 왕을 달라고 요구하는 이스라엘의 유력계층들에게 왕정이 가져올 폐해를 자세히 나열해 주신다. 왕정은 위험한 제도라는 것이다(삼상 8 : 10-18 ; 호 8장). 하지만 논쟁이 계속되면서 하나님께서는 이스라엘에게 왕을 세울 것을 허락하신다(삼상 12장). 이처럼 인간 왕은 하나님의 통치 아래 영위되는 가나안 땅에서의 삶을 위한 필수적 요소가 아니라, 인간들의 소원에 대한 하나님의 소극적 묵인의 결과이다. 또한 신명기의 왕정은 고대 동방 전제군주제가 아니라 오히려 신권 입헌군주제와 유사하다. 패트릭 밀러(Patrick D. Miller)가 잘 지적하듯이, 나사렛 예수의 왕도야말로 이 신명기적 왕도를 온전히 구현한 왕도다.[39] 그는 왕적 지배를 실현시키기 위하여 관료 조직, 군마, 상비군, 거대한 궁궐을 소유하지 않으셨다. 그는 일편단심의 충성을 하나님께 바쳤으며, 토라와 하나님의 가르침을 받으며 바로 이 신명기적 왕도를 체현하셨다.

## 설교를 위한 묵상

우리는 '왕'이라는 말을 듣자마자 프랑스 절대왕정체제의 군주들인 루이 14세나 루이 16세, 혹은 진시황 같은 절대군주들이 떠올라 예수님의 왕도가 잘 와닿지 않는다. 그러나 예수님은 이 세상에서 이미 오염될 대로 오염된 왕이라는 단어를 구원해 내신 메시야 이상왕이시다. 예수 그리스도의 이상적 왕도(王道)는 자신을 이스라엘의 잃어버린 자를 찾으러 오신 '선한 목자'라고 부르는 데서(요 10 : 11, 14) 결정적으로 드러난다. '선한 목자'는 에스겔 34장에 나오는 악하고 게으른 삯군 목자와 이리떼들로부터 자신의 목숨을 바치면서 자신의 양무리를 지키고 보호해 내는 왕을 가리킨다. 왕은 백성을 위해 존재하며, 백성들의 재산과 생명을 지키는 특명을 부여받은 직분이다. 예수님은 공생애 내내 이스라엘의 목자 없는 양 떼들을 민망히 여기사 창자가 끊어지는 듯한 연민을 갖고 왕적 통치를 펼치셨다.

예수님은 초강대국인 로마 제국의 시리아 속주의 한 지방인 유대-이스라엘 지역에

39) Patrick D. Miller, *Deuteronomy*, 149.

서 추대되고 추앙받은 왕이었다. 초강대국에 의해 압제적 지배를 받고 있던 유대인들의 왕으로 떠받들어지고 있었다. 권세 있는 성경 해석과 각종 통쾌하고 예리한 비유의 말씀을 통해 하나님 나라의 도래를 체감케 했다. 그는 공생애 내내 이스라엘 백성의 마음에 폭풍 같은 회개심을 불러일으키고 하나님의 언약백성다운 자부심을 회복시켰다. 그러나 무엇보다도 유대인들이 예수를 왕으로 모시려고 했던 이유는 그가 행한 표적 때문이었다. 특히 요한복음 6장의 오병이어의 표적은 굶주린 무리들을 극도로 흥분시켜 그들로 하여금 예수님을 억지로 임금 삼으려는 정치적 사태를 야기했다(요 6 : 1-15). 그들은 하나님 숭배보다는 하나님의 표적 숭배에 빠져 있었던 것이다. 로마 제국의 압제 아래 있는 갈릴리 농민들에게 초자연적 권능을 드러내는 예수님의 표적은, 갑을의 비대칭적인 권력관계를 순식간에 급반전시킬 수 있는 강력한 승부수처럼 보였을 것이다. 요한복음 5~11장에 걸쳐 일어난 연쇄적 표적들(38년 된 병자를 고친 표적, 태생적 시각장애인 거지의 눈을 뜨게 한 표적, 그리고 죽은 지 나흘 된 나사로를 다시 부활시킨 표적)은 전 세계에서 몰려든 유대인들과 유대개종자들의 마음을 흥분시키기에 충분했다. 그 표적들은 유대인의 최대 민족 구원 축제인 유월절에 나사렛 예수를 단연코 민중적 구원 열망, 민족적 해방 열망을 충족시킬 유일한 메시야로 믿게 만들었다. 특히 나사로의 부활장면을 직접 지켜보던 증인들이 이 예수 메시야 추대몰이를 풀무질하던 핵심세력이었다(요 12 : 17-18). 바리새인 당국자들도 탄식하며 인정하듯이 '온 세상이 나사렛 예수를 따르고' 있었다(19절). 그들은 산헤드린에게 '예수를 잡아 죽이려는 시도가 헛되다'고 진단하며 체념하고 있었다. 예수의 누적된 표적을 본 군중들의 이 정치적 해방 열기를 목격하고 예수의 정치적 해방 능력, 혹은 군사적, 민중항쟁적 에너지 결집을 두려워하는 로마 제국 당국자도 예수의 일거수일투족에 온 신경을 다 집중시키고 있었다. 정말 오랜만에 유대인들의 입에서 '왕'이라는 말이 다시 살아 있는 단어가 되었다. 고대 이스라엘에서 왕은 야웨의 토라를 일생 동안 공부하고 체현하며 그것을 바탕으로 독립과 자유, 해방과 인간 존엄 회복을 가능케 하는 신적 중보자 역할을 하도록 기대된 존재였다. 예수님 당시의 이스라엘 사람들이 나사렛 예수에게서 다윗 왕의 재림을 본 것같이 열광한 이유는, 그들이 로마 제국이나 헤롯의 통치를 정상적인 왕의 통치로 보지 않았기 때문이다. 수난주간에 예루살렘에 입성하는 예수님은 왕으로 추대받고 있었다.

수난주간의 예루살렘 입성 시 군중들은 시편 118 : 26을 약간 산만하게 인용하는 환호성을 질렀다. "호산나 찬송하리로다 주의 이름으로 오시는 이 곧 이스라엘의 왕이시여!"(요 12 : 13). 이 구절은 지방에서 예루살렘 성전절기를 지키러 오던 지방순례객들을 맞이할 때 레위인들이 교창형식으로 외쳤을 시편 118 : 24~26의 문맥에 나온다. 여호와의 이름을 의지하여 예루살렘 성전으로 올라온 지방민들을 축복하는 구절이다. 원래 이 시편에는 '왕'이라는 말이 없다. 유대인 군중들은 유월절 해방절기 때 가장 널리 불려지던 시편 118 : 26을 메시야 영접문으로 변환한 것이었다. 나사렛 예수는 그냥 순례객이 아니라 이스라엘의 왕으로 오시는 복된 메시야라는 것이다. 이것은 일종의 정치적 선언 이상의 퍼포먼스요 기대요 나사렛 예수에 대한 엄중한 요구였다. 대제사장이나 로마 총독이 제일 무서워하는 사태는 군중들의 입에서 '왕'이라는 말이 등장할 때였다. 그런데 진짜 이 환호성에 응답이라도 하는 듯이 왕이 등장한다. 너무나 충격적인 모습으로 왕이 등장한다. 어린 새끼를 타고 겸손히 오신다.

이것은 정확하게 스가랴 9 : 9의 성취다. 이스라엘의 이상왕 등장을 예고하는 스가랴 9장 전체는 앞으로 이스라엘을 다스릴 왕은, 군사력이나 물리적 폭력이 아니라 모든 살상용 무기들을 폐기처분함으로써 이스라엘과 세계를 평화롭게 다스릴 왕임을 예고한다. 나귀새끼는 극단으로 자기부인된 왕권이다. 하나님만이 인간의 왕이시기에 인간 왕은 나귀새끼를 타고 입성한 것이다. 권력욕이 십자가에 못 박힌 왕이어야 한다는 것을 의미했다. 군중들은 이 예수의 퍼포먼스에 담긴 깊은 뜻을 알아차리지 못했다. 예수는 빌립보서 2 : 6~11이 말하는 그런 왕이 되기를 원하셨다. 모든 사람들을 섬기고 자유케하는 왕이기를 원하셨다. 인류역사상 한결같이 왕권과 민권은 반비례관계가 대부분이었다. 예수는 자신의 왕권을 극단적으로 비워 종의 형체를 가진 채, 주와 스승이 되어 제자들의 발을 씻기고 그들의 죄 심판자리까지 낮아졌다. 죄인이 굴욕당하는 그 자리에 굴욕을 느낀 채 구부린 자가 되었다.

나귀새끼를 타고 예루살렘에 입성하신 예수님은 위대하고 강한 왕을 환호하는 우리 인간의 죄성에 영원한 경고다. 우리는 초자연적 권능, 표적을 통해서라도 갑이 되기를 원하는 세상에 영향을 받고 있다. 우리의 기대와는 달리 예수님은 자기를 비워 종의 형체를 가져 죽기까지 하나님께 복종했다. 그러나 이런 겸손한 왕을 유대인들은 물론이요 어떤 인간도 사실상 영접할 준비가 되어 있지 않았다. 우리는 갑을의 악순환에서 갑이 되어야만 구원이 있고 자유가 있다고 믿는 타락한 세상에서 오랫동안 살아왔기 때문이다. 로마 제국 같은 슈퍼갑의 하수인이라도 좋으니 정규직이기만 하면 유사구원감이라도 누릴 것 같은 이 위험한 세기, 먹고 사는 문제에 목을 매다는 분위기('먹고사니즘'은 파시즘의 도래를 부르는 주술문!)에 지배당하는 우리 자신을 돌아본다. 어떤 왕을 영접해야 할까? 로마 제국적 폭군을 영접하고 죽음 같은 적막을 안정이라고 누리며 서서히 영적 침륜에 빠질까? 아니면 나귀 타고 입성하는 어린 양 예수님을 왕으로 영접하고 고독하고 가난한 자유인의 삶을 추구할까? 로마 총독 빌라도에게 재판을 받는 자리에서 예수님은 "내 나라는 이 세상에 속한 것이 아니니라"(헤 바실레이아 헤 에메 우크 에스틴 엑 투 코스무 투투 …… 헤 바실레이아 헤 에메 우크 에스틴 엔튜덴〈he basileia he eme ouk estin ek tou kosmou touto …… he basileia he eme ouk estin enteuthen〉)라고 선언하셨다(요 18 : 36). 이 구절은 많은 오해를 받아 왔다. 이 말씀의 핵심은 하나님 나라의 기원을 말하는 것이지, 하나님 나라의 궁극적 실현 장소를 가리키는 것이 아니다. 이 세상은 하나님 나라가 궁극적으로 실현되는 장소이자 공간이지만 예수님이 세울 하나님 나라는 이 땅에서 혈과 육으로 건설된 나라가 아니라는 뜻이다. 즉, 계급투쟁이나 세습왕조 혹은 민중투표 행위를 통해 세워지는 나라가 아니라는 뜻이다. 하나님 나라는 하나님의 성품에서 기원한 나라이며 하나님의 인격적 감화감동으로 다스려지는 나라라는 말이다. 하나님 나라는 하늘에서 이미 실현된 나라이지만 땅에서는 실현될 나라, 미완료형 나라이다. 시편 103 : 19~22에서 하나님 나라는 천군천사들(영적 존재들)에 의해 하늘에서는 이미 실현된 실재이지만 땅에서는 인간의 순종을 통해 실현될 나라이다. 하나님 나라는 이 지상의 나라들처럼 폭압적 권력기관으로서의 나라가 아니라 감화감동을 일으키는 나라이다. 무장상비군, 억압적 관료기구 등을 갖춘 강압적인 권력 강제나 남용기구가 아니라는 뜻에서 예수님이 왕으로 다스리는 나라는 분명히 이 세상에 속한 나라가 아니다. 하나님 나라는 성령의 감화감동으로 그리스도의 법, 즉 산상수훈의 법, 하나님 사랑과 이웃 사랑의 이중계명을 실천하는 자발적인 성도공동체이기 때문이다. 하나님 나라는 짐승들마저 감화감동시키는 나라이며 반역적인 천군천사들마저도 그리스도가 왕이요 주가 되심을 인정하는 나라이다(빌 2 : 10-11).

우리는 이런 하나님 나라를 믿는다. 예수님의 하나님 나라 운동은 우리 마음의 지도에는 제일 큰 나라다. 이 나라가 이 세상 나라들을 거룩하게 전복하고 거룩하게 해체한다. 세상 나라들이 주와 그리스도의 나라가 될 때까지(계 11 : 15). 주님의 평화를 사랑하는 사람들이 무장한 국가들의 전쟁을 막을 만큼 거룩하게 자라 가기만 하면 세상 전쟁을 멈출 수 있다. 세상의 무기공장들을 평화산업으로 바꿀 수 있다. 유흥음란사업을 사랑과 우정의 사업으로 바꿀 수 있다. 탐욕과 각축보다 우애와 협력의 경제권을 이룰 수 있다. 주 예수 그리스도의 나라는 하나님으로부터 시작되어 땅에서 절정의 열매를 맺는 나라다. 예수님은 구약성서가 말하는 신명기적 이상왕도, 이사야가 말하는 이상왕도를 100% 체현하시고 '왕'이라는 단어를 가장 감미로운 단어로 부활시켜 주셨다. 아침마다 우리는 "예수 우리 왕이여 이곳에 오셔서 좌정하사 다스리소서"라고 찬양한다. 예수님이 구현한 왕도는 지배가 아니라 자유를, 희생강요가 아니라 희생을 자원하시는 왕이다. 형제들 위에 결코 교만하지 않으시며 평생 야웨의 토라를 통해 자기부인 영성으로 스스로를 단련하신 왕이다.

## 7. 합법적인 영적 중보자 규정(18 : 1-22)

### 1) 제사장과 레위인의 몫 규정(18 : 1-8)

1레위 사람 제사장과 레위의 온 지파는 이스라엘 중에 분깃도 없고 기업도 없
을지니 그들은 여호와의 화제물과 그 기업을 먹을 것이라 2그들이 그들의 형
제 중에서 기업을 가지지 않을 것은 여호와께서 그들의 기업이 되심이니 그
들에게 말씀하심 같으니라 3제사장이 백성에게서 받을 몫은 이러하니 곧 그
드리는 제물의 소나 양이나 그 앞다리와 두 볼과 위라 이것을 제사장에게 줄
것이요 4또 네가 처음 거둔 곡식과 포도주와 기름과 네가 처음 깎은 양털을
네가 그에게 줄 것이니 5이는 네 하나님 여호와께서 네 모든 지파 중에서 그
를 택하여 내시고 그와 그의 자손에게 항상 여호와의 이름으로 서서 섬기게

하셨음이니라 [6]이스라엘 온 땅 어떤 성읍에든지 거주하는 레위인이 간절한
소원이 있어 그가 사는 곳을 떠날지라도 여호와께서 택하신 곳에 이르면 [7]여
호와 앞에 선 그의 모든 형제 레위인과 같이 그의 하나님 여호와의 이름으로
섬길 수 있나니 [8]그 사람의 몫은 그들과 같을 것이요 그가 조상의 것을 판
것은 별도의 소유이니라

**[18 : 1–8]** 1~8절은 레위인과 제사장의 사역을 규정한다(참조. 신 10 : 6–9). 에스겔(40–48장)과 제사장 문서(출 28–31, 35–40장 ; 민수기–레위기)층에서는 아론 계열의 제사장만이 제사장직을 차지하고 레위인들은 성전 보조 요원들이라고 규정하고 있지만, 신명기는 '레위 지파' 제사장의 역할을 부각시키고 있다. 그들은 특정 지파 혹은 전체 이스라엘의 중앙성소(17 : 9)에 설치된 '상급법정'의 재판관으로 임명된다. 신명기와 '신명기 역사서'(여호수아–열왕기하)에서는 레위 지파 일반이 제사장직을 차지할 수 있는 것처럼 말하고, 역대기에서는 제사장과 구별되는 레위인들의 역할이 현양된다. 다시 말해 신명기는 아론 계열의 레위 가문 남자들만을 제사장이라고 부르지 않고, 레위 제사장이라는 말을 사용함으로써 비(非)아론 계열 레위인들도 제사장 역할을 수행했음을 가리킨다. 물론 신명기는 레위 계열 제사장들 사이에도 책임 영역상의 구별이 있었던 점을 인정한다. 어떤 레위인들은 전국적으로 흩어져 있는 성읍들에서 봉사하고(18 : 6) 또 다른 레위인들은 중앙성소(7절 하반절)에서 봉사했다. 물론 이 차이마저 어떤 레위인이라도 중앙성소에서 일할 수 있다는 규정에 의하여 상대화된다. 민수기 35장이 규정하듯이, 레위 지파는 특정한 농경지를 갖는 대신에 전국적으로 흩어진 48개의 성읍과 주변 목초지를 할당받는다. 그들은 전국의 성읍과 촌락들에 체류자 신분으로 사는 자들이었다. 그들은 다양한 축제 절기들에 초청받을 때(예. 14 : 29 ; 16 : 11, 14) 백성들에 의해 드려진 예물들과 희생제물들(3–5절과 8절)을 나눠 받아 생계를 꾸려 간다.

1절은 민수기 35장이 진술하듯이, 레위 사람 제사장(코하님 하레뷔님)과 레위의 온 지파(콜-세베트 레뷔)는 이스라엘 중에 분깃(헬렉)도 없고 기업(나할라)도 없을 것이며 그들은 여호와의 화제물('išê Yahweh, 이쉐 야웨〈아도나이〉)과 그의 기업(naḥălātô, 나할라토), 즉 야웨의 기업을 먹을 것이라고 규정한다. 개역개정이 '그 기업'으로 번역한 히브리어는 나할라토로서 '그의 기업'(3인칭 단수어미), 즉 문맥상 야웨의 기업이라는 뜻이다. 레위인들은 이쉐 야웨, 즉 야웨의 화제물(화제로 드려진 모든 제물)과 그의 기업(다른 모든 종류의 제물을 가리키는 말)을 먹고 살아갈 것이다. 레위인들이 그들의 형제 중에서 기업(나할라)을 갖지 못하는 이유는 야웨께서 말씀하셨듯이 야웨 하나님이 그들의 기업이 되시기 때문이다. 땅 대신에 야웨 하나님이 '레위 지파의 기업'(18 : 1-2)이다. 이 말은 레위 지파가 야웨 하나님께 바쳐진 제물을 처분하고 사용할 권리를 갖는다는 뜻이다. 일반 백성이 하나님께 드린 제물 중에서 제사장이 받을 몫은 소나 양의 앞다리와 두 볼과 위다(3절). 가장 좋은 양질의 고기를 제사장이 차지한다는 말이다. 이스라엘 백성은 처음 거둔 곡식과 포도주와 기름과 처음 깎은 양털을 제사장에게 주어야 한다(4절). 레위 제사장이 일반 백성이 공여하는 제물을 차지할 수 있는 이유는, 하나님 여호와께서 모든 지파 중에서 레위 제사장을 택하여 내시고 그와 그의 자손에게 항상 여호와의 이름으로 서서 섬기게 하셨기 때문이다. 레위 제사장직은 세습직이다(5절). 그런데 이스라엘 온 땅 어떤 성읍에든지 거주하는 레위인이 간절한 소원이 있어 그가 살도록 할당된 곳을 떠날지라도 여호와께서 택하신 곳에 이르면(6절), 여호와 앞에 선 그의 모든 형제 레위인과 같이 하나님 여호와의 이름으로 또한 그곳에서도 섬길 수 있다(7절). 레위 제사장의 근무지 이동이 가능하다는 것이다. 자기가 살던 곳을 떠나면서 조상의 땅을 판 것은 그의 별도의 소유가 되겠지만 야웨가 택한 새로운 성소에서 봉사하는 경우, 그는 그곳에서 먼저 일하고 있던 제사장들과 같이 사례를 받게 될 것이다(8절). 이처럼 레위인들은 야웨를 경배하고 섬기는 다른 세속 지파의 충성심과 헌신에 의존한다. 레위 제사장들의 삶의 질은 하나님에 대한 그의 동포들의 계속적이고 충성스러운 순종에 의존하고 있다. 전국에 흩어진 레위 제사장들은 토라를 잘 가르치고 야웨에 대한 바른 앎을 전해 세속 지파들이 하나님에 대한 일편단심 충성심을 유지하도록 해야 한다. 결국 레위 지파와 세속 지파는 선순환적 상호부조를 힘써 수행하여야 한다.

### 2) 본받지 말고 배척해야 할 이방 복술관습(18 : 9-14)

[9]네 하나님 여호와께서 네게 주시는 땅에 들어가거든 너는 그 민족들의 가증
한 행위를 본받지 말 것이니 [10]그의 아들이나 딸을 불 가운데로 지나게 하는
자나 점쟁이나 길흉을 말하는 자나 요술하는 자나 무당이나 [11]진언자나 신접
자나 박수나 초혼자를 너희 가운데에 용납하지 말라 [12]이런 일을 행하는 모든
자를 여호와께서 가증히 여기시나니 이런 가증한 일로 말미암아 네 하나님
여호와께서 그들을 네 앞에서 쫓아내시느니라 [13]너는 네 하나님 여호와 앞에
서 완전하라 [14]네가 쫓아낼 이 민족들은 길흉을 말하는 자나 점쟁이의 말을
듣거니와 네게는 네 하나님 여호와께서 이런 일을 용납하지 아니하시느니라

**[18 : 9-14]** 18 : 9~22은 가나안 원주민들의 가증한 종교 관습이나 영매들을 철저하게 배척할 것(9-14절)과 모세다운 정경적 예언자들을 일으켜 주실 것이라는 약속(15-22절)을 다룬다. 9절은 이스라엘 백성이 가나안 땅에 들어가 이미 그 땅을 더럽힌 사악한 종교관행이나 영매관습에 절대로 영향을 받지 말 것을 명한다. 가나안 민족들의 가증한 행위는 그 땅으로 하여금 그들을 토해 내게 한 죄악들을 가리킨다(레 18장 ; 창 15 : 13-15). 10~12절은 가증한 행위들을 예시한다. 아들이나 딸을 불 가운데로 지나가게 하는 몰록신 숭배자나 점쟁이(코셈, qôsēm), 발람같이 길흉을 점치는 자(케싸임, qĕsāmîm), 시기를 분변하여 마술/요술을 거는 자(메오넨, mĕônēn), 무당(메나헤쉬,

mĕnaḥēš), 진언자(메카쉐프, mĕkašēph)나 신접자나 박수나 초혼자(招魂者)를 이스라엘 가운데서 결코 용납해서는 안 된다(11-12절). 야웨께서는 이런 일을 행하는 모든 자를 가증히 여기시며 바로 이런 가증한 일 때문에 이스라엘의 하나님 여호와께서 가나안 원주민들을 이스라엘이 보는 앞에서 쫓아내신다(12절). 죽은 자들을 다스리며 죽은 조상들과 살아 있는 후손들을 중개해 준다고 믿어지는 몰록신 중개자들이 집중적으로 단죄되고 있다. 야웨의 법도와 율례를 저버리는 사람은 영적 암흑천지로 휩쓸려 간다. 하나님의 법도와 율례를 저버리고 놉의 제사장 85명을 학살한 사울 왕은, 산 자를 위하여 죽은 자(사무엘)에게 물으려고 급기야 엔돌의 무녀를 찾아간다(삼상 28장 ; 참조. 사 8 : 19-20). 가나안 원주민들을 위한 영적 중개용역을 맡은 자들은 하나님의 영에 붙들리거나 인도받는 자들이 아니라 자신의 욕망이나 불결한 영들과의 접촉을 통해 자의적인 점괘나 신탁 같은 처방을 내놓는 자들이다. 정상적인 야웨의 율법과 법도를 준행하지 않고 미래에 닥칠 위기를 돌파하거나 헤쳐 갈 길은 없다. 하나님의 율법과 명령, 법도와 증거에 대한 일상적인 순종만이 미래에 닥칠 위기나 현재의 곤경으로부터 벗어날 방책을 확보해 준다. 하나님은 미래를 주관하시고 예언의 영을 주시는 역사의 주관자시다. 인간이 겪는 복과 화, 하늘의 도움 등 모든 인생의 결정 조건들을 다 주관하시고 관장하신다. 미래에 대한 불확실성이 점증하면 생사화복과 역사의 흥망성쇠를 결정하는 하나님께 물어야 한다. 이 가나안 원주민들이 의지하는 영적 중개자들을 배척하여야 하는 이유는 그들이 한결같이 하나님 야웨에 대한 일편단심 충성심을 앗아 가고 야웨 경외의 길로부터 이스라엘을 이탈시키기 때문이다. 그들이 설령 단기간 지나간 일을 알아맞히거나 미래일을 정확하게 예언할 수 있다 할지라도 그것 자체가 야웨에 대한 신뢰와 순종을 와해한다면 그것은 가증한 죄다. 가증한 일은 야웨의 영적 절대주권을 훼손하거나 그것에 도전하는 죄악을 가리킨다. 가나안의 영적 중개자들(아홉 부류) 모두 하나님의 영적 인도를 훼방하는 방해자들이다.

오히려 이스라엘은 이런 영적 중개자들의 유혹에도 불구하고 이스라엘의 언약주이신 하나님 여호와 앞에서 완전하여야 한다. '타밈 티히예 임 아도나이 엘로헤카'(tāmîm tihĕye 'im Yahweh elôhêkā, 13절). '완전하다'라는 말은 이스라엘이 하나님 앞에 바치는 제물의 조건이다. 제물이 완전하여야 하듯이, 제물을 드리는 이스라엘이 완전하여야 한다. 전치사 '임'('im)은 밀접한 관계를 나타내는 전치사로서 '야웨와의 밀접한 관계에서 완전하라'는 뜻이다. 막연히 '완전하라'는 말이거나 도덕적, 종교적 완전무결을 요구하는 것이 아니라, 하나님 앞에 받아들여질 정도로 언약적 신실성을 유지하라는 말이다. 14절은 다시 한번 이스라엘이 쫓아낼 가나안 원주민들이 땅을 빼앗기고 추방되는 이유를 말한다. 가나안 원주민들은 길흉을 말하는 자나 점쟁이의 말을 듣지만, 이스라엘 백성은 자신을 위하여 이런 일을 용납해서는 안 된다. 14절은 2인칭 단수인칭대명사(아타)를 두 번이나 돌출적으로 사용함으로써 이스라엘이 가나안 원주민들의 길과는 다른 길을 걸어가야 함을 강조한다. 14절 첫 소절의 직역은, "왜냐하면 다른 사람이 아닌 바로 네가 쫓아내고 있는 중에 있는(능동분사, 요레쉬[yôrēš=yāraš[야라쉬]의 능동분사 단수]) 이 민족들은 길흉화복을 말하는 자나 점쟁이들의 말을 듣거니와 너 자신은 야웨 네 하나님을 그렇게 대우해서는 안 된다."이다. 즉, 하나님을 인간이 겪는 복과 화를 말하는 자처럼 대우해서는 안 된다. 하나님의 율법에 대한 부단한 순종과 준행을 통해 하나님과 일상적으로 동행함으로써 하나님의 뜻을 알아가야지, 야웨의 율법을 어기고 위반해서 초래된 재난상황에서 갑자기 야웨 하나님을 찾아 점쟁이처럼 즉문에 즉답을 달라고 강청해서는 안 된다는 말이다. 그렇다면 하나님의 백성 이스라엘은 누구에게 묻고 누구를 통해 오는 하나님의 말씀을 들어야 하는가? 15~22절은 이 질문에 대한 대답이다.

### 3) 모세적 · 정경적 예언자(18 : 15-22)

15네 하나님 여호와께서 너희 가운데 네 형제 중에서 너를 위하여 나와 같은
선지자 하나를 일으키시리니 너희는 그의 말을 들을지니라 16이것이 곧 네가
총회의 날에 호렙산에서 네 하나님 여호와께 구한 것이라 곧 네가 말하기를
내가 다시는 내 하나님 여호와의 음성을 듣지 않게 하시고 다시는 이 큰 불을
보지 않게 하소서 두렵건대 내가 죽을까 하나이다 하매 17여호와께서 내게 이
르시되 그들의 말이 옳도다 18내가 그들의 형제 중에서 너와 같은 선지자 하
나를 그들을 위하여 일으키고 내 말을 그 입에 두리니 내가 그에게 명령하는
것을 그가 무리에게 다 말하리라 19누구든지 내 이름으로 전하는 내 말을 듣
지 아니하는 자는 내게 벌을 받을 것이요 20만일 어떤 선지자가 내가 전하라
고 명령하지 아니한 말을 제 마음대로 내 이름으로 전하든지 다른 신들의 이
름으로 말하면 그 선지자는 죽임을 당하리라 하셨느니라 21네가 마음속으로
이르기를 그 말이 여호와께서 이르신 말씀인지 우리가 어떻게 알리요 하리라
22만일 선지자가 있어 여호와의 이름으로 말한 일에 증험도 없고 성취함도 없
으면 이는 여호와께서 말씀하신 것이 아니요 그 선지자가 제 마음대로 한 말
이니 너는 그를 두려워하지 말지니라

**[18 : 15-22]** 이스라엘 백성은 위기의 순간에 하나님께서 친히 일으켜 주실 모세 같은 선지자의 말을 들어야 한다. 하나님 여호와께서 이스라엘을 위해 이스라엘 백성의 형제 중에서 모세와 같은 선지자를 일으키실 것이기 때문이다(15절). 개역개정이 강조한 '선지자 하나'를 그냥 '선지자'라고 번역해도 된다. 이 소절의 핵심은 한 명이냐 두 명이냐가 아니라 모세 같은 선지자냐 아니냐이다. 하나님의 복안은 모세 같은 정통 합법적 영적 중개자를 일으키셔서 이스라엘을 올바로 인도하게 하시는 것이다. 16~17절은 모세가 하나님과 이스라엘 사이를 중개하는 영적 중개자로 세워지게 된 배경을 간략하게 회고한다. 이스라엘 백성이 호렙산 총회의 날에 십계명을 받을 때 그들은 모세로 하여금 중보자로 섬겨 줄 것을 요청했고, 하나님은 그 제안을 받아들이셨다(16-17절).

이스라엘 백성은 거룩하신 하나님의 음성을 듣고 죽을 것 같은 두려움에 빠져 '하나님 여호와의 음성을 듣지 않'고 '다시는 이 큰 불을 보지 않'아도 되게 모세가 중보자가 되어 줄 것을 요청했던 것이다. 하나님은 이스라엘 형제 중에서 모세 같은 선지자를 이스라엘 백성을 위하여 일으키고 당신의 말을 그 입에 둘 것이며, 이스라엘 백성에게 들려줄 명령을 그 중개자에게 먼저 들려주고, 그가 그 명령하는 것을 이스라엘 무리에게 다 말하게 하실 것이다(18절). 이처럼 '모세 같은 선지자'를 세워 주실 약속은 모세 당대에만 유효한 것이 아니라 앞으로도 계속 유효한 약속이다. 모세 당대는 여호수아가 모세 같은 선지자였다(수 1 : 7-9). 주전 8세기 유다에서는 이사야가 야웨의 말씀을 그 입에 위탁받은 모세 같은 선지자였고(사 6 : 7-9), 주전 7세기는 예레미야가 모세 같은 선지자였다(렘 1 : 9-10). 모세 같은 정경적 예언자의 입을 통해 전달된 야웨의 말씀을 듣지 않는 자는 벌을 받게 될 것이다. 정경적 선지자의 입을 통해 전달되고 중개되는 야웨의 말씀은 임박한 진노와 심판을 피하게 도와주시려는 하나님의 말씀이기에 누군가가 이 말씀을 거절하고 배척하면 그는 작정된 하나님의 징벌을 자초하는 셈이 된다(19절 ; 사 8 : 19-20).

20절은 비정경적인 선지자, 즉 하나님의 어전회의에서 파송받지 않은 예언자(사 6 : 1-8 ; 렘 23 : 18-22)가 야웨께서 명령하지 아니한 말을 제 마음대로 야웨 이름으로 전하든지 다른 신들의 이름으로 말하면 이스라엘 백성이 그 선지자를 죽여야 한다고 말한다. 21절("어떤 선지자의 말이 여호와께서 이르신 말씀인지 우리가 어떻게 알리요?")은 참 선지자와 거짓 선지자를 현장에서 어떻게 분별하여야 하는지를 묻는 상황을 상정한다. 22절은 성취와 증험의 기준을 제시한다. 만일 어떤 선지자가 여호와의 이름으로 말한 일에 증험도 없고 성취함도 없으면 이것은 그 선지자가 제 마음대로 한 말이니 청중은 그를 두려워하지 말아야 한다.

이런 간단한 식별 기준 제시에도 불구하고 후대의 이스라엘은 거짓 예언자와 참 예언자 사이에서 적잖게 방황했다(렘 26-28장). 예언자들의 예언은

30~40년 후에 성취되는 경우가 허다했기 때문에 당대의 이스라엘 청중은 누가 참 예언자인지 거짓 예언자인지 식별하는 데 어려움을 겪었다(렘 23장). 예레미야의 예언마저도 23년 이상 성취되지 않았기 때문에 동시대인들에게 그가 야웨 하나님께 기만당했다는 비난을 받지 않았던가?(렘 20 : 7-13) '마골밋사빔'(온 사방에 두려움)이라는 예언을 23년간이나 외쳤는데, 그런 일이 일어나지 않자 그의 적대적 청중들이 예레미야의 별명을 아예 '마골밋사빔'이라고 지어 버렸다(렘 20 : 3). 참 예언자의 예언도 성취되는 데 긴 시간이 걸렸기에 그 중간 시기에는 거짓 선지자라고 의심받았을 수도 있었다는 말이다.

## 설교를 위한 묵상

19세기 말(1890년대) 조선 멸망기 때 대한제국의 고종황제비인 민비(명성황후)가 진령군(眞靈君)이라는 무당을 왕궐 깊숙이 데려와 국가적 위기 타개를 위해 굿판을 크게 벌이는 장면을 보고 알렌 등 여러 선교사들이 크게 염려했다는 일화가 있다. 조선민중을 압제한 수구지배세력을 혁파해 민심과 천심을 얻기는커녕 동학혁명을 청일 양국의 군대에 넘겨 무참히 분쇄한 왕실이 아무리 큰 무당 불러 굿을 한들 조선의 살길이 열릴 수 있었을까? 조선은 동학혁명의 열기를 창조적으로 받아 국가갱신을 꾀하지 못하고 멸망의 길로 달려갔다. 광복 70년을 지낸 우리 겨레는 민족분단으로 미완의 광복절을 보내고 있다. 또 십수 년 전에는 명문대 상대 출신 기업인이 기업경영 자문을 받기 위해 한 무당에게 50억 이상의 복채를 바치고도 회사경영이 호전되지 않자 복채반환소송을 청구해 신문지상에 오른 적도 있다. 요즘에도 대기업이 직원을 채용할 때 관상을 가장 많이 보고 자신들의 관상 실력으로 판단이 안 서면 지리산이나 계룡산의 무당이나 도사를 찾아가 최종 후보에 오른 사람들의 사진을 보여 주고 어떤 사람을 뽑아야 할지를 자문한다고 한다. 점치는 것, 미래의 길흉화복을 묻는 것, 궁합과 사주 등에 대한 관심이 죄라고 생각되는 이유는, 야웨 하나님이 주시는 정상적인 번영과 평안의 길 대신에 자신들에게 은밀하게 알려진 비법이나 비책을 쓰다가 멸망당할 가능성이 커지기 때문이다. 오히려 성경은 하나님이 주시는 토라의 경책과 경계에 귀를 기울이라고 말한다. 요즘도 젊은 커플들이 자신들이 사귄 지 500일이 넘었는데도 교제가 깊어지지 않으면 사주를 보러 간다고 한다. 타로점을 치는 것은 젊은이들에게 재미있는 소일거리가 될 정도로 섬치는 일, 사주 보는 일 등은 친숙해졌다. 우리나라에 전승되어 온 무당이나 박수들, 혹은 계룡산의 도사들이 신명기 18장이 단죄하는 그런 흉악하고 사악한 집단은 아닐 수도 있다. 우리나라 무당들은 왕이나 왕실 상대의 사기극을 벌인 러시아 차르 황제의 괴승 라스푸틴급 영적 중개활동을 하지 않기 때문이다. 신명기가 단죄하는 가나안의 영적 중개자들은 지배계급과 왕실의 영적 중개용역을 받아 나라를 망하게 하거나 민중압제적 정책을 구사하게 했기 때문에 단죄를 받았다. 그럼에도 야웨 하나님의 말씀을 중개하는 모세 같은 예언자의 말을 경청하지 못하게 하는 모든 영적 중개행위는 불건전하고 위험하다.

사람들은 두 가지 이유 때문에 점쟁이나 불건전한 영적 중개인들을 찾아 나선다. 첫째, 지금 자신들이 겪고 있는 환난이나 재난의 원인을 특정 사건에 전가시켜 그것을 해결해 보려고 한다. 무당들은 이미 죽어 귀신들로 승격(?)된 조상들과 살아 있는 후손들 사이의 메시지를 전달하는 역할을 자임한다. 대개 묘를 이장하라든지, 자신에게 제사드리는 것이 시원치 않다는 등의 죽은 조상들의 메시지를 전하고, 후손은 묘를 이장하기도 하고 제사 시 정성을 더하는 식으로 응답한다. 현재의 재난에서 벗어나게 해 주는 일을 찾아 주는 맞춤형 족집게 도사의 처방은 그 효과와 상관없이 직접적이고 명확하다. 그러나 정경적 예언자는 현재의 고난과 환난을 야웨의 길과 법도에서 얼마나 이탈했는가를 중심으로 회개를 촉구할 때가 많다. 정경적 예언자는 죽은 자에게 묻지 말고 살아 계신 하나님과 밀접하게 동행함으로써 야웨의 길을 추구하라고 말한다. 정경적 예언자의 말은 거친 음식처럼 다가온다. 위로받고자 하는 사람을 책망하고 회개를 촉구하다니! 야웨의 율법을 즐거워하고 주야로 묵상하는 자가 물가에 심긴 나무처럼 번성한다.

둘째, 사람들은 장차 일어날 일이 어떻게 될지 몰라 점쟁이나 도사를 찾아간다. "우리의 교제가 결혼으로 이어질까? 우리 사이의 궁합은 맞나? 내가 지금 은퇴자금으로 음식점을 열어야 하나?" 등의 질문은 도사들이나 무당들이 쉽게 해결해 준다. 그러나 이런 미래의 복과 화를 미리 말해 주는 것은 도사들의 과잉서비스다. 미래는 우리의 현재 결단에 의해 좌우되는 것인데, 우리의 현재 결단과 상관없이 닥칠 미래의 복과 화를 미리 아는 것이 무슨 의미가 있는가? 우리는 미래에 대해 미리 알 것이 아니라 오늘 현재 야웨 하나님과 밀접하게 동행하는 삶에 치중하여야 한다. 사도 바울은 그리스도 예수 안에 있는 구원의 절대적 견고성을 이렇게 노래한다. "내가 확신하노니 사망이나 생명이나 천사들이나 권세자들이나 현재 일이나 장래 일이나 능력이나 높음이나 깊음이나 다른 어떤 피조물이라도 우리를 우리 주 그리스도 예수 안에 있는 하나님의 사랑에서 끊을 수 없으리라"(롬 8 : 38-39). 하나님의 자녀들은 하나님 말씀대로 살다가 환난을 당하는 것을 기뻐하여야 한다. 무조건 환난을 피해 가려고 하는 것은 그리스도인의 십자가 영성이 아니다.

## 8. 살인 금지 계명(6계명), 탐심 금지 계명(10계명), 거짓 증거 금지 계명(9계명) 시행세칙(19 : 1-21)

### 1) 도피성 제도(19 : 1-13 ; 참조. 민 35 : 9-28 ; 수 20 : 1-9)

1네 하나님 여호와께서 이 여러 민족을 멸절하시고 네 하나님 여호와께서 그
땅을 네게 주시므로 네가 그것을 받고 그들의 성읍과 가옥에 거주할 때에 2네
하나님 여호와께서 네게 기업으로 주신 땅 가운데에서 세 성읍을 너를 위하
여 구별하고 3네 하나님 여호와께서 네게 기업으로 주시는 땅 전체를 세 구역
으로 나누어 길을 닦고 모든 살인자를 그 성읍으로 도피하게 하라 4살인자가
그리로 도피하여 살 만한 경우는 이러하니 곧 누구든지 본래 원한이 없이 부
지중에 그의 이웃을 죽인 일, 5가령 사람이 그 이웃과 함께 벌목하러 삼림에
들어가서 손에 도끼를 들고 벌목하려고 찍을 때에 도끼가 자루에서 빠져 그
의 이웃을 맞춰 그를 죽게 함과 같은 것이라 이런 사람은 그 성읍 중 하나로
도피하여 생명을 보존할 것이니라 6그 사람이 그에게 본래 원한이 없으니 죽

이기에 합당하지 아니하나 두렵건대 그 피를 보복하는 자의 마음이 복수심에
불타서 살인자를 뒤쫓는데 그 가는 길이 멀면 그를 따라 잡아 죽일까 하노라
7그러므로 내가 네게 명령하기를 세 성읍을 너를 위하여 구별하라 하노라 8네
하나님 여호와께서 네 조상들에게 맹세하신 대로 네 지경을 넓혀 네 조상들
에게 주리라고 말씀하신 땅을 다 네게 주실 때 9또 너희가 오늘 내가 너희에
게 명하는 이 모든 명령을 지켜 행하여 네 하나님 여호와를 사랑하고 항상
그의 길로 행할 때에는 이 셋 외에 세 성읍을 더하여[40] 10네 하나님 여호와께
서 네게 기업으로 주시는 땅에서 무죄한 피를 흘리지 말라 이같이 하면 그의
피가 네게로 돌아가지 아니하리라 11그러나 만일 어떤 사람이 그의 이웃을 미
워하여 엎드려 그를 기다리다가 일어나 상처를 입혀 죽게 하고 이 한 성읍으
로 도피하면 12그 본 성읍 장로들이 사람을 보내어 그를 거기서 잡아다가 보복
자의 손에 넘겨 죽이게 할 것이라 13네 눈이 그를 긍휼히 여기지 말고 무죄한
피를 흘린 죄를 이스라엘에서 제하라 그리하면 네게 복이 있으리라

**[19 : 1-13]** 1~13절은 도피성 제도 규정이다(민 35 : 9-28 ; 수 20 : 1-9). 하나님 여호와께서 여러 가나안 원주민 족속을 멸절하시고 그 땅을 이스라엘에게 주셔서 이스라엘이 그것을 받고 그들의 성읍과 가옥에 거주할 때에(1절), 하나님 여호와께서 기업으로 주신 땅 가운데에서 세 성읍을 이스라엘 백성 스스로를 위하여 구별하여야 한다(2절). 즉, 하나님께서 이스라엘에게 기업으로 주시는 땅 전체를 세 구역으로 나누어 길을 닦고 모든 비고의적 살인자들이 피신할 수 있는 도피성으로 삼아야 한다(3절). 도피성은 본래 원한이 없는데 부지중에 이웃을 죽인 자들이 피신할 수 있는 성읍이다(4절). 일종의 거주지 제한 규정이다. 예를 들어, 어떤 사람이 손에 도끼를 들고 이웃과 함께 삼

---

40) 강원주의 지적처럼 개역개정은 9-10절에 나오는 모든 2인칭 대명사를 앞에는 복수대명사로 번역하고 뒤에는 단수대명사로 번역하는데, 맛소라 구문에 맞게 모두 2인칭 단수대명사로 번역하는 것이 옳다(op. cit., 33). 이런 정도는 개악이라기보다는 개역개정의 번역원칙의 일관성 부족이라고 보는 것이 낫다.

림에 들어가 벌목하다가 도끼날이 자루에서 빠져 그 이웃을 죽게 하는 수가 있다. 이런 비고의적 업무상 과실치사자는 세 도피성읍 중 하나로 도피하여 생명을 보존할 수 있게 하라는 것이다(5절). 그러면 왜 도피성으로 피신해야 하는가? 고대 부족사회의 피붙이 복수법 때문이다. 분명 그 비고의적인 살인자가 원한이 없이 일하다가 이웃을 죽였기에 사형으로 그를 응징하기에 합당하지 않지만, 그 상황이 죽임을 당한 가족들에게는 받아들이기 어려울 수 있었을 것이다. 고대 부족사회의 관습법이었던 친족복수법에 따라 가족 중 누군가(부모, 형제, 친척)가 복수심에 불타 그 비고의적 살인자를 뒤쫓아 죽일까 염려되기 때문이다. 여기서 중요한 것은 다른 사람을 비고의적으로 죽인 사람만이 도피성소에 가 피신할 수 있다는 점이다. 지리적으로 도피 성읍들은 전국적으로 분포되어 있어야 했고, 주요 도로들에서 접근하기가 용이한 성읍들에 있어야 했다. 도피성까지 가는 길이 멀면 피붙이 복수자가 결국 그 오살자(誤殺者)를 따라 잡아 죽일 가능성이 있었기 때문이다(6절). 하나님께서는 이스라엘 백성을 위해 세 성읍을 구별하라고 명하신다(7절). 만일 영토가 넓어지면 도피성읍이 셋 더 추가될 수 있다고 말씀하심으로 이런 오살자 업무상 과실치사 사건이 증가될 가능성을 미리 내다보신다(8-9절). 하나님 여호와께서 조상들에게 맹세하신 대로 이스라엘 백성의 지경을 넓혀 조상들에게 주리라고 약속하신 땅을 다 이스라엘 백성에게 넘겨주실 때(8절), 이스라엘 백성이 모세를 통해 들려진 야웨의 모든 명령을 지켜 행하여 하나님 여호와를 사랑하고 항상 그의 길로 행할 때에는 이 셋 외에 세 성읍을 더하여 오살자의 인권을 더 세심하게 보장할 수 있을 것이다(9절). 만일 피붙이 복수자가 오살자를 추적해 죽이면 그것은 무죄한 피를 흘리는 셈이다. 따라서 하나님 여호와께서 기업으로 주시는 땅에서 도피성 제도를 둠으로써 무죄한 피가 흘려지지 않도록 주의해야 한다. 이런 도피성 제도를 잘 시행하는데도 무죄한 피가 흘려진다면 그 무죄한 피를 흘린 죄책이 이스라엘 백성에게 전가되지는 않을 것이다(10절).[41)]

그러나 만일 어떤 사람이 그의 이웃을 미워하여 엎드려 기다리다가 일어나 상처를 입혀 죽인 후에 도피성읍 중 하나로 도피하는 경우에는(11절), 그 본 성읍 장로들이 그 도피자를 붙잡아 보복자의 손에 넘겨 죽이게 해야 한다(12절).[42] 이런 일급 고의살인자는 긍휼히 여기지 말고 무죄한 피를 흘린 죄를 그에게만 전가시켜 이스라엘 백성 전체에게 죄책이 전가되지 않도록 유의해야 한다. 이런 억울한 일을 신원해 준다면 이스라엘에게 복이 있을 것이다(13절). 13절의 마지막 소절은 직역하면 '너는 이스라엘로부터 무죄한 자의 피를 정결케 하라(태워 없애라)('불태우다'를 의미하는 바아르(bā'ar)의 강세능동 비아르타⟨bi'ar의 2인칭 단수 bi'artā, 정결케 하다⟩). 네가 잘되도록(뷔톱 라크⟨wĕṭôb lākh⟩)'이다.

### 2) 이웃의 경계표를 존중하라(19 : 14)

> 14네 하나님 여호와께서 네게 주어 차지하게 하시는 땅 곧 네 소유가 된 기업의 땅에서 조상이 정한 네 이웃의 경계표를 옮기지 말지니라

**[19 : 14]** 14절은 이웃의 땅과 연접한 땅을 가진 한 이스라엘 사람이 조상 때 정해진 이웃의 경계표를 임의로 옮기지 말 것을 명한다. 이웃의 경계표를 옮기는 행위는 자신의 땅을 넓히려는 책략에서 나온다. 그것은 이웃의 삶의 근

41) 도피성 규정에는 국가기관이 소송을 대신하는 재판제도와 피붙이가 직접 보복하는 원시적인 사법체제가 공존하고 있다. 비록 주전 9세기 유다 왕 여호사밧이 재판제도를 개혁했지만 그것이 사사 시대까지 잔존했을 법한 피붙이 복수법을 온전히 대체하지는 못한 것처럼 보인다. 19장의 재판법은 신명기 1장에 나오는 광야 시대의 재판관 임명체제와 주전 9세기 여호사밧에 의해 제정된 재판체제 둘 다를 반영하는 것처럼 보인다(대하 19 : 5-11).

42) 신명기의 다른 재판 관련 본문들(21 : 2-9, 19-20 ; 22 : 15-19 ; 25 : 7-10)에서처럼 19 : 12은 성문에 앉아 있는 '장로들'에 대하여 언급한다. 이 언급은 각 성읍의 장로들이 '성문 재판'을 담당했던 사사 시대를 반영하고 있는 것처럼 보인다(룻 4 : 1-12). 또한 상급(중앙)법정의 존재와 재판관들과 행정관리들의 지방성읍 파견(16 : 18 ; 1 : 9-18 참조)은 주전 9세기 유다 왕 여호사밧의 사법개혁의 결과를 반영하는 것일 수도 있다(대하 19 : 5-11).

거지를 줄이고 나의 영토를 넓히려는 야심이다. 이웃은 우리와 가까이에 사는 존재로서 잠재적인 경쟁자일 때가 많다. 하지만 이웃의 삶의 토대가 붕괴되면 나에게도 그 부정적인 여파가 미친다. 이웃의 경계표는 이웃에게 하나님이 주신 천부적 권리이자 하나님과의 언약을 보증하는 질권이기에 존중되어야 한다. 주전 8세기 아모스나 이사야 시대에 가면 가난한 이웃의 경계표를 옮겨 대토지를 겸병하는 대지주들이 등장한다(잠 22 : 28 ; 사 5 : 8-10). 예언자들은 유력자들의 토지대장 임의조작을 강력하게 단죄했다. 이 경계표 이동 금지 율법은 대지주의 출현을 막는 공평과 정의의 법령이었다. 그래서 가나안 정착 후 에발산 저주선포 목록에도 이웃의 경계표 이동 금지가 들어가 있다(신 27 : 17 ; 잠 23 : 10 ; 비교. 고대 이집트 군주 아메네모페 교훈 〈ANET, 422〉).[43]

### 3) 공평한 복수(複數) 재판증인 채택법(19 : 15-21)

15사람의 모든 악에 관하여 또한 모든 죄에 관하여는 한 증인으로만 정할 것
이 아니요 두 증인의 입으로나 또는 세 증인의 입으로 그 사건을 확정할 것이
며 16만일 위증하는 자가 있어 어떤 사람이 악을 행하였다고 말하면 17그 논쟁
하는 쌍방이 같이 하나님 앞에 나아가 그 당시의 제사장과 재판장 앞에 설
것이요 18재판장은 자세히 조사하여 그 증인이 거짓 증거하여 그 형제를 거짓
으로 모함한 것이 판명되면 19그가 그의 형제에게 행하려고 꾀한 그대로 그에
게 행하여 너희 중에서 악을 제하라 20그리하면 그 남은 자들이 듣고 두려워
하여 다시는 그런 악을 너희 중에서 행하지 아니하리라 21네 눈이 긍휼히 여기
지 말라 생명에는 생명으로, 눈에는 눈으로, 이에는 이로, 손에는 손으로, 발
에는 발로이니라

---

43) P. C. Craigie, *The Book of Deuteronomy* (NICOT ; Grand Rapids, MI. : Wm. B. Eerdmans, 1976), 268-269.

**[19 : 15-21]** 15절은 모든 악과 죄에 관련된 소송을 공정하게 재판하기 위해 복수 증인을 확보할 것을 명령한다. 각각 독립적인 두세 증인의 입으로 유무죄를 확정해야 하기 때문이다(15절). 위증자가 어떤 사람의 악행을 고발하는 경우(16절), 그 위증자와 악행 혐의로 고소당한 자 쌍방이 하나님 앞에 함께 나아가 제사장과 재판장 앞에 출두해야 한다(17절). 재판장은 위증자의 증언을 자세히 조사하여 그 증인이 거짓 증거로 형제를 모함한 것이 드러나면(18절), 그 위증자가 그의 형제에게 가해지기를 꾀했던 바로 그 징벌을 위증자에게 행함으로써 이스라엘 중에서 위증죄라는 악을 제하여야 한다(19절). 그리하면 그 남은 자들이 듣고 두려워하여 다시는 위증하는 악을 이스라엘 중에서 행하지 못할 것이다(20절). 21절은 다소 가혹할 정도로 위증자를 처벌할 것을 명령한다. 위증자는 긍휼히 여기지 말아야 한다. 특히 위증죄의 중대성을 강조하기 위해 위증자에게는 '긍휼을 베풀지 말고 그 악을 제하라'는 명령 바로 앞뒤에 각각 동해동량보복의 법칙이 언급된다(19, 21절 ; 출 21 : 23-25 ; 레 24 : 19-20). 생명에는 생명으로, 눈에는 눈으로, 이에는 이로, 손에는 손으로, 발에는 발로 응징함으로써 위증의 사법정의 침식을 원천 봉쇄해야 한다(21절). 동해동량의 보복법칙은 십계명에 의해 금지된 살인, 간음, 부모를 멸시하는 언행 등과 같은 범죄(17 : 7, 12 ; 19 : 13, 19 ; 21 : 21 ; 22 : 21, 22, 24 ; 24 : 7)를 저지른 사람을 처형시키도록 명하는 법령들의 결론부에 항상 등장하고 있다. 이는 위증죄가 제9계명(이웃에게 거짓 증거 금지)의 위반임을 엿보게 해 준다. 위증죄는 이스라엘 공동체의 존립을 결정적으로 위태롭게 하는 악행이라는 것이다. 이스라엘의 자유농민인 나봇의 땅을 빼앗기 위하여 아합 왕과 이세벨이 급조한 재판과 그들에 의하여 동원된 거짓 증언들의 행태를 보라(왕상 21장). 아합 왕의 나봇 포도원 탈취 사건은 열왕기상 17장부터 열왕기하 10장까지 등장하는 엘리야-엘리사의 반(反)바알-아세라 투쟁을 추동시키는 중심 죄악이다.

결론적으로 19장을 포함하는 보다 큰 단원인 16 : 18~19 : 21은 이스라엘 언약 공동체 안에서 하나님 통치를 대표하는 신정통치자들의 충원 과정과 그들에게 요청되는 필수적 자질들을 다룬다. 포괄적으로 보자면 이 율법들은 "네 부모를 공경하라."는 제6계명의 확장적 적용이다.[44)]

## 설교를 위한 묵상

신명기 19장은 6계명 "살인하지 말라.", 9계명 "거짓 증거하지 말라.", 10계명 "이웃의 재산을 탐내지 말라."는 계명을 구체적인 상황에 적용하는 과정을 보여 준다. 도피성 제도와 무죄한 피 흘리는 죄책 전가 규정(1-13절)은 "살인하지 말라."는 규정의 미묘한 적용과 비적용 상황을 다룬다. 경계표 이동금지는 이웃의 땅을 탐내지 말라는 계명의 구체적 적용사례다(19 : 14). 복수증인 채택법(19 : 15-21)은 거짓 증거 금지규정의 구체적 적용사례다. 도피성 제도는 비고의적 살인을 고의적 복수로 응징하는 것을 막아 준다.

도피성 제도는 일종의 연성 감옥 제도다. 비고의적 살인이 고의적 복수살인을 초래할 수 있는 가능성을 상정한 신명기 19장(민 35 : 9-28 ; 수 20 : 1-9)은 인간의 부서진 인간성을 여실히 드러낸다. 벌목 중에 이웃 도끼날에 죽임을 당한 아버지를 둔 아들의 입장에서 볼 때 죽은 자는 말이 없고 아버지를 실수로 죽인 이웃의 말만 유일한 증거가 되는 상황이 받아들일 수 있었을까? 고의성 여부를 과연 어떻게 알 것인가? 이런 상황에서 아마도 도피성 제도는 불가피했을 것이다. 피붙이 복수자가 추적해 그 오살자를 죽일 가능성을 언급한 것을 보면, 도피성 제도가 있었음에도 불구하고 사적 복수행위도 그치지 않았던 것처럼 보인다. 아마도 이런 상황 때문에 도피성 제도도 시간이 감에 따라 수정되었던 것 같다. 민수기 35 : 9~28은 수정된 도피성 규정 일부를 담고 있다. 이 단락은 고의적 살인자가 비고의적 살인자인 것처럼 속여 도피성으로 피신했다가 다시 보복당할 수 있는 가능성도 상정하고 있기 때문이다.

---

44) 16 : 18-19 : 21에 나오는 신명기 율법들은 비록 모세의 입을 통하여 일방적으로 선포되는 형식을 취하고 있지만 실상 이스라엘 공동체의 역사적, 정치적 경험의 집적물이었다. 모세의 입을 통해 선포되었다는 말은 그 법들이 이스라엘 공동체의 안녕과 존립에 결정적인 중요성을 가진 거의 헌법적 권위를 가진 법이었다는 것을 가리킨다. '모세'는 이스라엘에게 무시간적인 효력을 갖는 하나님의 법령 중개자를 의미한다. 어떤 의미에서 모세오경에서 모세는 고유명사를 넘어 일반명사화(최고권위를 가진 법령 반포자)되고 있다.

민수기 35 : 12은 살인자가 회중 앞에 서서 판결을 받기까지 죽지 않도록 일시적으로 피신한 상황을 말하고 있다. 민수기 35 : 22~34은 고의성 여부를 자세히 조사하고 판단하는 과정과 절차를 담고 있다. 민수기 35 : 9~28은 고의적 살인자가 도피성 제도를 악용하지 못하도록 세밀한 비고의성 입증 절차를 규정한다.

이웃의 땅을 빼앗기 위해 경계표를 옮길 유혹은 누구에게나 찾아올 수 있다. 제10계명은 정당하게 획득된 사유재산의 정당성을 인정하는 계명이다. 동시에 이웃의 재산을 탐낼 수 있는 인간성의 원죄적 갈망을 극히 경계하는 계명이다. 결국 이 계명은 무한히 확장되는 욕망 억제계명이다. 특히 사회를 무질서의 파도가 범람하는 혼돈으로 몰아넣는 것이 권력을 가진 자들의 탐욕이다. 탐욕은 양 99마리 가진 사람이 한 마리 가진 사람의 양마저 갖고자 하는 강한 열망이다. 한국 지배 엘리트의 문제는 탐욕이다. 나눔의 원리에 대한 배제와 배타적 독점욕이 음부처럼 끝이 없다. 억제되지 않은 욕망은 음부와 지옥의 가장 현저한 특성이다(토마스 아퀴나스 요리문답). 스탠리 하우어워스와 윌리엄 윌리몬은 「십계명」에서 현대 자본주의를 합법화된 혹은 탈법화된 탐욕숭배종교와 거의 같다고 진단한다.[45] 하우어워스와 윌리몬은 자본주의를 종교라고 규정하며 자본주의교와 기독교는 대립하고 충돌한다고 진단한다. 그들은 자본주의가 종교라는 말을 들으면 자본주의에 물든 교인들은 놀랄 것이라고 예상한다. 자본주의에 물든 기독교인들에게 진정한 신은 자기증식적이고 숭배요구적인 맘몬(플루토/참고. 마 6 : 24)이며, 그들의 사제는 부를 창출한다고 믿어지는 기업가이고, 성전은 쇼핑센터다. 집안에 설치된 작은 성소는 텔레비전이며 순례자들은 쇼핑센터 고객들이요 성전잡일꾼들은 모든 고용노동자들이다. 모두 다 소비욕구를 충족시킴으로써 신일합일경지를 맛보려는 자들이다. 이런 자본주의교 기독교신자들은 이웃의 행복을 보장해 주는 경계표를 지키는 데 무관심하다. 얼마나 많은 한국의 중산층 지향적인 기독교인들이 가난한 자들의 행복과 존엄을 앗아가는 악법들을 제정하는 자들을 비호하고 지지하는가? 이웃의 경계표는 하나님이 보장하시며 지켜 주시려고 하는 우리 이웃의 행복향유권이다. 이웃의 행복권을 강탈하려는 악한 천민 자본주의와 무한 혹독 경쟁주의는 본래의 자본주의가 아니다. 자원 남용 자본주의, 형제 착취 자본주의, 악한 욕망 충동 자본주의는 애덤 스미스(Adam Smith)가 말한 자본주의가 전혀 아니다. 원래 기독교문명에서 태어난 자본

45) 하우어워스, 윌리몬, 「십계명」, 210-211.

주의는 박애로 가득 찬 자본주의, 돈이 아니라 하나님을 숭배하는 자본주의였다. 이 자본주의는 하나님이 주신 공감과 양심의 정상기능에 맡겨진 자본주의였다. 자본주의 경제학의 원조라고 불리는 애덤 스미스는 「국부론」에 앞서 「도덕감정론」을 저술했는데, 이 책의 핵심은 자본주의적 시장 교환 경제의 원리는 공감과 동감, 그리고 보편적인 자기억제 심리에 기반한다고 썼다. 자본주의는 이웃의 행복추구권에 대한 근본 존중이 양심과 동정심으로 잘 작동할 때 기독교신앙과 공존할 수 있다. 하나님의 은혜로 감동된 성도들이 야수적 이기심을 이기고 이웃의 행복추구권인 경계표를 존중할 때 자본주의는 선물이 된다. 17세기 영국 시인 존 던(John Donne)은 "하나님께서 우리를 황홀하게 해 주시지 않으면 우리는 결코 순결해질 수 없습니다."라고 노래했다. 하나님이 우리를 황홀하게 하실 때 우리 그리스도인은 성만찬의 떡을 먹고 원기를 얻고 언약의 보혈을 마시고 취하면서 거룩하게 변화된다. 자기부인적, 이웃친화적, 이웃배려적 새 피조물로 변형되어 간다. 주님의 살과 피를 마시고 주님을 닮아 가게 만드는 성령매개적 성만찬 참여가 탐욕의 초극방법이다. 하나님의 몸에 접목되어 맛보는 변화, 이것이 바로 하나님의 황홀케 하는 은혜다. 하나님의 은혜로 황홀케 된 성도는 이웃의 경계표를 존중할 뿐만 아니라 이웃을 자기 몸처럼 사랑할 능력을 얻게 된다. 성도는 과도한 임금착취형 기업가가 될 수 없다. 과도한 임금착취형 기업가는 이웃의 경계표를 옮기는 자들이다. 또한 사회경제적 불의와 악한 법령체제는 이웃의 행복경계표를 강탈하는 강도다. 성령의 감화감동 속에 사는 신자는 사회경제적으로 악한 법령 입법에 가담하지 않고, 그 법을 폐지하는 데 앞장선다. 마지막으로 복수증인 채택법은 이해당사자의 일방적인 증언이 사법정의를 좌초시키는 것을 막으려는 하나님의 마음을 담고 있다. 이 계명은 거짓 증인을 억제해 사법 정의를 세우라는 명령이다. 주로 거짓 증인은 사회적 유력자들에 의해 매수되거나 조작된 증인들로서 사법정의의 암초들이다. 아합 왕이 동원한 거짓 증인들 때문에 이스라엘 자유농민 나봇은 돌로 쳐 죽임을 당했고, 예수님은 성전 종교권력자들이 동원한 거짓 증인들 때문에 성전훼방죄로 기소되었다. 이처럼 대부분 거짓 증거의 죄악은 약자를 원통하게 만드는 유력자들의 죄악이다. 하나님의 백성 공동체를 기초부터 허물어뜨리는 범죄가 거짓 증언을 통한 사법정의의 왜곡이다.

## 9. 거룩한 전쟁법(20 : 1-20 ; 21 : 10-14 ; 참조. 23 : 9-14 ; 24 : 5)

### 1) 전쟁징집 면제사유(20 : 1-9)

1네가 나가서 적군과 싸우려 할 때에 말과 병거와 백성이 너보다 많음을 볼지
라도 그들을 두려워하지 말라 애굽 땅에서 너를 인도하여 내신 네 하나님 여
호와께서 너와 함께하시느니라 2너희가 싸울 곳에 가까이 가면 제사장은 백
성에게 나아가서 고하여 그들에게 3말하여 이르기를 이스라엘아 들으라 너희
가 오늘 너희의 대적과 싸우려고 나아왔으니 마음에 겁내지 말며 두려워하지
말며 떨지 말며 그들로 말미암아 놀라지 말라 4너희 하나님 여호와는 너희와
함께 행하시며 너희를 위하여 너희 적군과 싸우시고 구원하실 것이라 할 것
이며 5책임자들은 백성에게 말하여 이르기를 새 집을 건축하고 낙성식을 행
하지 못한 자가 있느냐 그는 집으로 돌아갈지니 전사하면 타인이 낙성식을
행할까 하노라 6포도원을 만들고 그 과실을 먹지 못한 자가 있느냐 그는 집으
로 돌아갈지니 전사하면 타인이 그 과실을 먹을까 하노라 7여자와 약혼하고
그와 결혼하지 못한 자가 있느냐 그는 집으로 돌아갈지니 전사하면 타인이
그를 데려갈까 하노라 하고 8책임자들은 또 백성에게 말하여 이르기를 두려
워서 마음이 허약한 자가 있느냐 그는 집으로 돌아갈지니 그의 형제들의 마
음도 그의 마음과 같이 낙심될까 하노라 하고 9백성에게 이르기를 마친 후에
군대의 지휘관들을 세워 무리를 거느리게 할지니라

**[20 : 1-9]** 20장, 21 : 10~14, 23 : 9~14, 그리고 24 : 5은 '살인하지 말라'는 6계명의 시행세칙들을 다룬다. 살인금지계명과 거룩한 가나안 정복전쟁의 함수관계는 무엇인가? 살인금지를 명하는 하나님이 가나안 정복전쟁 시 전적 파멸을 요구하는 진멸전쟁(헤렘)을 명하시는 이유가 무엇인가? 위에서 언급한 신명기 여러 단락들은 보다 더 세밀하게 준수되어야 할 가나안 정복전쟁

법을 규정한다. 특히 20장은 살인하지 말라는 6계명과 하나님의 명령으로 치러지는 거룩한 전쟁인 가나안 정복전쟁과의 관계를 은근히 성찰하고 있다. 가나안 정복전쟁이 아무리 중대한 대의명분을 가질지라도 인간의 행복추구권을 부정할 만큼 중대하지는 않다는 전제가 이 징집면제법에 담겨 있다. 1~9절은 거룩한 전쟁 징집면제 사유를 다룬다. 반면에 10~20절은 진멸전쟁이라고 불리는 헤렘에 대한 규정을 다룬다.

1절은 가나안 정복전쟁의 성격을 규정한다. 근본적으로 가나안 정복전쟁은 가나안 원주민들에 대한 하나님의 심판전쟁이다. 땅의 주인이자 소유자인 하나님은 당신의 땅을 더럽히고 죄로 관영시킨 거류민(일시 체류자)들을 추방하고 새 거류민을 맞아들일 권리가 있다. 하나님 보시기에 모든 땅의 거민들은 하나님의 땅에 일시 거류하는 체류자들에 불과하다. 하나님은 우리가 알 수 없는 원칙과 주기를 갖고 땅의 주도적 사용권을 원주민으로부터 빼앗아 새 이주민에게 제공하는 방식으로 땅의 인적 객토작업을 부단히 해 오셨다. 세계 역사는 이 하나님의 원주민 추방-새 이주민 영접의 역사다. 고대 수메르 문명은 아라비아 사막에서 쇄도해 온 셈족들에게 주도권을 넘겨주고 몰락한다. 수메르 문명 잔재 세력과 새로운 셈족 이주민 세력이 융합해 고 바빌로니아 제국(함무라비 제국)을 일으켰다. 중국 청나라는 주전 11세기부터 중국 중원의 한족을 위협하던 흉노족이 중국대륙을 장악하여 일으킨 융합문명이다. 이스라엘이 지금 쫓아내려고 하는 가나안 원주민들도 사실상 가나안 원(原) 원주민들을 추방하고 주도권을 차지한 상대적으로 최신 이주민들이었다. 그들 중에는 아모리인이라고 불리는 자들이 가나안 원주민들의 다수를 구성했고, 모세가 최근에 정복한 헤스본 왕 시혼과 바산 왕 옥도 아모리인 출신 왕이었다. 아모리인이라는 말뜻은 '서쪽에서 온 이주자들'(Western immigrants)이라는 의미다. 따라서 가나안 정복전쟁 제1원칙은 이 전쟁이 '하나님의 땅 임차인 교체전쟁'이라는 것이다. 가나안 정복전쟁은 하나님의 전쟁이기에 이스라엘은 하나님께 동원된 봉신국가요 하위동맹자의 신분으로 이 전쟁에 참여한다. 이스라엘 백성 자신의 전력을 믿고 나가는 전쟁이 아니다. 그래서 이스라엘은 나가서 적군과 싸우려 할 때에 가나안 원주민의 압도적 군사력, 즉 말과 병거와 많은 백성을 볼지라도 두려워하지 말아야 한다. 출애굽 전쟁을 주도하시고 절대 파라오 체제도 부서뜨린 후 이스라엘 백성을 해방시키신 하나님 여호와께서 이스라엘과 함께하시기 때문이다(1절). 가나안 정복전쟁은 출애굽 해방전쟁 2탄이다. 출애굽 구원이 일어나기 전 가나안 땅의 정치적 무질서 상황을 보고하는 주전 14세기경의 아마르나 서신들을 보면, 가나안 땅의 대부분이 이집트의 정치적 지배를 받는 봉신들의 도시국가임을 알 수 있다.[46] 어떤 서신들은 이른바 메뚜기처럼 몰려와서 도시국가 체제를 혼란스럽게 하는 하비루(habiru : 체제 동요적인 유민들)를 언급하고 있다. 가나안 정복전쟁 당시의 가나안 땅도 여전히 애굽의 영향력 아래 놓여 있었기에 가나안 정복전쟁은 출애굽전쟁의 후속편인 셈이다.

가나안 정복전쟁의 1원칙인 하나님 주도 전쟁원칙의 자연적 귀결이 '이스라엘은 두려워하지 말아야 한다'이다. 2절도 이 사상을 이어받는다. 따라서 이스라엘은 제사장이 향도를 맡아야 한다. 이 전쟁은 일반 전투교범에 따르는 전쟁이 아니라 제사장의 영적 지도 아래 치러지는 전쟁이기 때문이다. 제사장이 이스라엘 백성에게 행사하는 지도력은 전투전략지도가 아니라 두려움을 진정시키는 영적 심리전 지도력이다. 제사장이 할 말은 "이스라엘아 들으라 너희가 오늘 너희의 대적과 싸우려고 나아왔으니 마음에 겁내지 말며 두려워하지 말며 떨지 말며 그들로 말미암아 놀라지 말라 너희 하나님 여호와는 너희와 함께 행하시며 너희를 위하여 너희 적군과 싸우시고 구원하실 것이라"(3-4절)였다. 이 말은 모세가 출애굽 대사의 절정인 홍해 도강 직전에 이스라엘 백성에게 들려준 말이다(출 14 : 13-14). "모세가 백성에게 이르되 너희는 두려워하지 말고 가만히 서서 여호와께서 오늘 너희를 위하여 행하시

46) Raymond Cohen & Raymond Westbrook(eds.), *Amarna Diplomacy* (Baltimore and London : The Johns Hopkins University Press, 2000), 101-138.

는 구원을 보라 너희가 오늘 본 애굽 사람을 영원히 다시 보지 아니하리라 여호와께서 너희를 위하여 싸우시리니 너희는 가만히 있을지니라" 압도적인 대적의 군사력을 보고 겁내지 말며, 두려워하지 말고, 떨지 말아야 한다. 하나님 여호와가 "너희와 함께 행하시며 너희를 위하여 너희 적군과 싸우시고 구원하실 것"이기 때문이다. 4절의 히브리어 구문을 직역하면, "왜냐하면 너희들의 하나님 야웨는 너희들을 구원하시기 위해(부정사, 르호쉬아 에트켐〈lĕhôšîa' 'etkem〉), 너희들의 대적에 맞서 너희들을 위해 전쟁해 주심으로써(부정사, 르힐라헴 라켐〈lĕhillāḥēm lākem〉), 너희들과 동행하시는 자(정관사 하〈ha〉+ '걷다' 할라크〈hālakh〉의 능동분사 단수형 홀렉〈hôlēk〉, 하홀렉 임마켐〈hahôlēk 'immākem〉=the One who is walking in close union with you, '너희들과 함께 친밀하게 동행하는 분')이기 때문이다."가 된다. 하나님은 '하홀렉 임마켐', 즉 '너희들과 밀접하게 동행하시는 자'이다. 하나님을 '하홀렉 임마켐'이라고 칭하는 것은 하나님의 지속적이고 일관된 임재와 지지적이고 향도적인 동행하심을 강조하기 위함이다.

5~7절에 따르면 인생 최고의 행복을 누려야 할 사람은 아무리 다급한 가나안 정복전쟁이라도 징집면제 대상이 된다. 새 집을 짓고도 낙성식을 하지 못한 자(5절), 포도원을 짓고 과실을 먹어 보지 못한 자(6절), 약혼하고 결혼을 하지 못한 자(7절)는 집으로 돌아가야 한다. 가정에서 누리는 행복이 국가가 주는 구원보다 더 근원적인 행복이라는 암시가 들어 있다. 새 집 짓고, 막 결혼하고, 포도원을 건설한 사람들은 국가를 지킬 동기가 분명해진 사람이라서 전투에 참여하지 않고 후방에 남아 향토를 지키는 것도 총체적인 의미의 국방수호의무를 다 하는 셈이다. 타인이 그 최고의 행복을 가로챌 것에 대한 염려(전사하고 나면 타인이 그 집을 차지해 낙성식을 행할까? 타인이 그 과실을 먹을까? 타인이 아내를 데려갈까?)로 전쟁에 몰입하기 힘들었을 세 부류의 사람들을 집으로 보내는 이스라엘의 징집법은 오늘날 기준으로도 감동적이다. 5~7절의 타인 시리즈는 세 부류의 사람들의 속마음을 기막히게 통찰한 질문

이 아닐 수 없다. 마지막으로 군대 지휘관들(쏘터림〈śôṭĕrîm〉)은 두려워서 마음이 허약한 자를 골라내어 집으로 돌려보내야 한다. 그런 사람들은 형제들의 마음도 의기소침이나 낙심으로 몰아넣어 전력누수를 초래할 것이기 때문이다(8절 ; 비교. 삿 7 : 1-7). 가나안 정복전쟁의 최대 걸림돌은 전쟁몰입을 방해하는 두려움이다. 이 두려움을 제거한 후 이스라엘 백성은 군대지휘관들을 백성의 두령들(싸레 쯔바오트[śārê ṣĕbā'ôth])로 임명해(파카드, pāqad) 백성을 진두지휘하는 지휘관(로쉬, 머리)으로 삼아야 한다. 백성들 가운데 두려움을 제하고 나름대로의 군령체계를 확정하고 '하홀렉 임마켐'이신 하나님이 동행하심을 확신한 이스라엘 진영이 적군과 회전하러 나가야 한다(9절).

### 2) 진멸전쟁(ḥērem, 헤렘) 규례(20 : 10-20)

10네가 어떤 성읍으로 나아가서 치려 할 때에는 그 성읍에 먼저 화평을 선언
하라 11그 성읍이 만일 화평하기로 회답하고 너를 향하여 성문을 열거든 그
모든 주민들에게 네게 조공을 바치고 너를 섬기게 할 것이요 12만일 너와 화평
하기를 거부하고 너를 대적하여 싸우려 하거든 너는 그 성읍을 에워쌀 것이
며 13네 하나님 여호와께서 그 성읍을 네 손에 넘기시거든 너는 칼날로 그 안
의 남자를 다 쳐 죽이고 14너는 오직 여자들과 유아들과 가축들과 성읍 가운
데에 있는 모든 것을 너를 위하여 탈취물로 삼을 것이며 너는 네 하나님 여호
와께서 네게 주신 적군에게서 빼앗은 것을 먹을지니라 15네가 네게서 멀리 떠
난 성읍들 곧 이 민족들에게 속하지 아니한 성읍들에게는 이같이 행하려니와
16오직 네 하나님 여호와께서 네게 기업으로 주시는 이 민족들의 성읍에서는
호흡 있는 자를 하나도 살리지 말지니 17곧 헷 족속과 아모리 족속과 가나안
족속과 브리스 족속과 히위 족속과 여부스 족속을 네가 진멸하되 네 하나님
여호와께서 네게 명령하신 대로 하라 18이는 그들이 그 신들에게 행하는 모든
가증한 일을 너희에게 가르쳐 본받게 하여 너희가 너희의 하나님 여호와께
범죄하게 할까 함이니라 19너희가 어떤 성읍을 오랫동안 에워싸고 그 성읍을

쳐서 점령하려 할 때에도 도끼를 둘러 그곳의 나무를 찍어내지 말라 이는 너희가 먹을 것이 될 것임이니 찍지 말라 들의 수목이 사람이냐 너희가 어찌 그것을 에워싸겠느냐 [20]다만 과목이 아닌 수목은 찍어내어 너희와 싸우는 그 성읍을 치는 기구를 만들어 그 성읍을 함락시킬 때까지 쓸지니라

**[20 : 10-20]** 가나안 정복전쟁의 두 원칙은 원거리 대적 신축적 전쟁원칙이다. 원거리 대적과의 전쟁은 그들의 반응에 따른 전쟁이다. 대적의 반응에 따라 전쟁 양상은 진멸을 초래하는 정복전쟁이 될 수도 있고(수 2-6장의 여리고 정복전, 원거리 대적에게는 제한적이고 수정된 진멸전쟁) 투항한 적을 무장해제시켜 이스라엘의 종으로 부리는 재편입 전쟁이 될 수도 있다(수 9장의 기브온 편입전쟁). 이스라엘 백성이 어떤 먼 성읍으로 나아가서 치려 할 때에는 그 성읍에 먼저 화평을 선언했는데(10절), 그 성읍이 화평하기로 회답하고 성문을 열거든 그 모든 주민들로 하여금 조공을 바침으로써 이스라엘을 섬기게 해야 한다(11절). 아람이나 페니키아 지방의 도시국가들에게는 이런 방식이 통할 것이다. 그런데 그 먼 곳의 성읍이 이스라엘과 화평하기를 거부하고 대적하여 싸우려 하면 이스라엘 백성은 그 성읍을 에워싸되(12절), 하나님 여호와께서 그 성읍을 이스라엘의 손에 넘기시거든 이스라엘 백성은 칼날로 그 안의 남자를 다 쳐 죽이고(13절), 오직 여자들과 유아들과 가축들과 성읍 가운데에 있는 모든 것을 이스라엘 백성 자신들을 위한 탈취물로 삼을 수 있다. 원거리 전쟁이기 때문에 군수조달이 안되므로 이 경우에 이스라엘 진영은 하나님 여호와께서 그들에게 넘겨주신 적군에게서 빼앗은 양식을 먹을 수 있다(14절). 15절은 이상 10~14절 단락이 이스라엘로부터 멀리 있는 성읍들 곧 목전의 가나안 민족들에게 속하지 아니한 성읍들에게 전쟁할 때 따라야 할 전쟁규례임을 명시한다.

16~20절은 이스라엘의 근접 대적들과의 전쟁규례를 다룬다. 가차 없는 진멸전을 요구하신다. 오직(라크〈raq〉) 하나님 여호와께서 이스라엘에게 기

업으로 주시기로 작정된 가나안 땅에 거주하는 원주민들의 성읍에서는 호흡 있는 자(콜-느샤마〈kol-nĕšāmā〉)를 하나도 살려 두지(터하예〈tĕḥaye〉=살다, '하야'〈ḥāyā〉 동사의 강세능동 2인칭 단수명령) 말아야 한다(16절). 이스라엘은 헷 족속과 아모리 족속과 가나안 족속과 브리스 족속과 히위 족속과 여부스 족속을 진멸하되, 하나님 여호와께서 명령하신 대로 처분해야 한다(17절). 개역개정의 17절은 '곧'을 추가했는데 불필요한 말이다. 17절의 첫 소절 '키-하하렘 타하리멤'(kî-haḥărēm taḥărîmēm)을 직역하면 "(하나도 살려두지 말라) 왜냐하면 너는 확실히 그들을 진멸해야 하기 때문이다."이다. '하하렘'(haḥărēm)은 '진멸하다'(ḥāram)의 사역 절대부정사이다. '타하리멤'(taḥărîmēm)은 하람(ḥāram) 동사의 사역(히필) 미완료 2인칭 단수동사다. 결국 '철저하게 진멸하라'는 명령이다. 너무 가혹하게 들리는 전쟁명령이다. 야웨 하나님을 사막의 깡패요 야만적 인종학살전쟁의 원조로 보는 근대 계몽주의적 조롱이 여기서 시작된다. 그러나 이 조롱은 인간의 생명권을 최고의 가치로 여기는 근대 휴머니즘 이데올로기의 편견이다. 하나님의 가나안 원주민 심판은 하나님의 공의로운 심판이다. 가나안 원주민들도 원원주민들에 대한 하나님의 심판전쟁의 틈새를 비집고 가나안 땅을 차지했다(신 2 : 1-16). 심지어 가나안 정복전쟁에 참여한 이스라엘도 700년이 못 되어 가나안 땅을 더럽히고 원주민들의 죄악을 답습했다는 죄로 거의 소돔과 고모라급 진멸을 당하였다. 하나님은 인종과 종교를 기준으로 삼아 심판하시지 않는다. 하나님은 창조주 하나님의 성품을 전혀 반영하지 못하고 창조주 하나님의 명령과 주권적 통치를 현저하게 반대하고 맞서는 땅의 임차인들인 오래된 거류민들을 몰아내시고 새 거류민, 즉 새 임차인(일종의 소작인)을 들이실 수 있다. 인간문명과 역사, 삶, 행복, 예술 등 모든 인간활동은 하나님의 선물인 땅에 의존한다. 인간은 자신이 아무리 부인해도 하나님의 선물에 의존하고 있다. 땅에 사는 모든 사람, 중력과 시간의 법칙에 매여 사는 모든 인간은 하나님의 뜰에서 노는 어린 아이와 같다. 인간 목숨보다 창조주 하나님의 이름과 명예가 더 중요하다.

18절은 가나안 원주민 진멸전쟁 명령의 이유를 말한다. 그들이 그 신들에게 행하는 모든 가증한 일을 이스라엘에게 가르쳐 본받게 하여 마침내 이스라엘로 하여금 하나님 여호와께 범죄하게 할까 염려하시기 때문이다. 가나안 원주민들은 도시국가에 살았다. 중요한 점은 도시국가의 핵심 구성원들만이 성읍에 살았다는 것이다. 모세와 여호수아 당시는 청동기 시대라서 부족국가 시대 혹은 도시국가 시대였다. 지배층 인구 500~1,000명 정도가 성안에 살았다. 이스라엘이 '성읍'과 전쟁을 벌인다는 사실이 중요하다. 가나안 사회의 인구 대부분은 성 밖에 살았고, 성 밖의 하층민들이 성안에 사는 지배층을 먹여 살리는 억압적 계층-계급 사회였다. 이스라엘이 '왕'들을 쳐부수었다는 말(수 12 : 24, '여호수아가 31명의 왕을 쳐부수었다')은 지배층을 정복했다는 말이지, 가나안 땅 모든 곳에 흩어져 사는 거주민들을 모두 죽였다는 말이 아니다. 만약 그렇다면 사사기 상황이 이해가 안 된다. 사사기를 보면 가나안 주민 대부분이 살아 있고 숫자적으로 이스라엘을 압도하는 경우가 대부분이기 때문이다. 또한 신명기 법전 여러 곳에 사회복지적 혜택을 덧입을 사람으로 등장하는 '객'은 살아남은 가나안 원주민들을 가리키거나 난민들을 의미한다. 따라서 가나안 정복전쟁은 인종청소나 민족학살 전쟁이 아니라 지배층 정복과 무장해제를 위한 전쟁이라고 봐야 한다. 가나안 원주민들 중 성읍에 사는 지배층의 종교와 관습 등이 이스라엘의 야웨 일편단심 종교를 오염시킬 수 있다. 즉, 하나님이 보시기에 가나안 지배층 원주민들이 살아 있는 한 가나안 땅을 이스라엘에게 기업으로 준들 아무런 의미가 없었다. 이스라엘이 가나안 원주민들의 상대적인 선진 문화와 다신교 종교, 풍요와 다산, 음란과 불평등 문화를 감당할 길이 없다고 본 것이다.

그러나 가나안 정복전쟁이 자연 자원 초토화를 의미할 수는 없다. 어떤 성읍을 오랫동안 에워싸고 그 성읍을 쳐서 점령하려 할 때에도 도끼를 둘러 그곳의 나무를 찍어 내지 말아야 한다. 그 숲과 나무가 이스라엘의 식량자원이 될 것이기 때문이다(19절). 가나안 원주민들의 과실수나 수목은 에워싸 정복할 대상이 아니다. 다만 과목이 아닌 수목은 찍어 내어 교전대상인 그 적국 성읍을 치는 무기 등을 만드는 데 쓸 수 있다. 즉, 그 성읍을 함락시킬 때까지 한시적으로 숲의 나무들을 이용할 수 있다(20절).

## 설교를 위한 묵상

모세오경과 특히 신명기에서 하나님께서 이스라엘을 대동하고 가나안 땅을 정복하는 첫째 근거는 하나님의 심판이다. 더 이상 가나안을 차지하고 향유할 자격을 갖지 못한 원주민들의 지배적 지위를 박탈함으로써 2등 거류민으로 강등시키는 심판집행이다. 무엇보다도 가나안 땅 정복은 왕의 통치거점인 성읍 정복이다. 일종의 지배체제의 전복전쟁이다. 나폴레옹 같은 해방가치를 가진 자가 토착왕조, 즉 신분계층으로 분화된 사회들을 정복하는 혁명적 전쟁이다. 구체제를 몰아내고 새로운 사회체제를 착근시키려는 전쟁이다. 노만 갓월드(Norman K. Gottwald)의 「야웨의 지파들」(*The Tribes of Yahweh*)은 이스라엘의 가나안 정복을 그동안 억압당해 온 가나안 농민들의 봉기로 볼 정도다. 여호수아 2~6장이 보여 주듯이 여리고 기생 라합 가족은 미련 없이 여리고성을 떠나 이스라엘에 합류하고 기브온 족속도 이스라엘의 일부로 편입되었다. 가나안 정복전쟁이 성 밖 하층주민들의 학살로 이어지지는 않았다.

주전 14~13세기에는 근대적 영토개념이 없었던 시대요 땅의 소유권, 주권적 관할 개념이 정립되지 않았던 시대였다. 모든 땅은 민족 이동의 잠재적 후보지였고, 따라서 공존과 각축의 요충지였다. 이스라엘의 가나안 정복전쟁은 현대적인 개념으로 보면 근대적 국경개념이나 소유개념이 없던 시대에 일어난 정복전쟁이었고, 하나님의 사랑과 긍휼을 극대값으로 표출한 전쟁이 아니었다. 이 전쟁은 오래된 가나안 원주민들의 누적된 악행을 심판하는 전쟁이었고 심판집행이었다. 전쟁 과정과 절차는 이스라엘이 처한 고대근동의 전쟁관습과 크게 다르지 않았다. 하나님께서 이스라엘이 도달한 그 수준의 인간이해, 전쟁관 등을 방편으로 삼아 당신의 계획을 드러내실 수밖에 없었다. 하나님도 인간의 수준에 맞게 당신을 계시하실 수밖에 없으셨다

(divine accommodation). 하나님은 인간의 죄성을 너무 급진적으로 초월하시지 않고 견디며 수용하면서 일하신다. 신명기가 십자가에 달린 하나님의 아들을 통해 드러난 그 하나님 본마음, 보편적 사랑을 드러내기에는 역부족인 면을 드러낸다. 아직까지는 이스라엘과 인류의 도덕감 발달이 충분히 이뤄지지 않고 온 열방과 세계가 나사렛 예수의 하나님 나라 복음으로 화해할 날을 꿈꾸기에는 너무 일렀다(사 25 : 6-8 ; 엡 2 : 21-22 ; 갈 3 : 28).

역사적으로 보면 가나안 일곱 부족도 원원주민들에 대한 하나님의 심판집행의 결과 생긴 빈틈을 타고 가나안 땅에 정착했다. 그들도 한때는 이민자 집단이었다. 그런데 그들이 오랫동안 가나안 땅에 살면서 그 땅을 죄로 관영시켜 가나안 땅 자체가 그 원주민들을 토해 내기에 이르렀다. 이때 하나님이 심판전쟁을 벌였고 이스라엘이 전쟁대행자로 동참했다. 그러나 이스라엘도 언젠가 동일 심판원칙으로 땅을 상실할 수 있다. 아모리 족속의 죄악이 관영하여 하나님은 가나안 땅을 다른 임차인 이스라엘에게 주시듯이, 비잔틴 제국시대 이후에 하나님께서는 이스라엘의 고토를 사라센 제국이나 다른 이슬람 제국에게 주실 수도 있었다.

하나님이 가나안 원주민 지배층 사람들(사제, 재판관, 왕, 지주)을 끝내 진멸시켜야 했던 이유는, 가나안 종교가 억압과 사회적 전제권력을 정당화한 종교였기 때문이다. 그래서 바알종교의 제단은 혁파되어야 한다. 아마르나 문서에 보면 이집트 신왕조 시절 주전 15세기부터 바다해양족속들과 하비루들의 범람으로 이미 가나안 도시국가들은 심각한 위기에 처했다. 당시의 가나안 땅은 이집트의 정치적 관할구역이었는데, 바로 이때 출애굽한 이스라엘도 가나안 도시국가들을 위협하는 신흥이주민 세력이었다. 그들은 해방과 자유, 평등의 가치를 갖고 출애굽 구원을 완성하기 위해 가나안 땅을 정복해야 했다. 이집트의 정치적 헤게모니 아래 있었던 가나안 도시국가들을 쳐서 무장해제 시켜야 참다운 출애굽 구원이 완성되기 때문이다. 하나님 나라는 관념의 나라가 아니라 물리적 토대를 갖춘 나라이기 때문에 가나안 땅이라는 구체적인 터가 요청되었다. 이 과정에서 거룩하시고 보편적인 창조주 하나님이 특정 민족과 동맹을 맺어 편파적으로 행동했다는 오해를 받으실 수 있었다. 그러나 신명기의 모세강론이 진행되면 밝혀지겠지만 이스라엘 백성 자체가 가나안 원주민들의 죄악을 답습한다면 마찬가지로 땅을 잃고 열국 가운데로 흩어지는 대파국적인 심판을 자초하게 될 것이다. 하나님은 민족과 인종 등 외모를 취하시지 않는다. 이스라엘이 가나안 원주민에게 동화되어 거룩한 야웨 백성의 정체성을 잃어버린다면, 언제든지 가나안 원주민을 추방하는 그 이유와 방식으로 이스라엘도 가나안 땅으로부터 추방하실 것이기 때문이다.

가나안 땅에 들어간 이스라엘의 일편단심 야웨 경외의 순결성은 언제나 가나안 원주민들의 지배적 종교와 문화 영향으로 와해될 위기에 내몰려 있었기 때문에, 신명기는 가나안 원주민 지배세력들과의 가차 없는 전쟁을 명한 것이다.[47] 이스라엘은 인근 민족들의 종교적 관습들의 유혹으로부터 전적으로 순결을 지켜내며, 심지어 야웨께서 '좌정하시고 출입하시는'(신 23 : 14) 전쟁의 병영마저도 거룩하고 정결하게 유지해야 한다. 하나님의 백성들의 거룩함 속에(신 7 : 6) 반영되어 있는 하나님의 거룩성은 단순히 추상적인 개념이 아니라 이스라엘의 삶 모든 영역에서 확실히 구현되어야 한다.

## 10. 공평과 정의로 보존되는 땅과 백성의 성결(21 : 1-23)

### 1) 무죄한 자의 피 흘린 죄를 속하는 규례(21 : 1-9)

1네 하나님 여호와께서 네게 주어 차지하게 하신 땅에서 피살된 시체가 들에
엎드러진 것을 발견하고 그 쳐 죽인 자가 누구인지 알지 못하거든 2너희의
장로들과 재판장들은 나가서 그 피살된 곳의 사방에 있는 성읍의 원근을 잴
것이요 3그 피살된 곳에서 제일 가까운 성읍의 장로들이 그 성읍에서[48] 아직
부리지 아니하고 멍에를 메지 아니한 암송아지를 취하여 4그 성읍의 장로들

47) 순결에 대한 이런 강조가 야웨께서 이스라엘 진중에 계시기 때문에, 이스라엘도 정결하고 거룩해야 한다고 규정한 '진(陣) 정결 유지법'에서(신 23 : 9-14) 되울려지고 있다.

48) 강원주가 지적한 대표적인 개역개정의 오역사례 중 하나다. 이 절에서 '성읍'은 장로들의 출처를 이야기하는 맥락인데, 개역개정은 '어린 암송아지 제물'의 출처를 이야기하는 것으로 번역한다(op. cit., 33). 히브리어 구문을 해독하지 못한 사람의 오역인 듯하다.

이 물이 항상 흐르고 갈지도 않고 씨를 뿌린 일도 없는 골짜기로 그 송아지를
끌고 가서 그 골짜기에서 그 송아지의 목을 꺾을 것이요 [5]레위 자손 제사장들
도 그리로 갈지니 그들은 네 하나님 여호와께서 택하사 자기를 섬기게 하시
며 또 여호와의 이름으로 축복하게 하신 자라 모든 소송과 모든 투쟁이 그들
의 말대로 판결될 것이니라 [6]그 피살된 곳에서 제일 가까운 성읍의 모든 장로
들은 그 골짜기에서 목을 꺾은 암송아지 위에 손을 씻으며 [7]말하기를 우리의
손이 이 피를 흘리지 아니하였고 우리의 눈이 이것을 보지도 못하였나이다
[8]여호와여 주께서 속량하신 주의 백성 이스라엘을 사하시고 무죄한 피를 주
의 백성 이스라엘 중에 머물러 두지 마옵소서 하면 그 피 흘린 죄가 사함을
받으리니 [9]너는 이와 같이 여호와께서 보시기에 정직한 일을 행하여 무죄한
자의 피 흘린 죄를 너희 중에서 제할지니라

21장은 가나안 땅과 그 땅에 사는 백성들의 성결, 결혼과 가정생활과 관련된 쟁점들을 공평과 정의의 관점에서 다룬다. 이 단락은 16 : 18~17 : 13과 19 : 1~21에서 일차적으로 다뤄진 사법정의와 공평의 문제들을 부분적으로 재론하며 종결짓는다.

**[21 : 1–9]** 1~9절은 신원 미상의 살인자에 의하여 피살된 시체가 한 공동체에서 발견되었을 때, 그 공동체가 그 무죄한 자의 피 흘린 죄책에서 자유롭게 되는 절차를 다룬다. 이 단락의 요지는 심판되지 않은 범죄(무죄한 자의 피를 흘린 죄)는 공동체를 더럽힌다는 것이다. 신명기에서는 땅이 거주민들의 도덕적, 윤리적 오염으로 더러워질 수 있다고 믿어지기 때문이다. 결국 거주민과 그들의 땅이 연대적 성결을 구현해야 함이 전제되고 있다. 신원 미상의 피살자가 발견된 성읍의 장로들은 어린 암소 한 마리를 물이 항상 흐르는 골짜기 개울물에 데리고 가서 목을 부러뜨려 죽임으로써 억울한 죽음에 연루된 공동체의 죄책을 씻어 내야만 한다(1–7절). 한 공동체 안에서 미해결의 살인 사건이 일어났다는 이유 때문에 생긴 도덕적 죄책은 법적으로 규명되고 처리되어

져야 한다. 장로들이 '아직 부리지 아니하고 멍에를 메지 아니한 암송아지'를 제의적으로 도살한 후에, 레위 제사장이 올라와서 그 성읍에 복을 선언함으로써 재판은 종결된다. 피살자가 발견된 곳에서 가장 가까운 성읍 장로들이 정결의식과 하나님의 용서를 구하는 기도를 통해 그 공동체는 도덕적 죄책으로부터 벗어난다(7-8절). "우리의 손이 이 피를 흘리지 아니하였고 우리의 눈이 이것을 보지도 못하였나이다 여호와여 주께서 속량하신 주의 백성 이스라엘을 사하시고 무죄한 피를 주의 백성 이스라엘 중에 머물러 두지 마옵소서" 이처럼 사죄를 간청하는 기도와 속죄의 희생제사 봉헌이 하나님의 용서를 불러일으키고 그렇게 해서 공동체의 도덕적 순결성이 유지된다. 이 율법의 근본정신은 공동체 내에서 억울하게 죽임을 당하여 피 흘리는 일이 결코 일어나서는 안 된다는 것이다. 이처럼 불특정 다수의 공동체가 연루된 범죄들을 처리하는 재판 절차들에 관한 지침들은 공동체로부터(17 : 2, 12 ; 19 : 13, 19) 악을 근절시키려는 목적에 이바지한다(17장과 19장). 그것들의 궁극 목적은 야웨의 백성의 도덕적 순결성을 유지하는 데 있었다. 9절은 이 목적을 진술한다. "이와 같이 여호와께서 보시기에 정직한 일을 행하여 무죄한 자의 피 흘린 죄를 너희 중에서 제할지니라"

### 2) 여자 포로를 아내로 취하는 규례(21 : 10-14)

10네가 나가서 적군과 싸울 때에 네 하나님 여호와께서 그들을 네 손에 넘기
시므로 네가 그들을 사로잡은 후에 11네가 만일 그 포로 중의 아리따운 여자를
보고 그에게 연연하여 아내를 삼고자 하거든 12그를 네 집으로 데려갈 것이요
그는 그 머리를 밀고 손톱을 베고 13또 포로의 의복을 벗고 네 집에 살며 그
부모를 위하여 한 달 동안 애곡한 후에 네가 그에게로 들어가서 그의 남편이
되고 그는 네 아내가 될 것이요 14그 후에 네가 그를 기뻐하지 아니하거든 그
의 마음대로 가게 하고 결코 돈을 받고 팔지 말지라 네가 그를 욕보였은즉

종으로 여기지 말지니라

**[21 : 10-14]** 10~14절은 전쟁의 야만성이 반영된 슬픈 법이다. 포로로 잡혀 온 여인의 관점에서 보면 사랑과 정의로 충만한 하나님이 이런 법까지 제정해 가면서 호전적 남성성을 정당화해 주시는가 하는 생각을 할 수도 있다. 확실히 이런 감정과 질문은 정당하다. 구약성서 율법들은 더러 인간사의 모든 쟁점들에 대한 하나님의 궁극적인 본마음을 반영하기에는 턱없이 부족하다. 하나님은 인간들의 갈등과 폭력적 전쟁이라는 조건과 한계 안에서 하나님의 백성다운 전쟁포로법을 주신다. 즉, 하나님은 전쟁을 하지 말지니라고 하지 않으시고 전쟁포로 처리법을 주신다. 왜냐하면 하나님께서는 전쟁포로들에게 최소한의 인격적 존엄을 존중하라고 명하시기 때문이다. 1~2절은 전쟁 중 적군 진영에서 아리따운 여자 포로를 아내로 삼고자 하는 경우를 상정한다. 그녀를 아내 삼기를 원하는 병사는 그녀를 집으로 데려가 그 머리카락을 밀고 손톱을 베고 포로의 의복을 벗기고 그의 집에 살며 고향에 두고 온 그녀 부모를 위하여 한 달 동안 애곡하게 한 후에 그녀를 아내로 취하여야 한다. "그녀에게로 들어가서 그의 남편이 되고 그녀는 이스라엘 남자의 아내가 될 것이다"(13절). 그러나 그 이스라엘 남자가 그녀를 기뻐하지 아니하여 소박맞히는 경우에도 더 이상 포로 취급을 해서는 안 된다. 대신 그녀를 자유롭게 해 주어야 한다. 결코 돈을 받고 팔지도 말아야 한다. 이스라엘 남자가 아내 삼는 과정에서 그녀를 욕보였은즉 종으로 삼아서도 안 되고 팔아서도 안 된다(14절). 포로로 잡혀 온 여인의 입장에서 볼 때 이 법이 보이는 인권의식과 배려는 여전히 야만적인 승자의 자의적 행동의 일부로 보일 것이다. 구약성서의 여러 법들은 진화가 멈춰선 것 같은 인간의 열등한 윤리의식과 임의성이라는 석판에 새겨졌다. 따라서 이런 구약성서의 율법들은 세계 만민을 자녀로 삼으시고 이방인과 유대인을 하나 되게 하시기 위해 당신의 독생자를 십자가 죽음에 내어 주기까지 하신 사랑의 하나님의 본마음을 충분히 반영하지 못한

다. 아무런 보호도 받지 못하고 잡혀 온 포로 출신 여인들의 눈물을 씻기기에 이 법의 정의감과 자비심은 모자라 보인다. 이처럼 구약성서의 어떤 법들은 하나님의 궁극 본심을 100% 반영하지 못한다. 여자 포로 처리법도 마찬가지다. 이것은 하나님의 문제가 아니라 인간의 야만성과 원죄적 폭력성의 문제다. 구약의 이스라엘은 아무리 하나님의 언약이었다 할지라도 하나님의 본마음을 100% 이해하고 입법화할 수 있는 고결한 집단은 아니었다. 고대근동에서 생존하기 위해 전쟁하고 갈등하는 혈과 육의 집단이었다. 따라서 하나님의 율법에도 어쩔 수 없이 얼룩진 인간성의 흔적이 남아 있다.

### 3) 장자상속권(21 : 15-17)

> [15]어떤 사람이 두 아내를 두었는데 하나는 사랑을 받고 하나는 미움을 받다가 그 사랑을 받는 자와 미움을 받는 자가 둘 다 아들을 낳았다 하자 그 미움을 받는 자의 아들이 장자이면 [16]자기의 소유를 그의 아들들에게 기업으로 나누는 날에 그 사랑을 받는 자의 아들을 장자로 삼아 참 장자 곧 미움을 받는 자의 아들보다 앞세우지 말고 [17]반드시 그 미움을 받는 자의 아들을 장자로 인정하여 자기의 소유에서 그에게는 두 몫을 줄 것이니 그는 자기의 기력의 시작이라 장자의 권리가 그에게 있음이니라

**[21 : 15-17]** 15~17절은 야곱과 레아, 야곱과 라헬의 가정 상황을 전제한 법처럼 보인다. 소박맞고 홀대받은 여인이라도 그녀가 낳은 장자가 기력의 시작이므로(르우벤) 장자상속권을 누려야 한다는 법이다. 사랑받는 아내의 아들(라헬의 첫 아들 요셉)보다 갑절의 몫을 받아야 한다. 이스라엘 12지파의 역사를 보면 르우벤은 장자권을 잃고 요셉이 장자상속권을 누리는 것처럼 보인다. 요셉의 두 아들 므낫세와 에브라임이 삼촌들과 같은 항렬에 참여해 두 몫을 받았기 때문이다. 아마도 이 법은 이런 12지파의 몫 분배에 대한 교정을 시도

하는 것처럼 보인다. 사랑받는 아내가 낳은 아들이 만일 이복 장자 형의 자리를 차지하고 두 몫의 상속물을 받는다면 두 아내 사이의 갈등은 더욱 격화되었을 것이다. 「조선실록」이 기록하는 궁중권력 갈등의 반 이상이 왕위 계승을 둘러싼 갈등이었듯이, 예나 오늘이나 상속을 둘러싸고 벌어지는 아들들 간이나 동기간의 갈등은 가족공동체를 붕괴시킨다. 재벌기업가의 아들들이 벌이는 상속 갈등도 형제들이란 언제든지 잠재적 갈등당사자로 전락할 수 있음을 보여 준다. 결국 이 법은 일부다처제가 만연해지는 사회에서 장자상속법이 흔들리면서 생길 수 있는 가족 분쟁을 누그러뜨리려는 의도를 갖고 있다. 법적 공평과 정의가 이스라엘 남자의 사사로운 애증(愛憎) 관계보다 더 우위에 있다는 것이다. 그럼에도 이 법도 타락하고 왜곡된 인간성을 질타하고 부정하기보다는 그런 왜곡된 인간성을 가진 인간들의 갈등을 조정하고 분쟁을 타결 짓는 하나님의 현실주의적 접근을 예시한다. 하나님은 인간의 사적이고 내면적 욕망을 근원적으로 무조건적으로 부정하는 계명을 주시지 않는다. 예를 들어, "이복형제들은 어떤 일에 있어서도 상속을 둘러싸고 다투어서는 안 된다."거나 "이복형제들이 장자권을 놓고 다투는 일은 이스라엘 중에 일어나서는 안 되는 가증한 일이니라."고 말씀하시지 않는다. 이런 갈등을 이미 안고 사는 인간의 마음에 조용히 당신의 장막을 치신 것이다. 하나님은 인간의 수준으로 성육신하셨다. 인간에게 욕망을 초월한 신선 같은 존재가 되라고 명하시지 않고 죄악된 조건에 매여 있는 그 인간들 사이에 오셔서 작고 일상적인 목소리로 당신의 정의감을 아주 겸손하고 미미하게 드러내신다.

#### 4) 패역한 아들 처리 규정(21 : 18-23)

> 18사람에게 완악하고 패역한 아들이 있어 그의 아버지의 말이나 그 어머니의 말을 순종하지 아니하고 부모가 징계하여도 순종하지 아니하거든 19그의 부모가 그를 끌고 성문에 이르러 그 성읍 장로들에게 나아가서 20그 성읍 장로

들에게 말하기를 우리의 이 자식은 완악하고 패역하여 우리 말을 듣지 아니
하고 방탕하며 술에 잠긴 자라 하면 [21]그 성읍의 모든 사람들이 그를 돌로 쳐
죽일지니 이같이 네가 너희 중에서 악을 제하라 그리하면 온 이스라엘이 듣
고 두려워하리라 [22]사람이 만일 죽을 죄를 범하므로 네가 그를 죽여 나무 위
에 달거든 [23]그 시체를 나무 위에 밤새도록 두지 말고 그날에 장사하여 네 하
나님 여호와께서 네게 기업으로 주시는 땅을 더럽히지 말라 나무에 달린 자
는 하나님께 저주를 받았음이니라

**[21 : 18-23]** 18~21절은 패역하고 불효막심한 아들을 공동체적으로 응징하는 법을 제시한다. 이스라엘 사회에서는 술에 취하여 패역하고 완악한 행동을 일삼는 아들을 공동체의 안정을 손상시키는 죄악을 범한 것으로 간주하여 공동체적 응징을 가하여야 한다. 이런 아들을 고소하고 재판에 넘기는 사람은 그 부모여야 한다. 부모는 패역한 아들을 끌고 성문에 좌정한 장로들에게 넘겨야 한다(18-19절 ; 참조. 잠 3 : 1-5). 아들을 공동체의 응징에 맡기는 부모는 어렸을 적에 집에서 체벌을 가했을 것인데, 그럼에도 패역성을 근절시키지 못했을 것이다. 부모는 자기 자녀의 지속적인 패역행위를 진술하여야 한다(20절). 부모는 자기 아들에 대하여 '완악하고 패역하며, 부모 말을 듣지 않고 방탕하며 술에 잠긴 자'라는 요지의 고소장을 접수시켜야 한다. 이 고소를 접수한 공동체는 그 패역한 아들을 돌로 쳐 죽임으로써 일벌백계를 하여야 한다. 이런 방식으로 악을 제거하여야 한다. 예언자들(특히 이사야와 예레미야, 호세아 등)은 이스라엘 백성이 패역한 아들이라고 단죄한다(이사야 1 : 1-4은 이스라엘을 패역한 자식이라고 단죄한다). 이스라엘 백성은 더 큰 인류공동체의 구성원들인 앗수르와 바벨론 제국에 의해 징벌을 받았다.

22~23절은 우상 숭배자 혹은 이스라엘 신앙의 배교자를 처형하여 나무에 달아 놓되, 하루를 넘기지 말 것을 명령한다. 하나님께 저주받아 죽은 자의 시체는 땅을 더럽힌다고 보았던 것이다. 여기서도 이스라엘에게 주신 땅

을 더럽히는 일이 얼마나 위험한 것인가가 다시 강조되고 있다. 사도 바울은 십자가에 달려 죽은 예수를 이런 방식으로 이해했다(갈 3 : 13).

## 설교를 위한 묵상

신명기 21 : 23은 바리새인들이 나사렛 예수의 죽음을 하나님께 저주받아 죽은 죽음이라고 생각하게 만든 성경적 근거였다. 나사렛 예수를 하나님께 저주받아 죽은 자라고 생각한 사도 바울이 다메섹 도상에서 부활하신 주님을 만나면서 나사렛 예수는 '우리를 위하여 저주받아 죽었다'는 대속적 대신적 구원론을 이끌어 내기에 이른다. 하나님께 저주받아 나무에 달린 그 나사렛 예수의 삶과 죽음과 부활은 구원의 사건으로 재해석되었다. 공생애 동안 자기 목숨을 "많은 사람들을 위한 대속물(테텔레스타이〈tetelestai〉=지불완료-요 19 : 30)로 주러 왔다."고 선언한 예수는, 자신이 다른 사람들의 죄를 대신 짊어지고 많은 사람들을 죄로부터 속량하기 위해 죽을 것을 암시했던 것이다. 바로 그 나사렛 예수가 구약성서에 의하면(신 21 : 23) 하나님께 저주받은 자처럼(갈 3 : 13 ; 벧전 2 : 22-24) 죽은 자로 간주되었다. 바울은 사도가 되기 전에 이런 방식으로 예수의 죽음을 이해하였다. 그래서 그는 예수를 믿는 제자들을 박멸하려고 다메섹이라는 외국 도시로 질주하다가 하나님의 영광의 보좌 우편에 앉아 계신 부활한 예수와 충돌하였다. 그 순간에 박해자 바울은 충격에 빠진다.

> 아니, 하나님께 저주를 받아 지금 뜨거운 지옥 불구덩이에서 고통스럽게 신음하고 있어야 할 나사렛 예수가 하나님의 영광의 보좌 우편에 앉아 있네? 빌라도에게 십자가 위에서 처형당한 그 나사렛의 방랑 전도자 예수에게 무슨 일이 일어났을까? 분명히 그는 저주받은 자처럼 죽었는데…… 그는 저주받은 자처럼 단말마의 외침 — "나의 하나님, 나의 하나님 어찌하여 나를 버리셨나이까?"라고 외친다(막 15 : 34) — 을 외치고 죽지 않았던가?

바울은 이런 딜레마에 빠져 있다가 하나의 해결책을 계시받는다(갈 2 : 20).

> 그렇다. 예수는 저주받아 죽었다. 그러나 우리의 죄를 위하여 저주를 받은 자의 자리에 서 주셨다. 그는 자신의 죄 때문에 죽지 않고 누군가의 죄 때문에 죽었다. 자신이 죄인이라고 생각하는 모든 사람들을 위하여 죽은 것이다. 그는 우리를 위하여 저주를 받았구나. 한 사람이 모든 사람들을 위하여 대신 죽었으므로 결국 모든 사람들이 죽은 것이나 마찬가지다(고후 5 : 14-15). 따라서 이제 나는 죽은 몸이다. 내가 산다면 그것은 예수가 덤으로 준 삶이며 그 삶의 주인은 예수가 되어야 한다.

바울은 여기서 믿음으로 말미암아 의롭게 된다는 이신칭의 교리를 확정짓는다. 그런데 왜 역사적으로 한 특정한 시대에 한 특정한 공간에서 일어난 한 특별한 개인의 죽음과 부활이 온 인류를 위한 구원 사건이 되는가? 예수 그리스도의 십자가의 죽으심 사건은 역사 속에 시간/공간 안에서 일어난 사건이다. 예수의 죽음은 성소의 휘장이 찢어진 사건이다(막 15 : 38-39). 우리 마음의 모든 휘장이 찢어진 사건이다(히 10 : 19-22). 예수의 부활 또한 선택적인 방식이긴 했으나 제자들에게 역사적 사건과 같은 실제적 사건이다. 시공간 안에서 육하원칙을 따라 일어난 사건이다. 그러나 예수의 죽음과 부활은 역사 안에서 일어난 사건이지만, 또 다른 한편으로 보면 초역사적, 초시간적, 초공간적인 효력을 가진 구원 사건이다. 이런 초시간적, 초공간적 효력을 가지는 죽음이기 때문에 '하나님께 가는 산 길을 열기 위하여 자신의 육체의 휘장을 영단번(once for all generations)에 찢으신 사건'이라고 한다(히 9 : 26). 예수의 죽음을 자신의 대신 죽음이라고 믿는 사람들에게는 지성소의 하나님과 죄인된 자신을 가로막았던 휘장 파열이 일어난다. 예수님이 드린 영단번에 드린 제물은 구약시대에 반복적으로 드려진 제물과 대조된다. 예수님은 동물희생을 가지고 반복적으로 드리는 구약제사(이 세상의 모든 종교에서 드려지는 제사 포함)를 '스스로 단 한 번 죽으심으로 영단번'에 완성하신다. 영단번에 죽은 사건이기 때문에 초시간적, 초공간적인 효력을 가지는 제사가 된다. 신명기 21 : 23에 따라 나사렛 예수의 죽음을 하나님께 단지 저주받은 자의 죽음으로 오해했던 사도 바울은, 부활한 예수, 영광 중에 계신 예수를 만나고 십자가에 달려 저주받아 죽은 예수가 '우리를 위하여' 대속적 저주, 대신적-대표적 저주를 받았음을 깨달았다. 신명기 21 :

23을 완전히 새롭게 해석한 것이다. 바울의 십자가 죽음 재해석을 통해, 한때는 바리새인들에게 예수님은 패역하고 방탕한 아들(눅 7 : 34 ; 신 21 : 20)로 오해받았지만 하나님 아버지께는 이스라엘을 대속할 독생자로 공인되고 공증되고 공포되었다(롬 1 : 4, 부활로 말미암아 하나님의 아들로 강력하게 선포된 예수님!).

## 11. 이웃의 가축을 탐내지 말고 아내의 순결을 쉽게 의심하지 말라(22 : 1-20)

### 1) 이웃 사랑, 양선, 배려, 일상적 성별 규정(22 : 1-12)

[1]네 형제의 소나 양이 길 잃은 것을 보거든 못 본 체하지 말고 너는 반드시
그것들을 끌어다가 네 형제에게 돌릴 것이요 [2]네 형제가 네게서 멀거나 또는
네가 그를 알지 못하거든 그 짐승을 네 집으로 끌고 가서 네 형제가 찾기까지
네게 두었다가 그에게 돌려줄지니 [3]나귀라도 그리하고 의복이라도 그리하고
형제가 잃어버린 어떤 것이든지 네가 얻거든 다 그리하고 못 본 체하지 말
것이며 [4]네 형제의 나귀나 소가 길에 넘어진 것을 보거든 못 본 체하지 말고
너는 반드시 형제를 도와 그것들을 일으킬지니라 [5]여자는 남자의 의복을 입
지 말 것이요 남자는 여자의 의복을 입지 말 것이라 이같이 하는 자는 네 하
나님 여호와께 가증한 자이니라 [6]길을 가다가 나무에나 땅에 있는 새의 보금
자리에 새 새끼나 알이 있고 어미 새가 그의 새끼나 알을 품은 것을 보거든
그 어미 새와 새끼를 아울러 취하지 말고 [7]어미는 반드시 놓아 줄 것이요 새
끼는 취하여도 되나니 그리하면 네가 복을 누리고 장수하리라 [8]네가 새 집을
지을 때에 지붕에 난간을 만들어 사람이 떨어지지 않게 하라 그 피가 네 집에

돌아갈까 하노라 [9]네 포도원에 두 종자를 섞어 뿌리지 말라 그리하면 네가 뿌린 씨의 열매와 포도원의 소산을 다 빼앗길까 하노라 [10]너는 소와 나귀를 겨리하여 갈지 말며 [11]양털과 베실로 섞어 짠 것을 입지 말지니라 [12]너희는 너희가 입는 겉옷의 네 귀에 술을 만들지니라

**[22 : 1–12]** 이 단락은 일상생활에서 실천하여야 할 이웃 사랑의 계명(생명 존중의 계명)과 이스라엘 백성의 혼합에 대한 저항을 통해 형성되는 영적 순결이라는 주제를 결합시켜 놓고 있다. 이스라엘의 성결은 거룩한 백성으로서 거룩하신 하나님께 언약된 백성이라는 이스라엘의 정체성에서 파생되어 나온 의무였다(7 : 6 ; 14 : 2, 21). 1~4절은 형제의 길 잃은 가축 혹은 기진맥진한 가축 관련 이웃 사랑 요구를 다루고, 5절은 이성복장 도착증 금지 규정을, 6~7절은 새끼나 알을 품고 있는 어미새 보호 규정을, 8절은 가옥안전시설 설치 규정을, 9~12절은 이질적인 것을 분별없이 뒤섞는 것에 대한 저항을 통한 단일적 순수성 유지 규정을 다룬다. 이렇게 사소하고 생활 밀착적인 사안들에서도 이스라엘 백성은 하나님의 백성다움을 드러내야 한다. 야웨께서 백성 한가운데 거하시기 때문이다(23 : 14). 또한 하나님이 기꺼이 함께하시기를 기뻐하시는 하나님의 백성이 차지하고 사는 땅은 하나님의 거룩한 성품의 반영물이어야 하며, 따라서 더럽혀져서는 안 된다(21 : 23).

1~4절은 보다 앞선 시기의 율법인 출애굽기 23 : 4보다 더 확장된 규정으로서 형제 가축 관련 율법이다. 원수라고 할지라도 길 잃고 방황하는 가축을 주인에게 돌려줄 것을 요구하는 출애굽기 23 : 4과 달리, 신명기는 형제의 가축이라는 한계를 설정한다. 형제의 소나 양이 길 잃은 것을 보거든 못 본 체하지 말고 반드시 그것들을 끌어다가 형제에게 돌려주며(1절), 가축 주인 형제가 멀리 살거나 알지 못하는 경우, 가축 주인 형제가 찾으러 올 때까지 집에 매어 두었다가 돌려주어야 한다(2절). 다소 성가신 일이지만 가축이 형제의 생계를 유지하는 데 결정적인 재산임을 기억한다면 이런 규정의 중요성

은 아무리 강조해도 지나치지 않다. 이런 형제 유실물 보관 및 복구 노력은 형제의 잃어버린 나귀와 의복에도 적용된다. 못 본 체하지 말아야 한다(3절). 형제의 나귀나 소가 길에 넘어진 것을 볼 때도 못 본 체하지 말고 반드시 형제를 도와 그것들을 일으켜 주어야 한다(4절). 이 유실된 형제 가축 및 물건 복구 노력을 명하는 이 법령에서 가장 인상적인 점은 '형제'라는 말이다. 이스라엘은 하나님을 아버지로 모시는 영적 혈연공동체다. 어린 양의 피로 맺어진 언약공동체 구성원 사이는 형제자매지간인 것이다. 신명기는 형제의 재산을 지켜 주어야 한다고 본다. 형제의 생계 유지를 위한 수단을 지켜 주어야 한다는 것은 형제의 생계 유지에 관심을 가진다는 말이다. 심지어 2절에서 그 잃어버린 가축과 물건의 주인은 개인적으로 모르는 사이일 수 있음에도 불구하고 형제라고 불린다. 일면도 없는 먼 곳 지방 사람도 야웨 하나님을 섬기고 사랑하는 언약적 유대 때문에 형제지간이 된 것이다. 가인은 아벨의 행방을 묻는 하나님께 "내가 내 아우를 지키는 자입니까?"(창 4 : 9)라고 묻는 뻔뻔함을 보인다. 이는 셈족의 문화와 교양으로 볼 때 결코 용납될 수 없는 태도다. 형제의 가축과 물건의 행방까지도 관심을 가져야 함에도 형제 자체가 실종되었는데도 무관심하다면, 그는 셈족의 도덕감으로 볼 때 비인간화된 자다. 언약공동체 구성원은 서로 못 본 체하면 안 된다. 다른 사람의 곤경을 보고 못 본 체하는 것은 형제지간에 있어서는 안 되는 일이다. 이런 형제의 기진맥진한 가축도 형제와 함께 일으켜 세워 주어야 한다면, 기진맥진한 형제 자체를 일으켜 세워 주어야 한다는 말은 물어볼 필요가 없는 일이다. 이런 율법은 문자적 준수를 하는 것보다 그 법 정신의 탄력적 적용성이 얼마든지 신장될 수 있는 법이다.

우리는 이런 신명기 율법을 '못 본 체 금지법'이라고 부를 수 있을 것이다. 얼마나 우리 현대인들은 못 본 체하는 데 익숙한가? 이웃이나 형제의 곤경을 보고 지나친 적이 얼마나 많은가? 이런 법령을 고려해 보면 여리고 도상에서 강도 만나 거의 죽게 된 사람을 보고 그냥 지나쳐 버린 제사장과 레위인(눅

10 : 31-32)이 얼마나 무자비하고 냉혹한 사람인가를 알 수 있다.

5절은 이성복장 도착증을 금지하는데, 그 이유는 이성복장 도착자는 하나님 여호와께 가증한 자이기 때문이다. 남녀의 성별을 창조질서로 세우신 하나님이 보시기에 남녀성별에 따른 복장질서를 교란시키는 행위는 창조질서에 대한 도발로 보였을 것이다. 동성애나 최첨단 성과 결혼풍습도 창조주 하나님의 창조질서 파괴를 초래한다면 그것은 야웨 하나님 앞에 가증한 일이다. 창조주 하나님께 가증한 일은 정조준된 신적 응징을 초래하는 악한 죄라는 말이다. 6~7절은 길 가다가 우연히 발견한 새둥지를 노략하는 자에게 주는 규례다. 나무나 땅에 있는 새의 보금자리에서 한 어미새가 새끼나 알을 품고 있는 경우, 그 어미새와 새끼 혹은 어미새와 알을 동시에 취하지 말아야 한다. 어린 새끼나 알을 취하는 것은 허용되지만 어미는 반드시 놓아 주어야 한다(7절). 어미새를 놓아 주어야 하는 이유는 새의 번식이 방해를 받지 않도록 하기 위함이다. 이렇게 새의 번성을 원천 차단하지 않는 한에서 새알이나 새끼를 취해야 이스라엘이 복을 누리고 가나안 땅에서 장수할 것이다(7절). 이 가나안 땅 장수는 새를 자비롭게 취급하는 개인이 장수를 누린다는 말인지, 이런 새에 대한 자비로운 처리가 이스라엘 백성으로 하여금 가나안 땅을 오랫동안 누리게 한다는 말인지 불확실하다. 어떻게 이해되어도 문제가 되지 않는다.

8절은 신축가옥 2층 베란다 안전시설 설치법이다. 새집을 지을 때 지붕에 난간을 만들어 사람이 떨어지지 않게 해야 한다. 만일 안전시설이 없어 이웃이 놀러와 떨어져 죽는다면 무죄한 피가 흘려져 새집을 지은 사람의 집에 죄책이 전가될 가능성이 있기 때문이다. 이웃의 안전을 위해 안전시설까지 설치하라고 명하는 이 법에서 하나님의 소소하고 일상적인 배려와 자비를 본다. 결국 이 규정은 가건물 안전 규칙 조항인 셈이다. 이처럼 자신의 집을 방문한 이웃의 안전을 고려하여 집을 안전하게 짓는 것도 이웃 사랑의 실천이다.

이스라엘은 포도원에 두 종자를 섞어 뿌려서는 안 된다(9절; 참조. 레 19 : 19). 그렇게 되면 뿌린 씨의 열매와 포도원의 소산을 다 빼앗길(성물로 압수당할) 수 있기 때문이다(참조. 막 7장 고르반). 언뜻 보면 파종 규정과 같은데, 10~11절, 더 나아가 13~20절에 비추어 볼 때 성적 혼합 금지, 성적 순결 유지를 은유하는 규정으로 볼 수도 있다(아 8 : 11-12 포도원; 시락 25 : 8 쟁기질). 포도원에 두 종자를 뿌리면 왜 씨의 열매와 포도원 소산 둘 다를 빼앗기는지(성소에 차압당한다) 혹은 성물로 압수당하는지 그 이유가 분명하지 않다. '빼앗기다'(티크다쉬⟨tiqĕddaš⟩) 동사의 주어가 곡물(포도원 소산)인지 '농부'인지 분명하지 않으나 두 종류의 씨앗을 뒤섞어 뿌리면 뿌려진 씨앗과 나중에 맺힌 열매까지 성소에 귀속될 것이다. 10절도 성질이 다른 소와 나귀를 한 멍에를 메게 하여(겨리하여) 밭 가는 것을 금지한다. 하나님의 백성과 이방인이 하나의 겨리를 메고 가정을 구성할 수 없다는 의미다(고후 6 : 14-17). 또한 양털과 베실로 섞어 짠 것을 입지 말아야 한다. 양털과 베실은 범주가 다르다. 한 피륙을 구성하기에 적절하지 않다. 이 또한 하나님 백성의 성결을 훼손하는 성적 결합을 금하는 계명일 수도 있다. 단순히 단정한 복장규례로 보이지는 않는다. 어떤 학자들은 양털과 베실을 섞어 짠 천은 창녀들이 입은 옷이었다고 말하는데, 확실하지는 않다.[49] 12절은 이스라엘 사람이 입는 겉옷의 네 귀에 술을 만들 것을 명하는 규정이다(민 15 : 37-41). 이 옷술은 쉐마 각인과 암송명령을 환기시키는 복장이다. 한편 몸의 노출을 가리는 안전한 복장 착용을 의미할 수도 있다(출 22 : 26-27; 20 : 24-26). '옷'으로 번역된 히브리어의 문자적 의미는 '가리개'다. 몸을 가리는 데 치중하는 옷차림을 명하는 규례인 셈이다.

결국 9~12절은 이스라엘의 순전성과 단일성 그리고 거룩성을 일상생활에서 함양하는 데 긴요한 율법들을 열거한 것이다. 이스라엘은 그 자체로는 죄가 되지 않는다 해도 다른 문화와 다른 족속과 섞여서는 안 될 배타적 특성

49) McConville, *Deuteronomy*, 338.

을 가진 공동체다. 이 배타적 특성의 목적은 우월감을 심어 주는 데 있지 않고 거룩하신 하나님과 동행하기 위한 것이었다. 어떤 이방민족도 이해할 수 없는 이스라엘만의 고독이요 영적 사투였다. 특히 5, 9, 10, 11절에 나오는 이성복장 도착증을 단죄하는 규정의 목적은 이스라엘 백성이 가나안이나 애굽의 다신교적 문화에 동화되지 말고 거룩한 단일성, 순전성을 보존해야 함을 강조한다. 언뜻 보면 잡다하고 무연결적인 금지조항처럼 보이는 9~12절도 다른 범주들에 속한 것을 부자연스럽게 뒤섞는 것을 금하고 배척한다. 이런 범주 파괴적인 혼합에 대한 저항을 통해서도 이스라엘은 거룩한 백성의 정체성을 심화시켜야 한다. 아마도 이스라엘은 이런 법을 통해 가나안 원주민 남은 자들과의 통혼, 통교, 문화적 동화를 금지하시는 하나님의 의지를 발견했을 것이다.

### 2) 아내 순결 검증 규정(22 : 13-21)

> [13]누구든지 아내를 맞이하여 그에게 들어간 후에 그를 미워하여 [14]비방거리를
> 만들어 그에게 누명을 씌워 이르되 내가 이 여자를 맞이하였더니 그와 동침
> 할 때에 그가 처녀임을 보지 못하였노라 하면 [15]그 처녀의 부모가 그 처녀의
> 처녀인 표를 얻어 가지고 그 성문 장로들에게로 가서 [16]처녀의 아버지가 장로
> 들에게 말하기를 내 딸을 이 사람에게 아내로 주었더니 그가 미워하여 [17]비방
> 거리를 만들어 말하기를 내가 네 딸에게서 처녀임을 보지 못하였노라 하나
> 보라 내 딸의 처녀의 표적이 이것이라 하고 그 부모가 그 자리옷을 그 성읍
> 장로들 앞에 펼 것이요 [18]그 성읍 장로들은 그 사람을 잡아 때리고 [19]이스라엘
> 처녀에게 누명을 씌움으로 말미암아 그에게서 은 일백 세겔을 벌금으로 받아
> 여자의 아버지에게 주고 그 여자는 그 남자가 평생에 버릴 수 없는 아내가
> 되게 하려니와 [20]그 일이 참되어 그 처녀에게 처녀의 표적이 없거든 [21]그 처녀
> 를 그의 아버지 집 문에서 끌어내고 그 성읍 사람들이 그를 돌로 쳐 죽일지니

이는 그가 그의 아버지 집에서 창기의 행동을 하여 이스라엘 중에서 악을 행하였음이라 너는 이와 같이 하여 너희 가운데서 악을 제할지니라

**[22 : 13-21]** 13~30절은 간음 금지 계명에 담긴 함축적 명령을 예해하는 다섯 개의 소단락들(13-21절〈아내의 처녀성 입증 쟁점〉, 22절〈유부녀와의 간음죄〉, 23-27절〈성안과 들판에서 이뤄진 성폭행 여성 처리 규정〉, 28-29절〈미혼 여자 성폭행죄〉, 30절〈존속 근친상간죄〉)로 구성되어 있다. 십계명의 간음 금지 계명을 듣는 청중은 2인칭 남성단수다. 주로 간음을 범하기 쉬운 위치에 있는 유력 남성이 이 계명이 겨냥하는 주 청중이다. 이스라엘 유력남성이 간음 금지 계명을 어길 가능성이 가장 많은 후보자다. 그런데 여기서는 아내 되는 여성의 혼전 순결 유지 여부를 문제 삼는다. 13~19절은 한 이스라엘 남자가 자신의 아내의 처녀성을 의심해 무고하게 단죄하는 경우를 다룬다. 여기서는 이스라엘 남자가 자신의 아내를 위자료 없이 소박 맞혀 쫓아내기 위해 아내의 처녀시절 혼전 순결을 시빗거리로 삼았을 법한 상황이 전제되고 있다. 13절은 아내를 맞아 결혼한 사람이 어느 날 아내에게 권태를 느껴 미워하여(13절) 공연히 비방거리를 만들기 위해 '초야를 치를 때 보니 내 아내가 처녀가 아니었다'라는 누명을 씌웠을 경우를 말한다(14절). 이때 첫 번째 이해당사자는 아내가 된 그 처녀의 부모다. 부모는 딸의 처녀성 증거물인 초야 자리옷(속옷)을 확보해 성문 장로들에게로 제출해야 한다(15절). 사위 되는 남자의 혐의를 진술하고 자신의 딸이 제출한 처녀의 표적(초야 자리옷)을 제출해야 한다(16-17절). 부모의 진술과 증거를 수집해 조사를 마친 장로들은 아내의 처녀성을 의심해 비방거리를 만든 남자를 잡아 태형을 가해야 한다(18절). 형사처벌을 집행할 뿐만 아니라 장로들은 아내에게 누명을 씌운 그 남자에게 은 일백 세겔이라고 하는 거액의 위자료를 장인에게 지불하게 해야 한다. 그리고 비방을 당한 그의 아내에게는 그 남자가 '평생에 버릴 수 없는 아내'의 지위(절대적으로 안전한 아내의 지위)를 부여해야 한다(19절).

이 단락은 남편이 아내의 처녀성을 고의적으로 의심하여 거짓되이 정죄함으로써 결혼관계를 깨뜨리는 것을 금지하고 아내 된 여성의 인권을 최대한 보장한다. 결혼과 가정의 신성성을 보호한다는 명분으로 집행된 아내 순결 검증 규정은 여성인권에 대한 현대적 감수성을 충족시키지는 못한다. 배상금과 위자료 조로 은 일백 세겔을 부과한 것도 아내의 망가진 자존심을 회복시키기에는 턱없이 부족해 보인다. 다만 남편 된 그 남자의 죄책을 영구적으로 기억하게 하기 위해 경제적 벌금형을 부과했을 것이다. 이런 점에서 이 일백 세겔 위자료 지급 규정(아내의 부모에게 지불)은 남편 되는 그 남자의 일방적인 비방과 무고에 상처를 입은 여성을 나름대로 위로해 보려고 세심하게 배려하는 법이다.

그러나 만일 남자의 아내 처녀성 의심이 사실로 드러난다면(20절), 성읍 사람들이 그 처녀를 아버지 집 문 밖으로 끌어내 돌로 쳐 죽임으로써 아버지 집에서 창기처럼 난잡하게 살았던 과거의 행동을 응징하여야 한다. 창기처럼 성적 정결을 포기하고 파괴하는 짓은 이스라엘 공동체 존립을 위태롭게 하는 악행이다. 따라서 처녀성을 입증하지 못한 아내를 돌로 쳐 죽임으로써 이스라엘 가운데서 악을 제하여야 한다(21절). 이 규정에도 현대적 남녀평등 사상을 거스르는 남녀차별적인 요소가 있다. 남편의 동정(동정) 여부는 검증대상이 안 되고 아내의 처녀성만 문제시하는 것도 남녀차별적이다. 예수 그리스도 안에서 남자와 여자가 동등하게 대우받고 동등하게 한 사람으로 영접되는 순간까지(갈 3 : 28) 인류 역사는 오랜 기간 야만과 차별적인 편견의 동굴에 억류되어 있었다. 이 아내 처녀성 반증(反證)과 그 결과 주어지는 처벌 규정도 여성에 대한 남성의 지배와 차별을 정당화하는 죄악된 인간성을 다 떨어내지는 못했다. 구약성서의 율법 중 더러는 하나님의 종말론적인 본마음을 드러내는 데 초점을 맞추기보다는 그 율법이 반포되던 시대의 인지도덕감과 윤리의식으로 하향조정되어 반포되었다고 보는 것이 좋을 듯하다. 마가복음 10 : 1~5에서 예수님은 이 모세오경의 이혼허락법(신 24 : 1, 3 ; 참조. 렘 3 : 1-2)

이 하나님의 본심을 충분히 반영했다기보다는 인간의 완악한 마음을 고려해 하나님께서 타협적으로 허용한 결과 생겨난 법임을 지적한다(5절).

### 3) 단죄된 성행위와 간과된 성폭력(22 : 22-30)

22어떤 남자가 유부녀와 동침한 것이 드러나거든 그 동침한 남자와 그 여자를
둘 다 죽여 이스라엘 중에 악을 제할지니라 23처녀인 여자가 남자와 약혼한
후에 어떤 남자가 그를 성읍 중에서 만나 동침하면 24너희는 그들을 둘 다 성
읍 문으로 끌어내고 그들을 돌로 쳐 죽일 것이니 그 처녀는 성안에 있으면서
도 소리 지르지 아니하였음이요 그 남자는 그 이웃의 아내를 욕보였음이라
너는 이같이 하여 너희 가운데에서 악을 제할지니라 25만일 남자가 어떤 약혼
한 처녀를 들에서 만나서 강간하였으면 그 강간한 남자만 죽일 것이요 26처녀
에게는 아무것도 행하지 말 것은 처녀에게는 죽일 죄가 없음이라 이 일은 사
람이 일어나 그 이웃을 쳐 죽인 것과 같은 것이라 27남자가 처녀를 들에서 만
난 까닭에 그 약혼한 처녀가 소리 질러도 구원할 자가 없었음이니라 28만일
남자가 약혼하지 아니한 처녀를 만나 그를 붙들고 동침하는 중에 그 두 사람
이 발견되면 29그 동침한 남자는 그 처녀의 아버지에게 은 오십 세겔을 주고
그 처녀를 아내로 삼을 것이라 그가 그 처녀를 욕보였은즉 평생에 그를 버리
지 못하리라 30사람이 그의 아버지의 아내를 취하여 아버지의 하체를 드러내
지 말지니라

**[22 : 22-30]** 이 단락에 소개된 법도들은 거짓, 폭력과 인권유린을 수반한 남녀 간의 성행위를 다룬다. 22절은 일반적인 간음유형이다. 여기에서도 주도권은 남자에게 있다. 어떤 남자가 유부녀와 동침한 것이 드러나면 그 동침한 남자와 여자 둘 다를 죽여 이스라엘 중에 악을 제하여야 한다. 이 경우 남자와 여자 모두가 각각의 배우자에게 혼인언약을 파기한 거짓행위를 행한 셈이

기에 가차 없이 단죄된다. 23~27절은 어떤 남자가 다른 남자와 약혼한 한 여자를 성읍 중에서 강간하는 경우(23-24절)와 들에서 강간하는 경우(25-27절)로 나눠 처벌 규정을 제시한다. 이번에도 '어떤 남자'가 성적 주도권을 쥐고 이미 다른 남자와 약혼한 한 여자를 성읍 중에서 만나 동침하면(23절), 성읍 사람들은 남녀 둘 다를 성읍 문으로 끌어내 돌로 쳐 죽여야 한다. 약혼한 처녀가 성안에 있으면서도 소리 지르지 아니한 것은 화간의 혐의를 불러일으키며, 남자의 경우는 이웃의 아내를 욕보였기 때문이다. 이런 엄중한 공동체 투석형을 통해 성읍 사람들은 이스라엘 언약공동체를 무너뜨리는 악을 척결해야 한다(24절). 하지만 그 강간이 들에서 이뤄진 경우라면 처벌이 달라진다. 남자만 죽여야 한다(25절). 처녀에게는 죽일 죄가 없다고 보는 이유는 남자가 처녀에게 들에서 성적 공격을 해 왔기에 소리 질러도 구원할 자가 없었기 때문이다(27절). 이런 일은 한 사람이 일어나 그 이웃을 쳐 죽인 것과 같은 것이다(26절). 그럼에도 불구하고 이 율법도 여성비하적이고 여성에게 불리한 남존여비 관습을 어느 정도 반영하고 있다. 예를 들어, 성읍에서 강간당한 여인의 경우에는 단지 '살려 달라'고 소리치지 않았다는 이유로 화간범(和姦犯)으로 간주되어 성폭행한 남자와 함께 돌로 쳐 죽임을 당하는데, 이 규정은 피해자 여성을 두 번 죽이는 공동체적 편견을 촉발시킬 가능성도 있다. 그러나 이 법령을 제정한 사람들은 이미 약혼한 처녀가 자신의 약혼을 파기할 목적으로 자작극을 꾸밀 수 있는 가능성을 더 현실적인 상황으로 설정한 것 같다.

28~30절은 한 남자가 약혼하지 아니한 처녀를 만나 강압적으로('붙들고'〈tāpaš=완력으로 포획하다〉) 성폭행하다가 현장에서 발견되는 경우(28절), 성폭행 가해 남자는 그 처녀의 아버지에게 은 오십 세겔을 주고 그 처녀를 아내로 삼아야 한다. 그리고 그가 그 처녀를 욕보였은즉 평생에 그를 버리지 못하는 아내 대우를 하여야 한다(29절). 이 경우 가해 남자가 받는 벌이 너무나 가볍다는 점이 우리의 감수성을 거스른다.[50] 이 점 또한 여성비하적인 규

50) 주전 6세기 아테네의 정치가 솔론도 자유시민이 여자를 강간한 경우 100드라크마(곡식

정처럼 들린다는 점을 부인할 수 없다. 오늘날 아랍권 남자들은 자기 마음에 드는 여자를 일단 성폭행한 후 아내로 데리고 사는 경우가 많으며 이 자체를 무슨 시혜를 베푸는 것처럼 말하기도 한다.

30절은 사람이 그의 아버지의 아내를 취하여 아버지의 하체를 드러내는 행위를 단죄한다(신 27 : 20, 에발산 저주목록 포함). 아버지의 아내(현 아내 혹은 옛 아내)와 성행위를 하는 것은 아버지의 하체를 드러내는 일과 같다. 곧 아버지의 합법적인 성적 권리를 침범하는 행위다. 아버지의 하체를 드러내는 일은 아버지의 하체가 하는 일을 노출시킨다는 말이며, 아버지를 현저하게 욕보이는 행위를 말한다. 이 경우 '아버지의 아내'(에쉐트 아비후〈ešeth 'ābîhû〉)는 아들 되는 남자의 생모를 가리키는 말이라기보다는 서모나 아버지의 후처를 가리키는 말이라고 보아야 한다.[51] 야곱의 장자 르우벤은 아버지 야곱의 여종이자 아내인 빌하를 범했고(창 35 : 22), 압살롬은 아버지의 후궁들을 공개적으로 범했다(삼하 16 : 22). 학깃의 아들 아도니야는 밧세바를 통해 솔로몬에게 아버지의 마지막 후궁인 수넴 여인 동녀 아비삭을 아내로 달라고 요청했다(왕상 2 : 17, 21).

## 설교를 위한 묵상

22 : 1~4은 '못 본 체 금지법'이라고 할 수 있는 따뜻한 법령이다. 이 법은 길 잃은 인간이나 무거운 짐을 지다가 주저앉은 이웃의 가축을 도와주라는 법이다. 곤경에 처한 이웃을 못 본 체하지 말라는 법이다. 이 법을 생각하면 누가복음 10장의 여리고에서 노상강도 만난 자의 곤경을 보고 피해 간 제사장과 레위인의 행동이 얼마나 무자비하고 잔혹했는가를 짐작할 수 있다. 여리고의 강도 만난 이웃 이야기는 자기

---

5,300리터의 값)의 벌금만 물렸다(플루타르코스, 「플루타르코스 영웅전 1」, 223).

51) Raymond Brown, *The Message of Deuteronomy* (BST ; Leicester, England : IVP, 1973), 218. 제프리 티가이(J. Tigay)는 22 : 30을 '아버지의 이전 아내였던 여자를 아내로 삼아서는 안 된다'라고 번역한다(참조. 레위기 18 : 8 ; 20 : 11 ; 겔 16 : 8 ; 룻 3 : 19)(*JPS Torah Commentary Deuteronomy*, 423).

가 사랑해야 할 이웃이 어디까지인가를 묻는 율법사에게 들려준 대답이다. 한 사람이 예루살렘에서 여리고로 내려가는 도중에 강도를 만나 거의 죽게 될 정도로 상해를 입었다. 강도들은 그 불운한 여행자를 때리고 옷을 벗겨 갔다. 강도들은 엄청나게 타격을 가하고 거의 죽게 된 상황에서 그를 버려두고(아펜테스〈aphentes〉) 가 버렸다(아펠쏜〈apelthon〉). 마침 예루살렘에서 제사장 직무를 마치고 돌아오는 제사장이 우연히(카타 씽큐리안〈syngkurian〉) 강도 만나 거의 죽게 된 자를 보고 반대편 길을 택하여 간다. 다음으로 그 길을 지나가던 레위인은 그 현장까지는 와 보지만 결국 반대편 길로 가 버린다. 이들은 예루살렘에서 제사장 직무를 마치고 귀가하는(여리고는 제사장들의 집단 거주지) 도중이었기에 시체접촉을 통한 부정가능성(레 21 : 1, 11)을 걱정할 필요가 없었다. 여리고 노상 강도 만난 자를 피해 간 무정한 제사장과 레위인과 달리 여행 중인 한 사마리아인이 그 현장을 지나게 되었다. 그 현장을 본 그의 반응은 창자가 끊어지는 동정심이었다(에스플랑크니스테〈esphlangxnisthe〉=스플랑크니조마이〈sphlangxnizomai〉의 3인칭 단수 부정과거). 그는 가까이 가서(프로스셀돈), 기름과 포도주를 상처에 부어 상처를 싸맸다. 자기 짐승에 그를 태워 주막으로 데리고 가 돌보아 주었다. 두 데나리온(약 두 달 동안의 숙박비)을 여관주인에게 지불하고는 치료비와 숙박비가 더 들면 돌아오는 길에 갚겠다는 약속까지 한다. 이때 이웃을 정하는 자는 제사장이나 레위인이나 심지어 사마리아인이 아니라 강도 만난 자다. 이웃 사랑은 사랑을 필요로 하는 바로 그 사람이 나에게 사랑을 요청할 때 베푸는 사랑이다. 이 경우에는 강도 만난 자만이 이웃을 정할 권리가 있다. 그렇다면 누가 강도 만난 자의 이웃이 되는가? 율법교사는 '자비를 베푼 자'라고 대답했다. 예수님은 그에게 영생을 상속하기 위해 "너도 가서 이를 행하라"(포류우 카이 쒸 포이에이 호모이오스)고 명한다. 이처럼 신명기는 이웃의 잃어버린 가축과 옷도 찾아 주고 과적해 탈진한 이웃 가축도 일으켜 세우라고 명하는데, 하물며 노상 강도 만난 이웃의 곤경을 보고 못 본 체하는 것이 얼마나 잔인무도한 일인가? 우리는 이웃의 곤경을 못 본 체하는 일에 익숙한 시대에 살고 있다. 나의 분주하고 꽉 짜인 일정을 흐트러뜨린다는 이유로 나를 도와줄 이웃으로 지목하는 그 이웃의 곤경을 못 본 체하고 지나간 적이 없는가?

아내 순결 검증 규정(22 : 13-21)과 여성비하적 성관계 처벌 규정(22 : 22-30)은 오늘날 그리스도인들의 남녀평등 정서를 거스르는 면이 있다. 아무리 영감받은 성경이라도 여전히 시대적·문화적 편견으로부터 자유로울 수 없다는 말인가라는 질문이

떠오른다. 이 질문에 대한 우리의 첫째 답변은, 이 법령들은 이스라엘 남자들이 할 수 있는 최악의 행동들을 상정하고 제어하기 위한 법이지, 하나님이 남녀관계에 대해 품고 있는 가장 이상적인 수준을 반영하는 것이 아니라는 것이다. 이스라엘 남자의 가장 비참하고 죄악된 모습을 전제한 법령이라서 하나님의 본심이 이 법령들 안에 다 반영되지 못했다는 점을 유념하여야 한다. 또한 우리는 신명기 율법 형성의 배후에 있는 남성 중심의 고대 이스라엘 사회의 완악함을 고려하지 않으면 이 단락에 기록된 여성비하적인 법령들을 온전히 이해할 수 없을지도 모른다. 하나님의 율법은 인간에게 기대할 수 없는 최고선이나 최선의 도덕률을 반영하지 못하고 인간 마음의 완악함을 반영할 때도 있다는 것이다. 이런 점에서 예수님의 이혼법 해석(렘 3 : 1 ; 막 10 : 1-4)은 탁월한 예를 제공한다. 하나님의 본심은 이혼 금지 규정인데, 인간의 마음이 완악하여 불가피하게 이혼을 허용한 법을 주셨다는 것이다. 구약율법은 하나님이 인간의 완악함 때문에 — 즉, 지킬 수 있는 능력이 현저하게 약할 때 — 너무나 이상적인 고상한 법을 주신 것이 아니라, 더 이상 나빠져서는 안 된다는 하한선을 제시하는 현실주의를 채택하실 수도 있다는 점을 기억하여야 한다. 그래서 구약의 율법들을 예수님의 최고 가르침의 빛 아래서 재해석할 수 있어야 한다. 이처럼 구약성서의 율법들은 하나님의 도덕적·윤리적 기대감의 극대치를 반영하지 못한다. 하나님은 인지적·도덕윤리적 발전도상에 있는 이스라엘이라는 근원적 제약을 안고 당신의 뜻을 점진적으로 드러내신다. 구약의 많은 법들은 나사렛 예수의 산상수훈법, 그리스도의 십자가 죽음과 부활이 가져온 구원에 의해 추동되는 고결한 윤리와 도덕(갈 3 : 28 ; 엡 5 : 22-32 ; 막 10 : 2-12)을 반영하지 못한다. 예수님은 신명기 24장(1-3절)의 이혼법이 하나님의 본마음을 극대치로 반영한 법이 아니라 이스라엘 남자들의 마음이 완악하여 어느 정도 현실주의적 조정을 거친 결과임을 말씀하셨다(막 10 : 5). 하나님이 상정하신 최선의 남녀관계는 갈라디아서 3 : 28에 나온다. "너희는 유대인이나 헬라인이나 종이나 자유인이나 남자나 여자나 다 그리스도 예수 안에서 하나이니라" 예수 그리스도의 구원 안에서 여성에 대한 남성 지배는 철폐되었다(창 3 : 16, "또 여자에게 이르시되 내가 네게 임신하는 고통을 크게 더하리니 네가 수고하고 자식을 낳을 것이며 너는 남편을 원하고 남편은 너를 다스릴 것이니라 하시고").

## 12. 거룩한 백성의 배타성과 포용성(23 : 1-25)

### 1) 야웨의 총회 입회 자격 규정(23 : 1-8)

> 1고환이 상한 자나 음경이 잘린 자는 여호와의 총회에 들어오지 못하리라 2사
> 생자는 여호와의 총회에 들어오지 못하리니 십 대에 이르기까지도 여호와의
> 총회에 들어오지 못하리라 3암몬 사람과 모압 사람은 여호와의 총회에 들어
> 오지 못하리니 그들에게 속한 자는 십 대뿐 아니라 영원히 여호와의 총회에
> 들어오지 못하리라 4그들은 너희가 애굽에서 나올 때에 떡과 물로 너희를 길
> 에서 영접하지 아니하고 메소보다미아의 브돌 사람 브올의 아들 발람에게 뇌
> 물을 주어 너희를 저주하게 하려 하였으나 5네 하나님 여호와께서 너를 사랑
> 하시므로 네 하나님 여호와께서 발람의 말을 듣지 아니하시고 네 하나님 여
> 호와께서 그 저주를 변하여 복이 되게 하셨나니 6네 평생에 그들의 평안함과
> 형통함을 영원히 구하지 말지니라 7너는 에돔 사람을 미워하지 말라 그는 네
> 형제임이니라 애굽 사람을 미워하지 말라 네가 그의 땅에서 객이 되었음이니
> 라 8그들의 삼 대 후 자손은 여호와의 총회에 들어올 수 있느니라

**[23 : 1-8]** 히브리어 맛소라 본문의 23 : 1은 개역개정이나 영어성경의 22 : 30이다. 맛소라 본문 23 : 2이 개역개정 성경 23 : 1이다. 23장은 총회 입회 자격 규정(1-8절), 구성 시 배제되어야 하는 족속과 조건적으로 용납될 수 있는 족속들에 대한 규정(1-8절), 거룩한 진영 정결 유지 규정(9-14절), 그리고 이스라엘 공동체 내에서 용납될 수 없는 행위, 장려되는 행위, 그리고 사회적 자비실천 명령들(15-24절)로 구성되어 있다. 아주 포괄적으로 보자면 1~18절은 제7계명(간음 금지)의 확장적 적용이며, 19~24절은 제8계명(도적질 금지)의 확장적 적용사례다. 언뜻 보면 세 단락은 상이한 주제를 다루는 것처럼 보이지만 '거룩한 백성'의 총회에 들어가기에 합당한 언약백성의 일상적 성별

(聖別) 함양 규정이라는 주제로 응집되어 있다.

1~8절에 나오는 이스라엘의 총회 구성원의 자격을 규정하는 원칙은 배제와 포용이다. 야웨의 총회(커할 아도나이〈qĕhal Yahweh〉)는 종교적 및 경제 정치활동에 참여할 수 있는 언약백성들의 공동체를 가리킨다(신 5 : 22〈MT 5 : 19〉〈쿼할켐, qĕhalkem〉; 9 : 10〈욤 하카할, haqqāhal〉; 창 35 : 11; 히 12 : 22-25). 신명기에서 야웨의 총회 혹은 이스라엘의 총회는 호렙산에 모인 언약공동체 구성원들을 가리킨다. 시내산 언약을 지키기로 결단한 언약공동체가 곧 총회다(신 5 : 3; 참조. 출 24 : 8-11).

첫째, 야웨의 총회원이 될 수 없는 배제요건을 말한다. 구체적으로 신낭이 상한 자들이 배제된다. 신낭이 상한 자는 종교적 이유로 거세된 남자들을 가리키는 것으로 보인다(비교. 사 56 : 4-5; 행 8 : 26-39).[52] 단순한 선천적 신체장애자를 차별하는 규정이 아닌 듯하다. 또한 근친상간에 의해 출생된 사생아들도 총회 참여가 금지되었다. 십 대까지의 후손들도 야웨의 총회 입회가 금지된다(2절). 이런 이유 때문인지 롯과 두 딸들 사이에서 출생한 암몬과 모압 족속(창 19 : 30-38, 롯의 큰딸 자손이 모압, 작은 딸 자손이 암몬)도 총회 참여가 원천적으로('영원히') 금지된다(3절; 비교. 신 2 : 9, 19). 암몬과 모압 족속은 사생아보다('십 대까지') 더 철저하게('영원히') 부정되고 배척된다. 3~5절은 모압과 암몬의 영원한 총회 입회 금지 이유를 창세기 19 : 30~38의 근친상간죄에서 찾지 않고, 출애굽한 이스라엘 백성에게 마땅히 행하여야 하는데 행하지 않은 죄와 마땅히 행하지 말아야 할 것을 행한 죄에서 찾는다. 이들은 소극적으로 혹은 적극적으로 야웨 하나님의 출애굽 구원대사와 이스라엘의 가나안 정착 계획을 대적했다. 그들은 이스라엘이 가나안 땅으로 진입하는 것을 돕지 않았거나 방해했다. 모압과 암몬은 셈족의 여행자 환대관습법을 어기고, 지치고 탈진한 이스라엘 백성에게 물과 음식을 팔지도, 제공해 주지도 않았다. 응당 기대된 친절과 자비를 실천하지 않은 악한 행위 때문

52) Brown, *The Message of Deuteronomy*, 219.

에 그들은 야웨의 총회 참여가 영원히 금지된다. 특히 모압은 발람을 이용하여 이스라엘을 저주하도록 사주하는 죄도 범했다(민 22-24장). 그래서 모압과 암몬 족속의 경우, 아예 '영원히' 야웨의 총회에 들어오지 못한다. 비록 야웨 하나님께서 발람의 저주를 복으로 변케 하셨으나(4-5절), 이스라엘은 '평생 동안'에 이 두 족속의 평안함과 형통함을 구하지 말아야 한다. '평안'('샬롬'⟨šālôm⟩)과 '형통함'(토바⟨ṭôbā⟩)을 추구하는 행위는 모종의 친선근린 평화우호 동맹을 맺는 행위다. 평안과 형통은 계약함의적인 용어이기 때문에 이런 추론이 가능하다.

그러나 총회 입회 자격 규정이 에돔과 애굽에 대해서는 호의적이다. 에돔은 '형제'라는 이유로(신 2 : 1-8), 애굽은 한때 이스라엘 백성들을 영접하고 살 곳을 제공하는 환대를 실천했다는 이유로 3대가 지난 후부터는 야웨의 총회 입회가 용납된다(8절). 애굽에 대한 호의적인 태도를 견지하라고 명하시는 하나님의 의도는, 이스라엘 백성이 한때는 자신들도 외국(애굽)의 주변화된 거류자(게르)였다는 사실을 늘 기억하고 그 역사적 기억에 의거해 자신의 땅에 와서 사는 나그네들을 환대하라고 교육하기 위함이다. 우리는 야웨의 총회 참여를 금지하는 이 법령 속에서 외국인 혐오증(xenophobia)이나 인종차별의 정당성을 찾아내어서는 안 되고 오히려 하나님의 인도주의적 포용심을 보아야 한다. 에돔과 애굽 사람들이 이스라엘 백성 가운데 거주한 지 3대 만에, 즉 에돔과 애굽 이주자의 손자부터는 야웨의 총회에 참여할 수 있다. 그런데 7절은 단지 야웨 총회 허용을 말하는 데 그치지 않고 각각의 족속을 "미워하지 말라"고 말한다. 그들이 야웨의 총회에 들어오지 못하는 그 기간에도 이들을 형제 또는 옛 은인으로 대우하라는 것이다.

### 2) 진영성결법(23 : 9-14)

[9]네가 적군을 치러 출진할 때에 모든 악한 일을 스스로 삼갈지니 [10]너희 중에

누가 밤에 몽설함으로 부정하거든 진영 밖으로 나가고 진영 안에 들어오지
아니하다가 [11]해 질 때에 목욕하고 해 진 후에 진에 들어올 것이요 [12]네 진영
밖에 변소를 마련하고 그리로 나가되 [13]네 기구에 작은 삽을 더하여 밖에 나
가서 대변을 볼 때에 그것으로 땅을 팔 것이요 몸을 돌려 그 배설물을 덮을지
니 [14]이는 네 하나님 여호와께서 너를 구원하시고 적군을 네게 넘기시려고 네
진영 중에 행하심이라 그러므로 네 진영을 거룩히 하라 그리하면 네게서 불
결한 것을 보시지 않으므로 너를 떠나지 아니하시리라

**[23 : 9-14]** 이 단락은 거룩한 전쟁을 수행하기 위하여 진을 항상 성결케 하라(참조. 신 20장 ; 21 : 10-14 ; 24 : 5)고 명한다. 9~14절은 20장과 21 : 10~14과 더불어 '거룩한 전쟁수행 세칙'을 다룬다. 24 : 5은 전쟁보다 신혼부부의 행복추구권을 우선시하고, 20장은 가나안 정복 전쟁 시 원방에 있는 성읍에 대해서는 진멸전쟁보다는 먼저 평화로운 항복을 유도하라고 권고한다. 이스라엘의 가나안 정복전쟁은 이스라엘 진영 안에 친히 거하시는 야웨의 지휘 아래 치러지는 거룩한 전쟁임을 강조한다. 14절의 첫 소절은 야웨의 이스라엘 진영 활보를 '걷다'(할라크〈hālakh〉) 동사의 히트파엘(강세재귀) 분사구문으로 표현한다. "키 아도나이 엘로헤카 미트할레크 쁘케렙 마하네카"(kî Yahweh 'elôhêkā mithallēkh bĕqereb maḥănekā). "왜냐하면 하나님께서는 네 진영 중에 (진영 정결을 점검하러) 이리저리 다니심이라." 이런 이유 때문에 이스라엘 백성은 출정 시 모든 악한 일을 스스로 삼가야 한다(9절). 밤에 몽설하여 제의적으로 부정(不淨)해졌다면 하루 동안 진 밖에 나가 있다가 하루가 시작되는 해질녘에 목욕한 후에 진영에 합류하여야 한다(10-11절). 거룩한 전쟁을 수행할 때 남자의 성적 에너지는 억제되어야 한다. 병사의 몽정 자체를 부정한 것으로 보는 관점은 제의적인 이유 외에 함락당한 도시나 촌락의 부녀자에 대한 병사들의 야만적인 성적 에너지 방출을 원천적으로 억제하려는 의도를 반영하고 있을 수도 있다.

또한 변소는 진영 밖에 마련하되, 대변의 경우 그 배설물을 삽으로 판 땅에 묻어 적진으로 하여금 그 냄새를 맡지 않게 해야 한다. 배설물 자체가 제의적으로 부정하기 때문에 거룩하신 하나님의 지휘 아래 치러지는 전쟁의 엄숙함을 느슨하게 만든다고 본 것이다. 14절은 야웨 하나님이 이스라엘 진영(민수기 1-10장은 이스라엘이 진영조직으로 편성)에 종횡무진 활보하시기에 진이 거룩한 상태를 유지하여야 함을 강조한다. 야웨 하나님은 이스라엘을 구원하시고자 적군을 이스라엘에게 양도하시려고 이스라엘 진영에 거하시는데, 이스라엘 백성이 진영 안에서 몸을 노출시켜 부정을 드러낸다는 것은 용납될 수 없다. 14절의 불결한 것은 '벗은 것'을 의미한다. 따라서 14절은 진 안에서 용변을 보기 위해 벗는 행위를 언급하는 것처럼 보인다. 이스라엘 진영 안에 거하시는 하나님의 현존은 제사장 가문 고핫 자손이 메고 다니는 법궤(언약궤)에 의해 대표된다(민 9 : 15-23 ; 10 : 33-36).

"그들이 여호와의 산에서 떠나 삼 일 길을 갈 때에 여호와의 언약궤가 그 삼 일 길에 앞서 가며 그들의 쉴 곳을 찾았고 그들이 진영을 떠날 때에 낮에는 여호와의 구름이 그 위에 덮였었더라 궤가 떠날 때에는 모세가 말하되 여호와여 일어나사 주의 대적들을 흩으시고 주를 미워하는 자가 주 앞에서 도망하게 하소서 하였고 궤가 쉴 때에는 말하되 여호와여 이스라엘 종족들에게로 돌아오소서 하였더라"(민 10 : 33-36).

이처럼 '거룩한 전쟁'에서 일반적인 군사작전 준칙보다 더 중요한 것은 진을 거룩하게 유지하는 것이다. 보다 더 구체적으로 말하자면 병사들의 의식적(儀式的) 성결이 거룩한 전쟁의 성패를 좌우한다. 거룩한 전쟁은 거룩함으로 속됨과 부정을 이기는 전쟁이다. 이스라엘과 가나안 원주민들의 전쟁은 하나님의 거룩한 인격적 현존을 드러내기 위한 전쟁이어야 한다. 그러기 전에 이스라엘 진영 자체가 하나님의 거룩한 동행과 현존을 감당하기 위한 성결을 갖춰야 한다. 아무리 야만적이고 거친 전쟁의 한복판에서도 이스라엘 백성은 거룩한 하나님을 모시며 살아야 한다. 전쟁에 임하는 세상 나라들은 병사들에게 악랄하고 야만적인 적개심과 호전성을 고취시키지만 하나님은 당신의 병사들에게 하나님 앞에서의 거룩한 삼감과 억제를 명령한다. 하나님의 자녀들은 하나님과 동료들에게 악취(제의적 부정)를 가져올 자신의 배설물을 땅에 파묻는 자들이다. 예수님은 하나님과 동료에게 역겨움을 안겨 주는 입의 배설물이 몸 밖으로 나가는 배설물보다 더 더럽다고 갈파하신다. 입의 배설물 처리도 거룩한 백성의 교양이다. 이것이 하나님을 모신 거룩한 용사들의 진영에서 보여야 할 마땅한 전투 준비다. 영적 전쟁에 임하는 거룩한 병사는 자신의 속에서 나오는 역겨운 배설물을 땅에 묻음으로써 거룩하신 하나님과 동행할 수 있다.

### 3) 자비, 성결, 서원, 탐욕 경계 규정(23 : 15-25)

> 15종이 그의 주인을 피하여 네게로 도망하거든 너는 그의 주인에게 돌려주지
> 말고 16그가 네 성읍 중에서 원하는 곳을 택하는 대로 너와 함께 네 가운데에
> 거주하게 하고 그를 압제하지 말지니라 17이스라엘 여자 중에 창기가 있지 못
> 할 것이요 이스라엘 남자 중에 남창이 있지 못할지니 18창기가 번 돈과 개 같
> 은 자의 소득은 어떤 서원하는 일로든지 네 하나님 여호와의 전에 가져오지
> 말라 이 둘은 다 네 하나님 여호와께 가증한 것임이니라 19네가 형제에게 꾸
> 어 주거든 이자를 받지 말지니 곧 돈의 이자, 식물의 이자, 이자를 낼 만한
> 모든 것의 이자를 받지 말 것이라 20타국인에게 네가 꾸어 주면 이자를 받아
> 도 되거니와 네 형제에게 꾸어 주거든 이자를 받지 말라 그리하면 네 하나님
> 여호와께서 네가 들어가서 차지할 땅에서 네 손으로 하는 범사에 복을 내리
> 시리라 21네 하나님 여호와께 서원하거든 갚기를 더디하지 말라 네 하나님 여
> 호와께서 반드시 그것을 네게 요구하시리니 더디면 그것이 네게 죄가 될 것
> 이라 22네가 서원하지 아니하였으면 무죄하리라 그러나 23네 입으로 말한 것
> 은 그대로 실행하도록 유의하라 무릇 자원한 예물은 네 하나님 여호와께 네

가 서원하여 입으로 언약한 대로 행할지니라 [24]네 이웃의 포도원에 들어갈 때에는 마음대로 그 포도를 배불리 먹어도 되느니라 그러나 그릇에 담지는 말 것이요 [25]네 이웃의 곡식밭에 들어갈 때에는 네가 손으로 그 이삭을 따도 되느니라 그러나 네 이웃의 곡식밭에 낫을 대지는 말지니라

**[23 : 15–25]** 15~25절은 뒤따라 나오는 24장과 함께 주변화되고 소외된 언약 공동체 구성원들을 어떻게 자상하게 보호하고 돌볼 것인가 하는 문제를 다룬다. 15~16절은 다른 나라로부터 도망쳐 온 노예에게 도피처를 제공하라고 명하는 법이다. 구출의 손길을 찾는 노예는 주인의 손에 다시 넘겨져서는 안 된다는 것이다. 한때 애굽의 노예였다가 해방된 이스라엘 백성에게 '도망쳐 나온' 노예는 보호해 주어야 할 약자였다(비교. 사 16 : 1-4).

17~18절은 이스라엘 중에 남자 창기(카데쉬⟨qādēš⟩)나 여자 창기(쿼데샤⟨qĕdēšā⟩)가 존재해서는 안 된다고 말한다. 더 정확하게 말하면 이스라엘 남자가 성전 남창으로 사는 것과 이스라엘 여자가 성전 창녀로 사는 것을 금지하는 법이다. 고대 가나안 신전들에 바알-아세라 신의 풍요와 다산 제의를 실연(實演)하기 위하여 성창(sacred prostitute)들이 활동했다는 것은 널리 알려져 있다. 이 법은 가나안 바알-아세라 종교의 이스라엘 침투를 경계하고 금지하는 것이다. 18절의 창녀와 개 같은 자는 성전 창기와 남창을 가리키는 것으로 볼 수 없다. 18절의 창녀는 쿼데샤가 아니라 히브리어로 일반 상업적 매춘여성 '조나'(zônā, harlot)이며, '개(keleb) 같은 자'라고 번역된 말은 히브리어는 그냥 개를 의미한다. 이 단어는 돈을 벌기 위해 이스라엘의 성결과 거룩의 정체성을 버리고 이방인처럼 자신의 몸과 마음을 더럽히는 이스라엘 사람을 가리킨다. 이들은 생물학적으로는 이스라엘 사람이지만 영적 정체성을 잃었기에 그들의 소득은 하나님께 바쳐지는 예물이 될 수 없다. 심지어 그들이 하나님께 서원한 것을 갚기 위해서 그들의 소득 일부를 바치는 것도 용납되지 않는다. 이 두 부류의 사람이 더럽고 불의한 일을 통해 얻은 소득을

하나님께 갖다 바치는 것 자체가 야웨 하나님께 가증한 일이기 때문이다(토아바트 아도나이〈tô‘ăbath Yahweh〉).

그런데 왜 하나님은 이들의 예물과 서원물을 받지 않으시는가? 구약성서 제사신학의 제1조 때문이다. ‘제물을 드리는 자와 제물은 하나다.’ 하나님은 우리가 드리는 달러나 원화 등의 화폐를 받으시는 것이 아니라 우리의 몸과 정신 전체를 원하신다. 타락한 종교권력자들은 돈을 더 좋아할지 몰라도 우리 하나님은 돈에 휘둘리지 않으신다. 더럽고 불의하게 번 돈은 헌금으로 드려질 수가 없다. 따라서 하나님의 자녀들이 예배당이나 성전에 바치는 모든 은금패물이 다 하나님께 바쳐지는 것이 아니다. 제물은 제물 드리는 자의 인격과 성품의 연장선상에 놓여 있기 때문이다. 우리의 삶 자체가 거룩한 궤도를 이탈한다면 우리의 제물이나 서원 예물 자체는 하나님께 용납될 수 없다는 것이다. 우리가 드릴 최고의 예물은 우리의 몸, 즉 삶 전체다(롬 12 : 1). “그러므로 형제들아 내가 하나님의 모든 자비하심으로 너희를 권하노니 너희 몸을 하나님이 기뻐하시는 거룩한 산 제물로 드리라 이는 너희가 드릴 영적 예배니라”

19~20절은 동족에게 고리대금업을 금지하는 계명이다. 여기서 돈을 꾸려고 하는 형제는 ‘생계형 채무자’를 의미한다고 상정된다. 생계형 채무는 가난의 긴급 재정 소요 상황이나 만성적인 빈곤(극저소득자)에 강제되는 채무다. 이런 생계형 채무자에게 이자를 받는 것은 그를 도와주는 것이 아니라 그를 채무노예로 몰아가는 죄다. 돈, 식물 등 이자를 산정(算定)할 수 있는 어떤 물건을 꾸어 주더라도 이자를 받아서는 안 된다(19절 ; 출 22 : 25-27 ; 레 25 : 35-36). 다만 타국인에게 꾸어 주는 돈에 대해서는 이자를 받을 수 있다. 여기서 타국인은 사업상의 파트너, 혹은 무역파트너일 가능성이 있다. 상업활동은 상업종사 당사자들을 외상(credit)이나 신용이나 채무관계로 묶어 운명공동체로 만드는 경향이 있다. 우리나라 기업들이 은행 빚을 쓰는 경우가 그렇다. 은행 채권자와 기업 채무자는 이자를 사이에 두고 돈을 빌리고

빌려 줘도 사회적으로 용납된다. 공동의 이익을 노리고 사업투자를 하기 때문이다. 셰익스피어(W. Shakespeare)의 「베니스의 상인」에 나오는 유대인 고리대금업자 샤일록은 베니스의 해운업자들에게 이자를 물려 돈을 빌려 주었다. 신명기 율법에 저촉되지 않는 행동이었다. 그러나 이스라엘 사람은 동포들에게 이자를 붙여 대부활동을 하면 안 된다. 이자를 받지 않고 동포의 생계형 채무를 받아 줌으로써 형제동포를 자비롭게 대하면 하나님의 복이 임한다. 땅에서 하는 모든 활동들(농업, 목축, 수공업 등)에서 하나님의 복을 받아 신적 번성과 생산성 증가를 맛보게 될 것이다. 동족을 자비롭게 대하면 위로부터 쏟아지는 복을 누리게 된다(시 133 : 1-3). “보라 형제가 연합하여 동거함이 어찌 그리 선하고 아름다운고 머리에 있는 보배로운 기름이 수염 곧 아론의 수염에 흘러서 그의 옷깃까지 내림 같고 헐몬의 이슬이 시온의 산들에 내림 같도다 거기서 여호와께서 복을 명령하셨나니 곧 영생이로다”

21~23절은 성급한 서원관행을 금지한다. 왜냐하면 고대 이스라엘 사회에서 일단 발설된 서원은 자기속박적 효력을 갖는 것으로 간주되었기 때문이다. 마음의 경영은 사람의 마음에 있어도 그 말의 응답은 야웨 하나님으로부터 오기 때문에(잠 16 : 1) 진실성 없는 서원은 거짓언어의 유포를 조장할 수도 있었다. 일시적인 곤경이나 환난을 회피하기 위해 하나님의 호의를 얻으려는 서원은 그 실행여부가 불확실한 조건부 기도였을 뿐이다(예. 창 28 : 20-22). 성급한 서원금지 계명은 하나님을 향하여 성급한 흥정이나 거래를 하듯이 진정성 없는 소원을 하나님께 언표하지 말아야 할 것을 강조한다. 24~25절은 가난한 자들의 긴급 자가(自家) 구원권을 보장한다. 가난한 자의 생존권이 근대적 사유재산 개념을 다소간에 상대화한다. 이 법에 따르면 긴급한 생계 문제를 가진 사람은 누구든지 남의 곡식밭이나 포도원에 들어가 곡식이나 과일(감람 혹은 포도)을 따 먹을 수 있다. 그런 곡식밭을 가진 사람들은 가난한 자들이 추수할 몫도 남기지 않는 무자비하고 철저한 추수를 하지 말아야 한다. 곡식밭이 없는 가난한 사람들이 따 먹을 수 있도록 얼마를 남겨 놓아야 한다

(24 : 19-21). 그러나 기본적인 생계 충족을 위해 허용된 권리를 남용하여 남의 곡식밭으로 이익을 추구해서는 안 된다. 손으로 이삭을 잘라 비벼먹는 정도는 허용되나 낫을 대는 추수행위는 금지된다(예. 눅 6장 안식일에 손으로 밀밭을 서리하는 것은 허용). 그러므로 이 법은 공동체 구성원들의 재산, 즉 곡식이나 열매에는 궁핍한 사람들이 누릴 몫이 어느 정도 들어 있다고 전제한다. 그러면서도 이 법은 곡식밭이나 포도원을 정성껏 가꾼 주인들의 재산권을 존중한다. 여기서 우리는 사유재산권의 자발적인 유보를 기대하시고 명령하시는 하나님의 따뜻한 마음을 보는 동시에 사유재산권을 전적으로 부정하려는 충동도 억제하시는 질서의 하나님을 만난다.

## 설교를 위한 묵상

사무엘상 25장에는 도망친 노예(종)들에 대한 노예주의 입장을 대변하는 인물 나발이 등장한다. "요즈음에 각기 주인에게서 억지로 떠나는 종이 많도다"(10절). 주인의 입장에서 보면 도망치는 노예는 주인을 떠나는 의리 없는 자들로 보일지도 모른다. 긴 인류역사를 통틀어 보건대 주인의 학대와 인권유린, 무자비한 대우 등이 노예 탈출을 촉발시킨다. 하갈도 여주인 사라의 학대를 견디지 못하고 도망친다. 하나님은 도망치는 여종 하갈에게 샘물을 제공하심으로 그녀의 간구를 들어주셨다(창 16, 21장 ; 특히 16 : 11-14). 하갈에게 주신 샘의 이름은 '브엘라해로이', '나를 감찰하시는 살아 계신 분의 우물'(창 16 : 14)이라는 뜻이다. 성경의 하나님은 학대를 견디지 못해 도망치는 노예의 행로와 동선을 감찰하시는 자비롭고 공의로운 하나님이시다. 성경의 구원사는 한마디로 도망치는 노예를 사로잡아 하나님의 해방과 구원 가치를 선전하는 앞잡이로 삼는 이야기다. 이처럼 인류구원사는 도망친 노예집단을 감화감동시킨 하나님의 사랑 이야기에서 시작된다. 이 땅의 모든 학대받는 노예들은 하나님의 잠재적인 출애굽 구원사의 주역으로 초청될 수 있다. 결국 인권의 사각지대에 방치되어 있는 노예들을 학대하는 것은 이스라엘 공동체 내에서 용납될 수 없는 중범죄로 분류되었다. 고대 종주-봉신조약에는 종주의 나라에서 봉신의 나라로 도망친 노예들을 봉신은 다시 종주의 나라로 돌려보낼 의무를 포함시켰다. 만일 이스라엘이 애굽이나 앗수르의 봉신이라면 애굽 출신으로 도망친 노예들이 이스라엘 땅에 오더라도 돌려보내야 한다. 고대문명에서 어떤 나라도 종주-봉신조약의 그물망을 벗어난 명예로운 고립정책, 영세중립국으로서의 지위는 상상할 수도 없었다. 이스라엘은 야웨 하나님을 유일무이한 배타적 종주로 모시고 야웨 하나님만을 사랑하고 충성으로 섬기기로 결단한 봉신국가였기에 도망친 노예들을 다시 돌려보낼 의무를 갖지 않아도 되었다. 이스라엘이 거룩한 백성이라는 말을 국제정치적 맥락에서 보면 어떤 강대국도 종주로 섬기지 않겠다는 절대적 중립선언을 하는 셈이다. 이런 노예친화적인 관습 때문에 이스라엘은 인근 나라의 도망친 노예들의 해방구였을 것이며, 그것 때문에 아마도 인구와 국부 증가가 촉진되었을 것이다. 신명기가 '객'으로 부르는 사람은 대개 탈주노예들이었거나 채무노예였을 것이다. 이스라엘은 모든 도망치는 노예들의 이상향이었을 것이다. 사도 바울의 빌레몬서는 갈라디아서 3 : 28의 모토(그리스도 안에서 철폐된 차별과 인류애적 평등사회)를 실현하는 기독교 신앙의 위력을 보여 준다. 도망친 노예 오네시모를 빌레몬에게 돌려보내되 다시 노예신분이 아니라 형제로 영접해 달라고 당부하는 사도 바울의 말에서 도망친 노예의 인생 반전이 이뤄진다.

## 13. 소박맞은 여자, 가난한 자, 고아와 과부를 위한 사회적 자비 실천 강령(24 : 1-22)

### 1) 이혼과 재혼 규정(24 : 1-4)

[1]사람이 아내를 맞이하여 데려온 후에 그에게 수치되는 일이 있음을 발견하고 그를 기뻐하지 아니하면 이혼 증서를 써서 그의 손에 주고 그를 자기 집에서 내보낼 것이요 [2]그 여자는 그의 집에서 나가서 다른 사람의 아내가 되려니

와 3그의 둘째 남편도 그를 미워하여 이혼 증서를 써서 그의 손에 주고 그를
자기 집에서 내보냈거나 또는 그를 아내로 맞이한 둘째 남편이 죽었다 하자
4그 여자는 이미 몸을 더럽혔은즉 그를 내보낸 전남편이 그를 다시 아내로
맞이하지 말지니 이 일은 여호와 앞에 가증한 것이라 너는 네 하나님 여호와
께서 네게 기업으로 주시는 땅을 범죄하게 하지 말지니라

**[24 : 1-4]** 신명기 24~25장은 사회경제적 약자들(아내, 가난한 자, 고아와 객과 과부 등)을 돕고 살려 주려는 법제화(法制化)된 신적 친절과 사회적 자비 실천 강령을 상당히 많이 담고 있다. 다만 24 : 1~4은 이혼당하는 여인(아내)을 중심으로 전개되는 다소 복잡한 상황을 전제한 법이다. 본문의 주인공 여인의 기구하고 파란만장한 인생행로가 연민과 슬픔, 그리고 분노를 자아낸다. 이 단락은 네 가지를 말하고 있다. 첫째, 한 남자가 이미 결혼한 자신의 아내에게 수치되는 일이 발견되어(처녀 시절의 흠이나 신체상의 흠 혹은 결혼생활 중 발생한 불미스러운 사태) 그녀를 더 이상 기뻐하지 아니하면 이혼 증서를 그녀에게 들려 자기 친정으로 보낼 수 있다(1절). 둘째, 그 소박맞은 아내는 다른 남자와 결혼해 아내가 될 수 있다(2절). 셋째, 그 둘째 남편도 그녀를 이혼 증서를 손에 들려 친정으로 되돌려 보낼 수도 있고 또는 그 둘째 남편이 죽을 수도 있다. 이 경우 여인은 법적으로 다시 홀로된 자유의 몸이 된다(3절). 넷째, 이 법의 핵심이 진술된다. 이렇게 복잡한 과정을 거쳐 자유케 된 홀로된 이 여자는 몸이 더럽혀진 것으로 선언된다. 여인은 이 과정에서 처음부터 끝까지 수동태 상태를 면치 못한다. 첫 번째 남편에게 소박맞아 친정집으로 쫓겨갈 때도 침묵하고, 두 번째 남편에게 소박맞아 친정으로 되돌아가야 할 때도 말이 없다. 마침내 여인의 기구한 인생 드라마는 '그녀는 더럽혀졌다'는 선언이다. 더 이상 결혼 대상이 될 수 없는 여자가 되었다는 선언이다. 참으로 어처구니없는 일방통보처럼 보인다. 4절은 그 여자 자신이 몸을 더럽혔다고 말한다. 그녀에게 남겨진 한 가지 희망은 다시 다른 남자와 결혼하거나(참

조. 요 4 : 16-18) 혹은 전남편(혹 함께 자녀를 낳았던 남편이라면 더욱)에게 다시 아내로 영접되는 길이다. 그러나 4절은 이 희망을 무참히 부순다. 그 여자는 두 번이나 결혼함으로써 몸을 더럽혔다고 간주되기 때문에 전남편(최초의 남편)은 그녀를 다시 아내로 맞을 수 없다. 이렇게 하면 하나님께 가증한 일(하나님의 극한 혐오 유발)이 되며, 하나님 여호와께서 기업으로 주시는 땅에게 죄를 짓는 일이 될 것이다. 곧 땅을 더럽히게 된다는 말이다. 정말 기막히고 슬픈 여인의 일생이다.

이 본문도 이스라엘 남성 중심 사회의 완악함이 하나님의 본마음과 얼마나 멀리 떨어져 있는가를 들추어내는 하나님의 말씀이다. 남성 중심 사회의 죄성과 구제불능적 완악함을 폭로하는 하나님의 말씀이다. 이 시나리오 전체에서 여인은 처음부터 끝까지 말이 없다. 남편들이 일방적으로 이혼을 통보하면 그녀는 집을 나가야 한다. 나갈 때마다 그녀 손에 들려진 이혼 증서는 남자들의 일방적 성취향을 극댓값으로 보장해 준다. 하지만 그 아내에게서 발견되었다고 하는 그 수치스러운 일이 무엇인지에 대해서는 일언반구의 반론권도 주어지지 않는다. 예수님은 이 법에서 하나님의 본마음과 이스라엘 남성 중심 사회의 완악함이 긴장을 이루는 것을 간파하셨다(막 10 : 5). 마침내 여인은 더럽혀진 몸을 가진 여인이 되어 다음 번의 결혼 기회마저 박탈당한 것처럼 보인다. 이 법의 요지는 4절, 즉 전 남편이 자신이 한때 이혼시켜 쫓아냈던 여자를 다시 아내로 맞이하지 못하도록 금지하는 데 있다. 이 금지의 가장 큰 이유는 이 잠재적인 재결혼 곧 이혼당한 여인이 두 번째 남편과 성관계를 가진 후 또 옛날의 첫 남편과 성관계를 가지게 될 때 이것이 일종의 합법적 간음의 가능성을 열어 준다고 보았기 때문이었을 것이다. 결혼-이혼-옛 남편과의 재결혼의 여정은 이스라엘 공동체를 잠재적으로 치정에 얽힌 삼각관계로 무너뜨릴 수도 있었을 것이다. 다만 이 법에도 아내(여인)의 인권과 자기변호권에 대한 배려는 부족해 보인다. 그럼에도 불구하고 이 율법은 전혀 다른 곳에서 그 위력을 드러낸다. 호세아에 등장하는 호세아 선지자와 야웨 하나님은 둘 다 이 법을 어겨 가면서 아내를 지키고 마침내 재활 복구시킨다. 이런 부조리한 법을 어겨 가면서 다른 정부(情夫)와 간음하여 더럽혀진 아내(고멜=이스라엘)를 다시 합법적인 아내로 맞이하는 호세아(=야웨 하나님)의 결혼 이야기는 지극히 의미심장하다. 하나님은 다시는 당신의 아내로 맞아들일 수 없는 더럽혀진 아내인 이스라엘에게 다시 장가들었다(호 2장). 신명기 24 : 1~4의 아내이혼법 규정을 위반해 가면서까지 이스라엘을 사랑하고 다시 하나님 백성으로 재활 복구시켜 주신다. 하나님의 사랑은 율법의 저주를 넘어까지 효력을 미친다. 이런 하나님이 당신의 독생자를 보내 주셔서 멸망의 넓은 길로 가는 인류를 돌이키게 하셨다. 기독교는 간음한 아내를 다시 아내로 맞아 주시는 측량할 수 없는 하나님의 사랑에 격동된 신앙고백 운동이다. 물론 이 아내 이혼 규정이 이런 종말론적 대반전을 예기한 법이라고 볼 수는 없다. 이 남녀차별적인 분위기를 띤 법도 하나님의 사랑을 증거하는 데 기여한다는 말이다.

### 2) 소소한 자비 실천, 이웃 배려와 사랑, 공의와 양선 장려 규정(24 : 5-22)

> 5사람이 새로이 아내를 맞이하였으면 그를 군대로 내보내지 말 것이요 아무
> 직무도 그에게 맡기지 말 것이며 그는 일 년 동안 한가하게 집에 있으면서
> 그가 맞이한 아내를 즐겁게 할지니라 6사람이 맷돌이나 그 위짝을 전당 잡지
> 말지니 이는 그 생명을 전당 잡음이니라 7사람이 자기 형제 곧 이스라엘 자손
> 중 한 사람을 유인하여[53] 종으로 삼거나 판 것이 발견되면 그 유인한 자를
> 죽일지니 이같이 하여 너희 중에서 악을 제할지니라 8너는 나병에 대하여 삼
> 가서 레위 사람 제사장들이 너희에게 가르치는 대로 네가 힘써 다 지켜 행하

53) '유인하다'라고 번역된 히브리어는 '가납'(gānab)인데 십계명의 제8계명에서 '도적질하지 말라'고 할 때 사용되는 동사다. 그것은 '후리다', '유괴하다'를 가리킨다. '유인하다'라는 의미보다 강한 단어를 '유인하다'라고 번역한 개역개정은 비판받을 만하다(강원주, op. cit., 34).

되 너희는 내가 그들에게 명령한 대로 지켜 행하라 9너희는 애굽에서 나오는
길에서 네 하나님 여호와께서 미리암에게 행하신 일을 기억할지니라 10네 이
웃에게 무엇을 꾸어 줄 때에 너는 그의 집에 들어가서 전당물을 취하지 말고
11너는 밖에 서 있고 네게 꾸는 자가 전당물을 밖으로 가지고 나와서 네게 줄
것이며 12그가 가난한 자이면 너는 그의 전당물을 가지고 자지 말고 13해 질
때에 그 전당물을 반드시 그에게 돌려줄 것이라 그리하면 그가 그 옷을 입고
자며 너를 위하여 축복하리니 그 일이 네 하나님 여호와 앞에서 네 공의로움
이 되리라 14곤궁하고 빈한한 품꾼은 너희 형제든지 네 땅 성문 안에 우거하
는 객이든지 그를 학대하지 말며 15그 품삯을 당일에 주고 해 진 후까지 미루
지 말라 이는 그가 가난하므로 그 품삯을 간절히 바람이라 그가 너를 여호와
께 호소하지 않게 하라 그렇지 않으면 그것이 네게 죄가 될 것임이라 16아버
지는 그 자식들로 말미암아 죽임을 당하지 않을 것이요 자식들은 그 아버지
로 말미암아 죽임을 당하지 않을 것이니 각 사람은 자기 죄로 말미암아 죽임
을 당할 것이니라 17너는 객이나 고아의 송사를 억울하게 하지 말며 과부의
옷을 전당 잡지 말라 18너는 애굽에서 종 되었던 일과 네 하나님 여호와께서
너를 거기서 속량하신 것을 기억하라 이러므로 내가 네게 이 일을 행하라 명
령하노라 19네가 밭에서 곡식을 벨 때에 그 한 뭇을 밭에 잊어버렸거든 다시
가서 가져오지 말고 나그네와 고아와 과부를 위하여 남겨 두라 그리하면 네
하나님 여호와께서 네 손으로 하는 모든 일에 복을 내리시리라 20네가 네 감
람나무를 떤 후에 그 가지를 다시 살피지 말고 그 남은 것은 객과 고아와 과
부를 위하여 남겨 두며 21네가 네 포도원의 포도를 딴 후에 그 남은 것을 다시
따지 말고 객과 고아와 과부를 위하여 남겨 두라 22너는 애굽 땅에서 종 되었
던 것을 기억하라 이러므로 내가 네게 이 일을 행하라 명령하노라

**[24 : 5-22]** 이 단원은 다양하고 잡다한 자비 실천, 정의 실천을 명하는 여덟

가지의 법령들을 포함하고 있다. 징집 면제 사유 규정, 저당법, 인신납치 금지, 나병환자[54] 재활복구 규정, 일용노동자 임금체불 금지법, 연좌 처벌 금지법, 고아와 과부 송사 공정처리법, 철저 추수 금지법 등이 주제들인 이 단원은 한결같이 이스라엘 언약공동체의 위계질서의 최하층에 속한 사람들을 배려한 법들이다. 5절은 20 : 5~8에 나오는 징집 면제법의 부록조항이다. 갓 결혼한 남자는 신랑으로서 아내와 사랑의 친교를 나누는 일에 매진하여야 한다. 신생아를 낳는 것도 크게 보면 국방력을 증가시키는 일이다. 시편 127 : 1~4은 이런 사상을 잘 드러내고 있다.

"여호와께서 집을 세우지 아니하시면 세우는 자의 수고가 헛되며 여호와께서 성을 지키지 아니하시면 파수꾼의 깨어 있음이 헛되도다 너희가 일찍이 일어나고 늦게 누우며 수고의 떡을 먹음이 헛되도다 그러므로 여호와께서 그의 사랑하시는 자에게는 잠을 주시는도다 보라 자식들은 여호와의 기업이요 태의 열매는 그의 상급이로다 젊은 자의 자식은 장사의 수중의 화살 같으니 이것이 그의 화살통에 가득한 자는 복되도다 그들이 성문에서 그들의 원수와 담판할 때에 수치를 당하지 아니하리로다"

새 신랑에게는 아무런 군사적 의무도 지우지 말 것이며 그는 일 년 동안 한가하게 집에 있으면서 그가 맞이한 아내를 즐겁게 해 주어야 한다. 아내와 사랑을 나누는 과정에서 아기를 잉태하고 낳는 일도 야웨의 복을 매개하는 중요한 일이다.

6절, 10~13절, 17~18절은 가난한 자들의 전집물 관련 규정들이다. 16절은 맷돌이나 그 위짝을 전당 잡지 말라고 명하는데, 그 이유는 양식을 갈아먹는 데 쓰이는 맷돌을 전당 잡는 것은 그 생명을 전당 잡음과 같기 때문이다. 10~13절도 유사한 상황을 설정한다. 이스라엘 사람은 이웃에게 무엇을 꾸어 줄 때에 꾸어 가는 자의 집에 들어가서 전당물을 취하지 말고(10절), 집 밖에

54) 장애인에 관한 표기는 '한센병'으로 표기하도록 권하고 있으나 본문에서는 성경 표현을 따랐다.

서 꾸는 자가 선택한 전당물을 전집해야 한다(11절). 만일 그 꾸는 동포가 가난한 자이면 꾸어 주는 이스라엘은 그 가난한 형제의 전당물을 갖고 하룻밤을 새워서는 안 된다(12절). 해 질 때에 그 전당물을 반드시 꾼 자에게 돌려주어야 한다. 13절에 비추어 보건대 가난한 자가 맡긴 전당물이 겉옷이었던 것처럼 보인다. 아마도 맷돌이나 겉옷은 꾸는 자가 가장 긴급상황에서 주는 전집물인 듯하다. 일수 대부라도 찾는 채무자가 “내가 가장 중요한 맷돌이나 겉옷을 전당물로 드릴 테니 제발 빌려 주십시오.”라고 말하며 돈(급전)/곡식 등을 꾸었을 것이다. 어쨌든 하루하루의 생활에 결정적으로 요긴한 생활필수품을 전집물로 확보한 채주는 해질녘에 그 긴요한 전당물(맷돌/겉옷)을 돌려줘야 한다. 그러면 그 꾼 자가 그 옷을 입고 자며 꾸어 준 자를 위하여 축복할 것이며, 결과적으로 이렇게 착하게 전당잡은 그 사람의 선행은 하나님 여호와 앞에서 자신의 공의로움(신적 친절을 베푼 행위〈츠다카, ṣĕdāqā=divine kindness/loyalty〉; 신 6 : 25)으로 간주될 것이다(13절).

17~18절은 재판 상황에서 전당물을 전집하는 상황을 상정한다. 이스라엘 사람은 객이나 고아의 송사를 억울하게 하지 말아야 하며 과부의 옷을 전당 잡지 말아야 한다(17절). 노예 처지로 전락한 극빈자 고아와 과부의 옷을 전집하여야 하는 상황에서 잠시 멈춰 ‘이스라엘 너희들이 애굽에서 종 되었던 일과 네 하나님 여호와께서 너를 거기서 속량하신 것을 기억하여야’ 한다. 선행적인 출애굽 구원이라는 은혜로운 전사(前史)를 바탕으로 하나님은 이스라엘 사람 각각에게 이런 신적 친절을 서로에게 실천하도록 명령하신다(18절). 이 전당물 관련법들은 기본적인 생계수단도 얻지 못할 만큼 위협적인 경제적 압제행위들로부터 사회경제적 최약자들을 보호하려는 법이다. 이자를 갈취함으로써 곤경에 처한 사람을 압제하거나 괴롭혀서는 안 되는 것처럼, 담보로 잡은 저당물을 처리하는 과정도 인도주의적이어야 하며, 특히 채무자의 필수적 생계수단(맷돌/겉옷)을 한계 이상으로 차압해서는 안 된다.

7절은 제8계명 인신납치 금지 계명을 부연한다. 사람이 자기 형제 곧 이스라엘 자손 중 한 사람을 거의 강제로 납치해 종으로 삼거나 판 것이 발견되면 그 납치한 자를 죽임으로써 이스라엘 중에서 이스라엘 언약공동체를 와해시키는 악을 제거하여야 한다. 노예 혹은 인신매매를 위해 동포를 납치하지 말도록 명하는 이 금지 규정은 제8계명의 구체적 시행령인 셈이며, 따라서 이 계명 위반자는 반드시 사형에 처해져야 한다.

8~9절은 나병환자 재활복구 과정을 다룬다. 이스라엘 사람들은 레위 사람 제사장들이 나병에 대하여 가르치는 대로 삼가 힘써 다 지켜 행하되 모세를 통해 하나님께서 제사장들에게 명령한 대로 지켜 행하여야 한다(8절). 이스라엘은 애굽에서 나오는 길에 하나님 여호와께서 미리암에게 행하신 일을 기억하면서 나병환자들을 재활복구시켜야 한다. 민수기 12 : 1~16은 야웨께서 미리암에게 행하신 일(나병 발병 징벌과 치료, 재활)을 기록하고 있다. 모세가 구스 여자를 아내로 삼은 일로 모세에게 대적하다가 미리암이 나병에 걸렸고 아론에게도 나병이 전염되었다(민 12 : 10). 이때 지면에서 가장 온유한 모세가 여호와께 부르짖어 치유와 재활복구에 대한 지침을 얻었다(13절). 미리암을 진영 밖에 이레 동안 가두고 그 후에 들어오게 하라(민 12 : 14-15)는 것이 야웨께서 출애굽 장도에서 미리암에게 행하신 일의 전모다. 나병은 하나님의 징벌과 관련된 병으로 나병환자는 미리암처럼 이레 동안 진영 밖에 격리되었다가 깨끗하게 된 후에 진영으로 들어와야 한다. 제사장들은 나병환자의 완치 여부를 결정하는 공중보건의 역할을 맡아 나병환자의 사회복귀절차를 관장하여야 한다.

14~15절은 곤궁하고 빈한한 품꾼(이스라엘 동포형제든지 이스라엘 백성 성문 안에 우거하는 객이든지 상관없이)을 학대하는 것을 금지하며 그들의 그 품삯을 당일에 즉시 지불할 것을 명한다. 일용노동자의 품삯 지불을 해가 진 후까지(하루 뒤에 지불하는 것) 미루면 안 된다. 그들은 하루 노동으로 그날그날 살아갈 만큼 가난하며 그래서 하루치 품삯을 그만큼 더 간절히 바라기 때문이다. 그 가난한 품꾼이 임금 체불 고용주를 여호와께 고발하지 않게 하여

야 한다. 그렇지 않으면 품꾼의 호소가 그 임금체불자에게 죄책을 초래할 것이다(15절). 가난한 사람들은 모아 놓은 재산이나 부모로부터 상속받은 재산도 없기 때문에 그들에게는 하루 단위로 긴급하게 지급되어야 한다. 즉시 지불되지 않으면 먹을 양식과 입을 옷이 없게 되기 때문이다. 생계가 위태로운 일꾼에게 임금 체불은 엄청난 범죄다.

16절은 직계존비속 사이의 연좌징벌제를 금지한다. 아버지는 그 자식들로 말미암아 죽임을 당하지 말아야 하며, 반대로 자식들도 그 아버지로 말미암아 죽임을 당하지 않아야 한다. 각 사람은 자기 죄로 말미암아 죽임을 당할 것이다(겔 18 : 2-4). 19~22절은 철저 추수 금지법을 말한다. 이스라엘 사람은 밭에서 곡식을 벨 때에 그 한 뭇을 밭에 잊어버렸거든 다시 가서 가져오지 말고 나그네와 고아와 과부를 위하여 남겨 두어야 한다. 그리하면 하나님 여호와께서 고아와 과부를 위해 곡식 한 뭇을 남긴 그 사람에게 복을 주사 그 손으로 하는 모든 일에 복을 내리실 것이다(19절). 마찬가지로 감람나무를 떤 후에 그 가지를 다시 살피지 말고 그 남은 것은 객과 고아와 과부를 위하여 남겨 두어야 한다(20절). 포도원의 포도를 딴 후에도 그 남은 것을 다시 따지 말고 객과 고아와 과부를 위하여 남겨 두어야 한다(21절). 그 이유가 무엇인가? 객, 고아, 과부의 처량한 신세를 몸서리치게 경험했던 때 곧 애굽 땅 종 되었던 집의 시절을 기억하면서 경제적 최약자들에게 하나님처럼 자비롭게 대하여야 한다. 하나님께서는 이스라엘이 애굽 땅에서 종 되었던 것을 기억하는 그 기억의 힘에 의거해 이런 철저하고 세세한 사회적 자비 실천을 하라고 명령하신다(22절).

## 설교를 위한 묵상

구약예언서 중 가장 충격적인 예언서 중 하나는 호세아일 것이다. 호세아는 이미 정절을 잃어버린 아내를 다시 되찾아 오고자 애쓰는 남편들의 이야기이기 때문이다.

합법적으로 결혼한 남편을 버리고 숱한 정부(情夫)들을 좇아다니다가 버림받은 여인을 다시 되찾으려는 두 명의 남편들은 호세아 자신과 야웨 하나님이시다. 호세아는 음란한 여인 고멜과 결혼을 해 자녀를 세 명이나 낳았다. 그러나 어느 날 고멜은 남편을 버리고 정부들과 사랑 행각을 벌였다. 호세아의 비극적인 가정사는 하나님의 거절된 구애와 배반당한 파토스를 담아 내기에 적합한 그릇이었다. 야웨 하나님과 이스라엘은 호렙산에서 언약을 맺어 배타적 친밀성과 사랑의 속박을 받아들이기로 했다. 야웨 하나님과 이스라엘은 각각 이 호렙산 언약의 의미를 심각하게 알고 언약관계에 돌입했다. 그런데 광야시절까지만 해도 그런대로 야웨께 아내로서의 충절을 지키던 이스라엘이 가나안 땅에 들어가서는 야웨 하나님과의 배타적인 혼인관계를 일방적으로 파기하고 말았다. 가나안 땅에 들어간 이스라엘의 음행은 다른 신들을 따르는 종교적 일탈과 강대국의 안전보장과 군사동맹에 자신의 미래를 맡기는 외교적 모험으로 나타났다. 예레미야는 이스라엘의 영적 간음을 우상 숭배라고 규정했고, 호세아는 바알 숭배 외에 강대국(앗수르와 애굽) 의존과 군사동맹 구걸을 간음이라고 보았다. 그래서 호세아는 이스라엘이 정절을 잃은 창녀가 되어 버렸다고 개탄한다.

"내 백성이 지식이 없으므로 망하는도다 네가 지식을 버렸으니 나도 너를 버려 내 제사장이 되지 못하게 할 것이요 네가 네 하나님의 율법을 잊었으니 나도 네 자녀들을 잊어버리리라 그들은 번성할수록 내게 범죄하니 내가 그들의 영화를 변하여 욕이 되게 하리라 그들이 내 백성의 속죄제물을 먹고 그 마음을 그들의 죄악에 두는도다 장차는 백성이나 제사장이나 동일함이라 내가 그들의 행실대로 벌하며 그들의 행위대로 갚으리라 그들이 먹어도 배부르지 아니하며 음행하여도 수효가 늘지 못하니 이는 여호와를 버리고 따르지 아니하였음이니라 음행과 묵은 포도주와 새 포도주가 마음을 빼앗느니라 내 백성이 나무에게 묻고 그 막대기는 그들에게 고하나니 이는 그들이 음란한 마음에 미혹되어 하나님을 버리고 음행하였음이니라"(호 4 : 6-12). 이렇게 음란해진 아내 이스라엘을 향한 남편 되신 야웨의 사랑을 보자(호 2 : 14-20). 하나님은 그 마음속에서 결정적인 돌이킴을 경험하신다. 에브라임을 향한 진노가 불타는 긍휼로 바뀌어진다. 하나님의 마음은 에브라임과 유다는 소돔과 고모라처럼 멸망시킬 수 없다는 결론에 이르며 신적인 자비로 충일해진다(호 11 : 8-9). 마침내 야웨 하나님은 이스라엘을 다시 광야(바벨론 유배, 앗수르 유배)로 데리고 가서 타이르고 위로하여 바람난 아내의 마음을 되돌리려고 분투하신다. "그러므로 보라 내가 그를 타일러 거친 들로 데리고 가서 말로 위로하고 거기서 비로소 그의 포도원을 그에게 주고 아골 골짜기로 소망의 문을 삼아 주리니 그가 거기서 응대하기를 어렸을 때와 애굽 땅에서 올라오던 날과 같이 하리라 여호와께서 이르시되 그날에 네가 나를 내 남편이라 일컫고 다시는 내 바알이라 일컫지 아니하리라 내가 바알들의 이름을 그의 입에서 제거하여 다시는 그의 이름을 기억하여 부르는 일이 없게 하리라 그날에는 내가 그들을 위하여 들짐승과 공중의 새와 땅의 곤충과 더불어 언약을 맺으며 또 이 땅에서 활과 칼을 꺾어 전쟁을 없이하고 그들로 평안히 눕게 하리라 내가 네게 장가들어 영원히 살되 공의와 정의와 은총과 긍휼히 여김으로 네게 장가들며 진실함으로 네게 장가들리니 네가 여호와를 알리라"(호 2 : 14-20).

이런 파격적인 호세아의 선언에 대해 100여 년 후의 예레미야는 다음과 같이 반응한다. "그들이 말하기를 가령 사람이 그의 아내를 버리므로 그가 그에게서 떠나 타인의 아내가 된다 하자 남편이 그를 다시 받겠느냐 그리하면 그 땅이 크게 더러워지지 아니하겠느냐 하느니라 네가 많은 무리와 행음하고서도 내게로 돌아오려느냐 여호와의 말씀이니라"(렘 3 : 1). 예레미야는 지금 신명기 24 : 1~4의 이혼법을 언급하고 있다. 예레미야도 호세아처럼 이스라엘의 언약 위반을 탄핵하기 위하여 아내와 남편의 비유, 간음과 매춘 이미지를 동원한다. 신명기 24 : 1~4(특히 4절)의 법규정을 인증(引證)하면서, 예레미야는 만일 어떤 이스라엘 남자가 자신에게 이혼당한 후 다른 남자의 아내가 되었던 여자를 정상적인 법 안에서는 다시 아내로 맞을 수 없다면, 많은 정부(情夫/바알들, 강대국)들을 따라다니며 매춘 행위를 했던 유다(이스라엘)가 야웨께로 되돌아 와 재결합할 수 없다는 것 또한 당연하다는 점을 선포하고 있다. 즉, 하나님께서 바람난 아내였던 이스라엘을 다시금 받아들일 수 없다는 것이다. 왜냐하면 이렇게 정절이 나쁜 아내들이 여러 남자들을 거쳐 다시 본 남편의 아내로 되돌아간다면 복잡한 상속관계, 가족관계 등으로 가나안 땅이 더럽혀지기 때문이다. 레위기 18장이나 신명기 24장은 공히 땅은 거주자들의 매춘과 간음 행위들로 더럽혀진다는, 땅과 거민의 연대적 성결원리를 내세우고 있다. 이런 논리에 따르면 음란한 여인 이스라엘의 정숙하지 못한 행동들이 땅을 더럽혔고, 그녀로 하여금 첫 남편인 야웨께 '되돌아가는 것'을 가로막고 있는 것이다. 예레미야는 신명기 24 : 1~4을 언급함으로써 이스라엘이 회개해 다시 야웨 자신께 되돌아 오기를 기대하고 요구하는 것 자체가 얼마나 당대의 법률적인 상식을 크게 손상시키는 파격적인 제안인지를 보여 주고 싶었을 것이다.
한 걸음 더 나아가서 호세아 2 : 14~20에서는 야웨가 자신의 옛 아내인 이스라엘이 바알이라는 두 번째 남편을 버리고 감히 다시 자신에게로 되돌아 오면 받아 주겠다는 파격적인 선언을 하고 있다. 이처럼 야웨 자신은 이혼녀가 전남편과 재결합하는 것을 금지하는 신명기 24 : 1~4의 법을 어겨 가면서까지 이스라엘을 다시금 언약백성으로 삼아 주시려고 하는 것이다. 호세아의 하나님은 율법을 초극하는 사랑과 자비의 하나님이시다. 이 호세아의 하나님이 바로 예수 그리스도를 파송하여 죄악된 인류를 구속하시고자 분투하시는 하나님 아버지다. 요한복음 8장의 간음하다 붙잡힌 여인은 호세아에 대한 너무나 분명한 그림 해설이다. 이스라엘은 간음하다 현장에서 붙잡힌 여인과 같다. 돌로 쳐 죽여야 마땅한(신 22 : 22) 죄인이다. 예수님은 간음하다 붙잡혀 성난 군중들 앞에 끌려 나와 주저앉혀진 여인 쪽으로 자신도 몸을 구푸린다. 땅에 무엇인가를 쓰시며 이 성난 군중의 분노를 당신에게 집중시키신다. 당신의 독생자를 음란한 여인 이스라엘에게 보내 주신 바로 그 하나님이 간음하다 붙잡힌 아내를 다시 용서하시는 호세아의 하나님이시다. 하나님의 사랑은 끝이 없고 그 깊이와 크기는 측량할 길이 없다. 에베소 교회를 향한 사도 바울의 기도문이 우리의 열망을 잘 표현한다(엡 3 : 14-19).
"이러므로 내가 하늘과 땅에 있는 각 족속에게 이름을 주신 아버지 앞에 무릎을 꿇고 비노니 그의 영광의 풍성함을 따라 그의 성령으로 말미암아 너희 속사람을 능력으로 강건하게 하시오며 믿음으로 말미암아 그리스도께서 너희 마음에 계시게 하시옵고 너희가 사랑 가운데서 뿌리가 박히고 터가 굳어져서 능히 모든 성도와 함께 지식에 넘치는 그리스도의 사랑을 알고 그 너비와 길이와 높이와 깊이가 어떠함을 깨달아 하나님의 모든 충만하신 것으로 너희에게 충만하게 하시기를 구하노라."

## 14. 형제 사랑, 이웃 배려, 원수 대적에서 드러나는 공평과 정의(25 : 1-19)

### 1) 무자비한 태형 금지 규정(25 : 1-3)

> [1]사람들 사이에 시비가 생겨 재판을 청하면 재판장은 그들을 재판하여 의인은 의롭다 하고 악인은 정죄할 것이며 [2]악인에게 태형이 합당하면 재판장은 그를 엎드리게 하고 그 앞에서 그의 죄에 따라 수를 맞추어 때리게 하라 [3]사십까지는 때리려니와 그것을 넘기지는 못할지니 만일 그것을 넘겨 매를 지나치게 때리면 네가 네 형제를 경히 여기는 것이 될까 하노라

**[25 : 1-3]** 1~3절은 공정한 재판을 명하는 규정이다. 특히 2절은 재판 결과 태형을 선고받은 죄인에게 태형을 40대 이상 칠 수 없도록 규정하는데, 그 이유는 과도한 태형이 죄에 대한 응징을 넘어 단죄된 이스라엘 동포형제 자체를 모멸하고 그의 인권을 훼손하는 것으로 간주될 가능성이 있기 때문이다(3절). 엄중한 징벌과 인권 존중 사이에 균형감각을 유지하라는 것이다. 가혹한 법 집행은 인권을 파괴할 위험성이 있기 때문이다. 자신이 사십에 하나 감한 매를 다섯 번 맞았다고 진술하는 사도 바울은 이 규정을 언급하고 있다고 보여진다(고후 11 : 24). 오늘날 우리나라는 검찰수사 단계부터 인권 침해가 이뤄져 피의자들과 피고들이 자살로 대항하는 경우가 가끔 일어난다. 불량국가라고 불리는 북한이나 인권국가라고 알려진 미국, 가릴 것 없이 각국의 검찰과 사법부는 수사단계부터 반인권적인 고문과 무리한 기소, 정의롭지 못한 재판을 일삼고 있다. 신명기의 과도한 징벌 억제 법정신과 충돌하는 야만의 유물이 아닐 수 없다.

### 2) 곡식 떠는 소 배려 규정(25 : 4)

> [4]곡식 떠는 소에게 망을 씌우지 말지니라

**[25 : 4]** 이 규정은 가축 소를 위한 규정일 수도 있다. 노동하는 가축의 생존권

규정으로 어쩌면 동물생존권 대강령이다. 그러면서도 이 절은 이런 문자적 의미 너머를 가리키고 있다. 노동하는 자가 반드시 생계 유지를 보장받아야 한다는 것이다. 오늘날 소처럼 일하면서도 망을 씌운 소처럼 먹고 사는 일이 고달픈 사람들이 얼마나 많은가? 스위스의 사회학자인 장 지글러(Jean Ziegler)는 「왜 세계의 절반은 굶주리는가?」라는 책에서 세계식량 생산량은 세계인구의 식량을 자급하고도 남는다고 말한다.[55] 초과생산이다. 그러나 사회경제적 불의, 관료의 부패, 곡물시장의 탐욕기제 등이 복합적으로 작용해 세계의 절반은 굶주린다. 19세기 미국 사상가 헨리 조지(Henry George)는 세계적 경제 성장은 빈곤층의 증가를 가져온다는 역설을 발견하고 「진보와 빈곤」을 저술했다. 토지집중을 통해 임금노동자가 버는 소득이 토지임대료 등의 상승을 따라가지 못해 경제적 규모의 확장과 진보에도 불구하고 빈곤은 비례적으로 증가하는 현실을 지적했다. 하나님이 하늘에서 땅을 하감하실 때 곡식 떠는 소가 망을 씌운 채 일하는 것이 발견된 것이다. 신명기의 맥락상 곡식 떠는 소는 생계를 위하여 인신을 저당잡힌 채 하루 종일 일하지만 임금 체불을 강요당하는 날품팔이 같은 일꾼일 수 있다. 하나님은 모든 노동에는 생계 유지라는 보상이 주어져야 한다고 명하신다. 생계를 유지할 수 없는 가혹한 경제 성장, 기술집약적 기계화 주도 성장, 이른바 고용 없는 신자유주의 성장(jobless prosperity)은 오늘날 청년세대를 망 씌운 채 곡식 떠는 소 떼로 전락시킨다. 신자유주의 경제가 이상화하고 있는 경제 성장이 대중을 실업자로 만드는 성장이라면, 이것은 사회안전망을 급격하게 허물어뜨리는 반공동체적인 행위다. 4절은 간결하지만 이 세상의 불의한 경제현실을 섬광 같은 계시로 밝혀 준다. 많은 교회의 부교역자들, 중소기업 노동자, 일용 노동자, 외국인 노동자 등 불리한 여건 속에서의 노동을 강요당하는 부업자들(아르바이트)이 망 씌운 채 곡식 떠는 소 떼다. 마지막으로 사도 바울의 촌철살인을

---

55) Jean Ziegler, *La faim dans le monde expliquee a mon fils*, 유영미 역, 「왜 세계의 절반은 굶주리는가?」(서울 : 갈라파고스, 2007), 16.

들어보자. "곡식을 밟아 떠는 소에게 망을 씌우지 말라 기록하였으니 하나님께서 어찌 소들을 위하여 염려하심이냐…… 곡식 떠는 자는 함께 얻을 소망을 가지고 떠는 것이라"(고전 9 : 9-10). 바울은 여기서 신명기 25 : 4을 가지고 주님의 복음사역자들이 교회로부터 정당한 사례를 받아야 한다고 말한다. 이 특수한 맥락의 권면은 '소처럼 일하는 모든 노동자들에게 생존권을 보장하라'는 말로 들린다.

### 3) 형사취수(兄死娶嫂) 제도(25 : 5-10)

[5]형제들이 함께 사는데 그중 하나가 죽고 아들이 없거든 그 죽은 자의 아내는
나가서 타인에게 시집가지 말 것이요 그의 남편의 형제가 그에게로 들어가서
그를 맞이하여 아내로 삼아 그의 남편의 형제 된 의무를 그에게 다 행할 것이
요 [6]그 여인이 낳은 첫아들이 그 죽은 형제의 이름을 잇게 하여 그 이름이
이스라엘 중에서 끊어지지 않게 할 것이니라 [7]그러나 그 사람이 만일 그 형제
의 아내 맞이하기를 즐겨하지 아니하면 그 형제의 아내는 그 성문으로 장로
들에게로 나아가서 말하기를 내 남편의 형제가 그의 형제의 이름을 이스라엘
중에 잇기를 싫어하여 남편의 형제 된 의무를 내게 행하지 아니하나이다 할
것이요 [8]그 성읍 장로들은 그를 불러다가 말할 것이며 그가 이미 정한 뜻대로
말하기를 내가 그 여자를 맞이하기를 즐겨하지 아니하노라 하면 [9]그의 형제
의 아내가 장로들 앞에서 그에게 나아가서 그의 발에서 신을 벗기고 그의 얼
굴에 침을 뱉으며 이르기를 그의 형제의 집을 세우기를 즐겨 아니하는 자에
게는 이같이 할 것이라 하고 [10]이스라엘 중에서 그의 이름을 신 벗김 받은 자
의 집이라 부를 것이니라

**[25 : 5-10]** 5~10절은 죽은 형제의 대(代)가 끊어지지 않도록 형의 아내(혹은 동생의 아내 제수)를 아내로 맞아 첫아들을 낳아 죽은 형제의 아들로 주라고

명하는 제도다(5절). 동생이 형수에게서 낳아 준 첫 아들이 죽은 형제의 이름을 이음으로써 상속자가 되어 죽은 형제의 이름이 이스라엘에서 끊어지지 않게 하여야 한다(6절). 즉, 그 입양된 아들이 죽은 형제에게 남겨진 땅을 보전하게 하라는 규정이다. 그런데 죽은 형의 동생이나 형제가 그의 남겨진 아내를 아내로 취하기를 즐겨하지 아니하면 그 형제의 아내는 성문 장로들에게로 이 상황을 보고하여 도움을 요청할 수 있다. "내 남편의 형제가 그의 형제의 이름을 이스라엘 중에 잇기를 싫어하여 남편의 형제 된 의무를 내게 행하지 아니하나이다"(7절). 성읍 장로들은 즉시 그 형의 아내를 취하기를 거절하는 그 남자의 의향을 직접 물어 그것이 사실로 드러나면("내가 그 여자를 맞이하기를 즐겨하지 아니하노라", 8절), 그 형제의 아내가 장로들이 보는 앞에서 그 인색한 형제의 신발을 벗기고 그 얼굴에 침을 뱉으며, "그의 형제의 집을 세우기를 즐겨 아니하는 자에게는 이같이 할 것이라"고 말해야 한다(9절). 죽은 형의 기업 무르기(되찾아 주기)를 거절하는 그 인색한 형제는 그 후부터 그의 집이 '신 벗김 받은 자의 집'이라고 불리게 될 것이다. 형제의 거덜 난 기업을 되찾아 주는 데 인색하고 무관심한 자라는 오명을 뒤집어쓰게 되는 것이다. 죽은 형제의 거덜 난 기업(땅)을 다시 형의 이름으로 되찾아 주기를 거절한 자에게는 거의 명예살인과 같은 공동체적 징벌이 가해진 것이다.

왜 이런 명예살인과 같은 징벌을 자초해 가면서도 엘리멜렉의 그 최근족은 끝내 기업 무르기를 거절했을까? 룻기 4장이 어느 정도 그 이유를 말해준다. 아마도 죽은 형제의 아내를 다시 자기 아내로 맞이하여야 하는 동생(형제)에게는 경제적인 손실이나 생명력 소진을 감수해야 했을 가능성이 있었을 것이다. 그래서 누구나 자원해서 형사취수를 하지는 않았다는 것이다. 이 때문에 형사취수의 요구가 법제화되었을 것이다. 룻기 4장에 나오는 나오미의 가장 가까운 친척(엘리멜렉의 가장 가까운 친척)은 이 죽은 형제의 가업을 이어주기 위하여 죽은 형제의 아내(룻)를 아내로 취할 의무를 포기했다(룻 4 : 6-12, 특히 6절, "나는 내 기업에 손해가 있을까 하여 나를 위하여 무르지 못하노니……"). 그는 성문 앞에서 공식적으로 죽은 형제의 아내를 자신의 아내로 맞이하여 죽은 형제의 기업을 이어 주는 신성한 의무를 거부하였기 때문에 공동체에게 불명예스러운 심판, 즉 신발을 벗기우는 벌을 받았다(룻 4 : 8). 신발은 고대 이스라엘 사회에서 사회적 자아(계약구성원의 책임)를 의미하였다. 개인간의 계약을 맺을 때 주고받는 증표가 신발이었다. 엘리멜렉의 최근 족인 그 남자는 신 벗김 받은 자의 집(벧 할루츠 한나알〈bêth ḥălûṣ hannā'al〉, the house of the one whose sandal was put off, 신 25 : 10)이라는 공개적인 조롱을 받아 가면서도 형사취수를 거부했다. 이런 전체적인 상황을 고려하면 보아스가 얼마나 너그럽고 의로운 사람인지를 알 수 있다(룻 4 : 8-17). 이 보아스가 오벳을 낳고 오벳은 이새를 낳고 이새가 다윗을 낳았다. 다윗은 하나님의 인애와 인간의 인애가 완벽한 화음을 이룬 신앙 명문가문에서 출생했다. 룻기의 메시지 중 하나는 다윗의 가문을 예찬하는 용비어천가적인 울림인 셈이다. 사두개인은 예수님과의 대논쟁의 날에 논쟁하면서 부활신앙의 어리석음을 조롱하기 위해 신명기 25 : 5을 인증했다가 예수님에게 성경을 오해했다는 질책을 받고 물러갔다(마 22 : 23-33 ; 막 12 : 19-23 ; 눅 20 : 27-40).

### 4) 이웃과의 다툼과 일상적 상거래에서도 지켜져야 하는 공평과 정의 (25 : 11-16)

[11]두 사람이 서로 싸울 때에 한 사람의 아내가 그 치는 자의 손에서 그의 남편을 구하려 하여 가까이 가서 손을 벌려 그 사람의 음낭을 잡거든 [12]너는 그 여인의 손을 찍어 버릴 것이고 네 눈이 그를 불쌍히 여기지 말지니라 [13]너는 네 주머니에 두 종류의 저울추 곧 큰 것과 작은 것을 넣지 말 것이며 [14]네 집에 두 종류의 되 곧 큰 것과 작은 것을 두지 말 것이요 [15]오직 온전하고 공정한 저울추를 두며 온전하고 공정한 되를 둘 것이라 그리하면 네 하나님 여호와께서 네게 주시는 땅에서 네 날이 길리라 [16]이런 일들을 행하는 모든 자, 악을

행하는 모든 자는 네 하나님 여호와께 가증하니라

**[25 : 11–16]** 이 단락은 다른 남자와 싸우는 남편을 편들기 위해 상대 남자의 음낭을 잡은 여자를 엄벌하라는 규정(11–12절)과 불의하고 사기성을 띤 도량형으로 장사하는 상행위를 단죄하는 규정(13–16절)으로 구성되어 있다. 11~12절은 가나안 종교의 영향으로 스스로 거세한 자들의 경우와는 별도로 야웨의 총회에 가입할 수 없는 신낭이나 고환 상한 자(신 23 : 1–2)가 어떻게 생기는지를 예시하는 것처럼 보인다. 13~16절은 부당한 도량형으로 부당 이익을 취하는 상행위를 단죄한다. 저울추나 되나 말 등 도량형들은 물건을 파는 상인들에게 항구적인 유혹이 되었을 것이다. 기독교인 상인은 자신의 믿음을 과시하기 위해서 교회에 큰 헌금을 드리는 것보다, 100파운드의 손해를 감수하면서도 정확하고 의로운 도량형을 사용하는 것이 더 낫다. 정직한 도량형을 사용하는 이스라엘 사람의 상행위에 주어지는 하나님의 복은 약속의 땅을 장구하고 영속적으로 향유하는 복이다(15절). 하지만 부당 도량형으로 축재하는 모든 사람들은 야웨께 가증한 자들로 분류된다. 가증한 자들은 야웨의 언약적 축복을 누리는 데서 영구적으로 배제되는 심판을 자초한다.

### 5) 아말렉 도말 규정(25 : 17–19)

17너희는 애굽에서 나오는 길에 아말렉이 네게 행한 일을 기억하라 18곧 그들
이 너를 길에서 만나 네가 피곤할 때에 네 뒤에 떨어진 약한 자들을 쳤고 하
나님을 두려워하지 아니하였느니라 19그러므로 네 하나님 여호와께서 네게
기업으로 주어 차지하게 하시는 땅에서 네 하나님 여호와께서 사방에 있는
모든 적군으로부터 네게 안식을 주실 때에 너는 천하에서 아말렉에 대한 기
억을 지워버리라 너는 잊지 말지니라

**[25 : 17-19]** 이 단락은 아말렉 족속을 불구대천 원수로 등재하고 아말렉에 대한 무한증오를 정당화하는 것처럼 보인다. 이 무시무시한 특정 인종혐오적 강령은 출애굽 행진 시 아말렉 족속이 이스라엘의 부녀자나 어린아이들에게 가한 만행과 천인공노할 악행 때문이다(17-18절). 이 만행은 이스라엘과 아말렉을 불구대천의 원수지간으로 만들어 버렸다. 출애굽기 17장에 기록된 아말렉족과의 전쟁에서 이스라엘 백성은 아말렉의 후방공격(비전투요원, 아녀자, 연약한 자들)으로 치명상을 입은 듯하다. 그래서 출애굽기 17장에서도 아말렉 족속에 대한 기억이 영원히 소멸될 것이라는 저주 선언이 나온다(민 24 : 20 ; 삼상 15장과 30장 ; 대상 4 : 41-43). 이 적개심의 수준은 거의 종족 학살의 경지에 이르고, 심지어 호전적 전쟁 선동 정신에 고취된 많은 전쟁 이야기에서 기대할 수 있는 적개심을 훨씬 뛰어넘는 극단적 인종혐오다. 아말렉 족속에 대한 증오의 근거가 무엇이든, 패트릭 밀러가 잘 지적하듯이 우리는 이 이야기가 다른 민족에 대한 이스라엘 민족의 궁극적인 배척 지침을 제시한다고 보아서는 안 된다.[56] 이스라엘 역사의 특정한 시대에 고조되었던 특정 민족에 대한 극단화된 증오심과 적대심이라고 보아야 한다. 따라서 아말렉에 대한 이 극단적 말살감정은 역사적 기억층에 고열 처리되어 박혀 있는 기억의 화석이라고 보아야지, 이스라엘 역사를 관통하는 무시간적 특정 인종 혐오교리로 보아서는 결코 안 된다. 구약성서 안에는 무시간적 효력을 갖는 율법도 있으나 어떤 규정에는 특정 시기의 이스라엘 민족이 품은 제한된 관점이나 견해도 들어 있다. 여기서 하나님의 잔혹한 이미지를 해석함에 있어서 두 가지 점을 유념할 필요가 있다. 첫째, 25 : 17~19의 '아말렉'을 특정 민족을 가리키는 고유명사로 보기보다는 전쟁의 야만성, 비인도적인 무자비와 악행의 화신의 의미로 보자는 것이다. 역사상 한때 등장하였다가 소멸해 버린 대양의 포말 같은 한 족속에 대한 증오심의 분출이 아니라 아말렉이 행한 악행에 대한 단죄라고 보아야 한다(시 83 : 4). 아말렉 족속(기억) 도말 명령은 무시간

56) Miller, *Deuteronomy*, 177.

적 효력을 갖는 계명이라기보다는 아말렉 족속이 행한 악행을 영구적으로 미워하라는 말로 해석하여야 할 것이다. 둘째, 하나님의 백성을 대적했던 민족들을 어떻게 대해야 할 것인가에 대하여 다른 가르침을 주는 성경본문(요나와 룻기)과 열방에 대해 자비롭고 포용적인 하나님 이미지가 아말렉 도말명령을 내리는 잔혹한 하나님 이미지를 어느 정도 약화시킨다는 것이다. 결론적으로 영구적으로 도말되어야 할 '아말렉'은 하나님의 영구적인 적을 상징하는 일반명사로 사용된다고 보는 것이 좋다. 그래서 출애굽기 17장이나 신명기 25 : 17~19에 근거하여 특정 민족에 대한 적개심을 영속화하거나 절대화하는 것은 옳지 않다. 성경의 더 많은 곳에서는 하나님의 백성들과 대립하였던 이민족들에게까지 확장되는 하나님의 무한 자비를 말하고 있기 때문이다(사 19 : 16-25). 아말렉이 이민족이기 때문에 미워해서는 안 되며 다만 그가 행한 악행을 영원히 미워하고 대적하여야 한다.

## 설교를 위한 묵상

부정직한 도량형 사용 금지 규정은 신명기 법전의 성민 일상생활법(civil law) 중 제일 뒤에 배치되어 있음으로 그 중요성이 크게 부각되어 있다. 레위기에서는 공평한 도량형 규정이 재판 맥락에서 언급되며, 이웃 사랑 계명장인 레위기 19장의 마지막(35-36절)에 배치되어 정직한 도량형이 이웃 사랑의 가장 마지막 보루라는 인상을 준다. "너희는 재판할 때나 길이나 무게나 양을 잴 때 불의를 행하지 말고 공평한 저울과 공평한 추와 공평한 에바(약 22리터)와 공평한 힌(3.67리터)을 사용하라 나는 너희를 인도하여 애굽 땅에서 나오게 한 너희의 하나님 여호와이니라" 정직한 도량형 사용 규정은 인간 안에 있는 사기적 경향을 항구적으로 지적한다. 이 규정은 일견 상거래에 종사하는 사람들을 위한 상거래 규정처럼 보이지만 더 깊이 들여다보면 두 종류의 저울추 계명은 인간의 자기중심성에 대한 항구적 고발이다. 고대근동과 이스라엘의 많은 고고학적 유물들 중 가장 많이 발견되는 것들 중 하나가 저울추다. 신명기가 경고한 대로 비슷하지만 크기와 무게가 천차만별인 저울추들이 발견되었다. 도량형 무정부주의 시대였다. 요즘도 육고기를 주로 파는 음식점에서 무게를 속여 판다고 고발당하는 일이 끊이지 않고 일어난다. 두 종류의 도량형은 일단 조건이 되면 이웃을 속이겠다는 결연한 의지다. 두 종류의 저울추를 주머니에 넣고 다니는 상인은 물건을 팔 때는 작은 저울추를, 도매 구입을 할 때는 큰 저울추를 사용했을 것이며, 곡물을 재는 되의 경우에도 마찬가지였을 것이다. 작은 한 되로 곡식을 빌려 주거나 팔며 되돌려 받을 때는 말로 받고 싶은 유혹이 타락한 인간성 안에 자리잡고 있다. 실시간으로 이익을 남겨야 하는 상업 혹은 상거래는 인간의 타락한 사기성을 자극한다. 불의한 저울추는 작은 차이지만 이 작은 차이를 오랫동안 누적시키면 엄청난 차이가 나게 마련이다. 합법적인 절차를 과장해서 적게 주고 많이 받는 식으로 부당거래를 일삼다 보면 어느새 엄청난 사취 이득이 생기게 된다. 남을 속여서 얻는 이득은 '훔친 사과가 맛있다'는 반(反)기독교적 속담의 불편한 진실을 확정한다.

야웨 하나님은 온전하고(쉘레마〈šĕlēmā〉) 정직한(체데크〈의로움〉) 저울추(에벤〈'eben, 문자적으로 '돌'〉)와 되(에바〈'êpā〉)를 사용할 것을 명하는데, 그 이유는 공정한 도량형을 통한 공정한 상거래는 이스라엘 언약공동체의 존립을 결정적으로 가능하게 하는 골조와 기둥이기 때문이다. 쉘레마는 '보상하다', '정당한 몫을 주다'를 의미하는 샬렘(šālēm)에서 파생된 형용사로서, 온전한, 건강, 평화를 의미하는 샬롬과 동근어다. '온전한'이라는 형용사는 샬롬을 가져오고 이웃에게 정당한 것을 돌려주는 행동을 의미한다. 정직한 저울추 사용은 이웃에게 마땅히 돌려줘야 할 것을 주는 샬렘 행위를 의미한다. 상인들이나 재판관들이 이웃 간의 채무변제소송을 진행할 때 정직한 저울추를 사용하지 않으면 평화가 오지 않는다. 만일 채권자인 유력한 상인의 편을 들기 위해 재판관이 부정한 저울추와 되를 이용해서 빌려 간 채무변제소송을 집행하는 경우(레 19 : 35-36) 평화는 깨어지고 만다. 온전한 저울추(에벤 쉘레마)는 이웃 간에 샬롬(평화)을 창조하는 저울추다.

인간사회는 토목공학적 구조물이다. 돌로 쌓여진 토목구조물의 경우 가장 아래층에 깔린 돌이 가장 힘을 많이 받는 고단한 자리다. 서민이라고 불리는 하층민들은 피라미드 구조물의 가장 아래층에 깔린 돌과 같다. 그들이 만일 공정치 못한 상거래와 재판의 피해자가 된다면, 그리하여 그들이 그 토목공학적 구조물에서 이탈하게 된다면 공동체는 붕괴되어 버린다. '공정한'이라고 번역된 히브리어는 체데크인데, 이 단어는 여기서 명사로 사용된다. 쉘레마는 형용사며, 체데크는 명사로서 문법적으로 어색한 구문이다. 체데크는 언약공동체 구성원 사이에 있어야 할 유대감, 의리, 의무조항 준수를 가리킨다. 온전하고 공정한 저울추는 히브리어 '에벤 쉘레마 봐체데크'를 번역한 말로서 직역하면 '온전한(이웃과 평화를 누리게 만드는 저울추) 그리고 의의 저울추'다. 에벤 체데크는 의(義)의 저울추(문자적으로는 '돌')로서 이스라엘 언약공동체 구성원들을 강하게 결속시키는 저울추라는 말이다. 정직하고 의리가 깊은 언약공동체가 가나안 땅을 오랫동안 누리는 것은 당연하다. 정직하고 평화를 창조하는 도량형을 사용하는 족속이 하나님이 주신 땅 선물을 장구하게 누릴 것이다. 그러나 공정하지 못한 저울추와 되를 사용하는 모든 자들은 악을 행하는 자들이며, 이스라엘 언약공동체를 깨뜨리는 자며 야웨께 가증한 자, 즉 야웨께 토해 냄을 당할 자들이다. 우리나라에 결정적으로 넘치는 것이 열정이라면 결정적으로 모자라는 것은 정직이다. 분단 70년을 지낸 한국이 정녕 극일(克日)을 하려면 일단 일본과의 '정직' 싸움에서 이겨야 한다. 기독교윤리실천운동에 따르면 우리나라는 일본에 비해 무고죄 소송이 600배 이상이며, 위증죄 소송도 일본보다 압도적으로 많다고 한다. 도덕적-윤리적 후진국의 오명은 1인당 소득 4만 달러로도 씻어 낼 수 없다. 상거래, 행정업무 처리, 작은 민원 처리 등 모든 일상생활에서의 정직, 공명정대는 복음으로 나라를 세우는 데 결정적으로 긴요한 미덕이다. 한국 교회부터 선진국 시민들 수준의 '정직'을 넘어 신명기 수준의 정직에까지 자라 가야 한다. 한국 교회가 재정 사용에서나 헌금 운용에서 정직해야 하고, 한국 교회 그리스도인이 각자의 직업에서 정직하여야 한다. 이웃은 사랑의 대상이지 사기와 기만의 대상이 아니다.

## 15. 토지 소산 맏물과 소득의 십일조를 나눔으로 부요해지는 하나님의 보배 백성(26 : 1-19)

### 1) 토지 소산 맏물과 십일조 규정(26 : 1-15)

1 네 하나님 여호와께서 네게 기업으로 주어 차지하게 하실 땅에 네가 들어가

서 거기에 거주할 때에 [2]네 하나님 여호와께서 네게 주신 땅에서 그 토지의
모든 소산의 맏물을 거둔 후에 그것을 가져다가 광주리에 담고 네 하나님 여
호와께서 그의 이름을 두시려고 택하신 곳으로 그것을 가지고 가서 [3]그때의
제사장에게 나아가 그에게 이르기를 내가 오늘 당신의 하나님 여호와께 아뢰
나이다 내가 여호와께서 우리에게 주시겠다고 우리 조상들에게 맹세하신 땅
에 이르렀나이다 할 것이요 [4]제사장은 네 손에서 그 광주리를 받아서 네 하나
님 여호와의 제단 앞에 놓을 것이며 [5]너는 또 네 하나님 여호와 앞에 아뢰기
를 내 조상은 방랑하는 아람 사람으로서 애굽에 내려가 거기에서 소수로 거
류하였더니 거기에서 크고 강하고 번성한 민족이 되었는데 [6]애굽 사람이 우
리를 학대하며 우리를 괴롭히며 우리에게 중노동을 시키므로 [7]우리가 우리
조상의 하나님 여호와께 부르짖었더니 여호와께서 우리 음성을 들으시고 우
리의 고통과 신고와 압제를 보시고 [8]여호와께서 강한 손과 편 팔과 큰 위엄과
이적과 기사로 우리를 애굽에서 인도하여 내시고 [9]이곳으로 인도하사 이 땅
곧 젖과 꿀이 흐르는 땅을 주셨나이다 [10]여호와여 이제 내가 주께서 내게 주
신 토지 소산의 맏물을 가져왔나이다 하고 너는 그것을 네 하나님 여호와 앞
에 두고 네 하나님 여호와 앞에 경배할 것이며 [11]네 하나님 여호와께서 너와
네 집에 주신 모든 복으로 말미암아 너는 레위인과 너희 가운데에 거류하는
객과 함께 즐거워할지니라 [12]셋째 해 곧 십일조를 드리는 해에 네 모든 소산의
십일조 내기를 마친 후에 그것을 레위인과 객과 고아와 과부에게 주어 네 성
읍 안에서 먹고 배부르게 하라 [13]그리할 때에 네 하나님 여호와 앞에 아뢰기
를 내가 성물을 내 집에서 내어 레위인과 객과 고아와 과부에게 주기를 주께
서 내게 명령하신 명령대로 하였사오니 내가 주의 명령을 범하지도 아니하였
고 잊지도 아니하였나이다 [14]내가 애곡하는 날에 이 성물을 먹지 아니하였고
부정한 몸으로 이를 떼어 두지 아니하였고 죽은 자를 위하여 이를 쓰지 아니
하였고 내 하나님 여호와의 말씀을 청종하여 주께서 내게 명령하신 대로 다

행하였사오니 [15]원하건대 주의 거룩한 처소 하늘에서 보시고 주의 백성 이스라엘에게 복을 주시며 우리 조상들에게 맹세하여 우리에게 주신 젖과 꿀이 흐르는 땅에 복을 내리소서 할지니라

**[26 : 1-15]** 신명기 법전(12-26장)은 가나안 땅에서 얻은 수확물들 중에서 이스라엘이 하나님께 드릴 예물들과 관련된 두 가지 단계의 가르침들과 함께 마무리된다. 신명기 법전은 12장의 예배지침으로 시작해서 26장의 예배지침으로 끝난다. 올바른 하나님 예배 없이는 어떤 계명도 준행할 수 없다는 것이다. 예배는 하나님의 영으로 감화감동되는 시간이다. 신명기 법전의 종결부는 경건한 예배로 감화감동된 이스라엘의 사회적인 자비 실천 강령을 제시한다.

신명기 법전의 서두도 참 하나님에 대한 바른 예배로 시작되고, 마지막도 바른 예배로 종결된다. 토지 소산의 맏물을 헌물로 드리라는 26 : 1~11의 율법은 이미 18 : 4에서 언급되었고, 26 : 12~15에서 규정된 3년마다 시행하는 십일조 헌물 규정도 14 : 28~29에서 이미 다뤄졌다. 그러나 여기서는 이스라엘이 약속의 땅에 들어가 살게 되었을 때 어떤 예전적 맥락에서 어떻게 예물을 드릴 것인가 하는 규정들을 중점적으로 소개하고 있다. 즉, 그것들은 야웨에 의해 속량되어 의식주를 공급받았고, 마침내는 구원의 선물을 받았던 사람들이 드리는 감사와 순종을 구체적으로 증시(證示)하는 사례들로 기능한다.

1~11절의 토지 소산의 맏물 봉헌 규정은 예배의 본질이 요구가 아니라 감사와 바침에 있음을 알 수 있다. 토지 소산을 바침으로써 이스라엘 백성은 자신의 토지 소산물이 근원적으로 하나님께서 주신 복의 결과임을 고백하는 것이다. 이 맏물 봉헌 규정은 가나안 땅 정착 후 이스라엘이 당연히 가나안 땅의 풍요와 소산을 누리게 될 것을 전제한다. 가나안 땅의 풍요를 누리자마자, 이스라엘 지파의 각 구성원 혹은 가족의 대표들은 그 땅이 생산한 모든 생산물 중의 일부를 취하여 제사장의 중보를 통해 성소에 있는 야웨의 존전에 갖다 바쳐야 한다(1-2절). 토지의 모든 맏물 생산물을 거둬 광주리에 담고

하나님 여호와께서 그의 이름을 두시려고 택하신 곳에서 섬기는 제사장에게 바쳐야 한다(2절). 제사장에게 나아가 "내가 오늘 당신의 하나님 여호와께 아뢰나이다 내가 여호와께서 우리에게 주시겠다고 우리 조상들에게 맹세하신 땅에 이르렀나이다"라고 아뢰며(3절), 제사장은 그의 손에서 광주리를 받아서 하나님 여호와의 제단 앞에 놓아야 한다(4절). 그리고 토지 소산 맏물 봉헌자는 모세오경 버전(version)의 신앙고백을 바쳐야 한다. 그 신앙고백의 1조는 "내 조상은 방랑하는 아람 사람으로서 애굽에 내려가 거기에서 소수로 거류하였더니 거기에서 크고 강하고 번성한 민족이 되었습니다."이다(5절). 이는 족장 약속 전승과 애굽 이주 전승, 곧 창세기의 구원사를 고백하는 것이다. 다음으로, 6~8절은 출애굽 구원전승 고백이다. 애굽에서의 번성은 애굽인들의 학대와 압제를 유발하고, 그 압제와 학대는 히브리 노예들의 부르짖음과 하나님의 강력한 출애굽 구원 개입을 초래했다고 고백한다. 마지막으로 9~11절은 가나안 땅 정복과 정착전승 고백이다. 이 짧은 신앙고백 안에서 모세오경의 구원사가 요약되고 있다. 이 구원사의 절정이 바로 토지 맏물을 들고 야웨의 성소에 가 감격적인 신앙고백과 맏물을 봉헌하는 예배행위다. 10절은 하나님이 일으키신 구원대사의 결과를 말한다. "여호와여 이제 내가 주께서 내게 주신 토지 소산의 맏물을 가져왔나이다" 이 신앙고백의 요지는 봉헌자가 한때는 정착할 땅이 없던 유랑민이었던 과거를 기억하고, 현재 가나안 땅에서 누리는 삶의 안정감과 풍요를 하나님의 복 주심으로 돌리라는 것이다. 하나님께 대한 감사 표현은 토지 소산의 모든 맏물을 하나님 여호와 앞에 두고 하나님 여호와 앞에 경배하는 것이다. 이 하나님께 드려진 감사와 경배는 2차적 수혜자를 발생시킨다. 그의 집에 주신 모든 복으로 말미암아 토지 소산 맏물을 바친 봉헌자가 드린 감사제사는, 봉헌자 자신은 물론 레위인과 이스라엘 백성 가운데 거류하는 객도 함께 즐거워하는 화해와 통합의 잔치가 되어야 한다(11절).

12~15절은 예배 행위의 본질이 감사와 봉헌임을 다시금 천명한다. 이 단

락은 감사와 봉헌의 구체적인 표현 중 하나가 십일조임을 밝힌다. 12절은 셋째 해 곧 십일조를 드리는 해에 하나님께 드려진 모든 소산의 십일조를 "레위인과 객과 고아와 과부에게 주어 네 성읍 안에서 먹고 배부르게 하라"고 명한다. 그때 십일조 봉헌자는 하나님 여호와 앞에서 이스라엘의 복을 비는 기도를 드려야 한다. 그는 주의 명령대로 십일조를 드리게 된 점을 감사하고, 자신의 성물을 레위인과 객과 고아와 과부에게 베풀고 나눈 사실을 고백하고, 십일조를 부당한 용도("애곡하는 날에 이 성물을 먹지 아니하였고 부정한 몸으로 이를 떼어두지 아니하였고, 죽은 자를 위하여 이를 전용하지 않았습니다.", 14절)로 사용하지 않았음을 고백해야 한다. 다시 한번 주의 명령에 청종하여 십일조를 성심껏 드리게 된 점을 고백한 후(14절) 이스라엘에게 복을 내려 달라고 하나님께 간청함으로 기도를 마쳐야 한다(15절). "원하건대 주의 거룩한 처소 하늘에서 보시고 주의 백성 이스라엘에게 복을 주시며 우리 조상들에게 맹세하여 우리에게 주신 젖과 꿀이 흐르는 땅에 복을 내리소서"(15절). 십일조 봉헌자는 거룩한 하늘 처소에 계신 하나님께 이스라엘에게 강복해 달라고 간구하는 공적 예전을 맡은 사람인 셈이다. 십일조는 개인단위로 하나님의 복을 받게 한다기보다는 이스라엘 언약공동체 전체를 하나님의 거룩한 감찰과 권념에 맡기는 행위다. 십일조를 바치는 개인이 받을 복을 너무 강조하면 기복신앙으로 흐르기 쉽다. 3년마다 드려진 십일조는 100% 경제적 하층민들을 위한 사회복지 기금으로 사용되어야 한다.

이처럼 가나안 땅의 혜택들을 누리지 못하는 레위인, 객, 과부, 그리고 고아를 부양하는 데 사용된, 이 '3년마다 드려진 십일조' 봉헌에 담긴 근본 메시지는, 하나님의 모든 선한 복들의 열매를 모든 공동체 구성원들과 나눠 가지는 삶이야말로 예배의 중심 요소라고 강조하는 것이다. 하나님께 드리는 예배는 언약공동체의 최하층민들을 먹이고 돌보는 활동이다. 하나님은 고아와 과부의 아버지라는 진리가 이때 비로소 의미를 갖게 된다. 하늘의 하나님께 바쳐진 헌금은 가난한 자들을 위한 구제의 배낭에 드려진 것이다. "너희 소유를 팔아 구제하여 낡아지지 아니하는 배낭을 만들라. 곧 하늘에 둔 다함이 없는 보물이니 거기는 도둑도 가까이하는 일이 없고 좀도 먹는 일이 없느니라"(눅 12 : 33 ; 마 6 : 19-20). 하나님께 드려진 감사의 총량은 생계의 위협 속에 사는 동포들을 먹여 살리는 사회적 구빈 자금, 사회안전망 확충 자금의 총량, 즉 사회적 자비 총량을 증가시킨다. 기독교 신앙이 풍성해질수록 사회적 자비의 총량도 늘어나고 사회갈등의 요소는 그만큼 감소된다. 신명기 14 : 29도 레위인과 고아와 과부를 위해 십일조를 드리는 사람들에게 자동적으로 축복이 임한다고 가르친다. 십일조는 이스라엘 백성이 가나안 땅의 풍요를 쉼없이 누리게 하는 정도(正道)다. 그래서 26 : 15에서 십일조 봉헌감사기도가 이스라엘과 생산물을 내는 토지를 축복해 달라고 요청하는 기도문으로 끝나는 것은 우연이 아니다. 누가복음 16장의 어리석은 부자처럼 자기를 위하여 재물을 쌓아 둠으로써 하나님에 대하여 부요하지 못한 자는 자기 재산을 쓰지도 못한 채 하룻밤 사이에 하나님께 소환당할 수 있다. 재물은 하나님을 위한 거룩한 낭비를 위해 존재한다. 하나님을 위한 거룩한 낭비는 레위인, 객, 과부, 고아를 위한 낭비다. 특히 한국 교회의 부교역자들과 전도사들은 고대 이스라엘의 솔로몬 성전 잡역부 느디님 사람처럼 가난하고 궁핍하다. 그들은 정처 없이 표류하는 레위인들로서 십일조로 우선적으로 부양되어야 할 자들이다. 미래 한국 교회의 영적 기둥과 대들보가 될 레위인급 부교역자들이 공부를 하려고 해도 재정적인 어려움으로 길이 막혀 있다. 고아와 과부는 고대 이스라엘 사회의 잦은 전쟁이 만든 상흔들이다. 즉, 이스라엘 사회를 위한 애국적 헌신으로 가정을 돌보지 못한 가장이 남긴 부양가족이다. 언약 공동체가 마땅히 먹여 살려야 한다. 객은 외부로부터 이스라엘 하나님의 날개 아래 둥지를 튼 전쟁난민, 경제난민, 탈출노예들이다. 이들은 이스라엘 하나님의 자비를 바라고 몰려온 잠재적 개종자들이다. 이스라엘 언약백성이 바친 십일조가 이처럼 삶과 죽음의 경계선으로 내몰린 자들을 위해 아낌없이 낭비될 때 그 십일조는 하나님이 이미 받으신 십일조다.

### 2) 하나님의 보배 백성(26 : 16-19)

[16]오늘 네 하나님 여호와께서 이 규례와 법도를 행하라고 네게 명령하시나니
그런즉 너는 마음을 다하고 뜻을 다하여 지켜 행하라 [17]네가 오늘 여호와를
네 하나님으로 인정하고 또 그 도를 행하고 그의 규례와 명령과 법도를 지키
며 그의 소리를 들으라 [18]여호와께서도 네게 말씀하신 대로 오늘 너를 그의
보배로운 백성이 되게 하시고 그의 모든 명령을 지키라 확언하셨느니라[57)]
[19]그런즉 여호와께서 너를 그 지으신 모든 민족 위에 뛰어나게 하사 찬송과
명예와 영광을 삼으시고 그가 말씀하신 대로 너를 네 하나님 여호와의 성민
이 되게 하시리라

**[26 : 16-19]** 16~19절은 이스라엘이 약속의 땅에서 어떻게 살아갈 것인가를 지도하는 계명들에 대한 강론을 마무리하는 단락이다. "오늘날 네 하나님 야웨께서 이 규례와 법도를 행하라고 네게 명하시나니 그런즉 너는 마음을 다하고 성품을 다하여 지켜 행하라"(26 : 16). 이 절은 구체적인 법도들과 규례들을 공포하는 신명기 법전 단락의 서론인 12 : 1뿐만 아니라 5~26장 전체 단원의 서론인 5 : 1과 어울리며, 5~26장들을 한 단원으로 묶어 주는 역할을 한다. 수미쌍관구조를 이루는 셈이다. 16절은 5 : 1("이스라엘아 오늘 내가 너희 귀에 말하는 규례와 법도를 듣고 그것을 배우며 지켜 행하라")과 12 : 1("야웨께서 네게 주셔서 차지하게 하신 땅에서 너희가 평생에 지켜 행할 규례와 법도는 이러하니라")과 호응하면서 5~26장 전체를 포괄하는 역할도 한다.

16절에서 모세는 다시 쉐마용어("너는 마음을 다하고 뜻을 다하여")를 사용해, '오늘' "하나님 여호와께서 이 규례(훅킴)와 법도(미쉬파팀)를 행하라"고 명령하신 그 명령을 마음으로 받아 전심전력을 다해 이 규례와 법도를 행하라

57) 강원주의 지적처럼(op. cit., 34) 개역개정 17-18절은 부정확한 번역이다. 개역한글이 더 정확하다. "……그 소리를 들으라고 확언하였고/여호와께서도 확언하셨은즉……" 개역개정은 히브리어 구문을 존중하지 않고 한국어 어법을 고려하다가 오역을 범한 듯하다.

고 호소한다. 마음과 뜻을 다 쏟아부어 지켜 행하면 이스라엘의 마음은 하나님의 마음에 닿게 된다. 하나님의 마음을 깨닫고 이해하게 되고 공감, 공명하게 된다. 즉, 하나님과의 언약적 결속감이 강화된다. 17절의 "네가 오늘 여호와를 네 하나님으로 인정하고 또 그 도를 행하고 그의 규례와 명령과 법도를 지키며 그의 소리를 들으라"는 히브리어 본문을 다소 어색하게 번역한 것이다. 17절을 직역하면 이렇다. "야웨를 오늘 네가 네 하나님이 되었다고 말하라. 그의 길들을 따라 걷고 그의 규례와 명령과 법도를 지키고, 그의 목소리를 청종함으로써." 야웨가 자신들의 하나님이 되었다고 고백하는 그 선언은, 야웨의 길들을 따라 걷고(뤄라레케트 쁘드라카이브), 그의 규례와 명령과 법도를 지키고(뤄리쉬모르 훜카이브 부미츠보타이브 부미쉬파타이브), 그의 목소리를 청종함으로써(뤄리쉬모아 쁘콜로) 현실화된다. 이 히브리어 구문의 독특한 점은 야웨가 도입불변사의 목적어로 문두에 나오고 있으며, 야웨가 이스라엘의 하나님이 되었다는 인정(선언)은 부정사로 표현된 세 가지 행동을 함으로써 이뤄져야 한다는 점이다. '걷다'를 의미하는 '할라크'(hālakh), '지키다'를 의미하는 '샤마르'(šāmar), '청종하다'를 의미하는 '샤마'(šāma')는 신명기에서 가장 많이 사용되는 동사들인데, 이 동사들이 모두 이 구문에서 부정사 연계형(lāleketh, wĕlišmôr, wĕlišmô'a)으로 표현되어 있다. 이 세 개의 연속적인 부정사 연계형은 '야웨가 우리의 하나님이 되었다'고 말하는 그 선언을 실제적으로 뒷받침하는 행위들이다. 이것이 구약종교와 신앙의 핵심이다. 요한복음과 요한1서, 마태복음과 야고보서에 잘 드러나 있는 야웨 계명, 법도, 명령, 규례 준행만이 야웨를 하나님으로 인정하는 유효한 행위이며 그런 행동들이 바로 야웨를 사랑하는 행위다.

18절은 야웨가 주어로 나오는 상황절이다. 상황절은 앞의 행동과 상황절 행동이 동시 상황임을 강조할 때 쓰는 구문이다. 즉, 앞의 세 개의 부정사 연계형 실천행위를 통해 야웨 하나님이 이스라엘에게 하나님이 되었다고 고백하는 순간에, 이제 야웨께서 아마르('āmar) 동사의 사역형(히필)으로 이스라엘 백성이 야웨에게 보배로운 백성(보배 백성, 암 쉬굴라〈'am sĕgûllā〉)이 되었다고 말씀하실 것이다. 야웨가 주어인 18절 첫 소절의 동사는 아마르 동사의 히필 완료 3인칭 남성단수와 대명목적어 2인칭 남성단수로 구성되어 있다(헤에미르카〈he'emîrkā〉, He will speak you into becoming a treasured people to Him). 아마르 동사의 목적어는 2인칭 단수 공동체인 이스라엘이다. 이때 아마르('āmar) 동사는 '말하다'가 아니라 '말하여 무엇이 무엇으로 되게 하다'를 의미하는 완전타동사이다(speak something into/to be something/somebody). 가장 정확한 번역은 "네 하나님께서 너에게 말씀하심으로써 너로 하여금 그에게 보배로운 백성이 되게 하실 것이다."이다. 18절의 마지막 소절에도 부정사 연계형(붜리쉬모르 콜-미츠보타이브〈wĕlišĕmôr kol-miṣwôtāyw〉, '그의 모든 명령을 지킴으로써')이 나오는데, 이 부정사의 주어도 이스라엘이다. 이스라엘 백성이 보배로운 백성이 되는 길은 그의 모든 계명을 지킴으로써이다. 18절에서 주목해야 하는 것은, 이스라엘 백성의 정체성 기표인 '보배로운 백성'(암 쉬굴라)이라는 말이다. 보배로운 백성은 야웨의 계명을 전심으로 지켜 야웨의 품 안에 감춰진 보배처럼 야웨의 사랑을 거의 배타적으로 누리는 백성을 의미한다. 암 쉬굴라는 특권을 의미하기보다는 언약적 신실성의 극한 실천, 전심전력 야웨 청종을 통해 하나님의 마음에 연접한 언약백성을 의미한다.

야웨의 계명과 법도, 명령과 규례를 전심으로 지키는 보배 백성 이스라엘을 하나님은 당신이 지으신(아사〈'āśā〉) 민족들 위에 뛰어나게('elyôn) 하시며(부러티트카 엘욘 알-콜 학고임 아쉐르 아사〈wûlĕtitkā 'elyôn 'al-kol haggôyim 'ăšer 'āśā〉), 찬송(litĕhillā)과 명예(wûlĕšēm)와 영광(wûlĕtip'āreth)을 삼으시고, 약속하신 대로 이스라엘을 하나님 여호와의 성민('am qādôš)이 되게 하실 것이다. 이런 이스라엘의 정체성은 미래에 속한 현실이다. 이스라엘이 야웨의 모든 규례와 법도, 명령과 계명을 전심으로 지켜 성취해야 할 목표인 것이다. 19절의 첫 단어는 의미상 하나님을 주어로 삼는 부정사 연계형이다

(나탄 동사〈세우다, 만들다〉).

구약성서 전체, 특별히 신명기에서 이스라엘의 율법 준수는, 그 자체로 구원을 창조하거나 이스라엘에게 하나님의 언약백성이 될 정도의 도덕적이고 윤리적인 품격을 만들어 주지는 않는다. 하지만 하나님께서 주신 구원을 지키는 데 필수적이며 하나님의 백성다운 품성과 미덕을 함양하는 데 절대적으로 긴요하다. 일상생활에서 하나님 계명과 율법을 마음 깊은 곳에서 납득하고 즐거워하고 준행하지 않으면 하나님이 주신 구원을 만끽하지 못한다. 하나님의 율법들에 대한 복종만이 자유를 가져다준다(약 1 : 25). 자유로우면서도 하나님을 사랑해 하나님의 언약에 자기를 결박하는 자는 하나님의 심장에 자기심장을 잇대는 것과 같은 고도로 심화된 영적 교제에 이를 수 있다. 신명기의 율법은 억압이 아니라 자유를 가져다준다. 역설적이게도 진리의 사슬에 속박된 자만이 자유롭다. 진리가 우리를 자유케 한다. 하나님 아버지의 말씀은 진리다(요 17 : 17). "그러므로 예수께서 자기를 믿은 유대인들에게 이르시되 너희가 내 말에 거하면 참으로 내 제자가 되고 진리를 알지니 진리가 너희를 자유롭게 하리라"(요 8 : 31-32).

## 설교를 위한 묵상

신명기 26장은 야웨 종교의 위엄을 유감없이 보여 준다. 첫째, 야웨 종교는 이념에서 출발하지 않았고 역사적 사건에서 유래했다. 토지 소산의 맏물을 들고 성소(성전)에 가서 제사장에게 드리는 이스라엘 자유농민의 신앙고백은 참으로 당당하고 겸손하며 동시에 의연하다. 그는 족장약속, 출애굽 구원대사, 그리고 가나안 땅 정착 역사를 연속적으로 고백한다. 무엇보다도 그는 먼저 자신의 뿌리를 유리방황하는 아람사람(아마도 야곱, 좀 더 멀리는 아브라함〈아브라함도 아람의 하란 출신〉)에서 찾는다. 다른 민족들의 건국신화들과는 그 구성과 목적이 너무 다르다. 모두 다 자신들의 뿌리가 하늘의 신들 계보에 닿아 있다고 주장하는 열방들의 어설픈 건국신화가 여기에는 끼어들 여지가 없다. 창세기 12~50장까지가 사실상 유리방황하는 아람 출신 조상들의 이야기가 아닌가?(창 20 : 13은 하나님이 아브라함을 방황하게 하셨다고 말한다.) 유리방황하는 아람 사람들인 자기 조상들에게 가나안 땅을 그들의 후손에게 주리라고 맹세하신 야웨 하나님의 신실하신 약속 지키심에 대한 감사에서 나온 신앙고백이다. 유리방황하는 아람 조상들 이야기 다음으로 애굽 이주와 출애굽 구원대사를 감격에 차서 고백하며 마침내 가나안 땅 정복 이야기로 넘어간다. 가나안 땅으로 인도하신 하나님의 은덕으로 자신이 가져온 토지 소산 맏물을 얻었다고 고백한다. 하나님이 주신 이 토지 소산 맏물로 인해 그는 하나님께 경배하게 된다. 야웨 종교는 이처럼 압도적 감사의식으로 충만한 역사적 구원사를 파노라마처럼 기억하고 고백하는, 역사에 뿌리내린 종교다.

둘째, 야웨종교는 하나님에 대한 감사고백에서 가난한 이웃과 더불어 즐기는 축제로 발전한다. 토지 소산의 맏물은 하나님께 드려졌는데, 하나님은 이스라엘 언약공동체를 화기애애한 우애공동체로 창조하는 데 쓰라고 다시 그 맏물을 기꺼이 내어주신다. 하나님께 드려진 맏물은 레위인과 난민 우거자들을 위해 거룩하게 낭비되어야 한다. 즉, 토지 맏물 봉헌축제는 이스라엘 땅에 존재하는 모든 사람들에게 '하나님의 자애로운 다스림'을 맛보라고 초청하는 축제다. 토지 소산 맏물 봉헌물은 보통 때에는 최저생계비로 살아가는 사람들(객, 고아, 과부, 레위인)에게도 하나님이 이스라엘을 다스리신다는 확신을 심어 준다. 따라서 토지 소산 맏물은 하나님 나라 복음을 전하는 공동체적 축제 열기의 연료다. 이처럼 하나님의 사랑에 대한 응답으로 실현되는 나눔과 베풂은 야웨 종교의 가장 큰 위업이다.

셋째, 야웨 종교는 명령대로 준행하는 종교다. 야웨의 법도와 명령을 준행하고 실천해 보아야 그 계명들을 주신 하나님의 속마음을 알게 되고, 그만큼 더욱 하나님의 속깊은 마음에 감탄하게 된다. 하나님의 모든 계명은 억압용 재갈이 아니라 그 계명을 주신 하나님의 성품을 체험하고 체감하고 체현하도록 돕는 복음이다. 하나님을 닮고 하나님을 사랑하고 하나님과 깊은 교제를 누리도록 초청하는 복음이다. 이스라엘은 일찍이 이 율법이 자유를 가르쳐 주는 멍에임을 알았다. 하나님의 언약의 줄에 묶인 사람만이 자유롭다. 이 자유케 하는 율법을 지켜본 사람들은 이 율법이 사실상 복음인 것을, 하나님께 우리를 붙들어 매 주는 언약의 줄임을 깨닫게 된다. 토지 소산 맏물을 바침으로써 야웨의 명령과 법도에 순종하는 연습을 한 이스라엘은 나머지 계명들에 대한 순종도 감행할 수 있다. 토지 소산 맏물을 바친다는 말은 토지 소산물 나머지도 하나님과 이웃을 위해 바칠 수 있다는 말이다. 기독교는 믿는 종교임을 넘어 준행하는 종교까지 나아가야 하나님 통치의 실재를 더욱 풍성하게 맛볼 수 있다. 믿음을 객관화시키는 것이 준행종교다. "아아 허탄한 사람아 행함이 없는 믿음이 헛것인 줄을 알고자 하느냐 우리 조상 아브라함이 그 아들 이삭을 제단에 바칠 때에 행함으로 의롭다 하심을 받은 것이 아니냐 네가 보거니와 믿음이 그의 행함과 함께 일하고 행함으로 믿음이 온전하게 되었느니라"(약 2 : 20-22). 기독교 신앙은 사랑으로 역사하는 믿음이다. 사랑의 의로운 행동으로 표현되는 믿음이 아브라함의 믿음이자 예수 그리스도가 가르쳐 주신 믿음이다. 개신교는 그리스도의 하나님 사랑 계명과 이웃 사랑 계명을 준행함으로 이신칭의 복음에 대한 믿음을 온전케 하여야 한다.

마지막으로 야웨 계명을 준행하는 데 투신된 야웨 종교는 민족과 나라 전체를 열방 위에 뛰어나게 한다. 이 뛰어남은 경제적 번영만을 가리키는 것이 아니라 시민생활의 미덕, 도덕, 윤리, 공동체적 의리와 자애 등 여럿이 한데 모여 평화롭게 사는 공동체적 생활능력 면에서의 탁월함을 가리킨다. 야웨의 계명을 전심으로 준행하는 그 이스라엘이 야웨의 보배 백성이다. 단지 보배로운 백성이 아니라 보배 그 자체다. 보배 백성은 하나님과 지극히 친밀한 동행을 경험하면서 하나님의 심장고동 소리를 감청할 수 있을 만큼 하나님의 마음에 공감하는 민족을 의미한다. 하나님의 품속에 감춰진 보배처럼 하나님은 이스라엘을 통해 열방에게 당신의 보배 백성의 진수를 보여 주실 것이다. 그것은 모든 사회계층이 총망라되어 하나님을 찬양하고 평화로운 공동체생활을 하는 능력이다. 이스라엘이 이렇게 모든 구성원이 함께 사는 능력 면에서 열방 중에 뛰어남으로 말미암아 열방들로 하여금 하나님을 찬송하게 하고, 이스라엘 자신은 하나님의 영예가 되고 마침내 열방으로 하여금 이스라엘 때문에 하나님께 영광을 돌리게 할 것이다. 이스라엘은 온 세상에 하나님의 자애로운 통치를 자랑하고 선전하는 선교적 제사장 국가가 될 것이다. 이 마지막 약속을 성취하신 분이 바로 예수 그리스도다. 예수 그리스도께서 십자가의 죽음과 부활로 만드신 초대교회 사도공동체는 온 열방 사람들에게 하나님의 위대하신 사역을 열방 방언으로 선포했다. 예수 그리스도의 십자가와 부활, 승천과 오순절 성령 파송으로 인해 이스라엘은 진실로 열방의 빛이 되었다.

## 16. 세겜 언약갱신 의식과 에발산 저주선언(27 : 1-26)

### 1) 세겜 돌 위에 기록된 율법(27 : 1-10)

1모세와 이스라엘 장로들이 백성에게 명령하여 이르되 내가 오늘 너희에게
명령하는 이 명령을 너희는 다 지킬지니라 2너희가 요단을 건너 네 하나님
여호와께서 네게 주시는 땅에 들어가는 날에 큰 돌들을 세우고 석회를 바르
라 3요단을 건넌 후에 이 율법의 모든 말씀을 그 위에 기록하라 그리하면 네
하나님 여호와께서 네게 주시는 땅 곧 젖과 꿀이 흐르는 땅에 네가 들어가기
를 네 조상들의 하나님 여호와께서 네게 말씀하신 대로 하리라 4너희가 요단
을 건너거든 내가 오늘 너희에게 명령하는 이 돌들을 에발산에 세우고 그 위
에 석회를 바를 것이며 5또 거기서 네 하나님 여호와를 위하여 제단 곧 돌단
을 쌓되 그것에 쇠 연장을 대지 말지니라 6너는 다듬지 않은 돌로 네 하나님
여호와의 제단을 쌓고 그 위에 네 하나님 여호와께 번제를 드릴 것이며 7또
화목제를 드리고 거기에서 먹으며 네 하나님 여호와 앞에서 즐거워하라 8너
는 이 율법의 모든 말씀을 그 돌들 위에 분명하고 정확하게 기록할지니라 9모
세와 레위 제사장들이 온 이스라엘에게 말하여 이르되 이스라엘아 잠잠하여
들으라 오늘 네가 네 하나님 여호와의 백성이 되었으니 10그런즉 네 하나님
여호와의 말씀을 청종하여 내가 오늘 네게 명령하는 그 명령과 규례를 행할
지니라

**[27 : 1-10]** 신명기 27장은 보다 더 큰 단원인 27~30장의 서론이다. 이 네 장은 모세의 두 번째 강론(5-28장)의 결론이기도 하고, 세 번째 강론(29-34장)의 도입부 역할을 하기도 한다. 27~30장은 계약 갱신과 계약 파기, 그리고 잔혹한 징벌과 대파국적 징벌 이후에 갱신된 하나님의 절대주권적 언약 사랑과 이스라엘의 영적 재활복구 시나리오를 생생하게 보여 준다.

27장에서 모세는 가나안 땅에 들어간 직후 세겜에서 이스라엘 백성들이 시내산 언약을 재확증하는 언약체결식을 가질 것을 명령한다. 세겜에서 이뤄질 언약갱신 의식은 가나안 땅에서 시내산 언약을 재확증하는 의식이다. 여호수아는 세겜총회 앞에서 자신의 사역을 총결산하면서 다신교적 가나안 땅에서 살아갈 이스라엘 백성에게 야웨께 일편단심의 충성을 바치라고 요구하며 언약갱신 의식을 집전한다(수 24장). 세겜 언약갱신 의식의 특징은 이스라엘 자신이 언약조항 위반 시 당하게 될 저주를 스스로 지겠다고 다짐하며 큰 소리로 '아멘'으로 응답하는 데 있다. 그리심산의 언약축복에 대한 백성의 화답장면은 생략되고, 언약위반 시 임하게 될 저주에 대해서 이스라엘 백성이 '아멘'으로 화답하는 장면만 부각되어 있다. 호렙산 언약에 기록된 저주가 곧 실현될 것 같은 분위기 속에서, 이스라엘 백성에게 들려진 에발산 저주 선포가 미래를 불길하게 전망하도록 이끈다.

세겜 언약은 호렙산 언약이 가나안 땅에서 처음으로 갱신되어 나온 언약이다. 가나안 땅 다신교 문화에서 살아가야 할 출애굽 2세대와 그 자녀들에게 시내산 언약의 멍에를 지우는 통과의례인 것이다. 호렙산에서 맺어진 언약과 그것의 핵심조항인 십계명 준수 여부가 생명과 죽음을 가르는 사활적(死活的) 문제라면, 그 율법이 행해지고 그 규정들의 준수를 촉진할 공공연한 수단이 있어야 한다. 그것은 28장의 중심주제인 상과 벌이다. 27장의 후반부(11-26절)와 28장은 신적 상벌목록을 자세히 예거한다(10 : 12-11 : 32 참조 ; 30 : 15-20 ; 32장 모세의 노래).

27 : 1에서 신명기는 처음으로 '명령하다'라는 동사의 주어로, 모세와 함께 일하는 동역자 집단인 이스라엘 장로들을 등장시킨다. 물론 히브리어 구문에서 '명령하다'의 주어는 3인칭 남성단수 모세다(와여차브〈wayĕṣaw〉). 따라서 '모세와 이스라엘 장로들'이 아니라, '모세가 이스라엘 장로들을 대동하고', '명령하다'라고 번역하는 것이 정확하다. 좀 더 정확하게는 모세가 이스라엘 장로들에게 먼저 선포하고 그것을 이스라엘 장로들이 온 이스라엘에게

전달했을 것이다. 이스라엘 장로들은 출애굽기 3：16, 18에서 최초로 의미 있게 등장한다(출 24：1/장로 칠십 명; 민 11：24/장로 칠십 인). 이스라엘 장로들은 모세와 함께 하나님의 산에서 제사드리기 위한 3일 휴가를 받아내는 협상팀에 참여했다. 이스라엘 장로들은 모세와 이스라엘 백성 사이의 중개자들이다. 70장로는 호렙산 정상에서 이뤄진 언약체결식의 이스라엘 대표자였다. 모세는 백성의 대표자들인 장로들을 앞세워 다시 한번 '오늘' 자신이 명령하는 이 명령을 이스라엘 백성이 다 지킬 것을 간곡히 당부한다(1절). 이스라엘 70장로는 호렙산 언약체결식 현장에 모세와 함께 있었기에 모세의 간곡한 당부를 원음에 가깝게 전달했을 것이다. 결국 모세와 이스라엘 장로들이 '명령하다'라는 동사의 공동주어인 셈이다.

모세는 이스라엘 백성이 요단을 건너 하나님 여호와께서 주시는 땅에 들어가는 날에 큰 돌들을 세우고 석회를 발라(2절), 이 율법의 모든 말씀을 그 위에 기록하라고 명한다(3절). 석회에 기록된 말씀은 반(半)영구적 기록물이다. 요단을 건너자마자 야웨의 모든 말씀을 기록하여야만 이스라엘 백성은 조상들의 하나님 여호와께서 말씀하신 대로 주실 젖과 꿀이 흐르는 땅에 '들어갈 수 있을 것이다'. 사실상 젖과 꿀이 흐르는 땅을 정복해 차지할 수 있을 것이다. 석회를 바른 돌 위에 야웨의 모든 말씀을 기록하는 행위는 그것을 철저하게 지킬 가능성과 다짐을 공표하는 행위다. 이 진지한 준행의지를 통해 조상들의 하나님이 약속하신 방식대로 가나안 땅을 차지할 수 있다는 것이다.

이스라엘 백성은 요단을 건넌 후 '오늘' 모세가 명한 그 돌들을 에발산에 세우고 그 위에 석회를 바르고(4절), 하나님 여호와를 위하여 거기에 쇠 연장으로 다듬어지지 않은 돌단을 쌓아야 한다(5절). 석회석을 바른 돌로 된 율법책을 이스라엘 12지파의 영적 중심지(수 24장)인 세겜에 있는 에발산 위에 세워 둔다는 것은, 대중들의 삶의 중심을 차지하는 곳에 둔다는 뜻이다. 동산 중앙에 야웨의 금단열매 나무가 있었던 것처럼, 이스라엘의 운명을 복과 저주로 나누는 계명돌판을 이스라엘의 삶의 한복판에 둔다는 것은 의미심장하다. 이스라엘 백성은 자신들의 땅 한복판에 하나님 계명을 새긴 돌들을 세워 둠으로써 말씀 중심의 생활을 체질화할 수 있다. 다원주의적인 가나안 땅, 젖과 꿀이 흐르는 땅, 풍요와 포만의 땅에 가서도 하나님을 망각하지 않고 하나님의 명령대로 살 수 있는 힘을 공급받아야 하는 것이다. 이처럼 석회를 바른 돌들 위에 율법을 기록하는 의도는, 하나님의 약속의 경계선에 와 있는 백성들이 그 땅에 들어가 하나님의 복을 누리기 시작할 때 가나안의 선진문명과 매혹적인 종교들에게 복속되지 않도록 하기 위함이다.

이 목적을 위해 하나님은 '다듬지 않은 돌'로 야웨의 제단을 쌓고 그 위에 하나님 여호와께 번제들(올로트〈'ôlôth〉)을 드리며(6절), 또 화목제를 드리고 거기에서 먹으며 하나님 여호와 앞에서 즐거워하라고 명하신다(7절). 자연석 야웨 제단에 이스라엘은 번제를 드려야 하며 또한 그 위에 화목제(쉘라밈〈šělāmîm〉)를 드리고 거기서 먹고 야웨 앞에서 즐거워해야 한다. 6절의 히브리어 구문에서도 인상적인 점은 목적어(다듬지 않은 돌〈'ăbānîm šělēmôth〉)가 문두에 배치되어 강조되고 있다는 사실이다. 다듬지 않은 돌로 제단을 쌓으라고 명하는 이유는, 가나안 철기문명의 혜택을 덧입기 위해 철연장을 수입하거나 가나안 철연장 기술자를 불러들이면 가나안 신들을 위한 세련된 이교적 제단을 세울 가능성이 크기 때문이다. 물질문명은 정신과 혼의 전파자다. 가나안 신들을 위한 제단은 철연장으로 만들어지고 다듬어진 제단이었기 때문에, 철연장 소리가 거룩하신 하나님의 성전 경내에 들리는 것은 배교 허용적인 다원주의적 분위기를 조장할 수도 있었다. 하나님은 돌들 위에 율법을 새기는 과정 자체도 절대로 가나안 문명에 영향을 받지 말아야 한다는 점을 강조하신 것이다.

6~7절은 가나안 종교와 다신교가 야웨 신앙을 잠식할 위협을 경계하고 있는 셈이다. 모세는 이스라엘 백성에게 야웨 율법의 모든 말씀을 그 돌들 위에 분명하고 정확하게 기록하라고 명한다(8절). '분명하고 정확하게'라고

번역된 단어들은 히브리어로는 '빠에르 헤텝'(ba'ēr hêṭēbh)인데, 빠에르는 '설명하다'(피엘)를 의미하는 '빠아르'(bā'ar)의 히필 절대형 부정사이며, 헤텝은 '좋다, 만족스럽다'를 의미하는 상태동사 '야탑'(yāṭab)의 히필 절대형 부정사다. 절대형 부정사가 '설명스럽게', '좋게, 만족스럽게'를 의미하는 부사로 사용되고 있다. 원래 하나님이 의도하신 그 뜻이 명료하게 소통되고 전달되되, 만족스럽게 전달되도록 기록하라는 말이다. 난잡하고 복잡하지 않은 방식으로 기록하라는 말이다. 모세오경 율법은 애매모호성을 없애는 방식으로 기록되어야 한다는 말이다. 성경주석이나 설교도 '빠에르 헤텝'의 원칙으로 이뤄져야 한다. 분명하고 정확하게 전달되고 가르쳐진 말씀이 하나님께 순종을 촉진시키기 때문이다. 빠에르 헤텝으로 성도의 마음에 하나님의 말씀을 새길 정도로 진정성 넘치는 설교를 해야만이 회중은 하나님 말씀의 영향 아래 일상생활을 할 수 있다. 석회 반죽은 일단 새겨지면 그 새겨진 말씀을 거의 영구적으로 보존한다. 목회자와 설교자 자신이 먼저 석회 반죽 같은 마음밭이 되어 하나님 말씀을 새겨 두어야 한다. 하나님은 우리에게 선포된 말씀이 거의 영구적으로 암송되고 내면화되어 그 말씀 순종이 가져다주는 온갖 하늘의 신령한 복을 누리길 원하신다. 더욱 중요한 점은 하나님은 이스라엘 백성이 맹목적이고도 기계적으로 순종하기보다는 하나님의 율법 전체에 대한 명민한 이해 속에서 순종해 주기를 기대하신다는 점이다.

8절에서 야웨의 모든 말씀을 석회 반죽(하나님 말씀을 영구적으로 기억하는 좋은 마음밭) 위에 새기라는 명령을 공포한 후, 이제 모세는 이번에는 '레위 제사장들'을 대동하고 온 이스라엘에게 말한다. 여기에서도 동사(디뻬르)의 주어는 3인칭 단수로서 실제 주어는 모세임을 의미한다. 모세가 레위 제사장들을 대동하고 이스라엘에게 말한 셈이다. 좀 더 정확하게는 모세가 이스라엘 장로들에게 먼저 선포하고 그것을 이스라엘 장로들이 온 이스라엘에게 전달했듯이, 이번에도 그런 역할 분담이 있었을 것이다. 그렇다면 모세와 레위 제사장들이 함께 '말한 셈이 된다'. 모세가 먼저 레위 제사장들에게 말하고 레위제사장들이 온 백성들에게 전달했을 것이다. 이로 보건대 이스라엘 장로들과 레위 제사장들이 모세와 이스라엘 회중 사이의 중개자인 셈이다. 담임목회자에게도 하나님의 말씀을 함께 가르치고 전달하는 집단적 교도권을 나눠 가질 동역자들이 요청된다. 목회자를 도와 회중 사이를 다니며 하나님의 말씀을 빠에르 헤텝 원칙으로 전달할 중간 지도자가 절실히 요청된다. 모세와 레위 제사장들은 이스라엘에게 고도의 집중력을 갖고 들으라고 간청한다. 두 가지 사실을 명심하라는 것이다. "이스라엘아 잠잠하여 들으라 오늘 네가 네 하나님 여호와의 백성이 되었으니(9절), 그런즉 네 하나님 여호와의 말씀을 청종하여 내가(1인칭 대명사 아노키 돌출) 오늘 네게 명령하는 그 명령과 규례를 행할지니라"(10절).

첫째, '오늘' 이스라엘 백성 너희는 하나님 야웨의 백성이 되었다. 둘째, 야웨의 백성이 되었다는 사실은, 야웨 하나님의 말씀을 청종하여 오늘 모세를 통해 하나님이 명하시는 그 명령과 규례를 행할 의무를 수행하라는 뜻이다. 9절 첫 소절은 정신을 집중하는 수용성을 갖추라는 말이다. "침묵하라. 하나님의 말씀이 들리도록 수용적이 되라. 집중력을 갖춰 하나님 말씀을 영접하라."는 말이다. 듣기 전에 '잠잠해야 한다'. 히브리어 동사 싸카트(sākath, to be silent)는 히필(사역) 2인칭 남성단수명령(하스케트〈haskkēth〉)으로 표현되어 있다. "너 자신을 고도로 침묵 모드, 즉 말씀 경청과 수용 모드로 만들라."는 뜻이다. 침묵으로 준비된 마음이 '듣기에 적합하다'. 하나님의 백성의 존재 근거는 잠잠하여, 듣고, 청종하고, 준행하는 데 있다. 10절 하반절은 모세를 1인칭 명사 '아노키'로 표현하고, 모세의 강한 '1인칭 자아'는 하나님의 마음을 100% 대변하는 자아다. 모세 안에는 하나님의 신적 자아를 대표하는 일인칭 '나'가 있다(출 3 : 14). 우리 하나님 야웨는 이스라엘에게 '내가 명한다'라고 말씀하실 수 있는 권리를 갖고 있다. 무엇보다도 창조주 하나님으로서 우리 하나님은 세계 만민을 명하고 다스릴 수 있다. 이스라엘은 창조주 하나님의 명령을 받아야 하는 피조물이다. 하지만 이스라엘에 대한 야웨의 명령권은 그들을 애굽 땅 노예살이에서 건지고 구출하셔서 당신의 친백성으로 삼으셨기 때문이다. 이스라엘은 야웨의 기업이 된 백성이다. 암 쉬굴라, 즉 보배 백성은 야웨의 명령과 법도를 지근에서 듣고 이해하고 납득하고 준행한 후 하나님의 동역자가 되어 열방을 다스리시는 하나님의 통치에 참여해야 한다. 하나님은 항상 '나'로서 우리에게 생명을 택하라고 명하시고 또 명하실 수 있다. 하나님은 가장 좋은 복을 명령으로 주셔서 우리의 혼선을 막아주신다. 복과 저주의 갈림길에 선 인류에게 복을 택하라고 명령해 주시는 하나님이 참 하나님이시다.

이처럼 복을 택하라는 하나님을 믿고 영접한 그리스도인들은 명령을 받은 자들이지만 생명을 선택하라고 명령받은 자들이다. 우리 복된 그리스도인들이 잠잠히 하여 하나님 말씀을 경청하여 그 이치를 깨닫고 나면, 야웨 음성을 청종하고 그의 명령과 규례를 행하는 동기를 명확히 납득하게 되어 총체적인 말씀 준행 능력이 신장될 것이다.

### 2) 에발산에서 선포한 저주(27 : 11-26)

> 11모세가 그날 백성에게 명령하여 이르되 12너희가 요단을 건넌 후에 시므온과
> 레위와 유다와 잇사갈과 요셉과 베냐민은 백성을 축복하기 위하여 그리심산
> 에 서고 13르우벤과 갓과 아셀과 스불론과 단과 납달리는 저주하기 위하여 에
> 발 산에 서고 14레위 사람은 큰 소리로 이스라엘 모든 사람에게 말하여 이르
> 기를 15장색의 손으로 조각하였거나 부어 만든 우상은 여호와께 가증하니 그
> 것을 만들어 은밀히 세우는 자는 저주를 받을 것이라 할 것이요 모든 백성은
> 응답하여 말하되 아멘 할지니라 16그의 부모를 경홀히 여기는 자는 저주를 받
> 을 것이라 할 것이요 모든 백성은 아멘 할지니라 17그의 이웃의 경계표를 옮기
> 는 자는 저주를 받을 것이라 할 것이요 모든 백성은 아멘 할지니라 18맹인에
> 게 길을 잃게 하는 자는 저주를 받을 것이라 할 것이요 모든 백성은 아멘 할

지니라 [19]객이나 고아나 과부의 송사를 억울하게 하는 자는 저주를 받을 것이
라 할 것이요 모든 백성은 아멘 할지니라 [20]그의 아버지의 아내와 동침하는
자는 그의 아버지의 하체를 드러냈으니 저주를 받을 것이라 할 것이요 모든
백성은 아멘 할지니라 [21]짐승과 교합하는 모든 자는 저주를 받을 것이라 할
것이요 모든 백성은 아멘 할지니라 [22]그의 자매 곧 그의 아버지의 딸이나 어
머니의 딸과 동침하는 자는 저주를 받을 것이라 할 것이요 모든 백성은 아멘
할지니라 [23]장모와 동침하는 자는 저주를 받을 것이라 할 것이요 모든 백성은
아멘 할지니라 [24]그의 이웃을 암살하는 자는 저주를 받을 것이라 할 것이요
모든 백성은 아멘 할지니라 [25]무죄한 자를 죽이려고 뇌물을 받는 자는 저주를
받을 것이라 할 것이요 모든 백성은 아멘 할지니라 [26]이 율법의 말씀을 실행하
지 아니하는 자는 저주를 받을 것이라 할 것이요 모든 백성은 아멘 할지니라

**[27 : 11-26]** 이 단락은 에발산 저주팀 구성 지침(11-14절), 저주받을 열한 가지 죄악들[58] 선포와, 이스라엘 백성의 아멘 응답(15-25절), 저주받을 죄악을 행할 시 받게 될 저주 실현 선언(26절)으로 구성되어 있다. 11~26절이 28장의 복과 저주 규정들과 주제적으로 연결시키고 있지만, 순종에는 복을, 불순종에는 저주를 도식적으로 나누는 28장과는 분명히 구별된다. 26절이 저주실현 선언으로 에발산 저주 선포식을 일단락 짓고 있기 때문이다. 이 단락은 11 : 26~32 단락을 이어받고 있다. 11 : 26~32에서 모세는 가나안 땅에 들어가면 그리심산에서는 축복을 선포하고, 에발산에서 저주를 선포하라고 명령했는데(11 : 29), 여기서는 그리심산 복 선언 장면은 생략되고 에발산 저주 선포만 언급되고 있다. 에발산 저주 단락에서는 가나안 땅에 들어갈 이스라엘 백성이 복과 저주를 50 : 50의 가능성으로 선택하는 것이 아니라, 이미 저주

---

58) 우상 숭배, 부모경홀죄, 이웃땅 사취죄, 맹인오도죄, 객, 고아, 과부 송사 훼방죄, 아버지의 서모/후처 상간죄, 짐승과 성교하는 수간, 동기근친 상간죄, 장모 상간죄, 이웃암살자, 무죄한 자를 재판으로 죽이려고 뇌물을 수수하는 죄.

를 선택하고 저주를 경험할 가능성이 많은 것처럼 들린다.

에발산 돌들 위에 석회를 바르고 야웨의 모든 율법을 기록한 '그날'에, 모세는 그리심산 복과 에발산 저주 선언의식을 행하라고 명한다(11-12절). 요단을 건넌 후 이스라엘 백성은 여섯 지파씩 나뉘어져 세겜의 에발산과 그리심산에 올라가야 한다. 시므온, 레위, 유다, 잇사갈, 요셉과 베냐민 지파는 백성을 축복하기 위하여 그리심산에 올라가야 하고(12절), 르우벤, 갓, 아셀, 스불론, 단과 납달리 지파는 저주목록을 낭독하기 위하여 에발산에 올라야 한다(13절). 두 산의 중간에서 레위 지파는 모든 백성들에게 저주받을 죄악들을 나열하고 백성들은 큰 소리로 '아멘'으로 응답하여야 한다(14절). 은이나 구리로 우상을 주조하는 행위는 십계명의 제2계명을 위반하는 죄다(신 5 : 8 ; 사 44 : 9-20). 우상신을 제작하고 숭배하는 죄악도 우상 숭배지만 야웨를 형상화한 은(銀), 구리 세공물을 주조해도 우상 숭배죄를 범하는 것이라는 점이 중요하다. 야웨의 형상 숭배 제작 및 형상화된 야웨 숭배 금지는 이스라엘 총회가 집단적으로 체험한 호렙산의 폭풍 동반 음성 계시와 밀접하게 관련되어 있다. "이스라엘 백성이 호렙산에서 아무 형상도 보지 못하고 말씀만 들었다."는 사실 때문에(신 4 : 11-12), 이스라엘의 야웨 형상 숭배 제작이나 구리나 은세공품 형상 제작도 강력하게 단죄된다. 호렙산 총회의 날에 이스라엘 무리는 불과 흑암과 구름과 흑운만 보았다(히 12 : 18-24). 호렙산에 나타난 하나님은 흑암 속에 은폐된 절대신비(형상화할 수 없는 절대은닉성)다. 하나님은 한편으로는 밝게 타고 있는 빛이요 불이면서(딤전 6 : 16) 다른 한편은 짙은 흑암이다(창 1 : 2 ; 사 45 : 7-8). 하나님은 범접할 수 없는 절대초월자이시면서도 누추한 이스라엘의 장막 한복판 성막에 와 계신다. 그러나 하나님의 내재적 친근성이 형상화를 허용하는 것은 결코 아니다. 결국 우상 제작과 우상 숭배는 예언의 능력도, 역사를 주관할 능력도 없는 헛것을 숭배하는 죄다(15절). 헛것 숭배는 파멸과 파산을 가져온다. 이스라엘에게 가나안 땅 상실이라는 저주를 초래한 죄는 우상 숭배죄악이었다. 사도 바울이 아데미 여신 우상 숭배가 지배하던 에베소에서 살아 계신 하나님을 증거하고 복음을 전했을 때 엄청난 파란과 혼란이 일었다(행 19 : 21-40). 아데미 여신 숭배업으로 유복하게 살아가던 은장색, 구리장색 노조가 바울을 죽이려고 벌 떼처럼 일어나 에베소를 난동의 중심지로 만들었다.[59] 우상은 하나님께 바쳐져야 할 인간의 사고와 의지, 감정의 중심보좌를 가로채서 하나님의 생명으로부터 인간을 분리시킨다. 우상 숭배자는 자기가 숭배하는 우상을 닮게 되기 때문에 하나님이 주시는 생명력에서 영구적으로 분리된다.

부모를 멸시하는 행위(16절)는 제5계명인 부모공경 계명의 위반이다(신 5 : 16). 이웃의 땅을 사취(詐取)하기 위하여 경계표를 옮기는 행위(17절 ; 신 19 : 14)는 연약한 구성원들이 기근과 기타 이유로 고향 땅을 떠나 있을 때 유력한 자들이 자신의 이웃땅을 은근슬쩍 가로채는 죄다. 지적대장을 조작하는 도둑질이다. 이스라엘 백성에게 땅은 자신이 하나님 야웨께 속했다는 징표다. 땅이 없으면 언약적 의무도 없어지는 것이다(참조. 삼상 26 : 19). 이스라엘 사람의 모든 땅은 조상적부터 상속되어 온 땅으로 영구 매매되거나 양도될 수 없는 인권의 일부다. 예언자들은 이웃의 경계표를 옮겨 자기 땅을 늘리려는 자들에게 화(禍) 선언을 퍼부었다. 맹인에게 길을 잃게 하는 행위(18절)는 저주를 초래한다. 맹인은 하나님의 극한 자비가 필요한 사람이다. 욥은 자신이 맹인에게 눈이 되어 주었음을 증언한다(욥 29 : 15 ; 마 11 : 15). 예수님과 함께 여행하는 도중에 날 때부터 눈멀게 된 한 사람을 만난 제자들은 그 눈먼 사람이 눈멀게 된 것은 누구의 죄 때문이냐고 묻는다(요 9 : 2). 한 눈먼 사람을 '죄 가운데서 태어난 사람'이라고 보는 바리새인들(요 9 : 34)과 제자들 모두 맹인의 장애 원인을 신학적으로 그릇되게 규명한다. 예수님은 그가 눈먼 상태로 태어난 것은 그 자신이나 부모의 죄 때문이 아니라 하나님의 현재진행형(미완료된) 창조사역을 드러내기 위함이라고 말한다(요 9 : 3-4). 맹

59) 우상 숭배(아데미 숭배 포함)의 사회경제적 함의에 대한 날카로운 분석을 보려면 Ben Witherington Ⅲ, *The Acts of the Apostles. A Socio-Rhetorical Commentary* (Grand Rapids, MI. : Wm. B. Eerdmans, 1998)을 보라.

인을 하나님께로 이끄는 바른 해석을 하신 것이다. 장애인들에 대한 모든 불친절과 편견은 하나님의 저주와 진노를 촉발시킨다.

사회적 약자들(객, 고아, 과부)의 송사를 굽게 하여 압제하는 행위(19절)도 하나님의 저주를 초래한다. 구약성서에서 가장 의로운 사람은 고아와 과부, 객을 돌보는 사람이다(욥 29 : 12, "이는 부르짖는 빈민과 도와줄 자 없는 고아를 내가 건졌음이라" ; 29 : 16, "내가[욥] 모르는 사람의 송사를 돌보아 주었으며" ; 31 : 18, "실상은 내가[욥]...... 고아 기르기를 그의 아비처럼 하였으며 내가 어렸을 때부터 과부를 인도하였노라" ; 욥 31 : 32, "실상은 나그네가 거리에서 자지 아니하도록 나는 행인에게 문을 열어 주었노라"). 하나님 앞에서 정결하고 더러움이 없는 경건은 환난 중에 있는 고아와 과부를 돌아보고 보살피는 경건이다(약 1 : 27). 사회적 약자들의 재판을 굽게 하는 재판이 하나님의 저주를 초래한다는 점을 이 땅의 그리스도인 법조인들은 명심하여야 한다.

20~23절은 언어도단인 흉악성 범죄를 단죄한다. 서모(아버지의 부인)와 동침 행위(20절), 수간(獸姦, 21절), 이복 혹은 동복 동기자매와의 성교행위(22절 ; 삼하 13 : 14), 장모와의 성관계(23절)는 하나님의 저주를 초래한다. 창조질서를 파괴하는 성범죄가 하나님의 진노를 산다. 앞에서 이미 살펴보았듯이(신 22 : 30 ; 창 35 : 22) 야곱의 장자 르우벤이 아버지의 아내 빌하와 통간하여 장자권을 잃었다. 암논은 이복누이 다말을 범해 이복동생이자 다말의 친오라버니 압살롬에게 살해당했다(삼하 13장). 레위기 18 : 6~18은 훨씬 다양한 피붙이 상대 성범죄와 죄악된 성행위들을 단죄하고 있다. 수간은 성경에는 그 사례가 없지만 베두인 목동들에게서 발견된 죄악으로 간주되었으며, 수간하는 자는 땅이 스스로 토해 낼 정도로 가증스러운 죄인이다(레 18 : 23). 이 모든 성범죄는 간음 금지 계명의 확장적 적용인 셈이다. 주도면밀한 이웃 살해(24절), 그리고 무죄한 자의 피 흘리게 하는 재판을 위한 뇌물 수수(거짓 증인 혹은 재판관의 뇌물수수) 행위(25절)가 강력하게 단죄된다. 이 두 죄악은 제6계명 살인 금지 계명의 확장적 적용이다.

저주는 전쟁 패배, 이민족의 압제와 노예살이 경험, 국토 상실, 왕조 상실로 인한 이산과 유랑, 기근, 질병, 기타 천재지변, 내란, 파당 갈등으로 실현된다. 하나님은 이 열한 가지 죄악을 범한 집단이나 개인을 저주하셨고, 이스라엘 백성의 600년 가나안 정착사는 이 신적 저주의 화려한 실현경연장이었다. 구약성서는 이스라엘(인류)의 죄악된 민낯을 매우 적나라하게 보여 준다. 존속급 근친상간, 동기간 근친상간, 수간 등을 범하지 말라고 명령한 것은 이스라엘 백성이 처한 도덕적 수준이 어떠한지를 간접적으로 반영한다. 성경은 인간의 죄를 들추고 드러내고 그것을 질정하려는 창조의 시선이 영감으로 깃든 책이다(딤후 3 : 16–17 ; 히 4 : 12–14). 성경은 인간 안에 선한 본성이 있다는 아첨의 말을 늘어 놓지 않는다. 인간성은 금수의 야수성보다 더 추악하다. "만물보다 거짓되고 심히 부패한 것은 마음이라 누가 능히 이를 알리요마는"(렘 17 : 9).

## 설교를 위한 묵상

27장의 에발산 저주선언은 현대인들에게는 상당히 낯설다. 고대 종주–봉신조약에서 봉신이 종주와 맺은 조약상의 의무조항을 어기면 조약에 적힌 대로 저주를 받도록 한 관습의 빛 아래에서, 이 낯선 장면을 어느 정도 이해할 수 있다. 주전 15~13세기부터 주전 7~6세기까지 고대근동의 외교관계를 규정한 종주–봉신조약의 빛 아래서 신명기의 종주 야웨–봉신 이스라엘 민족 간의 언약을 이해하는 것이 오늘날 신명기 연구자들에게는 상식이 되었다. 고대 히타이트 종주–봉신 조약을 비롯한 고대근동 국제조약과 신명기의 계약 본문들과의 유사성에 대해서는 합의가 이뤄졌지만 그것들의 연대 결정에는 두 의견으로 나눠진다.[60] 주전 15~13세기의 고대 히타이트 종주 조약과의 유사성을 강조하는 학자들(G. E. Mendenhall, Walton, A. Kitchen,

60) J. H. Walton, *Ancient Near Eastern Literature in Its Cultural Context* (Grand Rapids, MI. : Zondervan Publishing Company, 1989), 103–106.

M. Kline, P. C. Craiggie 등)과 주전 7세기 앗수르의 에살핫돈 봉신조약과의 유사성을 강조하는 학자들(M. Weinfeld, 후기 McCarthy)로 나눠져 있다. 크레이기 등 보수적 학자들은 주전 14~13세기 히타이트 조약과 주전 8~7세기 앗수르 제국의 조약을 신명기 본문과 각각 비교해 본 후, 신명기 본문과 주전 13세기 히타이트 종주조약과의 유사성을 더 지지하는 결론을 제시한다.[61] 특히 크레이기는 앗수르-시리아 종주조약에는 신명기와 달리 역사적 서언이 없다는 것과 저주와 동등한 축복 부분이 없다는 점을 근거로, 신명기와 앗수르 조약과의 유사성은 적다고 본다.[62] 분명한 사실은, 이스라엘 민족이 고대근동의 종주-봉신조약의 양식과 문체에 근거해 자기 정체성을 획득했다고 볼 수 있다는 것이다. 여기서는 저주목록이 길었던 히타이트 종주-봉신조약의 틀을 갖고 신명기의 언약저주를 이해해 보고자 한다.

크레이기는 신명기의 구조적 통일성을 종주권 조약 형식의 배경하에서 ① 종주의 정체 진술(1 : 1-5 : "이것들은…… 말씀들이라), ② 은혜로운 전사(前史) 개관(1 : 6-4 : 9 : 종주의 역사적 은전 나열), ③ 일반적 명령조항(5-11장), ④ 세부 명령조항(12-26장), ⑤ 축복과 저주(27-28장), ⑥ 증인 소환(30 : 19 ; 31 : 19 ; 32 : 1-43 : 계약 지속성을 위한 조항, 후계자 조항 포함)[63] 등 여섯 가지 항목으로 구분한다. 히타이트 종주 조약의 빛하에서 신명기를 이해하는 것의 해석학적 의의는 ① 이스라엘의 계약사상을 하나님의 은혜로운 구원사의 맥락에서 발생한 것으로 이해한다는 것과 ② 종주 조약문서가 체결 직후 기록되었듯이 신명기 또한 언약 체결 직후에 기록되었을 가능성을 한층 더 높인다는 것이다. 만일 구원사의 전사(前史)가 인정된다면, 이것은 출애굽의 구원 직후에 종주 야웨와의 언약 체결을 초래했을 가능성이 크며, 아울러 체결된 계약은 모세 지도하에 기록, 보관되었을 개연성도 배제할 수 없다. 신명기의 언약사상이 주전 7세기경에 만개한 더 성숙한 언약사상을 반영했을 수도 있다고 보지만, 국가 멸망의 위기 해석학으로서 과거전승에는 없었던 사상이 갑자기 튀어나왔다고 주장하는 학자들의 주장은 받아들이기 힘들다. 모세 시대의 씨앗 수준의 언약사상이 역사의 진행과정에서 한층 성숙했고, 그것이 신명기에 어느 정도 반영되었다는 것은 부인할 필요가 없다. 그래서 신명기가 설령 주전 7세기

61) Walton, *Ancient Near Eastern Literature in Its Cultural Context*, 106.
62) Craiggie, *Deuteronomy*, 23-25.
63) Craiggie, Ibid., 24.

에 만개된 성숙한 언약사상을 보여 주더라도, 신명기의 문체, 양식, 관점과 고대 히타이트 종주조약과의 비교를 통해 알 수 있듯이, 그 언약사상의 효시는 모세 시대까지 소급될 수도 있을 것이다.

이스라엘 현상의 독특성을 이해하려고 일생 동안 씨름했던 노트는, "이 모든 역사적 관련성과 비교의 가능성들에도 불구하고 이스라엘은 그 동시대의 세계 어디에서도 한 이방인으로 나타난다. 이스라엘 역사 한복판에서 세계 어디에서도 그 유비와 평행을 찾아볼 수 없는 현상을 만난다. 비교자료가 아직 나타나지 않았다는 이유 때문이 아니라, 우리가 아는 한 그러한 일은 세계 어디에서도 일어나지 않았다."[64]라고 고백했다. 계시의 실재성을 역설적으로 시인하는 고백인 것이다. 칼 바르트(Karl Barth)의 다음 진술은 마틴 노트의 이러한 문제의식에 대한 하나의 대답이 될 수 있을 것이다. "성서 안에는 전혀 새롭고 낯선 세계, 하나님의 세계가 있다. 성서 안에는 어떤 전이나 뒤섞임이나 중간단계가 없다. 성서의 계시는 수직적이며 위로부터 우리의 시간을 자르며 돌입한다."[65] 이스라엘은 신명기 4 : 32~39가 증언하듯이 "이 세상 어디에서도 유비를 찾을 수 없는 한 나그네의 독특성"[66]을 보유하고 있다. 이스라엘은 고대 근동 역사의 한복판에서, 많은 요소들을 고대 근동의 공통 유산으로부터 상속했고 차용했다. 그러나 붸르너 슈미트(W. H. Schmidt)가 지적하듯이, 이스라엘은 신관에 대해서는 양보하지 않았다. 슈미트는 십계명 제1~2계명이 모든 시간의 경과에도 불구하고 이스라엘이 맞이한 모든 역사적 영향력 앞에 자기를 지켜 보호한 항체라고 주장한다. 이 항체, 즉 최악의 다신교와 윤리적 퇴폐를 조장하는 신들과 종교의 한복판에서 그것들과 가장 반대되는 윤리적이고 유일신적인 하나님을 주창하도록 한 항체가 바로 역사적으로 그 역능이 검증된 계시의 힘이라고 본다. "이스라엘의 신앙에 있어서 끝까지 잔존한 신앙의 특이성은 단지 처음부터 작용해 온 힘으로부터만 설명 가능한 것이다. 그 힘은 틀림없이 십계명의 제1~2계명(윤리적 유일신)이다."[67]

물론 19세기의 학자들(특히 Karl Marti의 1907년 *Geschichte der Israelitischen Religion*)이 언명한, "이스라엘 종교도 실로 하나의 역사를 갖는다. 처음부터 하늘

---

64) Noth, *A History of Pentateuchal Traditions*, 2-3.
65) 김영한, 「바르트에서 몰트만까지」(서울 : 대한기독교출판사, 1982), 42.
66) Schmidt, *The Faith of the Old Testament*, 2.
67) Ibid., 3.

에서 떨어진 것처럼 완성된 것은 아니었다."라는 주장을 부인할 필요는 없다. 따라서 모세 종교는 완성된 종교가 아니라 그 종교의 씨앗으로서의 계시였다고 주장할 수도 있다. 그러나 윤리적 유일신 신앙의 만개된 형태가 기간상 짧았으나, 모세 시대(광야 시대)에 존재했었다는 사실은 적극적으로 주목되어야 할 것이다. 따라서 유일신 신앙과 언약신앙의 최초의 기원은 모세 시대에 주어진 하나님의 계시 안에서 해명된다고 보는 현 신명기의 문맥은 타당한 것이다.[68]

그러면 끝으로 신명기 율법 부분(12-26장)을 역사비평적으로 분석한 후 신명기의 많은 율법들이 주전 7세기 상황을 반영하거나 겨냥하고 있다는 입장들을 어떻게 이해해야 할까? 마이클 피쉬베인(M. Fishbane)이 하나의 대답을 제공한다. "계시된 가르침들은 그것을 연구하는 사람들의 입에서 재역동화되지(revitalization) 않는다면 죽은 문자가 된다. 서양의 위대한 종교 중 유대교는 종교 주석의 위치를 신격화시키는 경향을 추구해 왔다. 고대 유대교는 주석을 통한 새 의미들의 계시로서 시내산 계시와 함께 서 있는 구약 이후의 본문 집성물을 정경으로 소유한다."[69] 더글라스 나이트(D. A. Knight)는 전승(Traditum)의 재해석 과정(Traditio)은 해석과 실재화를 거친다고 논급한다.[70] 따라서 현 신명기 내에서 주전 7세기 사회를 반영한다고 여겨지는 율법들 속에는 모세의 이름으로 선포된 전승물과 서기관들에 의한 전승의 역동적 주석들이 무시간적으로 얽혀 있다. 험프리스(W. L. Humphreys)는 주전 7세기가 유대인의 전승을 재해석하는 한 위기의 시기였다고 지적한다.[71] 특히 신명기에서 과거 세대와 현 세대의 무시간적인 동일시가 이뤄지고 있다는 점은 유대인들의 전승해석의 논리 안에서 이해되어야 한다. 연대기적인 시간을 상대화시키는 신명기의 무시간적 분위기는, 모든 후세대의 이스라엘을 시내산 계약의 현재성 앞에 소환시키는 신명기 저자의 통찰을 드러낸다.[72] 이런 점에서 현 신명기의 모든 부

---

68) Ramsey는 이러한 계시 요인을 도입하여 성서를 해석하려는 시도를 근본주의적이라고 비판하나, 계시 범주를 대체할 어떤 만족할 만한 대안을 제시하지 못한다(*The Quest for the Historical Israel*, 107-118).

69) Michael Fishbane, *The Garments of Torah* (Minneapolis, IN. : Indiana University Press, 1989), 3.

70) D. A. Knight, *Rediscovering the Traditions of Israel* (Missoula : Scholars Press, 1975), 5-6.

71) W. L. Humphreys, *Crisis and Story* (London : Mayfield Publishing Company, 1990), 14.

72) M. Noth, *The Representation of the OT in Proclamation. Essays on Old Testament*

분의 마지막 기록자가 모세 혹은 모세 시대의 사람들이라고 주장하는 일부의 전통적 모세저작설은 수정될 수 있을 것이다. 그러나 "모압 스텝 지역에서 행하여진 모세의 고별설교 형식의 가르침이 현 신명기의 모체가 되었을 수 있다."는 드라이버의 제안은 경청해 볼 만한 통찰이다. 출애굽 구원과 시내산 계약의 지도자가 모든 후세대의 생존에 절대적으로 필요한 사활적 중요성을 갖는 예언적 권고를 설교했다는 것은 충분히 가능한 일로 보여진다. '하나님과 얼굴과 얼굴을 맞대고 대면한 지도자' 모세가 그 예언자적 통찰과 마음 깊은 곳에서의 권고로 이루어진 토라를 제시했을 개연성은 충분히 열려져 있는 것이다.

역사적-비평적 주석가들은 27장에서 규정된 세겜 계약갱신 의식(儀式)은 실제로 여호수아 시대에 일어난 것으로 본다. 모세가 예언하고 여호수아가 언약갱신 의식을 집전했다는 것이다. 여호수아 8 : 30~35에 따르면 여호수아와 그의 동시대 백성이 27장에 대한 첫 순종을 바친 사람들이다. 27장의 에발산 저주선언식은 모든 가나안 출생 세대를 호렙산 계약의 '현재'(신 5 : 3)로 소환하는 나팔 역할을 하였을 것이다. 여호수아는 여호수아 8 : 30~32에서 신명기 27장의 말씀들을 직접적으로 인용하고 언급하고 있다. 다만 여기서는 이방인들과 가나안 본토인들까지 계약 체결의 당사자로 참여하고 있다는 점이 다르다. 이처럼 이스라엘에게는 '가나안의 다신교 문화와 종교들 한복판에서 어떻게 살아가야 할 것인가'가, 가나안 땅 정착생활의 첫 시작부터 아주 중차대한 문제였던 것이다. 27 : 15~25에 이르는 이스라엘의 자기저주적 아멘 맹세 의식은, 자신을 야웨와 언약을 맺은 백성이라고 믿는 엄숙한 자의식이 없었다면 결코 상상할 수 없었다. 에발산 저주목록의 첫 자리는 우상 제작을 통한 우상 숭배며, 마지막은 무죄한 자를 뇌물받고 죽이는 사법살인죄다. 이 마지막 단락의 저주선언 구절들에 나오는 죄악들은 가나안 땅에서 당시에 가장 빈번하게 위반되는 죄악목록이었을 것이다. 이상의 죄악을 범하면 하나님의 저주를 초래할 것이라는 레위인들의 선고에 이스라엘 백성은 '아멘 합창'으로 응답한다. 호렙산의 언약은 모압 언약을 거쳐 세겜언약갱신으로 이어진다. 하나님의 언약과 계명, 법도와 규례는 공동체적 준행서약식과 같은 언약갱신 의식을 통해 이스라엘의 마음과 심장에 새겨

---

*Hermeneutics*, eds. C. Westermann & J. L. Mays (Richmond, VA. : John Knox Press, 1963), 76–86. 노드는 반복적인 '오늘'이라는 표현이 제의적 재역동화이며, 이 표현을 통해 신명기는 이스라엘의 무시간적 자의식의 정수를 보여 주고 있다고 본다.

져야 한다. 이스라엘의 심비(心碑)는 석회반죽을 바른 돌이어야 한다. 한 번 새겨지면 망각되거나 훼손될 수 없는 계명이어야 한다. 기독교인은 그리스도의 법이 성령으로 그 마음에 인이 쳐진 사람들이다. 성령은 우리를 위해 율법의 저주를 받아 십자가에 못 박히신 예수님이 부활하셔서 하나님 우편 보좌에 앉은 후 바로 보내 주신 또 다른 보혜사다. 성령만이 저주를 초래하는 죄악 충동으로부터 우리를 속량하신다. 신명기 27장의 에발산 자기 저주의 실현은 십자가에 못 박힌 유대인의 왕 나사렛 예수에게 일어났다. 죄와 저주를 받아 십자가에 못 박혀 죽은 예수님이 우리에게 주신 보혜사 성령으로 우리는 율법의 저주를 초극하며 율법의 참 요구를 100% 이상 성취할 수 있다.

## 17. 언약 순종 시 받게 될 간결한 복 목록과 언약 파기 시 받게 될 긴 저주 목록(28 : 1–68)

### 1) 순종의 복(28 : 1–14 ; 레 26 : 3–13 ; 신 7 : 12–24)

1네가 네 하나님 여호와의 말씀을 삼가 듣고 내가 오늘 네게 명령하는 그의
모든 명령을 지켜 행하면 네 하나님 여호와께서 너를 세계 모든 민족 위에
뛰어나게 하실 것이라 2네가 네 하나님 여호와의 말씀을 청종하면 이 모든
복이 네게 임하며 네게 이르리니 3성읍에서도 복을 받고 들에서도 복을 받을
것이며 4네 몸의 자녀와 네 토지의 소산과 네 짐승의 새끼와 소와 양의 새끼
가 복을 받을 것이며 5네 광주리와 떡 반죽 그릇이 복을 받을 것이며 6네가
들어와도 복을 받고 나가도 복을 받을 것이니라 7여호와께서 너를 대적하기
위해 일어난 적군들을 네 앞에서 패하게 하시리라 그들이 한 길로 너를 치러
들어왔으나 네 앞에서 일곱 길로 도망하리라 8여호와께서 명령하사 네 창고

와 네 손으로 하는 모든 일에 복을 내리시고 네 하나님 여호와께서 네게 주시
는 땅에서 네게 복을 주실 것이며 [9]여호와께서 네게 맹세하신 대로 너를 세워
자기의 성민이 되게 하시리니 이는 네가 네 하나님 여호와의 명령을 지켜 그
길로 행할 것임이니라[73] [10]땅의 모든 백성이 여호와의 이름이 너를 위하여 불
리는 것을 보고 너를 두려워하리라 [11]여호와께서 네게 주리라고 네 조상들에
게 맹세하신 땅에서 네게 복을 주사 네 몸의 소생과 가축의 새끼와 토지의
소산을 많게 하시며 [12]여호와께서 너를 위하여 하늘의 아름다운 보고를 여시
사 네 땅에 때를 따라 비를 내리시고 네 손으로 하는 모든 일에 복을 주시리
니 네가 많은 민족에게 꾸어 줄지라도 너는 꾸지 아니할 것이요 [13]여호와께서
너를 머리가 되고 꼬리가 되지 않게 하시며 위에만 있고 아래에 있지 않게
하시리니 오직 너는 내가 오늘 네게 명령하는 네 하나님 여호와의 명령을 듣
고 지켜 행하며 [14]내가 오늘 너희에게 명령하는 그 말씀을 떠나 좌로나 우로
나 치우치지 아니하고 다른 신을 따라 섬기지 아니하면 이와 같으리라

**[28 : 1-14]** 28장은 호렙산-세겜 계약을 순종하였을 때 받게 될 복과 번영을 간략하게 언급하고, 파기했을 때 받게 될 참혹한 재앙들을 장황하게 제시한다. 28장의 심판과 저주단락들 안에는 이스라엘의 과거, 현재, 미래가 무시간적으로 농축되어 있다. 이스라엘 백성은 가나안 땅에 들어가기도 전에 모압 평지에서 언제 터질지 모르는 시한폭탄 같은 저주목록을 들어야 했다. 열네 절에 불과한 복 목록과 쉰네 절이나 되는 저주목록 사이에 있는 이 불균형은 이스라엘 백성으로 하여금 어떤 생각을 하게 했을까? 이스라엘 백성 안에 있는 집요한 반역성, 일탈 경향, 타락하고야 말겠다는 의지적 열정 등은 이미

73) 개역개정의 9절 번역의 경우 문법적으로 불가능한 번역은 아니다. 키(kî) 접속사를 '……할 때'라고 번역할 수도 있고 '왜냐하면'이라고 번역할 수도 있기 때문이다. 그러나 굳이 말하자면 개역처럼 조건적 시간 접속사(그 길로 행하면)로 읽는 것이 좀 더 정확해 보인다. 9절은 이스라엘이 성민(암 카도쉬)이 되는 조건을 말하기 때문이다. 개역개정은 단순히 키(kî) 접속사 이하를 예상하는 절로 본다(참조. 강원주, op. cit., 34).

광야 시대에 간취(看取)된 적이 있다. 모세는 이스라엘의 불길한 미래를 고통스럽게 예언하고 있다.

앞서 말했듯이, 28장의 주제는 27 : 11~26과 자연스럽게 연결된다. 둘 다 상대적으로 험악할 정도로 인상적인 저주목록이 전면에 부각된다. 28장에서는 순종의 결과 이스라엘이 누리게 될 복의 목록은 간략하고, 불순종의 결과 쏟아질 저주목록은 참혹할 정도로 길고 장황하다(신 11 : 26-32 ; 30 : 15-20). 이스라엘 백성 앞에 복과 저주를 중립적으로 제시하는 11 : 26~31에서와는 달리, 여기서는 이스라엘이 저주를 선택할 것이 거의 확실한 것처럼 저주가 생생하게 실현된 미래 상황이 파노라마처럼 펼쳐진다.

양식비평적 연구가들은 신명기 28장의 문학적 원형(복과 저주 목록 제시를 통한 순종 유도, 충성 명령)을 고대근동의 종주-봉신 조약문서에서 찾는다. 28 : 15~68에 나오는 긴 저주목록은 고대의 종주-봉신조약에서 봉신이 종주를 배반할 때 받게 될 징벌규정을 반영하고 있다는 것이다. 이런 의견을 받아들인다면 우리는, 신명기가 이스라엘과 야웨 사이의 관계를 종주-봉신 관계로 규정하여 이 복과 저주 선언의 법적 정당성과 법적인 효력을 공포한다고 해석할 수 있다. 놀랍게도 주전 15~14세기 히타이트 제국의 종주-봉신조약들 대부분에서도 저주목록이 복목록보다 훨씬 더 길었다. 저주목록의 상대적 큰 분량에 관한 한 신명기는 주전 15~14세기 히타이트 종주-봉신조약문의 전형적 형식을 따르는 셈이다.

1~14절 단락은 복을 받는 일반준칙을 말한다. 1절은 대원칙을 천명한다. 이스라엘 백성이 야웨의 음성을 진정으로(샤마〈šāma'〉 동사의 부정사 절대형 샤모아〈šāmôa'〉) 듣고 오늘 모세가(1인칭 대명사 아노키 돌출 사용) 명령하는 그의 모든 명령을 지켜 행하면, 하나님께서 이스라엘을 세계 만민들 위에(알-콜 고예 하아레츠〈'al-kol gôyê hā'ārēṣ〉) 뛰어나게(엘욘〈elyôn〉) 하실 것이다. 이스라엘 백성이 하나님 여호와의 말씀을 청종하면 3~14절에 열거되는 모든 복이 그들에게 임하며 이스라엘을 추적할 것이다(히씨구카〈hiśśîgûkā〉〈'뒤따

르다', '도달하다'〉를 의미하는 히브리어 동사의 nāśag〈나사그〉의 히필 완료 3인칭+대명접미어 2인칭 남성 단수). 하나님의 복이 이스라엘을 뒤따라 추적하고 후견한다는 말이다. 이 모든 복을 누리면 이스라엘은 저주와 죽음, 결핍과 한계 상황에 늘 내몰리는 언약 밖의 백성들 위에 뛰어나게 될 것이다. 1~2절은 이스라엘을 꼬리가 아니라 머리가 되게 하실 것이라는 복 선언을 담고 있는 13절과 호응관계를 이룬다. 3~6절은 목축과 농경 분야, 자녀 출산, 식생활 등 경제활동에서 받게 될 복을 예거한다. 성읍과 들에서도 복을 받는다는 말은 성읍에서 하는 일(행정, 교환, 국가 운영)과 농경활동에서 공히 복을 받는다는 뜻이다. 4절은 인간의 자녀양육과 가축의 새끼 발육, 토지 소산 등에서 복을 받을 것이라고 말한다. 자녀양육과 훈육에는 큰 열매가 맺히겠고, 농사는 기후(비와 일조량), 병충해 등의 외부요인에 휘둘리지 않고 야웨의 감찰 아래 풍년을 구가할 것이다. 5절은 최종 음식물인 광주리와 떡 반죽 그릇이 복을 받을 것이라고 말한다. 6절은 이스라엘이 집 안팎 출입 시 복을 받을 것이라고 말한다. 7절은 침략군을 패배시키는 복을 말한다. 한 길로 이스라엘로 들어온 적군이 이스라엘 앞에서 일곱 길로 도망하게 될 것이다. 이스라엘을 위한 외국의 공격 시도는 대패주로 끝날 것이다. 야웨의 율법 순종이 국방의 토대가 될 것이다.

또한 이스라엘의 창고와 그 손으로 하는 모든 일에 복을 내리시고 하나님 여호와께서 그들에게 주시는 땅에서 복을 주실 것이다(8절). 이스라엘이 하나님 여호와의 명령을 지켜 그 길로 행한다면 그들에게 맹세하신 대로 이스라엘 민족을 당신의 성민(암 카도쉬)이 되게 하실 것이다. 이스라엘의 성민정체성은 이미 확보된 자질이 아니라 미래에 획득하게 될 정체성이라는 말이다(9절). 성민다움을 스스로 채워 가는 이스라엘을 본 이웃 족속들은 압도될 것이다. 땅의 모든 백성이 '여호와의 이름이 이스라엘 민족을 위하여 불리는 것을 보고' 이스라엘을 두려워할 것이다(10절). 10절의 히브리어 구문, '쉠 아도나이 니크라 알레카'(šēm Yahweh niqĕrā' 'ālêkā)는 희귀한 구문이다. "야웨름이 너를 위하여(for the sake of)/혹은 너와 관련되어(concerning) 불린다." 이스라엘을 위하여 하나님의 이름을 부르는(invoke) 때는 하나님의 현존과 임재, 동행이 확보되는 특권을 누리는 상황을 말한다. 이스라엘은 하나님의 이름을 부를 수 있다. 하나님과 이스라엘은 언약관계로 묶여 있기 때문이다. 이스라엘은 하나님에게 암 쉬굴라, 암 카도쉬다. 하나님의 현존, 임재, 동행을 요청할 자격이 있다. 열방민족들은 바로 이 점을 알고 두려워할 것이다. 모압 왕 발락이 이스라엘이 하나님의 강력으로 추동되어 가나안 땅으로 강습하는 것을 보고 두려워 떨듯이, 만민이 야웨의 현존과 임재를 언제든지 부르고 야웨의 이름을 부르기만 하면 야웨가 응답하시는 그 언약적 친밀성을 보고 열방은 두려워 떨 것이다(비교. 신 4 : 32-34).

4절이 자녀와 가축 새끼의 발육의 복을 말한다면 11절은 다산(多産)의 복을 말한다. 여호와께서 조상들에게 맹세하신 땅에서 복을 주사 몸의 소생과 가축 새끼와 토지 소산을 많게 하실 것이다. 다산과 풍요를 선사하실 것이다. 또한 이스라엘의 농사에 결정적인 요소인 비를 주실 것이다. 여호와께서 이스라엘을 위하여 하늘의 아름다운 보고를 여시사 이스라엘 땅에 때를 따라 비를 내리시고 그들이 손으로 하는 모든 일에 복을 주시리니 그리하여 이스라엘 민족은 많은 민족에게 꾸어 줄지라도 꾸지 아니할 것이요(12절), 열방민족들 위에 머리가 되고 꼬리가 되지 않게 하실 것이다. 위에만 있고 아래에 있지 않게 하실 것이다. 이 모든 복이 현실화되기 위해서는 다시금 근원적 조건이 충족되어야 한다. 13~14절은 1절의 권고와 호소를 반복한다. 오직 '오늘' 모세를 통해 들려온 하나님의 명령, 즉 이스라엘이 '하나님 여호와의 명령을 듣고 지켜 행하며, 이스라엘에게 명령하는 그 말씀을 떠나 좌로나 우로나 치우치지 아니하고 다른 신을 따라 섬기지 아니하면', 3~13절의 복이 실현될 것이다(14절).

### 2) 불순종의 저주(28 : 15-68)

#### (1) 저주를 초래하는 총론적 죄악(28 : 15-19)

> [15]네가 만일 네 하나님 여호와의 말씀을 순종하지 아니하여 내가 오늘 네게
> 명령하는 그의 모든 명령과 규례를 지켜 행하지 아니하면 이 모든 저주가 네
> 게 임하며 네게 이를 것이니 [16]네가 성읍에서도 저주를 받으며 들에서도 저주
> 를 받을 것이요 [17]또 네 광주리와 떡 반죽 그릇이 저주를 받을 것이요 [18]네 몸
> 의 소생과 네 토지의 소산과 네 소와 양의 새끼가 저주를 받을 것이며 [19]네가
> 들어와도 저주를 받고 나가도 저주를 받으리라

**[28 : 15-19]** 이 단락은 일반적인 저주 기준을 진술한다. 복 단락에서 받은 복이 이번에는 동일한 영역에서 저주로 돌변할 것이다. 만일 이스라엘 민족이 하나님 여호와의 말씀을 순종하지 아니하여 모세가 '오늘' 명령하는 그의 모든 명령과 규례를 지켜 행하지 아니하면, 20~68절에 예거된 모든 저주(복수형 haqqĕlālôth)가 이스라엘에게 임하고 끝까지 뒤따라 다닐(hiśśîgûkā) 것이다(15절). 15절 마지막 소절, '네게 이를 것이다'는 '너를 끝까지 추적할 것이다, 뒤따라 다닐 것이다'라고 번역하는 것이 원의에 더 가깝다. 16~19절은 복 경험의 정반대 경험이다. 불순종하는 이스라엘 백성은 성읍과 들판 모든 곳에서 저주를 맛보고 광주리와 떡반죽 그릇, 몸 소생, 토지 소산, 가축 새끼 모든 영역에서 저주를 받고 집 안팎, 성문 안팎 어디를 출입해도 저주를 받는다. 저주 편재(遍在) 현상을 경험하게 될 것이다. 즉, 이스라엘 백성은 인류의 조상 아담이 받은 저주의 세목들을 다 경험하게 될 것이다(창 3 : 15-19).

#### (2) 염병, 폐병, 열병, 염증, 학질, 한재, 풍재, 썩는 재앙을 일으키는 티끌과 재(28 : 20-24)

[20]네가 악을 행하여 그를(나) 잊으므로 네 손으로 하는 모든 일에 여호와께서
저주와 혼란과 책망을 내리사 망하며 속히 파멸하게 하실 것이며 [21]여호와께
서 네 몸에 염병이 들게 하사 네가 들어가 차지할 땅에서 마침내 너를 멸하실
것이며 [22]여호와께서 폐병과 열병과 염증과 학질과 한재와 풍재와 썩는 재앙
으로 너를 치시리니 이 재앙들이 너를 따라서 너를 진멸하게 할 것이라 [23]네
머리 위의 하늘은 놋이 되고 네 아래의 땅은 철이 될 것이며 [24]여호와께서 비
대신에 티끌과 모래를 네 땅에 내리시리니 그것들이 하늘에서 네 위에 내려
마침내 너를 멸하리라

**[28 : 20-24]** 20~24절은 이스라엘의 불순종에 염병, 폐병, 열병, 염증, 학질, 한재, 풍재, 썩는 재앙을 보내시는 하나님을 보여 준다. 만일 이스라엘이 악을 행하여 하나님을 망각하면 그 손으로 하는 모든 일에 여호와께서 저주와 혼란과 책망을 내려 망하며 속히 파멸하게 하실 것이다(20절). 더 나아가 여호와께서 이스라엘 몸에 염병이 들게 하사 이스라엘이 들어가 차지할 땅에서 마침내 이스라엘 민족을 멸하실 것이다(21절). 여호와께서 폐병과 열병과 염증과 학질과 한재와 풍재와 썩는 재앙으로 이스라엘 민족을 치실 것인데, 그 재앙들이 이스라엘을 따라다니며 이스라엘을 진멸하고야 말 것이다(22절). 하나님의 저주하심으로 이스라엘의 머리 위의 하늘은 놋이 되고 그 아래의 땅은 철이 될 것이다(23절). 놋 하늘과 철처럼 굳은 땅은 농업을 황폐케 하는 최악의 환경을 가리킨다. 비오지 않는 하늘, 씨앗을 발아시키기에는 너무 굳은 땅에 대한 은유인 셈이다. 또한 여호와께서 비 대신에 티끌과 모래를 이스라엘 땅에 내리시리니 그것들이 하늘에서 이스라엘 민족 위에 내려 마침내 이스라엘을 멸하실 것이다(24절). 하늘에서 내리는 티끌과 재는 하늘을 뒤덮어 햇빛을 장기간 차단해 곡식은 다 죽어 버릴 것이며, 일조량 결핍으로 습기가 가득 찬 땅에 사는 이스라엘 민족에게 호흡기 질환과 피부질환이 강습할 것이다.

### (3) 전쟁 패배, 애굽의 종기, 치질, 괴혈병, 피부병, 미치는 병, 눈멈, 정신병(28 : 25-35)

25여호와께서 네 적군 앞에서 너를 패하게 하시리니 네가 그들을 치러 한 길
로 나가서 그들 앞에서 일곱 길로 도망할 것이며 네가 또 땅의 모든 나라 중
에 흩어지고 26네 시체가 공중의 모든 새와 땅의 짐승들의 밥이 될 것이나 그
것들을 쫓아 줄 자가 없을 것이며 27여호와께서 애굽의 종기와 치질과 괴혈병
과 피부병으로 너를 치시리니 네가 치유받지 못할 것이며 28여호와께서 또 너
를 미치는 것과 눈머는 것과 정신병[74]으로 치시리니 29맹인이 어두운 데에서
더듬는 것과 같이 네가 백주에도 더듬고 네 길이 형통하지 못하여 항상 압제
와 노략을 당할 뿐이리니 너를 구원할 자가 없을 것이며 30네가 여자와 약혼
하였으나 다른 사람이 그 여자와 같이 동침할 것이요 집을 건축하였으나 거
기에 거주하지 못할 것이요 포도원을 심었으나 네가 그 열매를 따지 못할 것
이며 31네 소를 네 목전에서 잡았으나 네가 먹지 못할 것이며 네 나귀를 네
목전에서 빼앗겨도 도로 찾지 못할 것이며 네 양을 원수에게 빼앗길 것이나
너를 도와줄 자가 없을 것이며 32네 자녀를 다른 민족에게 빼앗기고 종일 생
각하고 찾음으로 눈이 피곤하여지나 네 손에 힘이 없을 것이며 33네 토지 소
산과 네 수고로 얻은 것을 네가 알지 못하는 민족이 먹겠고 너는 항상 압제와
학대를 받을 뿐이리니 34이러므로 네 눈에 보이는 일로 말미암아 네가 미치리
라 35여호와께서 네 무릎과 다리를 쳐서 고치지 못할 심한 종기를 생기게 하
여 발바닥에서부터 정수리까지 이르게 하시리라

**[28 : 25-35]** 이 단락은 한층 더 가혹한 저주목록을 열거한다. 전쟁 패배, 애굽

74) 개역개정의 '정신병'은 강원주의 지적처럼 '경심증'으로 번역하는 것이 전체 맥락뿐만 아니라 그 말의 히브리어 원의에도 더 가깝다(참조. 강원주, op. cit., 35). 정신병은 현대적 개념이 투사된 언어로 들린다.

의 종기, 치질, 괴혈병, 피부병, 미치는 병, 눈멈, 정신병이 불순종하는 이스라엘을 습격할 것이다. 25~26절은 공격전쟁에서의 패배와 그로 인한 대파국적 유배를 말한다. 여호와께서 적군을 치러 간 이스라엘 민족을 적군 앞에서 패주하게 하실 것이다. 이스라엘이 적군을 치러 한 길로 나가서 그들 앞에서 일곱 길로 도망할 것이며 또 땅의 모든 나라 중에 흩어지게 될 것이다(25절). 전쟁 패배와 열방 유배 등으로 몰락한 이스라엘 백성의 시체가 공중의 모든 새와 땅의 짐승들의 밥이 될 것이나 그것들을 쫓아 줄 자가 아무도 없을 것이다(26절).

또 여호와께서 애굽의 종기와 치질과 괴혈병과 피부병으로 이스라엘 백성을 치실 것인데, 이스라엘 백성은 그것들로부터 치유받지 못할 것이며(27절), 여호와께서 또 이스라엘 백성을 미치는 것과 눈머는 것과 정신병으로 치실 것이다(28절). 그래서 맹인이 어두운 데에서 더듬는 것과 같이 저주받은 이스라엘 백성은 백주에도 더듬고 그 길이 형통하지 못하여 항상 압제와 노략을 당할 뿐이리니, 그래도 이스라엘 백성을 구원할 자가 없을 것이다(29절).

30절은 인간의 최고 행복의 순간들을 파괴하는 저주를 다룬다. 이스라엘 백성이 여자와 약혼하였으나 다른 사람이 그 여자와 같이 동침할 것이요, 집을 건축하였으나 거기에 거주하지 못할 것이요, 포도원을 심었으나 그 열매를 따지 못할 것이다(30절). 그들이 자기 소를 잡아먹으려고 도살했으나 먹지 못할 것이며, 그들이 나귀를 목전에서 빼앗겨도 도로 찾지 못할 것이며, 양을 원수에게 빼앗길 것이나 그것을 찾으려는 이스라엘을 도와줄 자가 없을 것이다(31절). 이스라엘 백성은 자기 자녀를 다른 민족에게 빼앗기고 종일 생각하고 찾음으로 눈이 피곤하여지나 그 손에는 힘이 없을 것이며(32절), 그들의 토지 소산과 그들의 수고로 얻은 것을 그들이 알지 못하는 민족이 먹겠고, 이스라엘 백성은 항상 압제와 학대를 당할 것이다(33절). 이러므로 이스라엘은 자신들의 눈에 일어난 그 참혹한 저주들로 인해 미쳐 버릴 것이다(34절). 여호와께서 미쳐 버린 이스라엘 백성의 무릎과 다리를 쳐서 고치지 못할 심한 종기를 생기게 하여 발바닥에서부터 정수리까지 이르게 하실 것이다(35절).

### (4) 유배, 이산, 유랑(28 : 36-46)

> 36여호와께서 너와 네가 세울 네 임금을 너와 네 조상들이 알지 못하던 나라로 끌어가시리니 네가 거기서 목석으로 만든 다른 신들을 섬길 것이며 37여호와께서 너를 끌어가시는 모든 민족 중에서 네가 놀람과 속담과 비방거리가 될 것이라 38네가 많은 종자를 들에 뿌릴지라도 메뚜기가 먹으므로 거둘 것이 적을 것이며 39네가 포도원을 심고 가꿀지라도 벌레가 먹으므로 포도를 따지 못하고 포도주를 마시지 못할 것이며 40네 모든 경내에 감람나무가 있을지라도 그 열매가 떨어지므로 그 기름을 네 몸에 바르지 못할 것이며 41네가 자녀를 낳을지라도 그들이 포로가 되므로 너와 함께 있지 못할 것이며 42네 모든 나무와 토지 소산은 메뚜기가 먹을 것이며 43너의 중에 우거하는 이방인은 점점 높아져서 네 위에 뛰어나고 너는 점점 낮아질 것이며 44그는 네게 꾸어 줄지라도 너는 그에게 꾸어 주지 못하리니 그는 머리가 되고 너는 꼬리가 될 것이라 45네가 네 하나님 여호와의 말씀을 청종하지 아니하고 네게 명령하신 그의 명령과 규례를 지키지 아니하므로 이 모든 저주가 네게 와서 너를 따르고 네게 이르러 마침내 너를 멸하리니 46이 모든 저주가 너와 네 자손에게 영원히 있어서 표징과 훈계가 되리라

**[28 : 36-46]** 이 단락은 점점 가혹해지는 저주들을 연쇄적으로 열거한다. 36~37절은 이스라엘 왕들과 왕국 기간요원들의 외국 유배와 강요된 우상 숭배, 그로 인해 열국 가운데서 당하는 조롱과 수치를 말한다. 이스라엘의 불순종에 대한 저주로 여호와께서 이스라엘이 장차 세울 임금을 이스라엘과 그 조상들도 알지 못하던 나라로 끌어가실 것이며(35절), 그들이 거기서 목석으로 만든 다

른 신들을 섬길 것이다(36절). 야웨께서 이스라엘 민족을 끌어가시는 모든 민족 중에서 놀람과 속담과 비방거리가 되게 하실 것이며(37절), 그들이 많은 종자를 들에 뿌릴지라도 메뚜기가 먹으므로 거둘 것이 적을 것이다(38절). 이스라엘 백성이 포도원을 심고 가꿀지라도 벌레가 먹으므로 포도를 따지 못하고 포도주를 마시지 못할 것이며(39절), 이스라엘 땅 모든 경내에 감람나무가 있을지라도 그 열매가 떨어지므로 그 기름을 몸에 바르지 못할 것이며(40절 ; 비교. 합 3 : 17-19), 자녀를 낳을지라도 그들이 포로가 되므로 그들의 부모들과 함께 있지 못할 것이며(41절), 이스라엘 민족이 가꾼 모든 나무와 토지 소산은 메뚜기가 먹을 것이다(42절). 반면에, 이스라엘 중에 우거하는 이방인은 점점 높아져서 이스라엘 위에 뛰어나고 압도할 것이며 이스라엘 백성은 정작 점점 낮아질 것이며(43절), 오히려 우거하는 이방인이 이스라엘에게 돈을 꾸어 줄지라도 이스라엘은 그에게 꾸어 주지 못하리니 이방인이 머리가 되고 이스라엘은 꼬리가 될 것이다(44절). 이스라엘과 이방인의 운명이 반전될 것이다. 이스라엘이 그들의 하나님 여호와의 말씀을 청종하지 아니하고 그들에게 명령하신 그의 명령과 규례를 지키지 아니하므로 이 모든 저주가 이스라엘 민족에게 닥치고 그들을 멸망시킬 때까지 끝끝내 따라다닐 것이다(45절). 이 모든 저주가 이스라엘 백성과 그 자손에게 영원히 있어서 표징과 훈계가 될 것이다(46절).

### (5) 원방에서 오는 적군에게 정복되고 대패당하는 대환난(28 : 47-57)

[47]네가 모든 것이 풍족하여도 기쁨과 즐거운 마음으로 네 하나님 여호와를 섬기지 아니함으로 말미암아 [48]네가 주리고 목마르고 헐벗고 모든 것이 부족한 중에서 여호와께서 보내사 너를 치게 하실 적군을 섬기게 될 것이니 그가 철 멍에를 네 목에 메워 마침내 너를 멸할 것이라 [49]곧 여호와께서 멀리 땅끝에서 한 민족을 독수리가 날아오는 것같이 너를 치러 오게 하시리니 이는 네가

그 언어를 알지 못하는 민족이요 50그 용모가 흉악한 민족이라 노인을 보살피
지 아니하며 유아를 불쌍히 여기지 아니하며 51네 가축의 새끼와 네 토지의
소산을 먹어 마침내 너를 멸망시키며 또 곡식이나 포도주나 기름이나 소의
새끼나 양의 새끼를 너를 위하여 남기지 아니하고 마침내 너를 멸절시키리라
52그들이 전국에서 네 모든 성읍을 에워싸고 네가 의뢰하는 높고 견고한 성벽
을 다 헐며 네 하나님 여호와께서 네게 주시는 땅의 모든 성읍에서 너를 에워
싸리니 53네가 적군에게 에워싸이고 맹렬한 공격을 받아 곤란을 당하므로 네
하나님 여호와께서 네게 주신 자녀 곧 네 몸의 소생의 살을 먹을 것이라 54너
희 중에 온유하고 연약한 남자까지도 그의 형제와 그의 품의 아내와 그의 남
은 자녀를 미운 눈으로 바라보며 55자기가 먹는 그 자녀의 살을 그중 누구에
게든지 주지 아니하리니 이는 네 적군이 네 모든 성읍을 에워싸고 맹렬히 너
를 쳐서 곤란하게 하므로 아무것도 그에게 남음이 없는 까닭일 것이며 56또
너희 중에 온유하고 연약한 부녀 곧 온유하고 연약하여 자기 발바닥으로 땅
을 밟아 보지도 아니하던 자라도 자기 품의 남편과 자기 자녀를 미운 눈으로
바라보며 57자기 다리 사이에서 나온 태와 자기가 낳은 어린 자식을 남몰래
먹으리니 이는 네 적군이 네 생명을 에워싸고 맹렬히 쳐서 곤란하게 하므로
아무것도 얻지 못함이리라

**[28 : 47–57]** 47절은 풍요의 역설을 말한다. 놀랍게도 이스라엘이 하나님의 복 주심으로 모든 것이 풍족하여도 기쁨과 즐거운 마음으로 하나님 여호와를 섬기지 않기 때문에 저주가 임한다. 그 결과 이스라엘은 이제 주리고 목마르고 헐벗고 모든 것이 부족한 중에서, 이스라엘을 치라고 여호와께서 불러온 적군을 섬기게 될 것이니, 그 적국이 이스라엘의 목에 철 멍에를 지게 할 것이되 마침내 이스라엘 백성이 멸망당할 때까지 치게 할 것이다(48절). 마침내 원방에서 이스라엘 민족과 공동체를 산산조각 낼 막강한 적국이 치러 올 것이다. 여호와께서 멀리 땅끝에서 한 민족을 독수리가 날아오는 것같이 이스

라엘을 치러 오게 하실 것이다. 이는 이스라엘이 그 언어를 알지 못하는 완전히 낯선 원방 이민족이다(49절). 그 원방 적국 사람들은 노인을 보살피지 아니하며 유아를 불쌍히 여기지 아니하는 흉악한 민족이다(50절). 그 적국 사람들은 이스라엘의 가축 새끼와 토지 소산을 먹어 치워 버림으로써 마침내 이스라엘을 멸망시킬 것이며, 또 곡식이나 포도주나 기름이나 소의 새끼나 양의 새끼를 이스라엘을 위해 하나도 남기지 아니하고 마침내 이스라엘 백성을 멸절시킬 것이다(51절). 그들이 전국에서 이스라엘의 모든 성읍을 에워싸고 이스라엘 백성이 의뢰하는 높고 견고한 성벽을 다 헐며 하나님 여호와께서 주신 땅의 모든 성읍에서 이스라엘을 에워쌀 것이다(52절). 급기야 적군에게 에워싸이고 맹렬한 공격을 받아 곤란을 당한 이스라엘 백성은 하나님 여호와께서 그들 자신에게 주신 자녀 곧 그 몸의 소생의 살을 먹을 것이다(53절). 이스라엘 사람 중에 온유하고 연약한 남자까지도 그 형제와 그 품의 아내와 그의 남은 자녀를 미운 눈으로 바라보며(54절) 자기가 먹는 그 자녀의 살을 그중 누구에게든지 주지 아니할 것이다(55절). 적군이 이스라엘의 모든 성읍을 에워싸고 맹렬히 쳐서 곤란하게 하므로 이스라엘 백성에게 어떤 먹을 것도 남아 있지 않기 때문이다(55절). 또 이스라엘 사람들 중에 온유하고 연약한 부녀 곧 온유하고 연약하여 자기 발바닥으로 땅을 밟아 보지도 아니하던 자라도 자기 품의 남편과 자기 자녀를 미운 눈으로 바라보며(56절), 자기 다리 사이에서 나온 태와 자기가 낳은 어린 자식을 남몰래 먹을 것이다(57절). 적군이 이스라엘 민족의 생명을 에워싸고 맹렬히 쳐서 곤란하게 하므로 아무것도 먹을 것을 얻지 못할 것이기 때문이다(57절). 이렇게 비참한 인육향연도 이스라엘에게 닥친 저주의 마지막이 아니다. 가장 고통스럽고 역설적인 저주는 출애굽 구원의 무효화인 재애굽노예화다.

#### (6) 열국 중에서 흩어지고 마침내 다시 애굽 노예로 팔려 가다 : 출애굽 구원 무효화(28 : 58-68)

58네가 만일 이 책에 기록한 이 율법의 모든 말씀을 지켜 행하지 아니하고 네
하나님 여호와라 하는 영화롭고 두려운 이름을 경외하지 아니하면 59여호와
께서 네 재앙과 네 자손의 재앙을 극렬하게 하시리니 그 재앙이 크고 오래고
그 질병이 중하고 오랠 것이라 60여호와께서 네가 두려워하던 애굽의 모든 질
병을 네게로 가져다가 네 몸에 들어붙게 하실 것이며 61또 이 율법책에 기록
하지 아니한 모든 질병과 모든 재앙을 네가 멸망하기까지 여호와께서 네게
내리실 것이니 62너희가 하늘의 별같이 많을지라도 네 하나님 여호와의 말씀
을 청종하지 아니하므로 남는 자가 얼마 되지 못할 것이라 63여호와께서 너희
에게 선을 행하시고 너희를 번성하게 하시기를 기뻐하시던 것같이 이제는 여
호와께서 너희를 망하게 하시며 멸하시기를 기뻐하시리니 너희가 들어가 차
지할 땅에서 뽑힐 것이요 64여호와께서 너를 땅 이 끝에서 저 끝까지 만민 중
에 흩으시리니 네가 그곳에서 너와 네 조상들이 알지 못하던 목석 우상을 섬
길 것이라 65그 여러 민족 중에서 네가 평안함을 얻지 못하며 네 발바닥이 쉴
곳도 얻지 못하고 여호와께서 거기에서 네 마음을 떨게 하고 눈을 쇠하게 하
고 정신을 산란하게 하시리니 66네 생명이 위험에 처하고 주야로 두려워하며
네 생명을 확신할 수 없을 것이라 67네 마음의 두려움과 눈이 보는 것으로 말
미암아 아침에는 이르기를 아하 저녁이 되었으면 좋겠다 할 것이요 저녁에는
이르기를 아하 아침이 되었으면 좋겠다 하리라 68여호와께서 너를 배에 싣고
전에 네게 말씀하여 이르시기를 네가 다시는 그 길을 보지 아니하리라 하시
던 그 길로 너를 애굽으로 끌어 가실 것이라 거기서 너희가 너희 몸을 적군에
게 남녀 종으로 팔려 하나 너희를 살 자가 없으리라

**[28 : 58-68]** 58절은 위에 열거한 저주들이 이스라엘을 강습하는 조건을 말한다. 만일 이스라엘이 이 책(신명기)에 기록된 이 율법의 모든 말씀을 지켜 행하지 아니하고 그들의 하나님 여호와라 하는 영화롭고 두려운 이름을 경외하지 아니하면(58절), 여호와께서 이스라엘이 당할 재앙과 그 자손들이 당할 재

앙을 극렬하게 하실 것이며, 그 재앙이 크고 오래 지속되며 그 질병이 중하고 오래갈 것이다(59절). 여호와께서 이스라엘 백성이 두려워하던 애굽의 모든 질병을 이스라엘에게로 가져다가 이스라엘 사람들 몸에 들러붙게 하실 것이다(60절). 또 여호와께서 이 율법책에 기록하지 아니한 모든 질병과 모든 재앙을 이스라엘 백성이 멸망하기까지 쏟아부으실 것이다(61절). 이스라엘 백성이 하늘의 별같이 많을지라도 그들의 하나님 여호와의 말씀을 청종하지 아니하므로 남는 자가 얼마 되지 못할 것이다(62절). 여호와께서 이스라엘 백성에게 선을 행하시고 그들을 번성하게 하시기를 기뻐하시던 것같이 이제는 여호와께서 그들을 망하게 하시며 멸하시기를 기뻐하시리니 그들이 들어가 차지할 땅에서 뽑힐 것이다(63절). 여호와께서 이스라엘 백성을 땅 이 끝에서 저 끝까지 만민 중에 흩으시리니 그들이 그곳에서 그들과 그들의 조상들이 알지 못하던 목석 우상을 섬길 것이다(64절). 그 여러 민족 중에서 흩어져 사는 이스라엘 백성은 평안함을 얻지 못하며 그들의 발바닥이 쉴 곳도 얻지 못하고 여호와께서 거기에서 그들의 마음을 떨게 하고 눈을 쇠하게 하고 정신을 산란하게 하실 것이다(65절). 그들의 생명이 위험에 처하고 주야로 두려워하며 그들은 자신들의 생명을 확신할 수 없을 것이다(66절). 그들은 그 마음의 두려움과 눈이 보는 것으로 말미암아 아침에는 이르기를 '아하 저녁이 되었으면 좋겠다' 할 것이요 저녁에는 이르기를 '아하 아침이 되었으면 좋겠다'고 말할 것이다(67절). 여호와께서 마침내 이스라엘 백성을 배에 싣고 전에 네게 말씀하여 이르시기를 '네가 다시는 그 길을 보지 아니하리라' 하시던 그 길을 통해 이스라엘을 애굽으로 끌어가실 것이다. 거기서 그들은 그들의 몸을 적군에게 남녀 종으로 팔려 하나 그들을 살 자가 없을 것이다(68절).

전염병, 만성질병, 전쟁 패배, 가뭄과 기근, 불임과 생산성 격감, 이민족 압제, 악화된 기상조건, 육체적·정신적 질병들 창궐, 정신적·정서적 파산, 가족 해체, 자녀들의 박탈과 자녀인육으로 연명하는 극단 기근, 가축 등 모든 재산 박탈, 민족공동체 해체와 멸망, 이방의 포로로 잡혀가는 이산과 유랑, 열방에게 돈 꾸는 만성채무자 신세 전락 등 길고 긴 저주목록의 절정은 출애굽 구원의 무효화인 재애굽노예화다. 언약저주의 절정은 단지 가나안 땅을 상실하는 것이 아니라 이집트의 노예로 팔려가는 일이다. 재애굽노예화로 인해 신명기가 그토록 강조한 하나님의 이름과 명예가 치명상을 입는다. 이스라엘 백성의 가나안 땅 상실과 재애굽노예화는 하나님에게도 큰 좌절과 상처를 남긴 사건이다. 공든 탑이 무너진 사건이다. 신명기 내내 울려 퍼진 하나님의 이름은 '이스라엘을 애굽 종 되었던 집에서 인도해 낸 여호와'였다. 그런데 이스라엘 민족의 가나안 정착 600년 실험은 끝내 실패할 것처럼 예고되어 있다.[75) ] 28장의 긴 저주목록으로 인해 신명기의 무게 중심은 이제 끝내 이스라엘이 가나안 땅을 상실하게 될 것이라는 불길한 가능성이 언제 현실화되느냐 하는 질문으로 옮겨진 듯하다. 돌이켜 보면 신명기 어디에서도 가나안 땅을 이스라엘이 영구적으로 차지할 것이라는 신적 절대보증은 없었다. 가나안 땅에 들어가기도 전에 이스라엘은 가나안 원주민처럼 가나안 땅에서 쫓겨 갈지도 모른다는 무서운 경고에 시달렸다.[76) ]

---

75) 이제까지 신명기의 일차적 초점은 이스라엘이 그 땅에 정착하고 살 때 받게 될 야웨의 복들과 혜택들에 맞춰져 왔다. 그러나 28장에는 불순종의 부정적인 결과들이 더 부각되고 있다. 이것은 이 부정적인 결과들이 나타났었던 시대(포로기)에 이 책이 최종적으로 정경화되어 유포되었을 가능성을 보여 준다. 비록 28장의 저주목록이 모세에 의해 처음 발설된 예언이었다 할지라도 이것이 신명기에 기록된 것은 바벨론 포로기 이후의 어느 시점이었을 것이다.

76) 대파국적 재난이라는 하나님의 총괄적 저주를 초래할 그 이전 단계의 죄악들에 대한 저주 예고는, 이미 신명기와 다른 성경에서 언급되고 예고되었다. 17절(광주리와 떡 반죽 그릇 저주)은 신명기 5 : 19과 19 : 14에 이미 언급되고 있다. 18절(몸 소생과 토지 소산과 소와 양의 새끼 저주)은 레위기 19 : 14에 언급되고 있다. 19절(대문 출입 시 저주)은 신명기 24 : 17, 20과 레위기 18 : 8과 20 : 11에 언급되어 있다. 21절(염병)은 출애굽기 22 : 19과 레위기 18 : 23과 20 : 15에 언급되어 있다. 22절(폐병, 열병, 염증, 학질, 한재, 풍재, 썩는 재앙)은 레위기 18 : 9과 20 : 17에 언급되고 있다. 23절(놋하늘, 쇳덩어리 땅)은 레위기 18 : 7과 20 : 14에 언급되고 있다. 25절(적군 패배)은 신명기 5 : 17, 16 : 19, 출애굽기 23 : 8에 언급되어 있다.

애초부터 신명기는 이스라엘이 가나안 땅을 차지하고 그것을 누리는 데 요청되는 조건들을 분명하게 제시했다. 가나안 땅은 이스라엘에게 선물이지만, 또한 야웨의 율법과 법도와 규례를 부단히 지켜 야웨의 언약백성 정체성을 지킬 때에만 차지할 수 있는 땅이다. 가나안 땅 자체가 야웨의 율법을 지켜 행할 터전으로 주어진 것이기에 야웨의 율법을 지킬 의사가 없다는 것이 확인되면 그 땅은 더 이상 이스라엘에게 향유될 수 없었다.[77] 가나안 땅은 하나님과 이스라엘 사이에 있는 언약의 가시적 표지였다. 가나안 땅에 산다는 말은 야웨의 언약에 자신이 묶여 있음을 자각하는 나날의 연속임을 의미한다. 가나안 땅은 언약백성의 총체적 순종실험장인 것이다. 가나안 땅은 하나님 나라가 실현되는 실험의 장이요 연단의 장이며, 하나님에 대한 이스라엘 백성의 복종은 그 땅에서 이뤄지는 총체적인 삶을 통하여 입증되어져야 한다(4 : 5, 14 ; 5 : 31 ; 6 : 12 ; 12 : 1). 그러므로 매 순간 이스라엘이 야웨의 율법을 즐거워하며 그것을 준행하는 일은 이스라엘이 땅에서 계속 살기 위하여 없어서는 안 될 필수요건이다(12 : 1).

이와 같이 신명기에서 이스라엘 백성은 생명과 땅의 선물을 받음과 동시에 야웨 하나님을 사랑하고 공의를 수행할 책임을 떠맡는 것이다. 신명기 토라를 통하여 이스라엘 백성들은 하나님의 통치 아래 사는 공동체적 삶이 어떻게 유지되고 행복하게 향유되어지는가를 익히고 체득하여야 하고 열방들에게 그것을 과시할 책임이 있다. 율법에 대한 누적된 불순종으로 멸망을 당하는 것은 반선교요, 이스라엘에 대한 하나님의 통치를 부정적으로 입증하는 길이다. 긴 저주목록은 한갓 경고로만 끝났어야 한다. 그러나 역사적으로는 28장의 저주가 이스라엘에게 고스란히 성취되고 실현되었다. 이스라엘은 하나님의 저주 아래 부서지고 깨어지고 흩어졌다. 하나님의 가혹한 내동댕이치심으로 이스라엘은 죽었다. 무덤에 억류되어 다시 소생할 길이 없었다. 나사렛 예수의 십자가 죽음은 이스라엘 민족에게 임한 하나님의 총괄적 저주와 심판의 집약적 표현이었다. 자신의 죄악으로 심판당해 지옥으로 굴러떨어진 이스라엘 백성의 아우성이 예수의 아우성이었다. "엘리 엘리 라마 사박다니?" 예수는 이스라엘의 저주, 아니 이스라엘이 대표한 온 인류의 저주를 십자가상에서 뼈저리게 맛보고 죽었다. 이스라엘의 민족적 죽음을 나사렛 예수는 십자가상에서 경험했다. 우리의 범죄함을 위하여 내어 줌이 되신 것이다. 이스라엘 민족의 집단적 죽음을 압축적으로 경험한 나사렛 예수는 이스라엘 민족의 영적 갱생, 아니 온 인류의

77) Moshe Weinfeld, *Deuteronomy 1–11* (ABC ; New York, NY. : Doubleday, 1991), 58–59.

영적 갱생을 위한 부활을 맛보았다. 구원사의 이야기의 종점은 저주가 아니라 부활과 갱생이다. 이처럼 저주의 긴 목록도 부활의 소망 안에서 중화된다. 죽음의 저주를 100% 받으신 예수 그리스도의 부활은 저주 아래 있는 인류의 복음이다. 그래서 바울은 죽은 자 가운데 능력 있게 부활하심으로써 하나님의 아들로 공증된 주 예수의 복음을 들고 온 세상으로 달려갔다.

제 Ⅲ 부

# 모세의 셋째 강론

## 신명기 29-32장

A. 모압 언약 : 갱신된 시내산 언약이자 시내산 언약과 별도로 세워진 언약(29-30장)

1. 신적 진노가 남긴 죄 사함의 언약(29 : 1-29)
2. 시내산 언약 안에 있는 이신칭의 복음을 확장하는 모압 언약(30 : 1-20)

B. 모세의 증거의 노래와 모세의 이스라엘 지파 축복기원시(31-32장)

1. 모세의 유산 : 모세적 예언자 여호수아와 토라(31 : 1-30)
2. 이스라엘의 미래 배교를 미리 경계하는 모세의 노래(32 : 1-52)

| 신명기 29-32장 |

# 모세의 셋째 강론

## A. 모압 언약 : 갱신된 시내산 언약이자 시내산 언약과 별도로 세워진 언약(29-30장)

### 1. 신적 진노가 남긴 죄 사함의 언약(29 : 1-29)

#### 1) 모압에서 세운 언약(29 : 1-13)

1호렙에서 이스라엘 자손과 세우신 언약 외에 여호와께서 모세에게 명령하여
모압 땅에서 그들과 세우신 언약의 말씀은 이러하니라 2모세가 온 이스라엘
을 소집하고 그들에게 이르되 여호와께서 애굽 땅에서 너희의 목전에 바로와
그의 모든 신하와 그의 온 땅에 행하신 모든 일을 너희가 보았나니 3곧 그

큰 시험과 이적과 큰 기사를 네 눈으로 보았느니라 4그러나 깨닫는 마음과
보는 눈과 듣는 귀는 오늘까지 여호와께서 너희에게 주지 아니하셨느니라
5주께서(내가) 사십 년 동안 너희를 광야에서 인도하게[1] 하셨거니와 너희 몸
의 옷이 낡아지지 아니하였고 너희 발의 신이 해어지지 아니하였으며 6너희
에게 떡도 먹지 못하며 포도주나 독주를 마시지 못하게 하셨음은 주는(나는)
너희의 하나님 여호와이신 줄을 알게 하려 하심이니라 7너희가 이곳에 올 때
에 헤스본 왕 시혼과 바산 왕 옥이 우리와 싸우러 나왔으므로 우리가 그들을
치고 8그 땅을 차지하여 르우벤과 갓과 므낫세 반 지파에게 기업으로 주었나
니 9그런즉 너희는 이 언약의 말씀을 지켜 행하라 그리하면 너희가 하는 모든
일이 형통하리라 10오늘 너희 곧 너희의 수령과 너희의 지파와 너희의 장로들
과 너희의 지도자와 이스라엘 모든 남자와 11너희의 유아들과 너희의 아내와
및 네 진중에 있는 객과 너를 위하여 나무를 패는 자로부터 물 긷는 자까지
다 너희의 하나님 여호와 앞에 서 있는 것은 12네 하나님 여호와의 언약에 참
여하며 또 네 하나님 여호와께서 오늘 네게 하시는 맹세에 참여하여 13여호와
께서 네게 말씀하신 대로 또 네 조상 아브라함과 이삭과 야곱에게 맹세하신
대로 오늘 너를 세워 자기 백성을 삼으시고 그는 친히 네 하나님이 되시려
함이니라

**[29 : 1–13]** 29~30장은 모압 언약을 다룬다. 29 : 1은 하나님께서 호렙에서 체결한 언약과는 별도로(밀러브바드〈millĕbad〉) 하나님께서 모압 땅에서 모세에게 명하여 이스라엘 자손과 세운 언약이다.[2] 모압 언약은 호렙에서 맺은 언약

---

1) 히브리어 '올렉'(할라크 동사의 히필와우연속미완료)은 '인도하였다'는 말이지 '인도하게 했다'는 말이 아니다. 할라크('걷다')의 사역형 자체가 '인도했다'는 뜻이기 때문이다. 따라서 '인도하게 했다'는 개역개정 번역은 오역이다(강원주, op. cit., 35).

2) 모압 언약이 실제로 일어난 언약갱신을 겸한 언약체결 사건을 반영한다기보다는, 신명기 편집(저작) 과정에서 이뤄진 문학적 구성의 일부라고 본다. 왕대일은 이런 입장을 취하며 이런 입장 차이는 신명기 메시지를 이해하는 데 큰 차이를 만들지 못한다고 본다(「다시 듣는 토라」〈서울 : 한국성서학연구소, 1998〉, 447).

과 같이 종주–봉신조약의 틀을 차용하나, 쌍방적 책임을 강조하는 시내산 언약과는 달리 이미 하나님과 맺은 언약을 지키는 데 실패한 이스라엘 백성을 상대로 하는 듯한 하나님의 일방적인 약속을 부각시키는 언약이다.[3] 적어도 문학적으로 보면 모압 언약의 당사자는 1~28장의 강론을 들은, 바로 그 동일한 이스라엘 백성이지만, 신명기 29~30장은 그들이 가나안 땅에 들어가 신명기 28장의 저주를 받아 땅을 상실했을 가능성을 염두에 둔 채 모압 언약을 전개하고 있다. 모압 언약의 실제적인 당사자는 가나안 땅에 들어가 호렙산 언약을 지키는 데 실패해 가나안 땅을 잃고 다시 가나안 땅에 재입성하려는 이스라엘, 즉 '호렙산 언약 준수에는 실패했으나 하나님의 언약백성으로 재활복구되기를 열망하는 회개하고 뉘우치는 이스라엘'이다. 모압 언약의 최초의 청중은 아직 가나안 땅에 들어가지 못한 출애굽 2세대이지만, 모압 언약의 실제적인 당사자는 가나안 땅에 들어가 오랫동안 살다가 호렙산 언약을 지키지 못해 가나안 땅을 상실하고 열방에서 이산과 유랑, 유배와 환난을 겪다가 다시 가나안 땅으로 복귀하는 미래의 이스라엘 자손들이다. 모압 언약은 조상들이 먼 미래의 후손들을 위해 보험에 미리 가입하듯이(가나안 땅 상실 재해보험) 하나님과 맺은 언약인 셈이다. 아마도 모압 언약은, 역사적으로 바벨론 귀환포로들이나 앗수르 귀환포로들이 다시 가나안 땅에 들어와 하나님의 백성으로 재정착하는 데 요청된 신학적 토대였을 것이다.

적어도 현재 문맥에서 보면 모압 언약은 호렙산 언약의 실패자들을 위한

---

3) 호렙산 언약과 모압 언약의 관계에 대한 또 다른 논평을 보려면, 한동구, "신명기의 역사적 사유와 신학", 「구약논단」 17/1호(통권 39집, 2011년 3월), 12-32을 참조하라. "신명기에서 호렙(산)은 역사의 기원이며, 약속의 땅을 향한 이스라엘 백성의 행군에 있어서 출발점으로 나타난다. 호렙(산)에서 출발한다는 것은 지리적 근거가 아니라, 신학적 이유에서이다. 이스라엘이 호렙(산)에서 출발해야만 약속의 땅에서 이룩할 새로운 삶을 완성할 수 있다. 호렙(산)은 무엇보다 먼저 말씀 선포의 자리이며, 민족 교육의 근원적 자리이다. 요단강 저편 혹은 모압 땅은 두 번째 말씀 선포의 자리가 되며, 동시에 계약의 자리가 되었다. 이로써 두 번째의 율법이라는 신명기의 라틴어 이름의 근원이 밝혀진다." 한동구는 '호렙산 계시'의 실제역사적 신빙성을 규명하기보다는 그것의 정경적 기능만 강조한다. 아울러 모압 언약의 역사성 여부도 그에게는 큰 관심사가 아닌 것처럼 보인다.

보완적 언약임과 동시에 새 은혜의 시대를 개시하는 선도적 언약이다. 이스라엘 백성들이 28장에서 열거된 호렙산 언약조항들을 어겨 심판을 받는다면, 이스라엘은 야웨 백성으로서의 신분을 영구적으로 박탈당하는가? 이스라엘과 맺은 하나님의 언약은 끝장나 버리는가? 모압 언약은 이 질문에 대해 "아니다."라고 대답한다. 하나님과 이스라엘과 맺은 호렙산 언약 바깥에 하나의 괄호 같은 모압 언약이 있어서, 이스라엘이 하나님의 백성 지위를 영구적으로 잃은 것은 아니다. 호렙산 언약을 파기해 언약 밖으로 추방된다고 하더라도 그 밖에는 모압 언약이라는 더 큰 괄호가 기다리고 있다. 하나님의 일방적이고 압도적인 은혜계약인 모압 언약 때문에 호렙산 언약도 아직 살아 있다는 것이다. 호렙산 언약 자체는 폐기되었을지 모르나 호렙산 언약을 맺으신 하나님이 모압 언약으로 이스라엘을 다시 언약백성으로 대우해 주시니, 이스라엘과 야웨의 언약관계가 절단난 것은 아니다. 이처럼 모압 언약은 시내산 계약 준수의 실패자를 위한 신학적 퇴로(退路)이면서 동시에 예레미야와 에스겔이 예언한 새 언약시대(렘 31 : 31-34 ; 겔 36 : 25-26)의 전령이다. 예수 그리스도 안에서 종말론적으로 완성될 그 새 언약(눅 22 : 20)은 모압 언약에서 발원했기에 모압 언약은 새 언약의 선구자다.

모압 언약을 도입하는 29장의 서두(히브리 원전 28 : 69)는 다음과 같이 시작된다. "이것들은 그(여호와)가 호렙에서 그들과 세운 언약과 별도로 야웨께서 모압 땅에서 모세에게 명하여 이스라엘 자손과 맺은 언약의 말씀들이다(디쁘레 합버리트〈dibběrê habběrîth〉)." 호렙산 언약과는 별도로 하나님이 모압 평지에서 이스라엘 후손들과 세운 모압 언약은 시내산 계약의 연장이면서 또 한편으로 그것을 넘고 부분적으로 대체한다. 5~28장이 호렙에서 맺은 언약의 말씀들이다. 모압 언약은 5~28장을 다 포함하고 있으면서도 동시에 29~30장을 더 포함한다. 29~30장은 호렙산 언약의 말씀들에서는 제외되지만, 5~28장의 죄와 벌의 논리를 이어받는다. 그러면서도 모압 언약은 호렙산 언약의 비대칭적인 쌍방언약구조를 훨씬 더 극단적으로 비대칭적인 언약,

즉 거의 일방적인 약속 수준의 언약으로 변화시킨다.

모세가 이 세 번째 강론(29-32장)을 시작하면서 모압 땅에 와 있는 이스라엘 백성에게 모압 언약을 맺도록 초청했을 때, 이스라엘 백성은 아브라함, 이삭, 야곱에게 주신 가나안 땅 상속 약속이 아직 성취되기 전의 상황에 놓여 있었다. 이 모압 언약은 약속의 땅의 경계선에 와 있지만 아직 가나안 땅에 들어가지 못하는 이스라엘 백성을 추동해 다시 가나안 땅으로 들어가 그것을 차지해 살도록 북돋우는 언약이다. 모압 언약은 자신의 힘으로, 도덕적, 영적 순결성으로 가나안 땅에 들어가지 못하는 호렙산 언약 준수 실패자들을 위한 피난처다. 모압 언약은 오로지 하나님의 일방적인 의(義)에 의지해서만 가나안 땅을 다시 차지할 수 있을 호렙산 언약 준수 실패자들을 염두에 두고 제정된 언약인 것이다. 그들은 아직 가나안 땅을 상속받지 못했거나, 땅을 잃어버렸기 때문에 땅에 다시 들어가기 전, 즉 가나안 땅 입구에 와 있지만 아직은 가나안 땅을 누리지는 못하는 처지에 놓여 있었다(신명기 29-30장의 최종판이 포로기 편집층이라면).

출애굽 1세대 이스라엘이 호렙에서 호렙산 언약의 모든 말씀을 준행하겠다고 엄숙히 맹세하였듯이, 신명기 5~28장을 이미 숙지하고 있는 것으로 전제되고 있는 출애굽 2세대 이스라엘도 가나안 땅을 이제 막 차지하려는 시점에 계명들을 잘 지키겠다는 맹세를 바치는 것은 자연스러운 반응이다. 그러므로 출애굽 2세대 이스라엘도 모압 평지에서 가나안 땅 정착 후에도 하나님의 언약과 그것에 따르는 모든 계명과 법도, 규례와 증거를 지키겠다고 자신들을 결박한다. 만일 포로기 청중들이 이 본문을 읽었다면 그들은 계약을 파기한 자신들을 징벌하시되 아예 멸절시키지 아니하신 하나님께 감사한 마음으로 회개하였을 것이다.

모압 언약도 어느 정도 고대근동의 종주-봉신조약의 전형적 요소들을 갖고 있다. 그러나 그것은 호렙산 언약의 구조와 비교해 보면 종주-봉신조약의 징벌과 보상논리를 사실상 무력화시킬 정도로 종주의 자비와 긍휼을 부각시킨다. 1절은 표제와 배경을 언급한다. 2~9절은 종주 되신 야웨 하나님이 이스라엘에게 베푼 은혜로운 과거사를 회고하는 역사적 서언(the historical prologue)이며, 10~15절은 언약 당사자의 정체를 규정한다. 16~19절(특히 18절)은 언약의 기본조항들을 다루고, 20~28절은 신명기(5-28장)에 적힌 저주 실현을 말하는 저주 선언을 담고 있다. 여기까지가 고대근동의 종주-봉신 조약의 전형적 요소들인데, 모압 언약의 무게 중심은 사실상 마지막 요소인 회복과 회개 초청 강론에 쏠려 있다. 29 : 29~30 : 14은 회개와 회복 설교를 담는데, 이 부분은 고대근동 조약양식에는 없는 요소들로서 '신명기의 이신칭의' 신학이라고 불릴 수 있는 논리를 전개한다. 그것은 신적 주도성에 의한 갱생과 회복가능성을 내세우는 신명기 신학의 또 다른 면모다. 고대근동의 종주-봉신 조약의 논리를 초월하는 종주의 일방적인 신적 자비가 처절하게 실패한 봉신을 보듬어 안는 긍휼을 강조한다. 30 : 15~20은 모압 언약을 성취하고 그 언약이 주는 신적 자비를 현실화시키기 위해 이스라엘이 당장 '오늘' 내려야 하는 결단을 다룬다. 15~18절에서 모세는 이스라엘 자손에게 생명과 죽음 둘 중 하나를 선택하도록 결단을 촉구하고, 19절 상반절은 하늘과 땅이 모압 언약의 증인임을 선언하고(신 32 : 1, 언약기소문의 첫 줄에 증인된 하늘과 땅 언급 ; 사 1 : 1-2), 19절 하반절~20절은 이스라엘이 살기 위하여 생명과 죽음 중 아예 생명만을 선택하라고 결단을 촉구한다.

2~9절은 종주 되신 야웨가 봉신인 이스라엘 백성에게 베푼 은혜로운 전사(前史)를 회고한다. 시험, 이적, 그리고 큰 기사를 동반하며 일으킨 출애굽 구원대사(2-3절), 40년의 광야 방황 기간에 베풀어 주신 자상한 돌보심(5-6절), 그리고 요단강 동쪽의 두 아모리 왕의 왕국 정복(민 21장)이 회고된다(7-9절). 2절 하반절에는 2인칭 복수대명사 '아템'('atem)이 독립적으로 사용되고 있다. '(다른 사람들이 아니라) 너희들이야말로' 야웨께서 너희들의 목전에서 애굽 왕 파라오와 그의 신하들, 그 땅에 행한 모든 일들을 친히 목격했다는 말이다. 3절에는 3인칭 복수 대명사(헴⟨hēm⟩)가 한정적 관형사로 사용되어 있

다. 3절은 '큰 시험'이 목적어로 문두에 배치되어 있고 대명사 'hahēm'(하헴〈저것들〉)이 한정적 관형사로 문미에 배치되어 있다. 3절은 직역하면, '네 눈들이 목격했던 큰 시험들(함마소트〈hammasôth〉), 이적들(하오트〈hā'ôtôth〉), 그리고 저 큰 기사들!(함모퍼팀 학거돌림〈hammôpětîm haggědôlîm〉)'이다. 이 목적어들은 2절의 '너희들이야말로 친히 보았다'라는 문장의 목적어들인 셈이다. 이렇게 충격적이고 생생한 출애굽 구원대사를 보고도 이스라엘 백성은 영적 무지몽매 상태에서 헤어 나오지 못하고 있다(4절). 보통의 종주-봉신조약에 없는 너무 이른 봉신질책이 나온다. 냉혹한 국제질서에서는 이런 깨닫지 못하는 봉신의 완매함을 알고도 앞으로 계속 충성을 바칠 것을 기대하면서 조약을 맺어 주는 종주를 상상할 수 없다. 모압 언약의 신적 종주는 비현실적일 정도로 관대하고 너그러워 봉주의 만성적 각성 미흡 체질을 알고도 봉신으로 받아 주신다. 그런데 4절에서 인상적인 사실은 종주 되신 야웨가 봉신에게 이런 이상적인 봉신자질과 미덕을 하사하지 않았다고 인정하는 것이다. 하나님이 봉신을 영원히 종주에게 신세를 지는 은혜와 용서의 채무자로 묶어 두시려고 봉신의 미덕과 자질을 주시지 않았다(롬 3 : 19-21). 그래서 봉신인 이스라엘 자손에게 '오늘까지' 결여된 것은 봉신에게 요청되는 결정적인 자질과 태도, 즉 깨닫는 마음(렙 라다아트〈lēb lāda'ath〉), 보는 눈(에나임 리러오〈ênayim lirě'ôh〉), 듣는 귀(오즈나임 리쉬모아〈'ozěnayim lišěmôa'〉)이다. 하나님께서는 대파국적인 심판을 거친 후 영적 갱신과 갱생을 이루시고자 이사야의 청중들에게 영적 무지몽매 고착증이라는 무서운 징벌을 내리셨다. 예수님(마 13 : 13-15)과 바울(행 28 : 26-27)이 한두 번 이상 인용한 이사야 6 : 9~10은 이스라엘의 만성질환이 무엇인지 정확하게 짚어낸다(롬 11 : 25-26). "여호와께서 이르시되 가서 이 백성에게 이르기를 너희가 듣기는 들어도 깨닫지 못할 것이요 보기는 보아도 알지 못하리라 하여 이 백성의 마음을 둔하게 하며 그들의 귀가 막히고 그들의 눈이 감기게 하라 염려하건대 그들이 눈으로 보고 귀로 듣고 마음으로 깨닫고 다시 돌아와 고침을 받을까 하노라 하시기로"(사 6 : 9-10).

5절은 이스라엘 백성을 광야에서 인도하시는 사십 년 동안 야웨께서 얼마나 신실하게 옷 입히고 발 신기셨는지를 강조한다. 몸의 옷이 낡아지거나 신발이 해어지지 않도록 옷과 신발을 공급하셨다. 6절은 이스라엘의 영적 정결과 성결을 보존하기 위해 이스라엘을 나실인(Nazirite, 민 6장)처럼 훈련시켰음을 회고한다. 하나님은 광야시절에는 이스라엘에게 떡도 먹지 못하며 포도주나 독주도 마시지 못하게 하셨다. 이스라엘이 스스로 농사지어 자활할 길을 막으셨다. 부단한 장막 이동생활을 했기 때문이다. 대신 하나님이 만나를 주셨다. 이것은 만나를 매일 공급하시는 이가 바로 이스라엘의 하나님 야웨임을 깨닫고 이스라엘의 생명이 하나님임을 깨닫게 해 주기 위함이었다. 광야 여정 기간 동안에 하나님께서 이스라엘로 하여금 만나에 의존하게 하신 이유는, 이스라엘이 생물학적으로 존재하는 것이 아니라 하나님의 백성으로 하나님을 믿고 동행하는 법을 터득하도록 훈련시키기 위함이었다. 40년의 광야생활은 이스라엘이 스스로 만든 포도주, 독주, 떡이 아니라 야웨 하나님이 주시는 만나를 먹고 살아가는 법을 터득하는 의존과 복종 연습의 학교였다는 것이다.

7절은 모세가 진두지휘한 이스라엘 백성이 헤스본 왕 시혼과 바산 왕 옥을 정복한 역사를 회고하며, 8절은 시혼과 옥에게서 빼앗은 그 요단 동쪽 땅을 르우벤과 갓과 므낫세 반 지파에게 기업으로 준 사실을 언급한다. 요단 동쪽 땅을 정복했듯이 가나안 본토 정복도 가능하다는 점을 확신시키려는 은혜로운 전사 회고는 모압 언약에 대한 순종을 강조하는 데로 나아간다. 이 모압 언약의 말씀을 지켜 행하면 이스라엘이 하는 모든 일이 형통케 될 것이다(9절). 즉, 모압 언약에 대한 순종은 가나안 정복전쟁에 야웨 하나님의 함께하심을 맛보게 할 것이다. 만일 모압 언약의 당사자가 바벨론 귀환포로들이라면 자신들을 열국으로 흩었던 죄악들을 부끄럽게 여기고 전심으로 회개하고 뉘우치면 다시 가나안 땅을 차지하게 하시는 하나님의 동행하심을 맛보게 될 것이라는 뜻이다.

10~11절은 모압 언약의 인간 당사자들을 말한다. 10절은 2인칭 복수대명사 아템이 돌출적으로 사용되어 하나님의 언약 당사자인 이스라엘을 부각시킨다. '(다른 사람들이 아닌) 너희들이' 야웨 앞에 모종의 의례를 치르기 위해 엄숙하게 서 있다. 10절의 니차빔(niṣṣābîm)은 나찹(nāṣab〈'의례에 참여하기 위해 서다'〉)의 남성복수 니팔(재귀)분사형이다. 이 니팔재귀분사형 표현은 언약체결식이나 갱신의례를 행할 때 엄숙하고 거룩하게 자세를 가다듬은 채 일정 시간 동안 모여 서 있는 상황을 가리킨다. 즉, 이스라엘 총회가 다시 장엄하고 묵직하게 서 있다. 구체적으로 인적 구성을 보면 호렙산 언약과 달라져 있다. 호렙산 언약 당사자의 순혈주의적 구성에 비하면, 모압 언약에는 예기치 않은 사람들도 언약 체결에 참여하고 있다. 이스라엘의 수령(로쉐켐〈rošêkem〉)과 지파(쉬브테켐〈šibĕṭêkem〉)와 장로들과 지도자(쏘터림〈śôṭĕrîm〉)와 이스라엘 모든 남자와(10절), 이스라엘의 유아들(타프켐〈ṭapĕkem〉)과 이스라엘 남자의 아내와 및 이스라엘 진중에 있는 객(게르카〈gērkā〉)과 이스라엘을 위하여 나무를 패는 자(호텝〈ḥôṭēb〉)로부터 물 긷는 자(śô'ēb, 수 9 : 21, 23, 27)까지 다 이스라엘 하나님 여호와 앞에 서 있다. 유아들, 객, 나무패는 자와 물긷는 자(성전 잡역부)까지 모압 언약 당사자들이다. 이 인적 구성은 바벨론 귀환포로들의 인적 구성을 반영하는 것처럼 보인다(스 8 : 20 ; 느 7 : 46-60).

이 단락에서 인상적인 것은 반복되고 있는 '오늘'(10, 12, 13, 15절〈2차례〉)이다. 성경 독자와 청중은 이 본문을 읽자마자 '바로 오늘 하나님의 언약에 참여하도록' 소환된다. '오늘'은 어쩌면 신명기의 키워드다. 신명기는 '오늘' 호렙산에 오른 사람들, '오늘' 모압 평지에 모인 사람들을 향해 들려지는 하나님의 말씀이다. 구약성서 특히 신명기에서 '오늘'은 마음을 완악하게 하지 말고 야웨의 목소리를 청종하고 그 길을 따르는 결단을 하는 순간이다. "그는 우리의 하나님이시요 우리는 그가 기르시는 백성이며 그의 손이 돌보시는 양이기 때문이라 너희가 오늘 그의 음성을 듣거든 너희는 므리바에서와 같이 또 광야의 맛사에서 지냈던 날과 같이 너희 마음을 완악하게 하지 말지어다" (시 95 : 7-8). '오늘'은 야웨의 목소리를 청종하고 야웨 하나님의 안식이 있는 가나안 땅에 들어가기를 힘쓰는 날이다(히 3 : 7-15).

여기 이렇게 모여 있는 모든 사람들을 하나님께서는, 하나님 여호와의 언약과 하나님 여호와께서 '오늘' 이스라엘에게 하신 맹세(가나안 정복 전쟁)에 '오늘' 참여하도록(아바르) 불러 세우셨다(12절). 10~13절(MT 히브리어 성경으로는 9-12절)의 개역개정 번역은 참 어색하다. 히브리어 본문을 직역해 보자.

"오늘 너희들 모두, 즉 너희의 수령들과 너희의 지파들과 너희의 장로들과 너희의 지도자들과 이스라엘 모든 각각의 남자와 너희의 유아들과 너희의 아내들과 및 네 진중에 있는 객과 너의 나무 패는 자로부터 너의 물긷는 자까지 다 너희의 하나님 여호와 앞에 서 있다(니차빔〈나찹의 복수니팔 분사형〉). (여기 이렇게 다 모여 서 있는 목적은) 네 하나님 여호와의 언약과 네 하나님 여호와께서 오늘 네게 이제 체결하시려고(카라트〈kārath〉) 하는 그의 맹세(알라토〈'ālātô〉)에 참여하도록(르아브레카 비브리트 우브알라토〈lĕ'ābrĕkā bibĕrîth…… wûbĕ'ālātô〉) 하기 위함이다. (너희들 모두의 여호와의 언약과 맹세 참여의 목적〈13절은 목적절 도입어 르마안[lĕma'an]으로 시작〉은) 여호와께서 네게 말씀하신 대로 그리고 또 네 조상 아브라함과 이삭과 야곱에게 맹세하신 대로 오늘 너를 세워(하킴〈hāqîm〉) 그에게 백성이 되게 하는 한편 그분 자신은(상황절을 도입하는 3인 인칭대명사 hû) 친히 네게 하나님이 되시기 위함이다."

10~13절의 논리를 명료하게 이해하려면 목적구(개역개정 12절의 lĕ'ābrĕkā bibĕrîth…… wûbĕ'ālātô)와 목적절(르마안〈lĕma'an〉)을 주목해야 한다. 모압 언약 당사자들이 다 모여 서 있는 이유는 야웨의 언약과 맹세에 참여하기 위함이라는 것이다. 아바르('ābar) 동사의 부정사 연계형의 2인칭 단수 접미어로 된 'lĕ'ābrĕkā'는 '너의 야웨언약과 맹세 참여를 위하여'이다. '아바르 쁘'('ābar + 전치사 bĕ)는 언약체결식 등 종교의식에 책임적 당사자로 참여하

는 행위를 표현하는 일종의 관용어다(engage in/participate in). 모압 언약 체결당사자들은 야웨의 언약과 맹세에 참여함으로써 자신들을 언약의 조항과 의무에 묶어 맨다. 12절(MT에서는 11절)이 말하는 '야웨의 언약과 맹세에 참여하는' 목적은 13절(맛소라 12절)의 르마안 목적절로 밝혀진다. 모압 언약 당사자들은 야웨에게 백성(암〈'am〉)이 되고 동시에 하나님 자신은 그들에게 하나님이 되기 위함이다. 결국 여호와께서 이스라엘에게 말씀하신 대로 이스라엘 백성의 조상 아브라함과 이삭과 야곱에게 맹세하신 대로 오늘 그 후손들인 이스라엘 백성을 언약 당사자로 세워 자기 백성을 삼으시고 하나님은 친히 그들의 하나님이 되시려고, 모압 언약을 체결하신 것이다. 14~15절은 언약 당사자를 확장한다. 모세 앞에 서 있는 사람들뿐만 아니라, '오늘 우리와 함께 여기 있지 아니한 자에게까지' 언약 준수 의무와 그 효력이 미친다. 바벨론 귀환포로들도 이 모압 언약의 확장된 언약 당사자로 이미 초청받은 셈이다. 모압 평지에 모여든 모든 사람이 야웨의 백성이 되고 하나님은 이제 그들의 하나님이 되셨다.

### 2) 모압 언약과 기본 조항과 위반 시 받게 될 저주(29 : 14-21)

> 14내가 이 언약과 맹세를 너희에게만 세우는 것이 아니라 15오늘 우리 하나님
> 여호와 앞에서 우리와 함께 여기 서 있는 자와 오늘 우리와 함께 여기 있지
> 아니한 자에게까지이니 16(우리가 애굽 땅에서 살았던 것과 너희가 여러 나라
> 를 통과한 것을 너희가 알며[4] 17너희가 또 그들 중에 있는 가증한 것과 목석과
> 은금의 우상을 보았느니라) 18너희 중에 남자나 여자나 가족이나 지파나 오늘
> 그 마음이 우리 하나님 여호와를 떠나서 그 모든 민족의 신들에게 가서 섬길
> 까 염려하며 독초와 쑥의 뿌리가 너희 중에 생겨서 19이 저주의 말을 듣고도

---

4) 강원주의 지적처럼 16절의 히브리어 단어 '아쉐르'는 목적절을 도입하는 접속사(that)가 아니라 '어떻게'에 가까운 접속사다. 개역개정이 개역한글("어떻게 거하였는지……", "어떻게 통과하여 왔었는지……")을 개악한 것처럼 보인다(강원주, op. cit., 36).

심중에 스스로 복을 빌어 이르기를 내가 내 마음이 완악하여 젖은 것과 마른 것이 멸망할지라도 내게는 평안이 있으리라 할까 함이라 [20]여호와는 이런 자를 사하지 않으실 뿐 아니라 그 위에 여호와의 분노와 질투의 불을 부으시며 또 이 책에 기록된 모든 저주를 그에게 더하실 것이라 여호와께서 그의 이름을 천하에서 지워 버리시되 [21]여호와께서 곧 이스라엘 모든 지파 중에서 그를 구별하시고 이 율법책에 기록된 모든 언약의 저주대로 그에게 화를 더하시리라

**[29 : 14–21]** 14~15절은 모든 세대에 계승되는 야웨의 언약과 저주를 말한다. 호렙산 언약체결의 당사자가 실제 그 호렙산 현장에 없었던 미래 세대를 다 포함하듯이 모압 언약도 마찬가지다. "오늘 우리 하나님 여호와 앞에서 우리와 함께 여기 서 있는 자와 오늘 우리와 함께 여기 있지 아니한 자에게까지" 언약은 연장되고 계승된다(15절). 16~19절은 모압 언약의 기본조항이다. 모압 언약은 호렙산 언약을 이미 전제하고 있기 때문에 호렙산에서 선포된 십계명과 같은 계약조항들의 목록을 포함하지는 않는다. 모압 언약의 저주조항도 28장의 저주조항을 이어받는다. 모압 언약은 이미 '책'으로 기록된 호렙산 언약을 알고 있는 것으로 전제되고 있기 때문이다. 모세와 모압 언약 당사자들은 이미 '책'으로 된 언약의 말씀들을 보유하고 있는 것으로 이해되고 있다. 그래서 모압 언약에는 고대의 조약과 계약 문서들에서 특징적으로 나타나는 기본조항만이 간략하게 언급된다. 그것은 신명기 전체에 걸쳐서 반복적으로 나타났던 으뜸 조항을 위반하는 상황에 대한 부정적인 전망이다. 여기서는 쉐마를 지키라든지, 십계명을 지키라든지 야웨 한 분 하나님에 대한 배타적 예배와 섬김에 충실하라는 것이 아니라, 그것을 대담하고 뻔뻔스럽게 위반할 정도의 완악함에 대해 권계하고 있다. 명령이나 금지가 아니라 하나님의 부정적인 전망 진술이다. 16~17절은 이 배타적 야웨예배가 모압 언약 당사자들에게 어려운 과제가 될 것임을 암시한다. 16절은 모압 언약 당사자인 이스라엘 백성이 이미 잘 알고 있는 이스라엘의 애굽 땅 체류 경험과 여러 나라를

통과한 광야방랑 여정을 회고하며, 17절은 이스라엘이 애굽과 여러 나라들 가운데 횡행하던 가증한 것과 목석과 은금의 우상을 보았다는 점을 언급한다. 이스라엘 백성이 이 가증한 종교와 은금우상 숭배를 보고 학습하고 모방했을 가능성을 암시한다. 그래서 하나님은 곧장 이스라엘 중에 남자나 여자나 가족이나 지파가 그 마음이 하나님 여호와를 떠나서 그 모든 민족의 신들에게 가서 섬길까 염려하며, 독초와 쑥의 뿌리가 이스라엘 중에 생겨서(18절), 신명기 28 : 15~68에 적힌 연쇄적인 저주선언을 듣고도 마음속으로는 스스로 복을 빌며(힛트바레크⟨hithbbārēk⟩) 완악한 마음을 더욱 부정적으로 굳게 할 것을 염려하신다. "내가 내 마음이 완악하여 젖은 것과 마른 것이 멸망할지라도 내게는 평안이 있으리라"(19절). 19절(맛소라 18절)의 다소 어색한 개역개정 번역을 직역하면 다음과 같다. "그가 이 저주의 말들을 들을 때에도 그 마음속으로는 '나에게는 평안이 있기를!'이라고 말하며 스스로를 '복되도다'고 말할 것이다. 왜냐하면(키⟨kî⟩) 젖은 것이 마른 것과 함께(엩⟨'et⟩) 소멸되도록 나는 내 확고부동함 안에서 행할 것이기 때문이다." 한 은밀한 심중 배교자가 자신의 완악한 확신 속에서 죄를 짓고도 스스로를 축복하는 이런 상황은 독초와 쑥의 뿌리가 되며, 이것이 이스라엘 사람들의 마음에 하나님에 대한 두려움을 앗아 가고 마침내 하나님의 저주가 실현된다. 이스라엘 민족을 하나님의 참혹한 심판으로 몰아간 동인은, 이런 이스라엘 민족 개개인의 은밀한 마음속 배교와 자신은 하나님의 심판을 피할 수 있다는 뻔뻔스러운 확신이었다는 것이다. 민족공동체의 배교는 개개인의 배교의 집합적 총량 이상이긴 하지만 개개인의 배교와 영적 완매함이 축적되어 임계점에 이르러야 민족 멸망의 대파국적 재난은 실현된다.

18~19절에서 상정되는 이스라엘의 가상적 배교자는 아주 뻔뻔스럽다. 심지어 하나님의 은총을 남용하면 다른 자들은 멸망할지라도 '적어도 나는 평안할 것이라'는 망상을 품는다. 모압 언약이 상정하는 언약 당사자들은 자신의 완악한 심성을 이미 시인하고 있으며 그럼에도 불구하고 '나에게만은

평안이 있으리라'는 기괴한 망자존대적 구원 확신의 소유자들이다. 젖은 자들은 적극적 배교자, 우상 숭배 오염자라고 볼 수 있으며 마른 자는 상대적으로 덜 오염된 사람들로 보인다. 그러나 배타적 야웨예배를 버리는 배교가 은밀한 마음속에서 작동하고 잠복하다가 열매를 맺으면 공동체의 다수구성원들 모두(젖은 자와 마른 자)에게 퍼진다. 하나의 독뿌리가 맺은 열매로 공동체 구성원 모두가 멸망당한다. 은밀한 배교자에게도 책임이 있지만 은밀한 배교자를 미연에 막아 내지 못해 온 사회에 퍼지도록 방치함으로써 야웨의 계명들을 지키지 못한 공동체 전체의 책임도 간과되지 않는다. 독초와 쑥의 뿌리(은밀 심중 배교자의 마음)에서 이스라엘 전체 마음에 배교 열매를 맺게 될 상황 때문에 공동체(마른 것)는 젖은 것의 습격을 극히 경계하여야 한다. 청년 바리새인 사울이 나사렛 예수당을 박멸하려고 살기등등했던 이유는, 나사렛 예수를 신명기 13, 18장이 말하는 거짓 선지자, 즉 다른 신을 섬기자고 유혹한 거짓 선지자라고 보았기 때문이다.[5] 거짓 선지자에 대한 공동체 응징을 통해 자기정화를 맛보고 야웨 앞에서 쑥과 독초의 뿌리를 자르는 비느하스적 공로(민 25 : 10-13)를 세우기를 원했던 것이다.

20~21절은 은밀하게 자기 고집대로 야웨의 배타적 예배로부터 이탈한 자에게 임할 징벌을 말한다. 여호와는 이런 은밀한 배교자이면서 공동체에 배교를 이식시킬 자를 용서하지 않으실 뿐 아니라, 그 위에 여호와의 분노와 질투의 불을 부으시며 또 '이 책'(신명기 5-28장 혹은 신명기 28장만을 가리킴.)에 기록된 모든 저주를 그에게 더하실 것이며 끝내는 여호와께서 그 배교자의 이름을 천하에서 지워 버리실 것이다(20절). 여호와께서 이스라엘 모든 지파 중에서 그 은밀한 심중 배교자를 구별하시고 이 '율법책'에 기록된 모든 언약의 저주대로 그에게 화를 더하실 것이다(21절). 그 은밀한 배교자는 개인 단위의 배교를 범했으나 공동체 전체(젖은 것과 마른 것)를 불타게 만들고(참

5) 청년 바리새인 사울의 예수 박해 동기를 더 자세히 살펴보려면 김회권, 「하나님 나라 신학으로 읽는 사도행전 2」(서울 : 복있는 사람, 2007), 24-28을 보라.

조. 눅 23 : 30-31, "푸른 나무에도 이같이 하거든 마른 나무에는 어떻게 되리요"〈31절〉) 멸망으로 이끌었다.[6] 한 사람의 은밀 배교자의 영적 오만과 자기 구원 확신, 그리고 대담한 배교는 쑥과 독초가 되어 급기야 공동체 전체를 멸망으로 이끈다. 이 특별한 개인(아담, 아합, 아간 등)에 대한 하나님의 불타는 진노는 단지 개인에게 쏟아붓는 진노와 분한이 아니라, 공동체 전체를 망하게 만드는 바로 그 특별한 영향력을 가진 개인에게 쏟는 진노와 분한이다. 모압 언약의 기본조항은 야웨 외에 다른 신들, 곧 목석우상 등 열국의 신들을 따라 섬기는 것을 금하는 배교 금지 조항인 셈이다.

### 3) 실현된 야웨 하나님의 저주와 심판(29 : 22-29)

> 22너희 뒤에 일어나는 너희의 자손과 멀리서 오는 객이 그 땅의 재앙과 여호와께서 그 땅에 유행시키시는 질병을 보며 23그 온 땅이 유황이 되며 소금이 되며 또 불에 타서 심지도 못하며 결실함도 없으며 거기에는 아무 풀도 나지 아니함이 옛적에 여호와께서 진노와 격분으로 멸하신 소돔과 고모라와 아드마와 스보임의 무너짐과 같음을 보고 물을 것이요 24여러 나라 사람들도 묻기를 여호와께서 어찌하여 이 땅에 이같이 행하셨느냐 이같이 크고 맹렬하게 노하심은 무슨 뜻이냐 하면 25그때에 사람들이 대답하기를 그 무리가 자기 조상의 하나님 여호와께서 그들의 조상을 애굽에서 인도하여 내실 때에 더불어 세우신 언약을 버리고 26가서 자기들이 알지도 못하고 여호와께서 그들에게 주시지도 아니한 다른 신들을 따라가서 그들을 섬기고 절한 까닭이라 27이러므로 여호와께서 이 땅에 진노하사 이 책에 기록된 모든 저주대로 재앙을 내리시고 28여호와께서 또 진노와 격분과 크게 통한하심으로 그들을 이 땅에서 뽑아내사 다른 나라에 내던지심이 오늘과 같다 하리라 29감추어진 일은 우리 하나님 여호와께 속하였거니와 나타난 일은 영원히 우리와 우리 자손에게 속

---

6) Craigie, *Deuteronomy*, 359.

하였나니 이는 우리에게 이 율법의 모든 말씀을 행하게 하심이니라

**[29 : 22-29]** 기본조항에 비하여 22~28절의 저주조항은 상대적으로 볼 때 길게 소개된다. 은밀한 배교죄, 언약공동체 와해죄를 범한 이스라엘 사람에게 임할 징벌은 자신과 자신의 공동체에 임할 저주로 나타날 뿐만 아니라 그 징벌은 후손들에게까지 이월될 것이다. 22~23절은 이미 이스라엘에 실현된 야웨의 저주현장을 보고 이스라엘의 후손과 먼 나라에서 온 객이 질문을 제기하는 상황을 다룬다. 모압 언약(혹은 호렙산 언약) 당사자의 후대 자손(모압 언약 당사자)과 멀리서 오는 객이 이스라엘 땅에 임한 재앙과 여호와께서 그 땅에 유행시키는 질병을 보며, 또한 그 온 땅이 유황이 되며 소금이 되며 또 불에 타서 심지도 못하며 결실함도 없으며 아무 풀도 나지 않고 그 옛적에 여호와께서 진노와 격분으로 멸하신 소돔과 고모라와 아드마와 스보임의 멸망 같은(사 1 : 9) 재기불능의 몰락을 보고 왜 이런 참혹한 일이 일어났느냐고 물을 것이다. 24절은 이 질문대열에 여러 나라 사람들도 합류하는 상황을 내다본다. 그들은 "여호와께서 어찌하여 이 땅에 이같이 행하셨느냐? 이같이 크고 맹렬하게 노하심은 무슨 뜻이냐?"라고 묻는다. 25~26절은 열방 사람들이 이 질문에 대답하는 상황을 보도한다. "그 무리가 자기 조상의 하나님 여호와께서 그들의 조상을 애굽에서 인도하여 내실 때에 더불어 세우신 언약을 버리고 가서 자기들이 알지도 못하고 여호와께서 그들에게 주시지도 아니한 다른 신들을 따라가서 그들을 섬기고 절한 까닭이라"(25-26절). 불특정 다수 사람들이 제시하는 대답은 27~28절까지 이어진다. "이러므로 여호와께서 이 땅에 진노하사 이 책에 기록된 모든 저주대로 재앙을 내리시고 여호와께서 또 진노와 격분과 크게 통한하심으로 그들을 이 땅에서 뽑아내사 다른 나라에 내던지심이 오늘과 같다 하리라" 이 대답을 주는 사람들은 이스라엘 백성이 아니지만 이스라엘의 멸망 원인과 그 결과(열국 중 유배와 유랑, 이산의 고통)를 아는 사람들이다. 정확하게 이 22~28절은 바벨론 포로 시기에 일어났

던 질문들과 답변들을 사후예언 양식으로 모세의 입에 담아 놓고 있다. 바벨론 포로생활, 즉 신명기 저주의 극대치 실현을 맛본 세대의 편집자가 추가한 내용이라고 보는 것이 좋다. 그 이유는 네 가지다. 첫째, 생생한 질문과 대화 등이 이미 과거에 일어난 재난을 복기하듯이 묻고 대답하기 때문이다. 둘째, 이 단락의 질문과 대답은 바벨론 포로기 예언서나 성경 문헌에 자주 등장하는 주제다. 셋째, 결정적인 증거는 28~29절이다. 28절의 "그들을 이 땅에서 뽑아내사 다른 나라에 내던지심이 오늘과 같다"는 말은 땅에서 뽑혀 내던지심을 당한 사람의 입에서 나온 말이다. '오늘과 같다'라는 문장 때문이다. 상식적으로 생각하면 열국 중 내던지심을 오늘 현재 경험한 사람만이 이런 문장을 구사할 수 있다. 마지막으로 29절이다. 이 절은 감추어진 일은 우리 하나님 여호와께 속하였거니와 나타난 일은 영원히 우리와 우리 자손에게 속하였다고 말하고 아직 일어나지 않은 감춰진 일과 이미 실현된 일을 구분하고 있다. 우리와 우리 자손에게 이미 나타난 일들은 그 목적을 갖고 있다. 29절(맛소라 28절)을 직역하면 이런 해석이 타당함을 알 수 있다. '그 감춰진 것들(덮여 있는 것들, 아직 성취되지 않은 하나님의 섭리와 계획들)은 우리 하나님 야웨를 위한 것이며 반면에(상황절) 그 훤히 들추어진 것들(실현된 저주들, 재앙과 심판, 바벨론 유배 등 징벌)은 우리와 우리 후손들을 위한 것인데(들추어진 것들이 우리와 후손을 위한 것이 되는), 그 들춰진 것들의 목적은 우리로 하여금 이 율법의 모든 말씀을 준행하도록 하기 위함이다(la'ăśôth 'et-kol dibbĕrê hattôrā hazzôth). 실현된 저주는 하나님과의 언약관계의 종결을 의미하지 않고, 다시금 야웨의 언약에 담긴 모든 말씀을 준행하여 다시 하나님 백성의 정체성을 회복하도록 추동한다는 것이다.

결론적으로 26~29절(개역개정)은 신명기의 최종편집자가 서 있는 신학적 자리를 추정하게 하는 실마리를 제시한다. 신명기의 최종 저자와 독자들은 지금 가나안 땅에 뿌리뽑혀 다른 나라에 던져져 유배 중에 있다. "여호와께서 또 진노와 격분과 크게 통한하심으로 그들을 이 땅에서 뽑아내사 다른 나라에 내던지심이 오늘과 같다 하리라"(28절 ; 참조 30 : 4-5 ; 비교 4 : 38 여기서 '오늘날'은 모세 시대의 맥락을 지칭). 비록 미래에 등장할 이방인 관찰자들의 입에서 나온 예언으로 편집되어 있으나 이 논평은 바벨론 포로기를 살고 있던 신명기 독자들의 실존적인 상황을 적확하게 반영한 성찰적 자기이해였을 것이다. 모압 언약의 저주 시나리오의 성취를 맛본 사람들은 아마도 주전 586년 이후부터 바벨론 유배생활을 하다가 다시금 가나안 땅으로 되돌아갈 적기(주전 538년 전후)를 맞았던 바벨론 포로들이었을 것이다. 그들에게 주전 586년의 하나님 심판은 공변된 심판이었지만 쉽게 수용하기 힘든 신비였던 것처럼 보인다. 하지만 신명기 저자는 이 신비는 궁극적으로 해명할 수 없을지라도 이미 드러난 일, 바벨론 포로생활은 하나님의 언약말씀의 영원한 포기나 배척이 아니라 하나님의 말씀에 대한 순종임을 다시금 강조하는 역할을 맡는다고 고백한다. 30장에서 드러나는 모압 언약의 다소 고조되고 격앙된 분위기가 그것을 약간 제한하는 전심 회개 필요성에 의해 적절히 균형 잡히고 있다.

## 설교를 위한 묵상

29장은 28장의 언약저주가 실현된 상황(28절)에 처한 미래의 이스라엘 회중을 화자(話者)로 내세운다. 화자로 설정된 미래의 이스라엘은 이미 자신들에게 실현된 하나님의 진노를 아는 세대다. 그들은 하나님의 진노폭발을 수긍하고 자신들이 처한 외국 유배 상황을 수용하고 있다. 하나님의 감춰진 뜻은 신비로 남겨져 있지만 자신들에게 훤히 드러난 심판의 목적은 하나님과의 언약관계를 끝장내는 데 있지 않고 오히려 야웨의 율법을 준행하도록 이끌기 위한 교육이었다는 것이다. 심판은 징벌적 훈육의 일부라는 것이다. 아마도 역사상 이스라엘만큼 하나님의 진노를 정확하게 이해한 민족도 없을 것이다. 현대인들은 상상도 할 수 없는 암울한 현실의 한복판과 그 절정에서 이스라엘은 하나님의 현존이 거룩한 진노와 뒤섞여 자신들을 따라다니는 것을 경험했다. 그들이 말하는 하나님의 진노는 참으로 실재적이다. 극단적인 고통이 만들어 낸 심층심리적 조작이 아니다.

하지만 현대인들에게 심지어 그리스도인들에게마저도 '진노하시는 야웨 하나님'은 상당히 낯설다. 구약성서의 진노하시는 하나님 이미지는 예수 그리스도 안에서 나타나는 극단적으로 부드러워진 이미지와 너무나 달라 보인다. 그래서 주후 2세기 중반에 로마교회에 등장한 부자 평신도였던 마르시온(Marcion)은 구약성서의 야웨와 예수 그리스도를 보내신 참 하나님은 서로 다른 신이라고 주장하기에 이르며 구약성서의 완전 폐기를 주장했다. 누가복음과 바울서신 7개 정도만을 그리스도인의 성경이 되어야 한다고 주장했다. 그는 신약성경에서는 더 이상 하나님의 진노는 현실화되지 않는다고 단정하기까지 한다. 이런 마르시온의 편향된 하나님 이해 경향을 "마르시온이즘"(Marcionism, 구약폐기주의)이라고 하며, 20세기 중반의 아돌프 하르낙 같은 사람도 이런 경향성을 드러낸다. 다행히도 마르시온이즘은 초대교회의 교부들에 의해 이단으로 단죄되었고, 뿐만 아니라 구약성서 39권을 그리스도인의 성경으로 받아들이는 결정에 이르렀다. 구약의 하나님은 극단적으로 분노하시는 하나님으로, 신약의 하나님은 인간에게 화를 더 이상 내지 않으시는 지극히 유순해진 하나님으로 이해하는 것은 이단이다. 하나님은 어제나 오늘이나 동일하시다. 아브라함 요수아 헤셸(Abraham Joshua Heschel)의 「예언자들」은 '진노의 의미와 신비' 그리고 '이라 데이'(IRA DEI, 하나님의 분노) 두 장에 걸쳐서 마르시온이즘의 천박한 하나님 이해가 얼마나 그릇되었는지 설득력 있게 논박한다.[7] 헤셸은 하나님의 진노 장면은 확실히 우리 현대인을 당혹시킨다는 점을 인정한다(나 1 : 6). 하지만 하나님의 진노는 스토아 철학자들이 말하는 이성의 작동 중지, 정념에 압도당하는 현상이 아니라, 인간에 대한 언약적 사랑, 기대, 그리고 관심 때문에 일관성 있게 심사숙고를 거친 매우 이성적인 반응이다. 하나님의 속성 중 인내는 열세 가지 속성 중 하나일 뿐 무관심을 의미하지는 않는다. 헤셸은 만일 하나님이 진노하지 않는다면 그것은 무관심을 의미하고 무관심은 진노보다 수백 배 파괴적인 결과를 가져온다고 본다. 하지만 그는 분노는 신적 의리와 인애의 영원성에 비하면 잠시뿐이며, 분노의 진의는 신적 돌보심, 하나님 방식의 사랑 관철에 있다고 말한다. 심판하시는

7) Abraham Joshua Heschel, *The Prophets*, 「예언자들 하(下)」, 이현주 역(서울 : 종로서적, 1988), 77-108.

하나님이 만일 분노를 드러내지 않으신다면 우주 전체는 도덕적·영적 무정부 상황에 놓일 것이다. 하나님이 우주의 창조자이며 절대주권적 통치권자시라면 그는 분노를 통해 당신의 통치권을 행사하셔야 한다. 하나님의 분노는 보류된 혹은 유예된 사랑일 뿐이다. 그래서 분노에도 신적 비장함과 장엄함이 있다. 따라서 구약의 하나님의 진노 이미지를 보고 원시부족 신관 안에 남아 있는 악마적 요소라고 추정하는 종교진화론자들은 신적 진노의 장엄함을 간과하고 있다. 하나님의 분노는 억압당하는 자들의 아우성에 대한 응답이다. 지배자, 권력자, 유한생활자 등은 하나님의 진노를 당혹스럽게 생각하지만, 세상 권세자들의 폭력적 압제에 의해 뼈가 부서지고 인간존엄이 갈가리 찢기는 '작은 자들'에게는 하나님의 진노가 복음이다. 북이스라엘 왕국의 기간요원들에게 일어난 앗수르 포로살이나 유다왕국의 지배층에게 일어난 바벨론 포로생활 모두 다 그들에 의해 억압받고 살해당하는 약자들에게는 해방이었다. 억압받는 자들의 아우성이 하나님 귓전에 들리고 마침내 그 아우성이 신적 인내의 임계점을 넘을 때 하나님의 진노는 폭발한다(출 2 : 23-25 ; 22 : 20-23). "여호와 외에 다른 신에게 제사를 드리는 자는 멸할지니라 너는 이방 나그네를 압제하지 말며 그들을 학대하지 말라 너희도 애굽 땅에서 나그네였음이라 너는 과부나 고아를 해롭게 하지 말라 네가 만일 그들을 해롭게 하므로 그들이 내게 부르짖으면 내가 반드시 그 부르짖음을 들으리라"(출 22 : 20-23).

## 2. 시내산 언약 안에 있는 이신칭의 복음을 확장하는 모압 언약(30 : 1-20)

### 1) 야웨의 회복된 은혜, 갱신된 은혜, 갱신된 순종 기회(30 : 1-10)

1내가 네게 진술한 모든 복과 저주가 네게 임하므로 네가 네 하나님 여호와로부터 쫓겨 간 모든 나라 가운데서 이 일이 마음에서 기억이 나거든 2너와 네

자손이 네 하나님 여호와께로 돌아와 내가 오늘 네게 명령한 것을 온전히 따
라 마음을 다하고 뜻을 다하여 여호와의 말씀을 청종하면 3네 하나님 여호와
께서 마음을 돌이키시고 너를 긍휼히 여기사 포로에서 돌아오게 하시되 네
하나님 여호와께서 흩으신 그 모든 백성 중에서 너를 모으시리니 4네 쫓겨
간 자들이 하늘가에 있을지라도 네 하나님 여호와께서 거기서 너를 모으실
것이며 거기서부터 너를 이끄실 것이라 5네 하나님 여호와께서 너를 네 조상
들이 차지한 땅으로 돌아오게 하사 네게 다시 그것을 차지하게 하실 것이며
여호와께서 또 네게 선을 행하사 너를 네 조상들보다 더 번성하게 하실 것이
며 6네 하나님 여호와께서 네 마음과 네 자손의 마음에 할례를 베푸사 너로
마음을 다하며 뜻을 다하여 네 하나님 여호와를 사랑하게 하사 너로 생명을
얻게 하실 것이며 7네 하나님 여호와께서 네 적군과 너를 미워하고 핍박하던
자에게 이 모든 저주를 내리게 하시리니 8너는 돌아와 다시 여호와의 말씀을
청종하고 내가 오늘 네게 명령하는 그 모든 명령을 행할 것이라 9-10네가 네
하나님 여호와의 말씀을 청종하여 이 율법책에 기록된 그의 명령과 규례를
지키고 네 마음을 다하며 뜻을 다하여 여호와 네 하나님께 돌아오면 네 하나
님 여호와께서 네 손으로 하는 모든 일과 네 몸의 소생과 네 가축의 새끼와
네 토지 소산을 많게 하시고 네게 복을 주시되 곧 여호와께서 네 조상들을
기뻐하신 것과 같이 너를 다시 기뻐하사 네게 복을 주시리라

**[30 : 1-10]** 30장은 모세의 관점을 중심으로 보면 미래 상황으로 설정되었으나 사실상 야웨의 언약적 저주 실현으로 열방으로 쫓겨 간 포로들을 향해 선포된 말씀이다. 29장이 하나님 저주의 극대 실현을 다루고 있다면, 30장은 하나님께 남겨진 진노와 분한 너머의 신적 긍휼과 자비를 예기하고 있다. 그러나 이 긍휼과 자비도 시간의 계기에 따라 자동적으로 오는 것은 아니다. 마치 하나님의 진노 폭발 후에는 으레 하나님의 자비가 뒤따라오는 것이 법칙인양 생각해서는 안 된다는 말이다. 바벨론 포로들을 다시 하나님의 백성으로 선

택하고, 스가랴가 말하는 것처럼(1 : 17 ; 2 : 12 ; 8 : 3-8, 15 ; 10 : 6-10 ; 12 : 6) 시온과 예루살렘을 다시 하나님의 성소를 세울 터전으로 선택하시는 것은 하나님의 전적인 자유의지의 발현이다. 바벨론 포로기 이후의 역사를 추동해 가는 힘은 확실히 거의 일방적인 하나님의 자비와 긍휼이다. 죄인을 의롭게 하셔서 다시 언약백성으로 재활복구시키는 것은 전적으로 하나님의 자비와 긍휼이다. 그런데 하나님의 긍휼과 자비는 이스라엘의 전심의 돌이킴으로 현실이 되고 이스라엘 민족의 영적 갱생을 격발시킨다. 1절은 신명기 28 : 15 이하에 예고된 모든 복과 저주가 이스라엘에게 임하여 이스라엘이 하나님 여호와로부터 쫓겨 간 모든 나라 가운데 흩어진 상황을 상정한다. 1절 하반절 구문이 약간 애매모호하다. "봐하쉐보타 엘-러바베카 쁘콜-학고임……"(wahăšēbōtā 'el-lĕbābekā bĕkol-haggôyim)에서 '봐하쉐보타 엘-러바베카'(wahăšēbōtā 'el-lĕbābekā)의 번역이 어렵다. 슙(šûb, 돌아가다/돌아오다) 동사의 히필와우연속 완료 2인칭 남성단수다. 히필(사역)동사이므로 슙(돌아오다) 동사의 목적어가 요청된다. 그런데 목적어가 명시되어 있지 않다. 맥락상 모든 야웨의 언약적 복과 저주가 이미 실현되었다는 사실이 목적어가 되어야 한다. 그렇다면 1절 하반절은, '너는 이 모든 복과 저주가 실현되었다는 사실을 네 마음에로 되돌이켜야 할 것이다'를 의미한다. 즉, 야웨의 언약적 복과 저주가 실현되었다는 말은 복과 저주 조항이 실현되었다는 말이다. 그런데 실상은 복과 저주 중 저주를 선택한 이스라엘 때문에 저주만이 실현되었다는 말이다. 즉, 저주 실현의 결과 자신들이 이역만리 유배지에 와 있다는 사실을 상기해(마음으로 되돌아가게 하여), 이제 뉘우치는 마음으로 이스라엘(2인칭 단수 대명사 아타〈'atā〉의 독립적 사용을 통한 강조)과 그 자손이 하나님 여호와께로 돌아와(2인칭 단수 샵타〈šabtā〉) 모세가 오늘 모압 언약 현장에서 명령한 것을 온전히 따라 마음을 다하고 뜻을 다하여 여호와의 말씀을 청종하면(샤마타〈šāmatā 2인칭 단수〉/2절), 이스라엘의 하나님 여호와께서도 마음을 돌이키시고 이스라엘을 긍휼히 여기사 포로에서 돌아오게 하시되 하나님 여호와께서 흩으신 그 모든 백성 중에서 이스라엘을 모을 것이다(3절). 하나님의 선제적 돌이킴 때문에 가능해진 이스라엘의 적극적 돌이킴이 하나님의 돌이킴을 더욱 철저화한다. 그래서 쫓겨 간 이스라엘 백성이 하늘가에 있을지라도 하나님 여호와께서 거기서 이스라엘 백성을 모으실 것이며 거기서부터 이스라엘 백성을 이끄실 것이다(4절). 그리하여 이스라엘의 하나님 여호와께서 포로된 이스라엘 백성을 그들의 조상들이 차지한 땅으로 돌아오게 하사 그들로 하여금 그것을 다시 차지하게 하실 것이며, 여호와께서 또 그들에게 선을 행하사 그 돌아온 이스라엘 포로들을 그들의 조상들보다 더 번성하게 하실 것이다(5절). 하나님의 돌이킴의 후속적인 혜택의 절정은, 이스라엘의 하나님 여호와께서 이스라엘 백성의 마음과 그 자손의 마음에 할례를 베푸사 이스라엘로 하여금 마음을 다하며 뜻을 다하여 그들의 하나님 여호와를 사랑하게 하사 그 결과 그들로 하여금 생명을 얻게 하실 것이다(6절). 이제 저주는 이스라엘을 치러 온 적군과 이스라엘을 미워하는 자들과 핍박하던 자들에게 쏟아질 것이다(7절). 이런 엄청난 하나님의 주도적인 갱신에 응답하는 길은 이스라엘 백성이 은혜에 추동된 채 돌아와 다시 여호와의 말씀을 청종하고 오늘 명령하는 그 모든 명령을 행하는 것이다(8절).

확실히 이 단락은 이미 저주를 경험한 세대에게 선포된 말씀처럼 들린다(1절 '쫓겨간 모든 나라'; 2절 '돌아와'; 3절 '포로에서 돌아오게 하시되', '모으시리니'; 4절 '네 쫓겨간 자들이'; 5절 '조상들이 차지한 땅으로 돌아오게 하사'). 즉, 저주를 경험하였지만 그 저주가 하나님의 마지막 말씀이 아님을 믿고 싶은 세대에게 들려진 말이다. 2~8절의 논리는 간명하다. 이스라엘의 초보적 뉘우침과 돌이킴 → 하나님의 선행적이고 주도적인 돌이킴 → 하나님께서 이스라엘의 마음할례를 통해 야웨께 전심으로 돌아올 수 있는 능력과 동기부여 → 이스라엘의 전심 회개를 통한 운명대반전 → 이런 미래 청사진을 믿고 다시 진정으로 야웨 말씀을 청종하고 야웨 명령을 준행해야 할 의무가 발생된 것이다. 이스라엘의 복된 미래는 여전히 이스라엘 백성들의 순종과 믿음을 통하여 현실화된다. 여기서 순종과 믿음은 회개를 통해서 실현된다.

하나님의 일방적인 은총은 포로생활 종식과 고토 복귀이다. 이 은총은 이스라엘이 복을 선택하여야 경험하는 복이다. 따라서 모압 언약에서 기대되는 하나님의 중심적 복은 유배로부터의 회복이며 고토 복귀약속이다(3절). 이스라엘이 이 약속을 의지적으로 믿어야 이 약속은 현실이 된다. 하나님의 주도적이고 선행적(先行的)인 돌이킴이 이스라엘의 후발적, 응답적 돌이킴(회개)을 창조한다. 이스라엘은 하나님의 선행적인 돌이킴 때문에 하나님 야웨께 온전한 순종으로 돌이키겠고(šûb), 야웨는 이스라엘에게 자비를 베푸사 그들의 운명을 회복할 것이다. 여기서 기대되는 이스라엘의 온전한 돌이킴은 야웨를 온 마음과 온 성품을 다하여 사랑하게 되는 돌이킴이다(9-10절). 이 돌이킴은 하나님께서 이스라엘의 마음에 할례를 통해 전적으로 헌신된 마음을 창조해 주시고, 그 결과 이스라엘이 야웨 하나님께 순종할 때 완성된다. 이 모압 언약의 논리는 이스라엘 집과 유다 집이 야웨의 영으로 마음이 감동되어 야웨의 율법을 지키는 날이 올 것이라고 예고한 예레미야(렘 31 : 31-34)와 에스겔(겔 36 : 25-26)의 새 언약 체결 시대를 예기하게 한다. 더 나아가 하나님의 영이 율법에 대한 순종을 가능하게 할 것이라는 두 예언자의 예언은, 사도 바울의 성령주도적 율법 순종 논리를 내다본다(참조. 롬 8 : 2-4 ; 눅 3 : 16). 그런 점에서 30장에서 이미 모세는 심판을 넘어서는 복음을 선포한 셈이다. 신명기 30장이 성령의 감화감동으로 야웨의 계명을 지킬 수 있다고 격려하는 로마서 10장(8-10절)에서 인용된 것은 결코 우연이 아니다. 신명기는 인간의 도덕성과 관계없이 작동하는 하나님의 자비와 용서의 가능성뿐만 아니라, 육신이 연약하여 행할 수 없는 그 율법의 요구를 성령의 감동으로 말미암아 준행할 수 있다는 로마서의 논리를 이미 간파하고 있는 것처럼 보인다(롬 8 : 4). 이처럼 하나님은 하나님의 언약적 요구를 준행할 능력이 없는 자를 은혜로 감동시켜서 계약적 요구대로 살 수 있는 능력을 주신다. 모압 언약에서 이 신적 칭의와 성화 사역은 심판당한 자들에게 순종의 힘을 제공한다는 점에서 그들에게 복음이다. 결론적으로 말하면 모압 언약은 하나님의 강력한 은혜와 그것이 창조하는 삶의 총체적인 변화를 명확하게 부각시킨다. 그러나 이 둘 중 어떤 것도 온 마음과 뜻을 다하여 야웨 하나님을 사랑해야 할 책임을 조금도 경감시켜 주지 않는다. 이 점은 특히 30：15~20에 나오는 계약적 강론의 절정 부분에서 극적으로 부각되어 있다.

### 2) 생명과 사망, 복과 저주의 갈림길에 선 이스라엘(30：11-20)

[11]내가 오늘 네게 명령한 이 명령은 네게 어려운 것도 아니요 먼 것도 아니라
[12]하늘에 있는 것이 아니니 네가 이르기를 누가 우리를 위하여 하늘에 올라가
그의 명령을 우리에게로 가지고 와서 우리에게 들려 행하게 하랴 할 것이 아
니요 [13]이것이 바다 밖에 있는 것이 아니니 네가 이르기를 누가 우리를 위하
여 바다를 건너가서 그의 명령을 우리에게로 가지고 와서 우리에게 들려 행
하게 하랴 할 것도 아니라 [14]오직 그 말씀이 네게 매우 가까워서 네 입에 있으
며 네 마음에 있은즉 네가 이를 행할 수 있느니라 [15]보라 내가 오늘 생명과
복과 사망과 화를 네 앞에 두었나니 [16]곧 내가 오늘 네게 명령하여 네 하나님
여호와를 사랑하고 그 모든 길로 행하며 그의 명령과 규례와 법도를 지키라
하는 것이라 그리하면 네가 생존하며 번성할 것이요 또 네 하나님 여호와께
서 네가 가서 차지할 땅에서 네게 복을 주실 것임이니라 [17]그러나 네가 만일
마음을 돌이켜 듣지 아니하고 유혹을 받아 다른 신들에게 절하고 그를 섬기
면 [18]내가 오늘 너희에게 선언하노니 너희가 반드시 망할 것이라 너희가 요단
을 건너가서 차지할 땅에서 너희의 날이 길지 못할 것이니라 [19]내가 오늘 하
늘과 땅을 불러 너희에게 증거를 삼노라 내가 생명과 사망과 복과 저주를 네
앞에 두었은즉 너와 네 자손이 살기 위하여 생명을 택하고 [20]네 하나님 여호
와를 사랑하고 그의 말씀을 청종하며 또 그를 의지하라 그는(그것이) 네 생명
이시요 네 장수이시니 여호와께서 네 조상 아브라함과 이삭과 야곱에게 주리

라고 맹세하신 땅에 네가 거주하리라

**[30 : 11-20]** 하나님의 선행적인 은총의 동력에 의해 마음의 할례를 받은 이스라엘에게는 야웨가 명한 명령은 어려운 것도 아니요 먼 것도 아니다(11절). 하늘에 올라가 하나님의 명령을 하달받아 들려주는 일처럼 어려운 일이 아니다(12절). 하나님 말씀은 바다 밖에 있는 것도 아니다. 바다를 건너가서 그의 명령을 가지고 와서 들음으로써 행해야 하는 무거운 과업이 아니다(13절). 오직 그 말씀은 다시 자비와 긍휼을 맛보고 갱생된 이스라엘 백성에게 매우 가깝다. 하나님 말씀이 입에 있는 것처럼 친근하게 숙지되고 음송될 정도로 그 말씀의 내적 논리는 이스라엘 백성의 마음에 납득되었다. 하나님 말씀이 마음에 있다는 말은 하나님 말씀이 이스라엘에게 이성적으로 납득되었을 뿐만 아니라 그 말씀을 실천할 의지와 동기도 약동한다는 말이다. 그래서 이스라엘은 입에서 음송되고 마음으로 영접하고 납득한 그 말씀을 일상생활에서 준행할 수 있는 것이다(14절). 이처럼 은혜로 감동된 상태에서는 하나님의 말씀을 지키는 일이 결코 어려운 일이 아니다. 왜냐하면 그것은 음부에 내려가는 일도 아니고 하늘에 올라가는 일도 아니기 때문이다. 로마서 10 : 5~12에서 바울은 이 말씀을 인증하여 율법 준수의 가능성을 예증한다. 바울에게 야웨의 모든 율법은 율법의 완전성취자인 예수 그리스도 안에서(롬 10 : 4) 철저하고 완전하게 준수되고 성취되었다. 이상에서 살펴본 것처럼 율법 준수가 가능할 뿐만 아니라 쉽다고 말하는 설명(11-14절)이, 이스라엘 백성으로 하여금 죽음이 아니라 생명을 선택하도록 촉구하는 모세의 요구 바로 앞에 있다. 모세는 '오늘' 생명과 복과 사망과 화를 이스라엘 앞에 두되(15절), 생명과 복을 선택하도록 추동하고 명령한다. 곧 오늘 하나님 여호와를 사랑하고 그 모든 길로 행하며 그의 명령과 규례와 법도를 지키라고 명한다(15절). 생명과 복, 사망과 화(禍)라는 갈림길에서 청중은 사망과 화 대신에 복과 생명을 '오늘' 즉시 선택하도록 격려받는다. 그것은 야웨의 명령과 규례와 법도를 지키기로

결단하는 것이다.

이 야웨의 명령과 규례와 법도를 지키는 길만이 이스라엘이 생존하며 번성하는 길이다(16절). 야웨의 명령과 규례와 법도를 지킬 때 하나님 여호와께서 이스라엘이 들어가서 차지할 땅에서 복을 주실 것이다(16절). 그러나 만일 마음을 돌이켜 듣지 아니하고 유혹을 받아 다른 신들에게 절하고 그를 섬기면(17절) 반드시 망할 것이다(18절). 요단을 건너가서 차지할 땅에서 이스라엘의 살날이 길지 못할 것이다(18절). 모세는 하늘과 땅을 이 언약체결의 증인으로 삼는다. 모세는 생명과 사망과 복과 저주를 이스라엘 앞에 두었으되 이스라엘과 그 후손이 살기 위하여 생명을 택하라고 명한다(19절). 하나님 여호와를 사랑하고 그의 말씀을 청종하며 그를 의지하라고 명한다(20절). 야웨의 말씀을 청종하며 그를 의지하는 것, 그것이 이스라엘의 생명이요 가나안 땅의 영구적인 향유다. 여호와께서 그들의 조상 아브라함과 이삭과 야곱에게 주리라고 맹세하신 땅에 이스라엘은 거주하게 될 것이다.

결론적으로 말하자면 가나안 땅에서의 미래 번영은 '오늘' 이스라엘의 결단에 달려 있다. 물론 이스라엘이 바벨론 포로살이를 마치고 가나안 땅에 재정착해서도 다시 유혹받아 이방신들을 섬김으로써 멸망을 자초할 수 있다는 시나리오가 완전히 폐기된 것은 아니며, 하나님의 진노가 한 번 쏟아 부어졌다고 해서 신적 진노의 가능성이 영원히 소거(消去)된 것도 아니다. 언제든지 하나님이 증인으로 삼은 하늘과 땅이 이스라엘의 선택과 그 경과에 대하여 불리하게 증언할 수 있다(사 1 : 1-2 ; 신 32 : 1).

## 설교를 위한 묵상

30 : 15~20은 구약성서의 '영생'이 무엇인지를 잘 보여 준다. 16절의 히브리어 구문을 직역하면 다음과 같다. 너희가 번영하고 번성할 수 있도록, 그리고 너희가 들어

가 차지하려고 하는 땅에서 너희 하나님 야웨가 너희에게 복 주시도록, 내가 오늘 너희에게 너희 하나님 야웨를 사랑하고, 그의 법도들을 따르며, 그의 명령들과 율법들과 규칙들을 준수하라고 명한다. 이 단락의 인과관계를 잘 파악하는 것이 하나님의 본마음을 이해하는 데 결정적인 요소다. 하나님은 겉으로는 중립적인 선택으로 이스라엘을 부르신다. 이 장면은 놀랍게도 창세기 2~3장의 상황을 방불케 한다. 마치 에덴동산의 아담에게 생명나무와 선악과나무를 동산 중앙에 배치해 두신 상황과 비슷하다. 아담은 겉으로는 중립적인 선택 가능성을 제시받았다. 모든 에덴동산의 나무 열매를 채취하여 먹을 수 있으나 선악을 알게 하는 나무 열매는 따 먹지 말라는 엄명을 받았다. 그것을 따 먹는 날에는 '죽는다'는 경고를 받았다(창 2 : 16-17). 하나님께서 나중에 두루 도는 불칼을 에덴동산 입구에 배치하여 생명을 얻게 하는 나무 열매를 따 먹지 말도록 막으시는 것을 볼 때 아담이 언젠가 생명나무 열매를 따 먹도록 초청받았음이 분명하다. 아담은 생명나무와 선악을 알게 하는 나무 사이를 거닐면서 선악을 알게 하는 나무의 열매를 따 먹지 말라는 단 하나의 금지계명을 받았다. 아담의 성경은 한 구절이었다. 동산 중앙의 선악을 알게 하는 나무, 즉 죽음을 가져다줄 나무 열매를 따 먹지 말라는 엄명이다. 이스라엘이 처한 상황을 좀 더 자세히 살펴보려면 15~20절을 관통하는 하나님의 논리를 파악해야 한다. 15~16절을 직역해 보면 하나님의 논리를 좀 더 명료하게 이해할 수 있다(아쉐르 아노키 므차브카 르아하바 엩-아도나이 엘로헤카 라레케트 비드라카이브 붜리숴모르 미츠보타이브 붜후코타이브 붜미쉬파타이브 붜하이타 붜라비타 붜브라커카 아도나이 엘로헤카 바아레츠 아쉐르 아타 바 샴마 르리쉬타〈'ăšer 'ănôkî mĕṣawwĕkā lĕ'ahăbā 'et-Yahweh 'elôhêkā laleketh bidĕrākāyw wĕlišĕmôr miṣwôtāyw wĕḥuqqōtāyw wûmišpātāyw wĕḥāyîtā wĕrābîtā wûbērakĕkā Yahweh 'elôhêkā bā'āreṣ 'ăšer 'attā bā' šāmmā lĕrištā〉).

"보라! 내가 오늘 네 앞에 생명과 복, 그리고 죽음과 화(禍)를 두었다. 즉(아쉐르), 나 자신은(1인칭 대명사 아노키['ănôkî] 돌출 사용) 오늘 네게 그의 모든 길들로 걸어가며 그의 명령과 규례와 법도를 지킴으로써 네 하나님 야웨를 사랑하라고 명령하고 있는 중이다. 네가 살고 번성하도록 그리고 네 하나님께서 네가(2인칭 남성대명사 'attā 돌출 사용) 지금 막 들어가서(bā'는 분사형) 차지하려고 하는 바로 그 땅에서 네게 복 주시도록 하기 위하여!(네 하나님 야웨를 사랑하라고 명령하는 중이다.)"

'하나님을 사랑하라'고 구체적으로 표현하는 것은 부정사 연계형 '라레케트 비드라카이브, 뷔리쉬모르 미츠보타이브' 이하에 등장한다. 야웨를 사랑하는 것은 어떻게 표현되는가? 그의 모든 길들로 걸어가며 그의 명령과 규례와 법도를 지킴으로써 표현된다. 야웨를 사랑한다는 말은 우리의 친밀하고 살가운 감정을 하나님께 퍼붓거나 피력하는 것이 아니라 하나님 계명을 사랑하고 그것을 준행하고 그 길들로 걸어가는 것을 즐거워하고 기뻐하는 것이다. 하나님을 사랑하는 행위는 곧 그 계명을 지키는 것이다. 요한복음과 요한1서는 신명기의 하나님 사랑 계명을 잘 이해하고 있다. 15~16절에서 또 하나 발견되는 놀라운 진실은, 구약성서의 영생이란 무시간적 영원의 세계에서 혼백의 상태로 하나님과 영원히 함께 있는 것이 아니라, 하나님의 계명을 준수하고 하나님을 사랑하는 언약적 결속 상태임을 알 수 있다. 16절은 명령하는 소절과 그 명령의 목적을 진술하는 소절로 나뉘져 있다. 하나님의 모든 명령, 규례, 법도를 준행하고 그의 길들을 따라가야 하는 이유가 이스라엘이 살도록, 번성하도록, 그리고 야웨께서 가나안 땅에서 이스라엘을 복 주시도록 하기 위함이다. 야웨를 사랑하는 목적은 '살도록, 번성하도록, 야웨께서 복 주시도록 하기 위함'이다. 이것이 구약성서가 말하는 영생이며, 누가복음 10장에 나오는 율법사의 질문, 즉 어떻게 영생을 상속할 수 있는가에 대한 예수님의 답변에서 드러난 영생이다. 영생은 거룩하시고 자비로우신 하나님과의 지극히 순전한 언약적 결속감을 누리고 그 언약적 유대를 위해 하나님이 명하신 모든 법도, 규례, 그리고 명령을 일상생활, 국가정책 등 모든 삶의 단위에서 실천하고 준행하는 나날이다. 구약성서에서 영생은 하나님이 주신 언약 실천을 위한 보금자리인 땅에서 하나님의 법도와 계명을 준행하며 사는 삶이다. 하나님의 복된 돌보심과 권념으로 번영을 맛보고 하나님의 복 주심을 시시각각 경험하며 사는 것이 바로 영생이다. 왜 이런 인과관계가 발생할까? 왜 하나님은 이스라엘이 당신의 계명을 준수할 때 사랑받는다고 느끼실까? 하나님은 이스라엘의 계명 준수를 보고 존중받으며 사랑받는다고 느끼신다. 이스라엘이 하나님을 하나님으로 알고 경배하고 영광을 돌릴 때 하나님은 사랑받는다고 느끼신다. 하나님은 지극히 인격적이고 언약에 영향을 받기로 작정하신 절대자존하신 하나님이시기에 언약백성의 충성스러운 언약 준수를 볼 때 사랑받으신다고 느끼고 기뻐하신다. 이스라엘에게 지키라고 주신 하나님의 계명은 공동체 구성원들이 평화롭게 함께 사는 능력을 배양하는 데 그 목적이 있다. 한데 사는 연습은 아담의 죄성을 상속한 인간에게는 너무나 어려운 일이다. 인류역사는 가난하고 열등하고 병든, 그래서 사회발전에 이익이 안 되는 사회구성원들을 배제하고 심지어 노예화하려는 악마적 권력의지의 준동 드라마였다. 하나님의 모든 계명은 부자와 가난한 자, 건강한 자와 병자, 이스라엘과 비이스라엘, 남자와 여자, 종과 주인이 함께 평화를 유지하면서 살도록 북돋우는 법이다. 대체로 야웨의 율법들은 약자배려적이고 최하층민 재활복구적인 법이다. 약자들을 배려하고 돌보는 것이 야웨를 사랑하는 행위로 간주될 때가 많다. 야웨 사랑은 전심으로 드리는 일편단심 감사와 찬양예배이면서도, 동시에 야웨의 마음이 쏠려 있는 가난한 이웃을 자상하게 돌보는 사회적 자비 실천으로 체현된다. 따라서 야웨 하나님에 대한 사랑의 총량이 증가하면 사회적 약자들에 대한 자비심과 동정심과 긍휼이 증가된다. 이런 방법으로 하나님 사랑을 실천하는 그리스도인들은 아마도 악한 착취자들을 돕는 법령들, 탐욕과 승자독식을 정당화하는 법을 만드는 자들에게 찬성표를 던지지 않을 것이다. 야웨를 사랑하고 야웨에 대한 사랑을 표현하기 위해 야웨의 모든 율법들을 즐거워하면 그런 나라와 그런 공동체는 물가에 심은 나무처럼 번성할 것이다. 시편 133편은 형제자매적 연합과 동거(언약공동체적 결속감)야말로 야웨의 복과 영생 누림의 첩경임을 잘 보여 준다.

"보라 형제가 연합하여 동거함이 어찌 그리 선하고 아름다운고 머리에 있는 보배로운 기름이 수염 곧 아론의 수염에 흘러서 그의 옷깃까지 내림 같고 헐몬의 이슬이 시온의 산들에 내림 같도다 거기서 여호와께서 복(하브라카)을 명령하셨나니 곧 영생(하임 아드-하올람)이로다"

이 시편은 야웨 앞에 살고 번성하는 신명기적 생명(영생)을 잘 예해한다. 1절은 형제가 연합하고 동거하는 현상을 선하고 아름답다고 찬양한다. 고대 이스라엘은 고조부 혹은 증조부를 가부장으로 하는 가족공동체 사회였다. 따라서 형제연합과 동거는 가정의 부를 유지하는 데 결정적이었다. 연합과 동거는 지역적으로 같은 곳에 살면서 같은 조상이 남긴 가족 공동 경작지를 일구고 사는 것을 의미했다. 이 시편은 이스라엘 지방 사람들이 예루살렘 성전에 올라갈 때 부른 찬양임을 볼 때 형제들이 한데 살지 못하고 뿔뿔이 흩어지는 상황을 막아 보려는 노래처럼 보인다.

고대 이스라엘 사회는 형제가 연합하고 동거할 수밖에 없는 사회였다. 그러나 전쟁, 기근, 토지 증가, 가족 증가 등의 분쟁 등으로 형제연합과 동거가 불가능할 때가 많았다. 예를 들면 단(Dan) 지파는 한 곳에 살지 못하고 반분되었다. 가족의 기업을 떠나는 사람들은 여러 가지 이유를 갖고 있었다. 어떤 사람들은 가난과 기근 때문에 가족과 고향을 떠나기도 하고, 더 큰 행운을 위하여 가족경작지를 떠나기도 했다. 나오미의 남편 엘리멜렉은 기근을 만나 고향을 떠나 모압으로 건너갔고, 그와 그의 두 아들이 객사했다. 고향 베들레헴 들판을 떠나 모압의 들판으로 간 것이다. 형제자매가 거덜난 경제상황으로 고향을 떠날 때 유리방황하지 않도록 도와주는 사랑이 형제연합과 동거로 드러난다.

구약성서에서 형제는 부모를 통해 언약관계로 묶인 사람들이다. 태어나자마자 언약관계로 묶여진다. 따라서 서로 돌봐주어야 할 책임이 있다. 형은 아우를 지키는 자였다. 이것이 셈족의 형제주의 전통이다. 성경은 형제자매 돌봄을 제1의 사회원리로 본다. 하나님 사랑의 구체적 표현 1조가 형제와 이웃 사랑이다. 그런데 인류의 역사는 형제가 같이 사는 것이 결코 쉬운 일이 아님을 보여 준다. 인류 역사는 최초의 가정에서부터 형제살육의 이야기로 시작된다. 형제와 이웃은 잠재적 경쟁자며 시기와 질투로 상쟁하는 사이로 돌변하는 관계이기도 하다. 야곱과 에서, 이삭과 이스마엘, 라헬과 레아, 요셉과 열 명의 형제들 모두는 형제 사이였건만 경쟁하고 시기하고 다투었다. 이처럼 형제가 연합하여 동거하는 일은 자명할 정도로 쉽거나 유쾌한 일이 아니다. 형제들이 연합하고 동거하는 일, 그것은 성령의 감화감동으로만 실현될 수 있다.

교회는 그리스도의 피로 묶여진 형제자매들의 공동체다. 예수님이 가져온 영생은 인간들의 거리를 형제자매 수준으로 극히 친밀하게 결속시키는 공동체적 사회생활이다. 영생은 비상한 결속, 친밀공동체에 접목되는 경험이다. 물질을 유무상통할 정도로 책임적인 공동체로 접목되는 것이다. 예수 그리스도와 야고보와 바울은 물질적 유무상통을 형제자매적인 친교의 이상으로 보았다. 형제자매로 결속된 공동체는 삼 일 굶은 사람들을 놔두지 않는다.

이렇게 형제가 연합하여 동거하는 것은 하나님이 주실 영생의 복을 누리게 되는 내적 조건이다. 형제자매가 서로 도우려고 하는 것 자체가 신적인 간섭과 복을 유발시키는 필요조건이다(요일 3 : 18). 시편 133편은 이런 현실적인 고충을 알고도 형제자매가 동거하고 연합하는 것이 선하고 아름다운 일이라고 말한다. 선하고 아름답다는 말은 하나님의 현존을 느끼게 만든다는 말이다. 하나님이 그 안에 내재해 계신다는 느낌을 준다는 말이다. 선하고 아름다운 것은 하나님의 무한한 자기 내어 주심의 행동에 대한 묘사이기 때문이다. 이스라엘 언약공동체는 초막절에 성전 마당과 부지 일대에 시온의 구릉지 일대를 야영하면서 7일간을 보냈다. 이때 동거하고 연합했다. 소득 수준과 상관 없이 지역과 고향의 차이에도 아랑곳하지 않고 한데 모였다. 유월절-무교절, 초막절(광야 40년 기억-하나님의 무의 환경에서 의식주 공급하심 기억), 수장절(곡식 추수절-하나님이 주신 복을 나눔), 이 세 절기 동안 이스라엘은 하나님을 향해 큰 제물을 바쳤다. 가난한 이웃, 객과 고아와 과부를 도왔다. 고아와 과부는 공동체를 지키다가 전사한 남자의 아내이거나 자녀인 경우가 대부분이었다. 레위인은 하나님 때문에 경작지를 포기한 자발적 가난 감수자였다. 이스라엘은 가난했으나 공동체의 영적 안정과 번영을 위해 늘 기도하고 성경을 가르치는 레위인들을 먹여 살렸다.

2절은 대제사장에게 기름 붓는 도유식이 등장한다. 대제사장은 가정과 공동체의 우두머리다. 영적인 아버지, 어머니의 머리 위에 쏟아진 기름이 수염에 이르고 옷깃에 흘러내리는 장면, 이것은 대제사장 도유식을 방불케 하는 장면이다. 대제사장에게 임한 하나님의 복이 온 백성들에게 궁극적으로 혜택을 입힌다는 것을 예해한다. 아론의 머리 위에 부은 기름이 옷깃까지 흘러내리듯이, 성전을 관리하는 영적 대제사장에게 기름이 쏟아지듯이, 형제자매가 연합하여 동거함이 그런 효과를 낸다는 말이다. 3절은 다른 비유이다. 높다란 헬몬산이 지형성 강우를 일으켜 그 산 아래 평야와 구릉지를 적시듯이, 이스라엘이 형제자매 사랑의 고봉(高峰)을 구현하는 곳에는 지형성 강우처럼 은총의 이슬이 풍성하게 내린다는 말이다. 형제자매 사랑이 실현되는 그곳에 하나님을 아는 복을 지정해 주신다. 요셉이 10명의 형들을 사랑하고 용서할 때 하나님이 요셉의 복을 크게 더했듯이(창 49 : 22-26), 형제자매를 사랑하기 위해 분투하는 사람들을 위해 복을 지정해 주신다. 그 복이 바로 영생이다. 이 영생은 하늘로부터 오는 기름과 이슬을 받아 형제자매들과 나누고 유통하는 공동체적인 친교다. 요한복음 17 : 3에서 말하듯이, 영생은 하나님과 그 보내신 자 예수를 아는 것이다. 아버지 하나님을 사랑하고 인격적으로 교제한다는 뜻이다. 아버지 하나님의 독생자 예수님의 요구를 인정하고 수긍한다는 뜻이다. 예수님은 하나님 아버지에 대한 전적인 신뢰와 순종으로 하나님의 풍성한 생명을 친히 누리시고 전달하신 분이다. 예수님이 우리에게 주신 구원은, 재물이나 권력을 의지하지 않고 자기 비움을 실천하고 하나님 아버지의 공급하심을 신뢰하는 삶이다. 예수님이 바로 성령의 기름을 우리 옷깃까지 흘러내리게 하시는 대제사장이시고 시온의 들판을 윤택케 하시는 헬몬산 이슬 원천이시다. 신명기 30 : 15~20은 이런 의미의 복과 영생을 택하라고 강력하게 호소한다. 예수님은 우리에게 부단한 감화감동을 일으키셔서 이웃 사랑과 형제자매연합 속으로 이끌어 주신다.

## B. 모세의 증거의 노래와 모세의 이스라엘 지파 축복기원시(31-32장)

### 1. 모세의 유산 : 모세적 예언자 여호수아와 토라(31 : 1-30)

#### 1) 모세의 후계자 여호수아(31 : 1-8)

1또 모세가 가서 온 이스라엘에게 이 말씀을 전하여 2그들에게 이르되 이제
내 나이 백이십 세라 내가 더 이상 출입하지 못하겠고 여호와께서도 내게 이
르시기를 너는 이 요단을 건너지 못하리라 하셨느니라 3여호와께서 이미 말
씀하신 것과 같이 네 하나님 여호와께서 너보다 먼저 건너가사 이 민족들을
네 앞에서 멸하시고 네가 그 땅을 차지하게 할 것이며 여호수아는 네 앞에서
건너갈지라 4또한 여호와께서 이미 멸하신 아모리 왕 시혼과 옥과 및 그 땅에
행하신 것과 같이 그들에게도 행하실 것이라 5또한 여호와께서 그들을 너희
앞에 넘기시리니 너희는 내가 너희에게 명한 모든 명령대로 그들에게 행할
것이라 6너희는 강하고 담대하라 두려워하지 말라 그들 앞에서 떨지 말라 이
는 네 하나님 여호와 그가 너와 함께 가시며 결코 너를 떠나지 아니하시며
버리지 아니하실 것임이라 하고 7모세가 여호수아를 불러 온 이스라엘의 목

전에서 그에게 이르되 너는 강하고 담대하라 너는 이 백성을 거느리고 여호와께서 그들의 조상에게 주리라고 맹세하신 땅에 들어가서 그들에게 그 땅을 차지하게 하라 8그리하면 여호와 그가 네 앞에서 가시며 너와 함께하사 너를 떠나지 아니하시며 버리지 아니하시리니 너는 두려워하지 말라 놀라지 말라

**[31 : 1-8]** 신명기 전체는 모세의 죽음을 전제하고 선포되는 유언적 강론들이다. 모세는 므비딤 맛사에서 야웨 하나님의 거룩함을 드러내지 못했기 때문에 광야에서 소멸되는 출애굽 1세대의 운명에 동참한다. 31장과 32장은 모세 사후에 발생하게 될 문제 상황에 대한 하나님의 복안(腹案)을 다룬다. 누가 이스라엘 백성을 이끌 것인가? 어떻게 이스라엘 백성이 야웨의 가르침을 계속 지킬 것인가? 모세의 영도력과 영적 교도 기능은 여호수아(이스라엘 장로들)에게 계승되고, 모세의 가르침은 '책으로 된 토라'에 의하여 계승될 것이다.

31 : 1은 모세의 퇴장 장면을 도입한다. 1절의 '이 말씀'은 넓게는 이제까지의 모든 모세의 강론(1-30장)이지만, 좀 더 근접 맥락에서 보면 30 : 15~20 말씀이다. 이스라엘 백성을 복과 저주, 생명과 죽음의 한복판으로 소환하여 생명을 택하라고 촉구하는 마지막 강론(30 : 15-20)과 함께 사실상 모세의 사명은 거의 끝난다. 2절은 만년 청년 같은 모세의 입에서 기대하기 힘든 말이다. '내 나이가 백이십 세라'라는 히브리어 구문을 직역하면 이렇다. "뷔에쉬림 샤나 아노키 하욤"(wĕʻešĕrîm šānā 'ānôkî hayyôm). 이를 직역하면 "그리고 120세다. 나 자신은(1인칭 대명사 돌출) 오늘!"이다. 모세는 먼저 120세나 된 자기 형편을 앞세운다. 그래서 더 이상 이스라엘 진영을 출입하며 지휘권과 지도력을 행사하지 못하겠다고 고백한다(2절 ; 참조. 신 34 : 7, "기력이 쇠하지 아니하였더라"). 더군다나 자신은 하나님으로부터 "이 요단을 건너지 못하리라"는 통고를 받았다는 사실을 거론한다(2절). 자신은 이스라엘 백성과 함께 가나안 땅으로 들어가지 못하겠지만, 하나님 여호와께서 이스라엘 백성보다 먼저 건너가사 이 가나안 원주민들을 이스라엘 앞에서 멸하시고 기

어코 이스라엘 백성으로 하여금 그 땅을 차지하게 하실 것이며, 자신을 대신해 여호수아가 이스라엘의 향도가 되어 가나안 진군을 지휘할 것임을 강조한다(3절). 3절의 히브리어 구문을 직역하면 이렇다. '야웨 너희 하나님 (다른 이가 아닌) 그가(hû, 3인칭 남성단수 대명사 강조용 돌출) 네 앞서 건너가실 것이며(오베르, 'ôbēr[아바르, 'ābar의 남성분사형]), 그가(hû, 3인칭 남성단수 대명사 강조용 돌출) 이 민족들을 네 앞에서 멸하심으로써 네가 그들을 몰아낼 것이며(뷔리쉬탐〈wîrišttām〉, you shall dispossess them), 여호수아 그가(hû, 3인칭 남성단수대명사 강조용 돌출) 네 앞에 서서 건너갈 것이다(오베르, 'ôbēr〈아바르, 'ābar의 남성분사형〉).

이처럼 히브리어 구문을 자세히 읽어 보면 하나님과 여호수아의 향도적 역할을 강조하고 모세 자신은 퇴장을 서두른다는 인상을 강하게 받는다. 이제 여호수아가 출애굽 2세대를 가나안 땅에 이끌어 들이는 일에 총책임자가 될 것이다. 신명기 1 : 38과 3 : 28에서 하나님께서는 모세에게 여호수아를 강하고 담대하게 하여 지도자의 임무를 계승하도록 준비시키라고 명령했다. 신명기 서두에서 명령된 지도력 교체가 신명기의 마지막 단원에서 집행된다.

4~6절은 지도자 교체기를 맞이한 출애굽 2세대 이스라엘 백성에게 두 가지 사실을 강조하고, 그 사실에 근거해 강하고 담대하며 떨지 말 것을 명령한다. 첫째, 여호와께서 이미 멸하신 아모리 왕 시혼과 옥과 그 땅에 행하신 것과 같이 가나안 본토 원주민들에게도 그렇게 행하실 것이다(4절). 둘째, 여호와께서 가나안 본토 원주민들을 이스라엘 앞에 양도할 것이므로, 이스라엘 백성은 모세가 그들에게 명한 모든 명령대로 가나안 본토 원주민들을 무찌르고 그들의 땅을 정복해야 한다(5절). 이 두 가지 사실에 근거해 모세는 이스라엘 백성에게 "강하고 담대하라 두려워하지 말라 그들 앞에서 떨지 말라"고 명한다(6절). 하나님 여호와 그가(hû, 3인칭 남성단수대명사 강조용 돌출 사용) 이스라엘 백성과 함께 가시며 결코 이스라엘을 떠나지 아니하시며 버리지 아니하실 것이기 때문이다(6절). 6절의 중간 소절을 직역해 보면 이렇다. "왜냐하

면 야웨 네 하나님 (다른 이가 아닌) 그가(hû, 3인칭 남성단수대명사 강조용 돌출) 너희들과 함께 동행하시는 이이기 때문이다." 정관사(ha)와 '걷다' 동사 할라크(hālakh)의 단수능동분사형이 결합되어 야웨 하나님은 '이스라엘 너와 동행하시는 이'(하홀렉크 임마크〈hahôlēkh 'immākh〉)로 불린다. 하나님 그는 '너희들과 동행하시는 자'로 자기를 규정하신다. 이 표현은 하나님의 책임적이고 신실한 이스라엘과의 동행을 강조한다.

이제 마지막으로 모세는 여호수아를 불러 이스라엘 전체 회중에게 준 명령과 격려를 거의 문자적으로 반복한다(7-8절). 모세가 여호수아를 불러온 이스라엘의 목전에서 그에게 명령한다. "너는 강하고 담대하라 너는 이 백성을 거느리고 여호와께서 그들의 조상에게 주리라고 맹세하신 땅에 들어가서 그들에게 그 땅을 차지하게 하라 그리하면 여호와 그가 네 앞에서 가시며 너와 함께하사 너를 떠나지 아니하시며 버리지 아니하시리니 너는 두려워하지 말라 놀라지 말라"(비교. 수 1 : 7-9). 참으로 시의적절한 권면이요 명령이다. 31 : 7은 여호수아의 과업을 진술한다. 강하고 담대한 마음으로 이 백성을 거느리고 야웨께서 조상들에게 주시겠다고 맹세하신 그 땅에 들어가 백성들로 하여금 그 땅을 차지하도록 지도력을 발휘하는 것이다. 히브리어 본문의 7절 중간 소절은 '키 아타 타보 엗-하암 하제 엘-하아레쯔……〈kî 'attā tābô' 'et-hāām hazze 'el-hā'areṣ〉'이다. 2인칭 남성단수대명사 '아타'가 독립적으로 사용되어 주어 여호수아의 역할을 강조한다. "(다른 이가 아니라) 여호수아 네가 이 백성들과 함께(전치사 엗〈'eth〉은 여기서 '함께'의 의미) 야웨께서 주시겠다고 맹세하신 그 땅으로 가라." 7절의 마지막 소절은 상황절로서 2인칭 남성단수대명사 '아타'가 독립적으로 사용되었다. "다른 이가 아닌 여호수아 네가(아타) 이스라엘 백성으로 하여금 그들을(가나안 본토 주민들, 그들[31 : 3 : 이 민족들, 4절 : 그들, 5절 : 그들에게, 6절 : 그들 앞에서) 정복하게 하라(tanḥîlennā〈'차지하다', '상속하다'를 의미하는 nāḥal의 히필미완료동사+대명접미어 3인칭 여성 단수, 즉 이스라엘〉 'ôtām)."

8절의 개역개정은 '그리하면'으로 시작되나 이것은 히브리어 구문의 적절한 번역이 아니다. 8절의 맛소라 본문은 여전히 '야웨 그가'를 주어로 하는 상황절이다. 이런 여호수아의 영도자적 지도력 발휘 상황과 동시 상황이 8절의 첫 소절 상황절에 의해 도입된다. 여호수아의 영도력 발휘 상황과 동시에 "야웨 그가(hû, 3인칭 남성단수 대명사 강조용 돌출사용) 이스라엘 앞에서(네 앞서서) 갈 것이며(네 앞서서 가는 자〈하홀렉크 러파네카, hahôlēkh lěpānêkā〉) 다른 이가 아닌 그 자신이(hû) 너와 함께할 것이다(이흐예 임마크, yihěye 'immākh)". 따라서 이는 하나님의 향도적 진격과 동행이 보장된 가나안 진격이기 때문에 여호수아는 결코 두려워하거나 놀라지 말아야 한다. 야웨 하나님은 이스라엘을 떠나지 않고 버리지 않으시듯 여호수아를 버리지 않고 또 떠나지 않으실 것이기 때문이다. 여호수아는 하나님의 선도투쟁(하홀레크 러파네카)과 하나님의 함께하심(아도나이 이흐예 임마크)을 믿고 진군하여야 한다. 모세는 여호수아의 영도력이 효과적으로 발휘되도록 이스라엘 온 회중이 보는 앞에서 자신의 영도력을 공개적으로 이양하여야 한다. 온 회중 앞에서 여호수아의 마음을 강하고 담대하게 무장시켜 주어야 한다(31 : 6-8).

### 2) 일곱 해마다 낭독되어야 하는 율법(31 : 9-13)

> 9또 모세가 이 율법을 써서 여호와의 언약궤를 메는 레위 자손 제사장들과
> 이스라엘 모든 장로에게 주고 10모세가 그들에게 명령하여 이르기를 매 칠 년
> 끝 해 곧 면제년의 초막절에 11온 이스라엘이 네 하나님 여호와 앞 그가 택하
> 신 곳에 모일 때에 이 율법을 낭독하여 온 이스라엘에게 듣게 할지니 12곧 백
> 성의 남녀와 어린이와 네 성읍 안에 거류하는 타국인을 모으고 그들에게[8] 듣

8) 31 : 12의 개역성경에 나오는 '그들로'에서 그들은, 이스라엘 남녀노소 모든 사람들과 외국인을 포함한 토라학습 공동체를 가리킨다. 따라서 개역한글의 번역은 대체로 뜻이 통한다. 그러나 개역개정의 '그들에게'는 이스라엘 남녀노소 모든 사람들과 외국인을 포함한 토라 학습 공동체를 가리키는 말이 아니라 제사장들과 장로들을 가리킨다. 즉, 전체 학습공동체가 제사

고 배우고 네 하나님 여호와를 경외하며 이 율법의 모든 말씀을 지켜 행하게 하고 [13]또 너희가 요단을 건너가서 차지할 땅에 거주할 동안에 이 말씀을 알지 못하는 그들의 자녀에게 듣고 네 하나님 여호와 경외하기를 배우게 할지니라

**[31 : 9–13]** 이 단락은 모세의 부재 시 이스라엘 백성을 이끌 성문토라를 이스라엘 자손에게 남길 것을 말씀하는 하나님의 명령을 말한다. 모세는 신명기 율법을 써서 여호와의 언약궤를 메는 레위 자손 제사장들과 이스라엘 모든 장로에게 주어(9절), 그들이 매 칠 년 끝 해 곧 면제년의 초막절에(10절) 온 이스라엘이 하나님 여호와 앞, 그가 택하신 곳에 모일 때에 이 율법을 낭독하여 온 이스라엘에게 듣게 하라고 명한다(11절). 가장 유명한 초막절 율법 낭독 사경회는 느헤미야 8장의 수문 앞 광장 우중 초막절 사경회였다. 에스라와 레위인들의 맹활약 속에 약 12시간 동안 진행된 초막절 율법 낭독은 눈물과 통곡과 감사가 뒤섞인 축제였다. 초막절 율법 낭독을 듣기 위해 이스라엘 백성의 남녀와 어린이와 이스라엘 성읍 안에 거류하는 타국인들도 회집시켜야 한다. 그들이 레위 제사장들과 장로들로부터 이 율법을 들을 수 있도록(르마안〈lĕma'an〉), 그리고 이를 배워 그들의 하나님 야웨를 경외하고 삼가 조심하여 이 율법의 모든 말씀을 준행할 수 있도록 하기 위하여 (회집시켜야 한다). 시간적으로 현재 시간 밖에 있는 미래 후손들도 이 토라의 모든 율법을 듣고 하나님 경외하기를 배워야 한다(13절). 13절의 히브리어 구문은 '그들의 아들들'(브네헴〈bĕnêhem〉)이 주어인 상황절이다. 이스라엘 백성은 인종과 국적에 상관없이 가나안 땅에서 이스라엘과 같이 사는 모든 자들에게 율법을 가르쳐야 할

---

장들과 장로들에게 토라를 배우도록 명령을 받고 있다. 이런 경우 개역개정은 오역이 아니라 다소 어색한 번역일 뿐이다. 강원주는 "개역개정 번역이 장로들과 제사장들이 오히려 토라 학습공동체에게서 배워야 한다고 말하는 것으로 오해를 일으킨다."고 하는데(op. cit., 36) 꼭 그렇지는 않다. 개역개정은 히브리어 구문에 충실한 번역이다. 그러나 개역개정이 '배우라'라는 명령을 받는 목적어를 생략한 채 번역한 것은 문제다.

뿐만 아니라 동시에 이스라엘 자신의 미래세대에게도 이 가르침을 확장시켜야 한다. 13절의 히브리어 구문은 '너희들이 거주할 동안에'(콜-하야밈 아쉐르 아템 하임 알-하아다마〈kol-hayyāmîm 'ăšer 'atem hayyîm 'al-hā'ădāmā〉) 소절과 '너희가 요단을 건너가서 차지할 땅'(알-하아다마 아쉐르 아템 오브림〈'al-hā'ădāmā 'ăšer 'atem 'ôběrîm〉) 소절에서 각각 '아템'('ătem)이라는 2인칭 남성복수대명사를 돌출적으로 사용함으로써 이스라엘 백성이 가나안 땅에 들어가서 사는 것의 의미를 강조한다. 가나안 땅에 산다는 것은, 아들들에게 야웨의 모든 율법 말씀을 가르칠 의무를 수행하는 일을 맡는 것을 의미한다. 이 13절에는 가나안 땅에서 해야 할 가장 으뜸과업은 자녀들에게 토라의 말씀을 가르치는 일이라는 함의가 들어 있다. 과연 이스라엘의 미래 후손 세대들은 가나안 땅에서 하나님을 일편단심으로 믿고 순종하며 살아가는 데 성공할 것인가? 긴장감을 일으키는 이 질문이 떠오를 때 하나님은 모세와 여호수아의 영도자 이·취임식을 주재하신다.

### 3) 이스라엘의 죄와 배교를 생각나게 하는 경계의 노래를 지으라(31 : 14-23)

[14]여호와께서 모세에게 이르시되 네가 죽을 기한이 가까웠으니 여호수아를
불러서 함께 회막으로 나아오라 내가 그에게 명령을 내리리라 모세와 여호수
아가 나아가서 회막에 서니 [15]여호와께서 구름 기둥 가운데에서 장막에 나타
나시고 구름 기둥은 장막 문 위에 머물러 있더라 [16]또 여호와께서 모세에게
이르시되 너는 네 조상과 함께 누우려니와 이 백성은 그 땅으로 들어가 음란
히 그 땅의 이방 신들을 따르며 일어날 것이요[9)] 나를 버리고 내가 그들과 맺
은 언약을 어길 것이라 [17]내가 그들에게 진노하여[10)] 그들을 버리며 내 얼굴을

9) 강원주의 지적처럼 개역한글을 개악한 사례다. '일어나서 좇다'가 히브리어 구문을 올바르게 읽은 것이며, '따르며 일어날 것이다'라는 개념은 히브리어 구문의 의미를 애매모호하게 번역한 말이다(op. cit., 36).

숨겨 그들에게 보이지 않게 할 것인즉 그들이 삼킴을 당하여 허다한 재앙과
환난이 그들에게 임할 그때에 그들이 말하기를 이 재앙이 우리에게 내림은
우리 하나님이 우리 가운데에 계시지 않은 까닭이 아니냐 할 것이라 18또 그
들이 돌이켜 다른 신들을 따르는 모든 악행으로 말미암아 내가 그때에 반드
시 내 얼굴을 숨기리라 19그러므로 이제 너희는 이 노래를 써서 이스라엘 자
손들에게 가르쳐 그들의 입으로 부르게 하여 이 노래로 나를 위하여 이스라
엘 자손들에게 증거가 되게 하라 20내가 그들의 조상들에게 맹세한 바 젖과
꿀이 흐르는 땅으로 그들을 인도하여 들인 후에 그들이 먹어 배부르고 살찌
면 돌이켜 다른 신들을 섬기며 나를 멸시하여 내 언약을 어기리니 21그들이
수많은 재앙과 환난을 당할 때에 그들의 자손이 부르기를 잊지 아니한 이 노
래가 그들 앞에 증인처럼 되리라 나는 내가 맹세한 땅으로 그들을 인도하여
들이기 전 오늘 나는 그들이 생각하는 바를 아노라 22그러므로 모세가 그날
이 노래를 써서 이스라엘 자손들에게 가르쳤더라 23여호와께서 또 눈의 아들
여호수아에게 명령하여 이르시되 너는 이스라엘 자손들을 인도하여 내가 그
들에게 맹세한 땅으로 들어가게 하리니 강하고 담대하라 내가 너와 함께하리
라 하시니라

**[31 : 14-23]** 이 단락은 모세의 지도력을 이양시키고 승계시키는 지도자 이·취임식(14-15절), 가나안 땅에 들어간 이스라엘이 배교와 일탈의 길로 갈 것을 전망해 미리 경계하고자 모세에게 배교경계용 각성 노래를 지어 가르치라고 명하시는 하나님의 명령(16-22절), 그리고 새 지도자 여호수아를 직접 격려하시는 하나님(23절)으로 구성되어 있다. 14절은 퇴장하는 모세와 새 지도자 여호수아를 동시에 부르시는 하나님의 명령을 보도한다. 하나님께서는

10) 강원주가 잘 지적한 것처럼 개역개정은 17절에 있는 히브리어 시간 부사구인 '바욤 하후'(bayyôm-hahû, 그날에)를 이유 없이 누락시켰는데, 지체 없이 수정되어야 한다(강원주, op. cit., 37).

비교적 냉정하게 모세에게 말씀하신다. "네가 죽을 기한이 가까웠으니 여호수아를 불러서 함께 회막으로 나아오라. 내가 그에게 명령하도록." 14절의 명령형 '부르라'(커라〈qĕrā'〉)와 '회막에 와서 둘이 함께 서라'(힛트야츠부 야찹〈hithyaṣṣĕbû, yāṣabh〉의 강세재귀 2인칭 복수명사) 다음에 따라 나오는 와우 연속미완료(와아차베누〈waăṣawwenû〉)는 목적절('내가 그〈여호수아〉에게 명령할 수 있도록')로 해석하는 것이 정확한 독법이다. 하나님께서 모세를 통해 여호수아를 부르시고 둘이 함께 회막에 서서 대기하도록 하신 까닭은, 하나님이 친히 여호수아에게 명령을 하달하시기 위해서라는 것이다. 15절에서는 여호와께서 모세에게 나타나시던 그 익숙한 방법으로 나타나신다(출 33 : 7-11). 하나님께서 구름 기둥 가운데에서 장막에 나타나셨는데, 구름 기둥은 장막 문 위에 머물러 있었다. 이 장면은 영도자 모세가 40년 동안 하나님과 교통하던 상황이다. 모세는 하나님의 회막 문에서 하나님으로부터 직접 명령과 계명을 듣고 전달하는 중보자로 40년을 살았다(출 33 : 7-11). 이제 이 자리에 여호수아가 섰다. 회막문 구름 기둥 아래는 영도자의 자리다. 하나님의 영광의 구름 기둥 아래 엎드린 자에게 하나님은 영음(靈音)을 들려주신다. 영도자의 지도력은 회막문 구름 기둥 아래 부복하는 데서 시작된다. 16~22절은 15절에서 23절로 이어지는 자연스러운 흐름을 끊는 것처럼 보인다. "여호와께서 또 눈의 아들 여호수아에게 명령하여 이르시되 너는 이스라엘 자손들을 인도하여 내가 그들에게 맹세한 땅으로 들어가게 하리니 강하고 담대하라 내가 너와 함께하리라 하시니라"(23절).

왜 하나님은 23절에서 여호수아에게 '강하고 담대하라'고 명령하시는가? 왜 이스라엘의 미래 배교 전망을 미리 경계하며 가나안 땅에 들어간 이스라엘의 배교를 마치 기정사실로 간주하며 배교 역사 통회 자복 노래를 부르게 하실까? 여호수아가 이끌고 동역해야 할 이스라엘 백성의 뿌리 깊은 배교 성향을 미리 알려 주고 대비하도록 하기 위함이 아닐까? 여호수아를 기다리는 미래는 불확실하고, 심지어 배교적 성향이 강한 이스라엘 백성의 반역과의 대결이 될 수도 있을 정도로 위험하다는 것을 경각시키기 위함일 것이다. 어찌된 일인지 하나님께서는 신명기가 진행될수록 이스라엘 백성의 미래 배교를 너무나 확실한 어조로 예단하신다. 여호수아가 마음을 강하고 담대하게 하여야 할 이유는, 가나안 원주민들과의 전쟁뿐만 아니라 이스라엘 자손들의 마음속에 있는 배교와 불순종 에너지와의 벅찬 싸움이 기다리고 있기 때문이다.

16~21절은 하나님의 천리안에 포착된 이스라엘의 미래 배교와 하나님의 심판을 다룬다. 모세의 강철 카리스마에 의해 그 배교 성향이 다소간 억제되어 왔던 이스라엘 백성이 모세의 퇴장과 동시에 가나안 땅으로 들어가 그 땅의 이방 신들을 음란히 따르며 야웨를 버리고 야웨께서 그들과 맺은 언약을 어길 것이라고 단언하신다(16절). 17절은 이스라엘의 음란한 이방인 추종과 경배에 대한 하나님의 대응을 말한다. 하나님은 그들에게 진노하여 그들을 버리며 당신의 얼굴을 숨겨 그들에게 보이지 않게 할 것이며, 그 결과 그들이 삼킴을 당하여 허다한 재앙과 환난이 그들에게 임할 것이다. 그때에 그들이 "이 재앙이 우리에게 내림은 우리 하나님이 우리 가운데에 계시지 않은 까닭이 아니냐"라고 자문하며 하나님을 힐난할 것이다(17절). 더 나아가 가나안 땅에서 일어난 가나안산(産) 이스라엘이 하나님 경외의 길에서 돌이켜 다른 신들을 따르는 모든 악행으로 말미암아 하나님은 반드시 그 얼굴을 숨기실 것이다(18절 '내가〈아노키〉 반드시〈hasttēr=sātar[감추다]의 히필 절대형 부정사〉 내 얼굴을 숨기리라').

그러므로 하나님의 천리안에 포착된 이스라엘의 미래 배교와 하나님의 미래 심판을 한 노래에 담아 이스라엘 자손들에게 가르쳐 그들의 입으로 부르게 하여 이 노래로 하나님을 위한 증거, 즉 하나님을 위하여 이스라엘 자손들의 죄를 단죄하는 증거가 되게 하라는 것이다(19절). 하나님께서는 당신이 친히 그들의 조상들에게 맹세한 바 젖과 꿀이 흐르는 땅으로 그들을 인도하여 들인 후에, 그들이 먹어 배부르고 살찌면 돌이켜 다른 신들을 섬기며 하나님 당신을 멸시하여 당신의 언약을 어겨(20절) 그들이 수많은 재앙과 환난을 당할 때, 그들의 자손이 부르기를 잊지 아니한 이 노래가 그들 앞에 증인처럼 되게 하라고 명하신다(21절). 하나님은 어떻게 이런 천리안적 전망을 하실 수 있는가? 하나님은 당신이 맹세한 땅으로 그들을 인도하여 들이기 전 '오늘' 모압 평지에서부터 그들이 생각하는 바를(야다티 엘-이츠로〈yādʻatî 'et-ʻeṣer, 에체르=생각〉 아쉐르 후〈hû, 3인칭 대명사 강조적 독립사용〉 오세〈ʻôśe〉 하욤) 간파하셨기 때문이다.

그러므로 모세가 그날 이 노래(신 32장 이스라엘 배교사)를 써서 이스라엘 자손들에게 가르쳤다(22절). 백성들의 미래 배교를 예언하는 증거의 노래는 이스라엘 자손들에게 정기적으로 율법을 읽어 주어야 할 의무 규정에 포함된 의무사항이다. 역설적으로 이스라엘 자손은 자신들의 미래 배교와 불순종을 미리 경고한 노래를 부름으로써 자신들 안에 있는 반역적 완악함, 우상 숭배적 경향성과 싸워 이겨야 한다. 자기단죄적 자기경계적 노래를 부르는 목적은 자폭적 허무주의를 노래하기 위해서가 아니라 하나님께 더 굳게 결속되어 있기 위해서다.

마침내 야웨께서는 눈의 아들 여호수아를 14절에서 개인적으로 부르신 목적을 23절에서 성취하신다. 23절의 히브리어 구문은, 여호수아를 가리키는 2인칭 남성단수 '아타'와 하나님의 신적 자아를 가리키는 1인칭 대명사 '아노키'가 도입하는 상황절로 되어 있다. 이 구문적 특징을 살려 번역하면 이렇다. "그리고 그가 눈의 아들 여호수아에게 명령했다. 그리고 그가 말했다. '강하여라 그리고 담대하여라.' 왜냐하면 (다른 이가 아닌) 여호수아 네가(아타) 이스라엘 자손들을 내가 그들에게 (주겠다고) 맹세했던 바 그 땅으로 인도하여 들일 것이며 (네가 이스라엘 자손을 인도하여 들이는 그 상황에) 나 자신은(아노키 상황절) 너와 함께할 것이기 때문이다." 히브리어 구문은 왜 하나님과 모세가 한결같이 여호수아에게 '강하고 담대하라'고 명하는 이유를 잘 보여 준다. 여호수아 홀로 일하는 것이 아니라 여호수아가 이스라엘 자손들을 가나안 땅으로 인도하려고 사투를 벌이는 바로 그 상황에 야웨 하나님 자신이 여호수아와 친히 함께하실 것이기 때문이다. 아무리 평범한 사람도 야웨가 함께하면 큰 용사가 된다(삿 6 : 12, "큰 용사여 야웨께서 너와 함께하신다"〈아도나이 임머카 기뽀르 헤하일, Yahweh 'imměkā gibbôr heḥāyil〉; 출 3 : 14).

### 4) 장로와 관리들의 귀에 들려진 모세의 토라(31 : 24-30)

> [24]모세가 이 율법의 말씀을 다 책에 써서 마친 후에 [25]모세가 여호와의 언약궤를 메는 레위 사람에게 명령하여 이르되 [26]이 율법책을 가져다가 너희 하나님 여호와의 언약궤 곁에 두어 너희에게 증거가 되게 하라 [27]내가 너희의 반역함과 목이 곧은 것을 아나니 오늘 내가 살아서 너희와 함께 있어도 너희가 여호와를 거역하였거든 하물며 내가 죽은 후의 일이랴 [28]너희 지파 모든 장로와 관리들을 내 앞에 모으라 내가 이 말씀을 그들의 귀에 들려주고 그들에게 하늘과 땅을 증거로 삼으리라 [29]내가 알거니와 내가 죽은 후에 너희가 스스로 부패하여 내가 너희에게 명령한 길을 떠나 여호와의 목전에 악을 행하여 너희의 손으로 하는 일로 그를 격노하게 하므로 너희가 후일에 재앙을 당하리라 하니라 [30]그리고 모세가 이스라엘 총회에 이 노래의 말씀을 끝까지 읽어 들리니라

**[31 : 24-30]** 24~30절은 율법책의 보존과 율법 낭독 규정을 말한다. 모세가 이 율법의 말씀을 다 책에 쓴 후에 언약궤를 메는 레위 사람에게 위탁해 언약궤 곁에 두어 증거를 삼게 했다(24-25절).

여기서 율법책이 언약궤 옆에 놓여야 하는 이유는, 이 율법책은 이스라엘의 공동체적이고 거룩한 삶을 지탱하는 근본원칙이기 때문이다. 이 율법책은 십계명과 십계명에 대한 확장된 해설들과 구체적인 적용들을 담고 있다. 아무튼 돌판에 기록된 십계명과 책에 기록된 모세의 율법책을 나란히 보관하라는 규정의 함의는, 언약궤 안에 놓여진 열 가지 말씀들이 가진 하나님의 임재

대표기능을 이 성문화된 율법책이 보완하게 하라는 뜻이다. 언약궤와 율법책은 이스라엘 한복판에 계시는 하나님의 인격적 현존의 표징이다. 십계명 돌판을 담은 언약궤와 율법책은 이스라엘을 인도하고, 이스라엘의 영적 붕괴와 공동체 해체를 막아 준다. 동시에 언약에 충실한 이스라엘이 외부의 대적으로부터 침략당할 때 보호하는 하나님의 임재를 대표하기도 할 것이다. 그러나 전체적으로 이스라엘에게 언약궤 방식의 임재든 율법책 방식의 임재든 하나님의 현존은 위험하고도 불길하다. 이스라엘 안에 작동하는 집요한 우상숭배적 경향은 언제든지 하나님의 진노를 촉발시킬 수 있기 때문이다. 그래서 이 율법책이 이스라엘의 배교와 우상 숭배죄를, 그리고 야웨의 진노를 촉발시킨 죄를 단죄하는 검사 같은 역할을 하게 될 것이다(26절 ; 왕하 22 : 13, 17-19).

27절은 이스라엘 백성에 대한 비관적인 총평이다. 이스라엘 백성의 뿌리 깊은 반역성과 목이 곧은 것을 모세는 뼈저리게 경험해 안다. 27절의 첫 소절은 '키 아노키 야다티'(kî ānôkî yādatî)로 시작된다. "왜냐하면 (누구보다) 나 자신이(아노키) 너의 반역 성향과 네 목의 곧음(율법 멍에를 짊어지기 싫어하는 성향)을 잘 알기 때문이다." 모세는 자기가 살아 있을 때에도 이스라엘이 여호와를 거역하였거든 하물며 자신이 죽고 나서는 얼마나 더 배교적인 성향이 발호할지를 걱정한다(27절). 그러나 이런 비관적 전망을 안고서도 모세는 마지막까지 희망을 버리지 않는다. 12지파를 대표하는 장로들과 관리들을 모아 이 율법의 말씀을 그들의 귀에 들려주고 그들에게 하늘과 땅을 증거로 삼고자 한다(28절). 마지막으로 모세는 너무 충격적이고 두려운 전망을 내놓는다(29절). "내가 알거니와 내가 죽은 후에 너희가 스스로 부패하여 내가 너희에게 명령한 길을 떠나 여호와의 목전에 악을 행하여 너희의 손으로 하는 일로 그를 격노하게 하므로 너희가 후일에 재앙을 당하리라" 앞에서는 약간 희미한 개연성으로 보여지던 이스라엘의 배교 사태가 이제는 임박한 현실이 될 가능성으로 다가온다. 모세는 이스라엘의 배교사를 관통하여 이스라엘의 죄악과 야웨의 비대칭적인 신실성을 대조하는 노래(신 32장) 가사를 끝까지 읽어 회중의 귀에 넣어 주었다(30절). 30절은 사실상 32장의 1절인 셈이다. '이 노래'는 바로 32장 전체이기 때문이다.

결국 모세가 남겨 준 책으로 된 율법은, 대파국적 재난의 때 왜 이스라엘이 그토록 참혹한 대파국적 재앙을 자초하게 되었는지를 해석해 주고, 그들의 재난이 율법에 대한 누적된 불순종의 결과임을 증언하는 검찰 측 증인으로 서 있게 될 것이다. 이것이 율법의 첫째 기능인 인도와 지도 기능 다음에 오는 율법의 둘째 기능(정죄)이다. 율법이 정기적으로 백성들에게 낭독될 때 이스라엘 공동체는 그들이 야웨의 가르침을 어떤 점에서 불순종했는지를 깨닫게 될 것이며, 그때마다 돌이킬 수 있는 영적 복원력을 제공받아야 할 것이다(왕하 22-23장).

율법책의 낭독과 보존 규정들은 모세의 죽음과 퇴장에 직접적으로 연결되어 있다(27절). 놀랍게도 모세는 그가 백성들에게 쏟아부은 모든 권고와 훈계에도 불구하고, 과거의 경험에 비추어 볼 때 이스라엘 공동체의 미래 전망은 어두울 것임을 말하고 있다. 그토록 장엄하고 하나님의 보호하심과 돌보심을 경험하고도 숱하게 반역했던 과거사에 비추어 볼 때, 가나안 땅에 정착하게 될 미래의 이스라엘 백성은 하나님의 복들을 더욱 풍성하게 누릴 때도 반역할 가능성이 많다는 것이다. 바로 이런 배경에서 32장의 증거의 노래가 등장한다. 이 증거의 노래의 1차적 기능은 정죄와 신적 심판을 정당화하는 송영이지만, 그것의 궁극적 기능은 대파국적 재앙의 순간에 이스라엘이 하나님께로 되돌아갈 퇴로를 열어 주는 복원력 제공에 있다. 이스라엘을 신원하시는 하나님에 대한 찬양곡이다.

## 설교를 위한 묵상

한국 교회의 부패와 타락이 한국 사회의 공적 담론의 화제가 되고 있다. 공중파 방송이나 주요 언론들에서 한국 교회의 총체적 부패와 타락상을 고발하는 기사가 빈번해지고 있고, 종교 권력 수호기관들은 기독교를 공격하는 이런 공적 담론들을 교권 수호, 기독교 박해 저항이라는 명분으로 되받아치고 있다. 비판적 기독교 언론이나 일반 언론인들은 한국의 시민사회가 지적하는 한국 교회의 총체적 부패상과 타락의 양상을 다음의 다섯 가지로 정리하고 있다.

첫째, 대형교회 목회자들의 각종 스캔들이다. 특히 세습과 권력 투쟁, 담임목회자의 성적, 금전적 비리와 그 주변 인물들의 권력 남용 비리가 가장 빈번하게 지적되는 타락상이다. 둘째, 한국 교회의 재정운용 비리다. 일부 대형교회가 하나님의 백성들이 바친 헌금을 현금자산화하거나 국내 및 해외 부동산 매입에 전용하는 비리를 범한다. 셋째, 매우 위험한 수위의 정치 개입이다. 소위 보수 지향 몇몇 대형교회들이 보이는 선거법 위반으로 고소당할 수 있는 수준의 정치적 발언, 즉 특정 후보 비방 또는 지지 호소를 주일 설교강단에서나 주보 등에 표명함으로써 이미 고발되었거나 소송에 연루되어 있다. 이런 정치 참여는 한때 유신독재 시절에 있었던 신학자들과 일부 목회자들의 예언자적인 질책이나 비리 규탄의 형식을 띤 정치 참여가 아니라, 죄악과 비리를 두둔하거나 선을 악이라고 하고 악을 선이라고 강변하는 사악한 정치 참여다. 넷째, 기복적 번영신앙에 점령당한 한국 교회에 예언자적인 사회 비판이 소멸되었다. 하나님의 친근성과 번영을 과도하게 강조하는 내재신학에 지배당하는 한국 교회는, 하나님과의 친근성을 강조하는 신앙용어에만 친숙할 뿐, 하나님의 거룩성과 초월성, 공의와 심판에 대한 신앙은 상대적으로 주변화하고 있다. 기독교회는 현 자본주의적 시장경제질서를 하나님 나라의 대변질서로 파악한 나머지, 노동자의 권익과 사회적 형평성을 강조하는 발언만 하면 좌파라고 낙인찍어 일반 시민들의 평균적 진보의식보다 훨씬 더 낙후된 사회의식에 묶여 있다. 이런 이유 때문에 구약성서의 예언서는 거의 없는 것처럼 취급되는 실정이다. 마지막으로, 한국 교회의 목사-장로 중심의 교회 정치 구조다. 평신도들의 목소리와 여성, 그리고 청년의 목소리가 거의 들리지 않는다. 당회를 구성하는 장로는 일반 사회 기준으로 볼 때 연로한 노인들의 의식수준에 맞춰진 의사 결정 구조를 묵수함으로 말미암아 교회가 사회

변혁적 기상을 펼치기에는 역부족한 상황으로 몰고 간다. 교회 자체가 수구적 반동집단의 보루처럼 보이는 이유는, 교회의 대(對)세상적 소통능력을 결정적으로 마비시키는 교회 정치의 경직성 때문이다. 교회 정치에서 청년층, 여성, 그리고 경제적 하위계층 교인들은 거의 배제되어 있으며, 교회의 공기도 시간에는 경제적 기득권의 이익을 옹호하는 기도를 드린다.

이 모든 위기 징후들의 근원을 추적해 보면 한 가지 놀라운 사실을 발견하게 된다. 오도된 구원신학, 내재신학, 그리고 번영신학이 한국 교회를 사로잡을 수 있게 된 배경에는 하나님의 공의와 거룩성을 강조하는 예언자적인 영성의 부재가 있다. 특히 한국 교회 강단이 추궁하시고, 위협하시고, 심판하시는 하나님의 말씀, 주로 구약성서의 율법과 예언서를 철저하게 외면하고 있는 현실과 이 위기들이 깊이 관련되어 있다는 점이다. 은혜만능주의에 대한 과도한 강조로 한국 교회는 구약성서의 율법과 예언서를 무시하고, 하나님의 진노는 과거지사가 된 것처럼 믿는다는 점에서 오래전에 나타났던 2세기 마르시온의 망령을 보는 듯하다. 한국 교회 주일강단은 대형교회일수록 구약말씀에 대한 주변화와 무시가 극심하다. 양심의 가책을 유발하며 마음을 찢게 만드는 회개 촉구 설교, 하나님의 심판 예고 설교가 거의 소멸되어 버린 것이다. 그 결과 한국 교회는 건전한 사회변혁의 대의에는 거의 항상 적대세력을 형성하고, 폐기되어야 할 사회경제 및 정치의 기득권 옹호를 기독교 옹호라고 강변한다.

이런 현실에 직면해, 하나님의 율법책을 우연히 발견한 후 그 율법책에 적힌 저주와 심판을 듣고 마음을 찢었던 개혁군주 요시야를 생각하게 된다. 주전 622~621년에 요시야는 8세에 왕이 되어 31년간 유다를 다스렸는데, 그는 예루살렘 성전 수리 중 발견된 '율법책'에 입각해 포괄적인 국가개혁 작업에 착수했다. 그의 국가개혁, 종교개혁은 그의 전임 왕인 므낫세가 범한 악행의 총량을 대속하기에는 역부족이었다. 하지만 그의 개혁은 역사적 관점에서 볼 때 효과 면에서는 실패한 개혁이었으나, 개혁의 정통노선이 어떠해야 하는가를 예시했다는 점에서 정경적 기능을 수행하고 있다. 요시야 개혁은 다음의 두 가지 점에서 정경적인 기능을 보유하고 있다.

첫째, 요시야 개혁은 모든 반동적인 관습, 종교, 정책, 경제적 사회구조 등은 하나님의 율법에 비추어 철저히 개혁되어야 한다는 원칙을 천명한다. 그것은 하나님의 심판과 저주 예언을 심각하게 받아들인 전통을 세웠다. 모세의 율법이 후에 있게 될 구약

정경 편집에서 가장 우선적으로 결집되어 읽히는 정경화의 동력을 제공했다. 책으로 된 모세의 율법에 대한 존숭 태도는 후대에 발전한 유대교의 토라 공부 전통과 토라 종교인 유대교 잔존의 틀을 제공한 셈이다. 둘째, 국가 및 제의 개혁은 하나님의 심판을 면하기 위한 것이 아니라, 하나님의 율법이 마땅히 요구하는 것이기에 추진되어야 한다는 점을 강조한다. 종교개혁이나 회개 그 자체가 하나님의 심판 계획을 무효화하거나 철회시킬 수 있는 마력을 갖는 것이 아니라는 것이다. 신명기 역사서 전체에서 실패로 끝난 미완의 요시야 개혁은, 개혁 자체의 성공 때문이 아니라 임박한 하나님의 진노와 심판의 정당성을 미리 수용할 수 있도록 준비시켰다는 데 그 의의가 있다. 요시야 개혁은 바벨론 제국에 의한 유다의 멸망과 바벨론 유수를 하나님의 목적과 의도의 빛 아래서 받아들이도록 준비시켜 바벨론 포로 이후의 세대들에게 살길을 제시한 것으로 평가된다. 즉, 요시야 개혁 기사의 초점은 하나님의 심판을 정당한 것으로 인정하여야 심판 이후에 살아남을 수 있다는 케리그마를 선포하는 데 있다. 이런 점에서 요시야 종교개혁은 바벨론 제국에 의한 유다 멸망, 예루살렘 성전 파괴 등의 대파국적 심판을 당하고도 여전히 하나님께 소망을 둘 수 있도록 준비시켰던 것이다. 요시야 재위 12년(주전 629–628년)에 퇴락한 성전을 수리하다가 발견된 그 '율법책'을 당시의 여선지자 훌다가 권위 있는 고래(古來)의 율법책이라고 평가한 것에 비추어 볼 때, 그 율법책은 히스기야 왕 때까지 보존되었던 오래된 모세의 율법책(모세 시대까지 거슬러 올라가는 오래된 법전)이거나, 히스기야 왕 때 새롭게 필사된 모세 율법책의 수정 증보판이었을 것이다. 요시야 왕은 서기관 사반이 읽어 주는 율법책의 말씀을 듣고 '곧 자기 옷을 찢으며(왕하 22 : 11 ; 대하 34 : 19) 통곡하였다'(왕하 22 : 11 ; 대하 34 : 27). 므낫세와 아몬 이후 야웨를 버리고 다른 이방신들을 섬긴 유다 백성의 죄악에 대한 저주와 심판의 말씀에 두렵고 통회하는 마음이 생겼기 때문이다. 이 율법책의 말씀을 들은 왕과 개혁 참모들, 그리고 백성들은 언약백성으로서의 심각한 자의식을 다소 회복하는 듯했고, 요시야 왕의 개혁은 구체적인 방향성을 띠고 한층 더 심화되었다. 요시야의 개혁은 폭풍과 흑암, 화염과 큰 나팔 소리 속에서 시내산의 바위를 진동하며 엄습하였던 거룩하신 야웨 하나님의 계약백성으로서의 정체성을 되찾기 위한 개혁이 된 것이다. 요시야 왕이 율법책에 실린 '저주'의 예언에 충격을 받아 예루살렘과 경향 각지에서 실시한 개혁 작업들은, 대대적인 계약 갱신(왕하 23 : 21–23), 유다와 이스라엘 경향 각지의 산당 폐지와 예루살렘 성전에로의 제의 중앙화 조치 등이었다(왕하 23 : 18-20, 24). 이 중에서도 다음과 같은 개혁 작업들은 매우 인상적이었다.

첫째, 야웨의 성전에서 바알, 아세라, 하늘의 별들을 섬기는 모든 기구들을 기드론 골짜기에서 소각했다. 둘째, 유다와 예루살렘에서 바알과 일월성신을 섬기는 제사장들을 처형하였다. 셋째, 야웨의 성전에서 미동의 집(남창, 왕하 17 : 16)을 폐쇄하였다. 넷째, 지방 고소의 산당들을 철저히 폐지하고, 그곳의 제사장(원래는 야웨의 제사장이었으나, 앗수르의 압력으로 어쩔 수 없이 앗수르 신을 섬기며 제사드리던 레위 계통의 제사장들로 추정된다.)을 예루살렘으로 원대 복직시켰다. 이른바 모든 제의를 예루살렘 성전으로 집중시킨 것이다. 다섯째, 자녀를 몰렉신에게 바치는 악습을 근절하였다(레 20 : 2-5 ; 18 : 21). 여섯째, 야웨의 성전 입구에 있던 앗수르의 태양신에게 바쳐지던 말들과 수레들을 소각하였다. 일곱째, 유다 왕들이 아하스의 다락방 옥상에 세운 제단들과 므낫세가 야웨의 성전 안팎에 세운 제단들을 헐어버리고 소각했다. 여덟째, 솔로몬이 예루살렘 맞은편 멸망의 산에 세웠던 산당을 제거하였다. 아홉째, 요시야의 종교개혁은 북왕국 지역까지 확장되었다(왕하 23 : 15-20). 열왕기상 13 : 1~2에서 여로보암 1세의 벧엘 제단의 파괴를 예언했던 한 옛날 선지자의 예언, 즉 "단아! 단아! 여호와께서 말씀하시기를 다윗의 집에 요시야라 이름하는 아들을 낳으리니 저가 네 위에 분향하는 산당 제사장을 네 위에 제사할 것이요, 또 사람의 뼈를 네 위에 사르리라 하셨느니라."를 자신도 모르게(?) 성취했다.[11] 열 번째, 요시야 국가개혁의 대단원은 전무후무한 유월절 준수였다(왕하 23 : 21-23 ; 대하 35 : 1-19). 이 유월절 준수를 통해 출애굽의 하나님, 시내산 계약의 하나님을 만나려 했던 것이다. 이는 야웨의 계약백성으로서의 정체성을 회복한 것이었다. 모세율법책 낭독의 위력은 이처럼 엄청났다. 성경을 통해 하나님의 살아 계신 음성을 듣지 못한다면 그것은 성경을 퇴락한 성전에 감춰진 율법책으로 취급하는 셈이 될 것이다.

31 : 9~13은 비록 초막절 낭독 규정이지만 이스라엘에 율법 낭독 전통을 세운 규정임에 틀림없다. 이런 전통 위에서 요시야 왕은 율법 낭독을 하게 하고, 온 백성이

11) 바로 이 점 때문에 열왕기서를 저작한 신명기 역사가가 요시야를 기획된 '주인공'으로 설정했다는 학자들의 주장이 나왔다. 요시야는 북왕국의 배교를 단죄할 인물로 오래전에 예언된 인물이었다는 점이다. 신명기 역사가는 요시야가 북왕국 지역을 종교적인 명분으로 수복하려고 쏟은 열심을 칭찬한다.

듣게 함으로써 회개와 개혁작업에 돌입했다.

오늘날에도 하나님 말씀은 퇴락한 성전 어딘가에서 낡아지고 있을 것이다. 한국 교회는 하나님의 추상같은 심판음성을 들을 영적 가청력을 회복하여야 하며 무서운 저주와 심판 메시지를 듣고 마음을 찢는 회개를 드리는 교회가 되어야 한다. 번영과 형통의 복음만 외치지 말고 하나님의 거룩하시고 정의로우신 성품을 우리 가슴에 와닿게 접촉시키는 거룩한 심판의 말씀에도 귀기울여야 한다. 이것만이 한국 교회가 사는 길이요 한국 그리스도인들이 사는 길이다. 개신교는 '솔라 스크립투라'(Sola Scriptura, 오직 성경으로)라는 슬로건을 내세우며 로마가톨릭으로부터 분리되었으나 오늘날 개신교의 말씀 이탈이야말로 치명적일 정도로 위험하다.

성경의 유일무이한 특징은 그것이 인간이 하나님의 진노 아래 있는 죄인임을 주장함과 아울러 하나님과 불화상태에 빠져 있는 인간을 구원할 중보자, 구원자를 선포하고 있다는 데 있다. 성경이 영감받았다는 것은, 하나님의 영감에 고취된 예언자들의 말과 글은 하나님의 형상대로 창조된 인간이 하나님의 창조 목적에서 크게 이탈해 가고 있음을 고발하고 경각시킨다는 것을 의미한다. 인간의 죄를 규탄하고 하나님 앞에서 인간이 성취하여야 할 책임을 끝없이 경각시킨다는 점에서, 성경은 하나님의 숨결이 깃들어 있는 책이다. 하나님의 영감으로 고취된 내용인지 아닌지를 구별하는 기준은 인간의 죄를 고발하고 동시에 예수 그리스도를 통한 구원의 지혜를 말하는지의 여부이다. 도덕경이나 바가바드기타 등의 여러 불경들이나 종교경전은 이 두 가지를 동시에 말하지 않는다. 인간의 죄업에 대한 인과응보적 사상이나 연기설(불교적 인과 관계)이 인간이 고안해 낼 수 있는 종교적 통찰이다. 그러나 인간의 죄를 해결하시기 위하여 하나님의 아들을 중보자로 보내시는 하나님의 의도를 말하는 종교는 없다. 인간의 죄에 대하여 고발하고 규탄하면서 동시에 예수 그리스도의 은혜를 통한 구원을 말하면 그 책은 하나님의 영감이 고취된 책이다. 그렇지 않으면 하나님의 감동으로 된 책이 아닌 것이다. 하나님의 감동(숨결)은 흙덩이 상태로 누워 있는 아담을 일으켜 세워 생령이 되게 한 생명 숨결이다. 하나님의 숨결이 고취되어 있는 성경을 읽으면 아담과 같이 무생물처럼 누워 있는 자가 사명을 자각하고 벌떡 일어나게 된다(시편 1, 19, 119편 ; 특히 19 : 6–14). 성경이 하나님의 영감으로 기록되었다(theo-pneustos)고 말하는 디모데후서 3 : 16~17의 구체적인 함의는 다음과 같다.

첫째, 인간을 위한, 인간을 향한 창조주 하나님의 교훈을 담고 있어야 한다. 가르치기에 유익하여야 한다(pros didaskalian). 창조주의 관점에서 선포된 교훈을 담고 있는 것이 바로 성경이 영감받은 증거이다. 교훈은 바른 가르침이다. 생명을 얻도록 적극적으로 순종을, 살길을 제시하며 따라오도록 가르치는 명령, 계명이다.
둘째, 책망하는 내용이 있어야 한다(pros elegmon). 인간성이 신성의 파편이라든가 신성의 연장이라고 말하는 것은 자연주의적 종교의 주장이다. 하나님의 진리를 행할 수 없는 심각한 왜곡과 타락, 부단한 진리 대적 기운이 내 인격 속에 있다는 것을 자각시키고 인정하게 만드는 것이 바로 책망이다. 내 안에 잠재된 혹은 발현된 죄성과 죄악된 행동을 하나님 앞에서 그릇된 것이라고 가르치는 책이 하나님의 영감으로 기록된 책인 것이다.
셋째, 영감받은 성경은 죄를 지적하는 데 그치지 않고 바로잡는다(correction=epanorthosin). 바른길을 따르도록 격려하고 독려하는 책이라는 뜻이다.
마지막으로 의로 교육하기에 유익한 책이라는 뜻이다(pros padeian ten en dikaiosune). 하나님의 은혜에 의존하여 하나님의 명령을 준행할 수 있는 능력을 가르치는 것이 의로 교육하는 것이다. 디모데후서 3 : 17은 목적절(히나 절)이다. 성경의 네 가지 특질의 목적을 도입하는 목적절이다. 성경이 이런 네 가지 특성을 갖는 책이 된 이유는, 하나님의 사람들이 모든 선한 일을 하도록 품성을 갖추도록 하기(아리티오스〈artios〉+17절 엑세르티스메노스〈exertismenos〉) 위함이라는 것이다. 모든 선한 일을 하도록 도야하고 연단하는 책이라는 것이다. 영감된 말씀으로서의 모든 성경의 기능을 한마디로 하면, 믿는 자의 품성을 모든 선한 일에 전문가가 되도록 만드는 데 있다는 것이다. 즉, 하나님의 영감으로 기록되었기에 성경은 하나님의 사람으로 온전케 하며 하나님의 사람으로 모든 선한 일을 행하기에 부족함이 없도록 가르치고 훈육하는 책이다. 매일 주야로 야웨의 율법을 즐거워하고 낮은 목소리로 음송하는 자가 복된 자다. 특히 말씀에 의하여 미리 징계와 경책을 받은 성도는 세상 누구에게도 경책을 받거나 징계받지 않을 것이다.

## 2. 이스라엘의 미래 배교를 미리 경계하는 모세의 노래(32 : 1-52)

### 1) 이스라엘 배교 전망(32 : 1-21)

1하늘이여 귀를 기울이라 내가 말하리라 땅은 내 입의 말을 들을지어다 2내
교훈은 비처럼 내리고 내 말은 이슬처럼 맺히나니 연한 풀 위의 가는 비 같고
채소 위의 단비 같도다 3내가 여호와의 이름을 전파하리니 너희는 우리 하나
님께 위엄을 돌릴지어다 4그는 반석이시니 그가 하신 일이 완전하고 그의 모
든 길이 정의롭고 진실하고 거짓이 없으신 하나님이시니 공의로우시고 바르
시도다 5그들이 여호와를 향하여 악을 행하니 하나님의 자녀가 아니요 흠이
있고 삐뚤어진 세대로다 6어리석고 지혜 없는 백성아 여호와께 이같이 보답
하느냐 그는 네 아버지시요 너를 지으신 이가 아니시냐 그가 너를 만드시고
너를 세우셨도다 7옛날을 기억하라 역대의 연대를 생각하라 네 아버지에게
물으라 그가 네게 설명할 것이요 네 어른들에게 물으라 그들이 네게 말하리
로다 8지극히 높으신 자가 민족들에게 기업을 주실 때에, 인종을 나누실 때에
이스라엘 자손의 수효대로 백성들의 경계를 정하셨도다 9여호와의 분깃은 자
기 백성이라 야곱은 그가 택하신 기업이로다 10여호와께서 그를 황무지에서,
짐승이 부르짖는 광야에서 만나시고 호위하시며 보호하시며 자기의 눈동자
같이 지키셨도다 11마치 독수리가 자기의 보금자리를 어지럽게 하며 자기의
새끼 위에 너풀거리며 그의 날개를 펴서 새끼를 받으며 그의 날개 위에 그것
을 업는 것같이 12여호와께서 홀로 그를 인도하셨고 그와 함께한 다른 신이
없었도다 13여호와께서 그가 땅의 높은 곳을 타고 다니게 하시며 밭의 소산을
먹게 하시며 반석에서 꿀을, 굳은 반석에서 기름을 빨게 하시며 14소의 엉긴
젖과 양의 젖과 어린 양의 기름과 바산에서 난 숫양과 염소와 지극히 아름다
운 밀을 먹이시며 또 포도즙의 붉은 술을 마시게 하셨도다 15그런데 여수룬이
기름지매 발로 찼도다 네가 살찌고 비대하고 윤택하매 자기를 지으신 하나님

을 버리고 자기를 구원하신 반석을 업신여겼도다 [16]그들이 다른 신으로 그의
질투를 일으키며 가증한 것으로 그의 진노를 격발하였도다 [17]그들은 하나님
께 제사하지 아니하고 귀신들에게 하였으니 곧 그들이 알지 못하던 신들, 근
래에 들어온 새로운 신들 너희의 조상들이 두려워하지 아니하던 것들이로다
[18]너를 낳은 반석을 네가 상관하지 아니하고 너를 내신 하나님을 네가 잊었도
다 [19]그러므로 여호와께서 보시고 미워하셨으니 그 자녀가 그를 격노하게 한
까닭이로다 [20]그가 말씀하시기를 내가 내 얼굴을 그들에게서 숨겨 그들의 종
말이 어떠함을 보리니 그들은 심히 패역한 세대요 진실이 없는 자녀임이로다
[21]그들이 하나님이 아닌 것으로 내 질투를 일으키며 허무한 것으로 내 진노를
일으켰으니 나도 백성이 아닌 자로 그들에게 시기가 나게 하며 어리석은 민
족으로 그들의 분노를 일으키리로다

**[32 : 1-21]** 32장의 증거의 노래는 이스라엘 백성이 야웨의 길을 떠나 야웨를 버릴 것이라는 예단(31 : 24-29)을 강화하고 급기야 실현된 것으로 생각한다. 이 증거의 노래는 이스라엘의 미래 죄악을 상정하고 기소한다. 이스라엘은 율법의 정기 낭독에서 그들의 불순종과 배교를 겨냥한 율법의 단죄와 심판선언을 들어야 할 뿐만 아니라, 이 증거의 노래가 그들의 미래 배교를 규탄하는 증언을 들어야 한다. 증거의 노래는 가르치고 권계하면서 동시에 정죄하고 탄핵하다가 마지막 순간에 신원한다.

32장은 증인 소환(1절), 모세의 훈육적 교훈(2절), 야웨의 이름(성품과 명예) 선포(3-4절), 악행하는 하나님 백성 소환과 하나님 구원사에 배교로 응답하는 이스라엘 배교사 개관(5-21절), 하나님의 격발된 진노와 공변된 심판 찬양(22-26절), 이스라엘을 심판하시는 야웨를 오해하여 망자존대에 빠진 대적들을 심판하시는 이스라엘의 하나님 야웨(27-34절), 이스라엘을 신원하시는 하나님(35-36절), 이방 대적들을 심판하고 이스라엘을 속량하시는 정의로운 하나님(37-43절), 모세의 사명 종료와 퇴장(44-52절)으로 구성되어 있다.

**[32 : 1-21]** 1~18절은 하나님의 구원사에 우상 숭배로 응답한 이스라엘의 반역사를 개관한다. 모세의 훈계적 각성 노래는 31 : 28이 말한 증인인 하늘과 땅을 소환하는 일부터 시작된다(1절). 전체적으로 자기비판적이면서 하나님의 은혜를 송축하는 이 증거의 노래는 하늘과 땅에게 각각 경청해 줄 것을 요구하면서 시작된다. 중간 소절 '봐아따베라'(waădabbērā〈자기명령적 청유형〉= '내가 말하도록'은 목적절)는 그 앞의 명령문, '하아지니 하샤마임'('하늘이여 귀를 기울이라'〈ha'ăzînû haššāmayim〉)와 그 뒤의 미완료형 명령문(붜티쉬마 하아레쯔 이머레-피〈wĕtišma' hā'āreṣ 'imĕrê-pî〉) 사이에 끼어 있으므로 목적절로 해석하면 그 뜻이 분명해진다. "하늘이여 귀를 기울이라. 내가 말하도록. 땅이여 내 입의 말을 들을지어다." 핵심은 '봐아따베라', '내가 말할 수 있도록'이다.

자신이 기소할 이스라엘 백성에 대한 단죄와 진노가 정당한지를 하늘과 땅이 이스라엘의 역사와 그 동태를 감찰한 바에 비추어 판단해 달라는 것이다. 모세의 노래(궁극적으로는 하나님의 노래) 교훈은 연한 풀과 채소 같은 이스라엘 백성을 기르고 자라게 하고 훈육하는 우로 같다. 풀과 채소에게 비와 이슬은 얼마나 감미롭고 달콤한가! 비와 이슬은 연한 풀과 채소에게 얼마나 깊이 영접되고 흡수되는가! 이스라엘은 연한 풀, 즉 가나안 땅에서 이제 막 싹을 틔우고 뿌리를 내리는 공동체다. 가나안 땅에서 비와 이슬은 연한 풀과 채소가 자라는 데 결정적인 요소다. 이스라엘 백성은 실로 풀이다(사 40 : 7-8). 모세의 교훈노래는 풀과 채소 같은 이스라엘 민족의 토양에 촉촉하게 스며들게 될 교훈이 될 것이다.

모세의 노래의 본 가락은 야웨의 이름(성품과 명예) 선포(3-4절)로부터 시작된다. 이름은 야웨의 인격과 성품, 그리고 그 인격과 성품이 훤히 드러난 모든 활동을 총칭한다. 이름은 인격권과 명예를 의미하고 권능과 자격을 말한다. 야웨의 이름은 온 세계에 전파될 가치가 있다. 야웨께 위엄을 돌려야(하부 고델〈hābû gôdel〉) 한다. 하나님께 모든 높고 존귀한 것, 즉 찬양을 드려야 한다. 4절은 그 이유다. 그의 모든 일, 그의 모든 길들이 찬양받을 만하며, 진실하고 거짓 없으시고, 의롭고 공명정대한 하나님이시기 때문이다. 4절의 히브리어 구문 직역은 이렇다. "왜냐하면 그의 일이 완전하고 그의 모든 길들은 공평 그 자체이며(미쉬파트), 진실의 하나님(엘 에무나〈'el-'ĕmûnā〉)! 거짓이 없고 의롭고 진실하시다. 바로 그야말로!" 이 문장의 특징은 서술어(보어)가 문두에 배치되고 주어 3인칭 남성대명사 'hû'가 문미에 돌출적으로 사용된다는 점이다. 하나님의 이름과 위엄의 내용은 하나님의 활동, 모든 교훈들(계명들), 그리고 하나님의 하나님 되심의 본질인 진실, 거짓 없음(엔 아벨〈'ên 'āwel〉), 의로우시고 바르신 그 인격이며, 그것은 위엄과 찬양을 불러일으킨다.

5~21절은 악행하는 하나님의 백성을 소환하고 하나님의 구원사에 배교로 응답하는 이스라엘 우상 숭배사를 개관한다. 여기서 야웨와 이스라엘의 관계는 아버지와 아들의 관계로 유비된다. 5절은 이스라엘 백성이 여호와를 향하여 악을 행하니 더 이상 하나님의 자녀가 아니요 흠이 있고 삐뚤어진 세대라고 규정한다. 이스라엘은 하나님의 자녀로되 타락하고 뒤틀린 세대다. 근본적인 언약조항을 파기하는 수준의 죄를 범한다는 말이다. 6절은 호격 영탄문으로 시작한다. 이스라엘을 '어리석고 지혜 없는 백성아'(암 나발 붜로 하캄〈'am nābāl wĕlô' ḥākām〉)라고 부른다. 여호와의 그 은혜롭고 찬란한 구원의 전사(前史)를 이같이 배반할 수 있느냐고 묻는다. "야웨 하나님 (다른 이가 아닌) 그는(3인칭 남성단수대명사〈hû〉의 강조적 돌출 사용) 네 아버지(아비카〈'ābîkā〉), 네 조물주(qônekā)요 (다른 이가 아닌) 그가(3인칭 남성단수대명사〈hû〉의 강조적 돌출사용) 네 창조자('ôśĕkā)시요, 너를 세우셨다(쿤〈kûn, 바로 서다〉의 폴렐형 와우연속 미완료+대명목적어 2인칭 남성단수)." 이스라엘은 애굽의 종 되었던 집에서 학대받던 노예들이었다. 하나님께서 그들을 해방시켜 하나님의 언약백성, 성민, 세계 만민에게 야웨 하나님을 대변하는 선민으로 부르셨기 때문에, 이스라엘 백성은 철저하고 자발적이고 명민한 이해 속에서

율법을 준수함으로써 하나님의 보배백성(암 쉬굴라, 26 : 19)으로 성장하도록 예정된 존재였다. 야웨 하나님은 이스라엘의 생물학적 창조자일 뿐만 아니라 영적 정체성 창조자시다. 하나님께서 히브리 노예들을 창조적으로 변형시켜 율법의 멍에를 지는 자유민공동체로 만드셨고(카나⟨qānā⟩), 하나님의 목적을 위해 특별목적용 공동체로 창조하셨고(아싸⟨'āśā⟩), 그리고 '암 쉬굴라, 암 카도쉬'(거룩한 백성)로 세우셨다(야킨⟨yākîn⟩[kûn의 히필 미완료 3인칭 남성 단수]). 고대근동의 그 많은 족속들, 인종들, 그리고 민족들 중에 가장 영락(零落)한 처지로 전락한 아브라함의 후손 히브리 노예들을 택하여 하나님의 거룩한 백성으로 삼는 것은 하나님에게도 실로 파격적인 모험이었다.

7~12절은 이스라엘 민족의 형성기(유아기)를 다룬다. 이스라엘이 어떻게 이 세상에 생기게 되었는가는 옛날을 기억하고(자카르) 역대의 연대를 생각하고(빈[bîn]) 아버지 세대에게 물으면 가르쳐 줄 것이다. 옛날, 역대의 연대(오랫동안 경과되고 진행된 조상세대들의 역사)는 아버지가 보존하고 자녀들에게 알려 주도록 예정된 구원사전승이다. 아버지의 가르침, 설명을 존중하는 것은 좋은 보수주의다. 보수주의는 옛날, 역대의 연대를 생각하는 행위다. 우리의 앞날의 살길은 이미 옛날, 역대의 연대를 거치면서 주어졌다고 믿는 것이 보수주의다. 아버지와 어른들이 들려주는 구원사 전승 수용과 그들의 설명을 받아들이는 것이 보수주의다. 이런 보수주의는 현실타개적이며 미래개척적이다. 수구적 태도와는 전혀 상관이 없다. 성경은 옛날, 역대의 연대, 아버지와 조상들이 들려주는 우리 자신의 자아상이며 정체성이다. 우리의 정체성, 우리가 어떻게 살아가야 하는지는 이미 옛날에, 역대의 연대를 거치면서 우리 아버지와 조상들에게 계시되었다.

기억되어야 할 옛날(여모트 올람⟨yĕmôth 'ôlām⟩), 생각되어야(심사숙고되어야)할 역대의 연대(쉬노트 도르 봐도라⟨šĕnôth dôr wādôrā⟩, 여러 세대를 걸쳐 일어난 하나님의 구원사 행적들)가 바로 모세오경의 이야기가 형성된 시기다. 야웨 하나님의 결정적인 구원의 전사(前史), 즉 이스라엘 형성과 기원의 역사를 부모와 조상들에게 물어보라는 것이다. 이스라엘의 탄생 비밀, 탄생 목적 등에 대해서는 아버지와 어른 세대에게 물으면 그들이 말하고 설명할 것이다. 8~12절은 족장 선택 전승, 출애굽 구원, 광야 인도 전승을 회고한다. 지극히 높으신 자(엘욘〈'elyôn〉)가 민족들(고임〈gôyîm〉)에게 기업을 주실 때에, 인종(아담의 자손들〈쁘네 아담, běnê 'ādām〉)을 나누실 때에 이스라엘 자손의 수효(70명)대로 백성들의 경계를 정하셨다(창 10장 열국 도표와 창 11장의 바벨탑 심판 이후에 흩어진 아담 인류)(8절). 8절에는 다른 신들(혹은 천사적 존재들)은 다른 민족들을 자기 기업으로 택했다는 암시가 들어있는데(명백한 다신교를 지지하는 것은 아니다.), 하나님께서는 이스라엘을 당신의 분깃(헬렉)과 기업(나할라)의 몫(헤벨〈ḥebel〉)으로 택했다(9절). 여호와께서 야곱(이스라엘)을 황무지에서, 짐승이 부르짖는 광야에서 만나시고 호위하시며 보호하시며 자기의 눈동자같이 지키셨다(10절). 이것은 야곱의 일생에 일어난 신적 보호와 임재와 동행을 의미하면서(창 28장 밧단아람으로 가는 여정), 동시에 이스라엘 백성이 출애굽 후 광야를 방황할 때 맛본 신적 임재와 보호를 의미할 수도 있다. 마치 독수리가 자기의 보금자리를 어지럽게 하며 자기의 새끼 위에 너풀거리며 그의 날개를 펴서 새끼를 받으며 그의 날개 위에 그것을 업는 것같이(11절) 여호와께서 홀로 그를 인도하셨다. 그와 함께한 다른 신이 없었다. 독수리는 출애굽기 19 : 4에서 이미 출애굽 구원을 일으키신 야웨 하나님의 절대주권적인 구원을 은유할 때 등장한 새다. 출애굽기 19장의 독수리는 파라오의 노예살이에서 히브리 노예들을 강권적으로 이끌어 내신 사역을 강조하며, 여기서는 어린 독수리를 날도록 훈련시키는 훈육적 하나님 이미지를 부각시킨다. 어미 독수리는, 나는 것을 두려워하고 보금자리에 앉아 어미가 물어다 주는 것만을 받아먹는 데 만족하는 어린 새끼들을 훈련시킨다. 일단 어린 새끼들이 안주하는 보금자리를 어지럽힌다. 히브리 노예들이 살던 고센 땅은 적어도 먹을 것이 풍요로운 보금자리였다. 날지 않으려는 어린 독수리들처럼 히브리 노예들은 애굽 파라오의 강제노역을 견디기 힘들어 했으나 자유의 땅까지 탈출하는 것은 두려워했다. 그래서 하나님은 애굽의 보금자리를 어지럽히셨다. 여러 가지 재앙으로 애굽 본토가 초토화되는 것과 마침내 장자들이 죽어 가는 환난과 흑암이 애굽 본토를 뒤덮자 마지못해 출애굽의 장도에 오른다. 어미 독수리 야웨는 날개를 펴 새끼를 받아 업어 이스라엘을 인도하셨다. 아무 신이나 다른 존재가 야웨의 출애굽 구원 역사를 돕거나 방조하지 않았다. 이스라엘은 야웨 하나님에게만 은혜의 빚을 졌다. 야웨 하나님만을 하나님으로 섬기고 경배하고 사랑하고 경외할 이유가 여기에 있다.

13~21절은 가나안 땅에 정착한 이스라엘이 점점 야웨 일편단심 신앙을 떠나 다른 신들을 섬겨 야웨의 진노를 격발하게 되는 과정을 말한다. 처음 가나안 땅에 정착한 이스라엘을 여호와께서 땅의 높은 곳을 타고 다니게 하시며(가나안 땅 산지에 정착하게 하시며) 밭의 소산을 먹게 하시며, 반석에서 꿀을 굳은 반석에서 기름을 빨게 하셨다(13절). 그뿐만 아니라 소의 엉긴 젖과 양의 젖과 어린 양의 기름과 바산에서 난 숫양과 염소와 지극히 아름다운 밀로 이스라엘을 먹이시며 또 포도즙의 붉은 술을 마시게 하셨다(14절). 명실공히 젖과 꿀이 흐르는 땅의 실체(출 3 : 6-14 ; 신 8장)를 맛보게 하셨다. 하나님은 풍요와 포만을 허락하셨으나 이스라엘은 우상 숭배와 배교로 응답했다. 하나님의 사랑을 받는 자 여수룬(의롭게 된 자〈여슈룬[yĕšurûn]=야샤르[yāšār]에서 파생〉)이라고 불리는 이스라엘이 기름진 풍요의 때에 야웨를 발로 찼고, 살찌고 비대하고 윤택하매 자기를 지으신 자(아싸후〈'āśāhû〉), 그의 하나님을 버리고 자기를 구원하신 반석을 업신여겼다(15절). 이스라엘 백성이 다른 신으로 그의 질투를 일으키며 가증한 것으로 그의 진노를 격발하였다(16절). 그들은 하나님께 제사하지 아니하고 귀신들에게 하였으니 곧 그들이 알지 못하던 신들, 근래에 들어온 새로운 신들, 그들의 조상들이 두려워하지 아니하던 것들이었다(17절). 18절에서 다시 이스라엘은 2인칭 남성단수로 지칭된다. "너를 낳은 반석을 네가 상관하지 아니하고 너를 내신 하나님을 네가 잊었도다"(18절). 신명기 32장에서는 관계대명사가 거의 사용되지 않는다.

이 절은 직역하면 '한 반석이 너를 낳았다. 너는 상관하지 않는다. 그리고 너를 낳기 위해 해산의 고통을 치른 하나님을 망각했다.' 둘째 소절에서 개역개정이 '너를 내신'이라고 번역한 것은 약한 번역이다. 히브리어 'ḥayil'(하일)의 폴렐 남성단수분사에 2인칭 대명접미어가 붙은 'měḥôllekā'(머홀레카)는 '해산의 고통을 겪으며 너를 낳은 자'를 의미한다. 이스라엘 민족을 형성하는 과정은 어떤 의미에서 난산이었다. 출애굽 구원 전쟁, 광야 인도, 가나안 정복 전쟁 등 다른 민족들의 형성사 유형과 비교해 볼 때 엄청난 고통이 동반되었던 민족형성사였다는 말이다. 하나님에게도 고통이 동반된 해산이었다. 이스라엘의 불순종과 불신앙을 대면하는 고통 외에 하나님이 지으신 다른 민족이나 인종들을 멸시하고 홀대한다는 인상을 주고 하나님이 폭력적인 신이라는 혐의를 받은 것 모두 하나님께는 이스라엘 난산 경험의 일부다.

그러므로 당신의 아들들과 딸들이 당신을 격노케 하셨음을 보시고 그들을 경멸하셨다(19절). 20~21절은 아버지 하나님의 결심을 말한다. 하나님께서는 그들에게서 당신의 얼굴(은총과 자애로운 돌보심의 원천)을 숨겨 그들의 종말이 어떻게 될지를 감찰하실 것이다. 그들은 너무 패역한 세대요 진실이 없는 자녀이기 때문이다(20절). 그들이 하나님이 아닌 것으로 하나님의 질투를 일으키며 허무한 것으로 진노를 일으켰으니 하나님께서도 백성이 아닌 자로 그들에게 시기가 나게 하며 어리석은 민족으로 그들의 분노를 일으키실 것이다(21절).

### 2) 하나님의 격발된 진노와 공변된 심판 찬양(32 : 22-26)

> 22그러므로 내 분노의 불이 일어나서 스올의 깊은 곳까지 불사르며 땅과 그
> 소산을 삼키며 산들의 터도 불타게 하는도다 23내가 재앙을 그들 위에 쌓으며
> 내 화살이 다할 때까지 그들을 쏘리로다 24그들이 주리므로 쇠약하며 불 같은
> 더위와 독한 질병에 삼켜질 것이라 내가 들짐승의 이와 티끌에 기는 것의 독

을 그들에게 보내리로다 [25]밖으로는 칼에, 방 안에서는 놀람에 멸망하리니 젊
은 남자도 처녀도 백발 노인과 함께 젖 먹는 아이까지 그러하리로다 [26]내가
그들을 흩어서 사람들 사이에서 그들에 대한 기억이 끊어지게 하리라 하였으나

**[32 : 22-26]** 22~26절은 하나님의 격발된 진노와 공변된 심판을 찬양한다. 하나님의 분노의 불이 일어나서 스올의 깊은 곳까지 불사르며 땅과 그 소산을 삼키며 산들의 터도 불타게 하신다(22절). 23~26절은 신적 자아를 1인칭 주인공으로 내세워 하나님의 신적 격앙을 더욱 생생하게 묘사한다. 하나님은 재앙 위에 재앙을, 즉 연쇄적인 재앙으로 그들을 치실 것이며 하나님께서 준비한 화살이 다할 때까지 그들을 쏘실 것이다(23절). 연쇄적인 재앙으로 이스라엘 민족은 주리므로 쇠약하며 불 같은 더위와 독한 질병에 삼켜질 것이다. 또 하나님은 들짐승의 이와 티끌에 기는 것의 독을 그들에게 보낼 것이다(24절). 밖으로는 칼에, 방 안에서는 놀람에 이스라엘 민족이 멸망하리니 젊은 남자도 처녀도 백발노인과 함께 젖 먹는 아이까지 멸망할 것이다(25절). 마침내 하나님께서는 그들을 흩어서 사람들 사이에서 그들에 대한 기억이 끊어지게 할 것이다. 존재했다는 기억마저 말살해 버리는 기억말살형이다. 인간이 경험하는 극형은 존재 기억말살형이다.

### 3) 이스라엘을 심판하시는 야웨를 오해하여 망자 존대에 빠진 대적들을 심판하시는 이스라엘의 하나님 야웨(32 : 27-34)

[27]혹시 내가 원수를 자극하여 그들의 원수가 잘못 생각할까 걱정하였으니 원
수들이 말하기를 우리의 수단이 높으며 여호와가 이 모든 것을 행함이 아니
라 할까 염려함이라 [28]그들은 모략이 없는 민족이라 그들 중에 분별력이 없도
다 [29]만일 그들이 지혜가 있어 이것을 깨달았으면 자기들의 종말을 분별하였
으리라 [30]그들의 반석이 그들을 팔지 아니하였고 여호와께서 그들을 내주지

아니하셨더라면 어찌 하나가 천을 쫓으며 둘이 만을 도망하게 하였으리요
[31]진실로 그들의 반석이 우리의 반석과 같지 아니하니 우리의 원수들이 스스
로 판단하도다 [32]이는 그들의 포도나무는 소돔의 포도나무요 고모라의 밭의
소산이라 그들의 포도는 독이 든 포도이니 그 송이는 쓰며 [33]그들의 포도주는
뱀의 독이요 독사의 맹독이라 [34]이것이 내게 쌓여 있고 내 곳간에 봉하여 있
지 아니한가

**[32 : 27–34]** 그러나 이런 이스라엘에 대한 하나님의 극한 분노가 진정되는 결정적인 국면이 발생한다. 대적의 오해와 망상이다. 27~34절은 이스라엘을 심판하는 하나님의 도구로 사용된 이방대적이 망자존대하여 하나님의 역사 주재권을 오해하고 자신들의 능력으로 이스라엘을 제압하고 이긴 줄로 착각하는 상황이 하나님의 반전을 일으킨다. 이스라엘에 대한 하나님의 심판이 원수를 자극하여, 그들이 "우리의 수단이 높으며 여호와가 이 모든 것을 행함이 아니라"고 오판할까 염려하여 하나님은 이스라엘에 대한 극한 진노 폭발과 응징을 멈추신다(27절). 이제는 하나님의 섭리로 이스라엘을 괴롭힌 이방대적을 치시기로 작정하신다. 이방대적들, 그들은 실로 모략이 없는 민족이며 그들에게는 분별력이 없다(28절). 28절의 히브리어 구문은 "그들은 실로 모략에 관하여 파탄 난 족속이요 그들 안에는 분별력이 없기 때문이다."로 직역된다(참조. 사 19 : 1–8). 첫 소절은 3인칭 강조대명사 주어가 문미에 와 있고 서술어(보어)가 문두에 배치되어 있다. "키 고이 오바드 에초트 헴마"(kî gôy 'ôbad 'ēṣôth hēmmā). 이 문장을 도치구문을 살려 번역하면, "왜냐하면 모략에 관한 한 파탄당한 민족이기 때문에 실로 그들은!" 오바드는 아바드('ābad, '멸망하다') 동사의 남성단수 분사연계형이다. 모략과 분별력은 역사를 주재하시는 하나님의 통치동선과 행적을 알아차리는 경건한 시사인식이자 역사 해석 능력이다. 모략과 분별력이 결핍된 개인이나 나라는 망한다. 이스라엘을 박해한 이방대적들은 이스라엘에 대한 자신들의 전쟁 승리나 그들

을 유배시키는 성취도 자신들의 업적이라고 생각할 가능성이 농후했다. 이방대적들이 이런 망자존대의 착각에 빠진 이유는 모략과 분별력이 없기 때문이다. 그들은 하나님과 이스라엘의 언약의 역사도, 하나님이 이스라엘을 선민으로 택한 역사도 그들을 언약백성으로 삼은 것도, 그들이 하나님과의 언약을 배반하고 우상신들을 섬겨 진노를 당한다는 것도 전혀 모른다.

만일 그들이 지혜가 있어 이것을 깨달았으면 자기들의 종말을 분별하였을 것이다(29절). 30절의 '그들'은 '원수대적'들을 가리킬 수도 있고, 이스라엘을 가리킬 수도 있다. 전자의 경우라면 신명기가 이방대적들의 '신'을 인정하는 다신교를 기정사실로 인정하는 듯한 인상을 준다. 그러나 문맥상 '그들'을 이방대적들로 보지 않을 수 없다. 31절에서 '그들의 반석'과 '우리의 반석'이 분명히 대조되기 때문이다. 그러나 또 다른 한편 그것이 이스라엘을 가리킬 수가 있다. 30절의 하반절에 나오는 '비대칭적 전력'으로 이긴 승전 이야기는, 이방대적들이 이스라엘을 이기는 전쟁에서 주로 사용되는 비유이기 때문이다. 이 경우에는 30절이, "이스라엘의 반석인 야웨께서 이스라엘 백성을 그 이방 대적들에게 팔지 아니하였고 여호와께서 그들을 내주지 아니하셨더라면 어찌 하나(이방 대적)가 천(이스라엘)을 쫓으며 둘(이방 대적)이 만을 도망하게 하였겠는가?"(30절)가 된다. 이것이 원수 대적들이 모르고 있는 사실이라고 보는 게 정상적이다. 그런데 31절의 '우리의 반석'과 대조되는 '그들의 반석'이 결정적으로 이런 해석을 어렵게 한다. 전반적으로 볼 때 어색하지만 전자의 의미로 읽어야 할 것 같다. 이방 대적들의 신이 이방 대적을 팔고 포기하였기에 약한 전력을 가진 이스라엘이 엄청난 군사력을 가진 원수 대적을 이길 수 있다는 말이 된다. 31절의 접속사 '키'(kî)를 개역개정은 '진실로'라고 번역하는데 '왜냐하면'으로 번역하는 것이 문맥상 더 잘 어울린다. "왜냐하면 그들의 반석은 우리의 반석(야웨 하나님)과 같지 않으며 동시에 우리의 대적들(상황절 도입하는 주어)은 판단자들(펄리림〈pĕlîlîm〉)이기 때문이다." '스스로 판단하는도다'는 '판단자들'이라는 명사형 보어(서술어)를 동사로 부자연스럽게 옮겨 놓은 말이다. '스스로'라는 말은 불필요한 추가이다. "우리의 원수들 자신들이 (전쟁 등 여러 가지 사태를 판단하는) 판단자들이기 때문이다." 그들의 반석은 그들에게 신이 아니었다는 말이다. 이런 사상은 이사야 41~48장에 반복되는 반(反)우상논쟁에서 이방신들을 조롱하는 맥락에 자주 등장한다. 이방신들은 장래사를 예언할 능력이 없다. 열방의 신들은 그들을 믿는 자기 백성들을 전혀 도와주지 못한다. 목석우상은 아무도 자기를 믿는 자들을 도와주지 못한다. 이방원수 대적들의 신은 장래사를 고하고 역사를 주관하는 야웨 하나님과 전혀 다른 우상일 뿐이다. 이스라엘의 이방 원수들의 포도나무는 소돔의 포도나무요 고모라의 밭의 소산이다. 하나님의 심판으로 재기불능의 멸망을 당할 것이라는 말이다(32절). 그들의 포도는 독이 든 포도이며 그 송이는 쓰다(32절). 그들의 포도주는 뱀의 독이요 독사의 맹독이다(33절). 원수 대적들의 포도, 그것은 하나님께 쌓여 있고 하나님의 곳간에 봉하여 있지 아니한가?(34절) 즉, 하나님은 이방 원수들을 유혈 낭자한 보복으로 응징하실 날을 기다리고 있다는 말이다.

#### 4) 이스라엘을 신원하실 것을 예고하시는 하나님(32 : 35-36)

> 35그들이 실족할 그때에 내가 보복하리라 그들의 환난 날이 가까우니 그들에게 닥칠 그 일이 속히 오리로다 36참으로 여호와께서 자기 백성을 판단하시고 그 종들을 불쌍히 여기시리니 곧 그들의 무력함과 갇힌 자나 놓인 자가 없음을 보시는 때에로다

**[32 : 35-36]** 35~36절은 이스라엘을 신원하시는 하나님을 찬양한다. 이방 원수들이 실족할 그때에 하나님께서 보복하실 것이며, 그들의 환난날이 가까우니 그들에게 닥칠 그 일이 속히 올 것이다(35절). 36절의 첫 접속사 '키'(kî)는 '왜냐하면'으로 번역하고, 둘째 소절을 도입하는 '키'(kî)는 시간접속사(……하

는 때에)로 보는 것이 문맥상 더 나은 번역이다. 마지막 접속사 '키'(kî)는 개역개정처럼 서술문 도입 접속사(that)로 보는 것이 맞다. 그렇다면 "왜냐하면 여호와께서 손이 탈진된 것(오즈라트 야드〈'ozlath yād〉: 개역개정은 '그들의 무력함'으로 번역)과 갇힌 자나 놓인 자가 아무도(붜에페스 아추르 붜아줍〈wĕ'epes 'āṣûr wĕ'āzûb〉) 없음을 보실 때, 여호와께서 자기 백성을 판단하시고 그의 종들을 불쌍히 여기실 것이기(야딘〈yādîn yitneḥām〉) 때문이다." 라고 번역된다. 갇힌 자나 자유민이나 하나님 백성 중에 남은 자가 거의 사라진 상황 혹은 아무도 도와줄 자가 없는 것을 보신[12](왕하 14 : 26 ; 비교. 왕상 14 : 10 ; 21 : 21 ; 왕하 9 : 8) 하나님께서 이스라엘의 영적·도덕적 개선과 상관없이 스스로 돌이키셔서 이스라엘을 위해 판단하시며 불쌍히 여기신다. 이트너함은 나함동사의 히트파엘 미완료형 3인칭 남성단수동사다. 강세재귀동사로서 하나님께서 스스로를 동정심 많은 하나님으로 행동하시기로 결단하신다는 말이다.

### 5) 이방 대적들을 심판하신 후 마침내 이스라엘을 속량하시는 정의로운 하나님(32 : 37-43)

> 37또한 그가 말씀하시기를 그들의 신들이 어디 있으며 그들이 피하던 반석이
> 어디 있느냐 38그들의 제물의 기름을 먹고 그들의 전제의 제물인 포도주를 마
> 시던 자들이 일어나 너희를 돕게 하고 너희를 위해 피난처가 되게 하라 39이
> 제는 나 곧 내가 그인 줄 알라 나 외에는 신이 없도다 나는 죽이기도 하며
> 살리기도 하며 상하게도 하며 낫게도 하나니 내 손에서 능히 빼앗을 자가 없

12) 제프리 티가이(Jeffrey H. Tigay)는 이 '아추르 붜아줍'을 열왕기서의 다른 용례들과 사사기 등의 유사 맥락들과 비교해 '통치자'와 '도울 자'로 번역한다. 이스라엘 백성을 도와줄 신정 통치의 대리자들이 사라진 상황을 보신 후에 하나님이 친히 이스라엘을 신원하시고 불쌍히 여기신다는 것이다(*The JPS Commentary Deuteronomy*, 312). 설득력 있는 해석이나 위의 해석처럼 '갇힌 자나 자유인이나 이스라엘 백성 자체가 영락해 가는 상황'을 묘사한다고 봐도 맥락상 큰 무리가 없어 보인다.

도다 [40]이는 내가 하늘을 향하여 내 손을 들고 말하기를 내가 영원히 살리라
하였노라 [41]내가 내 번쩍이는 칼을 갈며 내 손이 정의를 붙들고 내 대적들에
게 복수하며 나를 미워하는 자들에게 보응할 것이라 [42]내 화살이 피에 취하게
하고 내 칼이 그 고기를 삼키게 하리니 곧 피살자와 포로된 자의 피요 대적
(장발한)의 우두머리의 머리로다 [43]너희 민족들아 주의 백성과 즐거워하라 주
께서 그 종들의 피를 갚으사 그 대적들에게 복수하시고 자기 땅과 자기 백성
을 위하여 속죄하시리로다

**[32 : 37-43]** 37~43절은 이스라엘의 신원 주제를 더 발전시킨다. 이방 대적들을 심판하고 이스라엘을 속량하시는 정의로운 하나님을 찬양한다. 하나님께서 이제 원수 대적들의 신들에 대한 반박 논쟁을 벌이시며 친히 국문하신다. "그들의 신들이 어디 있으며 그들이 피하던 반석이 어디 있느냐?"(37절). 원수들의 반석, 신들은 존재하지 않는 허상이라는 것이다. "그들의 제물의 기름을 먹고 그들의 전제의 제물인 포도주를 마시던 자들이 일어나 너희를 돕게 하고 너희를 위해 피난처가 되게 하라"(38절). 얼마나 통렬한 우상 반박인가? 이방 원수들의 신들이 정말 신이라면, 이방 원수들로부터 제물인 포도주를 마신 신들이라면 이방 원수들이 야웨에게 심판당해 궁지에 몰릴 때 일어나 자신들의 봉헌자들을 도와주어야 하고 피난처가 되어야 하는데, 이방 원수들의 곤경의 순간에 왜 나타나지 않는가?(참조. 시 18편 ; 시 46편). 야웨 하나님은 이스라엘의 피난처요 환난 날에 큰 도움이신데 왜 이방신들은 그들을 믿고 제사 지내 준 자기 백성들을 내팽개치고 있는가? 결론은 자명하다. 39절은 하나님의 결론이다. "이제는 나 곧 내가 그인 줄 알라 나 외에는 신이 없도다 나는 죽이기도 하며 살리기도 하며 상하게도 하며 낫게도 하나니 내 손에서 능히 빼앗을 자가 없도다"(39절). 39절의 히브리어 구문은 아주 독특하다. "키 아니 아니 후 붜엔 엘로힘 임마디 아니 아미티 봐아하에 마하츠티 봐아니 에르파 붜엔 미야디 마칠"(kî 'ănî 'ănî hû wĕ'ên 'elôhîm 'immādî 'ănî 'āmîth wa'ăḥayye māḥaṣtî wa'ănî 'erpā wĕ'ên miyyādî maṣîl). 이 절에는 1인칭 대명사 '아니'('ănî)가 네 번이나 사용된다. 하나님의 절대적 유일존재, 절대적 주권과 능력을 강조하는 본문이다. 즉, 하나님은 이스라엘을 죽이기도 하시지만 아무도 그들을 하나님 손안에서 빼앗아 갈 자가 없다. 하나님만이 오직 유일하신 하나님이다. 원수들의 반석은 신이 아니다. 40절은 아주 독특한 하나님의 영존하심을 공포하고 스스로 천명하는 상황을 말한다. 39절의 이유다. 야웨 하나님만이 절대적인 유일존재이신 하나님이라고 불리는 이유는, 당신보다 더 높은 존재가 없기에 하나님께서 스스로 하늘을 향하여 당신의 손을 들고 맹세하시기 때문이다. 하나님 자신이 하나님에게 유일한 감찰자요 평가자이시다. "내가 영원히 살리라"(하이 아노키 올람〈ḥay 'ănōkî lĕ'ôlām='살아 있다, 나는 영원토록'〉)는 '내가 나를 두고 맹세할 수 있는 근거'라고 말씀하시는 셈이다. 여기서 1인칭 대명사가 독립적으로 사용되어 있으므로 신적 자아가 강조된다. 직역하면, '나는 영원토록 살아 있다'는 뜻이다. 여호와의 사심을 맹세한다는 말은 '야웨께서 살아 계시는 한…… 나는 다음과 같이 말한다'라는 뜻이다. 하나님이 말씀하신 말은 반드시 성취되고 실현된다는 말이다. 따라서 여호와가 살아 계시는 한 맹세되고 있는 사실은 '옳다'/'맞다'(반드시 실현된다)는 선언이다.

41절은 하나님이 영원토록 살아 있다는 말의 두 번째 의미를 설명한다. 하나님의 정의와 공평 통치가 반드시 이뤄진다는 말이다. 하나님께서는 당신의 번쩍이는 칼을 갈며 하나님의 손이 정의를 붙들고 하나님의 대적들에게 복수하며 하나님을 미워하는 자들에게 보응할 것이다(41절). 하나님의 화살이 피에 취하게 하고 하나님의 칼이 그 고기를 삼키게 하리니 곧 피살자와 포로 된 자의 피요 대적의 우두머리의 머리다(42절). 하나님에게 잡힌 자들에 대한 가혹한 보복이 이뤄진다. 하나님의 원수 대적들은 공변된 응징을 받게 된다. 하나님의 원수들에 대한 하나님의 철저한 응징과 심판은 보편적인 정의감을 만족시킨다. 하나님의 원수들에 의해 학대받고 압제당한 모든 만민들이 하나님의 심판으로 즐거워하게 된다. 43절은 하나님 원수들의 멸망으로 그들로 인해 압제당한 민족들과 주의 백성이 즐거워하도록 명령받는다. 주께서 그 종들의 피를 갚으심으로써 그 대적들에게 복수하시고 자기 땅과 자기 백성을 위하여 속죄하실 것이기 때문이다.[13] 하나님께서 당신 자신의 땅과 백성을 둘 다 속죄하실 것이다(키페르〈kipper〉). 하나님의 죄 용서는 이스라엘에 대한 하나님의 고유한 절대적인 은총과 사랑에서 우러난 자유로운 결단의 소산이다. 이스라엘의 개선이나 갱생이 하나님의 죄 용서를 추동한 것이 아니라, 원수 대적들의 '망자 존대 레토릭' 때문에 격동된 하나님께서 당신의 진노 어린 심판으로 사실상 소멸되고 영락한 당신의 백성들을 불쌍히 여기시기로 작정하셨다. 이것은 이스라엘의 회개 때문에 일어난 신적 용서가 아니라 하나님 안에서 일어난 돌이킴이다. 하나님의 절대주권적 돌이킴으로 인한 죄 사함이다. 이 모세의 노래 마지막에 신명기에서 거의 사용되지 않는 용어인 '속죄하다'라는 동사가 나타난다. 하나님은 이스라엘의 죄악과 악행 때문에 당신이 이스라엘과 맺은 언약의 효력 지속 여부를 결정하시지 않는다. 언약체결과 언약 유지, 갱신 등 모든 영역에서의 결정적인 요소는 하나님의 속죄적, 언약갱신적 신실성이다. 예수 그리스도는 모세의 글에서 이미 당신의 속죄 사역의 진수를 보셨기에 항상 모세의 글로부터 시작해 당신의 속죄의 죽음과 삼일 만의 부활을 설명해 주심으로 제자들의 마음을 뜨겁게 하신다(눅 24 : 27, 44).[14] 이 증거의 노래는 이스라엘 백성의 불순종과 언약 파기, 그리고 배교적 일탈을 미리 예상하고 미리 기소하고 단죄하는 검사의 유죄 입증 논고(論考) 같지만, 그것은 또한 하나님의 신실하신 언약적 돌봄 사역들과 더

---

13) 개역개정은 43절의 히브리어 구문을 약간 의역을 했다. 직역하면 어색해 보이기 때문이다. "그의 백성과 족속들아 환호성을 질러라. 그가 그의 종들의 피를 신원하시며 그의 대적들에게 보복(나캄〈nāqām〉)을 되돌려 줄 것이며 그의 땅과 그의 백성을 속죄하실 것이다." '그의 백성과 족속들아'에서 '과'와 '그의 땅과 그의 백성'에서 접속사 '붜'(wĕ, 과)는 히브리어 구문에는 없다. 시적 운율상 생략했다고 볼 수도 있다.

14) 모세오경을 통해 예수 그리스도를 믿는 믿음의 길을 설명한 책으로는 김진섭, 정진호, 김우현 공저, 「토라로 읽는 예수 그리스도의 복음」(서울 : Eastwind, 2013)이 있다(특히 97-109쪽).

나아가 모든 심판을 뛰어 넘는 죄 사함과 당신의 백성에 대한 하나님의 궁극적인 변호와 칭의를 찬양한다.[15)]

결국 모세의 노래는, 하나님의 원수 대적 진멸과 자기 백성 신원 및 속죄를 보고 당신의 백성들과 세계 만민들로 하여금 환호성을 지르도록 초청하면서, 세계 만민에게 하나님을 드러내는 선교적 복음으로 바뀐다. 결국 하나님의 절대주권적인 이스라엘 백성 회복 사역은 의미심장한 네 단계에 걸쳐 이뤄진다. 먼저 이스라엘의 죄악을 들추어내신 후(34-38절), 이스라엘의 구원을 약속하시고(39-42절), 이스라엘의 찬양을 불러일으키시며 마침내 이스라엘의 죄 용서를 보증하신다(43절).[16)]

### 6) 모세의 사명 종료와 퇴장(32 : 44-52)

44모세와 눈의 아들 호세아가 와서 이 노래의 모든 말씀을 백성에게 말하여
들리니라 45모세가 이 모든 말씀을 온 이스라엘에게 말하기를 마치고 46그들
에게 이르되 내가 오늘 너희에게 증언한 모든 말을 너희의 마음에 두고 너희
의 자녀에게 명령하여 이 율법의 모든 말씀을 지켜 행하게 하라 47이는 너희
에게 헛된 일이 아니라 너희의 생명이니 이 일로 말미암아 너희가 요단을 건
너가 차지할 그 땅에서 너희의 날이 장구하리라 48바로 그날에 여호와께서 모
세에게 말씀하여 이르시되 49너는 여리고 맞은편 모압 땅에 있는 아바림산에
올라가 느보산에 이르러 내가 이스라엘 자손에게 기업으로 주는 가나안 땅을
바라보라 50네 형 아론이 호르산에서 죽어 그의 조상(백성)에게로 돌아간 것
같이 너도 올라가는 이 산에서 죽어 네 조상에게로 돌아가리니 51이는 너희가
신 광야 가데스의 므리바 물가에서 이스라엘 자손 중 내게 범죄하여 내 거룩
함을 이스라엘 자손 중에서 나타내지 아니한 까닭이라 52네가 비록 내가 이스

---

15) 김회권, 「하나님 나라 신학의 관점에서 읽는 모세오경 2」(서울 : 대한기독교서회, 2006), 368.
16) Brown, *The Message of Deuteronomy*, 304-305.

라엘 자손에게 주는 땅을 맞은편에서 바라보기는 하려니와 그리로 들어가지는 못하리라 하시니라

**[32 : 44-52]** 44~52절은 모세의 사명 종료와 퇴장, 그리고 여호수아 시대의 개막을 다룬다. 개역개정의 44절은 '가서'와 '말하여'의 주어가 마치 모세와 여호수아인 것처럼 번역했는데, 부정확한 번역이다. 이 번역은 모세와 눈의 아들 여호수아가 모세의 노래의 모든 말씀을 백성에게 공포한 것처럼 보이게 만든다. 물론 이렇게 본다고 하더라도 모세가 주동이며 여호수아는 아직은 보조적 위치에 머물러 있다. '가서'와 '말하여'의 주어는 3인칭 남성단수 모세다. 그런데 개역개정의 이런 번역보다 더 정확한 번역은 '모세가 와서 이 노랫말들을 그 백성과 눈의 아들 여호수아의 귀들에게 들려주었다'이다. 눈의 아들 여호수아는 주어 모세와 등위접속사로 연결된 것이 아니라 '그 백성'과 등위접속사로 연결되었다. 여호수아는 '와서' '말하는' 동사의 주어가 아니라 모세의 말을 듣는 백성의 일원으로 참여한 것이다.

45절은 이런 판단을 확증한다. 이 절은 다시금 모세 홀로 온 이스라엘(여호수아와 이스라엘 백성)에게 말했음을 밝힌다. 46절에서 모세는 쉐마 용어를 이용해 '오늘' '하루 동안' 자신이 증거한 모든 말을 마음에 두고 자녀들에게 명하여 지켜 행하게 하라고 말한다. 아주 압축적으로 말하면 신명기는 모세가 '오늘' '하루 동안' 이스라엘에게 이스라엘의 언약 준수를 당부하면서도 이스라엘의 미래 배교 가능성을 부정적으로 예고하고 증거한 말들의 총람이다. 모세가 가나안 땅에 들어가 살게 될 이스라엘 백성의 언약 준수 여부를 부정적으로 전망해 미리 이스라엘을 기소하듯이 증언한 말씀이다. 히브리어 성경 46절이나 영어성경은 이런 부정적인 어조로 이스라엘의 미래를 증거한 점을 잘 부각시키고 있는데, 개역개정은 이 의미가 다소 흐려져 있다. "아노키 메이드 바켐 하욤 아쉐르 터차붐……"('ănôkî mē'îd bākem hayyôm 'ăšer tĕṣawwûm). '메이드 바켐'은 '우드'('ûd[증거하다])의 히필 남성분사에 전치

사 ‘쁘’(bĕ〈against〉)와 2인칭 남성복수 어미로 구성되어 있다. ‘내가 너희들에게 불리하게(거슬러) 증언해 온……’을 의미한다. 이 불리하게 증언한 내용을 출애굽 2세대는 자녀에게 가르쳐 지키도록 해야 한다는 것이다. 그들의 자녀 세대가 우상 숭배와 배은망덕한 배교에 빠지지 않고 야웨 하나님을 사랑하고 섬기며 동행하도록 가르쳐 지키게 해야 한다. 신명기 초반에는 광야에서 죽은 불순종 부모 세대의 자녀 세대였던 신명기 회중이, 신명기 종결부에서는 벌써 자녀 세대를 생각하고 의식하는 부모 세대로 설정된다. 47절의 ‘이는’은 ‘야웨의 이 모든 말씀을 지켜 행하는 것’을 의미한다. 야웨의 말씀을 지켜 행하는 것, 그것은 결코 헛된 일이 아니다. 오히려 생명이다. 신명기에서 ‘생명’ 혹은 ‘산다’는 말은 ‘가나안 땅에서 안전하게 야웨와 동행하며 산다’는 말이다. 야웨의 모든 계명을 지켜 행하는 일로 말미암아 이스라엘 백성은 요단강을 건너 차지할 가나안 땅을 오랫동안 누리게 될 것이다(47절). 이것이 생명을 누림이요 사는 것이다.

48~52절은 하나님께서 모세에게 퇴장을 명하는 장면이다. 모세는 모압 땅 아바림산에 올라가 느보산 봉우리에서 야웨가 이스라엘에게 주는 가나안 땅을 바라만 보고 죽으라는 명령을 받는다(48-49절). 형 아론이 호르산에서 죽어 조상들에게 돌아간 것처럼 모세는 이 산에서 죽어 조상들에게 돌아가야 한다(50절). 그 이유는 모세가 므리바 물가에서 이스라엘 자손 가운데 야웨의 거룩함을 나타내지 아니한 죄를 범했기 때문이다(51절). 그래서 모세는 하나님이 이스라엘에게 주시는 땅을 맞은편에서 쳐다보기는 할지언정 그리로 들어가지는 못한다(52절). 이렇게 모세는 비영웅적 퇴장을 명령받는다.

## 설교를 위한 묵상

32장의 논리는 극적인 기승전결(起承轉結) 구조를 따른다. 기(起)는 하나님과 이스라엘의 황홀한 만남과 이스라엘에 대한 하나님의 거의 일방적인 사랑과 복이다. 그 일방적인 구원의 절정이 이스라엘의 가나안 땅 정착이다. 이스라엘의 가나안 땅 정착은 이스라엘의 군사력으로 거둔 전리품이 아니라, 가나안 원주민들에 대한 하나님의 거룩한 심판으로 생긴 가나안 땅의 힘의 공백에 끼어든 결과였다. 그런데 가나안은 광야에서 만난 거룩하신 하나님만 일편단심으로 사랑하고 섬기기에는 너무나 유혹적이고 풍요로웠다. 여기서 승(承)의 시대가 시작된다. 가나안 풍요와 포만, 윤택과 오만의 시대다. 이스라엘은 하나님께 언약을 맺은 의로운 자다. 여수룬이었다. '의롭게 된 자', 즉 언약을 통해 언약적 의무를 수행하여야 할 '야웨께 묶인 존재'가 되었다. 하지만 가나안의 다신교 종교와 온갖 종류의 풍요와 다산은 이스라엘 사회 구성원들을 계층과 계급으로 극심하게 분화시켰고, 광야 시대의 저생산성 평등 정서는 실종되기 시작했다. 만나로 먹고 살던 광야 시절에 비하여 가나안은 잉여농산물 비축이 가능했고 부호가 일어났고 지주가 생겼다. 지주의 재산을 지켜 줄 무사계급이라는 독립적 직업군이 형성되었고, 그 무사집단의 우두머리가 전쟁전문가로 대우받아 마침내 왕으로 등극하였다. 왕, 지주, 무사를 도와줄 종교계급도 생겨나 상부구조를 이루었다. 가나안의 도시국가처럼 이스라엘은 소수의 지배권력층이 대다수의 야웨 언약 백성, 곧 자신의 동포 이스라엘(한때는 노예였으나 야웨에 의해 해방된 노예들)을 다시 노예화했다. 이것이 가나안에서 이스라엘이 겪은 정체성 변질 과정이다. 이스라엘은 살찌고 풍요로워지고 음란해졌다. 야웨 종교를 배척하고 야웨 하나님을 발로 차는 배교를 감행했다. 풍요와 포만은 분명 하나님의 복 주심으로 말미암아 주어졌건만, 가나안 땅의 다신교 문화에 둘러싸인 이스라엘에게는 치사량이 넘는 독처럼 작용하기 시작했다. 풍요와 포만은 야웨 하나님에 대한 망각을 초래했고, 하나님의 거룩하신 현존을 느끼고 경각심을 가질 영적 감수성을 거의 완전히 파멸시켰다. 소득 4만 불이 되면 교회출석률이 5% 이하로 떨어진다는 서구와 유럽의 기독교 문명 쇠락기는 남의 이야기가 아니다. 한국의 소수 유한유력자들에게는 지금 여수룬의 역설이 나타나고 있다. 대규모 부동산 임대업, 대규모 주식투자, 엄청난 규모의 세습자산 등으로 부자가 된 사람들은 정신없이 돈을 써도 아직도 그 재고는 바닥나지 않는다. 주 5일제, 넘치는 돈과 여가 기회, 유흥과 쾌락에 젖은 한국의 불야성에 교회는 너무나 외롭고 무기력하게 소외되고 있다. 풍요와 쾌락, 포만과 하나님 망각, 사회적 무자비와 냉담의 비약적 증가와 거짓 기독교의 창궐을 막을 길이 없어 보인다. 유하의 「바람 부는 날이면 압구정으로 가야 한다」에 나오는 "오징어"라는 시에는 한국 교회에서 내뿜는 모든 광명을 의심하라고 노래한다. 오징어배가 오징어를 잡기 위해 환히 불을 밝힌다. 성탄절에 환한 불을 밝히는 교회는 오징어잡이 배처럼 무서운 영혼 사냥을 하기 위해 불 밝히는 곳인 것처럼 묘사된다. 풍요와 쾌락은 소수의 부자가 주도하는 하나님 망각, 무신론적 오만 문화이긴 하지만 우리나라 대다수가 그런 삶을 꿈꾸는 것처럼 보인다는 점에서 단지 소수 유한부자들만의 영적 질환이 아니다.

이 풍요와 포만 한가운데서 하나님을 잊고 최악의 우상 숭배와 패역과 일탈에 빠져버린 이스라엘에게 극적 전환이 찾아온다. 대파국적 심판이다. 이스라엘을 열국 한복판에 내동댕이치는 무시무시한 하나님의 극한 진노가 풍요와 포만에 빠져 하나님을 망각한 이스라엘을 재창조한다. 이스라엘은 열국의 조롱거리로 전락했고 덩달아 이스라엘의 하나님 야웨도 이스라엘의 대적들에게 조롱당하기에 이른다. 이스라엘에 대한 하나님의 극한 진노는 죽어 버린 이스라엘에게는 더 이상 역사하지 않는다. 이스라엘의 대적이자 하나님의 오만한 대적들에 대한 심판이 시작되면서 결(結)에 이른다(사 13-14장 ; 사 10 : 27-33).

결(結)은 이스라엘의 대적자들을 진멸하고 죽어 버린(가나안 땅에서 쫓겨나 더 이상 언약백성의 대우를 받지 못하는 이산민으로 전락한) 이스라엘을 부활갱생시키는 단계다. 하나님은 당신이 택한 기업의 땅 가나안 땅과 당신의 백성 이스라엘을 동시에 속죄하신다. 하나님의 사랑과 긍휼을 이스라엘의 죄악이 다 소진시키지 못한다. 하나님과 이스라엘 역사의 마지막은 하나님 망각도 아니요 이스라엘 민족 멸절도 아니다. 이스라엘 백성과 땅의 동시 속죄다. 이스라엘 백성이 온갖 악행을 범하고 무죄한 자의 피를 너무 많이 흘려 더러워진(왕하 21 : 16) 이스라엘 땅도 속죄하신다. 무죄한 자의 피를 흘린 성읍은 하나님께 가증히 여김을 받아 멸망당한다. 이스라엘 백성과 이스라엘 땅, 둘 다 속죄가 필요했다. 이스라엘 역사의 제일 마지막은 속죄의 덧입은 은혜로 다시 하나님 백성으로의 정체성을 회복하고 열방의 빛으로 재활복구되는 것이다. 예수 그리스도는 바로 이스라엘 백성과 땅의 속죄를 위한 속죄제물이다. 이사야 53 : 4~11, 마태복음 1 : 21, 그리고 마가복음 10 : 45, 로마서 3 : 23~25은 하나님이 기승전결의 마지막 순간에 등장시킬 속죄의 히든카드가 바로 예수 그리스도임을 증언하다.

"그는 실로 우리의 질고를 지고 우리의 슬픔을 당하였거늘 우리는 생각하기를 그는 징벌을 받아 하나님께 맞으며 고난을 당한다 하였노라 그가 찔림은 우리의 허물 때문이요 그가 상함은 우리의 죄악 때문이라 그가 징계를 받으므로 우리는 평화를 누리고 그가 채찍에 맞으므로 우리는 나음을 받았도다 우리는 다 양 같아서 그릇 행하여 각기 제 길로 갔거늘 여호와께서는 우리 모두의 죄악을 그에게 담당시키셨도다 그가 곤욕을 당하여 괴로울 때에도 그의 입을 열지 아니하였음이여 마치 도수장으로 끌려 가는 어린 양과 털 깎는 자 앞에서 잠잠한 양같이 그의 입을 열지 아니하였도다 그는 곤욕과 심문을 당하고 끌려 갔으나 그 세대 중에 누가 생각하기를 그가 살아 있는 자들의 땅에서 끊어짐은 마땅히 형벌 받을 내 백성의 허물 때문이라 하였으리요 그는 강포를 행하지 아니하였고 그의 입에 거짓이 없었으나 그의 무덤이 악인들과 함께 있었으며 그가 죽은 후에 부자와 함께 있었도다 여호와께서 그에게 상함을 받게 하시기를 원하사 질고를 당하게 하셨은즉 그의 영혼을 속건제물로 드리기에 이르면 그가 씨를 보게 되며 그의 날은 길 것이요 또 그의 손으로 여호와께서 기뻐하시는 뜻을 성취하리로다 그가 자기 영혼의 수고한 것을 보고 만족하게 여길 것이라 나의 의로운 종이 자기 지식으로 많은 사람을 의롭게 하며 또 그들의 죄악을 친히 담당하리로다"(사 53 : 4-11).

"아들을 낳으리니 이름을 예수라 하라 이는 그가 자기 백성을 그들의 죄에서 구원할 자이심이라 하니라"(마 1 : 21).

"인자가 온 것은 섬김을 받으려 함이 아니라 도리어 섬기려 하고 자기 목숨을 많은 사람의 대속물로 주려 함이니라"(막 10 : 45).

"모든 사람이 죄를 범하였으매 하나님의 영광에 이르지 못하더니 그리스도 예수 안에 있는 속량으로 말미암아 하나님의 은혜로 값없이 의롭다 하심을 얻은 자 되었느니라 이 예수를 하나님이 그의 피로써 믿음으로 말미암는 화목제물로 세우셨으니 이는 하나님께서 길이 참으시는 중에 전에 지은 죄를 간과하심으로 자기의 의로우심을 나타내려 하심이니"(롬 3 : 23-25).

## 제 Ⅳ 부

# 모세의 퇴장과 배교할 가능성이 큰 가나안 땅 정착 후의 이스라엘

## 신명기 33-34장

A. 모세의 여수룬 축복(33 : 1-29)
   1. 여수룬이 모신 왕 야웨(33 : 1-5)
   2. 이스라엘 11지파 축복기원문(33 : 6-25)
   3. 비길 데 없는 절대 유일 하나님 야웨와 행복한 백성 이스라엘 (33 : 26-29)

B. 모세의 죽음, 이름을 남긴 모세, 그리고 후속되는 예언자들의 전범 (34 : 1-12)
   1. 모세의 죽음(34 : 1-9)
   2. 사후에 예언자의 최고 전범(典範)으로 평가되는 모세(34 : 10-12)

| 신명기 33-34장 |

# 모세의 퇴장과 배교할 가능성이 큰 가나안 땅 정착 후의 이스라엘

## A. 모세의 여수룬 축복(33 : 1-29)

### 1. 여수룬이 모신 왕 야웨(33 : 1-5)

1하나님의 사람 모세가 죽기 전에 이스라엘 자손을 위하여 축복함이 이러하
니라 2그가 일렀으되 여호와께서 시내산에서 오시고 세일산에서 일어나시고
바란산에서 비추시고 일만 성도 가운데에 강림하셨고 그의 오른손에는 그들
을 위해 번쩍이는 불이 있도다 3여호와께서 백성을 사랑하시나니 모든 성도
가 그의 수중에 있으며 주의 발아래에 앉아서 주의 말씀을 받는도다 4모세가
우리에게 율법을 명령하였으니 곧 야곱의 총회의 기업이로다 5여수룬에 왕이
있었으니 곧 백성의 수령이 모이고 이스라엘 모든 지파가 함께한 때에로다

**[33 : 1–5]** 1절이 가리키듯이 33장은 하나님의 사람 모세가 죽기 전에 이스라엘 12지파를 축복한 노래다. 12지파가 한 왕(하나님)을 모시고 통일체를 이루는 시점에 이뤄질 지파들의 복(장래)을 노래한다. 2절은 이스라엘의 하나님이 출애굽의 하나님, 광야에서 이스라엘을 인도하신 바로 그 하나님임을 강조한다. 2절은 마지막 소절이 주어와 술어가 갖춰져 있지 않다는 점에서 불완전 문장이다. 어색하지만 직역하면 이렇다. "하나님은 하나님의 산 시내산에서 오시고(바〈bā'〉)(율법 반포와 언약 체결의 장소), 세일산에서 (그를 위해) 일어나시고(자라흐〈zāraḥ〉) 바란산에서 빛을 비추시고(호피아〈hôpîa'〉) 지극한 거룩함으로부터 오시고(아타〈'ātā〉) 그의 오른쪽에는 그를 위한 불타는 율례 율법의 불!(이 있다)." 개역개정의 '일만 성도'라고 번역된 히브리어는 '메리버보트 코데쉬'(mēribĕbôth qōdeš)인데, 이 번역은 다소 어색하다. 아마도 3절의 '모든 성도'를 의식하며 읽은 독법일 것이다. 그런데 '일만 성도'는 '그 오른손에 들려 있는 불타는 율례'와도 의미 있는 대구를 이루지 못한다. 시내산 현현 장면은 엄청난 거룩함, 거룩함의 풍성함으로부터 오는 야웨를 보여 준다. 그렇다면 거룩함의 풍요, 즉 '지극한 거룩함으로부터 오신다', '지극히 거룩한 곳으로부터 오신다'를 의미한다고 읽는 것이 나아 보인다. 결국 2절은 시내산 강림으로 반포된 율법의 수여 장면(출 19–24장 ; 신 4장)을 시적으로 되울리는 셈이다. 세일산에서 일어나시는 야웨 이미지와 바란산에서 빛을 비추시는 이미지는 하나님의 거룩함이 폭발한, 즉 불타는 율례가 이스라엘을 징벌하고 정화한 광야 경험을 압축한다.

3~4절은 야웨의 이스라엘 사랑 증표는 모든 성도가 야웨의 장중에 붙들려 주의 발 앞에 앉아 주의 말씀을 받는 모습, 즉 시내산에서 율법을 받는 모습이다. 이것이 야웨 하나님께서 이스라엘을 당신의 성민이자 언약백성으로 삼고자 사랑의 줄로 묶어 주시는 과정이다. 야웨 하나님의 율법을 지키도록 요구받는 것 자체가 야웨 하나님이 이스라엘을 사랑하시는 증표의 진수다. 과연 하나님께서는 호렙산 총회의 날(출 19–24장 ; 신 4, 9장)에 다양한 시청각

효과를 동원해 이스라엘 총회를 장악했다. 호렙산 야웨의 총회의 기업에 하나님은 직접 왕이 되어 백성을 가르치셨다. 인간 왕이 등장하기 전에 이스라엘에게는 하나님이 왕이 되셨다(출 15 : 18 ; 시 74 : 12). 3절 하반절은 3인칭 복수대명사 '헴'(hēm)을 주어로 하는 상황절이다. '그들'이 강조되었다. 3절의 상반절은 어렵다. 직역은 이렇다. "야웨께서 족속들을 열렬히 사랑하시며 그의 모든 성도들은 그의 손안에 있는 바로 그 상황에서 그들이 당신의 발 앞에 앉았고(3인칭 복수 푸알) 당신의 말씀들로부터 일어선다(나사〈nāśā'〉)." 또는 "심지어 열방 족속들을 사랑하시는 자시여, 그의 성도들이 당신의 손 안에 있습니다. 그들이 당신의 발치에 있고 그는 당신의 말씀들을 지고 다닙니다." 어떤 번역도 분명하지 않다. 심지어 JPS 토라 주석은 '메리버보트 코데쉬'를 해석하지 않고 그냥 지명으로 읽어 버린다.[1] 이처럼 3절의 정확한 의미는 확실히 파악하기가 어렵다. 맥락상 이 절이 이스라엘 백성이 호렙산 총회의 날에 야웨의 율법을 받는 상황을 말한다는 점은 분명하다(2절 시내산, 4절 모세가 토라 중개 언급). 4절은 다소 불확실한 3절의 맥락을 분명하게 밝혀준다.

4절이 가리키듯이 야웨의 가르침을 매개하고 중개한 사람은 모세다. 모세가 이스라엘 백성, 즉 야곱의 총회의 기업에게 율법을 명하였다. 5절은 이 모세의 축복이 겨냥한 때를 가리킨다. 여수룬, 의로운 자들에게 왕이 있었고 백성의 수령들(로쉐 암〈rošê 'ām〉)과 이스라엘의 지파들이 함께 연합되어 있었을 때였다(왕이 등장하기 전의 사사 시대). 이때 여수룬을 다스린 왕은 백성들의 수령을 매개로 이스라엘 모든 지파를 함께 통일시켜 거느린 왕이셨는데, 인간 왕이 아니라 하나님 자신이었다(5절). 즉, 모세의 노래는 하나님을 왕으로 모신 여수룬에게 12지파별로 각각 독특한 복 목록이 예거되고 간청된다. 12지파 중에서 단연코 레위 지파와 요셉 지파가 가장 풍성한 복을 받는다.

---

1) Tigay, *The Message of Deuteronomy*, 320.

## 2. 이스라엘 11지파 축복기원문(33 : 6–25)

6르우벤은 죽지 아니하고 살기를 원하며 그 사람 수가 적지 아니하기를 원하
나이다 7유다에 대한 축복은 이러하니라 일렀으되 여호와여 유다의 음성을
들으시고 그의 백성에게로 인도하시오며 그의 손으로 자기를 위하여 싸우게
하시고 주께서 도우사 그가 그 대적을 치게 하시기를 원하나이다 8레위에 대
하여는 일렀으되 주의 둠밈과 우림이 주의 경건한 자에게 있도다 주께서 그
를 맛사에서 시험하시고 므리바 물가에서 그와 다투셨도다 9그는 그의 부모
에게 대하여 이르기를 내가 그들을 보지 못하였다 하며 그의 형제들을 인정
하지 아니하며 그의 자녀를 알지 아니한 것은 주의 말씀을 준행하고 주의 언
약을 지킴으로 말미암음이로다 10주의 법도를 야곱에게, 주의 율법을 이스라
엘에게 가르치며 주 앞에 분향하고 온전한 번제를 주의 제단 위에 드리리로
다 11여호와여 그의 재산을 풍족하게 하시고 그의 손의 일을 받으소서 그를
대적하여 일어나는 자와 미워하는 자의 허리를 꺾으사 다시 일어나지 못하게
하옵소서 12베냐민에 대하여는 일렀으되 여호와의 사랑을 입은 자는 그 곁에
안전히 살리로다 여호와께서 그를 날이 마치도록 보호하시고 그를 자기 어깨
사이에 있게 하시리로다 13요셉에 대하여는 일렀으되 원하건대 그 땅이 여호
와께 복을 받아 하늘의 보물인 이슬과 땅 아래에 저장한 물과 14태양이 결실
하게 하는 선물과 태음이 자라게 하는 선물과 15옛 산의 좋은 산물과 영원한
작은 언덕의 선물과 16땅의 선물과 거기 충만한 것과 가시떨기나무 가운데에
계시던 이의 은혜로 말미암아 복이 요셉의 머리에, 그의 형제 중 구별한 자의
정수리에 임할지로다 17그는 첫 수송아지같이 위엄이 있으니 그 뿔이 들소의
뿔 같도다 이것으로 민족들을 받아 땅끝까지 이르리니 곧 에브라임의 자손은
만만이요 므낫세의 자손은 천천이리로다 18스불론에 대하여는 일렀으되 스불
론이여 너는 밖으로 나감을 기뻐하라 잇사갈이여 너는 장막에 있음을 즐거워
하라 19그들이 백성들을 불러 산에 이르게 하고 거기에서 의로운 제사를 드릴

것이며 바다의 풍부한 것과 모래에 감추어진 보배를 흡수하리로다 [20]갓에 대하여는 일렀으되 갓을 광대하게 하시는 이에게 찬송을 부를지어다 갓이 암사자같이 엎드리고 팔과 정수리를 찢는도다 [21]그가 자기를 위하여 먼저 기업을 택하였으니 곧 입법자의 분깃으로 준비된 것이로다 그가 백성의 수령들과 함께 와서 여호와의 공의와 이스라엘과 세우신 법도를 행하도다 [22]단에 대하여는 일렀으되 단은 바산에서 뛰어나오는 사자의 새끼로다 [23]납달리에 대하여는 일렀으되 은혜가 풍성하고 여호와의 복이 가득한 납달리여 너는 서쪽과 남쪽을 차지할지로다 [24]아셀에 대하여는 일렀으되 아셀은 아들들 중에 더 복을 받으며 그의 형제에게 기쁨이 되며 그의 발이 기름에 잠길지로다 [25]네 문빗장은 철과 놋이 될 것이니 네가 사는 날을 따라서 능력이 있으리로다

**[33 : 6-25]** 6절은 야곱의 장자 르우벤 지파를 축복한다. 르우벤은 죽지 아니하고 살기를 원하며 그 사람 수가 적지 아니하기를 원한다. 후대 역사를 보면 요단 동쪽에 미리 기업을 얻은 르우벤 지파가 가장 먼저 소멸되는 지파 중 하나임이 드러났다. 모세는 인구 감소에 빠져 영락의 신세를 면치 못할 르우벤 지파가 살아남기를 원하고 인구 감소가 일어나지 않기를 간구한다. 유다에 대해서 모세는, 야웨께서 유다 지파의 음성을 들으시고 야웨의 백성에게로 이끄셔서 그의 손으로 하나님을 위하여 싸우는 선봉으로 삼아 주기를 축원한다. 유다 지파가 자신의 대적(곧 하나님의 대적)을 치실 때 야웨께서 유다 지파의 도움(에제르⟨'ēzer⟩)이 되시기를 간청한다(7절). 가나안 정복전쟁에서 유다 지파의 군사적 업적이 커지기를, 그리고 이스라엘 지파들 중에서 선봉이 되어 싸울 때 야웨의 도우심을 받을 수 있기를 간청한다. 사사기 1 : 1~2은 유다 지파가 가나안 정복의 선봉이 되었다고 말한다. 사사기 1 : 1~21과 여호수아 14~15장은 가나안 정복전쟁에서 유다 지파가 얼마나 혁혁한 선봉대 역할을 했는가를 잘 보여 준다. 모세는 결국 유다 지파가 자신의 대적(혹은 야웨의 대적)을 치는 선봉 역할을 맡기를 축원한 것이며, 이것은 나중에 실현

되었다.

8~11절은 레위 지파가 어떻게 제사장 지파로 택정되었는가를 말하는 원인론적 시문이며 레위 지파를 최고로 축복하는 기원문이다. 33장은 감히 레위 지파 축복문이라고 불러도 될 만큼 모세는 불균형적으로 레위 지파를 두드러지게 축복한다. 무엇보다도 당신의 우림(빛들)과 당신의 둠밈(완전 무결함)(우림과 둠밈은 호박 장식물로 제사장 겉옷에 달린 장신구, 때로는 점치는 도구)이 당신의 경건한 자(하시데카), 즉 레위 지파에게 있기를 간구한다. 그 이유는 맛사에서 이스라엘 백성이 야웨를 시험할 때 레위 지파는 그 일편단심을 야웨께 바쳤다. 물이 없는 상황은 이스라엘이 '야웨가 우리 중에 계신가?'라고 도발적인 문제 제기를 통해 야웨를 시험하는 상황이다. 동시에 그것은 하나님이 이스라엘이 순종하는지 여부를 시험하는 상황이다(신 8 : 2). 8절 하반절의 '그'는 이스라엘 자손을 가리킬 수도 있고 레위 지파를 가리킬 수도 있다. 문맥상 레위 지파라고 보아야 한다. 맛사에서 시험하고 므리바 물가에서 다투던 그 동사들의 선행사는 관계대명사 아쉐르('ăšer) 바로 앞에 있는 하시데카(당신의 경건한 자〈하쉬데카, ḥăsîdekā, your loyal one〉)이기 때문이다. 하나님이 이스라엘을 시험하고 다투던 그 순간은 레위 지파를 시험하시고 므리바 물가에서 야웨 당신이 그 레위 지파와 다투었던 상황이다. 레위 지파는 하나님께 신실함을 드러내기 위해 골육지친들에 대한 애착과 사랑을 끊는 단호함을 과시했기에 칭찬을 받는다. 레위 지파가 부모와 형제를 안면몰수하고 자녀마저 용서하지 않고 배교자를 잡아 처단한 이유는 레위 지파가 하나님의 말씀들을 준행하고 그들이 하나님의 언약을(우버리트카〈wûbĕrîtĕkā〉) 준수하기(인초루〈yinṣōrû〉)를 원했기 때문이다. 그래서 모세는 레위 지파가 하나님의 법도(미쉬파트)와 하나님의 율법(토라)을 이스라엘에게 가르치기를 축원한다. 더 나아가 레위 지파가 하나님의 코에 향을 피워내는 온전한 번제를 하나님의 제단에 드리기를 축복한다. 10절 하반절에는 레위기의 제사신학적 신인동형론 표현이 나온다. "야시무 커토라 쁘아페카"(yāśîmû qĕṭôrā bĕ'apekā).

"그들이 당신의 코에 향 피워 올리기를!" 하나님은 이스라엘의 번제에서 나는 향기를 흠향하시고 기뻐하신다(창 8 : 21, 봐야라흐 아도나이 엩-레아흐 한니호아흐〈wayyāraḥ Yahweh ’et-rêaḥ hannîḥôaḥ='그리고 야웨께서 그 향기나는 냄새를 맡으셨다'〉). 레위기에는 "이는 화제라 여호와께 향기로운 냄새니라"(1 : 9)는 구절이 후렴구처럼 자주 등장한다. 레위 지파는 정결의 헌신을 상징하는 향을 피워 야웨 하나님의 거룩한 현존을 이스라엘이 받아들이고 영접할 분위기를 조성해야 한다. 향은 이스라엘의 정결케 된 마음이다. 거룩하게 성별된 향이 피워진 마음 지성소에 거룩하신 우리 하나님이 임재하신다. 개역개정은 "……드리리로다"라고 번역했으나 '드리기를!'로 번역하는 것이 축복기원문에 더 타당한 읽기다. 11절은 레위 지파의 풍요를 기원한다. "야웨께서 그의 재산(헬로, ḥêlô)을 풍족하게 하시며 그의 손의 일을 받으소서. 그의 대적자를 꺾으셔서 다시 재기하지 못하게 하소서." 레위 지파는 목초지 이외 별도의 농경지를 갖지 못한다. 이스라엘 세속 지파들이 하나님께 바치는 제물로 살아간다. 따라서 레위 지파는 이스라엘 지파들의 영적 이완과 배교적 경향이 강해질수록 생계 자체가 위태로워져 항상 객, 고아, 과부 등과 함께 사회보장기금으로 연명하는 신세로 전락했다. 레위 지파가 풍족해지는 것은 이스라엘 세속 지파들이 하나님께 순전한 신앙을 유지하여야만 가능하다. 레위 지파의 대적은 우상 숭배자, 배교자, 그리고 부정한 자들로서 야웨 하나님에 대한 일편단심 신앙을 앗아 가거나 와해시키는 자들이다. 이들을 꺾으사 재기하지 못하게 한다는 것은 하나님의 거룩한 율법훼손자들, 언약배반자들이 득세하지 못하고 몰락되기를 간구하는 것이다. 이런 미래 정황을 간파했는지, 모세는 레위 지파의 유여한 생활을 위해 축복하고 레위 지파의 대적자들, 잠재적 배교자들과 우상 숭배자들을 꺾어 주시길 기원한다.

12절은 베냐민 지파에 대한 축복기원문이다. 모세는 베냐민 지파를 여호와의 사랑을 입은 자(여디드 아도나이)라고 부르며 "야웨 곁에(알라이브〈'allayw〉) 안전히 거주하기를!"이라고 기원한다. 개역개정은 기원문을 어떤 때는 간청

피력 기원문으로, 좀 더 자주는 미래서술문으로 바꾸어 번역하는데, 이 글의 장르를 축복기원문이 아니라 예언이라고 보는 듯하다. "……그 곁에 안전히 살리로다 여호와께서 그를 날이 마치도록 보호하시고 그를 자기 어깨 사이에 있게 하시리로다" 베냐민 지파의 미래를 서술하는 것처럼 보인다. 오히려 "야웨의 사랑을 입은 자(여디 아도나이)여! 모든 날 동안 야웨께서 그를 덮으시고 그가 그(야웨)의 어깨 사이에 거주하기를!"로 번역하는 것이 축복기원문의 장르를 더 충실히 반영한 읽기다. 베냐민 지파가 자리 잡은 곳이 야웨의 어깨 사이에 있는 것처럼 안전하기를 기원한다. 베냐민 지파는 아래는 군사적으로 용맹한 유다 지파와 위로는 요셉 지파 사이에 끼어 있다. 12지파의 두 향도 지파 사이에 터잡은 베냐민 지파는 야웨의 어깨 사이에 거주하는 것처럼 안전히 살기를 간청하는 것이다.

13~17절이 요셉 지파 축복기원문이다. 레위 지파에 대한 축복기원보다 더 간절하고 풍성하다. 모세의 축복 시에서 레위 지파와 더불어 가장 큰 복을 받은 지파는 요셉 지파다(창 48 : 22, "내가 네게 네 형제보다 세겜 땅〈혹은 한 몫〉을 더 주었나니……"). 모세는 요셉 지파의 터가 누릴 아주 유여하고 풍성한 농경지리적 조건들, 그가 향후에 발휘하게 될 지도력, 군사적 위력 등을 망라해서 복을 기원한다. 특히 야웨께 복 받은 농경지를 요셉 지파가 누리길 기원한다. 물산, 기후 등 모든 조건(하늘보물인 이슬과 땅 아래 물, 일조량, 월조량)의 복이 요셉의 정수리, 형제 중 구별된 자의 정수리에 임하길 간구한다. 태양빛으로 결실되는 최고의 농산물과 달빛(태음) 아래 결실되는 최고의 결실이 요셉에게 넘치길 간구한다. 옛 산(오래된 산, 오랫동안 존재해 온 산, 하르레-케뎀〈harĕrê-qedem〉)에서 재배되는 좋은 농산물과 영원한(지진 등으로 무너지지 않을 견고한) 작은 언덕(기브오트 올람〈gibĕ'ôth 'ôlām〉)에서 나는 농산물, 평지 땅의 선물과 거기 충만한 산물이 출애굽기 3장의 그 가시떨기나무 가운데 계시던 야웨의 은혜로 주어지길 간구한다. 이 모든 복과 선물이 요셉의 머리와 정수리에 임하길, 그리고 군사적 위력(첫 수송아지의 위엄과 들소의 뿔)

이 막강해져 민족들을 들이박아 영토를 크게 확장하기를(수 17장) 간구한다. 마지막으로 "에브라임 자손은 만만으로 므낫세 자손은 천천으로 크게 번성하기를!"이라고 기원한다. 에브라임 지파가 더욱 두드러지게 번성하도록 축원한다. 에브라임 지파가 북이스라엘 왕국의 중심 지파로 맹활약할 것을 미리 보여 주는 듯한 예언시다.

18~19절은 스불론 지파와 잇사갈 지파를 한데 묶어 대비시켜 축복한다. 스불론 지파는 외부 확장적인 가운데 번성하기를("밖으로 나감을 기뻐하라"), 잇사갈 지파는 장막을 지키는 가운데 안정을 누리기를 기원한다. 아마도 이 두 지파가 밖으로 나가고 장막을 지키는 역할 분담을 통해 공동의 번영을 도모할 복을 기원하는 것처럼 보인다. 19절은 두 지파의 복된 역할을 묘사한다. 그들이 열방 백성(암밈)들을 불러 산에 이르게 하고 거기에서 의(義)의 희생제사(지브헤-체데크〈zibĕḥê-ṣedeq〉)를 드릴 것이며, 두 지파가 바다의 풍부한 것과 모래에 감추어진 보배를 흡수하기를 빈다. 두 지파가 바다에 나가 해산물, 해운업 혹은 광업 등을 통해 번영을 누려 종교적인 리더십을 발휘할 것을 기원한다. 이웃의 여러 족속들을 야웨 신앙으로 인도하는 의의 제사를 집전하고 주도하는 복을 빈다. 스불론 지파와 잇사갈 지파의 경우 경제적 번영이 종교적 활동과 지도력으로 발전되기를 간청한 것이다.

20~21절은 갓 지파를 향한 축복문이다. 구약성서 다른 데서는 거의 존재감이 없는 갓 지파의 미래에 대한 모세의 축복 기원은 상서롭고 감동적이다. 모세는 갓(Gad) 지파를 "광대하게 하시는 이에게 찬송을 부를지어다"라고 말한다. 하나님께서 갓을 광대하게 하실 것을 기원한다. 갓이 암사자같이 엎드려 대적의 팔과 정수리를 찢는 용맹스러운 미래활약을 할 것을 기원한다. 모세는 창세기 49장에서 야곱이 유다 지파에게 임하기를 기원한 그 복을 두고 여기서는 갓 지파에게 임하기를 기원한다. 갓 지파는 이미 요단 동쪽 영토 정복의 선봉대 중의 하나였다. 갓 지파는 요단 동쪽에서 먼저 기업을 선택했고, 그곳에서 입법자의 분깃을 차지하도록 간청한다. 모세는 갓 지파가 백성

의 수령들과 함께 와서 여호와의 공의와 이스라엘과 세우신 법도를 준행하기를 간청한다.

22절은 단 지파에 대한 간략한 축복문을 소개한다. 단은 바산에서 뛰어나오는 사자의 새끼다. 단은 완전히 만개한 세력이 아니라 장차 커질 잠재력을 가진 지파가 되기를 축복한다. 바산은 요단 동쪽 지역의 북방으로서 단 지파의 터와 비교적 가깝다. 바산 지역 일대를 호령할 용감한 지파가 되기를 간구한다.

23절은 납달리 지파에 대한 영적, 영토적 복을 간구하는 모세의 기도다. "은혜가 풍성하고 여호와의 복이 가득한 납달리"가 서쪽(지중해 바다쪽) 영토와 남쪽 영토를 차지하기를 빈다. 가나안 땅 영토를 차지하는 것은 야웨의 호의(라촌)로 배부름을 받고 '비르코트 아도나이'(birkôth yahweh, 야웨의 복들)가 사람들에게 가득 차게 임하는 복이다. 납달리 지파는 납달리 지파의 사사 드보라 때 중부 가나안 곡창지대와 그것의 서쪽 해안 평야지대를 정복하는데 혁혁한 공로를 세웠다. 모세의 축복기원이 어느 정도 실현되었던 셈이다.

24~25절은 아셀 지파를 축복하는 축복기원문이다. 아셀 지파는 이름 뜻 그대로 복된 지파다. 모세는 아셀 지파가 아들들(지파들) 중에 더 복을 받으며 그의 형제에게 기쁨이 되고 그의 발이 기름에 잠기게 되기를 기원한다(24절). 기름진 땅을 밟고 경작하기를 바라고, 아셀이 받은 복이 다른 형제들에게 복이 되기를 간구한다. 모세는 특히 아셀 지파의 문빗장은 철과 놋이 될 것이니 그의 안전 보장은 튼튼하며, 사는 날 동안 내내 능력을 발휘하며 살기를 빈다(25절). 시므온 지파만 누락된 채 11지파 개별적 축복기도문이 끝난다.

### 3. 비길 데 없는 절대 유일 하나님 야웨와 행복한 백성 이스라엘(33 : 26-29)

[26]여수룬이여 하나님 같은 이가 없도다 그가 너를 도우시려고 하늘을 타고 궁

창에서 위엄을 나타내시는도다 [27]영원하신 하나님이 네 처소가 되시니 그의 영원하신 팔이 네 아래에 있도다 그가 네 앞에서 대적을 쫓으시며 멸하라 하시도다 [28]이스라엘이 안전히 거하며 야곱의 샘은 곡식과 새 포도주의 땅에 홀로 있나니 곧 그의 하늘이 이슬을 내리는 곳에로다 [29]이스라엘이여 너는 행복한 사람이로다 여호와의 구원을 너같이 얻은 백성이 누구냐 그는 너를 돕는 방패시요 네 영광의 칼이시로다 네 대적이 네게 복종하리니 네가 그들의 높은 곳을 밟으리로다

**[33 : 26-29]** 26~29절은 다시 여수룬의 행복을 말한다. 수미쌍관구조처럼 1~5절의 여수룬 단락에 상응하는 여수룬 단락이 33장의 결론부를 이룬다. 개역개정 26절은 여수룬을 호격으로 읽어 '여수룬이여'라고 번역하는데, 반드시 그렇게 읽을 필요가 없다. 여수룬을 오히려 엘과 하나로 묶인 연계형의 절대격으로 보는 것이 좋다.[2] '여수룬의 하나님 같은 이가 없도다.' 26절의 히브리어 구문을 직역하면 이렇다. "여수룬의 하나님 같은 이가 없도다. 너의 도움이 되실 때 하늘들을 타시고 그의 위엄으로 궁창을 타고 계시는 분(로켑〈rôkēb〉)." 개역개정은 26절을 과도한 역동적 동사구문으로 만들었는데, 실상 여수룬 같은 하나님이 어떤 분인가를 묘사하는 분사형구문이다. 이렇게 친밀하고 자상하게 여수룬을 도우시는 하나님은 이스라엘이 영원히 의지하고 안기고 싶은 하나님이다. 영원의 하나님(엘로헤 케뎀〈elôhê qedem〉, 영원히 신실하신 하나님, eternally trustworthy God)이 여수룬의 처소(mě'ônā ; 출 15 : 18 ; 시 90 : 1[아도나이 마온 아타 하이타 라누 쁘도르 봐도르〈ădônay mā'ôn 'ātā hāyîtā〉)가 되고 그의 영원의 팔(영구여일한 팔)이 여수룬(의롭게 된 자, 야사르〈yāšar〉의 커툴형〈qěṭûl〉, 즉 수동분사형)을 안고 계신다. '여수룬 아래에 야웨의 영원의 팔이 있다'는 말은 야웨의 팔(권능)이 여수룬을 보듬어 안고 있다는 뜻이다. 여수룬을 팔에 안으신 야웨께서 이스라엘 앞에서 대

---

2) 29절의 "이스라엘이여!"와 호응관계를 생각하면 호격으로 읽는 것이 불가능한 것은 아니다.

적을 쫓아내셨다. 그리고 말씀하셨다. "멸하라." 야웨의 대적 추방은 이미 완료되었고 이스라엘은 야웨의 이 추방명령을 집행하기 위해 멸망시켜야 한다(hašĕmēd, 샤마드〈šāmad〉 동사의 히필명령 2인칭 남성단수). 추방은 야웨 하나님의 과업이자 진멸은 이스라엘 여수룬의 몫이라는 것이다. 이것이 구약성서의 비대칭적 신인 협력 모델이다. 이것은 흔히 말하는 펠라기우스적 신인 협력 모델이 아니다. 비대칭적인, 거의 일방적인 신주도적이며 인간응답적 협력 모델이다. 야웨 하나님의 선행적(先行的) 대적 추방 없이는 이스라엘의 대적 진멸은 있을 수 없다. 하나님께서 이겨 놓으신 승리를 이스라엘은 추수하고 수확하는 것이다. 대적을 진멸한 후에야 이스라엘이 홀로 안전히 거하게 될 것이다. '홀로'는 가나안 원주민들과 뒤섞이지 않고 단일하게(신 22 : 9-11) 거주한다는 말이다. 개역개정은 '홀로'를 너무 뒤에 배치하여 전반적으로 어색한 번역을 하고 있다. '이스라엘이 홀로 안전히 거하리라.', '홀로 있다'는 서술어의 주어는 이스라엘이지(참조. 민 23 : 9, "이 백성은 홀로 살 것이라"〈헌-암 르바다드 이쉬콘, hen-'am lĕbādād yiškōn〉) 야곱의 샘이 아니다. 28절의 나머지 구문은 직역하면 '야곱의 샘은 곡식과 새 포도주의 땅쪽으로 (물대고) 그의(하나님) 하늘이 이슬을 내리도다.'이다. 여수룬의 땅은 아래는 샘물과 위로는 하늘 이슬로 곡식과 새 포도주를 재배한다는 말이다. 이렇게까지 자상하게 자신의 백성을 돌보는 하나님이 없다! 29절은 여수룬의 행복을 다시 강조한다. '이스라엘이여 너! 참 복되도다!' 29절 나머지 소절들은 '이스라엘이 참 복되도다'라고 선언되는 이유를 말한다. 직역하면, "너처럼 너의 도움이신 방패, 네 영광의 칼이 되신 여호와께 구원받은 백성이 누구냐?"이다. 네 대적들이 네게 복종함으로 네 자신(아타, 2인칭 남성단수 대명사를 주어로 하는 상황절 도입)이 친히 그의(개역개정 '그들의') 산당들(바모테모〈bāmôtêmô〉, 개역개정, '높은 곳들')을 밟을 것이다(정복하다, 유린하다〈 12 : 3〉). 야웨께 구원받은 이스라엘은 대적을 압도하고 복종시켜 그들의 종교 제단을 정복하고 밟을 것이다. 야웨께 받은 구원의 궁극적 표현은 대적을 복종시키고 그들의 우상제단들을 해체하는 것이다. 33장의 마지막 절은 여호수아의 가나안 정복전쟁 분위기를 이미 상당히 진작시키고 있다. 하늘을 타고 궁창에서 위엄을 과시하는 하나님은, 천지를 주관하시는 대주재 하나님의 신적 통치권 작동을 이스라엘의 가나안 원주민 정복을 통해 구현하시려고 하신다.

## 설교를 위한 묵상

11지파의 축복문을 통해 우리 성도가 누릴 복을 생각해 볼 수 있다. 창세기 49장이나 사사기 5장 등 유사 장르 본문에 비해 언급된 모든 지파들이 축복을 받고 있다. 개별 지파들이 받는 복은 반드시 다른 지파에게 유익이 되고 복이 된다는 점이 특이하다. 가나안 땅에서 이뤄진 긴 시간의 역사 속에서 개별 지파들이 어떻게 복을 받고 번영했는지를 자세히 추적하기는 힘들다. 모세의 축복이 어느 정도 실현되었는지를 가늠하기가 쉽지 않다. 그러나 대체로 모세의 축복이 개별 지파들의 미래에 실현되었다. 11지파가 받은 복은 대부분은 유다, 레위, 그리고 요셉 지파를 제외하고는, 현세적이고 지리정치적인 복, 농사에 유리한 천혜자연조건 등과 관련된 복이다. 이스라엘 지파 축복기원문들은 네 가지 진리를 가르쳐 준다.

첫째, 각 지파에게 할당된 땅은 나름대로 다 하나님의 배려와 복이 깃든 영토 배분의 결과라는 것이다. 구약성서의 역사에서 별다른 존재감이 없는 지파들도 하나님의 눈에 보시기에는 다 특별한 혜택을 누리기에 부족함이 없다는 것이다. 베냐민, 납달리, 아셀 지파에게는 터잡은 땅의 입지조건이 모세가 복을 기원하는 주내용이다. 지파들은 아마도, "여호와는 나의 산업과 나의 잔의 소득이시니 나의 분깃을 지키시나이다 내게 줄로 재어 준 구역은 아름다운 곳에 있음이여 나의 기업이 실로 아름답도다"(시 16 : 5-6)라고 찬양했을 것이다. 둘째, 지파마다 받은 복이 분량이 다르다는 것이다. 심지어 시므온은 축복기도문 대상에서 누락되었다. 모세는 단 한 줄로 축복해 주기도 하고 네다섯 줄로 복을 빌어 주기도 한다. 그러나 각 지파의 복이 우열로 비교되는 것 같지는 않다. 우리가 하나님께 받은 복은 지파별의 복 차이만큼이나 차이가 날 수 있다는 것이다.

셋째, 어떤 지파는 축복기원문이 후대의 역사에서 충실하게 실현되기도 했으나(유다, 레위, 요셉), 어떤 지파는 모세의 축복기원문의 실현 여부가 명료하게 확인 안 되고 있다. 잇사갈 지파와 갓 지파의 경우, 상당히 현저한 축복을 받았으나 후대의 역사에서 이런 복을 구현했는지 혹은 맛보았는지가 분명하지 않다. 우리는 잇사갈 지파가 백성들(이스라엘 다른 지파 혹은 인근 족속들 지칭)을 불러 산에 이르게 하고 거기에서 의로운 제사를 드리는 일에 앞장선 역사를 알지 못한다. 언제 어떤 맥락에서 갓 지파가 암사자같이 용맹무쌍한 무공을 세웠는지, 입법자의 분깃을 얻어 백성(이스라엘의 다른 지파인지, 인근 족속들인지)의 수령들과 함께 와서 여호와의 공의와 법도를 준행했는지를 모른다. 그냥 기원문으로 끝난 것이 아닌가 싶다. 즉, 모세의 축복기원문이 현실화되려면 예언적인 성격의 개별적 기원문으로 축복받은 지파들의 능동적 노력도 요청되는 것이 아닌가 하는 생각이 든다.

마지막으로 33장의 지파 축복기원문은 단연 레위 지파를 돋보이게 만드는 기원문이라는 사실이다. 나머지 지파들은 엑스트라로 동원된 느낌이 들 정도로 레위 지파가 받은 복은 다대하다. 레위 지파만이 자신의 특정시점의 행적(공로) 때문에 압도적으로 독특한 복을 받을 것으로 기대된다. 유다 지파와 요셉 지파가 앞으로 발휘하게 될 정치적 지도력도 레위 지파의 복 앞에는 무색해진다. 레위 지파는 모세가 속한 지파로서 맛사와 므리바에서 이스라엘 백성이 모두 '야웨가 우리 가운데 계신가 안 계신가?'라고 의심하며 극한의 불평을 터뜨렸을 때 단호하게 모세의 편에 섰던 사람들로 추정된다(출 32-33장 상황 재연 ; 혹은 민 25 : 10-15의 비느하스의 야웨를 위한 질투). 적어도 모세는 객과 고아와 과부와 함께 이스라엘의 사회적 환대와 자비의 수혜자로 분류되는 사태에도 아랑곳하지 않고 레위 지파의 물질적 풍요를 위해 복을 빈다. 레위 지파는 이스라엘의 영적 인도를 위해 점치는 데 사용되는 주의 둠밈과 우림을 보관하는 주의 경건한 자이며, 부모, 골육지친, 형제들에게까지 혈육의 정을 끊을 만큼 단호하게 야웨의 편에 섰다. 주의 말씀을 준행하고 주의 언약을 지키기 위한 열정에서 이런 혈연적 유대를 부정했던 것이다. 야웨의 율법을 가르칠 영적 교사, 이스라엘의 제사를 하나님께 드릴 제사장이 가져야 할 거룩성 유지를 위한 결단이었다. 그러나 11절은 그의 장래를 애매모호하게 예상한다. "여호와여 그의 재산을 풍족하게 하시고 그의 손의 일을 받으소서 그를 대적하여 일어나는 자와 미워하는 자의 허리를 꺾으사 다시 일어나지 못하게 하옵소서" 이런 축복기도문에도 불구하고 레위인들은 사사 시대부터 가난을 면치 못해 유리방황하는 모습을 보인다.

사사기 17~19장은 레위인의 물질적 궁핍과 그로 인한 영적 위엄 상실, 그리고 레위인의 영적, 도덕적 일탈을 생생하게 보여 준다. 사사기의 무정부 상황과 혼란의 책임에는 레위인에 대한 이스라엘 세속 지파들의 홀대와 하대, 그리고 레위인들 자신의 도덕적 타락이 있었던 것처럼 보인다. 미가의 집에 사설(가정)제사장으로 고용되는 레위인 청년 이야기가 나온다. 자신에게 먹을 것을 주는 미가에게 가정 제사장으로 취업한 것이다(삿 17 : 7-13). 이 레위 제사장은 나중에 단 지파의 무장 남자 600명에게 단 지파의 제사장으로 승격되고 고용되어 단 지파의 땅으로 임의로 따라간다(삿 18 : 14-20). 레위인은 거주할 곳, 즉 자신을 제사장으로 대우할 지파들을 찾아다닌다. 가나안 땅에 들어간 후 전개된 이스라엘 백성의 역사는 레위 지파 결핍과 방랑의 역사라고 봐도 될 만큼 레위 지파는 홀대받았던 것처럼 보인다. 신명기 33 : 11은 레위 지파에게 성취되지 않은 기도문이었던 것처럼 보인다. 이처럼 모세가 각 지파를 위해 드린 축복기원은 인간의 죄악과 불순종으로 응답되지 못한 공중에 흩어진 기도가 되어 버리기도 했던 것같다. 객과 고아, 과부와 함께 이스라엘 사회의 경제적 최약자가 된 레위인의 방랑과 궁핍의 역사를 보면, 이스라엘이 하나님을 홀대하고 야웨를 멸시한 그만큼 레위 지파도 홀대하고 외면했던 것이 분명하다. 하나님의 종이 비는 축복기원은 그것을 믿고 이루려는 인간의 능동적 분투를 요청하는 것이 분명해 보인다.

# B. 모세의 죽음, 이름을 남긴 모세, 그리고 후속되는 예언자들의 전범(34 : 1-12)

## 1. 모세의 죽음(34 : 1-9)

1모세가 모압 평지에서 느보산에 올라가 여리고 맞은편 비스가산 꼭대기에
이르매 여호와께서 길르앗 온 땅을 단까지 보이시고 2또 온 납달리와 에브라

임과 므낫세의 땅과 서해까지의 유다 온 땅과 [3]네겝과 종려나무의 성읍 여리
고 골짜기 평지를 소알까지 보이시고 [4]여호와께서 그에게 이르시되 이는 내
가 아브라함과 이삭과 야곱에게 맹세하여 그의 후손에게 주리라 한 땅이라
내가 네 눈으로 보게 하였거니와 너는 그리로 건너가지 못하리라 하시매 [5]이
에 여호와의 종 모세가 여호와의 말씀대로 모압 땅에서 죽어 [6]벳브올 맞은편
모압 땅에 있는 골짜기에 장사되었고 오늘까지 그의 묻힌 곳을 아는 자가 없
느니라 [7]모세가 죽을 때 나이 백이십 세였으나 그의 눈이 흐리지 아니하였고
기력이 쇠하지 아니하였더라 [8]이스라엘 자손이 모압 평지에서 모세를 위하여
애곡하는 기간이 끝나도록 모세를 위하여 삼십 일을 애곡하니라 [9]모세가 눈
의 아들 여호수아에게 안수하였으므로 그에게 지혜의 영이 충만하니 이스라
엘 자손이 여호와께서 모세에게 명령하신 대로 여호수아의 말을 순종하였더라

**[34 : 1-9]** 1~9절은 모세의 퇴장과 최종 사역을 말하고 10~12절은 모세의 독보적인 중보자 지위에 대해 평가한다. 하나님께서는 죽음을 맞이하기 위해 자의 반, 타의 반 은퇴당한 느보산의 모세에게 가나안을 보여 주신다. 모세에게 보여 주신 땅(1-3절)은 이스라엘이 차지하게 될 영토의 동북단 서쪽 경계(단까지 길르앗 온 땅)와 가나안 중부 곡창지대(온 납달리와 에브라임과 므낫세의 땅과 서해까지의 유다 온 땅)와 남쪽 경계(온 납달리와 에브라임과 므낫세의 땅과 서해까지의 유다 온 땅)다. 아브라함, 이삭, 야곱에게 주리라고 맹세한 땅의 경계를 확정하신 후 하나님은 모세에게 "네가 눈으로 이 땅을 바라보는 것은 허락되었으나 그 땅으로 건너가지 못한다."고 다시 못 박으신다(4절). 4절의 마지막 소절은 '샴마 로 타아보르'(šammā lô' ta'ăbôr)다. '거기로 못 들어간다.' 샴마가 강조된다. '그리로', 즉 가나안 땅으로 넘어가지 못한다. 모세의 필생 소원은 좌절된다. 이에 모세는 어쩌면 이 냉혹하고 추상적인 선고를 듣고 절망하듯이 곧 죽는다(5절). 5절의 와우연속미완료 문장이 모세의 죽음을 이 가혹해 보이는 하나님 선언과 연결해 읽도록 도와준다. 이에 모세가 죽었

다. "봐야마트 샴 모세 에베드-아도나이 쁘에레쯔 모압 알-피 아도나이." 야웨의 종 모세가 야웨의 선고에 따라 모압 땅에서 죽었다. 하나님의 거룩한 타살이시다. 120세의 모세는 기력이 왕성했으니 자연사는 아니다(7절). 하나님의 신비한 방법(알-피 아도나이)으로 죽음을 허락하신 것이다. 6절은 모세가 매장된 곳을 말한다. 자신이 신명기에서 그 긴 하루 동안('오늘') 율법강론을 시작하던 그 장소에서 곧 사명의 자리에서 죽어 묻혔다. 그런데 그의 무덤 위치는 신명기가 쓰여지던 그 당시까지 알려지지 않았다(6절). 비영웅적인 죽음과 매장이었다. 구약성서와 유대교는 성인 무덤 경배 사상을 낯설어한다. 예수님 당시 바리새인들과 서기관들이 선지자들의 무덤을 관리하면서 경건을 가장했을 때 예수님은 그런 선지자 무덤 관리 종교 양태를 신랄하게 비판하셨다. 그러나 이스라엘 백성의 애도는 30일간 계속되었다(8절 ; 창 50장 야곱과 요셉의 장례 애도 비교). 모세가 죽기 전 그의 최종 사역은 여호수아에게 안수하는 일이었다. 모세가 눈의 아들 여호수아에게 안수하자 그에게 지혜의 영이 충만해졌다. 그 결과 이스라엘 자손이 여호와께서 모세에게 명령하신 대로 여호수아의 말을 순종하였다. 모세는 후계자 여호수아에게 지도자 카리스마를 넘겨주었다.

## 2. 사후에 예언자의 최고 전범(典範)으로 평가되는 모세(34 : 10-12)

> [10]그 후에는 이스라엘에 모세와 같은 선지자가 일어나지 못하였나니 모세는
> 여호와께서 대면하여 아시던 자요 [11]여호와께서 그를 애굽 땅에 보내사 바로
> 와 그의 모든 신하와 그의 온 땅에 모든 이적과 기사와 [12]모든 큰 권능과 위엄
> 을 행하게 하시매 온 이스라엘의 목전에서 그것을 행한 자이더라

**[34 : 10-12]** 10~12절은 모세의 역사적 지위와 위상을 평가한다. 이 평가는 책으로 된 신명기 최종 저자의 평가다. 신명기의 모든 구원사 전승을 만들어

전해 준 실제 저자는 하나님의 종 모세다. 그러나 책으로 된 신명기의 최종 저자는 아주 먼 후대의 저자다. 그는 이스라엘 구원사를 통사(通史)로 알고 있는 사람이며 예언자들의 흥기와 부침 역사를 숙지한 사람이다. 가나안 땅에서 일어난 600년 이스라엘 구원사를 관통하며 일람한 저자다. 그가 보기에 모세는 실로 '쑤이 제네리스'(sui generis, 독특한) 예언자였다. 아무도 비견되거나 비교될 수 없다. 두 가지 점에서 그는 쑤이 제네리스 예언자다. 첫째, 하나님과 대면하여 대화했던 예언자다(10절). 하나님께서는 당신이 얼굴과 얼굴을 맞대고 대화하듯이 모세와 소통하셨다. 둘째, 이스라엘 구원사를 개시한 그 위대한 유일회적 출애굽 구원대사 동안에 야웨의 권능을 파라오와 그 신하들과 그 온 땅에 과시하되, 이스라엘 목전에서 과시했다(11-12절).

## 설교를 위한 묵상

성서의 세계관적 전제 중의 하나는 '말씀하시는 하나님' 이해이다. 성서는 창조주 하나님이 이 창조 세계 속에서 또한 자신을 계시하시는 하나님임을 증언하고 있다. 고대 이스라엘도 고대 중동의 인근 민족처럼 초월적인 신의 비의를 꿰뚫어 보려는 신탁적 수단들을 공유했다. 진언(soothsaying), 징조나 꿈의 해석, 제비뽑기, 우림과 둠밈을 통한 점괘 찾기 등은 성서 안에서도 발견되고 있다. 그러나 이 고대 중근동 인근 민족들과 결정적으로 판이한 것은 이스라엘 민족은 역사 안에서 하나님께서 초월적인 말씀을 계시했다고 주장하고 있다는 점이다(*Encyclopedia of Religion* vol. 12, 359). 제임스 바아(James Barr)는 '성서적 계시의 본질은, 자연적 계시가 아니라 역사적 계시이며 명제적 사실 진술의 계시라기보다는 인격적인 계시'라고 지적하고 있다("Revelation", *IDB* Vol. 5, 54-55). 즉, 어떤 원자적이고 파편적인 신탁의 전달이라기보다는 역사 전체의 의미와 목적을 가르쳐 주는 '대면', '교제', 그리고 '관계성'을 통한 계시였다는 것이다.

구약성서에서 하나님의 계시 행위를 표현하는 동사는 대개 네 부류로 나뉜다

(*Encyclopedia of Religion* vol. 12, 359). 그것은 ① '벗기다'(삼상 9 : 15 ; 시 119 : 18 ; 창 35 : 7 ; 사 22 : 14 ; 신 29 : 29 ; 사 40 : 15 ; 시 98 : 2), ② '선포하다', '자신을 알리다'(출 6 : 2 ; 25 : 22 ; 겔 20 : 9 ; 사 64 : 2 ; 시 25 : 4 ; 시 119), ③ '보도하다', '의사소통하다', ④ '말하다' 등이다. 이 모든 용례의 공통적인 요소는 하나님의 계시적 의도의 일관성과 궁극성이다. 역사 중간중간에 나타난 하나님의 계시는 보다 더 심오하고 전체적인 하나님의 구속 계획의 통전적 완성을 위해 일관성 있게 그리고 궁극적 목표를 향해 전진을 거듭했다. 성서의 내적 일관성은 하나님의 창조-타락-구속과정에 나타난 계시의 점진적 유기적 완성에 의해 담보되고 있다.[3] 신명기는 하나님의 창조-타락-구속이라는 기독교 세계관을 철저하게 반영하고 있다. 이스라엘이 역사 안에서 만난 하나님 야웨는 종교적 천재의 득도의 산물이 아니요 철저한 하나님 주도적인 계시 역사와 그 동반어적인 해석 안에서 발견된 하나님인 것이다. 즉, 신명기의 윤리적이고 유일하신 하나님, 온 인간의 내외적인 충성을 요구하는 절대적인 요구를 갖고 압박해 오는 계약의 하나님은 하나님 편에서의 계시의 산물이지, 인간의 구도자적인 추구의 성과물이 아니다. 계시가 모든 신인식과 인간의 자아인식 및 세계인식의 단초라는 것이다. 신명기에 나타난 하나님은 인간을 향한 그 요구에 있어서, 당신 자신의 본질을 윤리적 유일신 하나님이요 인간과 계약을 체결하시는 계약의 하나님으로 드러내셨다. 이 하나님 이해에 의해 야기된 이스라엘의 자기 정체성 이해는 인간의 보편적 종교의 발생 에너지인 에로스의 결정물이 아니라 하나님의 아가페의 산물이라는 것이다.

결국 신명기의 저작 속에 나타난 하나님 이해와 이스라엘의 자기 이해는 출애굽 구원, 시내산 계약, 광야 인도, 땅 정복이라는 일련의 구속적 역사에 참여한 세대에게서 가장 일차적이고 적합한 해석이 가능해진다는 것이다. 출애굽 구원이 사실이라면 그것의 의미를 해석해 준 해석학적인 동반어인 시내산 계약 사건의 역사성도 아울러 확보될 수 있을 것이다. 발터 침멀리는 "출애굽 역사의 의미는 구속적 사건의 동반어(Begleitendes Wort)를 요청하고 있다."라고 언명하고 있다.[4] 이런 점에서 신명기는 출애굽 구원이라는 강력하고도 생생한 집단적 체험이라는 전사(前史)를

---

3) Willem van Gemeren, *The Progress of Redemption* (Grand Rapids, MI. : Zondervan Publishing Company, 1988), 3-17.
4) Zimmerli, *The Old Testament and the World*, 80.

바탕으로 위기의 역사 속에서 계약백성의 정체성을 심화시키는 집단적인 영적 비망록이다.

신명기에 나타난 이스라엘의 자기 이해와 이것을 야기한 하나님 이해는 점진적 종교심리학적 의식의 파생물이 아니라 일시에 발생한 구속 체험의 정수다. 신명기에 나타난 이스라엘의 하나님 이해와 자기 이해는 주전 7세기 요시야 종교개혁 시점에 회복되고 재발견된 것일 수는 있어도 그때 처음으로 창안된 신학사상이 아닌 것이다. 신명기에 나타난 계약백성의 정체성과 유일신 하나님 이해는 이스라엘의 존재 종점에서 비로소 터득된 것이 아니라 재발견되었으며 기억된 것일 뿐이었음을 밝혔다. 역설적으로 이스라엘의 존재 시점에 주어졌던 토라인 신명기는 이스라엘의 가나안 정착 역사의 종점에서야 재발견되고 기억되었던 것이다. 종교진화론이라는 선입견을 가지면 신명기는 분명히 주전 8세기 예언자들의 예언활동의 수확물로 해석될 수도 있다. 모세의 신명기는 후대의 모든 예언자들의 영감의 원천이요 의지할 권위였다. 예언자들의 예언 근거는, 이스라엘의 멸망기의 위기 해석학으로 저작된 하나님의 토라, 즉 신명기 전승이었다. 신명기는 예언자의 창작물이 아니라 오히려 예언자들의 영감과 예언활동을 추동시킨 하나님의 과거구원사 전승의 총체였던 토라였다. 그 예언자들의 반열 첫자리에 그리고 가장 높은 자리에 모세가 있다. 모세는 말씀하시는 거룩하신 하나님을 얼굴로 대면하며 몸서리치게 받아들였고 그 앞에 일생 내내 경건한 순복을 바쳤다. 이스라엘을 향한 모세의 역할은, 온 인류를 위해 나사렛 예수가 수행할 바로 그 인류 구속 모델의 예표요 예고였다. 모세가 남긴 가장 위대한 업적은 이스라엘의 출애굽과 가나안 땅 정착을 넘어 하나님의 아들 예수 그리스도의 도래를 가리키며 그리스도 강림을 예고하고 더 나아가 그리스도의 예루살렘으로부터의 별세(출애굽)하심을 예수 그리스도와 함께 의논한 예언자였다는 점이다. 모세는 비록 신명기의 마지막까지 가나안 땅에 들어가지 못했으나, 하나님에 의해 예수 그리스도 변화산 예언자 정상회의에 초청받았다(눅 9 : 28-36 ; 마 17 : 1-8 ; 막 9 : 2-8). 누가복음 변화산 본문은 모세와 엘리야가 예수님과 더불어 뭔가 말했다고만 말하는 마태복음(17 : 3)과 마가복음(9 : 4) 병행본문과는 달리, 모세와 엘리야가 '장차 예수께서 예루살렘에서 별세하실 것'을 말했다고 증언한다. "문득 두 사람이 예수와 함께 말하니 이는 모세와 엘리야라 영광 중에 나타나서 장차 예수께서 예루살렘에서 별세하실 것을 말할새……"(눅 9 : 30-31). 여기서 하나님은 모세와 엘리야의 구속사적 미완 과업이 예수님의 예루살렘 별세임을 알려 주신다. 그러면서 모세와 엘리야는 차원이 다른 예수 그리스도의 정체를 밝혀 준다. 예수님은 모세와 엘리야와 같이 각각 하나의 장막을 차지할 단순한 모세 계승적 예언자가 아니라 '하나님의 택함받은 아들'임을 공포한다. '너희들', 즉 사도들은 이제 '하나님의 아들 그리스도 예수의 말'을 들어야 한다. 여기가 모세의 위대한 사명이 성취되는 지점이다. 우리가 아는 모세는 모압 평지에서 죽었으나 하나님에게 있어 모세는 아직 죽지 않았다. 그리스도께서 예루살렘에서 별세하실 것을 말하는 것이 모세의 구속사적 사명수행의 대미다. 개역개정 누가복음 9 : 31이 '예루살렘에서 별세하실 것'이라고 번역한 구문은 헬라어 성경에서는 '엑소더스'(exodus)라고 말한다. 헬라어 구문을 직역하면 '영광 중에 나타난 사람들'(모세와 엘리야)이 예루살렘에서 곧 완수하게 될 그의(나사렛 예수)의 "탈출"(십자가를 지고 탈출하는 것과 동시에 영광 중에 들리실 것〈요 8 : 28 ; 12 : 32 ; 3 : 14〉을 가리킨다.)을 말했다.

"οἳ ὀφθέντες ἐν δόξῃ ἔλεγον τὴν ἔξοδον αὐτοῦ, ἣν ἤμελλεν πληροῦν ἐν Ἰερουσαλήμ"(눅 9 : 31).

예수 그리스도는 죄와 죽음의 권세 아래 시달리는 인류를 구속하기 위해 예루살렘에서 탈출하셔야 한다. 먼저는 십자가에 들리심으로, 후에는 하나님 우편보좌 위로 들리심으로 출애굽하셔야 한다. 모세는 자신의 당대의 출애굽 사명을 100% 완수한 후에 죽어서 예수 그리스도의 인류속량을 위한 출애굽(엑소더스)을 예고함으로 그의 구속사적 사명을 200% 완성했다. 모세를 가장 영예롭게 하는 것은 모세의 율법을 읽고 그리스도를 믿고 영접하는 것이다(눅 24 : 27, 44). 따라서 자신들의 케케묵은 영광을 가리기 위해 모세의 수건을 뒤집어쓴 채로는 그리스도의 영광을 덧입을 수 없고 결과적으로는 그리스도 안에 자신을 100% 충만하게 계시하신 하나님 아버지를 경배할 수 없다(고후 3장). 모세는 하나님 집의 사환이요 예수 그리스도는 하나님의 아들이다(히 3장). 모세의 글은 고대 이스라엘의 가나안 정착을 돕는 권계일 뿐만 아니라 그리스도를 증거하는 율법이다. 그리스도의 은혜를 예고하는 율법이 바로 모세의 율법이다. 신명기는 결국 그리스도를 예언하고 영접하고 경배하도록 이끄는 복음이기도 하다.

## | 저자의 글 |

신명기는 모세가 출애굽력(曆) 40년째 되는 해에 '오늘'(5 : 3)로 불리는 하루 동안에 출애굽 2세대 이스라엘 백성에게 선포한 권계적(勸誡的) 설교를 묶은 책이다. 신명기는 이미 '책'으로 만들어진 '율법책'(31 : 24-26)을 언급하며, 다신교 문명이 오랫동안 터 잡은 가나안 땅에 들어가 야웨 하나님만 일편단심 믿고 살아가도록 이스라엘 백성을 다채로운 방식으로 격려하고 경고한다. 신명기의 인간 주인공 모세는, 멀리는 아브라함부터 시작되는 야웨 하나님의 약속과 언약을 부단히 상기시킴으로써 왜 이스라엘 백성이 가나안 땅에 들어가 그것을 차지하며 살아야 하는지를 설명한다. 이런 점에서 신명기는 아브라함, 이삭, 야곱과 맺은 야웨의 언약과 맹세가 실현되는 과정을 기록한 책이다. 또 다른 한편 모세는 가나안 땅에 들어가 살게 될 이스라엘 백성이 가나안 땅에서 직면하게 될 다양한 도전적 상황들을 상정하고 그것들에 맞게 야웨의 언약적 요구와 율법들을 해석하고 적용하고 있다. 또한 가나안 땅에서 펼쳐질 700년의 역사는 물론이며 열국 중에 유배당하고 이산과 유랑을 경험하다가 다시 가나안 땅으로 되돌아오게 될 이스라엘 백성의 행로도 내다보며, 야웨 하나님을 전심으로 사랑하고 경외하고 야웨의 언약과 율법을 지극정성으로 준행할 것을 호소한다.

신명기는 구약성서 중에서 가장 두드러진 설교체 구어문체로 쓰여져 있다. 이스라엘 백성에 의해 야웨 하나님과 이스라엘 백성의 합법적 중보자로 세움받아 시종일관 하나님의 신적 자아를 대신한 모세는, 다양한 설교구어체를 구사해 율법을 해설하고 적용한다. 설교문체를 부각시키는 가장 특징적인 표현들은 '오늘', 이스라엘 백성을 청중으로 설정하며 가리키는 '2인칭 단수, 또는 복수대명사와 접미어들'의 빈번한 사용, 곧 있게 될 가나안 입성과 정복전쟁의 임박성을 강조하는 분사형의 빈번한 사용, 마지막으로 '지키라', '준행하다' 등 율법 준수를 강조하는 설교적 훈화용 어휘들이다. 따라서 모든 설교자들과 성경교사들이 가장 중시하고 주목하여야 할 구약성서 중 하나가 신명기다. 본 주석서는 장로교표준주석시리즈의 집필원칙과 편집의도를 존중하여 신명기를 설교하거나 가르치게 될 상황을 염두에 둔 주석이다. 이 신명기 주석서의 특징은 목회강단에서 하나님의 자녀들을 권면하고 설득하고 결단하도록 돕는 설교자들의 훈육적, 교육적 목적에 철저하게 부응하는 성경강해를 시도하고 있다는 점이다.

본 주석서는 예언과 성취, 모형과 실체 도식에 주목하는 구속사적 해석방법을 주로 사용한다. 이 해석방법은, 모세오경의 구원역사(모형이자 예언)는 그 자체로 의미 있는 실제역사, 즉 선민 이스라엘의 형성사이지만 아울러 궁극적으로 그리스도를 통한 인류구원 역사(성취이자 실체)를 가리키는 예언적, 모형적 역사라고 파악한다. 또한 본 주석서는, 신명기를 그리스도인의 성경으로 읽고자 할 때 걸림돌이 되는 신명기 율법구절들에 대해서는 그리스도 안에 완성될 계시의 빛 아래서 점진적이고 유기적으로 자라 가는 구원계시의 발전사 방법을 채택해 해석한다(마 5 : 17 ; 롬 10 : 4-5). 그럼에도 불구하고 신명기의 유일신 신앙과 하나님 백성의 성별에 대한 강조는 그리스도인들에게 여전히 유효한 가르침이며 심지어 십계명과 쉐마는 더 급진화되어 신약성경으로 재진입했다는 점을 고려해, 본 주석서는 대체로 신명기 율법규정들의 유효성을 부각시키는 방식으로 강해했다. 이 외에도 본문의 성격에 따라 약간의 다른 해석방법을 병용하기도 하였다. 다만 신명기를 '내 안의 원주민을 몰아내는 성화훈육용 영적 전쟁매뉴얼'로 보는 영해적(靈解的) 및 우의적 해석은 거의 시도하지 않았다.

전체적으로 본 주석서는 다섯 가지 특징을 갖고 있다. 첫째, 본 주석서는 신명기의 구약원문이 갖는 설교문체를 최대한 살리는 주석과 강해를 시도하고 있다. 신명기의 권계적, 설교적 호소문체를 생생하게 부각시키고자 했다. 이 과정에서 인칭대명사의 돌출적 사용을 통한 설교적 소환어체 혹은 주의환기 문체와 분사형, 상황절의 구문적 특징을 부각시킨다.

둘째, 본 주석서는 본문의 문자적 해석을 넘어 현대독자들의 삶에 본문을 상관시키는 해석학적 작업도 시도하고 있다. 설교는 고대문서와 현대독자 사이의 낯선 간격을 좁히려는 해석학적 노력, 주석, 그리고 적용으로 구성된다. 해석학은 고대 문서를 현대인에게 의미 있는 메시지로 받아들여지도록 중개하는 작업이다. 해석학의 기초는 고대언어, 고대인의 역사, 관습, 법률, 세계관 등에 대한 포괄적인 배경지식이다. 이렇게 해서 해석된 고대본문을 현대인 청중/독자의 삶에 적용시키고 상관시키는 작업까지 마쳐야 설교가 이뤄진다. 현대인의 언어, 관습, 세계관에 대한 이해 없이 설교는 하나님의 말씀을 효과적으로 중개할 수 없다. 거룩하신 하나님을 현세주의적이고 무신론적인 분위기에 젖어 사는 현대인에게 의미 깊게 상관시키고 소통시키는 일은 설교자의 고유과업이기 이전에 근본적으로 하나님 자신의 고유과업이다. 본 주석서는 '강해'와 '설교를 위한 묵상'으로 구성되어 있다. '강해'는 주로 본문의 원래 의도를 파악하는 데 치중하고 각 장 강해의 마지막에 배치된 '설교를 위한 묵상'은 본문의 신앙적이며 윤리적 함의를 성찰하는 데 치중한다. 즉, 신약시대에 이미 이뤄진 예수 그리스도의 복음을 믿고 구원을 받은 성도들에게 신명기 말씀이 어떻게 수용될 수 있는가를 탐구한다. 첨언하자면 본 주석서는 목회자와 성경교사를 주 독자층으로 설정한 본 주석시리즈의 원칙에 호응해 신명기에 대한 학문적 문제제기나 쟁점은 거의 다루지 않았다.

셋째, 본 주석서는 구약성서 율법의 제3사용(성화를 위해 필요한 구약율법의 사용)을 통해 그리스도인의 성화를 촉진시키고자 했던 존 칼빈의 원칙을 수용해 신명기 율법규정들의 기독교 윤리적 함의를 찾으려고 했다. 신명기는 이미 완성되고 성취된 옛 언약에 속한 책이 아니라 여전히 그리스도인의 성경임을 강조한 것이다. 이사야, 시편, 창세기와 더불어 신명기는 신약성서에서 가장 자주 인증되고 인용되는 구약성서이다. 신명기는 율법과 선지자를 완성하러 오신 나사렛 예수 안에서 부활하고 있으며 오늘도 그리스도인들에게 성경으로 기능한다. 넷째, 본 주석서는 한국 그리스도인들에게 익숙한 개별 절 단위의 주석이나 강해를 시도하지 않고 단원, 단락별로 강해하고 있다. 그 이유는 절 단위 주석은 특정 구절의 도덕적, 훈계적 의미를 파헤치다가 본문 전체의 이야기적 기승전결 구조를 간과하기 쉽기 때문이다. 본 주석서는 본문을 각 단원별 그리고 각 장의 단락별로 나눠 강해함으로써, '하루 동안에 선포된 한편의 설교'로 기획된 신명기의 기승전결 구조, 논리적 순차성을 최대한 살리려고 했다.

마지막으로 본 주석서는 서론 일부를 제외하고는 2차 자료 사용을 자제하였다. 신명기 구약원문, 영어성경, 개역개정을 집중적으로 읽고 주석했다. 강원주 목사가 개역개정판 신명기에서 발견했다고 주장하는 서른네 구절의 '개악'(改惡) 사례들에 대해서는, 개별 본문을 강해할 때 필요 시 그것들에 대한 논평과 응답을 담았다. 대한성서공회가 그 후 대부분 강원주 목사의 지적을 받아들여 이미 고친 버전(version)을 출간하고 있다.

이미 독자들은 알고 있겠지만 본 저자는 2017년 2월에 출간된 「모세오경」 개정증보판(복있는 사람, 2005-2006년 초판의 개정증보판)에 350여 쪽 되는 신명기 주석을 포함시켜 출간했다. 독자들이 같은 저자가 거의 같은 시기에 같은 책에 대한 주석서를 내는 것에 대해 의아해할 수 있을지도 몰라 한두 마디 해명의 말을 덧붙인다. 간단하게 말해 두 책은 다르다. 「모세오경」의 신명기가 거의 단락별 광폭 강해라면 본 주석서는 절 단위까지 세밀하게 주목하는 주석서라고 할 수 있다. 또한 전자는 일반독자들을 겨냥했고 본 주석서는 히브리어를 아는 목회자 독자까지 염두에 둔 신학적 목회적 주석서다. 끝으로 본 저자는 자기표절을 방지하고자 본 주석서를 집필할 때 의도적으로 본 저자의 「모세오경」 안에 신명기 강해서를 멀리했다. 그럼에도 불구하고 유사한 표현이 두 서너 문장씩 등장할 수는 있으나 그것은 동일 저자의 머릿속에 있는 생각을 언표하는 과정에서 나오는 불가피한 현상이라고 본다.

본 주석서가 나오기까지 긴 시간 동안 기다려 준 장로교 표준주석 편집위원회의 인내와 격려에 감사드린다. 더욱 읽기 쉽고 가독성 높은 책이 되도록 혼신의 힘으로 교정과 교열을 해 준 한국장로교출판사 편집진에 감사드린다. 특히 이슬기 선생님의 실로 꼼꼼한 교정작업에 깊은 감사를 드린다. 원고의 초안을 읽고 교정에 참여해 준 숭실대 및 장신대 제자들에게 또한 감사하며 마지막으로 적절한 비판적 논평과 격려를 아끼지 않고 마지막 저자 교정용 원고까지 다 읽어 준 아내 정선희에게 감사드린다.

2017년 10월

저자 김 회 권

## | 참고문헌 |

〈한국 저자〉

강원주, 「성경 '개역개정판'에 대해 말한다」, 서울 : 소망, 2008.

김영한, 「바르트에서 몰트만까지」, 서울 : 대한기독교출판사, 1982.

김중은, 「구약의 말씀과 현실」, 서울 : 성서학연구소, 1996.

김진섭, 정진호, 김우현, 「토라로 읽는 예수 그리스도의 복음」, 서울 : Eastwind, 2013.

김회권, 「하나님 나라 신학의 관점에서 읽는 모세오경 2」, 서울 : 대한기독교서회, 2006.

_____, 「성서주석 이사야 1」, 서울 : 대한기독교출판사, 2006.

_____, 「하나님 나라 신학으로 읽는 사도행전 2」, 서울 : 복있는 사람, 2007.

_____, "도올 김용옥의 기독교 및 성서이해 담론 자세히 읽기", 「기독교사상」 2007년 6, 7, 8월호(통권 582-584권 : 6월호, 208-219쪽 ; 7월호, 158-171쪽 ; 8월호, 256-272쪽).

_____, 「하나님 나라 신학으로 읽는 모세오경」, 서울: 복있는 사람, 2017.

박영선, 「다음 세대를 위한 책」, 서울 : 세움, 2010.

손석태(Sohn Sok Tae), *The Election of Israel*, Grand Rapids, MI. : Eerdmans Publishing Company, 1990.

왕대일, 「다시 듣는 토라」, 서울 : 한국성서학연구소, 1998.

_____, "신명기, 어떻게 설교할 것인가?" 94차 구약학회 송년학술대회 발표문, 1-13.

장일선, 「성서주석 신명기」, 서울 : 대한기독교서회, 1993.

_____, 「알기 쉬운 구약학」, 서울 : 종로서적, 1989.

한동구, "신명기의 역사적 사유와 신학", 「구약논단」, 39(2011년 3월) : 12~32.

_____, "신명기 개혁운동에서의 군사개혁", 「구약논단」, 35(2010년 3월) : 224~238.

〈외국 저자〉


Albright, William F., *From the Stone Age to Christianity*, Baltimore, MD. ; The Johns Hopkins University Press, 1957.

Archer, Gleason Jr., *A Survey of the Old Testament*. Introduction, Chicago, IL. : Moody Press, 1980.

Boecker, Hans Jochen, Hermisson, Hans-Juergen, Schmidt, J. M., Schmidt, L., *Altes Testament*, Düsseldorf : Neukirchener Verlag, 1983.

Botterweck, G. Johannes, 야다(Yaday), *TDOT* 2권, Grand Rapids, MI. : Eerdmans Publishing Company, 1974 : 468~484.

Bright, John, *Early Israel in Recent History Writing*, Chicago, IL. : Allenson Company, 1960.

_____, 「이스라엘의 역사上」, 김윤주 역, 서울 : 분도, 1989.

Brown, Raymond, *The Message of Deuteronomy*, BST ; Leicester, England : IVP, 1973.

Buber, Martin, *Moses*, London : Harper Torchbook Publishers, 1958.

Calvin John(존 칼빈), 「신명기 강해 1」, 곽홍석 역, 서울 : 서로사랑, 2009.

_____, 「신명기 강해 2」, 곽홍석 역, 서울 : 서로사랑, 2010.

_____, 「신명기 강해 3」, 곽홍석 역, 서울 : 서로사랑, 2011.

Clements, Ronald E., *Deuteronomy*, OT Guides ; Sheffield : Sheffield Academic Press, 1989.

_____, 「구약신학」, 김찬국 역, 서울 : 대한기독교서회, 1989.

Cohen, Raymond & Westbrook, Raymond (eds.), *Amarna Diplomacy*, Baltimore and London : The Johns Hopkins University Press, 2000.

Craigie, P. C., *Deuteronomy* ; NICOT ; Grand Rapids, MI. : Wm. B. Eerdmans, 1976.

Driver, Samuel R., *Deuteronomy*, ICC ; Edinburgh ; T & T Clark, 1973.

Eichrodt, W., *The Theology of the Old Testament* Vol.1, London : SCM

Press, 1975.

Eissfeldt, Otto, *The Old Testament. An Introduction*, trans. Peter Ackroyd, New York, NY. : Harper & Row Publishers, 1965.

Fishbane, Michael, *The Garments of Torah*, Minneapolis, IN. : Indiana University Press, 1989.

Friedmann, N., "From Egypt to Egypt", in Baruch Halpern(ed.), *Traditions in Transformation : Turning Points in Biblical Faith*, Eisenbrauns, MI. ; : Winona Lake, 1982 : 167~191.

Gese, Hartmut, *Essays on Biblical Theology*, Minneapolis, IN. : Augusburg Publishing House, 1981.

Hayes J. H. & Prussner, F. C., *Old Testament Theology : Its History and Development*, Atlanta, GA. : John Knox Press, 1985.

Heschel, Joshua Abraham(헤셸, 아브라함 요수아), 「예언자들 하(下)」, 이현주 역, 서울 : 종로서적, 1988.

Holladay, William L., *Long Ago God Spoke*, Minneapolis, IN. : Fortress, 1995.

Humphreys, W. L., *Crisis and Story*, London : Mayfield Publishing Company, 1990.

하우어워스, 스탠리(Hauerwas, Stanley), 윌리몬, 윌리엄(Willimon, William), 「십계명」, 강봉재 역, 서울 : 복있는 사람, 2007.

Kaufmann, Y., *The Religion of Israel*, Chicago, IL. : Chicago University Press, 1965.

Knight, D. A., *Rediscovering the Traditions of Israel*, Missoula : Scholars Press, 1975.

크라우스, 한스-요하힘 (Kraus, Hans-Joachim), 「조직신학-자유의 나라로서의 하느님 나라」, 박재순 역, 서울 : 한국신학연구소, 1988.

Krentz, E., *The Historical-Critical Method*, Philadelphia : Fortress Press, 1982.

Mays, A. D. H., *Hosea*, London : SCM, Press, 1967.

______, *The Story of Israel between Settlement and Exile*, Philadelphia, PA. : Fortress Press, 1971.

McCarthy, D. J., *Old Testament Covenant*, Oxford : Basil Blackwell, 1972.

McConville, J. G., *Deuteronomy*, Apollos OTC ; Downers Grove : IVP, 2002.

Miller, Patrick D., *Deuteronomy*, Interpretation series ; Louisville, KY. : John Knox Press, 1990.

Miller, Patrick(밀러, 패트릭), 「현대성서주석시리즈 신명기」, 김회권 역, 서울 : 한국장로교출판사, 2001.

Muilenburg, J. "The Form and Structure of the Covenantal Formulations", *Vetus Testamentum* 9 (1959) : 347~365.

Nicholson, E., *Exodus and Sinai in History and Tradition*, Richmond, VA. : John Knox Press, 1973.

Noth, M., *The History of Israel*, New York, NY. : Harper & Row Publishers, 1958.

______, *The Representation of the Old Testament in Proclamation. Essays on Old Testament Hermeneutics*, eds. C. Westermann & J. L. Mays, Richmond, VA. : John Knox Press, 1963.

______, *A History of Pentateuchal Traditions*, Englewood Cliffs, NJ. : Prentice-Hall, 1972.

Olson, Dennis T., *Deuteronomy and the Death of Moses : A Theological* Reading, OBT ; Minneapolis, MN. : Fortress, 1994.

플루타르코스(Plutarch), 「플루타르코스 영웅전 1」, 이다희 역, 서울 : Human & Books, 2010.

Polzin, R., *Moses and the Deuteronomist*, New York, NY. : Seabury Press, 1980.

Ramsey, G. W., *The Quest for the Historical Israel*, Atlanta, GA. : John Knox Press, 1981.

Schmid, H., *Mose*, Berlin : H. Heenemann, 1968.

Schmidt, W. H., *Exodus, Sinai und Mose*, Darmstadt : Wissenschaftliche Buchgesellschaft, 1983.

_____, *The Faith of the Old Testament*, London : SCM Press, 1989.

Reik, T., *Mystery on the Mountain*, New York, NY. : Harper & Brothers, 1959.

Rowley, H. H., *The Biblical Doctrine of Election*, London : Lutterworth Press, 1950.

Segal, M. H., *The Pentateuch*, Jerusalem : The Magness Press, 1967.

Soggin, J., *Introduction to the Old Testament*, London : SCM Press, 1972.

Tigay, J. H., *The JPS Torah Commentary Deuteronomy*, Philadelphia et a l. : The Jewish Publication Society, 1996.

트로끄메, 앙드레.「예수와 비폭력혁명」, 박혜련, 양명수 역, 서울 : 한국신학연구소, 1986.

van Gemeren, Willem, *The Progress of Redemption*, Grand Rapids, MI. : Zondervan Publishing Company, 1988.

von Rad, Gerhard, *The Problem of the Hexateuch and the Other Essays*, London : SCM, 1966.

von Rad, Gerhard(게르하르트 폰 라드), 「구약신학 I」, 허혁 역, 서울 : 한국신학연구소, 1986.

_____, *Holy War in Ancient Israel*, Grand Rapids, MI. : Eerdmans, 1991.

Vos, G., 「성경신학」, 이승구 역, 서울 : 기독교문서선교회, 1985.

Walton, J. H., *Ancient Near Eastern Literature in Its Cultural Context*, Grand Rapids, MI. : Zondervan Publishing Company, 1989.

Weinfeld, Moshe, *Deuteronomy 1~11*, ABC ; New York, NY. : Doubleday, 1991.

Wellhausen, J., *Prolegomena to the History of Ancient Israel*, New York, NY. : Merdian Books, 1961.

_____, *Israelische und Judische Geschichte* (Berlin : Walter de Gruyter, 1958.

Whiteley, C. F., 「예언자들의 중심사상」(*The Prophetic Achievement*), 양승애 역, 서울 : 성바오로 출판사, 1982.

Wood, Leon J., 「이스라엘의 역사」, 김의원 역, 서울 : 기독교문서선교회, 1985.

Whybray, R. N., *The Making of the Pentateuch*, Sheffield : Sheffield Academic Press, 1987.

Witherington Ⅲ, Ben, *The Acts of the Apostles. A Socio-Rhetorical Commentary*, Grand Rapids, MI. : Wm. B. Eerdmans, 1998.

Wright, J. H.(크리스토프 J. H. 라이트), 「하나님의 선교」, 정옥배, 한화룡 역, 서울 : IVP, 2012.

_____, 「하나님 백성의 선교」, 한화룡 역, 서울 : IVP, 2012.

Ziegler J.(장 지글러), 「왜 세계의 절반은 굶주리는가?」, 유영미 역, 서울 : 갈라파고스, 2007.

Zimmerli, W., *The Law and the Prophets*, Oxford : Basil Blackwell Press, 1965.

_____, *The Old Testament and the World*, George : SPCK, 1976.

**| 한국장로교총회창립 100주년기념 표준주석 |**

**구약**

| 집필부분 | 집필자 |
|---|---|
| 창세기 | 김중은 박사 |
| 출애굽기 | 이종록 박사 |
| 레위기 | 정중호 박사 |
| 민수기 | 김진명 박사 |
| 신명기 | 김회권 박사 |
| 여호수아 | 강사문 박사 |
| 사사기/룻기 | 허성군 박사 |
| 사무엘상·하 | 김선종 박사 |
| 열왕기상·하 | 김태훈 박사 |
| 역대상 | 배희숙 박사 |
| 역대하 | 함 택 박사 |
| 에스라/느헤미야 | 민경진 박사 |
| 에스더 | 이미숙 박사 |
| 욥기 | 하경택 박사 |
| 시편 | 이승현 박사 |
| 잠언 | 천사무엘 박사 |
| 전도서 | 채은하 박사 |
| 아가 | 강승일 박사 |
| 이사야 | 조성욱 박사 |
| 예레미야 | 강성열 박사 |
| 예레미야애가 | 박동현 박사 |
| 에스겔 | 이은우 박사 |
| 다니엘 | 배정훈 박사 |
| 호세아/요엘 | 김정철 박사 |
| 아모스 | 최인기 박사 |
| 오바댜/요나 | 김유기 박사 |
| 미가 | 오택현 박사 |
| 나훔/하박국/스바냐 | 윤동녕 박사 |
| 학개/스가랴/말라기 | 김근주 박사 |

**신약**

| 집필부분 | 집필자 |
|---|---|
| 마태복음 | 최재덕 박사 |
| 마가복음 | 차정식 박사 |
| 누가복음 | 오덕호 박사 |
| 요한복음 | 김문경 박사 |
| 사도행전 | 이 달 박사 |
| 로마서 | 장흥길 박사 |
| 고린도전서 | 조광호 박사 |
| 고린도후서 | 박흥순 박사 |
| 갈라디아서 | 이종윤 박사 |
| 에베소서 | 석원식 박사 |
| 빌립보서/빌레몬서 | 김덕기 박사 |
| 골로새서 | 김철홍 박사 |
| 데살로니가전·후서 | 김형동 박사 |
| 디모데전·후서/디도서 | 박종기 박사 |
| 히브리서 | 소기천 박사 |
| 야고보서 | 이승호 박사 |
| 베드로전·후서 | 왕인성 박사 |
| 요한1·2·3서/유다서 | 최흥진 박사 |
| 요한계시록 | 김춘기 박사 |

Presbyterian Church of Korea Standard Commentary

100

| 한국장로교총회창립 100주년기념 표준주석 |

# 신명기


초판인쇄 2017년 10월 25일
초판발행 2017년 10월 30일

기획·편찬 표준주석편찬위원회 김회권
편 집 인 대한예수교장로회총회교육자원부
발 행 인 채형욱
발 행 소 한국장로교출판사
주 소 03129 / 서울 종로구 대학로 19 409호(연지동, 한국장로교출판사)
전 화 (02)741-4381 / 팩스 741-7886
영 업 국 (031)944-4340 / 팩스 944-2623
등 록 No. 1-84(1951. 8. 3.)

ISBN 978-89-398-9980-3 / 978-89-398-0434-0(세트)
Printed in Korea

값 29,000원

편 집 장 정현선
교정·편집 이슬기 표지디자인 남충우
업무부장 박호애 영업부장 박창원